Schwarz · Der Vordere Orient in den Hochschulschriften

ISLAMKUNDLICHE MATERIALIEN · BAND 5

herausgegeben von

Klaus Schwarz

KLAUS SCHWARZ VERLAG · FREIBURG IM BREISGAU

DER VORDERE ORIENT IN DEN HOCHSCHULSCHRIFTEN DEUTSCHLANDS, ÖSTERREICHS UND DER SCHWEIZ

Eine Bibliographie von Dissertationen
und Habilitationsschriften
(1885-1978)

von
Klaus Schwarz

KLAUS SCHWARZ VERLAG · FREiBURG IM BREISGAU

1980

CIP-Kurztitelaufnahme der Deutschen Bibliothek

Schwarz, Klaus: Der Vordere Orient in den Hochschulschriften
Deutschlands, Österreichs und der Schweiz:
e. Bibliogr. von Diss. u. Habil.-Schr. (1885 — 1978); (erschienen
anlässl. d. XXI. Dt. Orientalistentages in Berlin) / von Klaus
Schwarz. — Freiburg im Breisgau: Schwarz, 1980.
(Islamkundliche Materialien; Bd. 5)
ISBN 3-87997-068-8

© Klaus Schwarz, Berlin 1980.
ISBN 3-87997-068-8
Druck: T.O.M.-Druck, Lützowstraße 102-104, 1000 Berlin 30,
       Telefon: 2 62 40 77

Vorwort

Die bibliographische Erfassung des Schrifttums über den Vorderen Orient hat in letzter Zeit weiterhin gewisse Fortschritte gemacht. Dabei kommt dem weiten Feld der Erschließung von Hochschulschriften eine besondere Bedeutung zu.

Der Nutzen von Hochschulschriftenverzeichnissen ist inzwischen unbestritten. In solchen oft themenbezogenen oder wie hier regionenbezogenen Bibliographien findet der Forscher und Bibliothekar zusammengestellt, was er sonst in mühsamer Einzelrecherche in den verschiedenen primären Hochschulschriftenverzeichnissen zusammensuchen müßte. Hinzu kommt, daß Dissertationen und Habilitationsschriften gerade in den letzten Jahrzehnten im Vergleich zu früheren Zeiten wesentlich an Umfang und Wert gewonnen haben. Zwar werden in letzter Zeit wesentlich mehr Dissertationen in wissenschaftlichen Reihen publiziert und sind somit im Buchhandel erhältlich und werden dann auch auf anderem Wege bibliographisch erschlossen, aber ein nicht zu übersehender Teil der Dissertationen ist immer noch in der Gefahr, übersehen und vergessen zu werden.

Welche Bedeutung der Schriftengattung der Hochschulschriften inzwischen in internationalem Rahmen beigemessen wird, beweist der 1975 erschienene „Guide to theses and dissertations"[1] der etwa 2000 Titel von Dissertationsverzeichnissen nachweist – und zwar solche, die unselbständig in Form von Zeitschriftenaufsätzen publiziert worden sind und solche, die selbständig in Buchform erschienen sind. Für den Bereich Vorderer Orient seien hier die wichtigsten Verzeichnisse kurz aufgeführt.

Als wohl erste Arbeit auf dem Gebiet orientalistischer Hochschulschriftenerschließung ist das 1961 erschienene „Verzeichnis indienkundlicher Hochschulschriften"[2] von Klaus Janert zu nennen, das über 900 Titel enthält, darunter einige über den Iran. Ein weiteres Verzeichnis, das ebenfalls einen Teilbereich der Region Vorderer Orient enthält, liegt mit Jochen Köhlers „Deutsche Dissertationen über Afrika"[3] vor, in dem auch Titel über Nord-

---

1) Reynolds, Michael M.: Guide to theses and dissertations. An annotated international bibliography of bibliographies. Detroit, Mich.: Gale 1975, 599 S.

2) Janert, Klaus Ludwig: Verzeichnis indienkundlicher Hochschulschriften. Deutschland – Österreich – Schweiz. Wiesbaden 1961. 80 S.

3) Köhler, Jochen: Deutsche Dissertationen über Afrika. Ein Verzeichnis für die Jahre 1918-1959. Bonn 1962.

afrika enthalten sind. Überhaupt wird der Bereich Nordafrika meist in den Dissertationsverzeichnissen zusammen mit Schwarzafrika unter dem Begriff „Afrika" abgehandelt. Bei der Titelsuche muß daher grundsätzlich auf diese Verzeichnisse zurückgegriffen werden.[4]

Im Jahre 1968 wurde ein weiteres Teilgebiet der Region durch Anton Scherers Bibliographie „Südosteuropa-Dissertationen"[5] erschlossen, in der mehr als 300 Titel über die Türkei und die Zeit der osmanischen Herrschaft auf dem Balkan enthalten sind. Ein Spezialverzeichnis zur Türkei des 20. Jahrhunderts legte Peter Suzuki 1970 mit seiner Arbeit „French, German and Swiss University Dissertations on Twentieth Century Turkey"[6] vor. Die Bibliographie enthält nahezu 600 Titel, die seit 1900 entstanden sind, unter ihnen 169 französische Dissertationen.

Eine weitere Bibliographie zur Türkei stellten Petra Kappert, Barbara Kellner und Heidrun Wurm mit ihren „Dissertationen an deutschsprachigen Universitäten zur Geschichte und Kultur des Osmanischen Reiches"[7] zusammen, wo nahezu 100 Titel aus der Zeit nach 1945 verzeichnet sind.

Als wohl erstes Verzeichnis über die Gesamtregion des islamischen Orients veröffentlichte der Verfasser 1971 das „Verzeichnis deutschsprachiger Hochschulschriften zum islamischen Orient",[8] in dem knapp 2400 Titel aus der Zeit von 1885 bis 1970 enthalten sind, die sich mit dem islamischen Vorderen Orient befassen.

Im Jahre 1973 publizierten Detlev Finke, Gerda Hansen und Rolf-Dieter Preisberg vom Deutschen Orient Institut in Hamburg das Verzeichnis „Deutsche Hochschulschriften über den modernen islamischen Orient",[9] in dem besonderer Wert auf die Erschließung durch ausführliche Register gelegt wurde und in dem auch Standortnachweise gegeben werden.

---

4)   Einen Überblick über diese Bibliographien findet sich bei Barbara Maurer und Klaus Schwarz: Hochschulschriften zu Schwarzafrika 1960-1978. Freiburg: Schwarz 1979, 226 S. Seite II-III.

5)   Scherer, Anton: Südosteuropa-Dissertationen. 1918-1960. Eine Bibliographie deutscher, österreichischer und schweizerischer Hochschulschriften. Graz, Wien, Köln: Böhlau 1968. 221 S.

6)   Suzuki, Peter T.: French, German and Swiss University Dissertations on Twentieth Century Turkey. A Bibliography of 593 Titles, with English Translations. Wiesbaden 1970. 138 S.

7)   Kappert, Petra, Barbara Kellner und Heidrun Wurm: Dissertationen zur Geschichte und Kultur des Osmanischen Reiches, angenommen an deutschen, österreichischen und schweizerischen Universitäten seit 1945. In: Der Islam 49. 1972, Heft 1, S. 110-119.

8)   Schwarz, Klaus: Verzeichnis deutschsprachiger Hochschulschriften zum islamischen Orient (1885-1970). Deutschland–Österreich–Schweiz. Freiburg: Schwarz 1971. 280 S. (Islamkundliche Materialien. 2.)

Für England legte Bloomfield[10] 1967 sein „Theses on Asia Accepted by Universities of the United Kingdom and Ireland" vor, das über 2500 Arbeiten über ganz Asien, allerdings ohne Nordafrika, für den Zeitraum von 1877 bis 1964 enthält.

Ein Spezialverzeichnis zu Palästina/Israel erstellte der bei der Herausgabe von Hochschulschriftenverzeichnissen zum Bereich Ostasien und Süd- und Südostasien recht aktive Frank Shulman.[11] Sein Verzeichnis enthält 530 Dissertationen britischer und amerikanischer Autoren, die seit 1945 entstanden sind.

Für die Vereinigten Staaten erschien bereits 1955 ein Verzeichnis für den Bereich der Erziehungswissenschaften von Eells,[12] in dem 184 Titel nachgewiesen sind.

Über 1000 Titeleinträge enthält George Selims[13] „American Doctoral Dissertations on the Arab World", das in der „Near East Section" der „Library of Congress" in Washington entstand.

Die an der Syracuse University über Asien angefertigten Dissertationen finden sich in einem Verzeichnis von Hart,[14] das über 160 Arbeiten verzeichnet.

9) Finke, Detlev, Gerda Hansen und Rolf-Dieter Preisberg: Deutsche Hochschulschriften über den modernen islamischen Orient. German theses on the Islamic Middle East. Hamburg: Deutsches Orient Inst. 1973. VIII, 177 S.

10) Bloomfield, Barry C.: Theses on Asia Accepted by Universities in the United Kingdom and Ireland 1877-1964. London: Cass 1967. 126 S.

11) Shulman, Frank J.: American and British Doctoral Dissertations on Israel and Palestine in Modern Times. Ann Arbor, Mich.: Xerox University Microfilms 1973. 25 S.

12) Eells, Walter Crosby: American doctoral dissertations on education in countries of the Middle East. Washington, D.C.: The Middle East Institute 1955. 28 S.

13) Selim, George D.: American Doctoral Dissertations on the Arab World 1883-1968. Washington: U.S. Government Printing Office 1970. 103 S.

14) Hart, Donn V.: An Annotated Bibliography of Theses and Dissertations on Asia Accepted at Syracuse University 1907-1963. Compiled under the Direction of Donn V. Hart. Syracuse: Syracuse University Library 1964. 46 S.

Für Australien publizierte Enid Bishop[15] 1972 eine Bibliographie von Hochschulschriften über Asien, in der auch gut zwei Dutzend Titel über den Vorderen Orient enthalten sind.

Für die Sowjetunion erschien 1970 eine Bibliographie der am Moskauer Orient-Institut entstandenen Arbeiten.[16]

Auch aus den Ländern des Vorderen Orients selbst liegen bibliographische Verzeichnisse von Dissertationen vor. Diese enthalten aber meist nicht nur Arbeiten über die hier behandelte Region, sondern auch die Hochschulschriften über andere Länder. Einige seien hier genannt.

Für den Irak liegt ein Verzeichnis der Universität Bagdad aus dem Jahre 1967 vor.[17]

Für Ägypten liegen drei Bibliographien der Azhar-Universität vor[18] sowie eine Publikation in der kurze Inhaltsangaben von Arbeiten der ᶜAin Šams-Universität enthalten sind.[19]

15) Bishop, Enid: Australian Theses on Asia. Canberra: Faculty of Asian Studies. The Australian National University 1972. 35 S. (Faculty of Asian Studies. The Australian National University Canberra. Occasional paper. 12.)
16) Inst. Vostokovedeniya. Doktorskie i Kandidatskie dissertatsii zashchishchennye v Institute Vostokovedeniya A.N.S.S.R. s 1950 po 1970. Moskau 1970.
17) Fihris bi-uṭrūḫāt al-ᶜirāqiyyīn al-mūda ᶜa fi'l-maktaba al-markaziyya li-ǧāmiᶜat Baġdād. Bagdad 1967. Erstes Supplement 1969
18) 1. Qā'ima ... lir-rasā'il al-ǧāmiᶜiyya allati uǧīzat li-nail daraǧāt ad-dirāsāt al-ᶜulyā li-kulliyyat uṣūl ad-dīn, aš-šarīᶜa, al-luġa al-ᶜarabiyya. Kairo: Ǧāmiᶜat al-Azhar 1968.
   2. Dalīl ᶜanāwīn rasā'il al-māǧistīr wa'd-duktūra bi-kulliyyāt Ǧāmiᶜat al-Qāhira lil-ᶜām 1969-1970. Kairo: Ǧāmiᶜat al-Azhar 1971.
   3. Ar-rasā'il al-ᶜilmiyya li-daraǧatai al-māǧistīr wa'd-duktūra. Kairo: Ǧāmiᶜat al-Azhar 1958.
19) At-taqrīr al-ᶜilmī, 1956-1960. Kairo: Ǧāmiᶜat ᶜAin Šams 1961.

Für Marokko erschien 1970 ein Verzeichnis.[20]

Aus dem Iran liegt eine Bibliographie sozialwissenschaftlicher Hochschulschriften vor.[21]

Weitere Arbeiten erschienen über Dissertationen der Amerikanischen Universität Beirut[22] und der Universität Khartoum.[23]

---

20) Thèses et memoires de l'Universite Mohammad V. Bull. signalétique 3 (Sonderheft) 1970.

21) Farnia, Faranik: Bibliography of Theses in Social Sciences. Teheran: Institute for Research and Planning in Science and Education. Iranian Documentation Centre (IRANDOC) 239 S.

22) Mikdashi, Nawal: Jafet Memorial Library. Masters' theses. 1909-1970. Beirut: American University of Beirut, Jafet Memorial Library 1971. 97, 13 S.

23) Khartum University. Library. Theses on the Sudan. 2. Aufl. Khartoum 1971. 96 Bl. Die erste Auflage wurde 1966 von M.M. Hamza zusammengestellt.

INHALT

Das vorliegende Verzeichnis enthält Hochschulschriften — also Dissertationen und Habilitationsschriften und, allerdings selten, akademische
Gelegenheitsschriften —, die Themen über den Vorderen Orient zum Ge-
genstand haben. Diplom- und Magisterarbeiten wurden im Regelfall nicht
aufgenommen, da diese Arbeiten in den primären Hochschulschriften-
bibliographien — mit Ausnahme Österreichs, wo sie im „Österreichischen
Buch" angezeigt werden — nicht verzeichnet werden und vor allem nur
beschränkt einer Benutzung zugänglich sind. In den Fällen, wo wir jedoch von im Buchhandel erschienenen Magisterarbeiten Kenntnis erhiel-
ten, wurden diese in der vorliegenden Bibliographie verzeichnet.

Aufgenommen wurden grundsätzlich alle erreichbaren Titel, die sich unter irgendeinem Aspekt mit der Region Vorderer Orient beschäftigen. Eine
fachliche Begrenzung wurde nicht gesetzt. Im Gegensatz zur 1. Auflage
dieser Bibliographie wurde das Regionalprinzip voll angewendet. Das nun
vorliegende Verzeichnis enthält nicht nut Hochschulschriften über die is-
lamisch geprägten Länder des Vorderen Orients, sondern umfaßt auch Arbeiten, die sich mit dem Bereich „Alter Orient" und dem christlichen
Orient sowie dem Judentum in islamischer Umwelt befassen.

Geographisch gesehen wurden Arbeiten über die gesamte Region von Marokko bis Afghanistan aufgenommen — also alle arabischen Staaten, Israel,
die Türkei, der Iran und Afghanistan. Darüber hinaus wurden geschichtliche Räume, die außerhalb dieser Staaten liegen, historisch gesehen, aber in
enger Verbindung mit der Region Vorderer Orient stehen, ebenfalls berücksichtigt. Dazu gehören die ehemaligen Gebiete des Osmanischen Reiches
auf dem Balkan und der zentralasiatische Raum soweit er türkische und
iranische Völker betrifft. Die entsprechenden Titel finden sich unter den
Regionalrubriken „Türkei" bzw. „Sowjetunion/China".

Angesichts der wachsenden Bedeutung wurden auch Arbeiten, die sich mit
türkischen Arbeitern in der Bundesrepublik Deutschland befassen, aufgenommen. Einen schnellen Zugriff zu diesem Titelmaterial bietet das Schlag-
wort „Ausländische Arbeiter".

Von besonderem Gewicht erschienen dem Verfasser auch die Arbeiten zu
sein, die allgemein Probleme der Entwicklungsländer abhandeln. Sie dürften,
besonders, wenn ihre Verfasser im Vorderen Orient, beheimatet sind, wert-
volles Material enthalten und nützlich für die an der Region interessierten
Forscher sein.

Soweit sie uns bekannt wurden, sind auch Arbeiten verzeichnet worden,
die sich noch in Vorbereitung befinden und bald abgeschlossen werden.
Nicht aufgenommen wurden Arbeiten zu Problemkreisen des Alten Testaments
und zum nachbiblischen Judentum außerhalb des Vorderen
Orients.[24]

ORDNUNG

Die systematische Anordnung der Titel wurde nach zwei Grundprinzipien
vorgenommen

— die sachliche Ordnung nach folgenden alphabetisch geordneten Fachgruppen

   — Allgemeines, Übergreifendes
   — Architektur, Bauwesen
   — Astronomie
   — Bildungswesen, Kulturpolitik, Sport
   — Biologie
   — Buch- und Bibliothekswesen
   — Geographie, Landeskunde
   — Geologie, Mineralogie, Meteorologie
   — Geschichte, Kulturgeschichte
   — Kunst, Theater
   — Land- und Forstwirtschaft, Viehzucht
   — Mathematik
   — Medizin
   — Musik
   — Natur- und Geheimwissenschaften
   — Philosophie
   — Politik
   — Presse, Rundfunk
   — Recht
   — Religion, Theologie

24) vgl. hierzu: Kisch, Guido und Kurt Roepke: Schriften zur Geschichte der Juden.
   Eine Bibliographie der in Deutschland und der Schweiz 1922-1955 erschienenen
   Dissertationen. Tübingen 1959. 49 S. und Kisch, Guido: Judaistische Bibliographie. Ein Verzeichnis der in Deutschland und der Schweiz von 1956 bis 1970
   erschienenen Dissertationen und Habilitationsschriften. Basel/Stuttgart: 1972,
   104 S. sowie Bihl, Wolfdieter: Bibliographie der Dissertationen über Judentum
   und jüdische Persönlichkeiten, die 1872-1962 an österreichischen Hochschulen
   (Wien, Graz, Innsbruck) approbiert wurden. Wien 1965. 51 S.

- Sozialwissenschaften
- Sprache und Literatur
- Wirtschaft, Industrie, Finanzwesen
- Verkehr

Die genannten Fachgruppen erscheinen im Text natürlich nur dann, wenn auch genügend entsprechende Titeleinträge vorliegen. Wenn bei einzelnen Ländern bzw. Fachgruppen nur wenige Titel vorlagen, ist das Material nur chronologisch nach dem Entstehungsjahr geordnet.

- Die regionale Ordnung nach folgenden Regionalräumen

1. Ordnungsebene
   Allgemeines (mehr als nur den Vorderen Orient betreffend)
2. Ordnungsebene
   Vorderer Orient (mehr als nur einen Staat des Vorderen Orients betreffend)
3. Ordnungsebene
   Die folgenden bis auf den Begriff „Arabische Welt" alphabetisch geordneten Länderbezeichnungen

Arabische Welt
Ägypten
Afghanistan
Algerien
Golfstaaten
Irak
Iran
Jemen
Libanon
Libyen
Marokko
Mauretanien
Oman
Saudi-Arabien
Sowjetunion/China
Sudan
Syrien
Türkei (mit Titeln zum Osmanischen Reich)
Tunesien

Für den Bereich des Vorislamischen Alten Orients mußte naturgemäß ein anderes Regionenschema Anwendung finden – und zwar:

1. Ordnungsebene
   – Mehrere Kulturregionen, Übergreifendes

2. Ordnungsebene
   Die folgenden Kulturregionen
   – Ägypten
   – Meroe/Nubien
   – Syrien/Palästina
   – Kleinasien
   – Mesopotamien
   – Iran

Der Abschnitt 1 „Vorislamischer Orient" ist zuerst regional nach dem oben vorgeführten Regionenschema geordnet und dann sachlich nach dem Alphabet der Fachgruppen.

Bei den Abschnitten 2. "Christlicher Orient", 3. „Judentum in islamischer Umwelt", 4. „Samaritaner" und 5. „Mandäer" erschien eine regionale Anordnung nicht erforderlich.

Der große Abschnitt 6. „Islamischer Orient" ist zuerst sachlich nach den alphabetisch geordneten Fachgruppen und dann regional geordnet. In der hierarchischen Ordnung der Ordnungsebenen „Allgemeines" (mehr als den Vorderen Orient betreffend), „Vorderer Orient" folgt das Alphabet der Länderbezeichnungen. Um zu einem bestimmten Fachgebiet Titel, die etwa Ägypten betreffen, zu finden, empfiehlt es sich dementsprechend, nicht nur unter der Rubrik „Ägypten", sondern auch an den Stellen „Arabische Welt", „Vorderer Orient" und – falls vorhanden – „Allgemeines" zu suchen.

Auf der allerletzten Ordnungsebene – also unterhalb der Fachgruppen im Abschnitt 1. „Vorislamischer Orient" und 2. „Christlicher Orient" bzw. unterhalb der regionalen Ordnung im Abschnitt 6. „Islamischer Orient" – sind die Titel chronologisch nach dem Entstehungsjahr geordnet, und zwar so, daß der Benutzer die zuletzt erschienene Arbeit am Schluß der Gruppe findet.

Auf diese Weise kann der Benutzer erkennen, welche Fragestellungen im Laufe der Zeit im Mittelpunkt wissenschaftlichen Interesses standen und wo die Zentren solcher Forschungen lagen.

Die Abschnitte 3. „Judentum in islamischer Umwelt", 4. „Samaritaner" und 5. „Mandäer" sind wegen des geringen Umfangs nur chronologisch nach dem Entstehungsjahr der Hochschulschrift geordnet.

Die Zuordnung der Titel zu den einzelnen Fachgruppen war oft schwierig, vor allem, weil nur in den wenigsten Fällen in die Arbeiten selbst Einsicht genommen werden konnte. Schienen mehrere Aspekte angesprochen, wurde der Titel dem erkennbaren Hauptaspekt zugeordnet. Titel, die erkennbar mehrere Länder betreffen, wurden allerdings meist unter jedem dieser Länder aufgeführt.

Neben dieser systematischen Anordnung der Titel kann der Benutzer für die gezielte Einzelrecherche auf den Sachindex zurückgreifen. Dieser besteht aus einem kombinierten Verzeichnis von Stich- und Schlagwörtern.

Die Nachträge des Hauptteils der Titeleinträge (Nr. 4944–5001 und 5002–5050) sind in sich alphabetisch geordnet, da sie aus technischen Gründen nicht mehr in den Verfasserindex aufgenommen werden konnten.

QUELLEN

Die vorliegende Titelsammlung beruht in der Regel nicht auf Autopsie, sondern auf der Durchsicht folgender primärer Hochschulschriftenverzeichnisse:

1. Für Deutschland

   − Jahresverzeichnis der deutschen Hochschulschriften. Jg. 1. 1885/86 - 92. 1976
   − Deutsche Nationalbibliographie. Reihe C. Leipzig 1977. 1. − 1979. 4
   − Deutsche Bibliographie. Reihe H. Frankfurt 1976. 1. − 1979. 7
   außerdem folgende Spezialverzeichnisse

   − Walther, Karl: Bibliographie der an den Technischen Hochschulen erschienenen Doktor-Ingenieur-Dissertationen 1900-1910. Berlin 1913.

   − Trommsdorf, Paul: Verzeichnis der bis Ende 1912 an den Technischen Hochschulen des Deutschen Reiches erschienenen Schriften. Berlin 1914.

– Niemann, Willy B.: Verzeichnis der Dr.-Ing.-Dissertationen der Deutschen Technischen Hochschulen 1913-1922. Charlottenburg 1924.

– Niemann, Willy B. und Neufeld, Martin, W.: Verzeichnis der D.-Ing.-Dissertationen der Technischen Hochschulen und Bergakademien des Deutschen Reiches 1923-1927. Berlin-Charlottenburg 1931.

– Die Dissertationen der Tierärztlichen Hochschule zu Berlin. Nr. 1-1265. Berlin 1927.

Um eventuelle Überprüfungen zu ermöglichen, wurde die laufende Nummer des „Jahresverzeichnis der deutschen Hochschulschriften" (U-Nummer), soweit möglich, übernommen. Sie setzt sich aus dem Buchstaben „U", der verkürzten Jahreszahl (z.B. „65" für 1965) und der laufenden Nummer des Hochschulschriftenverzeichnisses zusammen.

Neben der Auswertung der genannten Quellenverzeichnisse konnte ein höheres Maß an Vollständigkeit erreicht werden durch einen Ausdruck der im Bibliodata-Speicher der Deutschen Bibliothek, Frankfurt, enthaltenen Titel. Für den Ausdruck der Titel sei den zuständigen Kollegen an dieser Stelle gedankt.

2. Für Österreich

– Österreichische Bibliographie. Wien 1945-1979. 1

– Gesamtverzeichnis österreichischer Dissertationen 1. 1966 – 9. 1974.

außerdem folgende Spezialverzeichnisse:

– Verzeichnis über die seit dem Jahre 1872 (bis 1933) an der Philosophischen Fakultät der Universität Wien eingereichten und approbierten Dissertationen, hrsg. vom Dekanate der philosophischen Fakultät der Universität Wien. Bd. I-III. Wien 1935-1936.

– Verzeichnis der 1934 bis 1937 an der philosophischen Fakultät der Universität Wien und der 1872-1937 an der philosophischen Fakultät der Universität Innsbruck eingereichten und approbierten Dissertationen, hrsg. von den Dekanaten der philosophischen Fakultäten der Universitäten in Wien und Innsbruck. (Wien 1937).

– Alker, Lisl: Verzeichnis der an der Universität Wien approbierten Dissertationen 1937-44. Wien 1954.

- Alker, Lisl: Verzeichnis der an der Universität Wien approbierten Dissertationen 1945-1949. Wien 1952.
- Alker, L. und Alker, H.: Verzeichnis der an der Universität Wien approbierten Dissertationen 1950-1957. Wien 1959.
- Alker, L. und Alker, H.: Verzeichnis der an der Universität Wien approbierten Dissertationen 1958-1963. Wien 1965.
- Alker, L. und Alker, H.: Verzeichnis der an der Universität Wien approbierten Dissertationen 1964-1965. Wien 1969.
- Kroller, Franz: Dissertationsverzeichnis der Universität Graz 1872-1963. Graz 1964.
- Kroller, Franz: Dissertationsverzeichnis der Universität Graz 1964-1965 mit Nachträgen aus früheren Jahren. Wien 1968.
- Gesamtverzeichnis österreichischer Dissertationen I/1966 und II/1967.
- Die Dissertationen der Technischen Hochschule Wien aus den Jahren 1901-1953. Wien 1955.

3. Für die Schweiz
- Jahresverzeichnis der schweizerischen Hochschulschriften 1. 1897/98 – 80. 1977
- Das Schweizer Buch 77. 1977 – 79. 1979.

Für die Tschechoslowakei
- Jahrbuch der Philosophischen Fakultät der Deutschen Universität Prag. Dekanatsjahr 1923/24. Prag 1925.

Um auch in den Jahren 1978 und 1979 abgeschlossene Arbeiten zu erfassen, die in den genannten laufenden Verzeichnissen noch nicht enthalten sind, wurde ein Rundschreiben an Universitätsinistute verschickt, die sich mit orientbezogenen Fragen beschäftigen. Allen Instituten, die uns in entgegenkommender Weise Titel gemeldet haben, sei an dieser Stelle vielmals gedankt.

ZUGÄNGLICHKEIT

Manche der Dissertationen – vor allem aus neurer Zeit – sind im Buchhandel, meist in entsprechenden wissenschaftlichen Reihen erschienen. Leider konnte nicht immer festgestellt worden, ob eine Arbeit im Handel erhältlich ist. Hier genügt jedoch im Zweifelsfall ein Blick in den alphabetischen Katalog einer größeren Bibliothek oder bei neueren Veröffentlichungen in das „Verzeichnis lieferbarer Bücher (VLB)", um dies zu klären.

Bei solchen im Buchhandel erschienenen Hochschulschriften steht in dem vorliegenden Verzeichnis meist der Vermerk

     nA = nicht für den Austausch

oder

     bA = nur in beschränkter Anzahl für den Austausch.

Im letzteren Fall befinden sich auch Dissertationsexemplare in den Bibliotheken. Meist wird man jedoch auf die Buchhandelsausgabe treffen.

Wenn sie nicht im Buchhandel erscheinen, werden die Dissertationen der Bundesrepublik in der Regel in einer Auflage von 150 Exemplaren gedruckt und als Pflichtexemplare abgeliefert. Sie sind somit an den meisten Universitätsbibliotheken vorhanden.

Schwieriger ist es mit der Zugänglichkeit der Arbeiten aus der DDR. Der traditionelle Dissertationstausch mit der DDR soll seit Ende der sechziger Jahre nicht mehr so wie früher funktionieren. Manche DDR-Bibliotheken sollen auch generell nicht mehr in die BRD liefern. Hochschulschriften aus der DDR tragen meist entweder den Vermerk

     Ma = nur maschinenschriftlich vorhanden

oder

     Mav = maschinenschriftlich vervielfältigt.

In diesen Fällen ist aber meist eine Einsichtnahme in die Arbeit über die Fernleihe einer Bibliothek möglich.

Habilitationsschriften sind durch die Abkürzung „Hab" gekennzeichnet. Auf die besondere Bezeichnung der Dissertationen wurde in der Regel verzichtet. Lediglich bei Hochschulschriften der DDR wurden die Bezeichnungen „Diss. A" und „Diss.B" beibehalten.

Bei älteren Arbeiten findet sich noch manchmal der Vermerk „Ha" = handschriftlich.

BIBLIOGRAPHISCHE ANGABEN

Die Titelaufnahme der einzelnen Hochschulschriften richtet sich ganz nach der von den Autoren selbst gewählten vorliegenden Orthographie. Verfassernamen etwa wurden immer in der vom jeweiligen Verfasser selbst gewählten europäischen Schreibung übernommen. Das gilt auch für die vom jeweiligen Autor gewählte Form der Transkription orientalischer Werktitel, Sachbegriffe und Personennamen.

Im Sachindex wurden die entsprechenden Begriffe und Namen jedoch im wesentlichen nach den Transkriptionsregeln der Deutschen Morgenländischen Gesellschaft vereinheitlicht. Bei vorislamischen iranischen Titeln fand die im „Handbuch der Orientalistik" verwendete Umschrift Anwendung.

Die einzelnen Universitäten, Hochschulen und deren Sitze sind wie folgt abgekürzt:

AC	Aachen
B	Berlin (vor Existenz der Freien Universität oder nicht näher angegeben)
B-F	Berlin, Freie Universität
B-H	Berlin, Humboldt-Universität
B-L	Berlin, Landwirtsch. Hochschule
B-ÖK	Berlin, Hochschule für Ökonomie
B-T	Technische Hochschule bzw. Universität Berlin
B-Ti	Berlin, Tierärztl. Hochschule
B-WH	Berlin, Wirtschaftshochschule
BA	Basel
BE	Bern
BI	Bielefeld
BN	Bonn
BO	Bochum
BR	Breslau
BRE	Bremen
BS	Braunschweig
CLZ	Clausthal-Zellerfeld
D	Düsseldorf
DA	Darmstadt
DR	Dresden
DZ-T	Danzig, Technische Hochschule
ER	Erlangen
ES	Essen

F	Frankfurt
FG	Freiberg
FR	Freiburg
FRS	Freiburg/Schweiz
GI	Gießen
GE	Genf
GÖ	Göttingen
GRE	Greifswald
GZ	Graz
H	Hannover
H-Ti	Hannover, Tierärztliche Hochschule
HAL	Halle
HD	Heidelberg
HH	Hamburg
HOH	Hohenheim
IN	Innsbruck
J	Jena
K	Köln
K-BLI	Köln, Bibliothekar Lehrinstitut
KA	Karlsruhe
KB	Königsberg
KI	Kiel
KON	Konstanz
L	Leipzig
L-DHK	Leipzig, Deutsche Hochschule für Körperkultur
LI	Linz
LÜ	Lübeck
M	München
M-T	München, Technische Hochschule
MA	Mannheim
MEI	Meißen
MR	Marburg
MS	Münster
MZ	Mainz
N	Nürnberg
NEU	Neuchâtel
O	Osnabrück
POT	Potsdam
REG	Regensburg
ROS	Rostock

S	Stuttgart
SA	Salzburg
SG	St. Gallen
ST	Straßburg
TR	Trier
TÜ	Tübingen
W	Wien
W-HW	Wien, Hochschule für Welthandel
W-W	Wien, Wirtschaftsuniversität
WEI	Weimar
WÜ	Würzburg
Z	Zürich
Z-T	Zürich, Eidgenöss. Technische Hochschule

Wenn nach der Abkürzung des Hochschulortes der Zusatz −T (z.B. S−T) folgt, handelt es sich um eine Technische Hochschule.

Für die Fakultäten bzw. Fachbereiche werden folgende Abkürzungen verwendet:

agr	agrarwissenschaftlich	ph	philosophisch (oder philologisch)
aus	auslandswissenschaftlich		
arch	Architektur	pol	Politische Wissenschaften
f	forstlich	rs	rechts- und staatswissenschaftlich
geo	geographisch		
gw	gesellschaftswissenschaftl.	rw	rechts- und wirtschaftswissenschaftlich
hs	historisch		
j	juristisch (bzw. rechtswissenschaftlich)	s	staatswissenschaftlich
		sw	staats- und wirtschaftswissenschaftlich
l	landwirtschaftlich		
m	mathematisch	th	theologisch
med	medizinisch	tä	tierärztlich
mn	mathematisch-naturwissenschaftlich	vw	volkwirtschaftlich
		wi	wirtschaftswissenschaftlich
n	naturwissenschaftlich	wi-so	wirtschafts- und sozialwissenschaftlich
päd	pädagogisch		
		vet.-med.	Veterinärmedizin

XVII

Weitere Abkürzungen:

AKM: Abhandlungen für die Kunde des Morgenlandes
F: Fakultät
FB: Fachbereich
MSOS: Mitteilungen des Seminars für Orientalische Sprachen
N.F.: Neue Folge
ZDMG: Zeitschrift der Deutschen Morgenländischen Gesellschaft.

Der Verfasser ist sich darüber im klaren, daß trotz aller Bemühungen die vorliegende Titelsammlung nicht den Anspruch auf Vollständigkeit erheben kann. Er hofft aber dennoch, Forschern und Bibliothekaren ein Arbeitsmittel in die Hand gegeben zu haben, das orientbezogene Titel schnell und sicher zu finden hilft.

Die Staatsbibliothek Preußischer Kulturbesitz hat diese Arbeit aus Anlaß des XXI. Deutschen Orientalistentages in Berlin durch den Verfasser erstellen lassen. Mein besonderer Dank gilt hier Herrn Generaldirektor Dr. E. Vesper, der für dieses Arbeitsvorhaben entgegenkommendes Verständnis gezeigt und es großzügig gefördert hat, sowie den Kollegen der Orientabteilung, die mir mit Rat und Tat zur Seite standen.

Mein besonderer Dank gilt auch der Deutschen Forschungsgemeinschaft, welche die Erstellung des Manuskriptes der Arbeit gefördert hat und ohne deren finanzielle Unterstützung dieses Projekt nicht hätte durchgeführt werden können.

Herzlich danken möchte ich auch Herrn Prof. Dr. Hans Robert Roemer (Freiburg), der die erste Auflage dieser Bibliographie angeregt und das Entstehen der 2. Auflage auch aus der Ferne stets mit Interesse verfolgt und unterstützt hat.

Mein herzlicher Dank gilt auch Frau Brigitte Schäfer, die bei den Ordnungs- und Sortierarbeiten geholfen hat, die Titelmassen im Griff zu behalten sowie nicht zuletzt allen Fachkollegen, die durch Hinweise aller Art dazu beigetragen haben, die Titelsammlung zu vervollständigen.

Berlin, Februar 1980

INHALTSVERZEICHNIS

(es werden jeweils die Nummern der Titel angegeben)

XX

Kunst, Theater 2349 – 2389

Land- und Forstwirtschaft und Viehzucht 2390–2726

Mathematik 2727 – 2733

Medizin 2734 – 3002

Musik 3003 – 3032

Natur- und Geheimwissenschaften 3033 – 3060

Philosophie 3061 – 3100

Politik 3101 – 3254

1. VORISLAMISCHER ALTER ORIENT

1.0. MEHRERE KULTURREGIONEN, ÜBERGREIFENDES

Allgemeines

1. Wölffling, Siegfried: Untersuchungen zur Geschichte und Organisation
    der deutschen archäologischen Forschung im Vorderen Orient von 1871
    bis 1945. (1. 2.) – Halle 1969. 239 gez. Bl.   U.69.7038
    HAL ph Hab nA

Architektur, Bauwesen

2. Gersbach, Alfred: Geschichte des Treppenbaus der Babylonier und
    Assyrier, Ägypter, Perser und Griechen. Straßburg 1917. VII, 107 S.
    Auch als: Zur Kunstgeschichte d. Auslandes. H. 114. KA-T 1917
                                                                   U.17.1930

3. Riss, Golde: Wohnen und Wohnungen bei den Ursemiten.   W ph 1923

Biologie

4. Dürst, Joh. Ulr.: Die Rinder von Babylonien, Assyrien und Ägypten und
    ihr Zusammenhang mit den Rindern der alten Welt. Zürich 1899, 1 Bl.,
    90 S. Z ph 1898/99

5. Bretzl, Hugo: Botanische Forschungen des Alexanderzuges nach Theo-
    phrasts Auszügen aus den griechischen Generalstabsberichten. Straß-
    burg 1902. 40 S. ST ph

Geographie

6. Herrmann, Albert: Die alten Seidenstraßen zwischen China und Syrien.
    Aus d. 2. Buch: Zentralasien nach Sse-ma Ts'ien und den Annalen d.
    Han-Dynastie. Mit 1 Kt. Wittenberg 1910. 71 S. – Quellen und For-
    schungen zur alten Geschichte und Geographie. 21. GÖ ph 1911
                                                                   U.11.1499

Geschichte, Kulturgeschichte

7. Judeich, Walter: Persien und Aegypten im IV. Jahrhundert v. Chr. Mar-
    burg 1889. 2 Bl., 44 S., 1 Bl. MR ph Hab

8. **Kohn**, Joseph: Ephemerides rerum ab Alexandro Magno in partibus Orientis gestarum. Bonn 1890. 49, 1 Bl. BN ph

9. **Koritschan**, Leopold: Die Palme bei den Arabern und anderen semitischen Völkern. W 1893 ph

10. **Schiffer**, Sina: Historisch-geographische Untersuchungen zur Geschichte der Aramäer. Kirchhain N.-L. XIV, 57 S. Z ph 1909/10
    Im Buchh.: J.C. Hinrichs'sche Buchhandlung Leipzig

11. **Schapiro**, Nachman: Altsemitische Feldzeichen. W ph 1925

12. **Baumgärtel**, Elise: Tunis, Algier und Nachbargebiete (Neolithikum). – Berlin 1927. 22 Bl. KB ph nA   U.27.3591
    Unter dem Stichwort „Tunis" in: Reallexikon der Vorgesch.

13. **Popplow**, Ulrich: Pferd und Wagen im alten Orient. – Berlin 1934. 72 S. B-T 1932

14. **Güterbock**, Hans Gustav: Die historische Tradition und ihre literarische Gestaltung bei Babyloniern und Hethitern bis 1200. – (Glückstadt & Hamburg) 1934, 95 S. In erweit. Form in: Z.f. Assyriologie. N.F. 8. L ph 1934

15. **Sitterding**, Madeleine: Fragen zur Entstehung der Stadtkulturen in West-Asien und Südost-Europa. (Kurzfassg.) 1962. 107 S. Z ph
    Aus: Praehistorische Zeitschrift. 39, 1961

16. **Wozak**, Hildegard: Herr und Herrin der Tiere in Vorderasien. – (Wien 1966). 218, 8, XVII Bl. W ph Ma 1967

17. **Windbichler**, Franz: Der Hirte zwischen Ehrfurcht und Verachtung. Ein Beitrag zur altoriental. u. mandäischen Hirtenvorstellung u. zur rabbinischen Hirtenverachtung. – Wien 1971. 200 Bl. W th 1972 Ma

18. **Korfmann**, Manfred: Schleuder und Bogen in Südwestasien. Von den frühesten Belegen bis zum Beginn d. histor. Stadtstaaten. 1971. 282 S. F hs
    Im Handel: Antiquitas. Reihe 3. Abhandl. z. Vor- und Frühgeschichte, zur Klass. u. provinzial.-röm. Archäologie u.z. Geschichte d.Altertums. 13. (Habelt/Bonn 1972)

19. **Kühne,** Hartmut: Die Keramik vom Tell Chuera und ihre Beziehungen zu Funden aus Syrien-Palästina, der Türkei und dem Iraq. 1976. – 166 S., 20 Bl. Abb., 42 Taf.B-F FB Altertumswiss. 1972 bA   U.76.14940 Im Handel: Vorderasiatische Forschungen der Max-Freiherr-von-Oppenheim-Stiftung. 1.) (Mann/Berlin 1976)

20. **Wagner,** Jörg: Seleikeia am Euphrat/Zeugma: Studien zur histor. Topographie u. Geschichte. 1976. – X. 309 S. MS ph 1974 Im Handel: Tübinger Atlas des Vorderen Orients. Beih. Reihe B. Geisteswiss. 10. (Reichert/Wiesbaden.)

21. **Röhrer-Ertl,** Olav: Die neolithische Revolution im Vorderen Orient. E. Beitrag zu Fragen der Bevölkerungsbiologie und Bevölkerungsgeschichte. 1976. IX, 324 S. BS n Im Handel: Oldenbourg/München, Wien 1978

22. **Fischer,** Klaus: Kritik der marxistischen Wissenschaftstheorie. Sozioökonom. Determinierung d. Wiss. oder Logik d. Ideenentwicklung? Frühgeschichte, Alter Orient, Antike. 1977. 355 S. MA Fak. f. Sozialwiss. Im Handel: Studien zur empirischen und systematischen Wissenschaftsforschung. l. (Fischer/Greven 1979.)

Kunst

23. **Jacobsthal,** Paul: Der Blitz in der orientalischen und griechischen Kunst (bis zum Einsetzen des rotfigurigen Stiles). Berlin: Weidmann 1906. 35 S. BN ph 1906

24. **Mueller,** Walter: Nacktheit und Entblößung in der altorientalischen und älteren griechischen Kunst. Borna-Leipzig 1906. L ph 1906

25. **Heidenreich,** Robert: Beiträge zur Geschichte der vorderasiatischen Steinschneidekunst. (Teildr.) Heidelberg 1925. 50 S. HD ph 1927

26. **Kalischer,** Irmgard Rahel: Die Darstellung des Vogels in der orientalischen, ägyptischen und mykenischen Kunst. – 223 S. MR ph Ms   U.25.6979 Auszug in: Jahrbuch d. Phil.Fak. Marburg. 1923-1924. I. S. 105-106

27. **Nottbohm**, Gerda: Die Darstellung von Aufzügen im Orient und in der frühen griechischen Kunst. 1944. 176 Bl. L ph 1945

28. **Meurer**, Hanna: Die Verbindung der altorientalischen und islamischen Zeit durch figürliche Motive in der darstellenden Kunst. – Berlin 1945. B ph 1945   U.44.1144
(In Bibliotheken nicht vorhanden.)

29. **Brandes**, Mark Adolf: Orientalische und archaisch-griechische Kesselattaschen aus Bronze in Gestalt geflügelter Menschen protomen. o.O. 1959. 279 Bl. HD ph nA 1960   U.60.4376

30. **Al-Baker**, Mundier: Die Entwicklung der Fassade im alten Orient und im Islam. Mit besonderer Berücks. d. Kairiner Fassade. – Leipzig 1966, II, 147 Bl. L Ma ph nA   U.66.9815

31. **Nickel**, Heinrich L(eopold): Ausdrucksformen der Bewegung in der bildenden Kunst des Alten Orients und des Mittelalters. Mit e. Exkurs: Der Bewegungsausschnitt und die Erfindung der Momentphotographie. (1.2.) – Halle 1967. 211 gez. Bl. HAL ph Hab Ma nA

32. **Fehr**, Burkhard: Orientalische und griechische Gelage. 1968. 245 S. MR ph
Im Handel: Abhandlungen zur Kunst-, Musik- und Literaturwissenschaft. 94. (Bouvier/Bonn 1971.)

33. **Helwin**, Hellmut: Pathologische Befunde an menschlichen Darstellungen der ur- und frühgeschichtlichen Plastik in Europa, dem Vorderen Orient und Ägypten. – Halle 1970. 160 gez. Bl. HAL ph nA Mav   U.70.2853

34. **Künzl**, Hannelore: Der Einfluß des alten Orients auf die europäische Kunst besonders im 19. und 20. Jh. – Köln 1970. II, 343 S. K ph 1970   U.73.8943

35. **Karoumi**, Awni: Zur Frage des altorientalischen Theaters und Entwicklungslinien des arabisch-irakischen Theaters. 1976. 321 Bl. B-H gw nA Mav

Medizin

36. **Grawinkel**, Carl Julius: Zähne und Zahnbehandlung der alten Aegypter, Hebräer, Inder, Babylonier, Assyrer, Griechen und Römer. Berlin 1906. Berl. Verlagsanst. VI, 66 S. ER ph 1906

37 **Schönig**, Erwin: Beitrag zur Geschichte der Veterinärhygiene bei den alten Babyloniern, Assyrern und Persern. Lucka i. Thür. 1926. 63 S. L med

38 **Goltz**, Dietlinde: Studien zur altorientalischen und griechischen Heilkunde. Therapie, Arzneibereitung, Rezeptstruktur. Marburg 1969. XIV, 352 S. MR Hab n
   Im Handel: Sudhoffs Archiv. Beih. 16. (Steiner/Wiesbaden 1974.)

39. **Helwin**, Hellmut: Pathologische Befunde an menschlichen Darstellungen der ur- und frühgeschichtlichen Plastik in Europa, dem Vorderen Orient und Ägypten. Halle 1970. 160 gez. Bl. HAL ph nA Mav   U.70.2853

Recht

40. **Freund**, Leiwe: Zur Geschichte des Ehegüterrechts bei den Semiten. W ph 1908

41. **Fuchs**, Karl: Die alttestamentliche Arbeitergesetzgebung im Vergleich zum Codex Hammurapi, zum altassyrischen und hethitischen Recht. – Heidelberg: Evang. Verl. 1935. 89 S. HD th 1935

42. **Lauterbach**, Werner: Der Arbeiter in Recht und Rechtspraxis des Alten Testaments und des alten Orients. – Heidelberg 1936, VIII, 93 S. HD th 1936

43. **Starck**, Werner: Die Sklaverei im Spiegel der altorientalischen und alttestamentlichen Gesetzgebung. – (Wien) 1965. 287 Bl. W th Ma

44. **Stadler**, Gerlinde: Privateigentum in Israel und im Alten Orient. – 1975. III, 344 S. MZ th

Religion

45. Hartte, Konstantin: Zum semitischen Wasserkultus (vor Ausbreitung des Christentums). Halle a.S. 1912. 173 S. TÜ ph U.12.4435

46. Reich, Edmund: Blutopfer bei den Semiten. Ma W ph 1923.

47. Galling, Kurt: Der Altar in den Kulturen des alten Orients. Berlin 1924. VIII, 108 S. J ph nA 1923

48. Schmökel, Hartmut: Der Gott Dagan. Ursprung, Verbreitung und Wesen seines Kultes. Borna-Leipzig 1928. 65 S. HD ph U.28.3395

49. Lohmeyer, Ernst: Glaube und Geschichte in vorderorientalischen Religionen. – Breslau 1931, 27 S. BR Rektoratsrede am 3.11.1930 (1931) nA Breslauer Universitätsreden, H.6. U.31.1497

50. Zbinden, Ernst: Die Djinn des Islam und der altorientalische Geisterglaube. – Bern 1953, XVI, 163 S. Z th 1953

51. Strommenger, Eva: Grabformen und Bestattungssitten im Zweistromland und in Syrien von der Vorgeschichte bis zur Mitte des 1. Jahrtausend v. Chr. – o.O. (1954), IV, 225 gez. Bl. B-F ph nA Ms

52. Friedrich, Ingolf: Ursprung und Wesen von Ephod und Choschen im Lichte des alten Orients. – (Wien) 1963, 138 Bl. W th 1967 Im Handel: Wiener Beiträge zur Theologie, 20. (Herder/Wien 1968.)

53. Schretter, Manfred K.: Nergal-Rescheph-Apollon. Untersuchung über die Möglichkeit einer Entlehnung griech. Gedankengutes aus altoriental. Quellen. Innsbruck 1970. 314 Bl. IN ph 1971 Im Handel u.d. Titel: Alter Orient und Hellas. Fragen d. Beeinflussung griech. Gedankengutes aus altoriental. Quellen, dargest. an den Göttern Nergal, Rescheph, Apollon. (Innsbrucker Beiträge zur Kulturwissenschaft, Sonderh. 33, 1974.)

54. Schwertheim, Elmar: Die Denkmäler orientalischer Gottheiten im römischen Deutschland. 1974. – X, 355 S. MS ph bA 1973 U.74.13286 Im Handel.

55. **Vorländer,** Hermann: Mein Gott: d. Vorstellungen vom persönlichen
Gott im Alten Orient u. im Alten Testament. 1975. – XV, 364 S.
ER th bA   U.75.6066
Im Handel.

56. **Fuhs,** Hans Ferdinand: Sehen und Schauen: Die Wurzel ḥzh im Alten
Orient und im Alten Testament; e. Beitrag zum prophetischen Offen-
barungsempfang. 1978 – XIV, 378 S. BG th Hab 1977
Im Handel: Forschungen zur Bibel. 32. (Echter Verl./Würzburg 1978.)

Sprache, Literatur

57. **Salzberger,** Georg: Die Salomosage in der semitischen Literatur. Ein
Beitrag zur vergleichenden Sagenkunde. 1. Teil: Salomo bis zur Höhe
seines Ruhmes. – Berlin 1907. 129 S. HD ph 1907

58. **Till,** Walter: Die Personalpronomina im Aegyptischen und Semitischen.
Ma W ph 1920

59. **Schmid,** Hans Heinrich: Wesen und Geschichte der Weisheit. Eine Untersuchung zur altorientalischen und israelitischen Weisheitsliteratur.
1966. – XIV, 251 S. Z th nA
Im Buchh.: Töpelmann, Berlin.

60. **Irvin,** Dorothy: Mytharion. The comparison of tales from the Old
Testament and the ancient near East. 1970. XV, 135 S. TÜ th 1970
Im Handel: Alter Orient und Altes Testament. 32. (Butzon u. Bercker/
Kevelaer 1978.)

61. **Kropfitsch,** Lorenz: Einige ausgewählte parallele Entwicklungen in den
altsemitischen Sprachen und in den neuarabischen Dialekten. Graz 1972.
V, 128 S, 4 Bl. GZ ph Ma

Indo-Iranisch

62. **Cartellieri,** Wilhelm: Griechisch a, ϵ Indo-iranisch i. – Wien 1884.
W ph 1884

63. **Schmid,** Wolfgang: Untersuchungen zur Stellung der Nasalpraesentia
im indo-iranischen Verbalsystem. – o.O. 1956. VIII, 234 gez. Bl.
Ma TÜ ph nA   U.56.8137

64. **Nowicki**, Helmut: Die neutralen s-Stämme im indo-iranischen Zweig des Indogermanischen. 1976. 257 S. WÜ FB Philosophie   U.76.14514

Semitisch

65. **Künstlinger**, David: Zur Theorie der Zahlwörter in den semitischen Sprachen. – Berlin 1897. 32 S. BE ph 1897/98

66. **Lajčiak**, Johann: Die Plural- und Dualendungen am semitischen Nomen. – Leipzig 1902. 56 S. L ph 1902

67. **Bauer**, Hans: Die Tempora im Semitischen, ihre Entstehung und ihre Ausgestaltung in den Einzelsprachen. – (Leipzig 1910). 53 S. Aus: Beiträge zur Assyriologie und semit. Sprachwiss. 8,1.) B ph   U.10.126

68. **Stieglecker**, Hermann: Das Präfix m im Semitischen. Ha W ph 1921

69. **Guttmann**, Leon: Die Entwicklung des Begriffes „schlagen" in den semitischen Sprachen. Ha Wien 1921. W ph 1921

70. **Berger**, Benedikt: Ueber den Begriff „zählen" im semitischen Sprachgebiet. – Wien 1922. W ph 1922

71. **Rand**, Abraham: Der Vokalismus im Semitischen. Ma Wien 1922. W ph 1922

72. **Sonnenschein**, David: Der Nachdruck in der nordsemitischen Syntax. Ha W ph 1922

73. **Löwy**, Karl: Affektbezeichnungen im Semitischen. Ha W ph 1922

74. **Golinger**, Moses: Die T-Nomina oder die ursemitische Wortbildung. – Wien 1922. W 1922 ph

75. **Neiger**, David: Die Biradikalität des semitischen Verbums. Ma W ph 1925

76. **Noth**, Martin: Gemeinsemitische Erscheinungen in der israelitischen Namengebung. Leipzig 1927, 45 S. Aus: ZDMG Bd. 81. GRE th

77. **Porath**, E(phraim): Die Passivbildung des Grundstammes im Semitischen. Eine sprachwissenschaftliche Untersuchung. – Breslau (Frankfurt a.M.) 1926. 27 S. Aus: Monatsschrift f. Gesch. u. Wissensch. d. Judentums. GI ph bA U.27.1773

78. **Bakoš**, Johann: Die Bezeichnung der Vokale durch Konsonantenzeichen in den nordsemitischen Sprachen. (Preisschrift, ist nicht gedruckt.) Göttingen 1928. GÖ ph U.28.2664

79. **Dostal**, Walter: Eine ethnologisch-linguistische Studie über das Problem der semitisch-sprechenden Völker. – Wien 1952. 134 S, 3 Bl., IV Taf. W ph 1952

Aramäisch

80. **Wohlstein**, Joseph: Ueber einige aramäische Inschriften auf Thongefäßen des Königlichen Museums zu Berlin. (Aus: Zeitschr. f. Assyr., Bd. VIII u. IX, 1893/94.) München 1894, GI ph

81. **Schlesinger**, Michel: Satzlehre der aramäischen Sprache des babylonischen Talmuds. Leipzig: Asia major 1928. XIX, 330 S.(Veröffentlichungen d. Alexander-Kohut-Stiftung. Bd. 1.)GI ph 1928 nA

82. **Wagner**, Max: Die lexikalischen und grammatikalischen Aramaismen im alttestamentlichen Hebräisch. Basel 1966. VI, 51 S. BA th Im Handel: Töpelmann/Berlin.

83. **Degen**, Rainer: Altaramäische Grammatik der Inschriften des 10. bis 8. Jh. v. Chr. 1969. XVIII, 144 S. MR Im Handel: Abhandlungen für die Kunde des Morgenlandes. 38.3. (Steiner/Wiesbaden.)

1.1. ÄGYPTEN

Allgemeines

84. **Wölffling**, Siegfried: Untersuchungen zur Geschichte des Deutschen Instituts für ägyptische Altertumskunde zu Kairo. (Textband) – Halle/S. 1960. 204 gez. Bl. HAL Mav nA ph U.60.3539 Der Quellenband befindet sich in der Bibliothek des Archäologischen Seminars, Abt. Frühgeschichte des Orients, der Martin-Luther-Universität, Halle.

Architektur, Bauwesen

85. **Plaumann,** Bruno: Versuch einer Rekonstruktion des architektonischen Aufbaues des von der Ernst von Sieglin-Expedition im Winter 1913/14 freigelegten und vom Verfasser zeichnerisch aufgenommenen Felsengrabes Wahka II. in Qaw-el-kebir, Oberägypten... 47 S. m. Aufnahmezeichn., Phot. u. Rekonstruktionszeichn. BS-T Ma 1923   U.23.11351

86. **Königsberger,** Otto: Die Konstruktion der ägyptischen Tür. – Glückstadt, Hamburg, New York: Augustin 1936. X, 87 S. B-T 1935 bA U.37.1193
Im Handel: Ägyptologische Forschungen. 2.

87. **Brunner,** Hellmut: Die Anlagen der ägyptischen Felsgräber bis zum Mittleren Reich. – Glückstadt, Hamburg, New York: Augustin 1936. 89 S.
M ph nA   U.36.8205
Im Handel: Ägyptol. Forschungen. H. 3.

88. **Firchow,** Otto: Studien zu den Pyramidenanlagen der 12. Dynastie. – Göttingen 1942. 55 S. GÖ ph   U.43.2475

89. **Hammad,** Mohamed Moustafa: Die Entwicklung des ägyptischen Hauses. – o.O. 1956. 76 S., 2 gez. Bl., 3 Taf. BR-T nA   U.56.1485

90. **Haeny,** Gerhard: Basilikale Anlagen in der ägyptischen Baukunst des Neuen Reiches. Karlsruhe 1968. XI, 112 S. KA arch 1968 nA
U.69.9681
Im Handel.

Astronomie

91. **Biegel,** Rebekka Aleida: Zur Astrognosie der alten Aegypter. (Mit sechs Figuren im Text.) Göttingen 1921, 38 S. Z ph

Biologie

92. **Hilzheimer,** Max: Beitrag zur Kenntnis der nordafrikanischen Schakale nebst Bemerkungen über deren Verhältnis zu den Haushunden insbesondere nordafrikanischen und altägyptischen Hunderassen. (Aus d. Sammlung des Zool. Instituts zu Strassburg.) – Stuttgart 1908. 111 S. S-T Hab 1907
Im Handel: Zoologica, Heft 53.

93. **Störk**, Lothar: Die Nashörner: Verbreitungs- u. kulturgeschichtl. Materialien unter bes. Berücks. d. afrikan. Arten u.d. altägypt. Kulturbereichs. 1977. – VI, 583 S. TÜ bA
Im Handel.

Geographie

94. **Joseph**, Fritz: Die Südgrenze Ägyptens in politischer und militärischer Beziehung von Alexander dem Großen bis zur Arabischen Eroberung. – 51 S. B ph Ma   U.23.502
Auszug in: Jahrbuch d. Diss. d. Phil. Fak. Berlin. 1920-21. S. 122-125

94a. **Schlott**, Adelheid: Die Ausmaße Ägyptens nach altägyptischen Texten. Tübingen 1968. VI, 181 S.TÜ ph
Im Handel.

95. **Zibelius**, Karola: Afrikanische Orts- und Völkernamen in hieroglyphischen und hieratischen Texten. – Tübingen 1972. XXI, 204 S. TÜ nA
U.73.12716
Im Handel.

96. **Görg**, Manfred: Untersuchungen zur hieroglyphischen Wiedergabe palästinischer Ortsnamen. – 1974. 226 S. BN ph   H.74.3443
Im Handel: Bonner orientalistische Studien. N.S. 29.) (Oriental. Seminar d. Univ. Bonn/Bonn.)

97. **Beinlich**, Horst: Studien zu den „Geographischen Inschriften" (10.–14. o.äg.Gau). IV, 179, (76) S. HD Fak. f. Orientalistik u. Altertumswiss. 1974 nA
Im Handel: Tübinger ägyptologische Beiträge. 2. (Habelt/Bonn 1976.)

Geschichte

98. **Riedel**, Wilhelm: Untersuchungen zu den Tell-el-Amarna-Briefen. TÜ ph 1920   U.20.3905

99. **Mehmke**, Rudolf Ludwig: Der Anteil der Technik an der Entwicklung von Wirtschaft und Kultur im alten Ägypten. – IV, 185 S. S-T 1923 Ma
U.24.9828

100. **Ribstein**, Wolfgang: Zur Kenntnis der im alten Ägypten verwendeten Hölzer. Nach d. Material d. ägyptol.Inst. d. Univ. Heidelberg, d. Sammlung Spiegelberg u. d. Bad. Landesmuseums in Karlsruhe. – 1925. II, 18, II S.
HD mn Ma U.25.4762
Im Handel.

101. **Meyer**, Friedrich Wilh.: Die Leitung der aegyptischen Gaue im Alten Reiche. – 1926. II, 67 S. L ph Ma U.26.5238

102. **Polotsky**, Jakob: Zu den Inschriften der 11. Dynastie (Autogr.) – Leipzig: (Hinrichs) 1929. VI, 71 S. GÖ ph nA U.29.2412
Im Handel: Untersuchungen z. Geschichte u. Alterstumskunde Ägyptens. Bd. 11.

103. **Sturm**, Josef: Der Hettiterkrieg Ramses II. 1935. W ph Ms

104. **Pflüger**, Kurt: Haremhab und die Amarnazeit. (Teildruck: Haremhabs Laufbahn bis zur Thronbesteigung. 1936. IV, 62 S. Z ph

105. **Labib**, Pahor Cladios: Die Herrschaft der Hyksos in Ägypten und ihr Sturz. – (Glückstadt, Hamburg, New York 1936) 43 S. B ph 1936

106. **Müller**, Hugo: Die formale Entwicklung der Titulatur der ägyptischen Könige. – Glückstadt, Hamburg, New York: August in 1938. 73 S.
B ph nA U.38.793
Im Handel: Ägyptol. Forschungen. H. 7.

107. **Hecker**, Rudolf: Die Nachrichten über die Edelmetalle in den altägyptischen Texten und ihre Bedeutung für die ägyptische Kulturgeschichte und Archäologie. B ph 1940 U.44.1081
(In Bibliotheken nicht vorhanden.)

108. **Boessneck**, Joachim: Die Haustiere in Altägypten. – München: (J. Pfeiffer) 1953. 50 S., 12 Bl., 11 Bl. M U.51.7382
Aus: Veröffentlichungen der zoologischen Staatssammlung München Bd. 3, S. 1-50.

109. **Ismail**, Ismail Moustafa: Die Gärten der alten Ägypter und die Bewässerung bis zum Hoch damm bei Assuan. – o.O. (1960), 77 Bl.
M-T L Mav nA U.60.7236

110. **Müller,** Christa: Die Frauenfrisur im alten Ägypten. — o.O. (1960).
115 gez. Bl. L ph nA   U.60.5360

111. **Wallert,** Ingrid: Die Palmen im Alten Ägypten. Eine Unters. ihrer prakt.
symbol. u. relig. Bedeutung. München 1962. 159 S. M ph nA
U.62.7837
Im Handel: Münchner ägyptilogische Studien. 1. (Hessling/Berlin.)

112. **Endesfelder,** Erika: Die Arbeiter der thebanischen Nekropole im Neuen
Reich. — Berlin 1962. II, 173 gez. Bl. B-H ph Mav nA   U.62.209

113. **Bakr,** Mohamed Ibrahim Ahmed: Untersuchung zur Herkunft der 25.
Dynastie. — Berlin 1962. III, 100 gez. Bl. B-H ph nA   U.62.203

114. **Meyer,** Ruth: Die Bedeutung Ägyptens in der lateinischen Literatur
der vorchristlichen Zeit. 1964. VI, 209 S. Z ph

115. **Bieß,** Helmut: Rekonstruktionen ägyptischer Schiffe des Neuen Reiches und Terminologie der Schiffsteile. — Göttingen 1964. 193 gez.
Bl. GÖ ph nA Mav   U.64.4696

116. **Hornung,** Erik: Untersuchungen zur Chronologie und Geschichte des
neuen Reiches. — Münster 1963. 119 S. MS ph Hab nA   U.64.10085
Im Handel: Ägyptologische Abhandlungen. 11. (Harrassowitz/Wies-
baden 1963.)

117. **Blumenthal,** Elke: Untersuchungen über die Phraseologie des ägyptischen Königstums im Mittleren Reich. — Leipzig 1964. 414 gez. Bl.
L ph nA Mav   U.64.7540

118. **Staehelin,** Elisabeth: Untersuchungen zur ägyptischen Tracht im Alten
Reich. 1966. XII, 323 S., 24 Taf. BA ph
Im Handel: Münchener ägyptologische Studien. 8. (Hesseling/Berlin.)

119. **Atzler,** Michael: Erwägungen zur Stadt im Alten Reich. Leipzig 1968.
105, 29, 17 gez. Bl. L ph nA

120. **Reiser,** Elfriede: Der königliche Harim im alten Ägypten. (Mit Abb.) —
Wien 1968. IV, 134 Bl. W ph Ma
Im Handel: Dissertationen d. Univ. Wien. 77. (Verl. Notring/Wien 1972.)

121. **Wildung**, Dietrich: Die Rolle ägyptischer Könige im Bewußtsein ihrer Nachwelt. Posthume Quellen über d. Könige d. ersten vier Dynastien. – München 1969. 265 S., XVII S. M ph nA U.69.14493 Im Handel.

122. **Kühnert-Eggebrecht**, Eva: Die Axt als Waffe und Werkzeug im alten Ägypten. – München 1969. IX, 168 S. M ph nA U.69.13992 Im Handel.

123. **Stollwerck**, Arno: Untersuchungen zum Privatland im ptolemäischen und römischen Ägypten. – Köln 1971. XI, 147 S. K j U.71.6883

124. **Kühne**, Cord: Die Chronologie der internationalen Korrespondenz von El-Amarna. – Berlin 1970. 174 S. B-F ph 1970 bA U.73.13554 Im Handel.

125. **Pecenka**, Edith: Der Weggedanke im alten Ägypten. – Wien 1972. II, 188 Bl. W ph

126. **Gomaà**, Farouk: Chaem wese, Sohn Ramses' II. und Hoherpriester von Memphis. 137 S.MS ph 1972 Im Handel: Ägyptologische Abhandlungen. 27. (Harrassowitz/Wiesbaden 1973.)

127. **Hassan**, Ali: Stöcke und Stäbe im pharaonischen Ägypten bis zum Ende des Neuen Reiches. 1976. – IX, 223 S. TÜ ph 1973 Im Handel: Münchner ägyptologische Studien. 33. (Deutscher Kunstverlag/München, Berlin 1976.)

128. **Steinmann**, Frank: Die soziale Stellung der „Künstler" im neuen Reich: ein Beitrag zur Unters. d. Sozialstruktur d. alten Ägypten. 1974. – 199 Bl. L Sekt. Kulturwiss. u. Germanistik, Diss. A, U.74.2149 Mav nA

129. **Drenkhahn**, Rosemarie: Die Handwerker als Berufsgruppe: ihre Tätigkeit und Stellung in d. Gesellschaft. 1974. HH FB Orientalistik nA U.75.8160 Im Handel u.d. Titel: Die Handwerker und ihre Tätigkeiten im alten Ägypten. Wiesbaden: Harrassowitz 1976. XII, 169 S. (Ägyptologische Abhandlungen. 31.)

130. **Martin-Pardey**, Eva: Untersuchungen zur ägyptischen Provinzialverwaltung bis zum Ende des Alten Reiches. 1975. – XIX, 246 S. MS ph nA
Im Handel: Hildesheimer ägyptologische Beiträge. 1. (Gerstenberg/ Hildesheim 1976.)

131. **Schmitz**, Bettina: Untersuchungen zum Titel s3-njświt „Königssohn" 1976. – XII, 371 S. HH Fachbereich Orientalistik 1977 nA
Im Handel: Habelts Dissertationsdrucke: Reihe Ägyptologie. 2. (Habelt/Bonn 1976.)

132. **Bietak**, Manfred: Tell el-Dab'a. 2. (Nebst) Abb. u. Pl. – Wien 1974.
(Untersuchungen d. Zweigstelle Kairo des Österr. Archäolog. Inst. 2 (vielm. 1)).
2. Der Fundort im Rahmen einer archäologisch-geogr. Untersuchung über das ägyptische Ostdelta. VI Bl., Bl. IX–XX, 116 Bl.; 45 Taf. gef., 4 Pl. gef. W ph Hab 1976
Im Handel.

133. **Amborn**, Hermann: Die Bedeutung der Kulturen des Niltals für die Eisenproduktion im subsaharischen Afrika. 1976. XV, 304 (68) S. M Philos. FB Altertumskunde u. Kulturwiss.
Im Handel: Studien zur Kulturkunde. 39. (Steiner/Wiesbaden.)

134. **Attiatalla**, Hazim: Die zwischenmenschlichen Beziehungen im alten Ägypten. Wien 1976. 163 Bl. W Ma 1977

135. **Ghoneim**, Wafik: Die ökonomische Bedeutung des Rindes im alten Ägypten. 1977. 270 S. HH FB Orientalistik 1978 nA
Im Handel: Habelts Dissertationsdrucke. Reihe Ägyptologie. 3. (Habelt/Bonn 1977.)

136. **Goedecken**, Karin Barbara: Eine Betrachtung der Inschriften des Meten im Rahmen der sozialen und rechtlichen Stellung von Privatleuten im Ägyptischen Alten Reich. 1976. 425 S. HH, Fachbereich Orientalistik, nA
Im Handel: Ägyptologische Abhandlungen. 29. (Harrassowitz/Wiesbaden.)

15

137. **Kuhlmann**, Klaus P.: Der Thron im alten Ägypten: Untersuchungen zu Semantik, Ikonographie und Symbolik eines Herrschaftszeichens. 1977. – XVI, 114 S. TÜ FB Altertums- u. Kulturwissenschaften 1970.
Im Handel: Abhandlungen des Deutschen Archäologischen Instituts Kairo. Ägyptologische Reihe. 10. (Augustin/Glückstadt 1977.)

138. **Schmitz**, Franz-Jürgen: Amenophis I.: Versuch e. Darstellung d. Regierungszeit e. ägyptischen Herrschers d. frühen 18. Dynastie. 1978. – XIII, 273 S. MS ph 1976
Im Handel: Hildesheimer ägyptologische Beiträge. 6. (Gerstenberg/Hildesheim 1978.)

139. **Merz**, Richard. – Die numinose Mischgestalt: methodenkritische Untersuchungen zu tiermenschlichen Erscheinungen Altägyptens, der Eiszeit und der Aranda in Australien. Teildr. – 1978. – S. VII–X, 278-300 S. Z ph
Im Handel: W. de Gruyter/Berlin.

Kunst

140. **Blunck**, Else: Psychologische Beiträge zur Frage der Behandlung des Raumes in der ägyptischen Flachkunst und Plastik. – 1923, 102 S.
Kl ph Ms   U.23.6610
Auszug: (Berlin 1923: Germanica, Act. Ges.) 1 Bl.

141. **Kayser**, Hans: Die Tempelstatuen ägyptischer Privatleute im mittleren und im neuen Reich. – Heidelberg 1936: Hörning, 65 S.
HD ph Ma   U.36.5181

142. **Bosse**, Käthe: Die menschliche Figur in der Rundplastik der ägyptischen Spätzeit von der 22. bis zur 30. Dynastie. – Glückstadt, Hamburg, New York: Augustin 1936, 104 S., 9 Bl. M ph 1937 nA
                                                                   U.37.8336
Im Handel: Ägyptol. Forschungen. H. 1.

143. **Müller**, Hellmuth: Untersuchungen über Darstellungen von Gebärden auf Denkmälern des Alten Reiches. – Berlin: Reichsverlagsamt (1937).
S. 57-118 mit Abb., 1 Taf. L ph 1936 nA   U.37.7357
In: Mitteilungen d. Inst. f. Ägypt. Altertumskunde. Bd. 7.

144. **Hanke,** Rainer: Untersuchungen zur Komposition des ägyptischen Flachbildes. – (Münster/Westf.) 1961, 101 S., XXIII S. MS ph
U.60.7458

145. **Karig,** Joachim Selim: Die Landschaftsdarstellung in den Privatgräbern des Alten Reiches. – Göttingen 1963. 176 gez. Bl. GÖ ph nA
U.63.3890

146. **Settgast,** Jürgen: Untersuchungen zu altägyptischen Bestattungsdarstellungen. – Heidelberg 1963, 122 S. HD ph bA U.63.5191
Im Handel: Abhandlungen d. Deutschen Archäologischen Instituts Kairo. Ägyptol. Reihe. 3.

147. **Arnold,** Dieter: Wandrelief und Raumfunktion in ägyptischen Tempeln des Neuen Reiches. (Mit 33 Taf.) – München 1963, 138 S.
M ph nA U.63.8286
Im Handel: Münchner ägyptologische Studien. 2. (Hessling/Berlin.)

148. **Drenkhahn,** Rosemarie: Darstellungen von Negern in Ägypten. – Hamburg 1967, 180 S. HH ph U.67.7116

149. **Rühlmann,** Gerhard: Untersuchungen zur ägyptischen Nischensymbolik. (2 Bde.) – Halle 1968, 187 gez. Bl. HAL ph Hab nA Mav
U.68.6503
Ein dazugehöriger Tafelband befindet sich im Institut für Altertumswissenschaft.

150. **Nolte,** Birgit: Die Glasgefäße im alten Ägypten. München 1969, 207 S.
M ph nA U.69.14129
Im Handel: Münchener ägyptologische Studien. 14.

151. **Radwan,** Ali: Die Darstellungen des regierenden Königs und seiner Familienangehörigen in den Privatgräbern der 18. Dynastie. – München 1969, 128 S. M ph nA U.69.14186

152. **Blume,** Marie-Luise: Medizin- und kunsthistorische Betrachtung der Geburtshilfe im Alten Ägypten und in Weiß- und Schwarzafrika. – Göttingen 1969. V, 158 gez. Bl. GÖ med nA Mav U.69.6063

153. **Braun-Holzinger**, Eva-Andrea: Frühdynastische Beterstatuetten. Berlin 1972, 92, 32 S. F FB 9 Klass. Philologie u. Kunstwiss. 1972 nA
Im Handel: Abhandlungen der Deutschen Orient-Gesellschaft. 19. (Mann/Berlin 1977.)

154. **Simonian**, Serop: Untersuchungen zum Bilderschmuck der ägyptischen Holzsärge der XXI.-XXII. Dynastie. 1973. – V, 231 S. GÖ ph
U.76.7147

155. **Eggebrecht**, Arne: Schlachtungsbräuche im alten Ägypten und ihre Wiedergabe im Flachbild bis zum Ende des mittleren Reiches. 1973. – V, 301 S. XIV S. M ph 1973
U.76.11982

Mathematik

156. **Neugebauer**, Otto: Die Grundlagen der ägyptischen Bruchrechnung. – Göttingen 1926, 31 S. GÖ mn 1926 bA
U.26.2549

157. **Reineke**, Walter-Friedrich: Die mathematischen Texte der alten Ägypter. (1. 2.) – Berlin 1965, VIII, 287 S; IV, 302 S. B-H ph nA Ma
U. 65.311

Medizin

158. **Oetteking**, Bruno: Kraniologische Studien an Altägyptern. (Aus dem anthropologischen Institut der Universität Zürich) Braunschweig 1908. VIII u. 90 S. Z ph 1908/09

159. **Lerner**, Gustav: Beitrag zur Geschichte der Gesundheitspflege der Haustiere im Alten Ägypten. – Kulmbach (1921) 35 S., 1 Taf. Leipzig, Veterinär-med. F., 1921
U.21.4891

160. **El-Ayouby**, Mahmood: Geschichte der Zahnheilkunde in Alt- und Neu-Ägypten. – Tübingen 1929. 47 S. TÜ med
U.29.5652

161. **Westendorf**, Wolfhart: Grammatik der medizinischen Texte. – Berlin 1961. LVII, 399 S. B-H ph Hab nA
U.63.185
Im Handel als: Grundriß der Medizin der alten Ägypter. 8.

162. **Blume**, Marie Luise: Medizin- und kunsthistorische Betrachtung der Geburtshilfe im Alten Ägypten und in Weiß- und Schwarzafrika. – Göttingen 1969. V, 158 gez. Bl. GÖ med nA Mav   U.69.6063

163. **Blersch**, Hartmut Gustav: Die „Aspekte" des Leibes in der altägyptischen Medizin. – Freiburg i.B. 1970. III, 132 gez. Bl. FR med nA Mav
    U.70.8234

164. **Kuhn**, Werner: Zahnärztlich-epidemiologische und paläopathologische Untersuchungen an Altägypterschädeln. Basel 1973. 100 Bl. BA med

165. **Graf**, Christof: Radiologische Untersuchungen an sechs altägyptischen Mumien aus dem Museum für Völkerkunde in Basel. 1976. 22 Bl. (15) Bl. Taf. BA med nA

Recht

166. **Lüddeckens**, Erich: Ägyptische Eheverträge. Mainz 1953. 371 S. MZ Hab ph nA   U.61.6679 Im Handel: Ägyptologische Abhandlungen. 1. (Harrassowitz/Wiesbaden.)

167. **Mrsich**, Tycho Q.: Untersuchungen zur Hausurkunde des Alten Reiches. Ein Beitrag zum altägypt. Stiftungsrecht. München 1968. XIII, 222 S. M ph 1968 nA Im Handel: Münchner ägyptologische Studien. 13.

168. **Grunert**, Stefan: Untersuchungen zum Haus- und Grundeigentum im ptolemäischen Ägypten anhand der demotischen Kaufverträge aus Theben. 1977. IV, 290 Bl. Berlin, Akad. d. Wiss. d.DDR, Diss. A, 1977 nA

Religion

169. **Otto**, Eberhard: Beiträge zur Geschichte der Stierkulte in Ägypten. 1938. 60 S. GÖ ph nA   U.38.3700 Im Handel: Untersuchungen zur Geschichte u. Altertumskunde Äegyptens. 13 (Hinrichs/Leipzig.)

170. **Lüddeckens,** Erich: Untersuchungen über religiösen Gehalt, Sprache und Form der ägyptischen Totenklagen. o.O. (1943), 188 S. B ph 1939 bA
U.43.592
Im Handel: Mitteilungen d. Dt. Inst. f. Altertumskunde in Kairo. Bd. 11. (Reichsverlagsamt/Berlin.)

171. **Greven,** Liselotte: Der KA in Theologie und Königskult der Ägypter des Alten Reiches. o.O. 1948, 98, II gez. Bl., 7 Bl. mit eingekl. Abb.
M ph Ma nA 1949   U.49.6103

172. **Kaiser,** Otto: Die mythische Bedeutung des Meeres in Ägypten, Ras Schamra und Israel. (Tübingen 1956), 269 gez. Bl. TÜ th nA
U.56.7867

173. **Munro,** Peter: Das Horusgeleit und verwandte Standardgruppen im ägyptischen Kult. o.O. 1957, 189 gez. Bl. HH ph Ma nA   U.57.3982

174. **Hornung,** Erik: Nacht und Finsternis im Weltbild der alten Ägypter. o.O. (1957), 137 gez. Bl. TÜ ph Mav nA   U.57.8418

175. **Müller,** Dieter: Ägypten und die griechischen Isisaretalogien. o.O. (1960), 100 S., LXIV gez. Bl. L ph nA   U.60.5361

176. **Moftah,** Ramses Riad: Die heiligen Bäume im Alten Ägypten. Beiträge zur Religionsgeschichte, Philologie, Archäologie u. Botanik. Göttingen 1959, 233 S. GÖ ph nA   U.60.3285

177. **Schenke,** Hans-Martin: Die Orakel im alten Ägypten. o.O. (1960), XI, 200 S, 81 gez. Bl. B-H ph nA Mav   U.60.0229

178. **Würthwein,** Ernst: Die Weisheit Ägyptens und das alte Testament. Rede. Marburg: Elwert 1960. 17 S. (Schriften d. Philipps-Universität, Marburg. 6.)   U.60.6112

179. **Stadelmann,** Rainer: Syrisch-palästinensische Gottheiten in Ägypten. o.O. 1960, III, 155 S., 24 gez. Bl. HD ph nA Mav   U.60.4406

180. **Köberlein,** Ernst: Caligula und die ägyptischen Kulte. Erlangen-Nürnberg 1962, 87 S. ER ph bA   U.62.2782
Im Handel: Beiträge zur klassischen Philologie. 3. (Hain/Meisenheim a. Glan.)

181. **Oster,** Herbert: Der Bedeutungswandel des ägyptischen Privatgrabes bis zum Ende des Alten Reiches. Münster 1963, 144 S. VI S.
M ph U.63.9061

182. **Barta,** Winfried: Die altägyptische Opferliste. Von d. Frühzeit bis zur griech.-röm. Epoche. München 1863, VIII, 183 S. M ph nA
U.63.8289
Im Handel: Münchener ägyptologische Studien. 3. (Hessling/Berlin.)

183. **Schmidt,** Günter: Die personellen Verhältnisse des thebanischen Priestertums zur Zeit der 25. Dynastie. Göttingen 1963. 148 gez. Bl.
GÖ ph Mav nA U.63.3898

184. **Altenmüller,** Hartwig: Die Apotropaia und die Götter Mittelägyptens. Eine typol. u. religionsgeschichtl. Unters. d. sogen. „Zaubermesser" des Mittleren Reichs. T. 1. 2. München 1965. 189, 131 S. M ph
U.65.10231

185. **Krauspe,** Renate: Die Prozession des Kultbildes im alten Ägypten. Leipzig 1966. 171 gez. Bl. L ph nA Ma U.66.9832

186. **Perc,** Bernarda: Beiträge zur Verbreitung ägyptischer Kulte auf dem Balkan und in den Donauländern zur Römerzeit. (Mit bes. Berücks. d. Quellenmaterials aus d. Gebiet d. heutigen Staates Jugoslawien). München 1968. 294 S. M ph U.68.12157

187. **Münster,** Maria: Untersuchungen zur Göttin Isis. Vom Alten Reich bis zum Ende d. Neuen Reiches. München 1968. IV, 239 S. M ph nA
Im Handel: Münchener ägyptologische Studien. 11.

188. **Kolta,** Kamal Sabri: Die Gleichsetzung ägyptischer und griechischer Götter bei Herodot Tübingen 1968. XV, 202 S. TÜ ph U.68.14434

189 **Altenmüller-Kesting,** Brigitte: Reinigungsriten im ägyptischen Kult. Hamburg 1968. IV, 227 S. HH ph U.68.6851

190. **Becher,** Ilse: Augustus und Ägypten. Studien zu Religionspolitik u. Propaganda in augusteischer Zeit. Leipzig 1969. 387 gez. Bl. L ph Hab
Mav nA U.70.3690

191. **Altenmüller**, Hartwig: Die Texte des Begräbnisrituals in den Pyramiden des Alten Reiches. Hamburg 1970. VI, 370 gez. Bl. HH FB
Orientalistik Hab Ma nA   U.70.9503

192. **Luft**, Ulrich. Die ägyptische Theokratie. Ihr Werden u. ihre Ausstrahlung auf d. Mythenschreibung. Leipzig 1970. XIII, 146 gez. Bl. L Sekt.
Kulturwiss. u. Germanistik nA Mav   U.70.4085

193. **Holaubek**, Johanna: Das göttliche Kind im alten Ägypten. (Mit Abb.)
Wien 1970. II, 144 Bl., XVI Taf. W ph Ma

194. **Görg**, Manfred: Der Gott vor dem König. 1971/72. 295 S. BO th
Im Handel u.d. Titel: Gott-König-Reden in Israel und Ägypten. Stuttgart: Kohlhammer 1975. (Beiträge zur Wissenschaft vom Alten und Neuen Testament. 105. = Folge 6, H. 5.)

195. **Moursi**, Mohamed Ibrahim: Die Hohenpriester des Sonnengottes von der Frühzeit Ägyptens bis zum Ende des Neuen Reiches. München 1972. 184 S. M ph bA   U.73.10332
Im Handel: Münchner Ägyptologische Studien. 26.

196. **Harrauer**, Christine: Kommentar zum Isisbuch des Apuleius. Wien 1973.
XIV, 194 Bl. W ph Ma

197. **Rübsam**, Winfried J.R.: Götter und Kulte im Faijum während der griechisch-römisch-byzantinischen Zeit. 1974. XIX, 267 S. MR ph
Im Handel.   U.74.11402

198. **Köhler**, Ursula. Das Imiut. Untersuchungen zur Darst. u. Bedeutung eines mit Anubis verbundenen religiösen Symbols. Göttingen 1975.
529 S. GÖ ph 1975
Im Handel: Göttinger Orientforschungen. Reihe 4. Ägypten. 4. (Harrassowitz/Wiesbaden.)

199. **Kurth**, Dieter: Den Himmel stützen: die „Tw3 pt"-Szenen in d. ägypt.
Tempeln der griech.-röm. Epoche. 1975. IX. 161 S. K ph 1976
Im Handel: Rites égyptiens. 2. (Fondation Egyptologique Reine Elisabeth/Brüssel 1975.)

200. **Schönborn**, Hans Bernhard: Die Pastophoren im Kult der ägyptischen Götter. 1976. XII, 121 S. K ph bA
Im Handel.

201. **Seeber**, Christine: Untersuchungen zur Darstellung des Totengerichts im alten Ägypten. Basel 1976. X, 273 S. BA ph nA
Im Handel: Münchener ägyptologische Studien. 35. (Deutscher Kunstverlag/München 1976.)

202. **Hoenes**, Siegrid-Eike: Untersuchungen zu Wesen und Kult der Göttin Sachmet. 1976. XVII, 274 S. MS ph nA 1975   U.76.12749
Im Handel: Habelts Dissertationsdrucke. Reihe Ägyptologie. 1. (Habelt/ Bonn 1976.)

203. **Kischkewitz**, Hannelore: Bildtheologische Aspekte in ägyptischen religiösen Texten. 1976. 258 Bl. B-H gw Diss A nA Mav

204. **Vittmann**, Günter: Genealogische und prosopographische Untersuchungen zum Priester- und Beamtentum der Thebais in der 25. und 26. Dynastie. Wien 1976. V, 245 Bl. W Ma 1977
Im Handel u.d. Titel: Priester und Beamte im Theben der Spätzeit. Genealog. u. prosopogr. Unters. zum thebanischen Priester- u. Beamtentum d. 25. u. 26. Dynastie. 1978. (Beiträge zur Ägyptologie. 1.) (Veröffentlichungen d. Institute f. Afrikanistik u. Ägyptologie d. Univ. Wien. 3.)

205. **Martin**, Karl: Ein Garantsymbol des Lebens: Untersuchungen zu Ursprung und Geschichte der altägyptischen Obelisken bis zum Ende d. neuen Reiches. 1977. XVII, 253 S. MS ph 1975
Im Handel: Hildesheimer ägyptologische Beiträge. 3. (Gerstenberg/ Hildesheim 1977.)

206. **Schlögl**, Hermann: Der Sonnengott auf der Blüte. Eine ägyptische Kosmogonie des Neuen Reiches. 72 S. BA Lizensiatsarbeit
Im Handel: Aegyptiaca Helvetica. 5. (Editions de Belles-Lettres/Genf 1977.)

207. **Wekel**, Konrad: Die drei Stellen des Seth: (NHC VII,5), Text-Übersetzung - Kommentar. 1977. (T.1) 73 gez. Bl.; T. 2: gez. Bl. 75-234
B-H nA

208. **Wildung**, Dietrich: Imhotep und Amenhotep: Gottwerdung im alten
Ägypten. München 1977. VIII.320 S, LXVII S. M Hab ph 1973
Im Handel: Münchner ägyptologische Studien. 36. (Deutscher Kunst-
verlag/München, Berlin 1977.)

209. **Jaeger**, B.: Essai de classification des scarabées „Menkheperré". Basel
1978. BA

210. **Schlögl**, Hermann: Der Gott Tatenen nach Texten und Darstellungen
des Neuen Reiches. Basel 1979. BA

211. **Begelsbacher-Fischer**, B.: Untersuchungen zur Götterwelt des Alten
Reiches im Spiegel der Privatgräber der 4. und 5. Dynastie Basel
1980 (?) In Vorbereitung

Sprache und Literatur

212. **Burchardt**, Max: Die syllabische Schreibung im Aegyptischen. Leipzig 1909. VI, 32 S. (Ersch. vollst. u.d. Titel: Die altkanaanäischen
Fremdwörte u. Eigennamen im Aegyptischen T. 1. B ph 1908

U.09.158

213. **Spiegel**, Joachim: Zum Gebrauch der Apposition im Ägyptischen und
Arabischen. o.O. (1935), S. 56-82. Aus: Z. f. aegypt. Sprache u.
Altertumskunde, 71. B ph nA   U.35.3520

214. **Edel**, Elmer: Untersuchungen zur Phraseologie der ägyptischen Inschriften des Alten Reiches. B ph 1941   U.44.1047
(In Bibliotheken nicht vorhanden.)

215. **Przybylla**, Hans: Untersuchungen über die altägyptischen Privatbriefe
mit bes. Berücks. der Briefformeln. B ph 1941   U.44.1162
(In Bibliotheken nicht vorhanden.)

215a. **Hintze**, Fritz: Untersuchungen zu Stil und Sprache neuägyptischer Erzählungen. o.O. (1944), 92 gez. Bl. B Ma nA
(Nur in der UB Berlin vorhanden?)

216. **Herrmann**, Siegfried: Überlieferungsgestalt und Thematik mittelägyptischer Literaturwerke. (Leipzig 1955) 203 S., 2 gez. Bl. L ph nA Ma 1955
U.55.5771
Im Buchh. als: Dt. Akad. d. Wiss. zu Berlin. Inst. f. Orientforschung. Veröffentl. 33 (Akad. Verlag Berlin, u.d.T. Untersuchungen zur Überlieferungsgestalt mittelägyptischer Literaturwerke.)

217. **Hermann**, Alfred: Altägyptische Liebesdichtung. Wiesbaden: Harrassowitz 1959. XII, 176 S. mehr. Taf. K ph Hab nA   U.58.4897

218. **Westendorf**, Wolfhart: Grammatik der medizinischen Texte. Berlin 1961. LVII, 399 S. B-H ph Hab nA   U.63.185
Im Handel als: Grundriß der Medizin der alten Ägypter. 8.

219. **Schenkel**, Wolfgang: Frühmittelägyptische Studien. Bonn 1961, 160 S. BN ph   U.62.1697

220. **Satzinger**, Helmut: Die negativen Konstruktionen im Alt- und Mittelägyptischen. Wien 1963. XII, 126 Bl. W ph

221. **Kaplony**, Peter: Die Inschriften der ägyptischen Frühzeit. 1963. 3 Bde. 1-2: Text. XXXVI, 123 S., 3: Abbildungen VI, 154 S. Z ph nA (Teildruck f.d. Austausch)
Im Handel: Ägyptologische Abhandlungen.8.

222. **Seibert**, Peter: Die Charakteristik. Untersuchungen zu einer altägyptischen Sprechsitte u. ihren Ausprägungen in Folklore u. Literatur. T. 1: Philologische Bearbeitung der Bezeugungen. Heidelberg 1964, 196 S. HD ph 1964 nA
Im Handel: Ägyptologische Abhandlungen. 17.

223. **Zauzich**, Karl-Theodor: Die ägyptische Schreibertradition in Aufbau, Sprache und Schrift der demotischen Kaufverträge aus Ptolemäischer Zeit. (1.2.) Mainz 1966, 241 S., S. 245-337. MZ ph nA   U.68.11089
Im Handel: Ägyptologische Abhandlungen. 19.

224. **Ghattas**, Francis Abdel-Malek: Das Buch Mk. t-h^{-c}w „Schutz des Leibes". Göttingen 1968, II, 107 S. GÖ ph   U.68.5913

225. **Weber**, Manfred: Beiträge zur Kenntnis des Schrift- und Buchwesens der alten Ägypter. Köln 1969. XIV, 247 S. K ph   U.69.10735

226. **Junge**, Friedrich: Studien zum mittelägyptischen Verbum. Göttingen 1970. VI, 104 S. GÖ ph   U.70.9218

227. **Graefe**, Erhart: Untersuchungen zur Wortfamilie bj3. Köln 1971. XI, 250 S. K ph 1971   U.72.8652

228. **Jankuhn**, Dieter: Das Buch „Schutz des Hauses" (s 3-pr). Göttingen 1972, 180 S. mit Abb., Anh. GÖ ph   U.72.6192
Im Handel: Habelt/Bonn 1972.

229. **Guglielmi**, Waltraud: Reden, Rufe und Lieder auf altägyptischen Darstellungen der Landwirtschaft, Viehzucht, des Fisch- und Vogelfangs vom Mittleren Reich bis zur Spätzeit. 1973, 239 S. TÜ Fachbereich Altertums- u. Kulturwiss. nA   U.74.14167
Im Handel.

230. **Schenkel**, Wolfgang: Die altägyptische Suffixkonjugation: Theorie d. innerägypt. Entstehung aus Nomina actionis. 1975. VI, 88 S. GÖ ph Hab 1974 nA   U.76.6791
Im Handel.

231. **Bidoli**, Dino: Die Sprüche der Fangnetze in den altägyptischen Sargtexten. 1976. 104 S. GÖ ph 1966
Im Handel: Abhandlungen des Deutschen Archäologischen Instituts Kairo: Ägyptolog. Reihe. 9. (Augustin/Glückstadt.)

232. **Osing**, Jürgen: Die Nominalbildung des Ägyptischen. (1.) Textband. 1976. (2.) Anm. u. Indices. 1976. B-F Hab FB Altertumswiss. nA 1973/74
Im Handel: Von Zabern/Mainz.

233. **Satzinger**, Helmut: Neuägyptische Studien. Die Partikel ir. Das Tempussystem. Wien: Verl. des Verb. d. Wissenschaftl. Gesellschaften Österreichs 1976. XVII, 326 S. (Beihefte zur Wiener Zeitschrift f. die Kunde des Morgenlandes. 6.) W ph Hab

234. **Valloggia**, Michel: Recherche sur les „messagers" (wpwtyw) dans les sources égyptiennes profanes. Genève 1976. XXIX, 317 S. GE ph Im Handel.

235. **Burkhard**, Günter: Textkritische Untersuchungen zu ägyptischen Weisheitslehren des alten und mittleren Reiches. 1977. VIII, 340 S. WÜ FB Altertums- u. Kulturwiss. 1975 Im Handel: Ägyptologische Abhandlungen. 34. (Harrassowitz/Wiesbaden 1977.)

236. **Junge**, Friedrich: Syntax der mittelägyptischen Literatursprache: Grundlagen einer Strukturtheorie. 1978. 153 S. GÖ ph Hab Im Handel: Von Zabern/Mainz.

1.2. MEROE/ NUBIEN

237. **Priese**, Karl-Heinz: Das meroitische Sprachmaterial in den ägyptischen Inschriften des Reiches von Kusch. Berlin 1965. III, 303 gez. Bl. B-H ph nA Mav U.65.307

238. **Hofmann**, Inge: Die Kulturen des Niltals von Aswan bis Sennar vom Mesolithikum bis zum Ende der christlichen Epoche. Hamburg 1967. XV, 679 S. HH ph nA U.67.7125 Im Handel: Monographien zur Völkerkunde. 4.

239. **Bietak**, Manfred: Studien zur Chronologie der nubischen C-Gruppe. Ein Beitrag zur Frühgeschichte Unternubiens zwischen 2200 u. 1550 v. Chr. Wien: Graz, Wien, Köln: Böhlau in Komm. 1968, 188 S., 19 S. (Bericht des Österr. Nationalkomitees d. UNESCO-Aktion f.d. Rettung d. Nubischen Altertümer. 5.) (Österr. Akad. d. Wiss. Phil.-hist. Kl. Denkschriften. 97.) Neubearb. d. phil. Diss., Wien 1963

240. **Engelmayer**, Reinhold: Die Felsgravierungen im Distrikt Sayala-Nubien. Ihre Chronologie und kulturelle Stellung im Bereich des Niltales. Bd. 1. 2. Wien 1969, 440 S., 35 Bl. W ph Ma

241. **Al-Rayah**, Mubarak Babikir: The problems of Kerma culture of ancient Sudan re-considered in the light of ancient Sudan civilization as a continuous process. Berlin 1972. X, 205 gez. Bl. B-H gw nA Mav U.72.489

242. **Priese**, Karl-Heinz: Studien zur Topographie des „äthiopischen" Niltales im Altertum und zur meroitischen Sprache. Bd. 1. 1974, 268 Bl. Bd. 2. 1974. Bl. 269-364. B-H DissB nA Mav   U.74.258

243. **Timp**, Ursula: Aksum und der Untergang Meroë's.1972, 77 S. MS ph
U.74.13341

244. **Burkhardt**, Adelheid: Das Dodekaschoinos und die Meroiten: ein Beitrag zur Untersuchung d. demot. Graffiti d. Dodekaschoinos und zur Geschichte d. ägypt.-meroit. Grenzgebietes. 1975. III, 196 Bl. Berlin, Akad. d. Wiss. d. DDR, Diss. A 1975. nA Mav   U.75.118

245. **Hofmann**, Inge: Wege und Möglichkeiten eines indischen Einflusses auf die meroitische Kultur. 1975. 188 S. HH FB Orientalistik Hab nA Im Handel.

246. **Rottstock**, Friedrich: Odontometrische Untersuchungen an afrikanischen Schädeln und ihre Anwendung auf Kieferreste aus dem Khartoum-Neolithikum. 1975. 123 Bl. B-H med nA Mav Diss A U.75.680

1.3. SYRIEN – PALÄSTINA

247. **Reckendorf**, Salomon: Der aramäische Theil des palmyrenischen Zoll- und Steuertarifs. (Aus: ZDMG, 1888) Leipzig 1888. S. 370-415. FR ph Hab 1888

248. **Bloch**, Armand: Neue Beiträge zu einem Glossar der phoenicischen Inschriften. Erster Teil. 1890. 45 S. L ph Im Handel: Mayer u. Müller/Berlin.

249. **Jeremias**, Friedrich: Tyrus bis zur Zeit Nebukadnezars. Geschichtl. Skizze m. bes. Berücks. d. keilschriftl. Quellen. Leipzig 1891. 2 Bl., 48 S., 1 Bl. L ph 1891

250. **Hölscher**, Gustav: Palästina in der persischen und hellenistischen Zeit. Eine hist.-geogr. Untersuchung. Berlin: Weidmann 1902. VIII, 99 S. L ph 1902

251. **Müller,** Friedrich: Studien über Zenobia und Palmyra nach orientalischen Quellen. Kirchhain N.L. 1902. 61 S. KB ph 1902

252. **Jirku,** Anton: Die alte Landschaft Syrien. W ph 1908

253. **Mehlmann,** Israel: Die syrisch palästinische Kleidung bis in die griechische Zeit. W ph 1922

254. **Maisler,** Benjamin: Untersuchungen zur alten Geschichte und Ethnographie Syriens und Palästinas. T. 1: Gießen 1930. VI, 82 S.
GI ph 1929   U.30.2507

255. **Köppel,** Robert: Untersuchungen über die Steinzeit Palästina–Syriens. Rom: Pontif. Istituto bibl. 1933. TÜ n 1929   U.33.7723

256. **Rosenthal,** Franz: Die Sprache der palmyrenischen Inschriften und ihre Stellung innerhalb des Aramäischen. (Teildr.). Leipzig 1935, 54 S. Vollst. als: Mitt. d. Vorderasiat.-Aegypt. Ges. 41,1. B ph 1935
U.35.6339

257. **Goldmann,** Wolf: Die Palmyrenischen Personennamen. Ein Beitrag zur semitischen Namenkunde. Leipzig 1935. 39 S. BR ph   U.36.1890

258. **Euler,** Karl Friedrich: Königtum und Götterwelt in den altaramäischen Inschriften Nordsyriens. Eine Untersuchung zur Formsprache d. altaramäischen Inschriften u.d. Alten Testamentes. Berlin 1939. S. 272-313. GI ph 1939 bA Aus: Zeitschrift f. alttestamentliche Wissenschaft. N.F. Bd. 15.

259. **Goeseke,** Horst: Die Stellung des Ugaritischen innerhalb der semitischen Sprachen. Halle 1954. 7, XXIX, 237 gez. Bl. HAL ph nA Ma
U.55.3586

260. **Kaiser,** Otto: Die mythische Bedeutung des Meeres in Ägypten, Ras Schamra und Israel. (Tübingen 1956). 269 gez. Bl. TÜ th nA Ma
U.56.7867

261. **Donner,** Herbert: Die Wirtschafts- und Verwaltungsurkunden des Stadtstaates Alalah. Transkribiert u. bearb. o.O. 1957. 53, 32 gez. Bl. L ph Ma nA 1958   U.58.5027

262. **Stadelmann,** Rainer: Syrisch-palästinensische Gottheiten in Ägypten. o.O. 1960. III, 155, 24 gez. Bl. HD ph nA Mav   U.60.4406

263. **Schmidt,** Werner: Königtum Gottes in Ugarit und Israel. Zur Herkunft d. Königsprädikation Jahwes. Berlin 1960. Berlin, Kirchl. H. bA Im Handel als: Zeitschrift f.d. alttestamentliche Wissenschaft. Beih. 86.

264. **Röllig,** Wolfgang: Beiträge zur Erklärung ausgewählter phönizisch- punischer Inschriften. Berlin 1960. XV, 53 S. B-F ph bA   U.62.971

265. **Klengel,** Horst: Geschichte Syriens im 2. Jahrtausend v.u.Z. (Nordsyrien). Berlin 1963. 335 gez. Bl. B-H ph Hab nA   U.63.180

266. **El-Safadi,** Hicham: Die Entstehung der syrischen Glyptik und ihre Entwicklung in der Zeit von Zimrilin bis Ammitaqumma. Berlin 1966. 182 S. B-F ph   U.66.1356

267. **Gröndahl,** Frauke: Die Personennamen der Texte aus Ugarit. Berlin 1966. V, 435 S. B-F ph bA   U.66.1320 Im Handel.

268. **Stolz,** Fritz: Strukturen und Figuren im Kult von Jerusalem. Studien zur altorientalischen, vor- und frühisraelitischen Religion. Zürich (1970). XII, 237 S. Z th bA Erscheint als: Zeitschrift für die alttestamentliche Wissenschaft. Beih. 118. (W.de Gruyter/Berlin.)

269. **El-Chehadeh,** Jawdat: Untersuchungen zum antiken Schmuck in Syrien. Berlin 1972, 104 S. B-F FB Altertumswiss.   U.72.12967

270. **Mustafa,** Arafa H.: Untersuchungen zu Satztypen in den epischen Texten von Ugarit. 1974. 215 Bl. HAL ph Diss A nA Mav   U.74.1501

271. **Sürenhagen,** Dietrich: Untersuchungen zur Keramikproduktion innerhalb der spät-urukzeitlichen Siedlung Habuba Kabira-Süd in Nordsyrien. 1977. S. 43-164. B-F FB Altertumswiss. nA Aus: Acta praehistorica et archaeologica. 5/6. (1974/75.)

272. **Hörig,** Monika: Dea Syria Fruchtbarkeitsgöttin. Zur religiösen Tradition d. Fruchtbarkeitsgöttin in Vorderasien. 1979. XVI, 334 S. MS ph 1978 Im Handel: Butzon u. Bercker/Kevelaer 1979.

1.4. KLEINASIEN

273. **Brandenburg**, Erich: Über praehistorische Grotten in Phrygien. Marburg 1906. S. 652-667. MR ph
Im Handel: Abhandlungen der Kgl. Bayer. Akad. d. Wiss.

274. **Erzen**, Afif: Kilikien bis zum Ende der Perserherrschaft. Borna-Leipzig 1940. X, 131 S. L ph

275. **Schuler**, Einar von: Die Kaškäer. 1965. XV, 198 S. B-F ph
Im Handel: Untersuchungen zur Assyriologie und vorderasiatischen Archäologie. 3 (de Gruyter/Berlin 1965.)

276. **Öktü**, Armagan: Die Intermediate-Keramik in Kleinasien. Berlin 1972.
273 S. B-F, Fachbereich Altertumswiss. U.73.13624

277. **Otto**, Brinna: Geometrische Ornamente auf anatolischer Keramik:
Symmetrien frühester Schmuckformen im Nahen Osten u. in d. Ägäis.
1976. XIII, 203 S. HD, Fak. für Orientalistik u. Altertumswiss. nA
Im Handel: Keramikforschungen. 1. (Von Zabern/Mainz 1976.)

Hethiter

278. **Golla**, Eduard: Der Vertrag des Ḫattikönigs Muršil mit dem Könige Šunaššura von Ḳišwadna. Breslau: Schles. Volkszeitung 1920. 37 S.
Vollst. in Altoriental. Texte u. Untersuchungen. 2. BR ph 1920
U.20.3416

279. **Ranoschek**, Rudolf: Ein Brief des Königs Ḫattušil von Ḫatti an den König Kadašman-Enlil von Babylon (aus d. Anfang d. dreizehnten Jahrhunderts v. Chr.) 91 S. Auszug: Breslau 1922. 2 Bl. BR ph 1922

280. **Matter**, Er(win)-P(aul): Die Bedeutung der Hethiter für das Alte Testament. Eine religions-rechtsgeschichtl. u. ethnol. Studie. Bottrop i.W.
1933. V, 95 S. HD th 1934

281. **Sturm**, Josef: Der Hettiterkrieg Ramses II. 1935. W ph Ms

282. **Zuntz**, Leonie: Die hethitischen Ortsadverbien arḫa, parā, piran als selbständige Adverbien und ihre Verbindung mit Nomina und Verba.
Speyer 1936. 120 S. M ph 1936

283. **Potratz,** Johann A.: Der Pferdetext aus dem Keilschrift-Archiv von
Boğazköy. Umschrift, Übers. u. Erläuterungen. Rostock (1938).
216 S. L ph 1938 bA
Im Handel u.d. Titel: Das Pferd in der Frühzeit.

284. **Krause,** Karl: Boğazköy, Tempel 5. Ein Beitrag zum Problem d. hethit.
Baukunst. Berlin 1940. 72 S. DR-T bA
Im Handel: Istanbuler Forschungen. 11.

285. **Kammerhuber,** Annelies: Die Morphologie der hethitischen Verbalnomina auf -uŋanzi und -anna, -uŋan, -uŋar, -atar und -eššar. o.O.
1950. XIV, 334 gez. Bl. M ph nA 1951 Ms

286. **Grobe,** Rolf: Hethitische Sonnenlieder und ihre akkad. Parallelen.
o.O. (1953). 175 gez. Bl., 1 Taf. B-F ph nA

287. **Schuler,** Einar von: Hethische Beamteninstruktionen für Lú Meš Sag
und Bël Madgalti. o.O. (1954). 176 gez. Bl. B-F ph nA

288. **Haase,** Richard: Der privatrechtliche Schutz der Person und der einzelnen Vermögensrechte in der hethitischen Rechtssammlung. Tübingen 1961. XVII, 187 S. TÜ rw   U.61.8628

289. **Neumann,** Günter: Untersuchungen zum Weiterleben hethitischen und
luwischen Sprachgutes in hellenistischer und römischer Zeit. Göttingen
1958. 115 S. GÖ ph Hab nA   U.61.3624

290. **Mittelberger,** Hermann: Studien zur Laut- und Formenlehre des Hie-
roglyphenhethitischen. (in 2 Teilen). 1961. V, 181 Bl.; Bl. 182-364
W ph

291. **Sternemann,** Reinhard: Temporale und konditionale Nebensätze des
Hethitischen. Sprachvergl. dargest. Berlin 1963. XXXIV, 218 gez. Bl.
B-H ph Mav nA   U.63.226

292. **Kümmel,** Hans Martin: Ersatzrituale für den hethitischen König. Marburg 1966. XIII, 244 S. MR ph bA   U.66.11329
Im Handel: Studien zu d. Boğazköy-Texten. 3.

293. **Schirmer**, Wulf: Die Bebauung am unteren Büyükkale-Nordwesthang in Boğazköy. Ergebnisse d. Untersuchungen der Grabungscampagnen 1960-1963. Berlin 1966, 107 S. mit Abb. B-T F.f. Archit.

294. **Neu**, Erich: Das hethitische Mediopassiv und seine indogermanischen Grundlagen. Marburg 1966. XIV, 208 S. MR ph bA   U.66.11341
Im Handel: Studien zu d. Boğazköy-Texten. 6.

295. **Szabó**, Gabriella: Ein hethitisches Entsühnungsritual für das Königspaar Tudḫaliia III./II. und Nikalmati. München 1968. 111 S. M ph nA
U.68.12427

296. **Haas**, Volkert: Der Kult von Nerik. Ein Beitrag zur hethit. Religionsgeschichte. Berlin 1968. XIII, 341 S. B-F ph bA   U.69.17185
Im Handel.

297. **Eisele**, Werner: Der Telipinu-Erlaß. München 1970. 98 S. M ph
U.72.9814

298. **Burde**, Cornelia: Über die hethitische Medizin: Studie anhand von Keilschrifttexten. 1974. VIII, 98 S. MR med   U.74.10951
Im Handel u.d. Titel: Hethitische medizinische Texte. Wiesbaden: Harrassowitz 1974. 86 S. (Studien zu den Boğazköy-Texten. 19.)

299. **Ünal**, Ahmet: Hattušili (Hethiterreich, König. III.) T. 1: Hattušili bis zu seiner Thronbesteigung. Bd. 1: Historischer Abriß. 1974. VIII, 226 S., Bd. 2: Quellen und Indices. 1974, 232 S. M ph bA
Im Handel.

300. **Schuster**, Hans-Siegfried: Die hattisch-hethitischen Bilinguen: 1, T. 1. 1974 K ph Hab nA   U.74.9659
Im Handel.

301. **Eichner**, Heiner: Untersuchungen zur hethitischen Deklination. 1974. III, 86 S. Teildr. ER ph   U.75.5690

302. **Starke**, Frank: Die Funktionen der dimensionalen Kasus und Adverbien im Althethitischen. 1977. X, 215 S. MR 1976
Im Handel: Studien zu den Boğazköy-Texten. 23. (Harrassowitz/Wiesbaden 1977.)

303. **Heinhold-Krahmer**, Susanne: Arzawa: Untersuchungen zu seiner Geschichte nach den hethitischen Quellen. 1977. XI, 473 S. M ph 1975
Im Handel: Texte der Hethiter. 8. (Winter/Heidelberg 1977.)

1.5. MESOPOTAMIEN

Architektur, Bauwesen

304. **Heirich**, Ernst: Schilf und Lehm. Ein Beitr. z. Baugeschichte d. Sumerer. Berlin 1934. 58 S. Auch als: Stud. z. Bauforsch. 6. B-T 1933

Astronomie

305. **Prinz**, Hugo: Astralsymbole im altbabylonischen Kulturkreise. Leipzig 1910. 46 S. BR ph Hab 1910 nA   U.11.763

306. **Weidner**, Ernst: Der babylonische Fixsternhimmel. I. Die Gestirne des Tierkreisgürtels. Gräfenhainichen 1915. S. 147-180. Auszug in: Jahrbuch d. Phil. Fak. Leipzig 1922, 2. S. 83-84. Aus: Weidner: Handbuch d. babylon. Astronomie. Bd. 1. L ph 1922(1923) nA

307. **Wirth**, Peter: Venusdaten in spätbabylonischen astronomischen Texten. Zürich 1976. II, 73 S. Z ph

Geschichte

308. **Lehmann**, Carolus Fredericus: De inscriptionibus cuneatis quae pertinent ad Šamaš-šum-ukīn regis Babyloniae regni initia. München 1886. 2, 53, 1 B ph 1886

309. **Winckler**, Hugo: De inscriptione Sargonis regis Assyriae quae vocatur annalium. Berolini, typ. G. Langenscheidt, 1886, 62 S. B ph 1886

310. **Feuchtwang**, David: Nahum vom Standpunkte der Assyriologie, historisch und sprachlich erklärt. W ph 1887

311. **Meissner**, Bruno Ernestus: De servitute babylonico-assyrica ... Lipsiae, typ. A. Pries, 1892. 1 Bl. 49, 6 S., 1 Bl.   B ph 1892

312. **Mez**, Adam: Geschichte der Stadt Ḥarrān in Mesopotamien bis zum Einfall der Araber ... Strassburg 1892. 66 S. ST ph

3 13. **Rogers**, Robert William: Outlines of the history of early Babylonia. Leipzig 1895. XI, 74 S. L ph 1895

314. **Weissbach**, Franz Heinrich: Zur Lösung der sumerischen Frage. Leipzig 1897 (40 S.) (Erschien vollständig 1898 u.d.T.: Die sumerische Frage.) L ph Hab 1897

315. **Marx**, Victor: Die Stellung der Frauen in Babylonien gemäß den neubabylonischen Kontrakten aus der Zeit von Nebukadnezar bis Darius (604–485). Leipzig 1898. 30 S. Sollte vollst. erscheinen in: Beiträge zur Assyriologie und semitischen Sprachwissenschaft, Bd. 4. BR ph 1898

316. **Lindl**, Ernest: Beiträge zur altbabylonischen Chronologie und Kulturgeschichte. Leipzig 1900. 32 S. Erschien gleichzeitig u.d.Titel: Die Datenliste der ersten Dynastie von Babylon, in: Beiträge zur Assyriologie u. semit. Sprachwissenschaft, Bd. 4, H. 3. M ph Hab nA

317. **Nagel**, Gottfried: Der Zug des Sanherib gegen Jerusalem nach den Quellen dargestellt. Leipzig 1902. VI, 81 S. ER th 1902 Im Handel.

318. **Wilke**, Fritz: Jesaja und Assur. Greifswald 1905. 55 S. GRE th Im Handel vollständig: Dieterich 1905.

319. **Torczyner**, Harry: Altbabylonische Tempelrechnungen umschrieben und erklärt. W ph 1909

320. **Manitius**, Walther: Das stehende Heer der Assyrerkönige und seine Organisation. Marburg 1910. 93 S. (Aus: Zeitschrift f. Assyriol. Bd. 24.) MR ph 1910   U.10.3373

321. **Klauber**, Ernst: Assyrisches Beamtentum nach Briefen aus der Sargonidenzeit. Leipzig 1910. 115 S. L ph 1910   U.10.3170 Im Handel.

322. **Figulla**, Hugo Heinrich: Der Briefwechsel Bēlibnīs. Historische Urkunden aus der Zeit Asurbanipals. Kirchhain 1911. 39 S. Vollst. als: Mitteilungen d. Vorderasiat. Gesellschaft. Jg. 17, 1.1912. BR ph 1911

U.12.703

323. **Reimpell**, Walter: Geschichte der babylonischen und assyrischen Kleidung. Berlin 1921. 82 S. B ph 1915 (1922) nA
Im Handel.

324. **Schmidtke**, Friedrich: Asarhaddons Statthalterschaft in Babylonien und seine Thronbesteigung in Assyrien 681 v.chr. Leiden: Brill 1916. 31 S. BR ph 1916   U.16.1504
Im Handel vollst. als: Altorientalische Texte und Untersuchungen. 1,2

325. **Forrer**, Emil: Die Provinzeinteilung des assyrischen Reiches (T. 1). Berlin 1919. 51 S. B ph 1920   U.20.3367

326. **Schawe**, Josef: Untersuchung der Elambriefe aus dem Archiv Assurbanipals. Beiträge z. elamisch-assyr. Geschichte in d. Sargonidenzeit. (Teildr.) Osnabrück 1927. 49 S. B ph 1928

327. **Denner**, Josef: Die Bergländer im Zagros nach den Berichten der Assyrerkönige.   W ph 1930

328. **Weiss Rosmarin**, Trude: Aribi und Arabien in den babylonisch-assyrischen Quellen. — New York 1932. 45 S. Aus: Jorn. of the Soc. of Oriental Research, 16. WÜ ph 1931 nA

329. **Hirschberg**, Hans: Studien zur Geschichte Esarhaddons, König von Assyrien (681—669). Ohlau i. Schl. (1932): Eschenhagen. 72, 6 S. B ph 1932

330. **Porada**, Edith: Die Rollsiegel der Akkadzeit. Wien 1935. W Ma

331. **Martin**, William J.: Tribut und Tributleistungen bei den Assyrern. — Helsinki 1936. 50 S. L ph 1936
Im Handel.

332. **Müller**, Karl Friedrich: Das assyrische Königsritual. – Gräfenhainichen 1938. 91 S. L ph bA 1936
Im Handel vermehrt als: Mitteilungen d. Vorderasiatisch-Ägypt. Ges. Jg. 41, H.3.

333. **Eltz**, Alexander Graf zu: Beiträge zur Vorgeschichte Mesopotamiens. Die Lagaš-Zeit. 1937. 111 Bl. W

334. **Mandl**, Franz: Die Tributleistungen der Westländer an die assyrischen Könige. 1948. Getr. Pag. GZ ph

335. **Jaritz**, Kurt: Die Inschriften der Kassitenkönige. 1949. II, 139 Bl. GZ ph

336. **Rost**, Liane: Kulturgeschichtliche Studien aufgrund von neubabylonischen Texten (aus Ur). o.O. (1952). 136 gez. Bl. B ph nA 1952

337. **Peters**, Gregor: Die Inschriften Tukulti-Ninurtas I. von Assyrien (1243–1207 v. Chr.). o.O. 1952. V, 190 gez. Bl. MS ph nA

338. **Honig**, Shulim: Die jüdischen Exulanten in Babylonien. 1952. 104 Bl. GZ ph

339. **Kocak**, Tolan: Die Nairi-Länder in den Inschriften der Könige Assyriens. 1954. 96 Bl. GZ ph

340. **Wolle**, Helmut: Auswertung der deutschen Ausgrabungen in Uruk-Warka in bezug auf die Entstehung der ältesten Sklavenhaltergesellschaft und der ältesten Sklavenhalterstaaten in Sumer. Halle/S. 1955. 204 gez. Bl. HAL ph nA Ma

341. **Edzard**, Dietz Otto: Die zweite Zwischenzeit Babyloniens. (Heidelberg) 1955. XI, 197 gez. Bl.; gez. Bl. 200-317. HD ph 1956 nA Ma
Im Handel: Harrassowitz/Wiesbaden.

342. **Borger**, Riekele: Einleitung in die assyrischen Königsinschriften, T. 1. Das zweite Jahrtausend v. Chr. Göttingen 1958. X, 147 S. Aus: Handbuch d. Orientalistik. Abt. 1. Erg. Bd. 5, Abschnitt 1. GÖ ph Hab 1958
nA   U.61.3623

343. **Seibert,** Ilse: Untersuchungen zu Hirt und Herde im alten Mesopotamien. Halle 1963. 162 gez. Bl. HAL ph nA Mav   U.63.4213

344. **Solyman,** Toufic: Die Entstehung und Entwicklung der Götterwaffen im alten Mesopotamien und ihre Bedeutung. Berlin 1964. 112 S.
B-F ph   U.64.1037
Die in der vorliegenden Ausgabe fehlenden Abbildungen befinden sich im Exemplar der Universitäts-Bibliothek der Freien Universität Berlin.

345. **Nissen,** Hans Jörg: Zur Datierung des Königsfriedhofes von Ur. Unter bes. Berücks. d. Stratigraphie d. Privatgräber. Heidelberg 1963. 208 S.
HD ph nA   U.66.8083
Im Handel: Beiträge zur ur- und frühgeschichtlichen Archäologie d. Mittelmeer-Kulturraumes. Bd. 3.

346. **Barth,** Hermann: Israel und das Assyrerreich in den nichtjesajanischen Texten des Protojesajabuches: eine Unters. zur produktiven Neuinterpretation d. Jesajaüberlieferung. 1974. VII, 421 S. HH th 1974
U.74.7098
Im Handel als: Die Jesaja-Worte in der Josiazeit. Israel u. Assur als Thema e. produktiven Neuinterpretation d. Jesajaüberlieferung. Neukirchen-Vluyn: Neukirchener Verlag 1977. XIV, 361 S. (Wissenschaftliche Monographien zum Alten und Neuen Testament. 48.)

347. **Dietrich,** Manfried: Die Aramäer Südbabyloniens in der Sargonidenzeit (700–648). Bd. 1.2. Hamburg 1969. XX, 268 gez. Bl. 89 S. HH ph Hab nA   U.69.7493

348. **Wäfler,** Markus: Nicht-Assyrer neuassyrischer Darstellungen. (1) 1975. XIII, 394 S. (2) 1975. Anl. M ph bA   U.76.12478
Im Handel.

349. **Brandes,** Mark Adolf: Siegelabrollungen aus den archaischen Bauschichten in Uruk-Warka. 1980 (?)
Soll erscheinen als: Freiburger Altorientalische Studien. 3. (Steiner/Wiesbaden 1980 ?)

Geographie

350. **McGee,** David Guilelmus: De topographia urbis Babylonis secundum inscriptiones Nabopolassaris et Nebucadnezaris atque relationes scriptorum classicorum. (Erscheint vollst. in engl. Spr. in: Beitr. z. Assyriol. u. semit. Sprachwiss. Bd. III, Leipzig 1895, 33,2 S.)
BR ph 1895

351. **Streck,** Maximilian: Armenien, Kurdistán und Westpersien nach den babylonisch-assyrischen Keilinschriften. München 1898. 54 S. Aus: Zeitschrift f. Assyriologie, Bd. 13. L ph 1898

352. **Buka,** Ruth: Die Topographie Ninewes zur Zeit Sanheribs und seiner Nachfolger unter bes. Berücksichtigung des achtseitigen Sanherib-Prismas K 103000. Berlin 1917. 46 S. B ph 1917 (1915)   U.17.1345

353. **Sauren,** Herbert: Topographie der Provinz Umma nach den Urkunden der Zeit der 3. Dynastie von Ur. T. 1. Kanäle u. Bewässerungsanlagen. Heidelberg 1966. III, 245 S. HD ph   U.66.8092

354. **Nashef,** Khaled: Ein Beitrag zu den geographischen Bezeichnungen hattum und libbi matim in der altassyrischen Zeit (ICK 1, 1 u. verwandte Texte). W ph Ma 1976

Kunst

355. **Weidner,** Ernst F(riedrich): Reliefs der assyrischen Könige. T. 1. Die Reliefs in England, in der Vatikanstadt und in Italien. Horn 1939. 175 S. mit Abb. GZ ph Hab 1942 nA
Im Handel: Archiv f. Orientforschung, Beih. 4. (Selbstverlag/Berlin.)

356. **Basmadschi,** Faradsch: Landschaftliche Elemente in der mesopotamischen Kunst des IV. und III. Jahrtausends. Basel 1943. 142 S., 9 Tafl.
BA ph-hs
Im Handel.

357. **Menz,** Ursula: Die Wandreliefs im Südwestpalast von Ninive. Berlin 1945. (In Bibliotheken nicht vorhanden.) B ph

358. **Beran**, Thomas: Die assyrische Glyptik des 14. Jahrhunderts und ihre Stellung im vorderasiatischen Bereich. (Berlin 1954) IV, 149 gez. Bl. B-F ph nA Ms

359. **Hrouda**, Barthel-Fritz: Assur und die bemalte Keramik des zweiten Jahrtausends. o.O. (1955). VII, 152 gez. Bl. B-F ph 1955 nA

360. **Klengel**, Evelyn: Die Terrakotten aus Assur. T. 1: Menschliche Figuren. Berlin 1964. 336 gez. Bl. B-H ph nA Ma   U.64.240

361. **Boehmer**, Rainer Michael: Die Entwicklung der akkadischen Glyptik. Berlin 1961. XV, 192 S. B-F ph bA   U.65.1127
Im Handel: Untersuchungen zur Assyriologie und vorderasiatischen Archäologie. 4.

362. **Heimpel**, Wolfgang: Tierbilder in der sumerischen Literatur. Heidelberg 1968. 537 S. HD ph nA   U.68.7902
Im Handel: Studia Pohl. 2.

363. **Seidl**, Ursula: Die babylonischen Kudurru-Reliefs. Berlin 1966. 216 S. B-F ph 1966 bA   U.68.1574
Im Handel: Baghdader Mitteilungen. 4.

364. **Boese**, Johannes: Altmesopotamische Weihplatten. Eine sumer. Denkmalsgattg. d. 3. Jahrtausends v. Chr. Berlin 1970. XI, 232 S. B-F ph bA   U.72.12943
Im Handel.

365. **Rittig**, Dessa: Assyrisch-babylonische Kleinplastik magischer Bedeutung vom dreizehnten bis sechsten Jahrhundert vor Christus. München 1972/73. 277, 41 S. M ph
Im Handel: Münchener vorderasiatische Studien. 1. (Uni-Druck/München 1977.)

366. **Bleibtreu**, Erika: Die Flora der neuassyrischen Flachbildkunst. Untersuchungen zu den Orthostaten-Reliefs des 9.-7. Jh. v. Chr. Wien 1977. IV, 254 Bl. Bl. 255-392. W Hab Ma 1978

367. **Behm-Blancke**, Manfred Robert von: Das Tierbild in der altmesopotamischen Rundplastik. E. Unters. zum Stilwandel d. frühsumer. Rundbildes. 1979. XIV, 93, 34 S. 141 Ill. M ph
Im Handel: Baghdader Forschungen. 1. (Von Zabern/Mainz 1979.)

Landwirtschaft

368. **Pettinato**, Giovanni: Untersuchungen zur neusumerischen Landwirtschaft. Die Felder. T. 1.2. Heidelberg 1966. XVII, 283; VII, 299 S.
HD ph nA   U.66.8085
Im Handel.

Mathematik

369. **Goetsch**, Hans Albert: Die Algebra der Babylonier. Zürich 1968. Z ph
Aus: Archive for history of exact sciences. 1968. 5, 79-153.

Medizin

370. **Küchler**, Friedrich: Beiträge zur Kenntnis der assyrischen Medizin. Marburg 1902. VI, 51 S. MR ph 1902

371. **Dennefeld**, Ludwig: Die Geburtsomenserie šumma izbu. Ein Beitr. z. Assyriologie u.z. Geschichte d. Medizin. Leipzig: Hinrichs 1913. 32 S. B ph
1913   U.13.2827
Im Handel vollst. als: Assyriol. Bibliothek.

Musik

372. **Stauder**, Wilhelm: Die Harfen und Leiern der Sumerer. Frankfurt a.M.: Bildstelle d. J.W. Goethe-Universität) 1957. 56 S. mit Abb.

373. **Hartmann**, Henrike: Die Musik der sumerischen Kultur. Frankfurt am Main 1960. 388 S. F ph 1958   U.60.2522

Recht

374. **Peiser**, Felix Ernestus: Jurisprudentiae Babylonicae quae supersunt.
Cöthen 1890; 41 + 1 S. + 1 Bl. BR ph Hab 1890

375. **Boissier**, Alfred: Recherches sur quelques contrats babyloniens ....
Paris 1890. 3 Bl., 65 S., 1 Bl. L ph 1891

376. **Demuth**, Ludwig: Fünfzig babylonische Rechts- und Verwaltungsurkunden aus der Zeit des Königs Cyrus (538–529 v. Chr.) ... (Erschein vollst.
in: Beiträge z. Assyriol. u. sem. Sprachwiss. Bd. III, 3.) Leipzig 1896.
28 S., 2 Bl. BR ph

377. **Ziemer**, Ernst Gottfried Franz: Fünfzig babylonische Rechts- und Verwaltungsurkunden aus der Zeit des Königs Kambyses (529–521 v. Chr.)
.... Vollst. in: Beitr. z. Assyriol. u. sem. Sprachwiss. Bd. III, H.3. Leipzig
1896. 32 S. BR ph 1896

378. **Kotalla**, Eduard: Fünfzig babylonische Rechts- und Verwaltungsurkunden
aus der Zeit des Königs Artaxerxes I. (464–424 v. Chr.). Leipzig
1901. 28 S. (Sollte vollst. erscheinen in: Beiträge zur Assyriologie u.
semit. Sprachwiss. Bd. 4, H. 4.) B ph 1901

379. **Daiches**, Samuel: Altbabylonische Rechtsurkunden aus der Zeit der
Ḥammurabi-Dynastie. T. 1. Leipzig 1903. 62 S. L ph 1903
Im Handel vollst. als: Leipziger semitistische Studien. 1, Heft 2.

380. **Hazuka**, Wenzel: Beiträge aus den altbabylonischen Rechtsurkunden zur
Erklärung des Hammurabi-Kodex. T. 1. Leipzig 1907. 37 S. B ph 1907

381. **Beth**, Marianne: Eigentumsveränderungen im israelitischen und babylonischen Recht. M. W ph 1912

382. **Jelitto, Joseph**: Die peinlichen Strafen im Kriegs- und Rechtswesen der
Babylonier und Assyrer. Breslau 1913. XII, 70 S. BR ph 1913
U.13.3080

383. **Sonnenschein**, Efraim: Neubabylonische Urkunden über Kauf. W ph
1913

384. **Walther**, Arnold: Zum altbabylonischen Gerichtswesen. Leipzig 1915.
IV, 105 S. L ph 1915

385. **Willmann**, Alfred: Babylonische Rechtsurkunden aus der Regierungszeit
der Seleuciden. H. W ph 1917

386. **Lange**, Erich: Die Quittung im babylonisch-assyrischen Recht. 40 S. Auszug: Königsberg i.P. 1921. 3 Bl. KB j 1920

387. **David**, Martin: Die Adoption im altbabylonischen-assyrischen Recht, VIII, 133, III S. (Auszug nicht gedruckt) L j 1925 Ma

388. **Jacob**, Ernst: Die altassyrischen Gesetze und ihr Verhaeltnis zu den Gesetzen des Pentateuch. 64 S. — Auszug: Breslau 1921: Hochschulverlag 2 S. BR ph 1921 Ms

389. **Eilers**, Wilhelm: Gesellschaftsformen im altbabylonischen Recht. Leipzig: Weicher 1931. XI, 72 S. Leipziger rechtswiss. Studien. H. 65. L j 1931 nA

390. **Krückmann**, Oluf: Babylonische Rechts- und Verwaltungs-Urkunden aus der Zeit Alexanders und der Diadochen (Teildr.) Weimar 1931. 86 S. B ph 1931

391. **Seif**, Mirjam: Über die altbabylonischen Rechts- und Wirtschaftsurkunden aus Iščāli. (B.-Charlottenburg) 1938. 56 S. B ph 1938

392. **Petschow**, Herbert: Die neubabylonischen Kaufformulare. Leipzig (Berlin): Weicher Verl. 1939. 74 S. L j nA Im Handel: Leipziger rechtswiss. Studien. 118.

393. **Nörr**, Dietrich: Studien zum Strafrecht im Kodex Hammurabi. o.O. 1954. IV, 113 gez. Bl. M j 1955 nA Mav

394. **Petschow**, Herbert: Neubabylonisches Pfandrecht. Berlin: Akademie Verl. 1956. 186 S. L ph Hab nA Im Handel: Abhandlungen d. Sächsischen Akademie der Wissenschaften zu Leipzig. Philol.-hist. Kl. Bd. 48, H. 1.

395. **Reschid**, Fauzi: Archiv des Nuršamaš und andere Darlehensurkunden aus der altbabylonischen Zeit. Heidelberg 1965. VII, 162 S. HD ph
U.65.6636

396. **Müller**, Manfred: Die Erlässe und Instruktionen aus dem Lande Arrapha. Ein Beitr. zur Rechtsgeschichte d. Alten Vorderen Orients. Leipzig 1968. VIII, 451 gez. Bl. L ph Ma 1968 nA

397. **Ries**, Gerhard: Die neubabylonischen Bodenpachtformulare. 1972.
XIV, 168 S. M j
Im Handel: Abhandlungen zur rechtswissenschaftlichen Grundlagen-
forschung. 16. (Schweitzer/Berlin 1976.)

398. **Lutzmann**, Heiner: Die neusumerischen Schuldurkunden: T.1. Einleitung und systematische Darstellung. 1976. VIII, 107 S. ER ph 1971

Religion

399. **Jeremias**, Alfred: Die Höllenfahrt der Istar. Eine altbabylonische Be-
schwörungs-Legende. München 1886. 2 Bl., 43, 1 S. L ph 1886

400. **Jeremias**, Johannes: Die Cultustafel von Sippar. Nach dem im Londoner Inschriftenwerke veröffentlichten Texte (VR 60.61) umschrieben,
übersetzt und erklärt. (Aus: Beitr. z. Assyriologie.) Leipzig 1889.
2, 32, 1 S. L ph 1889

401. **Kroll**, Guilelmus: De oraculis Chaldaicis. Pars I (Erschien vollst. in:
Bresl. phil. Abh., Bd. VII, H. 1.) Vratislaviae 1894. 3, 32 S. BR ph
Hab 1894

402. **Myhrman**, David W(ilhelm): Die Labartu-Texte. Babylonische Beschwörungsformeln nebst Zauberverfahren gegen d. Dämonin Labartu.
(In Umschrift u. Übers. hrsg. Strassburg 1902. 60 S. Aus: Zeitschrift
f. Assyriol. Bd. 16. L ph 1902

403. **Hunger**, Johannes: Becherwahrsagung bei den Babyloniern. Nach 2
Keilschrifttexten aus d. Hammurabi-Zeit. Leipzig 1903. 58 S.
L ph 1903
Im Handel.

404. **Hehn**, Johannes: Hymnen und Gebete an Marduk nebst einer Einleitung über die religionsgeschichtliche Bedeutung Marduks. Leipzig
1903. 34 S. B ph 1903

405. **Beyer**, Franz: Welche Ähnlichkeit findet sich zwischen dem biblischen
Schöpfungsberichte und den diesbezüglichen babylonischen Sagen?
Besteht eine Abhängigkeit zwischen beiden, und wie beschaffen ist sie?
1904. 160 S. GZ ph 1904

406. **Frank**, Karl: Bilder und Symbole babylonisch-assyrischer Götter. Leipzig 1906. 32 S. (Aus: Leipziger semitist. Studien, Bd. 2, H. 2.) L ph 1906

407. **Morgenstern**, Julian: The doctrine of Sin in the Babylonian Religion. Part I. The Use of Water in the A̜šipu-Ritual. Kirchhain N.-L. 1905. 46 S. HD ph 1905

408. **Schmidt**, Erich: Die Hauptgestalten des babylonischen Pantheons zur Zeit der Hammurapi-Dynastie (Teildr.) Stuttgart 1913. 55 S. BN ph 1913   U.13.3030

409. **Schrank**, Walter: Priester und Büßer in babylonischen Sühnriten. Leipzig 1907. 74 S. L ph 1907

410. **Franckh**, Rudolf: Zur Frage nach dem Einfluß des Babylonisch-Assyrischen auf die religiöse Terminologie der Hebräer. Eine kritische Untersuchung zu 35 alttestamentl. Hauptbegriffen. Göttingen 1908. 66 S. TÜ ph 1908   U.09.3953

411. **Michatz**, Paul: Die Götterlisten der Serie An/^{ilu}A-nu-um (Cuneiform Texts from Babylonian Tablets etc. in the British Museum Part XXIV, 1908 London: CT.24) Breslau 1909. XX, 100 S. BR ph 1909

U.09.611

412. **Schmidt**, Aage: Die religiöse Entwicklung in der babylonischen Beschwörungs-Literatur. Leipzig 1910. BR ph 1910   U.10.634

413. **Krausz**, Joseph: Die Götternamen in den babylonischen Siegelcylinder-Legenden. München 1910. 47 S. M ph 1910   U.10.3667

414. **Paffrath**, Tharsicius: Über einige wichtige Gottheiten in den altbabylonischen historischen Inschriften. (Anu und ^{d}Enlil, Stattgottheit, Familiengottheit.) Paderborn 1912: Schöningh. IV, 60 S. M ph 1911 Im Handel.   U.12.3875

415. **Förtsch**, Wilhelm: Die Göttergruppen in den altbabylonischen Königsinschriften. Kirchhain N.-L. 1912. 57 S. (Sollte vollst. ersch. in: Mitteilungen d. Vorderasiat. Gesellschaft) M ph 1911   U.12.6492

416. **Schollmeyer,** Franz: Sumerisch-Babylonische Hymnen und Gebete an Šamaš. (Teildr.)Paderborn 1912: Schöningh. 50 S. MS ph 1912
U.12.4043
Im Handel vollst. als: Studien z. Geschichte u. z. Kultur d. Altertums. Erg. Bd. 1.)

417. **Landsberger,** Benno: Der kultische Kalender der Babylonier und Assyrer. I. Die altbabylonischen Lokalkalender. Leipzig 1914. 91 S. Vollst. als: Leipziger semitist. Studien. Bd. 6, H. 1. 2. 1915 L ph 1915
U.15.2089

418. **Schulz,** Walter: Namenglaube bei den Babyloniern. (Auszug nicht gedruckt.) L ph 1919 (1931) Ha

419. **Jeremias (Fichtner-Jeremias),** Christliebe: Der Schicksalsglaube bei den Babyloniern. Leipzig 1922. 64 S. Auszug in: Jahrbuch d. Phil. Fak. Leipzig. 1920, 2. S. 152—153. Aus: Mitteilungen d. Vorderas.-Aegypt. Ges. Jg. 27. L ph 1923 nA

420. **Nötscher,** Friedrich: Der babylonische Gott Ellil. 156 S. — Auszug in: Jahrbuch d. Diss. d. Phil. Fak. Berlin 1921-22. I. S. 324—326. B ph 1922 (1927)

421. **Nötscher,** Friedrich:,Das Angesicht Gottes schauen' nach bibl. u. babylon. Auffass. Würzburg: Becker 1924. VI, 189 S. WÜ th Hab nA

422. **Schlobies,** Hans Martin: Der akkadische Wettergott in Mesopotamien. Leipzig 1925. 31 S. Ersch. auch in: Mitteilungen d. Altorient. Ges. B ph 1925 (1926)

423. **Michael,** Gotthart: Assyrische Orakelbescheide aus der Sargonidenzeit. 96 S. L ph 1925 Ma

424. **Schünemann,** Helmut: Die übernatürliche Macht und ihre Wirkung bei der Anwendung der babylonisch-assyrischen Zaubermittel. 57 S. (Auszug nicht gedruckt) L ph 1925

425. **Schapiro,** Jehuda: Androgyne Züge im Wesen sumero-babylonischer Götter. W ph 1930

426. **Kunstmann,** Walter G(erhard): Die babylonische Gebetsbeschwörung. Gräfenhainichen 1932. 114 S. L ph 1931
Im Handel: Leipziger semitist. Studien. N.F. 2.

427. **Blome,** Friedrich: Die Opfermaterie in Babylonien und Israel. T. 1. Romae: Pont. Inst. Bibl. 1934. XX, 468 S. Sacra Scriptura antiquitatibus orient. ill. 4. TÜ th nA

428. **Kraus,** Fritz Rudolf: Die physiognomischen Omina der Babylonier. Gräfenhainichen 1935. 64 S. Erw. als: Mitt. d. Vorderasiat.-Ägypt. Ges. 40, 2. L ph 1935

429. **Meier,** Gerhard: Die assyrische Beschwörungsammlung Maqlû. Neu bearb. Horn, Nd.-Österreich 1937. 28 S. B ph 1936
Im Handel.

430. **Bernhardt,** Inez: Durch Beischriften bestimmte assyrisch-babylonische Göttersymbole. Ein Beitrag zur Festlegung d. assyrisch-babylon. Göttersymbole. o.O. (1942) 55 gez. Bl., 2 Taf. B ph 1942 Ms nA

431. **Renger,** J(ohannes Martin): Untersuchungen zum Priestertum in der altbabylonischen Zeit. T. 1. Heidelberg 1965. S. 110–188. HD ph nA   U.66.8089
Aus: Zeitschrift f. Assyriologie. N.F. Bd. 24.(58.) 1967.

432. **Rashid,** Subhi Anwar: Gründungsfiguren und Gründungsbeigaben altmesopotamischer Heiligtümer. Ihr Ursprung, ihre Entwicklung u. Bedeutung. (Teildr.). Frankfurt 1966. IX, 90 gez. Bl. F ph Mav
U.66.4712

433. **Weiher,** Egbert von: Der babylonische Gott Nergal. 1971. IX, 138 S. MS
Im Handel: Alter Orient und Altes Testament. 11. (Butzon u. Bercker/ Kevelaer 1971.)

434. **Farber,** Walter: Atti Ištar ša ḫarmaša Dumuzi: Beschwörungsrituale an Ištar u. Dumuzi. 1974. 107, 24 S. Ausz. TÜ FB Altertums- u. Kulturwiss. 1973   U.74.14118
Im Handel: Veröffentlichungen der Orientalischen Kommission. 30. (Steiner/Wiesbaden 1977.)

Sprache und Literatur

435. **Peiser**, Fel. Ernst: Die assyrische Verbtafel (V Rawl. 45) I. D. assyrische Zeichenordnung auf Grund von S$\underline{\text{a}}$ u. V Rawl. 45. München 1886; 2, 31, 1 S. L ph 1886

436. **Craig**, James A.: The Monolith Inscription of Salmaneser II. (860–824 B.C.) Collated, Transcribed , Translated and Explained, together with Text, Transcription, Translation and Explanation of the Throne-Inscription of Salmaneser II. (Aus: Hebraica.) 1887. 40 S. L ph 1887.

437. **Harper**, Robert Francis: Cylinder A of the Esarhaddon Inscriptions transliterated and translated, with textual notes, from the original copy in the British Museum; together with the hitherto unpublished text of Cylinder C. 80, 7-19, 15 PS and K. 1679. New Haven 1888. IV, 35, 1 S. L ph 1888

438. **Jäger**, Christian Martin: Der Halbvokal i̭ im Assyrischen ... (Aus: Beitr. z. Assyriol. u. vergl. semit. Sprachwiss., H. 2.) Leipzig, Druck v. A. Pries, 1890; 2 Bl. 33 S. L ph 1890

439. **Belser**, Carl Wilhelm: Die babylonischen Kudurru-Inschriften III Rawl. 41-45 nach den Originalen umschrieben, übersetzt und erklärt nebst dem zum ersten Mal veröffentlichten Text der Kudurru-Inschriften Nrr. 101, 102, 103 ... (Ersch. vollst. in: Beitr. z. Assyriol. u. vergl. semit. Sprachwiss. 2. Bd. H. 1.) Leipzig 1891, 21 S., 15 Taf. L ph 1891

440. **Harper**, Edward J.: Die babylonischen Legenden von Etana, Zu, Adapa und Dibbarra. Im Originaltext u. in Umschrift veröffentl., übers. u. erkl. (Erschien vollst. in: Beitr. z. Assyriol. u. vgl. semit. Sprachwiss., Bd. II, Heft 2.) Leipzig 1892. 34 S. L ph 1892

441. **Rost**, Paulus: Die inscriptione Tiglat-Pileser III, regis Assyriae quae vocatur annalium .... (Erscheint m. Commentar.) Leipzig 1892. 53 S. B ph 1892

442. **Lindl**, Ernest: Die babylonisch-assyrischen Praesens- und Praeteritalformen im Grundstamm der starken Verba.... (Erschien erweitert 1896 bei H. Lukaschik in München.) München 1895. 38 S. M ph 1896

443. Messerschmidt, Leopold: Tabula Babylonica V. A. Th. 246 musei
      Berolinensis primum editur commentarioque instruitur... Kirchhain
      N.-L. 1896. 2 Bl. B ph 1896

444. Hirsch, Hermann: Assyrische Transcriptionen ägyptischer Eigenna-
      men in den Inschriften der Sargoniden. W ph 1896 Ha

445. Banks, Edgar James: Sumerisch-Babylonische Hymnen der von
      George Reisner herausgegebenen Berliner Sammlung umschrieben,
      übersetzt. Leipzig 1897. 31 S., 2 Bl. BR ph 1896

446. Dienemann, Max: Sumerisch-babylonische Hymnen der von George
      Reisner herausgegebenen Berliner Sammlung umschrieben, übersetzt
      und erklärt. Breslau 1898. 31 S. BR ph 1898

448. Montgomery, Mary Williams: Briefe aus der Zeit des babylonischen
      Königs Hammurabi (ca. 2250 v. Chr.) Leipzig 1901. 31 S. B ph 1901

449. Ranke, Hermann: Die Personennamen in den Urkunden der Hammu-
      rabidynastie. Ein Beitrag zur Kenntnis d. semit. Namenbildung. T. 1.
      München 1902. 53 S. M ph 1902

450. Gelderen, Cornelis van: Ausgewählte babylonisch-assyrische Briefe
      transscribiert und übersetzt. Leipzig 1902: A. Pries. (47 S.) (Aus: Bei-
      träge zur Assyriol. u. semit. Sprachwiss. Bd. 4, H. 4.) L ph 1902

451. Pancritius, Marie: Assyrische Kriegführung von Tiglat-pileser I. bis
      auf Samši-adad III. Königsberg i.Pr. 1904. 144 S. KB ph 1904

452. Brummer, Vincent: Die sumerischen Verbal-Afformative nach den
      ältesten Keilinschriften bis herab auf Gudea (ca. 3300 v. Chr.) ein-
      schließlich. Leipzig 1905. V, 48 S. M ph 1905
      Im Handel: Harrassowitz/Leipzig 1905.

453. Huber, Engelbert: Die theophoren Personennamen in den Keilschrift-
      urkunden aus der Zeit der Könige von Ur. Leipzig 1906. 28 S. M ph
      1905

454. **Behrens**, Emil: Assyrisch-babylonische Briefe religiösen Inhalts aus der Sargonidenzeit. Leipzig 1904. 56 S. Aus: Leipziger semitist. Studien Bd. II, H. 1. L ph 1905

455. **Hoschander**, Jakob: Die Personennamen auf dem Obelisk des Maništusu. T. I. Straßburg: K.J. Trübner 1907. 57 S. (Aus: Zeitschrift f. Assyriologie. Bd. 20, S. 246-302.) MR ph 1907

456. **Landersdorfer**, Simon: Altbabylonische Privatbriefe, transkribiert, übersetzt u. kommentiert, nebst e. Einl. u. 4 Registern. Paderborn 1908. 44 S. Erschien vollst. als: Studien z. Geschichte u. Kultur d. Altertums, Bd. 2, H. 2, 1908 M ph 1907

457. **Christian**, Viktor: Die Namen der einfachen und zusammengesetzten Keilschrift-Ideogramme nebst Zeichenliste, alphabetischen und systematischen Namensverzeichnis und einer Besprechung der zugrunde gelegten Texte. W ph 1908

458. **Poebel**, Arno: Die sumerischen Personennamen zur Zeit der Dynastie von Larsam und der ersten Dynastie von Babylon. Breslau 1910. 44 S. BR ph Hab 1910 nA   U.10.654

459. **Ylvisaker**, Sigurd C(hristian): Zur babylonischen und assyrischen Grammatik. Eine Untersuchung auf Grund der Briefe aus der Sargonidenzeit. Leipzig 1911. 74 S. L ph 1911
Im Handel vollst. als: Leipziger semitist. Studien. Bd. 5, H. 6.

460. **Mercer**, Samuel Alfred Browne: The oath in Babylonian and Assyrian Literature. Munich 1911. XII, 42 S. M ph 1911   U.11.3818

461. **Allis**, Oswald Thompson: Neubabylonische Briefe. Zwanzig Briefe in Cuneiform Texts 22, kollationiert u. bearbeitet. T. 1. Leipzig 1913: Pries. 63 S. B ph

462. **Theis**, Johannes: Altbabylonische Briefe. T. 1. Leipzig 1913. 32 S. Sollte vollst. ersch. in: Beiträge z. Assyriol. u. semit. Sprachwiss. B ph   U.13.2926

463. **Kroegel**, Heinrich: Beiträge zum sprachlichen Verständnis der sumerisch-akkadischen Beschwörungstexte. Leipzig 1913. 36 S. Sollte vollst. ersch. in: Beiträge z. Assyriol. u. semit. Sprachwiss. B ph 1913

U.13.2866

464. **Hald,** Karl: Die große Trias in den sumerischen (bilinguen) Beschwö-
rungs-Formeln. Kempten 1914. VIII, 54 S. M ph 1913   U.14.4408

465. **Boson,** Giov(anni) Giustino: Les métaux et les pierres dans les inscriptions assyro-babyloniennes. München 1914. VI, 83 S. M ph
U.14.4385

466. **Zimmern,** Henricus: Akkadische Fremdwörter als Beweis für babylonischen Kultureinfluß. Lipsiae 1915. 72 S.
Im Handel: Hinrichs/Leipzig.

467. **Geller,** Samuel: Die sumerisch-assyrische Serie Lugal-e ud me-lam-bi
nir gál. (Teildr.) Leiden: Brill 1916. 32 S. Vollst. als: Altorientalische
Texte u. Untersuchungen. 1, Heft 4. BR ph 1916   U.16.1482

468. **Ehelolf,** Hans: Ein Wortfolgeprinzip im Assyrisch-Babylonischen. Marburg 1916. 49 S. MR ph 1916   U.16.1856
Im Handel: Leipziger semitist. Studien. 6, 3.

469. **Kinscherf,** Ludwig: Inschriftbruchstücke aus Assur, auf ihren Inhalt u.
Zusammengehörig geprüft, übers. u. erkl. Ausz. in: Auszüge aus noch
nicht gedr. Diss. d. Berliner Phil. Fak. 1917/18. S. 10-13. B ph 1918

470. **Schröder,** Otto: Inschriftbruchstücke aus Assur, auf Inhalt u. Zusam-
mengehörigkeit geprüft, übers. u. erkl. – XXVIII, 65 gez. Bl. B ph
1918 Ma

471. **Stummer,** Friedrich: Sumerisch-akkadische Parallelen zum Aufbau alt-
testamentlicher Psalmen. Paderborn: Schöningh 1922. XIV, 190 S.
Studien zur Geschichte u. Kultur d. Altertums. Bd. 11, H. 1. 2.
WÜ th Hab 1918 (1922) nA

472. **Breitschaft,** Georg: Die westsemitischen Götternamen und Gottesna-
menäquivalente in den Personennamen der ersten babylonischen Dynastie. Gräfenhainichen 1918. 68 S. M ph 1918 (1913)   U.18.1586

473. **Schneider,** Anna: Die Anfänge der Kulturwirtschaft. Die sumerische
Tempelstadt. Kap. 2: Das allgemeine Wirtschaftssystem Sumers. Essen
1920. S. 17-39. MS rs 1921 nA   U.21.1605
Im Handel vollst. als: Staatswissenschaftl. Beiträge H. 4.

474. **Lewy**, Julius: Das Verbum in den ‚altassyrischen Gesetzen' m. Berück-
sichtigung von Schrift-, Lautlehre u. Syntax. (In Autographie) (Berlin:
Selbstverl. 1921.) 96 S. Ersch. auch als: Untersuchungen zur akkad.
Grammatik 1, in: Berliner Beiträge zur Keilschriftforschung. Bd. 1,
B ph 1921

475. **Zimolong**, Bertrand (Franz): Das sumerisch-assyrische Vokabular As‹
523. Hrsg. m. Umschrift u. Kommentar. Leipzig 1922. 66 S. m. Taf.
BR ph 1922

476. **Domke**, Victor: Die zweite und dritte Tafel des Gilgameschepos in altbabylonischer Version. 100 S. Auszug in: Jahrbuch d. Diss. d. Phil.
Fak. Berlin. 1923-24. I, S. 58-60. B ph 1924

477. **Schott**, Albert: Die Vergleiche in den akkadischen Königsinschriften.
Leipzig: Hinrichs 1920. VIII, 255 S. Aus: Mitteilungen d. Vorderasiat.-
Aegypt. Ges. 25, 2. MR ph 1925 (26) nA

478. **Pohl**, Alfred: VAT 8875, die 6. Tafel der Serie ‚ana ittišu' (Teildr.)
(Glückstadt) 1930. 47 S. Sollte vollst. ersch. in: Mitteilungen d. Vorderasiat. Gesellschaft. B ph 1930

479. **Falkenstein**, Adam: Die Haupttypen der sumerischen Beschwörung,
literat. unters. Leipzig: Hinrichs 1931. 104 S. Auch als: Leipziger semitist. Studien. N.F. Bd. 1 L ph

480. **Scholtz**, Rudolf: Die Struktur der sumerischen engeren Verbalprä-
fixe. (Teildr.) Ohlau i. Schl. 1931. 48 S. B ph 1931

481. **Rimalt**, Elimelech: Aramäismen im Neu- und Spätbabylonischen.
W ph 1931

482. **Kraus**, Paul: Altbabylonische Briefe aus d. Vorderasiat. Abteilung d.
Preuß. Staatsmuseen zu Berlin. (Teildr.) (Leipzig: Hinrichs) 1931.
V, 76 S. Vollst. in: Mitteilungen d. Vorderasiatisch-Ägypt. Ges. Jg.
35, 2 u. Jg. 36, 1. B ph 1931

483. **Oppenheim**, Adolf: Die mittels T-Infixes gebildeten Aktionsarten des
Altbabylonischen. W ph Ms 1933

484. **Falkenstein**, Adam: Archaische Texte aus Uruk. Bearb. u. hrsg.:
Berlin: Dt. Forschungsgemeinschaft, Leipzig: Harrassowitz in Komm.
1936. VI, 76 S., 71 S. Abb., 216 S. M ph Hab 1936 nA
Im Handel.

485. **Schuster**, Hans-Siegfried: Die nach Zeichen geordneten sumerisch-akkadischen Vokabulare. (Einleitung zu e. Textausg.) Göttingen 1938.
S. 217-270. Aus: Zeitschrift f. Assyriologie. N.F. 10 (44) L ph 1936 bA

486. **Waschow**, Heinz: Babylonische Briefe aus der Kassitenzeit. (Teildr.)
Gräfenhainichen 1936. 49 S. B ph 1936
Im Handel: Mitteilungen d. altoriental. Gesellschaft Bd. 10, H. 1.

487. **Bloch**, Simon: Beiträge zur Grammatik des mittelbabylonischen Verbum,
Präpositionen und Subjunktionen. 1937. 123 Bl. A 1937

488. **Feiler**, Wolfgang: Hurritisches Namengut in den Büchern „Richter",
„Samuelis" und „Könige". 1943. 86 Bl. W

489. **Sauer**, Franz: Das babylonische Weltschöpfungsepos Enuma Eliš.
1946. XIX, 111 Bl. GZ ph 1946

490. **Holl**, Lothar: Prosopographische Bearbeitung der Königlichen Korrespondenz Sargons und seiner Nachfolger. Würzburg 1953. 160 gez. Bl.
WÜ ph 1954 nA

491. **Morawe**, Günter: Die neubabylonischen Chroniken, untersucht nach
Aufbau, Tendenz und Schreibgebrauch. (Berlin 1965) V, 332 gez. Bl.
B ph 1956 nA Ma

492. **Kienast**, Burkhard: Die altassyrischen Texte des Orientalischen Seminars der Universität Heidelberg. Heidelberg 1956. 199 gez. Bl.
HD ph Ma nA

493. **Bergmann**, Eugen: Untersuchungen zu syllabischen Schreibungen im
Sumerischen. T. 1. o.O. 1954. 146 gez. Bl. HD ph Ms nA   U.58.4010

494. **Hirsch**, Hans Erich: Untersuchungen zur altassyrischen Religion. 1958.
IV, 208 Bl. W ph

495. **Deller**, Karlheinz: Lautlehre des Neuassyrischen. 1959. XXIX, 260 Bl.
W

496. **Hecker**, Karl: Die Sprache der altassyrischen Texte aus Kappadokien.
Freiburg i.B. 1961. XIII, 279 gez. Bl. FR ph nA Mav   U.63.3390

497. **Al-Zeebari**, Akram: Altbabylonische Briefe des Iraq-Museums. Münster
1962. 140 S. MS ph nA   U.63.9040
Im Handel: Texts in the Iraq Museum. P. 1.

498. **Bleibtreu**, Erika: Neubabylonische Bauinschriften. Nabopolassar u.
Nebukadnezar. 1963. II, 188 Bl. GZ

499. **Genge**, Heinz: Stelen neuassyrischer Könige. Eine Dokumentation u.
philol. Vorarbeit zur Würdigung e. archäol. Denkmälergattung. T. 1.
Die Keilinschriften. Freiburg i.B. 1964. XXI, 299 S. FR ph
       U.65.4389

500. **Krecher**, Joachim: Sumerische Kultlyrik. Heidelberg 1963. 236 S.
HD ph nA   U.66.8073
Im Handel: Harrassowitz/Wiesbaden 1966.

501. **Steible**, Horst: Ein Lied an den Gott Haja mit Bitte für den König
Rīmsīn von Larsa. Freiburg i.B. 1967. 191 S. FR ph 1967

502. **Hunger**, Hermann: Keilschriftliche Kolophone. Münster 1966. 189 S.
MS ph 1966 nA   U.67.12779
Im Handel: Alter Orient u. Altes Testament. Bd. 2 u.d. Titel: Babyloni-
sche und assyrische Kolophone.

503. **Wilcke**, Claus: Das Lugalbandaepos. Heidelberg 1966. XII, 236 S.
HD ph 1966 nA   U.68.8332
Im Handel: Harrassowitz/Wiesbaden 1969.

504. **Sabir**, Bahija Khalil: Mittelassyrische Keilschrifttexte aus Assur. Berlin
1967. VIII, 351 gez. Bl. B-H ph nA Mav   U.67.364

505. **Berger**, Paul-Richard: Die literarische Gestalt der neubabylonischen Königsinschriften. Göttingen 1967. 268 gez. Bl. GÖ ph nA Mav
       U.67.6015

506. **Fenzel**, Klaus: Präsargonische Personennamen aus Ur (UET II). Innsbruck 1967. 307 Bl. IN ph 1970 Ma

507. **Mayer**, Walter: Untersuchungen zur Grammatik des Mittelassyrischen. 1970. XII, 131 S. MS ph 1970
Im Handel: Alter Orient und Altes Testament. Sonderreihe 2. (Butzon u. Bercker/Kevelaer 1971.)

508. **Wilhelm**, Gernot: Untersuchungen zum Hurro-Akkadischen von Nuzi. 1970. X, 108 S. B-F
Im Handel: Alter Orient und Altes Testament. 9. (Butzon u. Bercker/ Kevelaer 1970.)

509. **Groneberg**, Brigitte: Untersuchungen zum hymnisch-epischen Dialekt der altbabylonischen literarischen Texte. Münster 1972. IV, 198 S. MS ph   U.72.11112

510. **Steible**, Horst: Rīmsin, mein König: drei kultische Texte aus Ur mit d. Schlußdoxologie ^{d}ri-im^d-sîn lugal-mu. 1972. 129 S. FR ph Hab nA
U.75.6652
Im Handel: Freiburger altorientalische Studien. 1. (Steiner/Wiesbaden 1975.)

511. **Flügge**, Gertrud: Der Mythos „Inanna und Enki", unter bes. Berücks. der Liste d. m e. 1973. XV, 256 S. M ph bA   U.74.12275

512. **Hecker**, Karl: Untersuchungen zur akkadischen Epik. 1974. XIII, 244 S. FR ph Hab 1970   U.74.5630
Im Handel.

513. **Schramm**, Wolfgang: Einleitung in die assyrischen Königsinschriften. T. 2. 934-722 v. Chr. 1974. IX, 139 S. GÖ ph nA   U.74.6983
Im Handel: Handbuch der Orientalistik. Abt. 1. Erg. Bd. 5.

514. **Adler**, Hans-Peter: Das Akkadische des Königs Tušratta von Mitanni. 1976. 363 S. B-F ph 1965 bA   U.76.14665
Im Handel: Alter Orient und Altes Testament. 201. (Butzon und Bercker/ Kevelaer 1976.)

515. **Cavigneaux**, Antoine: Die sumerisch-akkadischen Zeichenlisten: Überlieferungsprobleme. 1976. 2 Bl., VI, 178 S. M ph

516. **Leick**, Gwendolyn: Die akkadischen Fluchformeln des 3. und 2. Jahrtausends. Graz 1976. II, 142 S., 6 Bl. GZ Ma 1977

517. **Kienast**, Burkhard: Die altbabylonischen Briefe und Urkunden aus Ki-
surra. 1978. 2 Bde. Hab.
Im Handel: Freiburger Altorientalische Studien. 2. (Steiner/Wiesbaden.)

518. **Behrens**, Hermann: Enlil und Ninlil, ein sumerischer Mythos aus Nippur.
269 S. FR ph
Im Handel: Studia Pohl, Series Maior. (Istituto pontificio biblico/Rom
1978.)

519. **Scholz**, Bernhard: Akkadisch-griechische und griechisch-akkadische Tran-
skriptionen. GZ 1978

520. **Sperl**, Gerhard: Untersuchungen über das Erkennen von Keilschriftzei-
chen mit Hilfe elektronischer Anlagen (Arbeitstitel!) Innsbruck 1980 (?)
IN   In Vorbereitung

Wirtschaft

521. **Zehnpfund**, Friedrich Wilhelm Rudolf: Babylonische Weberrechnungen
aus den Tempelarchiven zur Zeit des Nabū-na'id Königs von Babylon
(555-538 v. Chr.) ... (Aus: Beitr. z. Assyriol. u. vergl. semit. Sprachwiss.
H. 2.) Leipzig 1890. 2, 32 S. L ph 1890

522. **Schwenzner**, Walter: Altbabylonische Marktpreise. Kirchhain N.-L. 1915.
31 S. Voll. in: Mitteilungen d. Vorderasiat. Gesellsch. Jg. 1914. BR ph
1915   U.15.1569

523. **Wilhelm**, Kurt: Berufe und Gewerbe bei den Assyrern. 44 S. (Auszug
nicht gedruckt.) WÜ ph 1923

524. **Freydank**, Helmut: Spätbabylonische Wirtschaftstexte aus Uruk. Berlin
1966. 476 Bl. B-H ph nA Mav   U.66.306

525. **Bauer**, J.: Altsumerische Wirtschaftstexte aus Lagasch. Würzburg 1968.
XX, 237 S. W ph   U.68.14777

526. **Lanz**, Hugo: Die neubabylonischen harrânu-Geschäftsunternehmen. 1972.
XVI, 210 S. M j bA
Im Handel: Münchener Universitätsschriften. Jur. Fak. Abhandlungen
zur rechtswissenschaftlichen Grundlagenforschung. 18. (Schweitzer/
Berlin 1976.)

527. **Butz**, Kilian: Zur Wirtschaft der Tempel in Ur in altbabylonischer Zeit.
Vorarbeiten an Hand d. „Tempel-Archive" des Nanna-Ningal-Tempelkom-
plexes. Versuch einer Rekonstruktion. Wien 1973. III, 290, 1 Bl. W ph
Ma

528. **Begrich**, Gerhard: Der wirtschaftliche Einfluß Assyriens auf Südsyrien
und Palästina. (1.) 1975. 162 Bl. (2.) 1975. Bl. 163-338 Anh. B-T th
1975 nA Mav   U.75.362

1.6. IRAN

Architektur, Bauwesen

529. **Huff**, Dietrich: Qal'a-ye Dukhtar bei Firuzabad: ein Beitr. zu sasanidischen Palastarchitektur. 1971. S. 128-190. B-T nA   U.74.15476
Aus: Archäologische Mitteilungen aus Iran. (1974) 4.

Geographie

530. **Justi**, Ferdinand: Beiträge zur alten Geographie Persiens. 1. 2. Marburg
1869-70. 1: Marburg, Rektoratsrede 1869. 2: Marburg, Progr. z. Geburts-
tage d. Kaisers. 1870

531. **Junge**, Peter Julius: Saka-Studien. Der ferne Nordosten im Weltbild der
Antike. Leipzig 1939. 32 S. – Klio. Beih. 41 = N.F. Beih. 28. BR ph
1936

532. **Ronca**, Italo: Ostiran und Zentralasien bei Ptolemaios. (Geographie 6.
9-21) Mainz 1967. 146 S. MZ ph bA   U.67.10733

Geschichte

533. **Geist**, August Hermann Friedrich: Quaestionum Persianarum specimen. 1.
Halle 1854. 46 S. HAL ph 1854

534. **Friedländer**, Michael: Qua ratione Orientalium traditiones de Persarum regibus .... cum iis, quae Graeci de eadem aetate tradunt possint, coniungi. Halle 1860. HAL ph 1860

535. **Pfalz**, Moritz: Persien und Karthago. Naumburg 1869. L ph

536. **Bezold**, Carl: Die große Dariusinschrift am Felsen von Behistun. Transcr. d. babylon Textes nebst Übers. u. Comm. Leipzig 1881. L ph

537. **Hagen**, Ole Erikson: Keilschrifturkunden zur Geschichte des Königs Cyrus ... (Ersch. vollst. in: Beitr. z. Assyriol.u. vergl. semit. Sprachwiss. II. Bd. 1. H.) Leipzig 1891. 32 S., 1 Bl. L ph 1891

538. **Gerland**, Ernst: Die persischen Feldzüge des Kaisers Herakleios. (Aus: Byzant. Zeitschr. III. 2) Leipzig 1894. 46 S. J ph

539. **Regling**, Kurt: De belli Parthici Cassiani fontibus. Berolini 1899. 60 S. (Enthält nur T. 1 d. eingereichten Abh. − T. 2 sollte in deutscher Sprache erscheinen.) B ph 1899

540. **Kiessling**, Max: Zur Geschichte der ersten Regierungsjahre des Darius Hystaspes. Leipzig 1900. 62 S. (Bildet T. 1 d. Abh.: Untersuchungen zur älteren persischen Geschichte u. zum Territorium d. persischen Landschaften, veröffentlicht in: Quellen u. Forschungen zur alten Geschichte u. Geographie. H. 2.) L ph 1900

541. **Herzfeld**, Ernst: Pasargadae. Aufnahmen und Untersuchungen zur persischen Archaeologie. Tübingen 1907. 32 S. B ph 1907

542. **Hoffmann-Kutschke**, Artur: Die altpersischen Keilinschriften des Großkönigs Dārajawausch des Ersten am Berge Bagistān. Stuttgart 1908. 67 S. Jena ph 1909   U.09.2184

543. **Friederici**, Erich: Das persische Idealheer der Cyropädie. Berlin 1909. 73 S. B ph   U.09.170

544. **Obst**, Ernst: Der Feldzug des Xerxes. Kap. 5. Leipzig 1913. 54 S. L ph

545. **Mlaker**, Karl: Historische Glossen zu den römisch-iranischen Staatsverträgen. 1919. CXIX, 281 Bl. GZ ph

546. **König**, Friedrich: Zwei altelamische Stelen. W ph 1920 Ma

547. **Fesel**, Heinrich: Beiträge zur Geschichte des persischen Kriegswesens. II, 68 S. m. Taf. (Auszug nicht gedruckt) HD ph Ms 1925 U.25.4664

548. **Bickel**, Ernst: Themistokles. Der Kampf um d. Mittelmeer zwischen Griechenland und Persien. Bonn, Bonner Univ. Buchdr. 1943, 20 S., 1 Taf. (Kriegsvorträge d. Rhein. Friedrich-Wilhelms-Univ. Bonn a. Rh. H. 105.)

549. **Junge**, Peter Julius: Dareios I., König der Perser. Mit 8 Taf. u. 1 Kt. Leipzig 1944. 208 S. IN ph Hab 1940

550 **Kübler**, Paul: Die persische Politik gegenüber dem Griechentum in der Pentekontaetie. o.O. 1950. 263 gez. Bl. HD ph nA Ma

551. **Forderer**, Manfred: Religiöse Geschichtsbedeutung in Israel, Persien und Griechenland zur Zeit der persischen Expansion. Das Auftreten d. Perserreiches i.d. zeitgenöss. Geschichtsdeutung. o.O. 1952. V, 362 gez. Bl. TÜ ph 1952 nA Ms

552. **Kussmaul**, Friedrich: Zur Frühgeschichte des innerasiatischen Reiternomadentums. (1.) 2. 1954. I C, 139 Bl., Bl. 140-445. TÜ ph Ma

553. **Sagai**, Abbas: Die Besonderheiten der Entstehung und Entwicklung des Feudalismus im Iran vom 3. bis zum 7. Jahrhundert u. Z. Halle 1962. II, 141, IV gez. Bl. HAL wi nA Mav U.62.4215

554. **Schiwek**, Heinrich: Der Persische Golf als Schiffahrts- und Seehandelsroute in Achämenidischer Zeit und in der Zeit Alexander des Großen. Bonn 1956. 97 S. BN ph nA Aus: Bonner Jahrbücher d. Rheinischen Landesmuseums in Bonn u.d. Vereins v. Altertumsfreunden im Rheinlande. Bd. 162. 1962. U.64.1816

555. **Feodora** Prinzessin von Sachsen-Meiningen: Proskynesis in Iran. Berlin (de Gruyter) 1959. S. 125-166. B-F 1960 bA Aus: Altheim, Franz: Geschichte der Hunnen. Bd. 2. U.60.0786

556. **Ritter,** Hans Werner: Diadem und Königsherrschaft. Untersuchung zu Zeremonien u. Rechtsgrundlagen d. Herrschaftsantritts bei d. Persern, bei Alexander d. Großen und im Hellenismus.Mainz 1961. XIV, 191 S. MZ ph nA
Im Handel: Vestigia, Bd. 7.

557. **Ziegler,** Karl-Heinz: Die Beziehungen zwischen Rom und dem Partherreich. Ein Beitr. zur Geschichte d. Völkerrechts. Frankfurt 1963. XX, 158 S. F j nA   U.63.2866
Im Handel: Steiner/Wiesbaden.

558. **Sundermann,** Werner: Die sāsānidische Herrscher-Legitimation und ihre Bedingungen. Berlin 1963. Gez. Bl. a - c, 202 gez. Bl. B-H ph nA Mav

559. **Timpe,** Dieter: Geschichte der politischen Beziehungen zwischen Römer- und Partherreich. Freiburg i.B. 1963. 408 gez. Bl. FR ph Hab nA
U.70.8198

560. **Calmeyer,** Peter: Datierbare Bronzen aus Luristan und Kirmanshah. Berlin 1965. VIII, 202 S. B-F ph 1965 bA   U.69.17092
Im Handel.

561. **Madani,** Mir Hamid: Die gesellschaftlichen Zustände im iranischen Altertum. Dargest. nach den iranischen Heldensagen. Tübingen 1976. 185 S. TÜ ph 1967

562. **Börker-Klähn,** Jutta: Untersuchungen zur altelamischen Archäologie. Berlin 1970. 233, 88 S. B-F ph   U.70.16615

563. **Fischer,** Thomas: Untersuchungen zum Partherkrieg Antiochos' VII. im Rahmen der Seleukidengeschichte. München 1970. 124 S. M ph
U.70.13500

563a. **Talebi,** Djahangir: Die geschichtliche Entwicklung der iranischen Staatsformen vor der arabischen Eroberung. Innsbruck 1970. XV, 167 Bl. IN s Ma

564. **Kroll**, Stephan: Keramik urartäischer Festungen in Iran: ein Beitr. zur Expansion Urartus in Iranisch-Azarbaidjan. 1976. 184 S. M ph bA 1972 Im Handel: Archäologische Mitteilungen aus Iran: Erg.-Bd. 2 (Reimer/ Berlin 1976.)

565. **Fischer**, Hagen: Die Wirtschaftspolitik des Römischen Reiches in Kleinasien unter dem Einfluß der römisch-parthischen Rivalität. 1973. IV, 194, 8 Bl. B-H nA Mav   U.74.368

566. **Koehler**, Heinrich: Die Nachfolge in der Seleukidenherrschaft und die parthische Haltung im römisch-pontischen Konflikt. 1978. II, 169 S. BO hs 1974 Im Handel: Bochumer historische Studien. Alte Geschichte. 3. (Brockmeyer/Bochum 1978.)

567. **Simon**, Hermann: Die sasanidischen Münzen des Fundes von Babylon: ein Teil des bei Koldeweys Ausgrabungen im Jahre 1900 gefundenen Münzschatzes. (1.) 1975. XXIII, 102 Bl., Anh. (2.) 1975. Anl. B-H gw Diss A nA Mav   U.75.726

568. **Szaivert**, Wolfgang: Die Tätigkeit der sasanidischen Münzstätten ab der generellen Einführung der Signaturen und Datenangaben. (Organisation, Technisches u. hist. Bezüge) Wien 1975. 477 Bl. W ph Ma

569. **Seibt**, Gunter F.: Griechische Söldner im Achaimenidenreich. 1977. 122 S. B-F FB Geschichtswiss. bA 1975 Im Handel: Habelts Dissertationsdrucke. Reihe alte Geschichte. 11. (Habelt/Bonn 1977.)

570. **Zagarell**, Allen: The role of Highland pastoralism in the development of Iranian civilization, proto- and prehistoric Iran. 1978. 305 S. B-F FB 14 Altertumswiss. 1977

571. **Wiesehöfer**, Josef: Der Aufstand Gaumātas und die Anfänge Dareios' I. 1978. 272, 22 S. MS ph 1977 Im Handel: Habelts Dissertationsdrucke. Reihe alte Geschichte. 13. (Habelt/Bonn 1978.)

572. **Hofstetter**, Josef: Die Griechen in Persien: Prosopographie der Griechen im Persischen Reich von Alexander. 1978. XII, 217 S. BE ph-hs
nA

Kunst

573. **Rudich**, Berta: Die Zierkunst des Iran bis zur islamischen Eroberung.
W ph 1920 Ms

574. **Deutsch**, Lilly: Die Perserdarstellungen in der griechischen Kunst. W ph
1932

575. **Schoppa**, Helmut: Die Darstellung der Perser in der griechischen Kunst
bis zum Beginn des Hellenismus. Koburg 1933. 84 S. HD ph 1933

576. **Zykan**, Josef: Das iranische Sinnbild. Seine Bedeutung u. seine Verbreitung, mit bes. Berücks. d. Zusammenhänge d. sinnbildl. Kunst d. Mazdaismus, d. Gnosis u.d. Christentums. W ph Ma 1933

577. **Dorn**, Käthe: Das sasanidische Silbergeschirr und seine Sinnbilder. W ph
Ms 1933

578. **Kröger**, Jens: Sasanidischer Stuckdekor. Ein Beitrag zum Reliefdekor aus
Stuck in sasanidischer und frühislamischer Zeit nach den Ausgrabungen von
1928/29 und 1931/32 in der sasanidischen Metropole Ktesiphon (Iraq) und
unter bes. Berücks. der Stuckfunde von Taḫt-i Sulaimān (Iran), aus Niẓāmābād (Iran) sowie zahlreicher anderer Fundorte. Berlin 1978. B-F

Medizin

579. **Fichtner**, Horst: Die Medizin im Avesta. (Auszug) Leipzig 1924. 16 S.
L med
Im Handel.

580. **Junghanns**, Klaus: Medizin in Iran zur Zeit der Achämeniden. Heidelberg
1963. 91 S. HD med nA   U.63.5043

Recht

581. **Augapfel**, Julius: Baylonische Rechtsurkunden aus der Regierungszeit
Darius II. W ph 1914

582. **As,Jan van:** Der Verwaltungsbegriff im sasanidischen Rech. W ph 1929

583. **Schirasi-Mahmoudian,** Fakhrezzaman: Rechtsnormen der Vormundschaft und der sekundären Erbnachfolge im sasanidischen „Rechtsbuch der tausend Entscheidungen" „Matagdan-e hazar Datasta" („Madayan-e hazar Dadestan") 1975. 232 S. B-F Fachbereich Philosophie u. Sozialwiss.

Religion

584. **Geyler,** Alexius: Das System des Manichäismus und sein Verhältnis zum Buddhismus. Jena 1875. J ph 1875

585. **Bradke,** Peter von: Ahura Mazdâ und die Asuras. Ein Beitr. z. Kenntnis altidg. Religionsgesch. Gießen 1884. 1 Bl., 45 S. GI ph Hab

586. **Eggers,** Alex: Der arische (indo-iranische) Gott Mitra. Eine sprach- u. religionsgesch. Studie. Dorpat 1894. Dorpat Phil.Diss. 1893/94.

587. **Bleichsteiner,** Robert: Die Götter und Dämonen der Zoroastrier in Firdusis Heldenbuch von Eran. 1913. W ph Ha

588. **Bartholomae,** Christian: Zarathustra's Leben und Lehre. Heidelberg 1919. 17 S. In: Reden bei d. Jahresfeier d. Univ. Heidelberg am 22. Nov. 1919. Anh. U.19.110

589. **Lommel,** Ferdinand: Der Mithramythus. (Mschr.) 1920. 77 S. Auszug u.d.Titel: Mithras Felsgeburt. Bonn 1920. 11 S. BN ph 1920/21

590. **Wesendonk,** Otto G. von: Die Lehre des Mani. Leipzig 1922. 86 S. BN ph 1922 (1924)

591. **Schütz,** Werner: Die Bedeutung Johann Friedrich Kleukers für die persische Religionsgeschichte. (Teildr. T. 1) Bonn 1927. 39 S. BN ph 1927 U.27.628

592. **Voigt,** Wolfgang: Die Wertung des Tieres in der zarathustrischen Religion. München 1937. 61 S. MR ph 1936 nA
Im Handel: Christentum u. Fremdreligionen. 5.

593. **Paul**, Otto: Exegetische Beiträge zum Awesta. Heidelberg 1939. 65 S., S. 176-203. Aus: Wörter u. Sachen. 20,1 = N.F. 2. u. 19,3 = N.F. 1. M ph Hab 1939

594. **Essabal**, Paul Gregor: Der Mazdaismus in Armenien zur Zeit der Sassaniden. 1941. 138 Bl. W Ms

595. **König**, Franz: Der Jenseitsglaube im Alten Testament und seine Parallelen in der Religion des Zarathustra. 1946. XIX, 231, XIV Bl. W th Hab 1946 Ma

596. **Colpe**, Carsten: Der Manichäismus in der arabischen Überlieferung. Göttingen 1954. 273 gez. Bl. Mav GÖ ph nA   U.55.3294

597. **Nadjmabadi**, Seyfeddin: Die Jenseitsvorstellungen bei Zarathustra. o.O. (1956) 144 gez. Bl. TÜ ph nA Ma

598. **Wiessner**, Gernot: Untersuchungen zu einer Gruppe syrischer Märtyrerakten aus der Christenverfolgung Schapurs II. Würzburg 1962. XXI, 382 S. WÜ ph   U.62.9500

599. **Walter**, Christoph: Der Ertrag der Auseinandersetzung mit den Manichäern für das hermeneutische Problem bei Augustin. 1972. Bd. 1: 1972. II, 211 S., Bd. 2: 1972. 149 S. M th 1972   U.74.12661

600. **Hampel**, Jürgen: Die Kopenhagener Handschrift Cod. 27: eine Sammlung von mazdayasm. Gebeten, Beschwörungsformeln, Vorschriften u. wissenschaftl. Überlieferungen. 1974. XVIII, 242 S. B-F ph 1971 bA
      U.74.15074
Im Handel u.d. Titel: Die Kopenhagener Handschrift Cod. 27. Eine Sammlung von zoroastrischen Gebeten, Beschwörungsformeln, Vorschriften und wissenschaftlichen Überlieferungen. Wiesbaden: Harrassowitz 1974. XVIII, 242, 34 S. (Göttinger Orientforschungen. Reihe 3. Iranica. 2.)

601. **Kulke**, Eckehard: The Parsees in India: a minority as agent of social change. 1973. 300 S. FR ph 1969 bA   U.74.5953
Im Handel.

602. **Feldmann**, Erich: Der Einfluß des Hortensius und des Manichäismus auf das Denken des jungen Augustinus von 373. Bd. 1: 1975. VI, 734 S. Bd. 2: 1975. 393 S. MS th U.76.12663

603. **Ronner**, Ingeborg: Augustin. Die antimanichäische Streitschrift *De natura boni*. Text, Übers. und Kommentar von § 1-33. Bern 1975. II, V, 110, 2 Bl. BA ph-hs

604. **Oerter**, Wolf-Burkhard: Die Thomaspsalmen des manichäischen Psalters als genuiner Bestandteil der manichäischen Literatur. 1976. 179 gez. Bl. L Sekt. Geschichte, Diss. A. nA

605. **Koch**, Heidemarie: Die religiösen Verhältnisse der Dareioszeit: Untersuchungen an Hand der elamischen Persepolistäfelchen. 1977. 184 S. GÖ ph nA
Im Handel: Göttinger Orientforschungen. Reihe 3. Iranica. 4. (Harrassowitz/Wiesbaden 1977.)

Sprache u. Literatur

606. **Splieth**, Gustav Ludwig: De linguae persicae grammatica doctrina. Halle 1846. 51 S. HAL ph

607. **Jolly**, Julius: Die Moduslehre in den altiranischen Dialekten in ihrer Bedeutung für die Classification des arischen Sprachzweigs. 1. Allgemeine Ausführungen. München 1871. M ph 1871

608. **Roth**, Rudolf: Yaçna 31. Tübingen 1876. 31 S. In: Verzeichn. d. Doktoren d. Univ. Tübingen in d. Jahren 1875/76

609. **Geiger**, Wilhelm: Die Pehleviversion des ersten Capitels des Vendĩ dãd. Hrsg., übers. nebst Proben d. Erkl. Th. 1. ER ph 1877

610. **Geiger**, Wilhelm: Über eine Parsenschrift. Erlangen 1878. 37 S. ER ph Hab 1878

611. **Bartholomae**, Christian: Das Verbum im Avesta. München 1878. 37 S. L ph

612. **Bartholomae**, Christian: Der Gāthā-Dialekt. Leipzig 1879. 24 S. HAL ph Hab

613. **Horn**, Paul: Die Nominalflexion im Avesta und die altpersischen Keilinschriften, T. 1. Die Stämme auf Spiranten. Halle 1885. 64 S. HAL ph. Im Handel.

614. **Weisbach**, F.H.: Über die Achämenideninschriften zweiter Art. (Aus: Assyriol. Bibliothek, Bd. 9.) Leipzig 1889. 24 S. u. 1 Bl. L ph

615. **Burchardi**, Gustav: Die Intensiva des Sanskṛt und Avesta. T. 1. Halle 1892. 2, 32 S. HAL ph

616. **Lichterbeck**, Karl: Die Nominalflexion im Gathadialekt. Gütersloh 1893. 48 S., 2 Bl. Aus: Zeitschr. f. vergl. Sprachforschung. 33. MS ph 1893

617. **Huesing**, Georg: Die iranischen Eigennamen in den Achämenideninschriften. Norden 1897. 46 S., 1 Bl. KB ph 1897

618. **Kvergic̆**, Feodor: Das große Bundehisn. Wien 1900. 37 S. Aus: Wiener Zeitschrift f.d. Kunde d. Morgenlandes. 14,3 GI Ms ph

619. **Reichelt**, Hans: Der Frahang i oīm. Th. 1: Einleitung und Text. Wien 1900. 37 S. (Aus: WZfKM, Bd. 14, H. 3) GI ph 1900

620. **Davar**, Manekji B.A.: Die Pahlavī-Version von Yasna IX. (Leipzig 1904: W. Drugulin.) 64 S. (in englischer Sprache) B ph 1904

621. **Wolff**, Fritz: Die Infinitive des Indischen und Iranischen. (T. 1: Einleitung und Abschnitt 1.) Gütersloh 1905. 53 S. GI ph 1905. Auch in: Zeitschr. f. vgl. Sprachforschung auf dem Gebiet der idg. Sprachen, 50,1

622. **Freiman**, Alexander: Pand-Nāmak i Zaratus̆t. Der Pahlavi-Text mit Übers., krit. u. Erläuterungsnoten. Wien 1906. 35 S. – Vollst. in: Wiener Zeitschr. f.d. Kunde d. Morgenlandes. 20. GI ph

623. **Junker**, Heinrich J.: The Frahang i Pahlavīk. P. 1. Prolegomena. Heidelberg: Winter 1911. 48 S. HD ph   U.11.2270

624. **Unvala**, Jamshedji Maneckji: Der Pahlavi Text ‚Der König Husrav und sein Knabe (Husrau-i-Kavātān u rētak ē)', herausgegeben, umschrieben, übersetzt und erläutert. Wien 1917. 44 S. HD ph 1918   U.18.1498

625. **Tedesco**, Paul: Das iranische Partizipial Praeteritum. Ha. Wien ph 1920

626. **Bauer**, Hubert: Das Kārnāmak ī Artaxsīr i Pāpakān im Vergleiche mit neupersischen und arabischen Quellen. Ha W ph 1920

627. **Krause**, Wolfgang: Die Wortstellung in den zweigliedrigen Wortverbindungen, untersucht für das Altindische, Awestische, Litauische und Altnordische. Göttingen 1921. S. 74-129. Aus: Zeitschr. f. vergl. Sprachforschung. 50. GÖ ph 1921 (1923)

628. **Melzer**, Uto: Beitrag zur Erklärung der semitischen Wörter im Mittelpersischen vor allem der semitischen Zeitwörter. Nebst Anhang: Ausführliches Verzeichnis der semit. Ztw. im Mp. 1923. T. 1. 2. GZ 1923

629. **Tavadia**, Jehangir Cowasji: Šāyast-ne-šāyast. A Pahlavi text on religious customs. Hamburg 1930. X, 174 S. Auch als:Alt- u. neu-indische Studien. 3. HH ph 1930 (1931)

630. **Henning**, Walter: Das Verbum des Mittelpersischen der Turfanfragmente. Göttingen 1933. S. 158-253. Aus: Zeitschr. f. Indologie u. Iranistik. 9. GÖ ph 1933   U.33.6018

631. **Hansen**, Olaf: Mittelpersische Papyri. Kurze Inhaltswiedergabe. (Mschr. autogr.) 1937. 3 Bl.HH ph Hab 1936 bA
Im Handel vollst. u.d. Titel: Die mittelpers. Papyri d. Papyrussammlung d. Staatl. Museen zu Berlin. Aus: Abh. d. Preuß. Akad. d. Wiss. 1937. Phil.hist. Kl. 9.

632. **Haberkorn**, Hans: Beiträge zur Beurteilung der Perser in der griechischen Literatur. Greifswald 1940. 141 S. GRE ph 1939

633. **Eilers**, Wilhelm: Iranische Beamtennamen in der keilschriftlichen Über-
lieferung. T. 1. Leipzig: Dt. Morgenländ. Ges. 1940, 142 S. B ph
Hab 1938 nA
Im Handel: AKM, 25, 5.

634. **Waag**, Anatol: Nirangistan. Der Awestatraktat über die rituellen Vorschriften. Hrsg. u. bearb. Leipzig 1941. 154 S. – Iran. Forschungen. 2. –
L ph Hab 1939

635. **Schlerath**, Bernfried: Die Behandlung von y und v nach Konsonanten in
den metrischen Texten des Avesta. 1951. 132 Bl. F ph 1951 Ha

636. **Janert**, Klaus Ludwig: Sinn und Bedeutung des Wortes dhāsi und seiner
Belegstellen in Rigveda und Awesta. 1954. I, 116 Bl. F ph Ma 1954
Im Handel erw. als: Göttinger asiatische Forschungen. 7.

637. **Schmidt**, Hanns Peter: Vedisch vratá und awestisch urvǎta. 1957. XIX,
174 Bl. HH ph 1957 Ma

638. **Gobrecht**, Günter: Das Artā Virāz Nāmak. Ausz. Berlin 1965. S. 382-
409. Aus: ZDMG. 117 (1967), 2. B-F ph bA

639. **Gropp**, Gerd: Wiederholungsformen im Jung-Awesta. Kompositions-
Analyse v. Fravashi-Yasht. T. 1 (Yt. 13,1-19). Hamburg 1967. 191 S.
HH ph nA U.67.7121
Im Handel: Hamburger philologische Studien. 1.

640. **Klingenschmitt**, Gert: Farhang-i ōīm. Ed. u. Kommentar. Erlangen-
Nürnberg 1968. XXIV, 250 gez. Bl. ER ph nA U.68.4294

641. **Weber**, Dieter: Die Stellung der sog. Inchoativa im Mitteliranischen.
1970. XII, 363 S. GÖ ph U.75.8020

642 **Zwolanek**, Renée: „Vāyav indraśca." Studien zu Anrufungsformen
im Vedischen, Avestischen und Griechischen. 1970. VII, 90 S. Z ph
Im Handel: Münchener Studien zur Sprachwissenschaft. N.F. Beiheft 5.
(Kitzinger/München.)

643. **Zwanziger**, Ronald: Studien zur Nebenüberlieferung iranischer Personennamen in den griechischen Inschriften Kleinasiens. Ein Beitrag zu dem neuen iran. Namenbuch. Wien 1973. VII, 201 Bl. W ph Ma 1974

644. **Back**, Michael: Die sassanidischen Staatsinschriften. Studien zur Orthographie u. Phonologie d. Mittelpers. d. Inschriften zusammen mit e. etymolog. Index d. mittelpers. Wortgutes u.e. Textcorpus d. behandelten Inschriften. 1977. XXVIII, 519 S. FR ph
Im Handel: Acta iranica. 18. Ser. 3. Textes et memoires. 8.

Tocharisch

645. **Thomas**, Werner: Die tocharischen Verbaladjektive auf -l. Eine syntakt. Unters. Göttingen 1952. 74 S. GÖ ph nA   U.53.3391
Im Handel: Dt. Akad. d. Wiss. zu Berlin. Inst. f. Orientforschung. Veröffentlichung. 9.

646. **Thomas**, Werner: Der Gebrauch der Vergangenheitstempora im Tocharischen. Wiesbaden 1957. XII, 319 S. GÖ ph Hab 1956

647. **Bernhard**, Franz: Die Nominalkomposition im Tocharischen. Göttingen 1958. 299 Bl. GÖ ph nA   U.59.2758

648. **Kölver**, Bernhard: Der Gebrauch der sekundären Kasus im Tocharischen. Frankfurt 1964. XIII, 167 S. F ph   U.64.3478

649. **Stumpf**, Peter: Der Gebrauch der Demonstrativ-Pronomina im Tocharischen. 1968. XIX, 158 S. F ph 1968
Im Handel: Harrassowitz/Wiesbaden 1971.

650. **Schmidt**, Klaus T.: Die Gebrauchsweisen des Mediums im Tocharischen. 1969. XVIII, 562 S. GÖ ph   U.74.6975

651. **Zimmer**, Stefan: Die Satzstellung des finiten Verbs im Tocharischen. 1976. XV, 107 S. F Fachbereich Ost- u. außereurop. Sprach- u. Kulturwiss. 1972 nA   U.76.5808
Im Handel: Janua linguarum. Ser. practica. 238. (Mouton/The Hague, Paris 1976.)

2. CHRISTLICHER ORIENT

Geschichte

652. **Kühn**, Fritz: Geschichte der ersten lateinischen Patriarchen von Jerusalem. Leipzig 1886. 70, 1 Bl. L ph 1886

653. **Montzka**, Heinrich: Ueber die Quellen zur chaldäisch-assyrischen Geschichte in Eusebios von Caesareas Chronik. W ph 1898

654. **Hampel**, Emil: Untersuchungen über das lateinische Patriarchat von Jerulalem von der Eroberung der heiligen Stadt bis zum Tode des Patriarchen Arnulf (1099-1118). Ein Beitrag zur Geschichte d. Kreuzzüge. Breslau 1899. 76 S. ER ph 1898

655. **Verdy du Vernois**, Fritz von: Die Frage der Heiligen Stätten. Ein Beitrag zur Geschichte der völkerrechtlichen Beziehungen der Ottomanischen Pforte. Mit einem Grundriß der Heiligen Grabeskirche und Umgebung. Berlin 1901. 74 S. B j 1901
Im Handel: Beiträge zur Geschichte der völkerrechtlichen Beziehungen der Ottomanischen Pforte, H.1.

656. **Tutundjian**, Télémaque: Du pacte politique entre l'état Ottoman et les nations nonmusulmanes de la Turquie. 1904. 113 S. LAU j

657. **Jacobs**, Wilhelm: Patriarch Gerold von Jerusalem. Ein Beitrag zur Kreuzzugsgeschichte Friedrich II. Aachen 1905. 63 S. BN ph 1905

658. **Schlier**, Richard: Der Patriarch Kyrill Lukaris von Konstantinopel. Sein Leben und sein Glaubensbekenntnis. Marburg 1928. VII, 96 S. MR th 1928 (1929)   U.29.4612

659. **Kraus**, Johann: Die Anfänge des Christentums in Nubien. Mödling b. Wien: St. Gabriel 1930. VII, 156 S. MS th
Im Handel: Missionswiss. Studien. N.R. 2.

660. **Marcusanu**, Petru: Die Beziehungen der rumänischen Fürstentümer zum Konstantinopoler Patriarchat und zu den von diesem abhängigen hohen kirchlichen Institutionen des Orientes. 1940. 152 Bl. W 1940

661. Hrechdakian, Aram: Die Armenier in der Diaspora. Heidelberg 1946.
6, 221, 14 Bl. HD sw Ma nA   U.45/48.6961

662. Kawerau, Peter: Die Jakobitische Kirche im Zeitalter der syrischen Renaissance 1150-1300. Idee u. Wirklichkeit. Göttingen 1947. 138 S.
GÖ ph Ma nA   U.45/48.4424

663. Haardt, Tatjana: Die Lage der bulgarischen Kirche im Osmanischen
Reich bis zur Zeit der Tanzimat. IV, 84 Bl. W 1948

664. Lüders, Anneliese: Die Kreuzzüge im Urteil syrischer und armenischer
Quellen. Mit einer Karte und Stammt. Hamburg 1952. 188 Bl. HH Ma
ph nA   U.53.4097
Im Handel: Akademie-Verl./Berlin 1964.

665. Franke, Franz Richard: Die freiwilligen Märtyrer von Cordova und das
Verhältnis der Mozaraber zum Islam. (Nach den Schriften d. Speraindeo,
Eulogius und Alvar.) Münster i.W. 1958. IV, 175 S. F ph 1956 bA
Im Handel: Spanische Forschungen der Görres-Gesellschaft. Gesammelte
Aufsätze zur Kulturgeschichte Spaniens, 13 (1958)

666. Kawerau, Peter: Amerika und die orientalischen Kirchen. Ursprung und
Anfang d. amerik. Mission unter d. Nationalkirchen Westasiens. 1958.
XI, 772 S. MS th Hab nA
Im Handel: Arbeiten zur Kirchengeschichte. 31. (de Gruyter/Berlin.)

667. Vogel, Franz J.: Sonderrechte der Ecclesia orientalis innerhalb der römischen Kirche. o.O. (1959). X, 120 S. F j 1959

668. Ernst, Hans: Die mamlukischen Sultansurkunden des Sinai-Klosters.
Wiesbaden 1960. XXXIX, 353 S. GÖ ph nA   U.60.3265
Im Handel: Harrassowitz/Wiesbaden 1960.

669. Wiessner, Gernot: Untersuchungen zu einer Gruppe syrischer Märtyrerakten aus der Christenverfolgung Schahpurs II. Würzburg 1962. XXI,
382 S. WÜ ph   U.62.9500

670. Lyko, Dieter: Gründung, Wachstum und Leben der evangelischen
christlichen Kirchen in Iran. Marburg 1962. VII, 285 S. MR th nA
U.63.7416
Im Handel: Oekumenische Studien. 5. (Brill/Leiden, Köln.)

671. **Hage**, Wolfgang: Die syrisch-jakobitische Kirche in frühislamischer Zeit nach orientalischen Quellen. Marburg 1964. IX, 144 S. Anh. MR th
1964 nA U.66.11135
Im Handel.

672. **Schwarz**, Klaus: Osmanische Sultansurkunden des Sinai-Klosters in türkischer Sprache. Freiburg 1970. 218 S. mit 19 Taf. FR ph nA
Im Handel: Islamkundliche Untersuchungen. 7. (Schwarz/Freiburg 1970.)

673. **Hanselmann**, Siegfried: Deutsche evangelische Palästinamission: Handbuch ihrer Motive, Geschichte u. Ergebnisse. Erlangen 1971. 252 S.
ER th
Im Handel: Erlanger Taschenbücher. 14. (Verlag der Ev.-Luth. Mission/Erlangen.)

674. **Brincken**, Anna-Dorothee von den: Die „Nationes Christianorum Orientalum" im Verständnis der lateinischen Historiographie. 1973. K ph
Hab nA U.74.9644
Im Handel.

675. **Hermann**, Gunther: Die Missionsgeschichte des Südsudans von 1898 bis 1964. Unter bes. Berücks. d. Beziehungen zwischen Regierung u. Mission u.d. Bürgerkriegs im Südsudan von 1955 bis 1972. 1974. XXV, 642, 134 S. M th bA

676. **Mitsides**, Andreas N.: Die zypriotischen Scholarchen (Rektoren) und Lehrer der Hochschule der griechischen Nation in Konstantinopel.
1974. XXXI, 209 S. K ph U.74.10000

677. **Borgolte**, Michael: Der Gesandtenaustausch der Karolinger mit den Abbasiden und mit den Patriarchen von Jerusalem. 1976. 165 S. MS ph
1975 nA U.76.12593
Im Handel: Münchener Beiträge zur Mediävistik und Renaissance-Forschung. 25. (Arbeo-Ges./München.)

678. **Humbsch**, Robert: Beiträge zur Geschichte des osmanischen Ägyptens. Nach arab. Sultans- u. Statthalterurkunden d. Sinai-Klosters. 1976.
717 S. FR ph 1975 bA U.76.6040
Im Handel: Islamkundliche Untersuchungen. 39. (Schwarz/Freiburg 1976.)

679. Roussos, Marc: Leon XIII (1878-1903) et les rites orientaux. Tentatives de rapprochement aux Eglises orientales à travers leurs rites. (Innsbruck) 1976. XXVIII, 211 Bl. IN 1977 Ma

680. Nabe-von Schönberg, Ilse: Die westsyrische Kirche im Mittelalter (800-1150). 1977. VIII.298 S. HD th nA

681. Binswanger, Karl: Untersuchungen zum Status der Nichtmuslime im osmanischen Reich des 16. Jahrhunderts. Mit einer Neudefinition d. Begriffes „Ḏimma". 1977. VI, 418 S. M ph
Im Handel: Beiträge zur Kenntnis Südosteuropas und des Nahen Orients. 23. (Trofenik/München)

Recht

682. Kaufhold, Hubert: Syrische Texte zum islamischen Recht. Das dem nestorianischen Katholikos Johannes V. bar Aḇgārē zugeschriebene Rechtsbuch. München 1970. 226 S. M ph   U.74.12371
Im Handel: Bayer. Akad. d. Wiss., Phil.-hist. Klasse, Abhandlungen, N.F. 74. (1971).

683. Kaufhold, Hubert: Die Rechtssammlung des Gabriel von Basra und ihr Verhältnis zu den anderen juristischen Sammelwerken der Nestorianer. 1976. XIX, 340 S. M j 1972/73
Im Handel: Münchener Universitätsschriften. Jur. Fak. Abhandlungen zur rechtswissenschaftlichen Grundlagenforschung. 21. (Schweitzer/ Berlin 1976.)

Religion, Theologie

684. Bachmann, Johannes: Das Leben und die Sentenzen des Philosophen Secundus des Schweigsamen. Nach dem Äthiopischen und Arabischen. Halle a.S. 1887. 2 Bl., 34 S. 2 Bl. HAL ph 1887

685. Chajes, Hersch: Studium zum Ev: Marci bezüglich der semitischen Vorlage desselben. W ph 1898

686. Westphal, Gustav: Untersuchungen über die Quellen und die Glaubwürdigkeit der Patriarchenchroniken des Mārī ibn Sulaimān, ᶜ Amr ibn Matai und Salība ibn Johannān. Abschnitt 1: Bis zum Beginn des Nestorianischen Streites. Kirchhain/N.L. 1901. 170 S. ST ph 1900

687. **Cöln**, Franz: Die anonyme Schrift ‚Abhandlungen über den Glauben der Syrer'. T. 1. Berlin 1903. 75 S. B ph

688. **Römer**, Karl: Der Codex Arabicus Monacensis Aumer 238. Eine spanisch-arabische Evangelienhandschrift untersucht. Leipzig 1905. 59 S. J ph 1905

689. **Pincus**, Siegbert: Die Scholien des Gregorius Abulfarag Barhebräus zum Buche Numeri nach den vier in Deutschland vorhandenen Handschriften des Auṣar rāzē m. Anm. hrsg. Straßburg 1913. 43 S. Aus: Zeitschrift f. Assyriologie Bd. 28. BR ph 1913   U.13.3105

690. **Hughes**, J. Caleb: Die Lagardes Ausgabe der arabischen Übersetzung des Pentateuchs cod. Leiden Arab. 377 nachgeprüft. Leipzig 1914. XIV, 27 S. L ph   U.14.4195
   Erweit. durch Beitr. von A. Fischer auch als: Leipziger Semitist. Studien,

   Bd. 6, H. 1.

691. **Algermissen**, Ernst: Die Pentateuchzitate Ibn Ḥazms. Ein Beitrag zur Geschichte der arabischen Bibelübersetzungen. o.O. 1933. 91 S. MS ph   U.33.7532

692. **Strothmann**, Werner: Die arabische Makariustradition. Ein Beitrag zur Geschichte des Mönchtums. (Teildr.) Grone (Kr. Göttingen) 1934. 38 S. GÖ th   U.35.1182

693. **Schollmeier**, Joseph: Das altchristl. Anachoretentum im Spiegel der christlich-arabischen Hagiographie. Dargest. an drei Erzählungen des Buṭrus as-Sadamantī. o.O. 1954. IX, 121, 46 gez. Bl. MS ph Ma
                    U.54.8000

694. **Azar**, Raymond: Der Begriff der Substanz in der frühen christlich-arabischen und islamischen Gotteslehre. Bonn 1965. 231 S. BN ph 1965
                    U.66.2492

695. **Hau**, Andreas: Brief über den Vorzug der Enthaltsamkeit gegenüber dem Geschlechtsverkehr von Elias von Nisibis. Einführung, Übers. Text. (Risāla fī faḍilat al-ᶜ iffa ᶜ an al-ǧimā ᶜ .) Bonn 1969. 91, 95 S. BN ph   U.69.1787

696. **Brade**, Lutz: Untersuchungen zum Scholienbuch des Theodorus Bar Konai: d. Übernahme d. Erbes von Theodorus von Mopsuestia in d. nestorian. Kirche. 1975. 405 S. GÖ th nA   U.75.7644
Im Handel.

697. **Khoury**, Nabil el-: Die Interpretation der Welt bei Ephraem dem Syrer: Beitr. zur Geistesgeschichte. Mainz 1976. 180 S. TÜ ph 1973
Im Handel: Tübinger theologische Studien. 6. (Matthias-Grünewald-Verlag/Mainz 1976.)

Sprache, Literatur

698. **Graf**, Georg: Die christlich-arabische Literatur bis zur fränkischen Zeit (Ende des 11. Jahrhunderts). Eine literaturhistorische Skizze. Freiburg i.B. 1905. VI, 48 S. M ph 1905. Ersch. vollst. als: Straßburger theolog. Studien, Bd. VII, Heft 1 (1905).

699. **Ram**, Hersch: Qiṣṣat Elīia. (Die Legende vom hl. Elias). Als Beitrag zur Kenntnis der arabischen Vulgär-Dialekte Mesopotamiens nach der Handschrift Kod. Sachau 15 der Königl. Bibliothek zu Berlin herausgegeben, übersetzt und mit einer Schriftlehre versehen. Leipzig 1906. IX, 40 S. L ph 1906
Im Handel: Leipziger semitistische Studien. Bd. II, Heft 3. Nachdruck: Zentralantiquariat der DDR/Leipzig 1968.

700. **Lapide**, Pinchas: Die Verwendung des Hebräischen in den christlichen Religionsgemeinschaften mit besonderer Berücksichtigung des Landes Israel. Köln 1971. 376, 49 S. K ph   U.71.6734

Syrisch, Neuaramäisch

701. **Bach**, Julius: Die Ahiqar-Sage bei den Syrern. Ha W ph 1895.

702. **Fuchs**, Bernhard: Cod. arab. Vatic. 74, fol. 117 (Ahiqar). Vergleichung verwandter Handschriften. Ha W ph 1902

703. **Link**, Josef: Die Geschichte der Schauspieler nach einem syrischen Manuscript der königlichen Bibliothek in Berlin. In Auszügen herausgegeben, übersetzt unter Beifügung des wesentlichen Inhaltes der nicht veröffentlichten Texte. Berlin 1904. 45 S. BE ph 1904/5

704. **Guzik**, Marcus Hirsch: Die Achikar-Erzählung nach der syrischen Hand schrift Cod. Sachau Nr. 336 der Preußischen Staatsbibliothek in Berlin. 32, 51, 1 S. Z ph 1936

705. **Siegel**, Adolf: Laut- und Formenlehre des neuaramäischen Dialekts des Tūr Abdīn. Hannover 1923. VIII, 204 S. KB ph 1923 (24) nA
U.24.6285

706. **Krämer**, Karl: Textstudien zu ostsyrischen Beschwörungsgebeten. XI, 190, 45 S. Auszug in: Jahrbuch d. Diss. d. Phil. Fak. Berlin. 1923-24. I. S. 119-121. B ph 1924
U.24.804

707. **Weiss**, Theodor: Zur ostsyrischen Laut- und Akzentlehre auf Grund der ostsyrischen Massorah-Handschrift des British Museum. (Teildr.) Bonn 1933. 64 S. BN ph 1933
Im Handel vollst. als: Bonner orientalist. Stud. 5.

708. **Spitaler**, Anton: Grammatik des neuaramäischen Dialekts von Maᶜ l ūlₐ (Anti-Libanon) (Teildr.) 1. T.: Lautlehre. (Glückstadt, Hamburg, New York) 1938: (Augustin). XXVI, 44 S. M ph 1938
U.38.7840
Im Handel vollst. als: AKM, 23, 1.

709. **Savigny**, Friedrich Carl von: Die arabischen Fremdwörter in den neuaramäischen Dialekten. o.O. (1946). 310 gez. Bl. TÜ ph 1946 nA Ha
U.45/48.12697

710. **Cantarino**, Vicente: Der neuaramäische Dialekt von Ğubb ᶜ Adin. (Texte u. Übers.) München 1962. 63 S. M ph
U.62.7775

711. **Denz**, Adolf: Strukturanalyse der pronominalen Objektsuffixe im Altsyrischen und Klassischen Arabisch. München 1963. X, 114 S. M ph
U.63.8294

712. **Haefeli**, Leo: Stilmittel bei Afrahat dem persischen Weisen. 1932. IV, VIII, 196 S. Z Hab
Im Handel: Leipziger semitistische Studien. N.F. Bd. 4

713. **Dollmanits**, Fritz: Der Begriff „deva" in Indien und im Iran und seine Beziehungen zum Buch Tobias. (Wien) 1964. 156 Bl. W th 1967 Ma

714. **Jastrow**, Otto: Laut- und Formenlehre des neuaramäischen Dialektes von Miḏin im Ṭur ᶜ Abdin. Saarbrücken 1967. XVII, 307 S. SB ph
U.67.13342

715. **Fàbrega**, Valentin: Das Endgericht in der syrischen Baruchapokalyse. (Innsbruck) 1969. 101 Bl. IN th Ma

716. **Correll**, Christoph: Materialien zur Kenntnis des neuaramäischen Dialekts von Baḥ'a. München 1969, XV, 270 S. M ph 1969

717. **Jacobi**, Heidi: Grammatik des thumischen Neuaramäisch (Nordostsyrien). 1972. XXIII, 288 S. U.74.13539
Im Handel: Abhandlungen für die Kunde des Morgenlandes. 40,3. (Steiner/Wiesbaden. 1973.)

718. **Heyer**, Ingomar: Kritische Untersuchungen zur jüngeren syrischen Apokalypsen-Übersetzung sy^2. Salzburg 1976. VII, 166 Bl. SA th 1978 Ma

719. **Correll**, Christoph: Untersuchungen zur Syntax der neuwestaramäischen Dialekte des Antilibanon: (Maᶜ lūla, Baḥᶜ a, Ǧubb ᶜ Adīn), mit bes. Berücks. d. Auswirkungen arab. Adstrateinflusses, nebst 2 Anh. zum neuaram. Dialekt von Ǧubb ᶜ Adīn. 1978. XX, 220 S. M FB 12 Hab 1977
Im Handel: Abhandlungen für die Kunde des Morgenlandes. 44,4. (Steiner/Wiesbaden 1978.)

Kopten

720. **Cramer**, Maria: Das altägyptische Lebenszeichen ☥ im christlichen (koptischen) Ägypten. Eine kultur- und religionsgeschichtliche Studie. Wien 1942. 56 S. 35 Bl. W ph Hab 1941 nA U.42.6477

721. **Krause**, Martin: Apa Abraham von Hermonthis. Ein oberägyptischer Bischof um 600. T. 1. 2. o.O. (1956). V, 137 gez. Bl., 392 gez. Bl. B-H ph nA U.56.156

722. **Joussen**, Anton: Die koptischen Versionen der Apostelgeschichte. (Kritik u. Wertg.) Bonn 1963. 233 S. BN th U.63.1453

723. **Hammerschmidt**, Ernst: Koptische und äthiopische Studien. 1. Kultsymbolik der koptischen und der äthiopischen Kirche. 2. Stellung und Bedeutung des Sabbats in Äthiopien. Saarbrücken 1962. III, 78, III, 75 S. SB ph Hab nA 1962   U.64.10506
T. 1 im Handel in: Symbolik d. Religionen. 10.

724. **Koptologische Studien** in der DDR. (Halle, S.): Martin-Luther-Universität Halle-Wittenberg, Institut f. Byzantinistik (1965), 269 S., 11 S. (Wissenschaftliche Zeitschrift d. Martin-Luther-Universität Halle-Wittenberg. 1965, Sonderh.)   U.66.6662

725. **Probleme** der koptischen Literatur. (Tagungsmaterialien der **2**. Koptol. Arbeitskonferenz d. Inst. f. Byzantinistik 12 u. 13. Dez. 1966.) Hrsg. vom Inst. f. Byzantinistik d. Martin-Luther-Univ. Halle-Wittenberg. Bearb. v. Peter Nagel. Halle: (Matin-Luther-Univ. Halle-Wittenberg 1968.) 238 S. Wissenschaftliche Beiträge d. Martin-Luther-Univ. Halle-Wittenberg. 1968, 1. (K 2.) nA   U.67.6469

726. **Gaffron**, Hans-Georg: Studien zum koptischen Philippusevangelium. Unter bes. Berücks. d. Sakramente. Bonn 1968. 442 S. BN th
U.68.2436

727. **Trauzeddel**, Sigrid: Die koptische Kunst als ägyptische Volkskunst. Untersuchungen zum Volkskunstcharakter d. kopt. Kunst. Halle 1969. 143 Bl. HAL ph nA Mav   U.69.7447

728. **Kosack**, Wolfgang: Die Legende im Koptischen. Untersuchungen z. Volksliteratur Ägyptens. Bonn 1970. 105 S. BN
Im Handel: Habelts Dissertationsdrucke. Reihe Klass. Philologie. 8. (Habelt/Bonn 1970.)

729. **Quecke**, Hans: Untersuchungen zum koptischen Stundengebet. Löwen 1970. XL, 552 S. Löwen 1970 Fac. de phil. et lettres
Im Handel: Publication de l'Institut orientaliste de Louvain. 3.

730. **Bauer**, Gertrud: Athanasius von Qūṣ. Qilādat at-taḥrīr fī ʿilm at-tafsīr. Eine koptische Grammatik in arabischer Sprache aus dem 13./14. Jahrhundert. Freiburg 1971. 349 gez. Bl. TÜ Fachbereich Altertums- und Kulturwissenschaften 1971.
Im Handel: Islamkundliche Untersuchungen, 17 (Schwarz/Freiburg 1971.)

731. **Baumeister**, Theofried: Martyr invictus. Der Märtyrer als Sinnbild d. Erlösung in der Legende u. im Kult d. frühen Kopt. Kirche. Zur Kontinuität d. ägypt. Denkens. Münster 1971. 219 S. MS th bA U.72.10990 Im Handel.

732. **Funk**, Wolf-Peter: Die zweite Apokalypse des Jakobus aus Nag-Hammadi-Codex V: neu hrsg. u. kommentiert. 1971. Bd. 1:) 89 gez. Bl. (Bd. 2:) gez. Bl. 91-276, 2 S., 30 cm B-H Diss. A, nA Im Handel: Texte und Untersuchungen zur Geschichte der altchristlichen Literatur. 119. (Akademie-Verlag/Berlin 1976.)

733. **Maiberger**, Paul: „Das Buch der kostbaren Perle" von Severus ibn al-Muqaffa. Einleitung und Edition des arabischen Textes. Mainz 1971. 19, 150, 54 S. MZ ph U.72.9279 Im Handel: Veröffentlichungen der Orientalischen Kommission. Akademie der Wiss. u. Lit. Bd. 28. (Steiner/Wiesbaden 1972.)

734. **Behrens-Abouseif**, Doris: Die Kopten in der ägyptischen Gesellschaft von der Mitte des 19. Jahrhunderts bis 1923. Hamburg 1972. 124 S. HH, Fachbereich Orientalistik, nA U.72.6524 Im Handel: Islamkundliche Untersuchungen. 18. (Schwarz/Freiburg.)

735. **Langbrandtner**, Wolfgang: Weltferner Gott oder Gott der Liebe: d. Ketzerstreit in der johanneischen Kirche: e. exeget.-religionsgeschichtliche Untersuchung mit Berücksichtigung der koptisch-gnostischen Texte aus Nag-Hammadi. 1977. IX, 428 S. HD th 1975 Im Handel: Beiträge zur biblischen Exegese und Theologie. 6. (Lang/ Frankfurt a.M., Bern 1977.)

736. **Bethge**, Hans-Gebhard: Vom Ursprung der Welt: d. fünfte Schrift aus Nag-Hammadi-Codex II neu hrsg. u. unter bevorzugter Auswertung anderer Nag-Hammadi-Texte erklärt. T. 1.: 1975. 178 Bl., T. 2.: 1975. Bl. 180-489. B-H Mav th nA Diss.A U.75.366

737. **Sidarus**, Adel Y.: Ibn ar-Rahibs Leben und Werk. Ein koptisch-arab. Enzyklopädist d. 7./13. Jh. 1975. XXXVIII, 218 S. M ph bA U.76.12422 Im Handel: Islamkundliche Untersuchungen. 36. (Schwarz/Freiburg 1976.)

738. **Koschorke,** Klaus: Die Polemik der Gnostiker gegen das kirchliche Christentum: unter bes. Berücks. d. Nag-Hammadi-Traktate „Apokalypse des Petrus" (NHC VII,3) u. „Testimonium Veritatis" (NHC IX,3) 1976. 329 Bl. HD th nA U.76.8614

739. **Kirchner,** Dankwart: Epistula Jacobi apocrypha: d. erste Schrift aus Nag-Hammadi-Codex I (Codex Jung) neu hrsg. u. kommentiert. T. 1: 1977. 103 Bl., T. 2: 1977. Bl. 104-308, 2 Bl. B-H th Diss. A nA

740. **Werner,** Andreas: Das Apokryphon des Johannes, in seinen vier Versionen synoptisch betrachtet u. unter bes. Berücks. anderer Nag-Hammadi-Schriften in Auswahl erläutert. 1977. (Bd. 1) XII, 144 gez. Bl., (Bd. 2) gez. Bl. 145-276. B-H nA

3. JUDENTUM IN ISLAMISCHER UMWELT

741. **Gastfreund,** J.: Mohamed nach Talmud und Midrasch. Kritisch-historisch bearbeitet. Berlin 1875. 8, 32 S. ST ph

742. **Albrecht,** Karl: Die im Taḥkemōni vorkommenden Angaben über Harīzīs Leben, Studien und Reisen... (Vollst. ersch. 1890, 46 S.) Göttingen 1890. 34 S. GÖ ph 1890

743. **Stübe,** Rudolf: Jüdisch-babylonische Zaubertexte. 1895. 34 S. HAL ph 1895

744. **Guttmann,** Samuel: Die Weltanschauung des Abraham ibn Esra in ihrer Abhängigkeit von den arabischen Encyklopädischen Ichwān uç-çafā. W ph 1897

745. **Bauer,** Moritz: Untersuchung der Paraphrase von Kitāb al Amānāt wa'l-Itiqādāt des Saadja b. Jusuf al-Fajjumi mit besonderer Rücksicht auf den VII. Abschnitt. W ph 1897

746. **Löwenstein,** Julius: Maimonides' Commentar zum Tractat Bekhoroth im arabischen Urtext mit verbesserter hebräischer Uebersetzung und mit Anmerkungen versehen. Berlin 1897. 27, 28 S. ER ph 1896.

747. **Wittmann**, Michael: Die Stellung des hl. Thomas von Aquin zu Avencebrol (Ibn Gebirol) Münster i.W.: Aschendorff 1899. 72 S. M ph
Im Handel vollst. als: Beiträge zur Geschichte der Philosophie d. Mittelalters. III,3.)

748. **Baron**, Sally: Saadia Al-fajjūmi's arabische Psalmenübersetzung und Commentar. (Psalm 50-72) Nach einer Münchner und einer Berliner Handschrift hrsg., übers. und mit Anm. vers. Berlin 1900. 83, XXIX S. ER ph 1900

749. **Zwick**, Süssie: Die Pentateuchübersetzung des Saadia und des Targum Onkelos. W ph 1901

750. **Bret**, Siegfried: Die Salomo Legende in der mohammedanischen und jüdischen Literatur. W Ha ph 1901

751. **Friedlaender**, Srul (Israel): Der Sprachgebrauch des Maimonides. Ein lexikalischer und grammatischer Beitrag zur Kenntnis des Mittelarabischen. 1. Lexikalischer Teil. Hälfte 1 (a-ṣ). Leipzig 1901. XIX, 67 S. (T. 1 erschien vollständig 1902 bei Kauffmann in Frankfurt a.M.) ST ph 1901

752. **Heinrich**, Pinkas: Fragment eines Gebetbuches aus Yemen. Ein Beitrag zur Geschichte der jüdischen und jüdisch-arabischen Synagogalpoesie und zur Kenntnis des arabischen Vulgärdialects in Yemen. Wien 1902. 84 S. Z ph 1901/02

753. **Heisz**, Abraham: Eine anonyme arabische Übersetzung und Erklärung der Propheten Zephanja, Haggai und Zecharja. Berlin 1902. 48 S. BE ph 1902/03

754. **Lauterbach**, Jacob Zallel: Saadja Al-fajjūmi's arabische Psalmenübersetzung und Commentar (Psalm 107-124) (Hrsg. und übers.) Berlin 1903. 67, XXV S. GÖ ph 1903

755. **Frankfurter**, Salomon: Mose ben Maimūni's Mischna-Kommentar zum Traktat Kethuboth (Abschnitt I und II). Arabischer Urtext auf Grund von zwei Handschriften zum ersten Male herausgegeben mit verbesserter hebräischer Übers. des Jacob ibn Abbasi, Einleitung, deutscher Übersetzung, nebst kritischen und erläuternden Anmerkungen. Berlin 1903. 40, 16 S. BE ph 1903/04

756.   **Bleichrode**, Isidor: Maimonides' Commentar zum Tractat Sanhedrin
       Abschnitt IV-V. (Arabischer Urtext mit verbesserter hebräischer Über-
       setzung, deutscher Übersetzung und Anmerkungen.) Berlin 1904.
       26 und 11 S. GI ph 1904

757.   **Schreier**, Bernhard: Saadja Al-fajjūmi's arabische Psalmenübersetzung
       und Commentar (Psalm 125-150). Hrsg. und übers. Berlin 1904. 51,
       XXIII S. GÖ ph 1904

758.   **Yahuda**, Abraham S(halom): Prolegomena zu einer erstmaligen Heraus-
       gabe des Kitāb al-hidāja 'ilā farā'id al-qulūb (Chobot hallebabot) von
       Bachja ibn Josef ibn Paqūda aus dem 'Andalus nebst einer größeren
       Textbeilage. Darmstadt 1904. 43, 49 S. ST ph 1903

759.   **Galliner**, Siegfried: Saadia Al-Fajjūmi's arabische Psalmenübersetzung
       und Commentar (Psalm 73-89). Nach einer Münchner, einer Berliner
       und einer Oxforder Hs. hrsg. u. mit Anm. versehen. Berlin 1903. 54,
       XXVII S. ER ph 1902

760.   **Frankfurter**, Moritz: Mose ben Maimūni's Mischnah-Kommentar zum
       Traktat Kethuboth (Abschnitt III, IV und V) Arabischer Urtext auf
       Grund von zwei Handschriften zum ersten Male herausgegeben mit
       verbesserter hebräischer Übersetzung des Jacob ibn Abbasi, Einleitung,
       deutscher Übersetzung, nebst kritischen und erläuternden Anmerkun-
       gen. Berlin 1903. 36, 20 S. BE ph 1903/04

761.   **Tutundjian**, Télémaque: Du pacte politique entre l'état Ottoman et les
       nations nonmusulmanes de la Turquie. 1904. 113 S. LAU j

762.   **Freudmann**, Gottfried: Maimonides' Commentar zum Tractat Kethu-
       both (Abschnitt VI, VII, VIII). Arabischer Urtext nebst hebräischer
       Uebersetzung auf Grund von vier Handschriften zum ersten Male her-
       ausgegeben, ins Deutsche übersetzt und mit kritischen Anmerkungen
       versehen. Berlin 1904. 43, 20 S. BE ph 1904/05

763.   **Nebenzahl**, Leopold: Mose ben Maimūni's Mischnah-Kommentar zum
       Traktat Kethuboth (Abschnitt IX-XI). Arab. Urtext auf Grund voi
       zwei Handschriften zum ersten Male herausgegeben, mit verbesserter
       hebräischer Uebersetzung, nebst kritischen und erläuternden Anmer-
       kungen. Berlin 1905. 36, 20 S. BE ph 1905/06

764. **Kahlberg**, Albert: Die Ethik des Bachja ibn Pakuda. Breslau 1906. 37 S. (Nur T. 1, sollte vollst. erscheinen) BR ph 1906

765. **Spiegel**, Hermann: Saadia al-Fajjūmi's arabische Danielversion. Nach einem Manuscript der Kg. Bibliothek zu Berlin zum ersten Male herausgegeben, mit Einleitung und Anmerkungen versehen. Berlin 1906. 16, XXXVI S. BE ph 1906/07

766. **Lorge**, Moritz: Al-maqāla fī al-maakālōt. Die Speisegesetze der Karäer von Samuel el-Magrebi nach e. Berliner Handschrift im arab. Urtext hrsg. und mit deutscher Übers., Einl u. Anmerkungen versehen. Berlin 1907. 78, 4 S. TÜ ph 1907
Im Handel: Lamm/Berlin 1907.

767. **Bernstein**, Simon Gerson: König Nebucadnezar von Babel in der jüdischen Tradition. Ein Beitrag zur Untersuchung der haggadischen Elemente unter Vergleichung arabischer, syrischer und patristischer Quellen. Berlin 1907. 72 S. BE ph 1906/07

768. **Horn**, Israel: Ein anonymer arabischer Commentar aus dem XV. Jh. zu Maimonides' Dalālat al-Hā'irin. I. Nach seiner Berliner Handschrift zum ersten Male herausgegeben, ins Deutsche übersetzt und mit kritischen Anmerkungen versehen. Breslau 1907. XLVIII, 17 S. BE ph 1906/07

769. **Lewy**, Immanuel: Mose ben Maimuni's Mischnah-Kommentar zum Traktat Baba Bathra (Kap. 5-10). Arab. Urtext mit hebr. Übers., Einl., deutscher Übers., nebst krit. und erläut. Anmerkungen. Berlin 1907. 67, 37 S. TÜ ph 1907
Im Handel: Poppelauer/Berlin 1907.

770. **Zobel**, Moritz: Anonymer arabischer Kommentar zu Maimonides' „Führer der Unschlüssigen", 1. Teil, Kap. 41-61. Breslau 1910. IV, 94 S. BE ph 1909/10

771. **Joel**, Bernhard: Prolegomena zu einer historisch-philologischen Kritik der arabischen Pentateuchübersetzung Saadia Alfayūmis. (Auszug: Saadjāh Alfaijūmīs). Ma 66 S. Auszug: Hamburg 1923, 2 Bl. HH ph 1923 (1925)   U.25.4359

772. **Katten**, Max: Untersuchungen zu Saadjas arab. Pentateuchübersetzung. (Autogr.) 38 S. Auszug nicht gedruckt. GI ph   U.24.3297

773. **Goldmann**, Moses David: Zu den Arabismen bei den hebräischen Übersetzern des Maimonides. Ein Beitrag zu d. Entwicklungsgeschichte d. hebräischen Sprache des Mittelalters. Ma IV, 110 S. Auszug in: Jahrbuch d. Diss. d. Phil. Fak. Berlin 1925-26. I. S. 9-11. B ph 1925 (1928)   U.28.413

774. **Percikowitsch**, Aisik: Al-Ḥarīzī als Übersetzer der Makamen Al-Ḥarīrīs. Ein Beitrag zur Geschichte der Literatur-Übertragungen. München 1931. 92 S. ER ph nA 1931   U.32.2086

775. **Wald**, Marcus: Die arabischen Glossen in den Schriften der Geonim. Zürich 1935. XVI, 84 S. Z ph 1935
Im Handel: Oxford University Press, 1935

776. **Eisen**, Ernst: Saᶜadja al–Fajjūmī's arabische Übersetzung und Erklärung der Psalmen. Psalm 90-106. Leipzig 1934. 106 S. M ph   U.35.2804

777. **Golinski**, Georg: Das Wesen des Religionsgesetzes in der Philosophie des Bachja Ibn Pakuda. Berlin 1935. 77 S. WÜ ph   U.35.6090

778. **Frank**, Helmut: Mischna mit arabischen Glossen. Leningrader Fragment Antonin Nr. 262. Berlin 1936. 67, BN ph   U.36.1444

779. **Kamil**, Murad: Zēnā Aihud (Geschichte der Juden) von Joseph ben Gorion (Josippon) nach den Handschriften herausgegeben. Gückstadt 1938. XLVIII, 333 S. TÜ ph nA 1937   U.42.6329

780. **Ecker**, Roman: Die arabische Job-Übersetzung des Gaon Saadja ben Joseph al-Fajjūmī. Ein Beitrag zur Geschichte der Übersetzungen des Alten Testaments. München 1960. XX, 428 S. M th 1960 nA   U.62.7324
Im Handel als: Studien zum Alten und Neuen Testament, Bd. 4.

781. **Mutius**, Hans-Georg von: Die Übereinstimmungen zwischen der arabi-schen Pentateuchübersetzung des Saadja Ben Josef Al-Fajjumi und dem Targum des Onkelos: unter Berücks. d. übrigen alten Versionen, e. Beitr. zur Übersetzungs- u. Auslegungsgeschichte des Alten Testaments. 1976. Bl. A-C, 162, XLIII S. BO th

4. SAMARITANER

782. **Cohn**, Naphtali: Die Vorschriften betreffend die Zaraath nach dem Kitāb al-kāfi. Ein Beitrag zur Pentateuchexegese und Dogmatik der Samaritaner. Kirchhain N.-L. 1898. XVIII und 54 S. ER ph 1898

783. **Hanover**, Siegmund: Das Festgesetz der Samaritaner nach Ibrāhīm ibn Jaᶜḳub (Edition u. Uebersetzung seines Kommentars). Berlin 1904. XVIII und 74 S. J ph 1903

784. **Szuster**, Icko: Marqa-Hymnen aus der samaritanischen Liturgie, übers. u. bearb. Berlin 1936. 35 S. BN ph 1936   U.36.1531

785. **Pohl**, Heinz: Das Buch der Erbschaft (Kitab al-Miraṯ) von Abū Isḥāq Ibrāhīm: krit. Ed. u. Übers. 1974. XIV, 199, 125 S. B-F ph bA 1969
          U.74.15199
Im Handel: Studia Samaritana. 2. (de Gruyter/Berlin.)

786. **Winkler**, Sabine: Die Samaritaner unter Justinian. 1973. 3, 102 Bl. B-H gw Diss. A nA Mav   U.76.703

787. **Powels**, Sylvia: Das Buch über die Berechnung der Jahre, Monate und Tage: (Kitab hisab as-sinin wa l-ašhur wa l-ayyam) 1977. XVII, 382 S. B-F, Fachbereich Altertumswiss. Diss. 1973, bA   U.76.15062
Im Handel u.d. Titel: Der Kalender der Samaritaner anhand des Kitāb hisāb as-sinīn und anderer Handschriften. Berlin: de Gruyter 1977. (Studia Samaritana. 3.)

5. MANDÄER

788. **Dietrich**, Manfried: Untersuchungen zum mandäischen Wortschatz. o.O. (1958). 25, 281 gez. Bl. TÜ ph nA   U.58.7625

789. **Windbichler**, Franz: Der Hirte zwischen Ehrfurcht und Verachtung. Ein Beitrag zur altorient. u. mandäischen Hirtenvorstellung u. zur rabbinischen Hirtenverachtung. Wien 1971. 200 Bl. W th 1972 Ma

790. **Alsohairy**, Sabih: Die irakischen Mandäer in der Gegenwart. 1975. 99 S. HH, Fachbereich Orientalistik

6. ISLAMISCHER ORIENT

OST–WEST–BEZIEHUNGEN

791. Dreesbach, Emil: Der Orient in der altfranzösischen Kreuzzugslitteratur. Breslau 1901. 96 S. BR ph 1901

792. Warnecke, Friedrich: Goethes Mahomet-Problem. Halle a.S. 1907. VIII, 50 S. HAL ph 1907

793. Intze, Ottokar: Tamerlan und Bajazet in den Literaturen des Abendlandes. Erlangen 1912. 60 S. ER ph   U.13.3164

794. Schwarzlose, Karl: Die Quellen in geschichtsphilosophischer Würdigung zu Herders Stellung zur Kultur des mittelalterlichen Islam. Entwickelt aus den „Ideen zur Philosophie der Geschichte der Menschheit" (1784-1791) und den „Zerstreuten Blättern", „Persepolitanische Briefe" (1787-1798) dritte Sammlung. Borna-Leipzig 1918. IX, 88 S. ER ph   U.18.1390

795. Brünings, Friedrich: Die Orientreisen der französischen Romantiker. IV, 88 S. (Auszug nicht gedruckt) WÜ ph Ma   U.23.11091

796. Haubold, Gerhard: Der Orient in der lyrisch-epischen Dichtung Victor Hugos. 4 Bl. 179 S. Ha (Auszug nicht gedr.) L ph   U.24.6889

797. Littmann, Enno: Abendland und Morgenland. Tübingen. S. 13-29 in: Tübingen U., Reden bei der Rektoratsübergabe am 30. April 1930
U.30.5903

798. Leixner, Leopold: Mohammed in der deutschen Dichtung. GZ ph 1931

799. Sundermeyer, Kurt: F. Bodenstedt und die „Lieder des Mirza Schaffy". Wilhelmshaven 1930. 131 S. KI ph   U.32.4832

800. Brockelmann, Carl: Deutschland und der Orient. Breslau 1932. 22 S. BR Rektoratsrede vom 2.11.1931   U.32.1309

801. **Stein**, Siegfried: Die Ungläubigen in der mittelhochdeutschen Literatur von 1050 bis 1250. Berlin-Wilmersdorf 1933. 99 S. HD ph
U.33.1037

802. **Erkmann**, Rudolf: Der Einfluß der arabisch-spanischen Kultur auf die Entwicklung des Minnesangs. Darmstadt 1933. 43 S. GI ph
U.33.5914

803. ᶜ **Azmī**, Malāḥa: Graf Adolf Friedrich von Schack und der Orient. (Teildr.) Berlin (1934). 60 S. B ph   U.34.2781
Vollst. ersch. als: Germanische Studien, Heft 157

804. **Ecker**, Lawrence: Arabischer, provenzialischer und deutscher Minnesang. Eine motivgeschichtliche Untersuchung. Bern und Leipzig 1934. IV, 237 S. BE ph. Nachdruck: Genf/Slatkine 1978
Im Buchhandel.

805. **Krieg**, Wera: Griechenland und der Orient. Reiseeindrücke im 19. Jh. (Teildr.) Würzburg 1935. VIII, 26 S. BR ph   U.35.3853

806. **Rosenberg**, Manfred: Gerhard Veltwyck, Orientalist, Theologe und Staatsmann. (Wiesbaden 1935) 71 S. GÖ ph   U.36.3804

807. **Kāmil**, Burhān-ad-Dīn: Die Türken in der deutschen Literatur bis zum Barock und die Sultansgestalten in den Türkendramen Lohensteins. Kiel 1935. 59 S. KI ph   U.35.2031

808. **Vielau**, Helmut-Wolfhardt: Luther und der Türke. Baruth/Mark-Berlin 1936. 44 S. GÖ ph   U.38.3708

809. **Kühn**, Herbert: Volney und Savary als Wegbereiter des romantischen Orienterlebnisses in Frankreich. Leipzig 1938. 113 S. L ph U.38.6718

810. **Hultsch**, Paul: Der Orient in der deutschen Barockliteratur. Lengerich i.W. (1938). 99 S. BR ph   U.38.1935

811. **Lamparter**, Helmut: Luthers Stellung zum Türkenkrieg. (Fürstenfeldbruck 1940). 152 S. TÜ th nA   U.40.6807
Im Handel: Forschungen zur Geschichte und Lehre des Protestantismus, Reihe 9, Bd. 4. (A. Lempp/München.)

812. **Gersdorf, M.** Hildegard: Drei österreichische Orientreisende des 19. Jh. und ihr schriftstellerisches Werk. Wien 1940. IV, 159 Bl. Ma W ph 1940

813 **Lind,** Richard: Luthers Stellung zum Kreuz- und Türkenkrieg. Gießen 1940. 71 S. Gl th   U.40.2682

814. **Zachariades,** George Elias: Tübingen und Konstantinopel im 16. Jahrhundert. Göttingen 1941. 110 S. TÜ ph nA   U.41.5530
Im Handel: Schriftenreihe d. Deutsch-Griech. Gesellschaft, Heft 7. (Gersting u. Lehmann/Göttingen.)

815. **Patrias,** Helene: Die Türkenkriege im Volkslied. 1947. 183 Bl. W 1947

816. **Dontschewa,** Bistra: Der Türke im Spiegelbild der deutschen Literatur und des Theaters im 18. Jh. (München) 1944. 114, 4 gez. Bl. Ma M ph 1949 nA   U.49.6095

817. **Knappe,** Emil: Die Geschichte der Türkenpredigt in Wien. Ein Beitrag zur Kulturgeschichte einer Stadt während der Türkenzeit. Wien 1949. XXII, 217 Bl. W 1949

818. **Chakhachiro,** Omar: Proche et Moyen Orient dans l'oeuvre de Victor Hugo. Genf 1950. 228 S. GE ph
Im Handel: Jouve/Paris 1950.

819. **Erbida,** Ingeborg: Orientalische Gestalten, Motive und Lehnwörter in den serbokroatischen und bulgarischen Hajdukenliedern. Graz 1950. 174 Bl. GZ ph

820. **Jalkotzy,** Ingeborg: Hermann Hesse. Der Einfluß des Orients in seinen Werken. 1951, 122 Bl. W ph 1962

821. **Tetzner,** Joachim: Heinrich Wilhelm Ludolf, der Kenner des petrinischen Rußlands und des Vorderen Orients. o.O. (1954). XIV, 231 gez. Bl. Ma B ph nA   U.54.97
Im Handel als: Veröffentl. d. Instituts f. Slawistik d. Dt. Akad. d. Wiss. zu Berlin, Nr. 6 (Berlin/Akademie-Verlag.)

822. **Sevimcan,** Hasan: Hammer-Purgstall und der Orient. Wien 1955. 482 Bl. W ph

823. **Helm**, Karin: Goethes Verskunst im Westöstlichen Divan. Göttingen 1955. III, 198 gez. Bl. Ma GÖ ph nA U.55.3314

824. **Dastoorzadeh**, Feridoon: Kritik der These vom iranischen Einfluß auf Wolframs Parzival. o.O. 1956. 126 gez. Bl. Ma HD ph nA U.56.4403

825. **Fiore**, Silvestro: Über die Beziehungen zwischen der arabischen und der frühitalienischen Lyrik. (Köln: Romanistisches Seminar der Universität 1956) 192 S. mit Abb. = Kölner Romanistische Arbeiten N.F. H. 8, K ph bA U.56.5333 Im Handel.

826. **Pfeiler**, Hasso: Das Türkenbild in den deutschen Chroniken des 15. Jahrhunderts. o.O. 1956. 145 gez. Bl. Ma F ph U.56.2244 (Dass. Zusammenfassung 2 Bl., dass. Mikrofilm.)

827. **Buch**, Wilfried: Goethes „Weissagungen des Bakis". o.O. o.J. XVII, 423 S. B-F ph 1957 U.57.713

828. **Midell**, Eike: Goethes West-östlicher Divan. Die Dichtung in der geschichtlichen Wirklichkeit. Leipzig 1962. 317 gez. Bl. L ph nA Mav U.62.6154

829. **Maher**, Ali Ragheb Moustafa: Das Motiv der orientalischen Landschaft in der deutschen Dichtung von Klopstocks Messias bis zu Goethes Divan. Köln 1962. 151 S. K ph U.62.5994

830. **Wunderli**, Peter: Etudes sur le livre de l'Echiele Mahomet. Prolegomenes a une nouvelle ed. de la version francaise d'une traduction alphonsine. 1965. IX, 154 S. Z Im Handel: Keller/Winterthur 1965.

831. **Hachicho**, Mohamad Ali: English Travel Books about the Arab Near East in the eighteenth century. Bonn 1963. 206 S. BN ph 1963 bA U.65.2034 In: Die Welt des Islams. N.S. 9(1964), 1-206.

832. **Firouz**, Mariam: L'Iran et le dixhuitième siècle. Influence de la culture iranienne dans l'oeuvre de Voltaire, Montesquieu et Diderot. (P. 1.2.) Leipzig 1963. 190 gez. Bl.; gez. Bl. 191-343. L ph 1962 nA U.63.6413

833. **Wertheim**, Ursula: Probleme der Hafis-Aneignung und Versuch einer Genre-Bestimmung der Noten und Abhandlungen zum West-östlichen Divan. (1.2.) Jena 1963. 221 gez. 222-489 Ma J ph Hab 1963 nA
U.64.6346
Im Handel: Rütten und Loening/Berlin 1965.

834. **Szklenar**, Hans: Studien zum Bild des Orients in vorhöfischen deutschen Epen. Berlin 1964. 246 S. B-F ph bA 1964   U.66.1371
Im Buchhandel als: Palaestra, Bd. 243.

835. **Uhl**, Hans-Jürgen: Luthers Predigt zum Türkenkrieg. 1965. 273 Bl., 83 Bl. Ma W 1965.

836. **Albrecht**, Edelgard: Das Türkenbild in der ragusanisch-dalmatinischen Literatur des 16. Jh. München 1965, II, 256 S. M ph nA   U.65.10230
Im Handel als: Slavistische Beiträge, Bd. 15. (Sagner/München.)

837. **Johansen**, Baber: Muhammad Husain Haikal. Europa und der Orient im Weltbild eines ägyptischen Liberalen. Berlin 1965. XIX, 259 S. B-F ph 1965 bA   U.66.1332
Im Handel: Beiruter Texte und Studien, 5 (Steiner/Beirut 1967.)

838. **Brummack**, Jürgen: Die Darstellung des Orients in den deutschen Alexandergeschichten des Mittelalters. Tübingen 1966. 178 S. TÜ ph nA   U.66.14188
Im Handel als: Philologische Studien und Quellen, H. 29.

839. **Mansoor**, Ali Yahya: Die arabische Theorie. Studien zur Entwicklungsgeschichte des abendländischen Minnesangs. Heidelberg 1966. IX, 343 S. HD ph   U.66.8076

840. **Pietsch**, Edeltraud: Die zeitgenössische Publizistik über die Türken im 16. Jahrhundert. Wien 1967. 217 Bl. W ph 1968 Ma

841. **Homayoun**, Gholamali: Iran in europäischen Bildzeugnissen vom Ausgang des Mittelalters bis ins achtzehnte Jahrhundert. Köln 1967. 376 S. K ph 1967   U.67.9344

842. **Brenner**, Hartmut: Protestantische Orthodoxie und Islam. Die Heraus-
forderung der türkischen Religion im Spiegel evang. Theologen des ausgehenden 16. und des 17. Jahrhunderts. 1. 2. Heidelberg 1968. XV,
254 gez. Bl., gez. Bl. 255-374, Mav HD th 1968 nA　　U.68.7755

843. **Baban**, Naman Mahmoud: The Arab World in the novels of Desmond
Stewart and James Aldridge. Berlin 1968. 157 gez. Bl. B-H ph 1968 nA
U.68.410

844. **Nouruzi-Azar**, Hossein: Studien über das morgenländische Sprachgut
im Deutschen. Ein Beitrag zur deutschen Lehngutforschung. Leipzig
1968. 200 gez. Bl. Ma L ph 1968 nA　　U.68.10230

845. **Abdel-Rahim**, Said Ḥāfiẓ: Goethe und der Islam. Berlin 1969. 462 S.
B-F ph 1969　　U.69.17021

846. **Al-Ahmedi**, Sami: Wieland und 1001 Nacht. Leipzig 1969. 188 gez. Bl.
Mav nA L, Sekt. Kulturwiss. und Germanistik 1969

847. **Özyurt**, Şenol: Die Türkenlieder und das Türkenbild in der deutschen
Volksüberlieferung vom 16. bis zum 20. Jh. Freiburg 1969. 737 S. FR
ph　　U.72.5578
Im Handel: Motive. 4. (Fink/München 1972.)

848. **Köhler**, Wolfgang Willy August: Hugo von Hofmannsthal und „Tau-
sendundeine Nacht". Untersuchungen zur Rezeption d. Orients im
ep. u. essayist. Werk mit e. einleitenden Überblick über d. Einfluß v.
„Tausendundeine Nacht" auf d. dt. Literatur. Frankfurt 1969. 175 S.
F ph nA　　U.73.5020
Im Handel.

849. **Sharif**, Ghazi: Die Gestalt Mohammeds bei Klabund, Friedrich Wolf
und Johannes Tralow. Leipzig 1970. 179 gez. Bl.
L, Sekt. Kulturwiss. u. Germanistik nA Mav　　U.70.4278

850. **Fattah**, Abdul Razzak Abdul: Wilhelm Hauff und „1001 Nacht". Leipzig 1970. 137 gez. Bl. Mav L, Sekt. Kulturwiss. und Germanistik nA
1970　　U.70.3840

851. **Haydar**, Ahmad: Mittelalterliche Vorstellungen von dem Propheten der Sarazenen. Mit bes. Berücks. d. Reisebeschreibung d. Bernhard von Breidenbach (1483). Berlin 1971. 237 S. B-F FB Germanistik U.71.9884

852. **Ihekweazu** geb. Otremba, Edith: Goethes West-östlicher Divan. Untersuchungen zur Struktur d. lyrischen Zyklus. Hamburg 1971. 488 S.
HH FB Sprachwiss. nA U.72.6698
Im Handel: Lüdke/Hamburg.

853. **Hammo**, Ahmed: Die Bedeutung des Orients bei Rückert und Platen. Freiburg 1971. 188 S. FR ph

854. **Stachel**, Brigitta: Aufbau und Stilmittel in Jakob Philipp Fallmerayers „Fragmenten aus dem Orient". Ein Beitrag zur Literatur d. Restaurationszeit. Wien 1971. VII, 208 Bl. W ph Ma

855. **Guirguis**, Fawzy D.: Bild und Funktion des Orients in Werken der deutschen Literatur des 17. und 18. Jahrhunderts. Berlin (West) 1972. 358 S. B-F FB Germanistik U.73.13457

856. **Rashid**, Adnan Mohamed: Die literarische Darstellung des Propheten Mohammed in der deutschen Literatur unter Berücksichtigung des Zeitraumes von 1917 bis 1967. Hannover 1973. II, 234 S. H-T, F. f. Geistes- u. Staatswiss. U.73.7233

857. **Radjai-Bockarai**, Ali: Die Bedeutung der Poesie des Orients bei Johann Gottfried Herder. 1973. XVII, 227 S. TÜ ph bA U.75.14592
Im Handel.

858. **Elgohary**, Baher Mohamed: Die Rezeption der arabischen Welt in der österreichischen Literatur des 19. Jahrhunderts, unter Berücks. d. Rezeption durch Hammer-Purgstall. (Wien) 1974. VII, 289 Bl. W ph Ma

859. **Börner**, Klaus H.: Formen europäisch-asiatischer Begegnung. 1976. 237 S. F FB Neuere Philologien 1975 U.76.5458
Im Handel u.d. Titel: Begegnungen mit Asien: Orwell, Kipling, Conrad, Forster. Duisburg: Braun 1976. 236 S. (Duisburger Hochschulbeiträge. 6.)

93

860. **Feilke,** Herbert: Felix Fabris Evagatorium über seine Reise in das Heilige Land: e. Unters. über d. Pilgerliteratur d. ausgehenden Mittelalters. 1976. VI, 366 S. D
Im Handel: Europäische Hochschulschriften. Reihe 1. Deutsche Literatur u. Germanistik. 155. (Lang/Bern, Frankfurt.)

861. **Solms,** Wilhelm: Goethes Vorarbeiten zum Divan. 1977. 393 S. M ph bA
Im Handel: Münchener germanistische Beiträge. 12. (Fink/München 1976.)

862. **Peschel,** Inge: Die Darstellung des Osmanischen Reiches in der deutschsprachigen Reiseliteratur des 16. Jahrhundert. Wien 1977. 186 Bl. W Ma 1978

863. **Shareghi-Boroujeni,** Caveh: Herrscher und Dichter in Goethes und Hafis Divan. Hamburg 1979. VI, 262 S. HH
Im Handel: Geistes- und Sozialwissenschaftliche Dissertationen. 52. (Lüdke/Hamburg 1979.)

ARCHITEKTUR, BAUWESEN

Allgemeines

864. **Schultz,** Annemarie: Die Raumheizung in Asien. Bottrop i.W. 1935. X, 88 S., 18 Taf. L ph   U.35.5214

865. **El-Banna,** Sadek: Einfluß d. Klimas auf den Wohnungs- und Städtebau in aridcn Gebieten. Hannover 1966. 135 S. H-T nA   U.66.7516

866. **Al-Madhi,** Sallama: Einfluß der islamischen Architektur auf die Wiener Bauten im 19. Jahrhundert. Wien 1973. V, 162 Bl. W ph Ma

867. **Sprenger,** Helmut: Probleme des Massenwohnungsbaus in Entwicklungsländern unter besonderer Berücksichtigung spezieller Bauprogramme und Baumethoden sowie ökonomisch günstiger Handmontageskelettbauweisen. 1974. 243 gez. Bl. DR-T Diss.A

868. **Schulz**, Elke von: Die Wilhelma in Stuttgart: e. Beispiel orientalisierender Architektur im 19. Jh. u. ihr Architekt Karl Ludwig Zanth. 1976. II, 253 S. TÜ, Fachbereich Altertums- u. Kunstwiss.   U.76.14082

869. **Niermann**, Manfred: Aspekte der Kostenreduzierung im Wohnungsbau für unterste Einkommensgruppen in Entwicklungsländern. 1977. 229 S. DA-T arch

Vorderer Orient

870. **Rosintal**, Josef: Pendentifs, Trompen und Stalaktiten. Beiträge zur Kenntnis der islamischen Architektur. 1912. VIII, 87 S. B Dr.-Ing. Diss. 1912.
Im Handel: Hinrichs/Leipzig.

871. **Bachmann**, Walter: Kirchen und Moscheen in Armenien und Kurdistan. Leipzig 1913. 80 S. DR-T   U.13.4863
Im Handel vollst. mit Tafeln: Wissenschaftl. Veröffentl. der dt. Orientgesellschaft, 25.

872. **Mayer**, Leo: Studien zum Islamischen Städtebau. Ha W ph 1917

873. **Müller**, Karl: Die Karawanserai im vorderen Orient. Berlin 1920. 67 S., 10 Taf. DR-T 1912   U.20.4084
Im Handel: Bauwissenschaftliche Beiträge, Bd. 6.

874. **Heim**, Gertrud: Die islamische figurale Bauplastik in Vorderasien und Aegypten von 1000 bis 1300. Ma ph 1933

875. **Müller**, Margarete: Das Problem der Moscheefassade. Ma W ph 1934

876. **Tröscher**, Georg: Bauten der Kreuzfahrer im Morgenland. Bonn 1943. 23 S. = Kriegsvorträge der Rhein. Friedr.-Wilhelms-Univ. Bonn, Heft 104

877. **Würfel**, Kurt: Zelt und Zeltausstattung als stil- und formbildende Elemente in der islamischen Architektur. o.O. 1950. 83 gez. Bl. Ma B-T nA   U.50.512

878. **Al-Baker**, Mundier: Die Entwicklung der Fassade im alten Orient und im Islam. Mit bes. Berücks. der Kairiner Fassade. Leipzig 1966. II, 147 gez. Bl. Ma L ph nA   U.66.9815

95

879. **Lamei Mostafa**, Saleh: Kloster und Mausoleum des Farag ibn Barqūq in Kairo. Aachen 1968. VII, 177 S. AC-T Fak. f. Bauwesen 1968 nA

U.68.182

Im Handel: Abhandlungen des Deutschen Archäologischen Instituts Kairo, Islamische Reihe, Bd. 2.

880. **Nakhla**, Samir: An approach to regional architecture. A case study of the Middle East with special reference to Egypt. Zürich 1971. 147 p. ill. Z

881. **Berkian**, Ara J.: Armenischer Wehrbau im Mittelalter. 1976. X, 273 Bl. D-T arch

U.76.4378

882. **Hellenkemper**, Johannes Gerhard: Burgen der Kreuzritterzeit in der Grafschaft Edessa und im Königreich Kleinarmenien. 1976. XIX, 303 S. BN ph bA

U.76.3598

Im Handel: Geographica historica. 1. (Habelt/Bonn.)

883. **Cejka**, Jan: Tonnengewölbe und Bögen islamischer Architektur: Wölbungstechnik und Form. 1978. 519 S. M-T arch

884. **Kröger**, Jens: Sasanidischer Stuckdekor. Ein Beitrag zum Reliefdekor aus Stuck in sasanidischer und frühislamischer Zeit nach den Ausgrabungen von 1928/29 und 1931/32 in der sasanidischen Metropole Ktesiphon (Iraq) und unter bes. Berücks. der Stuckfunde von Taḫt-i Sulaimān (Iran) aus Niẓāmābād sowie zahlreicher anderer Fundorte. Berlin 1978. B-F

Arabischer Raum

885. **Zmigrodzki**, Michael von: Geschichte der Baukunst der Araber und der Baukunst der Mauren in Spanien. Krakau 1899. 91 S. HD ph 1899

886. **Abdul Amir**, Riyadh: Der Schulbau im arabischen Raum und seine Entwicklung. Bd. 1. 2. Wien 1976. 520 Bl. GZ-T Ma

Ägypten

887. **Ali**, Ahmad Fouad Yousef: Wohnen in Ägypten. Betrachtung der Wohn- und Lebensformen. Ein Beitrag zur Gestaltung der Wohnung und ihrer Einrichtung. Dresden 1963. 79 gez. Bl. Mav DR-T Fak. f. Bauwesen nA U.63.2230

888. **Fouad El Sayed**, Mohamed: Entwicklung kleiner und mittelgroßer Wohnungen für Ägypten. Unter Berücks. der Skelett-Montagebauweise. Dresden 1965. 140 gez. Bl. Ma DR-T Fak. f. Bauwesen nA U.65.2638

889. **El Masry**, Kamal: Die tulunidische Ornamentik der Moschee des Aḥmad Ibn Tulun in Kairo. Mainz 1965. 163 S. MZ ph 1965 bA U.66.10955

890. **El Sayed**, Mohamed Salah Eldeen: Technische, klimatische und bauphysikalische Kontrollkriterien für die Konstruktion und Gestaltung des Wohnungsbaues in heißtrockenen Zonen, besonders in Ägypten. 1970. 198, 31 Bl. WEI, Hochsch. für Architektur u. Bauwesen, Wissenschaftl. Rat, Diss. A nA U.75.3088

891. **Nakhla**, Samir: An approach to regional architecture. A case study of the Middle East with special reference to Egypt. Zürich 1971. 147 p. ill. Z

892. **Elshishtawy**, Hassan: Untersuchungen über die Entwicklung des ägyptischen Theaterbaues. 1972. 158 S. H-T Bauwesen 1970 U.70.10211

893. **El Alfi**, Mahmoud Hesham A.: Zur Industrialisierung des ägyptischen Fellachenhauses. Analyse, Nutzungsunters., Vorfertigungsmöglichkeiten. Weimar 1972. 265 gez. Bl. WEI, H.f. Archit. u. Bauw., Wiss. Rat, Diss. A Mav nA U.73.2299

894. **Schöler**, Walter: Al-Maqrizis Beschreibung der al-Gami al-'Atiq (ᶜAmr-Moschee), nach dem Kitab al-Mawaᶜiz wa-l-lᶜtibar fi Dikr al-Hitat wa-l-Atar übersetzt und mit kritischen Anmerkungen versehen. Wien 1974. XIII, 97 Bl. W ph 1975 Ma

895. **Hamed**, Hamed Fahmy El-sayed: Schulbau in der ARÄ: e. Beitr. zur Weiterentwicklung d. Schulbaus in d. Arab. Republik Ägypten. 1974. 130 Bl. DR-T, Fak. f. Bau-, Wasser- u. Forstwesen, Diss. A 1974 nA Mav U.74.933

896. **Hassan Mohamed**, Nabil Shaaban: Beiträge zur Schlammbehandlung bei Abwasserreinigungsanlagen: unter bes. Berücks. d. Klimas in Ägypten. 1975. IV, 125, 59 Bl. DR-T, Fak. für Bau-, Wasser- u. Forstwesen, Diss. A Mav nA U.75.1113

897. **El-Saai**, Maher Taha Ali: Beitrag zur Verwendung von Faserpreßplatten aus landwirtschaftlichen Abfallprodukten für den Bau von Typenhäusern in Ägypten. 1975. IV. 259 Bl. WEI Hochschule f. Architektur u. Bauwesen Diss. A nA

Irak

898. **Langenegger**, Felix: Beiträge zur Kenntnis der Baukunst des Irāq (heutiges Babylonien). Bautechnik, Baukonstruktionen und Aussehen der Baugegenstände unter teilweiser Bezugnahme auf die Baukunst der Vergangenheit des Landes sowie auf die gesamte Baukunst des Islām. Dresden 1911. 1 Taf., VIII, 200 S. DR-T 1908 Im Handel: Die Baukunst des Irāq (heutiges Babylonien).

899. **Reuther**, Oskar: Das Wohnhaus in Bagdad und anderen Städten des Irak. Berlin 1910. XVI, 118 S. DR-T 1909 Im Handel: Beiträge zur Bauwissenschaft, Heft 16.

900. **Preusser**, Conrad: Nordmesopotamische Baudenkmäler altchristlicher und islamischer Zeit. 1911. 23 S., 33 Taf. Teilabdr. DR-T 1911 Im Handel vollst. als: Wissenschaftl. Veröffentlichungen d. Deutschen Orient-Gesellschaft, 17.

901. **Wachtsmuth**, Friedrich: Die islamischen Backsteinformen der Profanbauten im Irak. Berlin 1916. 70 S. B-T 1916 U.16.2094

902. **Neynaber**, Adolf: Die Wehrbauten des Irak. Berlin 1920. 68 S. DR-T 1914 U.20.4085 Im Handel: Bauwissenschaftliche Beiträge, Bd. 7.

903. **Schmidt**, Jürgen: Die agglutinierende Bauweise im Zweistromland und in Syrien. Berlin 1962. 85 S. B-T arch U.63.1110

904. Alyawir, Talat: Versuch einer neuen stilistischen Einordnung des Wüstenschlosses al-Ukhaidir im Irak, im Zusammenhang mit den jüngsten Grabungen der irakischen Altertumsverwaltung. Mainz 1968. 80 S.
MZ ph 1968 bA · U.68.10769

905. Damerji, Muayad Said: Die Entwicklung der Tür- und Torachitektur in Mesopotamien. 1973. VIII, 296 S. M ph 1973 U.74.12237

906. Al-Haidary, Ali: Analyse der Bebauung und Erschließung im irakischen Städtebau. 1976. 256 S. BN I U.76.3575

Iran

907. Akbari-Fard, Ahmad: Ursprung und Entwicklung der Kuppel in Iran. Wien 1945. 92 S., XXXIII Taf. W-T 1945

908. Bassir, Mohammad: Ingenieurgeologische Baugrunduntersuchungen in der Region Groß-Tehran/Iran. Aachen 1971. 190 S.
AC-T F.f.Bergbau u. Hüttenwesen U.71.1769

909. Hofrichter, Hartmut: Das Kloster Sdepannos Nachawega in der iranischen Provinz Aserbaidschan. Aachen 1972. 389 S. AC-T Bauwesen
U.72.2616

910. Haghnazarian, Armen: Das armenische Thaddäuskloster in der Provinz Westaserbaidjan in Iran. 1973, 265 S. AC-T Fak f. Bauwesen nA
U.74.2811

911. Joolaee, Abolghassem Ghazi: Islamische Architektur in der Stadt Meschhed-Tus (Iran) mit besonderer Berücksichtigung des Astane Ghods (Imam-Reza-Heiligtum). 1977. 273 S. BN ph

912. Sarkub, Djawad: Wohnungsbau im Iran: Beitr. zur Lösung d. Wohnungsbauproblems im Iran unter bes. Berücks. d. vorhandenen Baustoffe u. Bautechniken. 1977. VII, 477 S. B-T Fachbereich Bauplanung u. -fertigung

913. Harb, Ulrich: Ilkhanidische Stalaktitengewölbe. Beitrag zu Entwurf u. Bautechnik. 1978. 66, 9 S. W
Im Handel: Archäologische Mitteilungen aus Iran. Erg. Bd. 4. (Reimer/ Berlin 1978.)

Libanon

914. **Ragette**, Friedrich: Das libanesische Wohnhaus des 18. und 19. Jahr-hunderts. Bd. 1. 2. (Wien 1971). 1. Text. 125 Bl. 1. Abb. u. Beispiele. 100, 37 Taf. W-T Ma

Palästina / Israel

915, **Arje**, Samuel: Die Bauweise des bürgerlichen Wohnhauses in Palästina. W ph 1904

Sowjetunion

916. **Smolik**, Julius: Die timuridischen Baudenkmäler in Samarkand aus der Zeit Tamerlans. 1925. 46 S. W-T 1925

Sudan

917. **Grauer**, Armgard: Die Architektur und Wandmalerei der Nubier. Be-handelt nach d. ethnogr. Befund vor der Aussiedlg. 1963/64. Freiburg i.Br. 1968. X, 257 S. FR ph 1968   U.69.5380

918. **Nieguth**, Gisela: Untersuchung eingeschossiger Wohnbauten im Sudan unter dem Aspekt des effektiveren Einsatzes lokaler Baustoffe. 1977. XXVI, 274 S. B-T Fachbereich Bauplanung und -fertigung

Syrien

919. **Glück**, Heinrich: Der Breit- und Langhausbau in Syrien auf kulturgeo-graphischer Grundlage. W ph 1914. In: Zeitschrift für Gesch. der Ar-chitektur, Beiheft 14 (Heidelberg 1916)

920. **Schmidt**, Jürgen: Die agglutinierende Bauweise im Zweistromland und in Syrien. Berlin 1962. 85 S. B-T arch   U.63.1110

921. **Sinjab**, Kamil: Das arabische Wohnhaus des 17. bis 19. Jahrhunderts in Syrien. Aachen 1966. 221 S. Mav AC-T Fak. f. Bauwesen 1966 nA

922. **Saddi**, Fathi: Anwendung industrieller Wohnungsbauweisen in Ent-wicklungsländern unter Berücksichtigung spezieller nationaler Bedin-gungen: dargest. am Beisp. Syrien, als Beitr. für d. Entwicklung d. dor-tigen Wohnungsbaues. 1976. VII, 190 Bl. L Hochsch. für Bauwesen, Diss. A nA

Türkei

923. **Wilde**, Hans: Brussa, eine Entwicklungsstätte türkischer Architektur in Kleinasien unter den ersten Osmanen. Berlin 1909. 1 Bl. 135 S.
DR-T 1908
Im Handel: Beiträge zur Bauwissenschaft, Heft 13.

924. **Wulzinger**, Karl: Drei Bektaschi-Klöster Phrygiens. Berlin 1913. 79 S.,
2 Taf. DR-T 1912   U.13.4897
Im Handel: Beiträge zur Bauwissenschaft, Heft 21.

925. **Agha-Oglu**, Mohamed: Die alte und neue Mohammeddije-Moschee und ihre Stellung in der Entwicklung des türkischen Raumbaues mit einem kritischen Anhang über das Leben und die Werke Sinans. Ma W ph
1926

926. **Högg**, Hans: Türkenburgen an Bosporus und Hellespont. Ein Bild früh-osmanischen Wehrbaus bis zum Ausgang des 15. Jhs. Dresden 1932.
47 S. DR-T 1928   U.32.8052
Im Handel: Focken u. Oltmanns/Dresden 1932.

927. **Meyer**, Bruno: Das Goldene Tor in Konstantinopel. Teildr. Athen 1936.
S. 87-99, 4 Bl. DZ-T   U.36.2015
Vollst. in: Die Landmauern von Konstantinopel. Festgabe aus Athen.

928. **Aslanapa**, Oktay: Die osmanischen Beiträge zur islamischen Baukunst.
o.O. 1943. 63 gez. Bl. Ma W ph nA 1943

929. **Aksoy**, Erdem: Grundgestaltungsprinzip der türkischen Profanarchitektur. Stuttgart 1961. S. 39-92 mit Abb. S-T (für Bauwesen) bA 1961
Aus: Mimarlık ve sanat, 1963. 7/8, 39-92.   U.6.3.83

930. **Kozanoglu**, Vural: Leitgedanken für die raumplanerische Entwicklung in der Türkei aus der Betrachtung der Situation in einigen europäischen Staaten. Hannover 1962. 140 S. H-T Fak. f. Bauwesen   U.62.4747

931. **Hoepfner**, Wolfram: Herakleia Pontike - Eregli. Eine baugeschichtl. Untersuchung. (Mit 36 Abb. im Text, 29 Taf. u. 2 Pl.) Berlin 1964. 104 S.
B-T Fak. f. Archit. bA 1964
Im Handel: Österr. Akad. d. Wiss., Philosophisch-histor. Klasse, Denkschriften, Bd. 89. Forschungen a.d. Nordküste Kleinasiens, Bd. 2, T. 1.

932. **Kömürcüoğlu**, Eyup Asim: Das alttürkische Wohnhaus. Berlin 1964.
61 S. B-T Fak. f. Archit. 1964 nA
Im Handel: Harrassowitz/Wiesbaden 1966.

933. **Dalokay**, Yalcin: Lehmflachdachbauten in Anatolien. Braunschweig
1966. 174 S. BS Fak. f. Bauwesen 1966.

934. **Sorguc**, Vehbi Dogan: Struktur und Modell eines Wohnungsbaupro-
gramms für die Entwicklungsländer anhand des türkischen Beispiels.
Ausz. München 1967. S. 21-26 M-T Fak. f. Bauwesen bA   U.67.12258
Aus: Baupraxis, Jg. 19 (1967), Nr. 6.

935. **Yıldız**, Nazmi: Untersuchungen zur Baulandproblematik in der Türkei.
Bonn 1970. BN 1 1970

936. **Peschlow**, Urs: Die Irenenkirche in Istanbul. Unters. zur Architektur.
1970. 240 S. 49, 12 Bl. MZ ph 1970
Im Handel: Istanbuler Mitteilungen. Beih. 18. (Wasmuth/Tübingen
1977.)

937. **Schäfer**, Hartmut: Die Gül Camii in Istanbul. Ein Beitr. zur mittel-
byzant. Kirchenarchitektur Konstantinopels. Göttingen 1973. 95,
15 S. GÖ ph nA   U.73.6426
Im Handel.

938. **Ötüken**, Semiha Yildiz: Isa kapi mescidi und medresesi in Istanbul
1.: 1974. 373 S. 2.: 1974. S. 375-473: nur Ill. BN ph
U.75.4430

939. **Şen**, Erkan: Die Entwicklung der Wohngebiete der Stadt Ankara seit
1923: unter bes. Berücks. d. Gecekondu-Phänomens. 1975. XX, 289 S.
SB ph 1971   U.75,13879

940. **Meinecke**, Michael: Fayencedekorationen seldschukischer Sakralbauten
in Kleinasien. T. 1: Text und Tafeln. 1976. T. 2: Katalog. 1976. HH
Fachbereich Kulturgeschichte u. Kulturkunde. Diss. 1976. U.76.7578
Im Handel: Istanbuler Mitteilungen. Beih. 13.

941. **Peters,** Eckhart Wilhelm: Alişam: e. Beitr. zur Unters. d. anonymen
Kerpiç-Architektur in Ostanatolien. 1975. XVIII, 170 S. H-T, Fak.
für Bauwesen nA U.75.8933
Kurzfassung in: Bauwelt. Jg. 67. 1976. 5, S. 152-157 u.d. Titel:
Vegetatives Bauen in Ostanatolien.

ASTRONOMIE

942. **Schoy,** Carl: Arabische Gnomonik. Altona 1913. 40 S., 2 Taf. HD nm
U.13.3770

943. **Kohl,** Karl: Über die Theorie körperlicher Himmelssphären mit besonderer Berücks. von Ibn al Haitams Schrift über die Gestalt der Welt.
Ma 48 S. Auszug (Autogr.): 1 Bl. ER ph U.23.1901

944. **Schirmer,** Oskar: Studien zur Astronomie der Araber. Erlangen 1926.
S. 33-90. In: Sitzungsberichte der physikal.-med. Sozietät zu Erlangen,
Bd. 58. ER ph U.26.1167

945. **Schmalzl,** Peter: Zur Geschichte des Quadranten bei den Arabern. München 1929. 142 S. ER ph 1929 (30) U.30.1780

946. **Kunitzsch,** Paul: Arabische Sternnamen in Europa. o.O. (1956), 222
gez. Bl. Mav B-F ph nA U.56.755
In erw. u. verb. Form im Handel: Harrassowitz/Wiesbaden 1959.

947. **Endress,** Gerhard: Die arabischen Übersetzungen von Aristoteles'
Schrift De caelo. Frankfurt 1965. 286 S. F ph nA U.66.4687

948. **Bossong,** Georg: Los canones de Albateni. Az-zīg (span.) Hrsg. sowie
mit Einl., Anm. und Glossar versehen. 1976. VIII, 359 S. HD ph
1976
Im Handel: Zeitschrift für romanische Philologie. Beih. 165. (Niemeyer/
Tübingen 1978.)

BILDUNGSWESEN, KULTURPOLITIK, SPORT

Allgemeines

949. **Lund**, Hartmut: Bildungsplanung in den Entwicklungsländern unter Berücks. d. Bildungshilfe. Wien 1969. VII. 255 Bl. W-HW Ma 1971

950. **Schindele**, Hanno: Alphabetisierungsbestreben in der dritten Welt: Erfolgsvoraussetzungen u. Wirkungen in entwicklungssoziolog. Sicht. 1973. 314, XLVII S. ER wi-so   U.74.5248

951. **Klein**, Susanne: Bildungsökonomie. Ihre Bedeutung u. Problematik f. die wirtschaftl. Entwicklung unter bes. Berücks. d. Entwicklungsländer. Wien 1974. V, 223 Bl. W-HW Ma

952. **Ritter**, Ernst: Das Deutsche Auslands-Institut in Stuttgart 1917-1945. 1976. VI, 163 S. F Fachbereich Geschichte. 1972
Im Handel.

953. **Lange**, Helga: Neokolonialismus und Ausländerstudium: zeitgeschichtl. Studie zur Politik d. imperialist. Bourgeoisie d. BRD auf d. Gebiet d. Ausbildung von Hochschulkadern aus jungen, national befreiten Staaten. 1976. V, 148, 47 Bl. B-H gw Diss. A nA Mav   U.76.503

954. **Gurndin**, Luis: Die Dritte Welt als Problem der theologischen Erwachsenenbildung. 1975. VI, 307 S. MS th   U.76.12712

955. **Galonska**, Jürgen: Methoden einer Evaluierung von Universitätspartnerschaften: e. Ansatz zur Bewertung partieller Bildungsinvestitionen in Entwicklungsländern. 1977. 112 S. BN rs nA
Im Handel: Europäische Hochschulschriften. Reihe 5. Volks- u. Betriebswirtschaft. 162. (Lang /Bern, Frankfurt.)

956. **Meueler**, Erhard: Lernbereich „Dritte Welt": e. Curriculum-Entwicklung. 1978. IV, 284 S. DA-T Hab 1977
Im Handel: päd.-extra-Buchverlag/Frankfurt a.M. 1978.

Vorderer Orient

957. **Kirste, J.**: Die Bedeutung der orientalischen Philologie. Wien 1892, 16 S. GZ Antrittsvorlesung 1892

958. **Bergh**, Simon van den: Umriß der muḥammedanischen Wissenschaften nach Ibn Ḥaldūn. Leiden 1912. 99 S. FR ph U.12.1194

959. **Babinger**, Franz: Gottlieb Siegfried Bayer (1674-1738). Ein Beitrag zur Geschichte der morgenländischen Studien im 18. Jh. München 1915. 85 S. M ph 1917 (1914) U.17.1738

960. **Bezold**, Carl: Die Entwicklung der semitischen Philologie im Deutschen Reich. Heidelberg 1917. 61 S. HD. Rede zur Erinnerung an Karl Friedrich Großherzog von Baden am 22.10.1916 U.17.74

961. **Litzau**, Lena: Die wechselnden Auffassungen über amerikanische Erziehungsideale im nahen Osten. Ma W ph 1928

962. **Plessner**, Martin: Die Geschichte der Wissenschaften im Islam. Ein Versuch. Tübingen J.C.B. Mohr (Paul Siebeck) 1931. 36 S. = Philosophie und Geschichte, H. 31. (Erw. u. mit Anm. versehener Text der Antrittsvorlesung: Die Geschichte der Wissenschaften im Islam als Problem. Geh. am 21. Febr. 1931 in Frankfurt a.M.)

963. **Bazargan**, Fereydoun: Etude comparée de la politique éducative et des problèmes scolaires dans six pays d'Orient: Iran, Egypte, Irak, Liban, Pakistan, Turquie. Lausanne 1963. VIII, 239 S. LAU päd

964. **Ahmed**, Munir-ud-Din: Muslim Education and the scholars' social status up to the 5th century muslim era (11th century Christian era) in the light of Ta'rīkh Baghdād. Hamburg 1968. VII, 290 S. HH ph nA 1968 U.68.6848
    Im Handel.

965. **Firouzabadi**, Homa: Bibliographie der medizinischen Werke Rhazes. „Abu Bakar Muhammad Ibn Zakaryya". Düsseldorf 1970. 42 gez. Bl. D med U.70.6935

966. **Hamze,** Fayez: Die Erziehung der Kinder und deren Behandlung (Siyāsa as-Sibyan wa-tadbīrihim) des Ibn al-Gazzar. Kapitel 1-6. 1978. 56 S. M-T med

967. **Dimassi,** Mohamed: Die Erziehung der Kinder und deren Behandlung (Siyāsatu as-sibian wa-tadbīrihim) des Ibn al-Gazzar. Kapitel 16-22. 1978. 61 S. M-T med

Arabischer Raum

968. **Omar,** Djabir: Grundstruktur einer zukünftigen arabischen staatsbürgerlichen Erziehung. Zürich 1940. 85 S. Z ph-I

969. **Assar,** Khairallah Ahmad: Arabische Studenten an einer deutschen Universität. Eine Untersuchung an der Universität Heidelberg. Heidelberg 1964. IV, 276 S. HD ph 1964   U.66.8043

970. **Hammam,** Hassan: Die arabischen Studenten in der Bundesrepublik Deutschland. Mit bes. Berücks. d. Studierenden aus Ägypten. Saarbrücken 1972. 237 S. SB ph 1972   U.73.11782

Ägypten

971. **König,** Wilhelm: Die Entwicklung des ägyptischen Schulwesens unter englischer Verwaltung. Grüningen 1910. 142 S. BE ph 1909/10

972. **Al-Nadi,** Abd-al-Magid Mansour: Zum Problem der Förderung und Verbesserung des elementaren Schreib-Leseunterrichtes für die Kinder Ägyptens. 1963. 228 Bl. W 1963

973. **Steppat,** Fritz: Tradition und Säkularismus im modernen ägyptischen Schulwesen bis 1952. Ein Beitrag zur Geistes- und Sozialgeschichte des islamischen Orients. Berlin 1966. B-F 1966 ph
Im Handel: Beiruter Texte und Studien, 3. (Steiner/Wiesbaden.)

974. **Badr,** Siham: Frauenbildung und Frauenbewegung in Ägypten. (Anh.: Befragung oriental. Studentinnen in Deutschland) Köln 1966. 239 S. K ph 1966 bA   U.67.9324
Im Handel: Kölner Arbeiten zur Pädagogik.

975. **Fayyaz,** Abdel Azim: Analyse der Bedingungen für die Organisation und Durchführung einer zweckgerichteten aktiven Erholung während und außerhalb der Arbeitszeit. Dargest. am Beispiel der Baumwollspinnerei und Weberei Shebin-el-Kom, Menofia, VAR. Eine soziolog. Studie für die Grundlagenforschung im Bereich des Sports in der Vereinigten Arab. Republik. Leipzig 1969. 227 gez. Bl. Mav L-DHK nA 1969.
U.69.12226

976. **Hassan,** Afaf Abdel Kerim: Analyse der Kontrolle und Bewertung im Sportunterricht in den Schulen der VAR und Wege zu ihrer optimalen Gestaltung für die Verwirklichung der Bildungs- und Erziehungsziele. Leipzig 1971. 204 gez. Bl. L-DHK gw Diss. A nA Mav U.71.1401

977. **Darwish,** Kamal: Zur Entwicklung des Volkssports auf dem Lande in der VAR unter besonderer Berücksichtigung der Zentren für Jugend. (Eine soziol. Studie zu Problemen d. Führungs- u. Leitungstätigkeit d. Landsports in d. VAR in Auswertung d. Landsportentwicklung in d. DDR) Leipzig 1971. II, 234 gez. Bl. L-DHK Mav Diss. A nA
U.71.1400

978. **El-Ramli,** Abbas Abdel-Fattah: Die Entfaltung von Körperkultur und Sport in der VAR unter dem Einfluß der politischen, sozial-ökonomischen und kulturellen Veränderungen nach der Juli-Revolution von 1952. Leipzig 1971. 217, XXII gez. Bl. L-DHK gw Diss.A nA Ma
U.71.1406

979. **Baumann,** Rita: Probleme der Entwicklung des Bildungswesens in der VAR (Ägypten). Leipzig 1971. 229 gez. Bl. L, Herder-Inst. nA
U.71.1127

980. **Mahmoud Saad,** Nahed: Die Untersuchung von Einflußfaktoren zur Entwicklung eines regelmäßigen Freizeitsports der Mädchen in den 7., 9. und 12. Klassen der VAR. Ein Beitr. zur Gestaltung e. wesentlichen Profillinie d. nationalen Körperkultur. Berlin 1972. VI, 282 gez. Bl. B-H gw nA Mav U.72.385

981. **Ahmed,** Mokhtar: Analyse der Ausbildung und Situation der Primar- und Preparatory-Schullehrerschaft Ägyptens unter den Bedingungen einer sich wandelnden Gesellschaft. Münster 1972. IX, 208 S. MS ph
U.72.10973

982. **Hammam**, Hassan: Die arabischen Studenten in der Bundesrepublik Deutschland. Mit bes. Berücks. d. Studierenden aus Ägypten. Saarbrükken 1972. 237 S. SB ph 1972   U.73.11782

983. **Farag**, Enayat Mohamed Ahmed: Zur effektiveren Gestaltung des pädagogischen Bedingungsgefüges in den Vorbereitungsschulen für Mädchen in der Arabischen Republik Ägypten zum Zwecke einer zielstrebigen und planmäßigen Verbesserung der körperlichen Bildung und Erziehung der Schuljugend. (Eine theoret.-prakt. Studie) Leipzig 1973. 218 gez. Bl. L-DHK Diss. A nA Mav   U.73.1868

984. **Khattab**, Atiat Mohamed: Der außerunterrichtliche und außerschulische Sport in der Arabischen Republik Ägypten: e. leitungswiss. Analyse u. Entwicklungskonzeption. 1974. IV, 256, 17 Bl. L-DHK Diss. A nA Mav   U.74.1811

985. **Fahmy**, Dalal Hanem Ahmed: Zum gegenwärtigen Stand der organisatorisch-methodischen Gestaltung des Sportunterrichts, der Kadersituation und der materiellen Bedingungen im Schulsport der Arabischen Republik Ägypten. 1974. 240 Bl. L-DHK Diss. A nA Mav   U.74.1809

986. **Nayel**, Amin Nayel Khalil: Wissenschaftliche Untersuchungen von Faktoren zur Niveaubestimmung des Sportunterrichts an den Oberschulen Ägyptens. 1974. 268 Bl. B-H gw Diss. A nA Mav   U.74.538

987. **Khaled Ahmad**, Muhammad Abu Hatab: Zur Entwicklung und zu einigen gegenwärtigen Problemen des Deutschunterrichts in Ägypten. Leipzig 1973. 239 S. L, Sekt. Kulturwiss. u. Germanistik, Diss. A nA   U.73.1720

988. **Farag**, Mohamed Farag Ahmed: Zur Entwicklung des Systems der Förderung junger Sporttalente in der Arabischen Republik Ägypten: eine theoret.-prakt. Studie. 1973. 309 Bl. L-DHK Diss. A nA Mav   U.74.1810

989. **Darwisch Hassanin**, Zaki Mohamed: Experimentelle Überprüfung der Wirksamkeit unterschiedlicher Erwärmungsvarianten auf die Wettkampf- und Kontrolleistungen bei Nachwuchssportlern: eine Unters. mit Schülergruppen in d. ARÄ im Alter von 13-15 Jahren in d. Disziplin Kugelstoßen. 1975. 132, 50 Bl. L-DHK Diss. A nA Mav   U.75.2152

990. **Bastawisy**, Ahmed: Die Gestaltung des Prozesses der Ausbildung der Kugelstoßtechnik im Rahmen der schulischen Körpererziehung an den Mittelschulen der ARÄ: unter d. Aspekt d. Struktur d. sportl. Leistung. 1975. 189 Bl. L-DHK Diss.A nA Mav U.75.2149

991. **Amin**, Wafaa Mohamed: Zur Gestaltung der Ausbildung von Sportlehrern in der Arabischen Republik Ägypten insbesondere im Lehrgebiet Leichtathletik: Vorschlag u. Begründung für e. Leichtathletik-Lehrprogramm. 1974. X, 262, 57 Bl. L-DHK Diss. A nA Ma U.75.2148

992. **Gad**, Mona Mohamed Aly: Soziale und pädagogische Bedeutung der Entwicklung der Kindergärten und Kinderkrippen für die weitere Einbeziehung der Frauen in den Arbeitsprozeß: Auswertung von Erfahrungen d. Dt. Demokrat. Republik für d. Entwicklung in d. Arab. Republik Ägypten) 1975. V, 203, 61 Bl. B-H gw Diss. A nA U.75.449

993. **Moussa**, Sohair Bedair Ahmed: Die Sportlehrerausbildung an den Hochschulen für Körperkultur in der AR Ägypten. Eine Studie zu d. Zielen, Aufgaben, Inhalten u.d. Organisation d. Studiums. 1975. III, 322, 52 Bl. L-DHK Diss. A nA Mav U.75.2161

994. **Teleb**, Adilah Ahmed: Analyse von Bedingungen zur Verbesserung der Leitung und Planung des Freizeit- und Erholungssportes in der Arabischen Republik Ägypten, dargestellt am Beispiel des Stadtteiles El-Maadi in Kairo: eine soziolog. Studie zur weiteren Entwicklung von Körperkultur u. Sport in d. Arab. Republik Ägypten. 1975. VII, 268 Bl. L-DHK Diss. A nA Mav U.75.2167

995. **Sadek**, Mervat Mahmoud: Hauptzüge der Entwicklung des Sports in Ägypten von der Juli-Revolution 1952 bis 1970/71: unter bes. Berücks. d. Auswirkungen d. national-demokrat. Revolution u. d. nichtkapitalist. Weges. 1975. XIV, 247 Bl. B-H gw Diss.A nA Mav U.75.682

996. **Ashour**, Ahmed Kamal: Grundprobleme des ägyptischen Bildungswesens in Vergangenheit und Gegenwart: Versuch eines Vergleichs mit d. Schulentwicklung in d. DDR. 1975. IV, 338 Bl. HAL ph Diss.A nA
U.75.1590

997. **Erdmann,** Eva: Grundpositionen zur Gestaltung von Elementarlehrbüchern für den neusprachlichen Unterricht: unter Berücks. von Erfahrungen bei d. Erarbeitung e. Deutschlehrbuches für Schüler d. Arab. Republik Ägypten. 1976. 268 Bl. Erfurt-Mühlhausen, Pädag. Hochsch., Diss. A. nA Mav   U.76.1247

998. **Mazen,** Salwa Abd-El Aziz: Die Entwicklung der technischen Intelligenz für die Durchführung des wissenschaftlich-technischen Fortschritts in der AR Ägypten. 1977. V, 201, 15 Bl. L, Sekt. Marxist.-leninist. Philosophie, Diss. A nA

999. **Demmel,** Christa: Bildungspolitische, methodologische und lehrplantheoretische Ausgangspositionen bei der Entwicklung von Elementen einer polytechnischen Bildung in jungen Nationalstaaten: dargest. an d. Versuchen zur Einf. d. Polytechn. Unterrichts in d. Arab. Republik Ägypten u. in d. Volksdemokrat. Republik Jemen, eingereicht von Christa Demmel · Karl-Heinz Theuring. 1977. 259, 120 Bl. Erfurt-Mühlhausen, Pädag. Hochsch., Pädag. Fak., Diss. A, 1977 nA

1000. **Lemke,** Wolf-Dieter. Maḥmūd Šaltūt (1893-1963) und die Reform der Azhar. Untersuchung zu Erneuerungsbestrebungen im ägyptisch-islamischen Erziehungssystem. Köln 1977. ca. 250 S.

1001. **Grais,** Wafik: Sur le développement intégré de l'économie et du système d'enseignement: application à l'Egypte. 1978. V, V, 421 p. GE 1977
Im Handel: Lang/Bern 1978.

Afghanistan

1002. **Fofolzai,** Ali Ahmad: Das afghanische Schulwesen der Gegenwart. Darstellungen und Reformvorschläge. Jena 1941. 74 S. J ph
          U.41.3414

1003. **Sarif,** Gul Janan: Das afghanische Schulwesen. Zu s. geschichtl. Bedingung u. gegenwärtigen Problemlage. Frankfurt 1972. II, 287 S. F, Fachbereich Erziehungswiss.   U.72.5110

1004. **Baha,** Assadullah: Entwicklung und Gegenwartsprobleme des Bildungswesens Afghanistans mit bes. Berücksichtigung der Erwachsenenbildung. Wien 1978. II, 302 Bl. W Ma

Algerien

1005. **Chabou**, Mouley Driss: Die Elementarschule in Algerien. Heidelberg 1966. HD ph 1966   U.70.10617

1006. **Széll**, György: Politik und Erziehungswesen in Algerien. Münster 1967. 151 S. MS rs   U.67.12464

1007. **Marx**, Werner: Zur Gestaltung eines nationalen und demokratischen Schulwesens in Algerien (1962-1973) 1975. 287 Bl. L, Herder-Inst., Diss. A nA Mav   U.75.2438

Irak

1008. **Said**, Nawal K(hurshid): Der europäische pädagogische Einfluß auf die weibliche Erziehung in den arabischen Ländern, mit dem gegenwärtigen Stand des Problems der Koedukation im Irak als Beispiel. Heidelberg 1961. 116 S. HD ph   U.61.5029

1009. **Sehrewerdi**, Nejim M.: Probleme des Sportunterrichts an irakischen Oberschulen. Halle 1969. VI, 151 gez. Bl. HAL ph nA Mav U.69.7408

1010. **Hussain**, Kasim Hassan: Zur Gestaltung der Ausbildung von Sportlehrern in der Republik Irak im Fach Leichtathletik: Vorschlag u. Begründung eines Lehrprogramms. 1.: 1974. 202 Bl., 2.: 1974. Anl. L-DHK Diss. A nA Mav   U.75.2156

1011. **Zaher**, Kamal Arif: Theoretische und experimentelle Untersuchungen zur Gestaltung des Handballspiels an irakischen Schulen. 1976. 127 Bl. HAL ph Diss.A. nA

1012. **Al-Dahoodi**, Zuhdi Korshid: Geschichtslehrbücher und -pläne im Irak: Vorschläge für d. Umgestaltung im Lichte d. fortschrittl. Entwicklung. 1976. 149 Bl. L, Sekt. Geschichte, Diss. A, nA Mav   U.76.2101

1013. **Al-Samarraie**, Abbas Ahmed Saleh: The physical education lesson and its programme for the classes 10 to 12 in Iraq: analyses-views-suggestions. 1976. 302 Bl. HAL ph Diss. A nA   U.76.1632

Iran

1014. **Nayyeri,** Mostafa: Darstellung des Schulwesens im Iran seit 1850. Köln 1960. 139 S. K ph   U.60.5218

1015 **Baybordi,** Mehrafag: Die Idee der Menschlichkeit als Grundlage der Menschenbildung in Persien. 1961. IV, 298 Bl. W ph 1961

1016. **Hasrati,** Mansur Choddam: Der Dichter Firdossi in pädagogischer und leibeserziehlicher Schau. 1962. 133 S. GZ ph 1962

1017. **Mahludji,** Mahni: Die Frauenbildung in Iran und ihr kulturgeschichtlicher Hintergrund. Köln 1965. 97 S. K ph   U.65.7970

1018. **Sobhani,** Mehrdad: Entwicklung, Stand und Probleme des landwirtschaftlichen Erziehungs- und Bildungswesens im Iran. Bonn 1967. 117 S. BN 1   U.67.2612

1019. **Golschani,** Abdolkarim: Bildungs- und Erziehungswesen Persiens im 16. und 17. Jahrhundert. Hamburg 1969. II, 151 S. HH ph 1969 Im Handel: Hamburger Philologische Studien, 7. (Buske/Hamburg 1969.)

1029. **Djawied,** Syrus: Die Alphabetisierung im Iran vor ihrem sozial-ökonomischen Hintergrund. Köln 1969. 190 S. K ph 1969.   U.69.10329

1021. **Moschtaghi,** Huschang: Erziehungswesen in Iran zwischen Tradition und Modernität. Freiburg i.B. 1969. III, 171 S. FR ph 1969

1022. **Bayat-Sarmadi,** Dariusch: Erziehung und Bildung im Schahname von Firdousi. Eine Studie zur Geschichte der Erziehung im alten Iran. Freiburg i.Br. 1970. 240 S. K ph bA Im Handel: Islamkundliche Untersuchungen. 4. (Schwarz/Freiburg 1970.)

1023. **Scharifi-Fassai,** Hadi: Das Sekundarschulwesen in Persien. Aufgabe, Ziel u. Gestaltung. Heidelberg 1970. V, 245 S. HD ph 1970

U.70.11023

1024. **Andalib**, Mandana: Das heutige iranische Erziehungswesen und seine
Probleme. Tübingen 1971. 124, IX S. TÜ, Fachbereich Altertums-
u. Kulturwiss. U.71.8899

1025. **Ghasemlou**, Bahman: Bildungsökonomische und sozialpolitische Im-
plikationen der Erwachsenenbildung von Analphabeten in Iran. 1974.
154 S. HH, Fachbereich Erziehungswiss. nA U.74.7240
Im Handel.

1026. **Tafazoli**, Massoudeh: Probleme der traditionellen und funktionalen Alphabetisierung im Iran unter Berücksichtigung der geschichtlichen, soziokulturellen und sozio-ökonomischen Faktoren. 1974. 2 Bl., VIII,
201 S. M ph 1975

1027. **Yaldai Rezai**, Sarkhadun: Studien zur Bekämpfung des Analphabeten-
tums im Iran. 1975. VI, 152 S. K ph 1976

1028. **Bassiri-Movassagh**, Schahin: Grundschule im Iran: Ziele und ihre Verwirklichung; histor. Betrachtung u. empir. Unters. Frankfurt a.m.,
Bern, Las Vegas: Lang, 1979. X, 298 S. (Europäische Hochschulschriften: Reihe 11, Pädagogik, Bd. 67) 1978. X, 298 S. K ph bA
Im Handel: Europäische Hochschulschriften Reihe 11. Pädagogik.
67. (Lang/Frankfurt a.M., Bern 1979.)

Jemen

1029. **Demmel**, Christa: Bildungspolitische, methodologische und lehrplantheoretische Ausgangspositionen bei der Entwicklung von Elementen
einer polytechnischen Bildung in jungen Nationalstaaten: dargest. an
d. Versuchen zur Einf. d. polytechn. Unterrichts in d. Arab. Republik
Ägypten u. in d. Volksdemokrat. Republik Jemen, eingereicht von
Christa Demmel · Karl-Heinz Theuring. 1977. 259, 120 Bl. Erfurt-
Mühlhausen, Pädag. Hochsch., Pädag. Fak., Diss. A. 1977 nA

Kuweit

1030. **Almatar**, Abdul Hameed: Die körperliche Erziehung und Bildung in
der Schule als Grundlage und Hauptbestandteil des staatlichen Systems der Körperkultur in Kuwait. (Grundlinien u. Bedingungen d.
Entwicklung e. nationalen Körperkultur.) Leipzig 1968. V, 199 gez.
Bl. L-DHK nA U.68.10471

Libanon

1031. **Hanf,** Theodor: Erziehungswesen in Gesellschaft und Politik des Libanon. Freiburg i.B. 1966. 397 S. FR ph 1966 nA   U.69.5405
Im Handel: Bertelsmann Univ. Verlag/Bielefeld 1969.

1032. **Boutros,** Labib: Der Sportunterricht an den libanesischen Schulen. Halle 1973.◄II, 115 gez. Bl. HAL ph nA Mav   U.73.1188

1033. **Saliba,** Maurice: Das Privatschulwesen im Libanon: eine histor. morpholog. u. soziolog. Studie. 1974. 318 S. H, Fachbereich Erziehungswiss.
U.75.8498

Palästina / Israel

1034. **Schwerin,** Sibylle von: Gesellschaftspolitik und Erziehung. Die sozialen u. polit. Ordnungsvorstellungen im Ansatz d. jüd.-palästinens. Erziehungswesens. Freiburg i. B. 1963. IV, XIV, 173 S. FR ph   U.65.4429

1035. **Breitbach,** Irmgard: Identitätsentwicklung im Kindergartenalter unter den Bedingungen kollektiver Erziehung. Die Analyse dreier Kindergärten in Israel. Kibbutzim. 1978. 355 S. MR
Im Handel: Minerva-Publikation/München 1979.

Saudi-Arabien

1036. **El Sudairy,** Mohammed Abdullah: Grundprobleme der Infrastrukturentwicklung Saudi Arabiens: unter bes. Berücks. d. Erziehungswesens. 1976. XI, 152 S. FRS, Rechts-, wirtschafts- u. sozialwiss. Fak., Diss.

Sudan

1038. **Rothe,** Friedrich Karl: Stammeserziehung und Schulerziehung. Eine Feldstudie zum Kulturwandel in der Republik Sudan. Hamburg 1969. 160 S. HH ph 1969 nA
Im Handel: Beiträge zur vergleichenden Erziehungswissenschaft, Bd. 6.

1039. **El Din Ali Garanbáa,** Gamar: A model of an adult educational system for the Democratic Republic of the Sudan. With special reference to adult education for the working people in the German Democratic Republic. Berlin 1973. IX, 166 gez. Bl. B-H Sekt. Päd nA Mav
.U.73.78

Syrien

1040. **Mschaty,** Michael: Der Entwicklungsstand des syrischen Bildungswesens. Darst. u. Kritik. Saarbrücken 1972. 323 S. SB ph   U.73.11854

1041. **Naddaf,** Musa: Bildungspolitik in Syrien unter der Baath-Partei. 1975. 2 Bl., 212 S., 3 Bl. M, Fachbereich Sozialwiss. 1976

Türkei

1042. **Ugurel,** Refia: L'éducation de la femme en Turquie. 1936. 255 S.

1043. **Ziya,** Bedi: Grundlegung einer türkischen Erziehung aus türkischem Volkstum. Gießen 1937. 83 S. GI ph   U.37.3667

1044. **Riedel,** Herbert: Leibesübungen und körperliche Erziehung in der osmanischen und kāmalistischen Türkei. Würzburg 1942. 90 S., 8 Bl. L ph bA   U.42.4941
Im Handel: Körperliche Erziehung und Sport, Heft 14.

1045. **Börner,** Wolfgang: Zur kulturpolitischen Infiltration der Türkei durch den deutschen Imperialismus. Ein Beitrag zur Untersuchung des westdeutschen Neokolonialismus. (1. 2.) Leipzig 1965. 322 gez. Bl., gez. Bl. 323-352 Ma L ph nA   U.65.8099

1046. **Wallbrecht,** Gabriele: Die Gelehrten des Osmanischen Reiches im 17./ 18. Jh. anhand von Al-Murādī: Silk ad-durar fī a ͨ yān al-qarn aṯ -ṯānī ͨ aṣar. Saarbrücken 1970. 334 S. SB ph 1970   U.70.15347

1047. **Schlicksbier,** Manfred: Wo stehen Gastarbeiterkinder in unserem Gesellschafts- und Schulsystem? Eine vergleichende Untersuchung zur Einstellungsmessung an Wiener Lehrerinnen. (Wien 1974) W ph 1975 Ma

1048. **Renner**, Erich: Erziehungs- und Sozialisationsbedingungen türkischer Kinder: ein Vergleich zwischen Deutschland u.d. Türkei. 1975. 226 S.
HD wi-so nA   U.76.8770
Im Handel.

1049. **Paschos**, Panagiotis: Möglichkeiten und Grenzen der schulischen und beruflichen Ausbildung und Fortbildung ausländischer Arbeitnehmer und ihrer Kinder in der Bundesrepublik Deutschland. 1975. 222 S.
K wi-so

1050. **Erdem**, Ümit: Sport in der Bundesrepublik Deutschland und in der Türkei: vergl. Untersuchungen unter bes. Berücks. d. Sportfreianlagen. 1975. 180 S. GI Fachbereich Umweltsicherung   U.75.7334

1051. **Karagöz**, Oguz: Der Islam im Widerstreit: Religionspolitik u. Nationalismus in d. Schulerziehung d. türk. Republik 1923-1960. 1976. 367 S.
FR ph   U.75.6893

1052. **Bülow**, Margret: Evaluierung von Projektstudiengängen als Aktionsforschung: Probleme d. empir. Überprüfung von emanzipator. Studienpraxis in d. Lehrerausbildung – exemplar. behandelt am Beisp. d. projektorientierten Studiums ,,Sozialisation von Gastarbeiterkindern" am Fachbereich Erziehungswiss. d. Univ. Hamburg. 1976. HH, Fachbereich Erziehungswiss. nA   U.76.7298

1053. **Bolte**, Heinz: Ausländische Kinder in Bremer Vorbereitungsklassen. 1977. 336 S. BRE ph
Im Handel.

1054. **Unsöld**, Werner: Lehrereinstellung und Schülervorurteil: e. empir. Feldstudie über d. Beziehungen zwischen Lehrer- u. Unterrichtsvariablen, Elternvariablen u. Variablen d. Kontakts u. Vorurteilen gegenüber Gastarbeitern bei 1118 Schülern d. Grund- u. Hauptschule. 1978. 367 S. TÜ bA
Im Handel: Europäische Hochschulschriften. Reihe 6. Psychologie. 38.
(Lang/Bern, Frankfurt 1978.)

1055. **Berg**, Philipp: Ausländische Arbeiterjugend in Familie, Schule und Beruf: zur Kritik von Sozialisations- und Lernbedingungen türkischer Kinder und Jugendlicher in der BRD aufgrund historisch-gesellschaftlicher Analysen und einer Erhebung um Raum Starkenburg. 1978. 348 S. DA-T, Fachbereich 03 - Erziehungswiss. u. Psychologie

1056. **Majer**, Hans Georg: Vorstudien zur Geschichte der Ilmiye im Osmanischen Reich. 1. Zu Uşakīzade, seiner Familie und seinem Zeyl-ı Şakayik. München 1978. IV, 347 S. M FB 12 Altertumskunde u. Kulturwiss. 1978 Im Handel: Beiträge zur Kenntnis Südosteuropas und des Nahen Orients. 32. (Trofenik/München.)

1057. **Bockhorni**, Reinhard: Eine empirische Untersuchung ausgewählter Formen, Bedingungen und Funktionen der kulturellen Außenpolitik der Bundesrepublik Deutschland mit dem Peripherieland Türkei anhand einer Fallstudie zum deutschen Kulturzentrum Ankara. 1979. IV, 449 S. M FB Sozialwiss.
Im Handel: Bock und Herchen/Bad Honnef.

Zypern

1058. **Kyriakides**, Joannis H.: Die Entwicklung des Schulwesens auf der Insel Cypern unter der englischen Herrschaft von 1878-1923. Ma 51 S. Auszug: 1 Bl. ER ph   U.23.1904

BIOLOGIE
(siehe auch „Natur- und Geheimwissenschaften")

Allgemeines

1059. **Krejsa**, Peter: Bestimmung langlebiger Radionuklide in biologischem Material aus Asien. Wien 1973. III, 158, 5 Bl. W ph Ma

Vorderer Orient

1060. **Hilzheimer**, Max: Beitrag zur Kenntnis der nordafrikanischen Schakale nebst Bemerkungen über deren Verhältnis zu den Haushunden insbesondere nordafrikanischen und altägyptischen Hunderassen. (Aus d. Sammlung des Zool. Instituts zu Strassburg.) Stuttgart 1908. 111 S. S-T Hab 1907.
Im Handel: Zoologica, Heft 53.

1061. **Hagen**, Hermann B(essel): Geographische Studien über die floristischen Beziehungen des mediterranen und orientalischen Gebietes zu Afrika, Asien und Amerika. T. 1. Erlangen 1914. 116. KI ph   U.14.4049
Vollst. in: Mitteilungen der Geogr. Gesellschaft in München, Bd. 9.

1062. **Schwartz**, Oskar: Flora des tropischen Arabien. Hamburg 1939. 393 S. Ausz.: Hamburg 1939. 7 S. HH mn Hab 1938. Nur Auszug bA. Hauptwerk aus: Mitteilungen aus dem Institut für allg. Botanik in Hamburg, Bd. 10.   U.39.4564

1063. **Zahn**, Walter: Die Riesen-, Streifen- und Spitznasenhörnchen der orientalischen Region. Lucka b. Leipzig (1941). 182 S. B mn. Aus: Zeitschrift f. Säugetierkunde, 16.   U.41.721

1064. **Antonius**, Arnfried: Neue Convolutidae (Turbellaria acoela) aus dem Roten Meer. (Mit engl. u. franz. Zusammenfassung u. Tab.) 1967. 165 Bl. W ph 1968 Ma

1065. **Meyer**, Friedrich Karl: Kritische Revision der „Thlaspi"-Arten Europas, Afrikas und Vorderasiens. 1972. (Bd. 1): 253 gez. Bl.; (Bl. 2): gez. Bl. 255-634; (Bd. 3): 165 Taf. J mn Diss.A. nA   U.72.1688

1066. **Ali Khan**, Jafar: Distribution and abundance of fish larvae in the Gulf of Aden and in the woff the coast of W. Pakistan in relation to the environment. Kiel 1972. 191 gez. Bl. K mn nA   U.73.8397

1067. **Qarar**, Mosafer: Die Gattung Gaillonia A. Rich. (Rubiaceae-Anthospermae) und ihre Differenzierung im Saharo-Sindischen und Irano-Turanischen Raum. Wien 1973. 82 Bl. W ph Ma

1068. **Jessen**, Otto: Verbreitung und Befallsunterschiede von Helminthen bei Nutzfischarten von Nordwestafrika. Güstrow 1973. 118 gez. Bl. Güstrow, Päd. H. F.f. Math u. Naturwiss., Diss. A nA Ma   U.73.1154

1069. **Gosselck**, Fritz: Untersuchungen am Makrobenthos des nordwestafrikanischen Kontinentalsockels. 1973. 141 Bl. ROS, Fak. für Biologie, Chemie u. Agrarwiss. 1974 nA   U.74.2515

1070. **Wunder**, Helmut: Schwarzfrüchtige, saxicole Sippen der Gattung Caloplaca (Lichenes, Teloschistaceae) in Mitteleuropa, dem Mittelmeergebiet und Vorderasien. 1973. 186 S. B-F, Fachbereich Biologie bA
    U.74.15326
Im Handel.

1071. **El-Agamy**, Anwar: Fruchtbarkeitsbestimmung bei Decapterus rhonchus-Geoffr. und die Dynamik dieser Bestände in Gewässern vor Nordwest-Afrika. 1974. 164 Bl. ROS, Fak. für Biologie, Chemie u. Agrarwiss., Diss. A nA Mav   U.74.2467

1072. **Lack**, Hans-Walter: Die Gattung Picris L., sensu lato, im ostmediterran-westasiatischen Raum. Für den Druck abgeänd. Wien: VWGÖ (Verb. d. Wissenschaftl. Gesellschaften Österreichs) 1974 (Ausg. 1975). 184 S., 4 Bl., 38 Bl. (Dissertationen d. Univ. Wien. 116.)

1073. **Wörner**, Frank G.: Untersuchungen an drei Myctophidenarten: Benthosema glaciale (Reinhardt, 1837), Ceratoscopelus maderensis (Lowe, 1839) und Myctophum (M.) punctatum Rafinesque, 1810 aus dem nordwestafrikanischen Auftriebsgebiet im Frühjahr 1972. 1975. 136 gez. Bl. KI mn nA 1976

1074. **Richert**, Peter: Die räumliche Verteilung und zeitliche Entwicklung des Phytoplanktons: mit bes. Berücks. d. Diatomeen, im N.W.-afrikan. Auftriebswassergebiet. 1975. (4) S. Ausz. K mn bA

1075. **Frankenberg**, Peter: Florengeographische Untersuchungen im Raume der Sahara: ein Beitrag zur pflanzengeographischen Differenzierung des Nordafrikanischen Trockenraumes, insbesondere zur Tropen/Aussertropengrenze. 1976. XI, 339 S. BN mn nA   U.76.3519 Im Handel: Bonner geographische Abhandlungen. 58. (Dümmler/Bonn.)

1076. **Köller**, Sabine: Systematik und Ökologie der Chaetognathen im Epipelagial der nordwestafrikanischen Auftriebsregion. 1977. 143 Bl. ROS, Fak. für Biologie, Chemie u. Agrarwiss., Diss. A nA

1077. **Wossuglu**, Gholamhossein: Beitrag zur Systematik und Zoogeographie der Cyprividae (Pisces, Teleostei) des mittleren Ostens, unter bes. Berücksichtigung des Irans. 1978. 89 S. HH, Fachbereich Biologie

Ägypten

1078. **Reichert**, Israel: Die Pilzflora Ägyptens. Eine mykogeogr. Studie.
Leipzig 1921. S. 598-727. B ph 1920 nA   U.32.829
In: Botan. Jahrbücher, 56.

1079. **Ghabn**, Abdel Aziz Ali Elsayed: Zur Biologie und Bekämpfung eines
neuen Nelkenschädlings aus der Gruppe der Thysanopteren in Ägypten.
(Stolp 1932) 71 S. B-L   U.32.8538

1080. **Sidky**, Younan Abdel Malik: A histological and experimental Study of
the parathyroid glands of some Egyptian lizards (Chalcidis ocellatus,
Scincus scincus and Varanus griseus). Marburg 1956. 54 gez. Bl. Ma MR
ph nA   U.56.6425

1081. **Lukowicz**, Mathias von: Über die Barteln und die Lippenepidermis verschiedener ägyptischer Süßwasserfische mit einigen Versuchen zum Ge-
schmackssinn. (Ausz.) (Mit 10 Abb.) Erlangen-Nürnberg 1965. S. 397-
413. ER n 1965 bA   U.70.7466
Aus: Zoologischer Anzeiger. Bd. 176. 1966. H.6.

1082. **Prem**, Meera: Beitrag zur Frage der Wirkung von Herbiziden und Fun-
giziden auf Eier und Larvenstadien der Gelbfiebermücke Aedes aegypti
L. (Dipt.) und auf den Warmwasserfisch Lebistes reticulatus Peters
(Pisc.) Mainz 1971. 134 gez. Bl. MZ n nA Mav   U.71.7161

Afghanistan

1083. **Nuri**, Jar Mohammed: Beiträge zur Kenntnis der Steppenpflanzen Afghanistans. Die morphol. Plastizität v. Lactuca orientalis u. Artemisia
tournefortiana. Würzburg 1961. 53 S. WÜ n   U.61.9023

1084. **Efa**, François: Untersuchungen am Echinococcus granulosus (Batsch,
1786) aus Afghanistan. 1972. 68 S. BN m-n 1972

1085. **Dieterle**, Alfred: Vegetationskundliche Untersuchungen im Gebiete von
Band-i-Amir (Zentralafghanistan). 1973. 83 S. M Biolog. F. 1974 bA
Im Handel.

1086. **Böckeler**, Wolfgang: Faunistische Feststellungen zu den aasfressenden Käfern Afghanistans und Versuche zu deren potentieller Überträgerfunktion bei der Trichinellose. 1976. 113 S. BN mn

Iran

1087. **Ostowar**, Issa: Die Luzerne als Prägung einer streng kontinentalen Steppenflora im iranisch-turanischen Gebiet. o.O. 1947. 69 gez. Bl. Ma M-T 1947 nA   U.45/48.10980

1088. **Kannenberg**, Karl-Gustav: Über die Inhaltsstoffe der iranischen Seifenwurzel. Bonn 1966. 47 gez. Bl. BN mn nA Mav   U.66.2729

1089. **Götz**, Walter: Untersuchungen über den chromosomalen Strukturpolymorphismus in kleinasiatischen und persischen Populationen von Drosophila subobscura Coll. Zürich 1967. II, 39 S. Aus: Molecular and general genetics, 100. (1967), 1-38. Z ph II 1967

1090. **Bajatzadeh**, Mansur: Serumprotein Polymorphisms im Iran. (Ausz.) Mainz 1967. S. 40-54. MZ n 1967 bA
Aus: Humangenetik, Bd. 6, 1968 zus. mit Hubert Walter.

1091. **Tuisl**, Gerhard: Der Verwandtschaftskreis der Gattung Lactuca L. im iranischen Hochland und seinen Randgebieten. Wien 1967. 99, IV Bl. W ph

1092. **Kolb**, Rainer: Die Tierknochenfunde vom Takht-i Suleiman in der iranischen Provinz Aserbeidschan: (Fundmaterial d. Grabung 1969) 1972. 140 S. M, Tierärztl. Fak., Diss.   U.75.12559

1093. **Omrani**, Ghassem Ali: Bodenzoologische Untersuchungen über Regenwürmer im Zentral- und Nordiran. 1973. 159 S. GI FB Umweltsicherung

1094. **Hertel**, Rolf F.: Beitrag zur Physiologie und Ökologie der Ernährung von Myzus persicae (Sulz.) (Aphidina): unter bes. Berücks. ihrer beiden virginoparen Morphen in d. Larvenphase. 1974. BN mn 1975

1095. **Krauß**, Rainer: Tierknochenfunde aus Bastam in Nordwest-Azerbaidjan/ Iran: (Fundmaterial d. Grabungen 1970 u. 1972) 1975. 20 S. M, Univ. Fachbereich Tiermedizin   U.76.12183

121

1096. **Wossuglu**, Gholamhossein: Beitrag zur Systematik und Zoogeographie der Cyprividae (Pisces, Teleostei) des mittleren Ostens, unter besonderer Berücksichtigung des Irans. 1978. 89 S. HH, Fachbereich Biologie

1097. **Shahidi**, Akbar: Rhizoctonia solani Kuhn als Erreger von Auflaufschäden an Ziergräsern im Iran. 1979. II, 58 S. GI FB Angewandte Biologie u. Umweltsicherung

Marokko

1098. **Koch**, C(arl): Die Verbreitung und Rassenbildung der marokkanischen Pimelien (Col. Teneb.). Eine biogeogr.-systemat. Studie. (Madrid 1941). 123 S. M n nA   U.60.7024
Aus: Eos, T. 16.

Mauretanien

1099. **Lange**, Otto Ludwig: Untersuchungen über Wärmehaushalt und Hitzeresistenz mauretanischer Wüsten- und Savannenpflanzen. Jena 1959. S. 595-651. Aus: Flora, Bd. 147 (1959). GÖ mn Hab nA   U.59.2793

Sudan

1100. **Kock**, Dieter: Die Fledermaus-Fauna des Sudan. (Mammalia, Chiroptera) Mit 43 Tab. u. 20 Abb. Gießen 1968. 238 S. GI n nA   U.68.5657
Im Handel: Abhandlungen der Senckenberg. Naturforschenden Gesellschaft. 521. 1969   U.68.5657

Türkei

1101. **Haun**, H.: Zu Konstitutionen des chinesischen und türkischen Tannins. 1913. 80 S. GI ph   U.13.3305

1102. **Venzmer**, Gerhard: Beiträge zur Kenntnis der Reptilien- und Amphibienfauna des Cilicischen Taurus. T. 1. (Burg b. Magdeburg 1918) 43 S. B ph   U.18.1318

1103. **Neuhäuser**, Gabriele: Die Muriden von Kleinasien. Lucka (Bez. Leipzig) 1936. S. 161-236. Aus: Zeitschrift für Säugetierkunde, 11. B mn 1937   U.37.961

1104. **Götz**, Walter: Untersuchungen über den chromosomalen Strukturpolymorphismus in kleinasiatischen und persischen Populationen von Drosophila subobscura Coll. Zürich 1967. II, 39 S. Aus: Molecular and
general genetics, 100. (1967). 1-38. Z ph II 1967

1105. **Wolff v. Gudenberg**, Hans-Jürgen: Primärproduktions- und Phytoplank-
tonanalysen und die Bestimmung einiger ökologischer Parameter in
der Ägäis von 1971-1973. 1974. (6) S. Ausz. K mn 1975

1106. **Wißner**, Wilhelm: Untersuchungen zur Kultur und über die Inhaltsstoffe europäischer und kleinasiatischer Helleborus-Arten. 1974.
197 S. MR, Fachbereich Pharmazie u. Lebensmittelchemie U.75.11793

Tunesien

1107. **Seelinger**, Günter: Morphologische und elektrophysiologische Untersuchungen am Antennen-Endzapfen der sozialen tunesischen Wüstenassel
Hemilepistus reaumuri (Auduin und Savigny), einem Organ, das nicht
nur riechen, sondern auch schmecken kann, nebst einigen Bemerkungen
über die Struktur weiterer Sinnesorgane auf der Antenne sowie einer
kurzen Würdigung des Schrifttums, welches sich mit den chemischen
Sinnesorganen der Krustentiere befaßt. 1977. 48 S. REG FB Biologie
u. Vorklin. Medizin

1108. **Ritter**, Wolfgang: Über die Isoflavongehalte (Formononetin, Genistein
und Biochanin A) von bodenfrüchtigem Klee (Trifolium subterraneum)
in Nordwest-Tunesien. 1978. 93 S. BN L

BUCH- und BIBLIOTHEKSWESEN

Allgemeines

1109. **Kandil**, Fuad: Die Erfassung des Schrifttums über Entwicklungsländer
und seine Dokumentation in der Bundesrepublik Deutschland. 1969.
93 S. K-BLI Hausarbeit

Vorderer Orient

1110. **Ewald**, Heinrich: Verzeichnis der orientalischen Handschriften der Universitätsbibliothek zu Tübingen. Tübingen 1839. 32 S. In: Akad. Feier d. Geburtstages d. König Wilhelm v. Württemberg am 27. Sept. 1839

1111. **Rufai**, Ahmet: Über die Bibliophilie im älteren Islam. Nebst Edition und Übersetzung von Ǧāḥiẓ' Abhandlung „fī madḥ al-kutub." Istanbul 1935. 46 S. B ph   U.35.6342

1112. **Kümmerer**, Emil: Zur Katalogisierung der arabischen und nach arabischer Weise gebildeten (türkischen, persischen usw.) Namen. Ein Beitrag zu einer Neufassung der Paragraphen 146 und 147 der Preußischen Instruktionen. 1954. 38 S. K-BLI Hausarbeit

1113. **Wernst**, Paul: Wissenschaftliche Systematik, bibliothekarische Systematik und Orientalistik. Ein Versuch, ihre Entwicklungslinien festzustellen und für die Anlage von systematischen Katalogen zu verwerten. 1960. 104 S. K-BLI Hausarbeit

1114. **Freise**, Ursula: Die Entwicklung der orientalischen Zeitschriften in Deutschland von ihren Anfängen bis zur Gründung der „ZDMG" – 1847 –. Ein Beitrag zur Geschichte der Orientalistik. Köln 1967. 90 S. K-BLI Hausarbeit Ma

1115. **Fuad**, Kamal: Beschreibung und Interpretation der kurdischen Handschriften in den deutschen Bibliotheken. Berlin 1970. LXXXV, 289 gez. Bl. B-H nA Mav   U.70.421

1116. **Kurio**, Hars: Arabica der Bibliotheca orientalis Sprengeriana. Geschichtliche Voraussetzungen und Umriß einer Handschriftensammlung der ehemals Preußischen Staatsbibliothek, Berlin, anhand zweier Fachgruppen (Ḥadīt , Geschichte/Geographie). 1970, 60 S. K-BLI Hausarbeit

1117. **Rayef**, Ahmad Maher: Die ästhetischen Grundlagen der arabischen Schrift bei Ibn Muqlah. 1975. 2, 148 S. K ph   U.75.11053

Arabischer Raum

1118. **Seybold**, Christian: Verzeichnis der arabischen Handschriften der Königlichen Universitätsbibliothek zu Tübingen. I. Tübingen 1907. VIII, 96 S. TÜ ph Verzeichnis der Promotionen in der phil. Fak. 1903-04

1119. **Dietrich**, Albert: Arabische Papyri aus der Hamburger Staats- und Universitäts-Bibliothek. Mit 19 Abb. Leipzig 1937. XII, 97 S., 14 Abb. (Teildr.: Leipzig 1937. 32 S.) HH ph 1937 nA   U.38.4343 Im Handel: Abhandlungen für die Kunde des Morgenlandes, 22, 3.

1120. **Dietrich**, Albert: Arabische Briefe aus der Papyrussammlung der Hamburger Staats- und Universitätsbibliothek. Heidelberg 1949. HD ph Hab 1949 (in Bibliotheken nicht vorhanden.) Im Handel: Veröffentlichungen aus der Hamburger Staats- und Universitätsbibliothek. 5. (Augustin/Hamburg 1955.)

1121. **Helal**, Ahmed Helmi: Vorschläge für die Transkription arabischer Titel in deutschen Bibliotheken. 1966. 95 S. K-BLI Hausarbeit

1122. **Sollfrank**, Kurt: Die Punktierung der frühen Koranexamplare nach Abū ᶜAmr aus Denia. Ein Beitrag zur islamischen Schriftgeschichte. 1967. 71 S. K-BLI Hausarbeit

1123. **Jachimowicz**, Edith: Ikonographische Studien an einigen frühen arabischen illustrierten Handschriften. Wien 1969. W ph 1969 Ma

1124. **Martin**, Jörg: Bibliographie und bibliographische Verzeichnisse in den arabisch-sprechenden Ländern des Vorderen Orients. Eine Untersuchung an Hand von Bibliographien der letzten 70 Jahre. 87 S. K-BLI Hausarbeit

1125. **Sguaitamatti-Bassi**, Suzanne: Les emprunts directs faits par le français à l'arabe jusqu'à la fin du 13ᵉ siècle. Zürich 1974. 160 S. Z ph Im Handel: Juris Verlag/München.

Ägypten

1126. **Mousa**, Aḥmed: Zur Geschichte der islamischen Buchmalerei in Aegypten. Cairo 1931. 112, XLV S. B ph   U.31.934

Iran

1127. **Mahommed-Musharraf-ul-Hukk**, Meer: Verzeichnis der persischen und hindustanischen Handschriften der Bibliothek der Deutschen Morgenländischen Gesellschaft zu Halle a.d. Halle 1911. VIII, 75 S. HAL ph 1911   U.12.1977
Auch als: Katalog der Bibliothek der DMG. 2, B.

1128. **Duda**, Dorothea: Die Buchmalerei der Ǧalā'iriden. Wien 1964. W ph 1964. Überarbeitet und gekürzt in: Der Islam. 48, 1 (1971). S. 28-76. (1. Teil)

1129. **Freytag**, Eva-Maria: Das Bibliothekswesen und die Bibliographie in Iran: histor. Voraussetzungen u. gegenwärtiger Stand. T. 1: 1976. III, 121 Bl. T. 2: 1976. Bl. 122-238. B-H gw nA Mav   U.76.390

Sowjetunion

1129a. **Brands**, Horst Wilfried: Buchproduktion und Bibliographie in den asiatischen Sowjetrepubliken. Versuch einer Bestandsaufnahme. 86 S. K-BLI
In: Archiv f. Geschichte des Buchwesens 4. (1963) Sp. 19-88 sowie Börsenblatt des Deutschen Buchhandels. Frankf. Ausg. 17 (1961) S. 859-893.

Syrien

1130 **Ghanem**, Imad E.: Zur Bibliotheksgeschichte von Damaskus 549-922/ 1154-1516. Bonn 1969. 250 S. BN ph   U.69.1759

1131. **Al-Samman**, Tarif: Geschichte der damaszenischen Bibliotheken vom 12. - 16. Jahrhundert. Ein Beitrag zur islamischen Bibliotheksgeschichte. Wien 1974. VIII, 232 Bl. W ph Ma

Türkei

1132. **Schwarz**, Klaus: Die türkische Allgemeinbibliographie. Eine Untersuchung unter Berücks. der historischen Entwicklung. Köln 1974. 106 S. K-BLI Hausarbeit

GEOGRAPHIE, LANDESKUNDE

1133. **Thonke**, Willy: Die Karte des Eratosthenes und die Züge Alexanders. ST ph 1914   U.14.4629

1134. **Kim**, Jong-Wee: Untersuchungen zum China-Bild der Muslime in der frühislamischen Literatur. 1975. 154 S. BO ph   U.76.3304

Vorderer Orient

1135. **Heer**, Friedrich Justus: Die historischen und geographischen Quellen in Jāqūt's Geographischem Wörterbuch. Strassburg 1898. 113 S. ST ph 1899

1136. **Stamer**, Lilli: Die Landschaften Armeniens. Rostock 1928. 99 S. HH mn 1928   U.30.3550

1137. **Bloch**, Ernst: Harawīs Schrift über die muhammedanischen Wallfahrtsorte, eine der Quellen des Jāqūt. Bonn 1929. 32, XVI S. B ph 1929
U.30.556

1138. **Christoff**, Hellmut: Kurden und Armenier. Eine Untersuchung über die Abhängigkeit ihrer Lebensformen und Charakterentwicklung von der Landschaft. Hamburg 1935. 85 S., 3 Taf. HH mn   U.35.7733
Im Handel: Bunte Folge des Wissens, 2.

1139. **Hoenerbach**, Wilhelm: Deutschland und seine Nachbarländer nach der großen Geographie des Idrīsī (gest. 1162, Sektionen 5,2 und 6,2). (Teildr.) Stuttgart 1938. 73 S. BN ph   U.38.1522
Im Handel: Bonner orientalistische Studien, Heft 21.

1140. **Schmidt**, Elsa: Die Bevölkerungskarte von Afrika. München 1959. 128, XXIX S. M ph   U.59.6505
(Eine dazugehörige Karte befindet sich in den „Mitteilungen der Geographischen Gellschaft, München", 1959.)

1141. **Nestmann**, Liesa: Landschaften im westlichen und östlichen Mittelmeerraum. Darst. und Vergleich. o.O. (1959). XI, 215, 8 gez. Bl. Ma
MR ph nA 1959   .   U.60.6293

1142. **Daunicht**, Hubert: Der Osten nach der Erdkarte al-Huwārizmīs. Beiträge zur Historischen Geographie und Geschichte Asiens. Bd. 1. Rekonstruktion der Karte, Interpretation der Karte Südasien. Bonn 1966. 495 S. 1 Kt. BN ph 1966   U.67.2389

1143. **Scholten**, Arnhild: Länderbeschreibung und Länderkunde im islamischen Kulturraum des 10. Jahrhunderts: e. geographiehistor. Beitrag zur Erforschung länderkundl. Konzeptionen. 1976. IX, 136 S. (Bochumer geographische Arbeiten, H.25) BO Abt. Geowiss. 1975
Im Handel: Bochumer geographische Arbeiten. 25. (Schöningh/Paderborn 1976.)

Arabischer Raum

1144. **Seehausen**, Otto: Siedlungen in der Sahara ... (Aus: Deutsche Geogr. Blätter, Bd. XIII.) Bremen 1890. 1 Bl., 44 S. L ph 1890

1145. **Koenig**, Emil Ernst Willibald Conrad: Der Kitāb mutīr al-ǵarām ilā zijāra al-ḳuds wa's-sām des Šihābeddīn Abū Maḥmūd Aḥmed al-Muḳaddasī ... (Enth. nur einen Teil der eingereichten Arbeit.) Kirchhain N.L. 1896. 30 S., 1 Bl. L ph 1896

1146. **Storbeck**, Friedrich: Die Berichte der arabischen Geographen des Mittelalters über Ostfrika. Berlin (1913). 75 S. Aus: Mitteilungen des Seminars für orient. Sprachen, Jg. 17. 1914, Abt. 2. TÜ ph   U.13.4607

1147. **Schmidt**, Walter: Das südwestliche Arabien. Halle a.d.S. 1913. VIII, 136 S. HAL ph   U.13.3639
Im Handel: Angewandte Geographie, Ser. 4, H.8.

1148. **Abū'l-Ḥasan**, Manṣūr: Arabische Schriftsteller über die Geographie Indiens. Ein Beitrag zur arabischen Literaturgeschichte. (Berlin 1919) 73 S. B ph   U.19.2119

1149. **Damman**, Ernst: Beiträge aus arabischen Quellen zur Kenntnis des negerischen Afrika. Bordesholm 1929. 64 S. KI ph   U.29.3508

1150. **Lesch**, Walter: Arabien. Eine landeskundliche Skizze. München 1931.
153 S. Aus: Mitteilungen der Geogr. Gesellschaft in München. Bd. 24.
M ph 1930   U.31.6403

1151. **Menzel**, Alfred: Die Stufenlandschaften der zentralen Sahara. Leipzig
1933. S. 105-129. Aus: Wiss. Veröff. des Mus. für Länderkunde zu
Leipzig. N.F. 2. L ph   U.33.4114

1152. **Merner**: Paul-Gerhardt: Das Nomadentum im nordwestl. Afrika. (Ber-
lin-Neukölln 1936) 79 S. B mn nA   U.37.957
Im Handel: Engelhorn/Stuttgart als: Berliner geograph. Arbeiten,
Heft 12.

1153. **Hoenerbach**, Wilhelm: Das nordafrikanische Itinerar des ʿAbdarī
vom Jahre 688/1289. Leipzig 1940. X, 193 S. BR ph Hab 1939 nA
                                                       U.43.1486
Im Handel: Abhandlungen für die Kunde des Morgenlandes, 25, 4.

1154. **Forrer**, Ludwig: Südarabien nach Al-Hamadānī's „Beschreibung der
arabischen Halbinsel". Mit 2 Kartenskizzen. Leipzig 1942. XII, 333 S.
ZH ph Hab nA
Im Handel: Abhandlungen für die Kunde des Morgenlandes, Bd. 27,
Heft 3

1155. **Schiffers**, Heinrich: Die Tiniri als Typus eines nordafrikanischen Wü-
stenraumes. Marburg 1944. 179 gez. Bl. Ma MR ph nA   U.44.6492
(Ein Kartenband befindet sich im Geograph. Inst. der Universität Marburg.)

1156. **Born**, Karola: Die Dattelpalmen-Oasen der Sahara. (Ausz.) Eine syste-
mat. Betrachtung. Frankfurt a.M. 1944. 33 gez. Bl. 308-334. Ma nm
F nA   U.44.2523

1157. **Thilo**, Ulrich: Die Ortsnamen in der altarabischen Poesie. Ein Beitrag
zur vor- und frühislamischen Dichtung und zur historischen Topographie
Nordarabiens. Wiesbaden 1958. 123 S., mehr.Bl. Abb. K ph bA
                                                       U.57.4956
Im Handel: Schriften der Max-Freiherr-von-Oppenheim-Stiftung, Heft 3
(Harrassowitz/Wiesbaden 1958.)

1158. **Schneider**, Karl-Günther: Dar es Salaam. Stadtentwicklung unter dem Einfluß der Araber und Inder. Köln 1965. XI, 87 S. (English summary) K ph bA U.65.7979 Im Handel: Kölner geographische Arbeiten, Heft 2.

1159. **Schubarth-Engelschall**, Karl: Arabische Berichte muslimischer Reisender und Geographen des Mittelalters über die Völker der Sahara. Leipzig 1965. VI, 182 gez. Bl. L ph nA Mav U.65.8166 Überarbeitet im Handel.

1160. **Baroudi**, M(ohammed) Firzat: Die Bedeutung städtischer Agglomerationen im Modernisierungsprozeß von Entwicklungsländern. Mit besonderer Berücksichtigung der Städte des arab. Mittleren Ostens. Köln 1969. 189 S. K wi-so 1969 U.69.10260

1161. **Heine**, Peter: Die westafrikanischen Königreiche Ghana, Mali und Songhai aus der Sicht der arabischen Autoren des Mittelalters. Münster 1971. 128 S. MS ph 1971 U.73.11288

Ägypten

1162. **Graefe**, Erich: Das Pyramidenkapitel in Al-Makrīzī's „Ḫiṭaṭ". Leipzig 1911. XIV, 95 S. L ph U.11.3206 Im Handel: Leipziger semitistische Studien. Bd. 5, H. 5.

1163. **Pietsch**, Walter: Das Abflußgebiet des Nil. Berlin 1910. 113 S. B ph 1910 U.11.294 Im Handel.

1164. **Kaufmann**, Alfred: Ewiges Stromland. Land und Mensch in Ägypten. Stuttgart (1929). XXVII, 250 S. Gl ph 1929 (1930) nA Im Handel: Strecker u. Schröder/Stuttgart.

1165. **Fahmi**, Aziza: Internationale Flüsse und der Nil. Wien 1961. II, 120 Bl. W 1961

1166. **Hassan**, Fahmy Mohammed Habib: Böden des ägyptischen Niltals und ihre Charakterisierung durch das Rißbild. Gießen 1967. 141 S. Gl 1 U.67.5416

Afghanistan

1167. **Melzer,** Alfred: Die neuere Erforschung des Kabulgebietes. Ha W ph 1901.

1168. **Voigt,** Martin: Kafiristan. Versuch einer Landeskunde auf Grund einer Reise im Jahre 1928. Halle 1933. 119, XVII S., 2 Taf. HAL n
U.33.3292
Im Handel: Geograph. Wochenschr. Beih. 2.

1169. **Iven,** Hans-Eberhard: Das Klima von Kabul. Breslau 1933. 74 S. HAL n U.33.6182
Im Handel: Geographische Wochenschrift, Beiheft 5.

1170. **Janata,** Alfred: Die Bevölkerung von Ghor. Beitrag zur Geschichte und Ethnographie der Chahar Aimaq-Stämme. 1961. 11, 151 Bl. W ph 1961 Ma

1171. **Snoy,** Peter: Die Kafiren. Formen der Wirtschaft und geistige Kultur. Frankfurt 1961. 277 S. F ph 1961 U.62.3003

1172. **Köhler,** Feodor-Günther: Untersuchungen zum Problem der wasserwirtschaftlichen Raumstudie für aride und semiaride Gebiete. Mit bes. Darstellung d. Einzugsgebietes d. Kabul-Flusses in Afghanistan. Aachen 1962. IX, 126 S. und gez. Bl. AC Fak. f. Bauw. U.62.95

1173. **Dilthey,** Helmtraud: Versammlungsplätze im Dardo-Kafirischen Raum. Heidelberg 1969. IX, 212 S. HD ph nA U.73.7628
Im Handel.

1174. **Grötzbach,** Erwin: Kulturgeographischer Wandel in Nordost-Afghanistan seit dem 19. Jahrhundert. 1972. 302 S. SB ph Hab nA U.74.13469
Im Handel: Afghanische Studien. 4. (Hain/Meisenheim a. Glan.)

1175. **Jentsch,** Christoph: Das Nomadentum in Afghanistan: e. geogr. Unters. zu Lebens- u. Wirtschaftsformen im asiat. Trockengeibet. 1973. 230 S. SB ph Hab nA U.74.13471
Im Handel.

131

1176. **Kraus**, Rüdiger W.H.: Siedlungspolitik und Erfolg: dargest. an Siedlungen in d. Provinzen Hilmend u. Baghlan, Afghanistan. 1973. 150 S.
GI, Fachbereich Nahrungswirtschafts- u. Haushaltswiss. bA U.75.7401
Im Handel: Afghanische Studien. 12. (Hain/Meisenheim a.Glan 1975.)

1177. **Wiebe**, Dietrich: Stadtstruktur und kulturgeographischer Wandel in Kandahar und Südafghanistan. Kiel 1978. XIV, 326 S. KI mn Hab 1975
Im Handel: Kieler Geographische Schriften. 48. (Geograph. Inst. d. Univ./Kiel.)

1178. **Reindke**, Gisela: Genese, Form und Funktion afghanischer Städte, dargestellt am Beispiel von Kandahar, Herat, Mazar-i-Sharif und Jalalabad. 1978. 378 S. B-F Geowiss. 1976

Algerien

1179. **Kießler**, Paul: Das Tuareghochland nach den neusten französischen Forschungen. Breslau 1911. 55 S. BR ph 1911   U.12.719

1180. **Schönith**, Gebhard Wilhelm: Die Oasenbewässerung im Becken des Schott Melrir. Gotha 1911. 52 S. FR nm 1911   U.12.1270

1181. **Heinke**, Kurt: Monographie der algerischen Oase Biskra. Halle a.d.S. 1914. 112 S. L ph   U.14.4183

1182. **Raehder**, Lucie: Grundlagen und Versuch einer landschaftskundlichen Gliederung der nördlichen algerischen Sahara. (Altona) 1929. 64 S.
HH mn 1928   U.30.3544
Im Handel: Aus dem Archiv der Dt. Seewarte. Bd. 48, Nr. 2.

1183. **Boutaleb**, Malik Mohktar: Siedlungsgeographische Betrachtungen der Oase Ghardaia. Hamburg 1967. 98 S. HH mn 1967   U.67.7174

1184. **Brechtel**, Rainald: Der Einfluß der Bodenerosion auf die Böden des Medjerda-Tales und seiner Randgebiete. Gießen 1970. 102 S. mit Abb.
GI l 1970   U.70.8765

Irak

1185. **Streck**, Maximilian: Die alte Landschaft Babylonien nach den arabischen Geographen. T. 1. Leiden 1900. 43 S. M Hab nA 1900
Im Handel: Brill/Leiden 1900.

1185a. **Hesse**, Fritz: Mesopotamien. Versuch eines geopolitisch erweiterten systematischen landeskundlichen Portraits. Ma 189, 34 S. Auszug nicht gedruckt. M ph 1923   U.24.8203

1186. **Techen**, Erika: Euphrat und Tigris. Versuch einer Flußmonographie. Teildr. Hamburg (1934) 55 S. J mn   U.34.4267

1187. **Hadid**, Ahmeed: Landeskundlicher Beitrag zur Hydrographie Iraks. Leipzig 1962. 184 Bl. Mav L mn nA   U.62.6214

1188. **Al-Kasab**, Nafi Nasser: Die Nomadensiedlung in der irakischen Jezira. Tübingen 1966. VI, 148 S. TÜ ph nA   U.66.14212
Im Handel: Tübinger geographische Studien, Bd. 20.

1189. **Brinkmann**, Wilhelm Lothar Friedrich: Untersuchungen zum Wasserhaushalt des Tigrissystems. Freiburg i.Br. 1967. XVII, 180 gez. Bl. Ma FR nm nA   U.67.5109

1190. **Al-Bagdadi**, Majid Hassan: Über die Veränderungen der Territorialstruktur des Irak. Berlin 1967. 2, 203, 10 gez. Bl. Mav B-ÖK nA   U.67.1556

1191. **Shakir**, Abbas: Die Stadt Bagdad. Unters. ihrer kunstgeschichtl. u. topograph. Entwicklung v. den Anfängen bis Ende d. 19. Jh. Leipzig 1973. 191 gez. Bl. L., Sekt. Kulturwiss. u. Germanistik, Diss. A Mav nA
U.73.1819

1192. **Al-Radhi**, Salah: Die regionale Disparität im Irak und ihre Auswirkung auf die Südregion. 1976. V, 400 S. B-T, Fachbereich Gesellschafts- u. Planungswiss.   U.76.15434

1193. **Cader**, Abdul-Cader: Räumliche Disparitäten der Lebensgrundlagen im irakischen Kurdistan: e. Beitrag zur Regionalplanung. Berlin 1978. IV, 451 S. B-T FB Gesellschafts- u. Planungswiss. 1977
Im Handel: Arbeitshefte des Instituts für Stadt- und Regionalplanung der TU Berlin. 7. (Universitätsbibliothek der TU, Abt. Publ./Berlin.)

Iran

1194. **Gotthardt,** Wilhelm: Studien über das Klima von Iran. I. Teil. Marburg 1889. 3 Bl., 28 S. MR ph 1889

1195. **Prellberg,** Karl August Christian: Persien eine historische Landschaft. Leipzig 1891. 101 S., 1 Bl. L ph 1891 (veröffentlicht vom Verein f. Erdkunde in Leipzig.)

1196. **Schwarz,** Paul: Iran im Mittelalter nach den arabischen Geographen. 1. Leipzig 1896. VI, 42 S. L Hab 1896 Im Handel.

1197. **Baumann,** Otto: Untersuchungen über die Hilfsquellen und Bevölkerungsverhältnisse von Persien. Marburg 1900. 159 S. MR ph 1901

1198. **Niedermayer,** Oskar von: Die Binnenbecken des Iranischen Hochlandes. München 1920. 59 S., 6 Taf. Aus: Mitteilungen d. Geogr. Ges. in München, Bd. 14. M ph 1919   U.20.3831

1199. **Iven,** Walter: Das Kulturland Persiens. Ma - 1922. IV, 133 S. Auszug in: Jahrbuch der Diss. d. Phil. Fak. Berlin, 1921/22, 1 S. 236-41. B ph 1922   U.26.237

1200 **Petri,** Winfried: Die zweite Risala des Abu Dulaf. (In Bibliotheken nicht mehr vorhanden) B ph   U.43.607

1201. **Ahrens,** Peter Georg: Die Entwicklung der Stadt Teheran. Eine städtebaul. Untersuchung ihrer zukünftigen Gestaltung. Berlin 1965. 90 S. B-T Fak. f. Archit.   U.65.1307 Im Handel: Leske/Opladen.

1202. **Schafaghi,** Sirus: Die Stadt Täbriz und ihr Hinterland. Köln 1965. VIII, 141 S. K mn   U.65.8042

1203. **Taleghani,** Abbas: Zur Problematik der prognostischen Wasserbedarfsermittlung für ein Bewässerungsgebiet. Dargest. am Beisp. d. Dorfgemarkung Kheyrabad in d. Varamin-Ebene Nord-Irans. Braunschweig 1972. IX, 83 S. BS-T   U.72.3741

1204. **Moayad**, Ehsanollah: Entwicklung, Struktur und Gestalt der iranisch-islamischen Städte am Wüstenrand unter besonderer Berücksichtigung Esfahans. Wien 1973. W-T Ma

1205. **Memarbaschi**, Nasser: Kontraktion der Bevölkerung, räumliche Konsequenzen für Stadt und Land: ein Beitrag zur Regionalplanung im Iran. 1973. 136 S. B-T, Fachbereich Gesellschafts- u. Planungswiss., Diss., 1973 U.76.15411

1206. **Kopp**, Horst: Städte im östlichen iranischen Kaspitiefland: e. Beitrag zur Kenntnis d. jüngeren Entwicklung oriental. Mittel- u. Kleinstädte. 1973. S. 33-197. ER n 1972 bA U.74.5115 Im Handel.

1207. **Weise**, Otfried R.: Zur Hangentwicklung und Flächenbildung im Trokkengebiet des iranischen Hochlandes. Würzburg 1974. 328 S. WÜ Hab FB Erdwissenschaften 1974 Im Handel: Würzburger geographische Arbeiten. 42. (Geograph. Inst./ Würzburg.)

1208. **Schweizer**, Günther: Untersuchungen zur Physiogeographie von Ostanatolien und Nordwestiran: geomorpholog., klima- u. hydrogeograph. Studien im Vansee- u. Rezaiyehsee-Gebiet. 1975. VIII, 145 S., 7 Bl. TÜ FB Erdwiss. Hab Im Handel: Tübinger geographische Studien. 60. Sonderband 9. (Georgr. Institut d. Univ. Tübingen 1975.)

1209. **Pozdena**, Hans: Das Dashtiari-Gebiet in Persisch-Belutschistan. Eine regional-geograph. Studie mit bes. Berücks. d. jüngsten Wandlungen in Gesellschaft u. Wirtschaft. Wien 1975. 213 Bl. W ph 1976 Ma Im Handel: Abhandlungen zur Humangeographie. 2. (Schendl/Wien 1978.)

1210. **Braun**, Cornel: Teheran, Marrakesch und Madrid: ihre Wasserversorgung mit Hilfe von Qanaten: e. stadtgeograph. Konvergenz auf kulturhistor. Grundlage. 1974. 133 S. BN mn bA U.75.3991 Im Handel: Bonner geographische Abhandlungen. 52. (Dümmler/Bonn.)

1211. **Jahrudi,** Mohammad Reza: Entwicklung und Zukunft des Ostan Gilan: e. Beitrag zur Regionalplanung im Iran. 1975. VII, 345 S. B-T, Fachbereich Gesellschafts- u. Planungswiss.   U.75.15886

1212. **Farhudi,** Rahmatollah: Ostan Fars: Eine Entwicklungsstudie als Beitrag zur regionalen Planung im Iran. 1976. III, 258 S. B-T, Fachbereich 02 - Gesellschafts- u. Planungswiss.

1213. **Bahluli Zamani,** Samad: Die Entwicklung des Ostan West-Azarbayejan: ein Beitrag zur Regionalplanung im Iran. 1976. 310 S. B-T FB 2 Gesellschafts- u. Planungswiss.

1214. **Kortum,** Gerhard: Die Marvdasht-Ebene in Fars: Grundlagen u. Entwicklung e. alten iran. Bewässerungslandschaft. 1976. XI, 297 S. KI ph bA 1974   U.76.9410
Im Handel: Kieler geographische Schriften. 44. (Geograph. Institut der Univ. Kiel 1976.)

1215. **Zareh,** Fariborz: Ostan Ost-Azarbaidschan: eine Studie zur Entwicklung als Beitrag zur Regionalplanung im Iran. 1976. 236 S. B-T, Fachbereich 02 – Gesellschafts- u. Planungswiss., Diss., 1976

1216. **Momeni,** Mostafa: Malayer und sein Umland: Entwicklung, Struktur u. Funktionen einer Kleinstadt in Iran. 1976. VII, 208 S. MR FB Geographie nA
Im Handel: Marburger geographische Schriften. 68. (Geogr. Inst. d. Univ. Marburg/Marburg.)

1217. **Ohadi, Huschang:** Probleme der regionalen Infrastruktur im Ostan Zandjan (Nordwest-Iran): ein Beitrag zur Regionalplanung im Iran. 1977. 266 S. B-T, Gesellschafts- u. Planungswiss., Diss., 1977

1218. **Hartl,** Martin: Das Najafabadtal. Geograph. Unters. einer Kanatlandschaft im Zagrosgebirge (Iran). 1977. 172, 7 S. REG FB Geschichte, Gesellschaft, Politik
Im Handel: Regensburger geographische Schriften. 12.

1219. Haschemzaaen, Ahmad: Bodenchemische und tonmineralogische Untersuchungen an typischen Böden der Mahabad-Ebene (West-Azarbaijan/
Iran) 1977. 133 S. GI, Fachbereich Angewandte Biologie u. Umweltsicherung

1220. Seger, Martin: Teheran. Eine moderne orientalische Metropole. (Wien
1977) 203 Bl., 77 Bl. W Hab Ma

1221. Jungfer, Eckhardt: Das nordöstliche Djaz-Murian-Becken zwischen
Bazman und Dalgan.(Iran) Sein Nutzungspotential in Abhängigkeit von
den hydrologischen Verhältnissen. 1978. 165 S. WÜ n
Im Handel: Erlanger geographische Arbeiten. 8. (Palm u. Enke/Erlan-
gen 1978.)

1222. Meder, Oskar G.: Klimaökologie und Siedlungsgang auf dem Hochland
von Iran in vor- und frühgeschichtlicher Zeit. Marburg 1978. 221 S.
MR geo
Im Handel: Marburger geographische Schriften. 80. (Geograph. Inst.
der Univ. Marburg 1979.)

1223. Stöber, Georg: Die Afshār, Nomadismus im Raum Kermān (Zentral-
iran) Marburg/Lahn 1978. 322 S. MR FB Geographie
Im Handel: Marburger geographische Schriften. 76. (Geogr. Inst. d.
Univ. Marburg 1978.)

1224. Zamani Ashtiani, Farrokh: Die Provinz Ostazarbayejan, Iran: Studie
zu einem raumplanerischen Leitbild aus geographischer Sicht. 1979.
114 S. BE n nA Sonderdr. aus: Geographica Bernensia, H.P. 3. 1979

1225. Nai'imi,Sa'id Muhammad Kazim: Die Ostane Kermanschahan und
Kurdistan in Iran. Wien 1979. 280 Bl. W geo Ma

Jemen

1226. Behn, Ernst: Jemen, Grundzüge der Bodenplastik und ihr Einfluß auf
Klima und Lebewelt. Marburg 1910. 71 S. MR ph 1910   U.11.3426

1227. Kersten, August: Jemen, Land und Leute. Ma 209 S. Auszug nicht
gedruckt. TÜ ph   U.23.10403

1228. **Apelt**, Fritz: Aden. Eine kolonialgeographische und kolonialpolitische Studie. Großenhain 1929. 128 S., XII. L ph U.29.4351

1229. **Escher**, Hermann A.: Wirtschafts- und sozialgeographische Untersuchungen in der Wādī Mawr Region (Arabische Republik Jemen) 1975. XXII, 220 S. Z ph
Im Handel: Tübinger Atlas des Vorderen Orients. Beihefte. Reihe B. 23. (Reichert/Wiesbaden.)

Jordanien

1230. **Buhl**, Frants: Studien zur Topographie des nördlichen Ostjordanlandes. Leipzig 1894. 20 S., 1 Bl. Gelegenheitsschrift

1231. **Shamali**, Khaled: Zur Kenntnis der Böden des Jordangrabens. Unter bes. Berücksichtigung der Tonmineralien. Gießen 1966. 121 S. GI l
U.66.5884

1232. **Mittmann**, Siegfried: Beiträge zur Siedlungs- und Territorialgeschichte des nördlichen Ostjordanlandes. Tübingen 1967. II, 314 gez. Bl. TÜ th Mav nA U.67.13603
Im Handel: Harrassowitz/Wiesbaden 1970.

1233. **Najjar**, Said: Jordanien und seine Mohafadhah El-Assimah: ein Beitrag zur Regionalplanung in Jordanien. 1977. IV. 328 S. B-T, Fachbereich Gesellschafts- u. Planungswiss.

Kuwait

1234. **Schaoua**, M. Kamal: Kuweit: Regionalplanung u. städtebaul. Entwicklung eines aktiven Gebietes am Arab. Golf. 1972. 338 S. B-T arch
U.76.15447

Libanon

1235. **Zimmermann**, Cajetan: El-Bekaa. Die Hochtalebene zwischen Libanon und Antilibanon. o.O. (1916) 63 S. M-T U.16.2176

1236. **Karpf**, Josef: Libanon. Ein Beitrag zur historischen Geographie des Landes. Ma W ph 1923

1237. **Ashbel**, Dob: Die Niederschlagsverhältnisse im südl. Libanon, in Palästina und im nördlichen Sinai. (Charlottenburg) 1930. 79 S. B ph
U.30.543

1238. **Stadel**, Christoph: Beirut. Damaskus. Aleppo. Ein stadtgeographischer Vergleich im Vorderen Orient. (Teilabdr.) VI, 72, XVI S. FRS 1964 ph (Die ungekürzte Ausgabe befindet sich beim Verfasser. Sie umfaßt etwa 270 S. Text und 90 S. Fotos und Karten.)

1239. **Wild**, Stefan: Libanesische Ortsnamen. Typologie und Deutung. 1973. XII, 391 S. M ph Hab 1967
Im Handel: Beiruter Texte und Studien. 9. (Steiner/Wiesbaden 1973.)

1240. **Ruppert**, Helmut: Beirut. Eine westlich geprägte Stadt des Orients. Erlangen-Nürnberg 1968. 140 S. ER n 1968 bA   U.69.4609
Aus: Mitteilungen d. Fränkischen Geographischen Gesellschaft. Bd. 15/16, 1968/69
Im Handel.

1241. **Molaoui**, Baher: Libanon und seine Nordmohafazat. Ein Beitr. zur Entwicklung u. Regionalplanung im Libanon. Berlin 1973. 244 S. B-T, Fachbereich Gesellschaft- u. Planungswiss.   U.73.13948

1242. **Spieker**, Ute: Libanesische Kleinstädte: zentralörtliche Einrichtungen u. ihre Inanspruchnahme in e. orientalischen Agrarraum. 1975. 228 S. K mn 1974 bA   U.74.10141
Im Handel.

Libyen

1243. **Vatter**, Ernst: Die Grundzüge einer Landeskunde von Tripolitanien. Marburg 1912. MR ph   U.12.3576
Im Handel: Singer/Straßburg.

1244. **Herkommer**, Julius: Die Kolonisation Libyens. Lörrach 1941. XI, 195 S. FR rs bA   U.41.1941
Im Handel unter dem Titel: Libyen, von Italien kolonisiert (Bielefels/ Freiburg.)

Marokko

1245. **Zietz**, Rudolf: Versuch einer bodenplastischen Skizze des Atlasvorlandes von Marokko. Leipzig (überklebt: Marburg) 1911. VIII, 88 S. MR
ph 1911 U.12.3582

1246. **Grohmann-Kerouach**, Brigitte: Der Siedlungsraum der Ait Ouriaghel im östlichen Rif. Kulturgeographie e. Rückzugsgebietes. Heidelberg 1969.
XIV, 226 S. HD ph 1969 nA U.72.7529
Im Handel.

1247. **Pletsch**, Alfred: Strukturwandlungen in der Oase Dara. Untersuchungen zur Wirtschafts- und Bevölkerungsentwicklung im Oasengebiet Südmarokkos. Marburg 1970. 259 S. MR 1970 U.70.13149
Im Handel: Marburger geographische Schriften. 46. (Selbstverlag des Geographischen Instituts der Univ. Marburg 1971.)

1248. **Braun**, Cornel: Teheran, Marrakesch und Madrid: ihre Wasserversorgung mit Hilde von Qanaten, e. stadtgeograph. Konvergenz auf kulturhistor.
Grundlage. 1974. 133 S. BN mn bA U.75.3991
Im Handel: Bonner geographische Abhandlungen. 52. (Dümmler/Bonn.)

1249. **Müller-Hohenstein**, Klaus: Die ostmarokkanischen Hochplateaus: e. Beitr. zur Regionalforschung u. zur Biogeographie eines nordafrikanischen Trokkensteppenraumes. Erlangen 1978. 186 S. ER Hab nat 1975
Im Handel: Erlanger geographische Arbeiten. Sonderbd, 7.

Palästina / Israel

1250. **Ankel**, Otto: Grundzüge der Landesnatur des Westjordanlandes. I. Teil.
Marburg 1887. 1 Bl., 45 S., 1 Bl. MR ph 1887

1251. **Hilderscheid**, Heinrich: Die Niederschlagsverhältnisse Palästinas in alter und neuer Zeit. Leipzig 1901. 28 S. (Enth. nur Teil 2 und 3) MS ph 1901
Vollst. in: Zeitschrift des Deutschen Palästina-Vereins, Bd. 25.

1252. **Hartmann**, Richard: Die geographischen Nachrichten über Palästina und Syrien in Ḫalīl az-Ẓāhirīs zubdat kašf-al-mamālik. Kirchhein N.-L. 1907.
94 S. TÜ ph 1907

140

1253. **Reifenberg**, Adolf: Die Bodenbildung im südlichen Palästina in ihrer Beziehung zu den klimat. Faktoren des Landes. (Jena) 1927. 27 S. Aus: Chemie der Erde. Zeitschrift d. chem. Mineral., Petrographie, Geologie und Bodenkunde, Bd. 3. GI ph nA U.27.1778

1254. **Borée**, Wilhelm: Die alten Ortsnamen Palästinas. Lucka (Bez. Leipzig) 1930. 125 S. L ph U.30.4937
Im Handel: Pfeiffer/Leipzig.

Saudi-Arabien

1255. **Käselau**, Adolf: Die freien Beduinen Nord- und Zentral-Arabiens. (Schönberg, Mecklbg.) 1927. 139 S. HH mn 1927 U.30.3524

1256. **Stein**, Lothar: Wirtschaftsgrundlagen und Wirtschaftswandel der Šammar-Gerba. Unter Berücksichtigung der Veränderung der sozialen Verhältnisse. Leipzig 1966. VI, 248 gez. Bl. Ma L ph 1966 nA

1257. **Pape**, Heinz: Er Riad. Stadtgeographie und Stadtkartographie der Hauptstadt Saudi-Arabiens. Bochum 1975. 101, 47 Bl. BO Geowiss.
Im Handel: Bochumer geographische Arbeiten. Sonderreihe. Bd. 7. (Schöningh/Paderborn 1977.)

1258. **Reichert**, Horst: Die Verstädterung der Eastern Province von Saudi-Arabien und ihre Konsequenzen für die Regional- und Stadtentwicklung. 1978. 247 S. S Fachbereich Orts-, Regional- u. Landesplanung, 1978

Sudan

1259. **Koops**, Werner: Die Landschaftsgürtel des westlichen Sudan. Eine vergleichend-landschaftskundliche Betrachtung. Berlin 1935. 85 S. HH mn
U.35.7754

1260. **Herzog**, Rolf: Die Nubier. Untersuchungen und Beobachtungen zur Gruppengliederung, Gesellschaftsform und Wirtschaftsweise. Berlin 1957. 218 S., 10 Bl. B-H ph Hab 1956 nA U.60.194
Im Handel: Deutsche Akademie der Wissenschaften zu Berlin, Völkerkundliche Forschungen, Bd 2. (Akademie-Verlag/Berlin 1957.)

1261. **Born**, Martin: Zentralkordofan. Bauern und Nomaden in Savannenge-
bieten des Sudan. Marburg 1965. 252 S. MR mn
Im Handel: Marburger geograph. Schriften, 25. 1966.

1262. **Sha'abān**, So'ad: Die Hadandawa-Bedscha. Bonn 1970. 169 S. BN
ph 1970.   U.70.6331

1263. **Mühlbacher**, Irmtraut: Das obere Nilgebiet 1769-1862. Ein ethnohist.
Beitrag zur Sammlung Franz Binders. Wien 1974. 230 Bl. W ph

1264. **Wendl**, Erich: Die Wirtschaft der Beni Amer im Tokar district. Ein
Beitrag zum Fragenkomplex Hirtennomadismus. Wien 1976. 292 Bl.
W 1978 Ma

Sowjetunion

1265. **Distel**, L(udwig): Ergebnisse einer Studienreise in den zentralen Kau-
kasus. Hamburg 1914. VII, 95 S. M ph Hab   U.14.4466
Im Handel: Abhandlungen d. Hamburg. Kolonialinstituts. Bd. 22,
Reihe C, Bd. 2.

1266. **Tuppa**, Karl: Mischeren und Tipteren. Ein Beitrag zur Anthropologie
der Türkvölker in Rußland. Berlin 1941. 55 S. W ph Hab 1940
U.41.5577
Im Handel: Rudolf Pöchs Nachlaß. Serie A: Physische Anthropologie,
Bd. 6.

1267. **Kläy**, Ernst Johann: Dörfer tatarischer „Rückwanderer" (Muhacir)
aus Rußland in Inneranatolien. Beiträge zur Kenntnis anatolischer
Muhacirsiedlungen unter besonderer Berücksichtigung eines Dorfes
westsibirischer Tataren uzbekischer Abstammung (buharist). Bern
1975. I, 286 Bl. BE ph hs nA

Syrien

1268. **Hartmann**, Richard: Die geographischen Nachrichten über Palästina
und Syrien in Ḫalīl az-Ẓāhirīs zubdat kašf-al-mamālik. Kirchhain
N.L. 1907. 94 S. TÜ ph 1907

142

1269. **Stadel**, Christoph: Beirut. Damaskus. Aleppo. Ein stadtgeographischer Vergleich im Vorderen Orient. (Teilabdr.) VI, 72, XVI S. FRS 1964 ph (Die ungekürzte Ausgabe befindet sich beim Verfasser. Sie umfaßt etwa 270 S. Text und 90 S. Fotos und Karten.)

1270. **Dettmann**, Klaus: Damaskus. Eine orientalische Stadt zwischen Tradition und Moderne. Erlangen-Nürnberg 1967. Aus: Mitteilungen der Fränkischen Geographischen Gesellschaft. Bd. 15/16 (1968/1969). ER n 1967   U.69.4323
Im Handel.

1271. **Issa**, Gihad: Mohafazat Damaskus. Ein Beitrag zur Regionalplanung der Syr. Arab. Republik. Berlin 1968. 290 S. B-T Fak. f. Archit. 1968.

1272. **Akili**, Talal: Die syrischen Küstengebiete, ihre Entwicklung und Entwicklungsmöglichkeiten. Ein Beitrag zur Regionalplanung der Syr. Arab. Republik. Berlin 1968. 219 S. B-T arch 1968.

1273. **Mahli**, Sateh: Die Mannigfaltigkeit der ländlichen Besiedlung im mittleren Westsyrien. Augsburg 1970 (Eigendruck) 265 S. M n 1970

1274. **Habannakeh**, Mahmoud: Die syrische Provinz Al-Raqqa. (Eine Regionalgeographie mit bes. Berücks. d. ländl. Bevölkerung.) Wien 1972. 1 Kt., II, 170 Bl. W ph Ma

Türkei

1275. **Ischirkoff**, Anastas: Südbulgarien. Seine Bodengestaltung, Erzeugnisse, Bevölkerung, Wirtschaft und geist. Kultur. Leipzig 1896. 4 Bl., 79 S. L ph 1896

1276. **Ilitscheff**, Dimiter Chr(istopf): Ein Beitrag zur Geographie von Makedonien. Leipzig 1899. 47 S. L ph 1899

1277. **Smiljanič**, Manojlo: Beiträge zur Siedlungskunde Südserbiens. Mit 1 Karte und 3 Textabb. Wien 1900. 69 S. Aus: Abhandlungen d. k.k. Geogr. Gesellschaft in Wien, Bd 2, Nr. 2. L ph 1900

1278. **Krčmáŕik**, Paul: Die Besiedlung der nördlichen Küstenländer des Pontus im 12. und 13. Jahrhundert, in ihrer geschichtlichen Entwicklung dargestellt. Ha W ph 1902

1279. **Cerk**, Josef: Die Entwicklung der Kartographie der Balkanländer bis zum Jahre 1730. Ha W ph 1906

1280. **Björkman**, Walther: Beiträge zur Topographie von Ofen zur Türkenzeit. (Teildr.) Hamburg 1920. 44 S. Kl ph   U.20.3703
Im Handel vollst. als: Abhandlungen zur Auslandskunde der Hamburger Universität, Bd 3.

1281. **Frey**, Ulrich: Das Hochland von Anatolien mit besonderer Berücksichtigung des abflußlosen Gebietes. 1922. 109 S. M ph   U.23.9564

1282. **Taeschner**, Franz: Evlija Tshelebi, Studien über sein Werk und über die Topographie des osmanischen Kleinasiens zu seiner Zeit. Münster 1922. MS ph und n 1922
Im Handel in erweiterter Form unter d. Titel: Das anatolische Wegenetz nach osmanischen Quellen, Türkische Bibliothek, 22. (Mayer u. Müller/Leipzig 1924.)

1283. **Köhler**, Wilhelm: Die Kurdenstadt Bitlīs. Nach dem türkischen Reisewerk des Ewlijā Tschelebi (17. Jh.) München 1928. IV, 105 S. M ph 1926   U.28.5243

1284. **Stephan**, Rudolf: Versuch einer Darstellung des Landschaftsblocks Anatolien. Hamburg 1929. 91 S. HH mn 1928   U.30.3551

1285. **Wenzel**, Hermann: Sultan-Dagh und Akschehir-Ova. Eine landeskundl. Untersuchung in Inneranatolien. Kiel 1932. IV, 81 S., 3 Kt. Kl Hab 1932 bA   U.32.4841
Im Handel: Schriften d. Geogr. Inst. d. Univ. Kiel. 1.

1286. **Heidorn**, Walter: Der Einfluß der Landesnatur auf die staatl. Entwicklung von Kleinasien (einschl. Armenien). Harburg-Wilhelmsburg (1933) 79 S. J mn   U.33.3603

1287. **Bediz**, Danyal: Izmir (Smyrna) und sein wirtschaftsgeographisches Einzugsgebiet. Würzburg 1935. IV, 88 S. M ph 1935   U.36.8198

1288. **Heimann**, Hilde: Konya. Geographie einer Oasenstadt. Hamburg 1935. 112 S. B ph   U.35.6298

1289. **Citak**, Niyazi Ali: Geographie der Landschaft zwischen Konyo und Beysekir (Konya und Beyşehir!) Eine länderkundliche Darstellung. Ma W 1936

1290. **Cuda**, Alfred: Stadtaufbau in der Türkei. Burg b. Magdeburg 1939. 84 S., 16 Bl. B-T 1939 bA   U.40.930
In: Die Welt des Islam, Bd. 21 (1939), 1-84.

1291. **Kündig-Steiner**, Werner: Zur Geographie der Nord-Dobrudscha. Beiträge zur Frage der Beziehungen zwischen Natur und menschlicher Tätigkeit in einer Region d. pontin. Waldsteppen und Küstengewässer (Donaudelta) während des 19. und 20. Jahrhunderts. (Mit türk. und franz. Titelfassung.) Zürich 1946. XVI, 325 S. Z ph 1946
Im Handel: Istanbuler Schriften (Istanbul yazıları), 15.

1292. **Pfeifer**, Werner: Die Paßlandschaft von Niǧde. Ein Beitrag zur Siedlungs- und Wirtschaftsgeographie von Inneranatolien. Gießen 1957. 152 S. GI n bA   U.57.2879
Im Handel: Gießener geographische Studien, Heft 1.

1293. **Hütteroth**, Wolf-Dieter: Bergnomaden und Yaylabauern im mittleren kurdischen Taurus. Marburg 1959. 190 S. MR ph bA   U.58.5923
Im Handel: Marburger geographische Schriften, Heft 11.

1294. **Akgün**, Armaǧan: Landschaft und Standort als bestimmende Einflüsse auf die Gestalt der Stadt Istanbul. Zürich 1959. Z-T 1959. 80 S.

1295. **Gürses**, Ismet: Grundgedanken für den Aufbau der Grünanlagen in den Städten der mittelanatolischen Steppe. Berlin 1960. 121 S. B-T Fak. f. Landbau 1960   U.61.982

1296. **Denker**, Bedriye: Die Siedlungs- und Wirtschaftsgeographie der Bursa-Ebene. Freiburg i.B. 1963. IV, 165 gez. Bl. FR n nA Mav   U.65.3435

1297. **Nart,** Necdet Türker: Die Bodenverhältnisse in Tahirova. Unter besonderer Berücksichtigung der Bodenerosion, der Deltabildung und der Versalzung. Gießen 1966. 132 S. GI l   U.66.5875

1298. **Wolfart,** Ulrich: Die Reisen des Evliyā Čelebi durch die Morea. 1966. 210 S. M ph   U.72.10342

1299. **Hütteroth,** Wolf-Dieter: Ländliche Siedlungen im südlichen Inneranatolien in den letzten vierhundert Jahren. 1968. 233 S., 91 Bild., 5 Kt. GÖ Hab 1965
    Im Handel: Göttinger Geographische Abhandlungen. 46. (Geogr. Inst. d. Univ./Göttingen.)

1300. **Jahn,** Gert: Die Beydagları . Studien zur Höhengliederung einer südwestanatol. Gebirgslandschaft. Gießen 1968. 166 S. GI n 1968 bA
                                                                U.69.5871
    Im Handel.

1301. **Rother,** Lothar: Die Städte der Çukurova: Adana-Mersin-Tarsus. Ein Beitr. zum Gestalt-, Struktur- u. Funktionswandel türk. Städte. Tübingen 1971. VII, 312 S. TÜ, Fachbereich Geschichte-Geographie nA
                                                                U.71.9075
    Im Handel.

1302. **Eggeling,** Willi Johannes: Beiträge zur Kulturgeographie des Küçük-Menderes-Gebietes. 1973. 272 S. BO, Abt. für Geowiss. 1973   U.76.3270

1303. **Kadioğlu,** Kamil: Vilayet Kastamonu und seine Entwicklungsmöglichkeiten: e. Beitr. zur Regionalplanung d. Türkei. 1973. 234 S. B-T, Fachbereich Gesellschafts- und Planungswiss. nA   U.75.15891
    Im Handel.

1304. **Nişancı,** Ahmet: Studien zu den Niederschlagsverhältnissen in der Türkei. Unter bes. Berücks. ihrer Häufigkeitsverteilung u. ihrer Wetterlagenabhängigkeit. Bonn 1973. 163 S. BN mn   U.73.3303

1305. **Gözaydın,** Nevzat: Evliya Çelebis Reise in Anatolien von Elbistan nach Sivas im Jahr 1650.: e. Ausschnitt aus s. Reisebuch übers. u. bes. in volkkundl. Hinsicht kommentiert. 1974. XXXI, 105 S. MZ ph U.74.10465

1306. **Engel**, Manfred: Hydrodynamisch-numerische Ermittlung von Bewegungsvorgängen im Schwarzen Meer. 1974. 72 S. HH FB Geowiss.
1975 bA   U.75.8173
Im Handel: Mitteilungen des Instituts für Meereskunde der Univ. Hamburg. 22. (Institut f. Meereskunde/Hamburg.)

1307. **Schweizer**, Günther: Untersuchungen zur Physiogeographie von Ostanatolien und Nordwestiran: geomorpholog., klima- u. hydrogeograph. Studien im Vansee- u. Rezaiyehsee-Gebiet. 1975. VIII, 145 S., 7 Bl. TÜ FB Erdwiss. Hab
Im Handel: Tübinger geographische Studien. 60. Sonderband 9. (Geogr. Institut d. Univ./Tübingen 1975.)

1308. **Boynukalin**, Ibrahim: Die Ermittlung der planerischen Grundlagen zur regionalen Entwicklung der Osttürkeiregion am Beispiel für ein Teilgebiet: Vilayet Erzincan; ein Beitrag zur Regionalplanung in der Osttürkeiregion. 1975. XII, 436 S. B-T, Fachbereich 02 – Gesellschafts- u. Planungswiss., 1973

1309. **Kläy**, Ernst Johann: Dörfer tatarischer „Rückwanderer" (Muhacir) aus Rußland in Inneranatolien. Beiträge zur Kenntnis anatolischer Muhacir-Siedlungen unter besonderer Berücksichtigung eines Dorfes westsibirischer Tataren uzbekischer Abstammung (buharist) Bern 1975. I, 286 Bl. BE ph hs nA

1310. **Aclar**, Ahmet: Erschließungswirtschaftliche Untersuchungen türkischer Stadterweiterungsgebiete. 1975. 204 S. Ill. BN 1   U.75.3922

1310a. **Giritlioğlu**, Cengiz: Theorie und Praxis der Entwicklung von Industriegebieten in ausgewählten Stadtmodellen, am konkreten Beispiel Münchens und Schlußfolgerungen für die industrielle Stadtentwicklung in der Türkei. 1975. 3 Bl., 194 S. M-T arch

1311. **Karaboran**, H. Hilmi: Die Stadt Osmaniye in der oberen Çukurova: Entwicklung, Struktur u. Funktionen e. türk. Mittelstadt; e. Beitr. zur region. Stadtgeographie u. zur Landeskunde d. südöstl. Türkei. 1975. XVIII, 349, IX S. HD, Naturwiss. Gesamtfak.   U.76.8592

1312. **Soysal**, Mustafa: Die Siedlungs- und Landschaftsentwicklung der Çukurova: mit bes. Berücks. d. Yüreğir-Ebene. 1976. 154 S. ER n bA
U.76.5275
Im Handel: Erlanger Geographische Arbeiten. Sonderband 4.

1313. **Höhfeld**, Volker: Anatolische Kleinstädte: Anlage, Verlegung u. Wachstumsrichtung seit d. 19. Jh. 1977. 220 S. ER n bA 1976
Im Handel: Erlanger geographische Arbeiten. Sonderband 6. (Fränk. Geograph. Gesellsch./Erlangen in Kommission bei Palm u. Enke/Erlangen.)

1314. **Scheinhardt**, Hartwig: Typen türkischer Ortsnamen. Einführung – Phonologie – Morphologie – Bibliographie. 1979. 376 S. GÖ
Im Handel: Beiträge zur Namenforschung. N.F. 15. (Winter/Heidelberg 1979.)

Tunesien

1315. **Achenbach**, Hermann: Die Halbinsel Cap Bon. Strukturanalyse e. mediterranen Kulturlandschaft in Tunesien. Würzburg 1963. 176 S. mit Abb. Anl. WÜ n
U.63.10129

1316. **Gießner**, Klaus: Naturgeographische Landschaftsanalyse der tunesischen Dorsale (Gebirgsrücken). Hannover 1964. V, 235 S. H-T, F. f. Natur- u. Geisteswiss.
U.64.5642

1317. **Taubert**, Karl: Der Sahel von Sousse und seine Randlandschaften. Naturgeogr. Voraussetzungen und postkoloniale Entwicklung einer alten tunesischen Kulturlandschaft. Hannover 1967. 199 S. H-T, Fak. für Natur- u. Geisteswiss.
U.67.7284

1318. **Stuckmann**, Günther: Hydrogeographische Untersuchungen im Bereich der mittleren Medjerda und ihre Bedeutung für den Landschaftshaushalt in Nordtunesien. Hannover 1968. 158 S. H-T n   U.68.7506
Im Handel: Jahrbuch d. Geographischen Gesellschaft zu Hannover. Sonderheft 3.

1319. **Brechtel**, Rainald: Der Einfluß der Bodenerosion auf die Böden des Medjerda-Tales und seiner Randgebiete. Gießen 1970. 102 S. mit Abb. GI l 1970   U.70.8765

1320. **Fregien**, Wolfgang: Das Kroumir- und Mogodbergland im nordtunesischen Küstenteil. Grundlagen u. Wirksamkeit d. Morphodynamik in e. mediterran-humiden Landschaftsregion d. Maghreb. Hannover 1971. 168 S. H-T mn nA   U.71.5232
Im Handel.

1321. **Kosmala**, Peter: Lysimeterversuche zu Fragen der Nährstoffauswaschung und Salzbilanz in Tunesien. 1977. 112 S. BN 1

GEOLOGIE, MINERALOGIE, METEOROLOGIE

Vorderer Orient

1322. **Sieger**, Robert: Wann entstand der Satt el Arab? Ha W ph 1885

1323. **Weber**, William: Der Arabische Meerbusen. I. Theil: Historisches und Morphologisches mit einer Tiefenkarte. Marburg 1888. 4 Bl., 61, 1 S. MR ph 1888

1324. **Genthe**, Siegfried: Der Persische Meerbusen. Geschichte und Morphologie. Mit 1 Tiefenkarte.... Marburg 1896. 98 S. MR ph 1897

1325. **Hentzschel**, Otto: Die Hauptküsten des Mittelmeers unter besonderer Berücksichtigung ihrer horizontalen Gliederung. Leipzig 1903. 61 S. L ph 1903

1326. **Zahn**, Gustav Wilhelm: Die Stellung Armeniens im Gebirgsbau von Vorderasien. T. 1. Berlin 1906. IV, 29 S. B ph 1906
Im Handel: Veröffentlichungen des Instituts f. Meereskunde, Heft 10 (1907).

1327. **Weickmann**, sen. Ludwig: Luftdruck und Winde im östlichen Mittelmeergebiet. München (1922) VI, 114 S. M ph Hab   U.23.9618
Im Handel: Zum Klima der Türkei, H. 1.

1328. **Richardson**, R(ichard): Die Geologie und die Salzdome im südwestlichen Teile des Persischen Golfes. Heidelberg 1926. III, 51 S. HD nm
                                     U.26.3852

149

1329. **Bauer,** Georg: Luftzirkulation und Niederschlagsverhältnisse in Vorderasien. Leipzig 1935. S. 381-548, 4 Taf. Aus: Gerlands Beitr. z. Geophysik, 45. L ph nA   U.35.8573

1330. **Sigmund,** Johann: Die Schwankungen der allgemeinen Zirkulation der Atmosphäre im Mittelmeer und in den angrenzenden Gebieten der Kontinente. Wien 1938. 27 Bl., 19 Taf. W

1331. **Butzer,** K(arl) W(ilhelm): Quaternary Stratigraphy and climate in the Near East. Bonn 1958. 157 S. BN mn 1957 nA   U.59.1135
Im Handel: Bonner geographische Abhandlungen, Heft 24.

1332. **Diester,** Liselotte: Grobfraktionsanalyse von Sedimentkernen aus dem Persischen Golf. Kiel 1971. 89 S. KI mn   U.71.6253

1333. **Paik,** Kwang Ho: Rezente Ostracoden aus Oberflächensedimenten des Persischen Golfs und des Golfs von Oman. 1976. 162 S. KI mn nA

Arabischer Raum

1334. **Marquardsen,** Hugo: Oberflächengestaltung und Hydrographie des saharisch-sudanischen abflußlosen Gebietes. Göttingen 1909. VI, 48 S. Auszug erschien auch in: Dr. J.A. Petermanns Mitteilungen a. J. Perthes' Geogr. Anst. Jg. 56, Bd. 1. GÖ ph 1909   U.10.1437

1335. **Niemann,** Wilhelm: Die Salzvorräte der Sahara. Ihre Natur und Verwertung. Geestemünde 1914. 170 S. L ph   U.14.4248

1336. **Bobzin,** Ernst: Vergleichende Betrachtung des Klimas und der kalten Auftriebströmungen an der südwestafrikanischen und südarabischen Küste. Altona 1921. 18 S. Aus: Deutsche überseeische meteorologische Beobachtungen der Deutschen Seewarte. H. 23, T.H. HH mn 1921   U.22.4469

1337. **Lees,** George: Die Geologie Omans und von Teilen Südost-Arabiens. Wien 1927 In: Quarter. Journ. Geol. Soc. London, 84, 4. Nr. 336. W ph

1338. Hartwig, Herbert: Über die silikogene Wirksamkeit des „Wüstenquarzes"
im Sahara-Flugstaub. Göttingen 1957. 55 gez. Bl. Ma GÖ med nA
U.57.3092

1339. Meckelein, Wolfgang: Forschungen in der zentralen Sahara. 1. Klima-
Geomorphologie. o.O. (1957). 121 gez. Bl. Ma B-F mn Hab nA
U.58.711
Im Handel u.d. Titel: Forschungen in der zentralen Sahara (Geograph.
Ergebnisse der Saharaexpedition) (Westermann/Braunschweig 1959.)

1340. Mohsin, el-Abed: Mittelalterliche Bergwerke und ihre Lagerstätten in
den arabischen Ländern nach arabischen Geographen und Historikern.
Bonn 1963. 135 S. BN ph   U.63.1711

1341. Siedler, Gerold: Schichtungs- und Bewegungsverhältnisse im Südaus-
gang des Roten Meeres. Kiel 1966. 150 gez. Bl. KI mn Hab 1966 Mav
nA

1342. Mittelstaedt, Ekkehard: Der hydrographische Aufbau und die zeitliche Variabilität der Schichtung und Strömung im nordwestafrikanischen Auftriebsgebiet im Frühjahr 1968. Kiel 1971. 60 gez. Bl. KI mn
1971 nA   U.71.6396

1343. Tetzlaff, Gerd: Der Wärmehaushalt in der zentralen Sahara. 1974. III,
113 S. H-T Fak. f. Gartenbau u. Landeskultur nA   U.75.8983
Im Handel: Berichte des Instituts für Meteorologie und Klimatologie
der Technischen Universität Hannover. 13.

1344. Shaffer, Gary: On the North West African coastal upwelling system.
1974. IV, 178 S. KI mn nA   U.74.9563

1345. Winiger, Matthias: Bewölkungsuntersuchungen über der Sahara mit
Wettersatellitenbildern. Bern 1975. 151 S. BE n nA

1346. Hagen, Eberhard: Ein Beitrag zur Dynamik des Kaltwasserauftriebs
vor Nordwestafrika, speziell für das Schelfgebiet vor Cap Blanc. 1975.
84 Bl. L Sekt. Physik Diss. A nA Mav   U.76.2132

1347. **Goulart**, Evaristo Pereira: Verteilung von Zink und Kupfer in nontronit-reichen Lagen der Laugensedimente des Roten Meeres. 91 S. GÖ mn

U.76.6937

1348. **Schütz**, Lothar: Die Saharastaub-Komponente über dem subtropischen Nord-Atlantik. 1977. 3 S. Ausz. MZ n

1349. **Briem**, Elmar: Beiträge zur Genese und Morphodynamik des ariden For-menschatzes unter besonderer Berücksichtigung des Problems der Flä-chenbildung (aufgezeigt am Beisp. d. Sandschwemmebenen in d. östl. zentralen Sahara) 1977. 89 S. KA, Fak. für Bio- u. Geowiss., Diss. 1975 nA
Im Handel: Berliner geographische Abhandlungen. 26. (Inst. f. Phys. Geographie der FU/Berlin.)

1350. **Yusuf**, Nigem: Mikropaläontologische Untersuchungen an Bohrkernen aus dem Roten Meer. Berlin 1978. 77 S. B-F Geowiss.
Im Handel: Berliner geowissenschaftliche Abhandlungen. Reihe A. Geo-logie u. Paläontologie. 6. (Reimer/Berlin 1978.)

1351. **Elgarafi**, Abuelgasim: Geochemie und Sedimentfazies des Port-Sudan-Tief – Rotes Meer – Sudan. 1978. 80 S. (29) Bl. HH FB Geowiss.

Abu Dhabi

1352. **Schneider**, Jean F.: Die physikalische Hydrologie des Sabkhas von Abu Dhabi (Arabischer Golf) unter spezieller Berücksichtigung der suprati-dalen Dolomitisation. Zürich 1975. V, 120 Bl. Z-T n bA

Ägypten

1353. **Dacqué**, Edg(ar): Mittheilungen über den Kreidecomplex von Abu Roash bei Kairo. Stuttgart 1903. S. 337-391. Aus: Palaeontographica, Bd. 30. M ph 1903

1354. **Eck**, Otto: Die Cephalopoden der Schweinfurth'schen Sammlung aus der Oberen Kreide Egyptens. Berlin 1910. 43 S. B ph   U.10.143

1355. **Schlimm**, Gustav: Das jungquartiäre Konglomerat von Gemsah (Golf von Suez). Ein Beitrag zur Petrographie der östlichen arabischen Wüste Ägyp-tens. o.O. (1920). III, 49 S. Ma MS ph 1920 nA
(Nur im Universitätsarchiv Münster vorhanden.)

1356. **Müntefering**, Heinrich: Beitraege zur Petrographie der östlichen arabischen Wüste Aegyptens. (Ras el Bahar und Wadi Abu Had). Auszug: (Lippstadt 1924) 2 Bl. Ma MS ph   U.24.8529

1357. **Lauer**, Friedrich Wilhelm: Chemische Untersuchungen über ägyptische Wüstenböden. (Ludwigshafen a.Rh.) 1928. 29 S. GI ph   U.28.2385

1358. **Uhden**, Richard: Morphologische Grundzüge der ägyptischen Wüsten. Ma 49 S. BS-T Hab 1930   U.31.7991

1359. **Passarge**, Siegfried: Morphologische Studien in der Wüste von Assuan. Hamburg 1955. 61 S. Universität Hamburg. Abhandlungen aus dem Gebiet der Auslandskunde, Bd. 60 (Reihe C, Bd. 10)

1360. **Morcos**, Selim Antoun: Über die Veränderungen der Schichtung und Zirkulation im Suezkanal. (Auf Grund eigenen Beobachtungsmaterials 1953-1955) Kiel 1959. IV, 202 Bl. Mav KI ph nA   U.59.4507

1361. **Radwan**, Abd El Raouf Mof(amed) El Sayd: Die Reduzierbarkeit ägyptischer Eisenerze. Aachen 1961. 8 S. AC-T, Fak. f. Bergbau u. Hüttenw. Aus: Archiv f. Eisenhüttenwesen. 32. 1961. S. 431-436   U.61.187

1362. **Youssef**, Mohamed Farid. Ägyptens Beitrag zur Erdmessung. Karlsruhe 1970. 102 S. KA Fak. f. Bauingenieur u. Vermessungswiss.
U.70.11443

1363. **Gost**, Edward Farag: Die Molybdänerzlagerstätte von Homr Akarem in der östlichen Wüste Ägyptens. 1976. 103 S. S Fachbereich Geo- u. Biowiss.   U.76.13501

1364. **Tealeb**, Ali Abd-El-Azim: Die Anwendung verschiedener statistischer Interpretationsverfahren gravimetrischer und geomagnetischer Felder in Nord-Ägypten unter besonderer Berücksichtigung des Vergleiches ihrer Leistungsfähigkeit. 1977. III, 165 Bl. B, Akad. d. Wiss. d. DDR, Diss. A nA

Afghanistan

1365. **Hess**, Andreas: Geologie des Gebietes Kalat-i Ghilzai und seine Stellung im südostafghanischen Gebirgsbau. München 1966. S. 89-135. M n
Aus: Geologisches Jahrbuch, Jg. 84 (1966)   U.66.12353

1366. Dürkoop, Arnfrid: Stratigraphie und Brachiopoden des Paläozoikums von Dascht-e Nawar/Ost und Rukh (Afghanistan). Bonn 1968. 172 gez. Bl. BN mn 1968 Mav nA

1367. Bruggey, Jürgen: Mesozoikum und Alttertiär in Nord-Paktia (SE-Afghanistan). Ein Beitrag zum Schichtenaufbau d. Belutschistan-Indus-Geosynklinale. München 1970. 90 gez. Bl. M-T 1970 Mav bA. Aus: Geologisches Jahrbuch. Reihe B. 1973. H.3. U.73.10676

1368. Fischer, Jochen: Zur Geologie des Kohe Safi bei Kabul (Afghanistan). 1971. S. 267-315. Aus: Neues Jahrbuch f. Geologie u. Paläontologie. Abhandlungen. Bd. 139. K mn 1970 U.70.11992

1369. Förstner, Ulrich: Geochemische und sedimentpetrographische Untersuchungen an den Endseen und an deren Zuflüssen in Afghanistan. Heidelberg 1971. 122 gez. Bl. HD F.f. Geowiss. Hab nA U.71.5396

1370. Farsan, Nur Mohammad: Stratigraphische und paläogeographische Stellung der Khenjan-Serie und deren Pelecypoden (Trias, Afghanistan). 1972. 135 S. BN mn nA

1371. Hafisi, Abdul Satar: Geologisch-petrographische Untersuchung des chromitführenden Ultrabasitmassivs vom Logar Tal (südlich von Kabul) 1974. 113 S. BN mn U.74.3472

1372. Wallbrecher, Eckard: Zur Geologie der Südflanke des afghanischen Hindukush zwischen den Flüssen Salang und Parandeh. 1974. 150 S. B-F Geowiss. U.75.15707

1373. Schlimm, Wolfgang: Zur Geologie des Paläozoikums von Malestan (Zentralafghanistan) 1976. 168 Bl. BN mn nA U.76.3899

1374. Dietmar, Rudolf Georg: Zur Geologie des Kabul-Beckens, Afghanistan. 1976. 113 S. K mn bA
Im Handel: Sonderveröffentlichungen des Geologischen Institutes der Universität Köln. 29. (Geolog. Inst./Köln.)

1375. **Kureischie,** Azizullah: Zur Geologie des Arghandab-Plutons und angrenzender Sediment-Serien bei Almaytu in Zentral-Afghanistan. 1977. 189 S. BN mn

Algerien

1376. **Knoch,** Karl: Die Niederschlagsverhältnisse der Atlasländer. Marburg 1906. 86 S. MR ph 1906

1377. **Hoffmann-Rothe,** Jörg: Tektonik, Paläographie u. Fazies d. Paläozoikums d. alger. Ostsahara. (Aus d. Blickwinkel d. Erdölgeologie) Würzburg 1965. 90, XXV S. WÜ n   U.65.12587

Iran

1378. **Steinecke,** Victor: Über einige jüngere Eruptivgesteine aus Persien. Halle 1887. 2 Bl., 71, 1 S. HAL ph 1887.

1379 **Borne,** von dem, Hans Georg Gustav Kreuzwendedich: Der Jura am Ostufer des Urmiasees..... Halle a.S. 1891. 3 Bl., 28 S., 1 Bl. Tafeln HAL ph 1891

1380. **Hedin,** Sven Anders: Der Demawend nach eigener Beobachtung. (Aus: Verh. d. Ges. f. Erdk. zu Berlin, Bd. XIX) Halle a.S. 1892. 31 S. HAL ph 1892

1381. **Schweer,** Walter: Die türkisch-persischen Erdölvorkommen. Hamburg 1919. X, 247 S. KI rs nA   U.19.622
Im Handel: Abhandlungen d. Hamburgischen Kolonialinstituts, Bd. 40. Reihe A, Bd. 7.

1382. **Eberle,** Otto: Beiträge zur Petrographie der Eruptiva des nordöstlichen Persien. Ma 84 S. (Auszug nicht gedr.) ER ph 1922   U.23.1847

1383. **Gray,** Kenneth: Die geologischen Probleme Zentral- und Ostpersiens. Ma W ph 1930.

1384. **Bleek,** Robert: Die Geologie des Kuh-Galu-Beckens in Südwestpersien, mit besonderer Berücksichtigung der Gipstektonik und ihrer Probleme. Ma W ph 1932

1385. **Neumann**, Walter: Das geographische Bild der südwestpersischen Erdöl-
lagerstätten. Leipzig 1935. 74 S. L ph   U.36.7195

1386. **Sedlacek**, Adolf Max: Petrographische Beobachtungen an den von A.
Gabriel gesammelten Gesteinen aus Persien. Ma 1939. 259 Bl., 1 Kt.,
4 Taf. W ph 1939

1387. **Lorenz**, Christoph: Die Geologie des oberen Karadj-Tales (Zentral-Elburz), Iran. Zürich 1964. X, 114 S. Z ph-II

1388. **Glaus**, Martin: Die Geologie des Gebietes nördlich des Kandevan-Pas-
sen (Zentral-Elburz), Iran. Zürich 1965. VI, 166 S. Z-T 1965

1389. **Eghbali-Dehabadi**, Hedayat: Basische Eruptivgesteine in Nordpersien
und ihre Veränderungen im Kontakt mit Kohle. Freiburg i. B. 1965.
72 gez. Bl. FR nm Mav nA   U.65.4458

1390. **Erfani**, Hossein: Untersuchungen an persischen Chromiten. Wien 1965.
67 Bl. W ph Ma 1965

1391. **Allenbach**, Peter: Geologie und Petrographie des Damavend und sei-
ner Umgebung (Zentral-Elburz), Iran. Zürich 1966. 145 S. Z-T
Im Handel: Mitteilungen aus dem Geologischen Institut der ETH und der
Universität Zürich, N.F. 63.

1392. **Steiger**, René: Die Geologie der West-Firuzkuh-Area (Zentralelburz/
Iran) Zürich 1966. IV, 147 S. Z-T
Im Handel: Mitteilungen aus dem Geologischen Institut der ETH an
der Universität Zürich, N.F. 68.

1393. **Meyer**, Stephan Paul: Die Geologie des Gebietes Velian-Kechiré (Zentral-Elburz, Iran) Zürich 1967. VI, 129 S. Z ph-II
Im Handel: Mitteilungen aus dem Geologischen Institut der ETH und
der Universität Zürich, N.F. 79.

1394. **Seyed-Emami**, Kazem: Zur Ammoniten-Fauna und Stratigraphie der
Badamu-Kalke bei Kerman, Iran (Jura, oberes Untertoarcium bis mitt-
leres Bajocium) München 1967. 180 S. M n 1967

1395. **Dedual**, Eduard: Zur Geologie des mittleren und unteren Karaj-Tales. Zentral-Elburz (Iran) Zürich 1967. 125 S. Z ph-II Erscheint auch als: Mitteilungen aus dem Geologischen Institut der ETH und der Univ. Zürich, N.F. 76.

1396. **Razzaghmanesch**, Bijan: Die Kupfer-Blei-Zink-Erzlagerstätten von Taknar und ihr geologischer Rahmen (Nordost-Iran) Aachen 1968. 131 S. AC Fak. f. Bergbau u. Hüttenwesen 1968

1397. **Davoudzadeh**, Monir: Geologie und Petrographie des Gebietes nördlich von Nāin, Zentral-Iran. Zürich 1969. 91 S. Z-T 1969

1398. **Ahmadzadeh Heravi**, Mahmud: Stratigraphische und paläontologische Untersuchungen im Unterkarbon des zentralen Elburs (Iran) Clausthal 1970. 114 S., Anh. CLZ   U.70.6612

1399. **Sieber**, Nikolaus: Zur Geologie des Gebietes südlich des Taleghan-Tales Zentral Elburz (Iran) Zürich 1970. 127 S. Z-T n Im Handel: Europäische Hochschulschriften. Reihe 17. Erdwissenschaften. 2. (Lang/Bern 1970.)

1400. **Ehlers**, Eckart: Südkaspisches Tiefland (Nordiran) und Kaspisches Meer. Beiträge zu ihrer Entwicklungsgeschichte im Jung- und Postpleistozän. Tübingen 1970. 190 gez. Bl. TÜ FB Erdwiss. Hab nA
U.70.15613

1401. **Behain**, Cyrus: Die Tektonik des Tschogart-Eisenerz-Massivs und seiner Umgebung bei Bafg im zentralen Iran. Clausthal 1970. 51 S. Anh. CLZ-TU , F.f. Bergbau, Hüttenw. u. Maschinenwesen 1970 U.71.2820

1402. **Nadji-Esfahani**, Mehdi: Geologie und Hydrologie des Gebietes von Kashan/Iran. 1971. 196 S. m. 31 Abb. AC-T Fak. f. Bergbau u. Hüttenwesen 1971   U.71.1925

1403. **Schahbieg**, Amir: Geologie und Hydrogeologie der Umgebung von Darab (Provinz Fars), Iran. 1971. 148 S. AC-T

1404. **Azimi**, Madjid Alizade: Geologie und Hydrologie der Umgebung von Kermanschah/Westiran. Aachen 1971. 124 S. AC-T, F.f. Bergbau u. Hüttenwesen   U.71.1765

157

1405. **Stalder**, Pierre: Magmatismes tertiaire et subrécent entre Taleghan et Alamout, Elbourz Central (Iran). Zurich 1971. II, 139 p. Z-T n
Erschienen in: Bulletin suisse de minéralogie et pétrographie. Vol. 51 (1971), fasc. 1.

1406. **Nejand**, Said: Geologie und Hydrogeologie des Maharlu-Sees und seiner Umgebung bei Schiraz, Iran. 1972. 194 S. AC-T

1407. **Schahpari**, Assadollah: Beiträge zur Hydrologie des Gebietes Kermanshah, Westiran. Bern 1972. 140 Bl. BE n Ma nA. Mikrofilm: Rollfilm pos. 35 mm. Kopien in der StUB Bern erhältlich. Gekürzte Fassung: 30 cm, 12 S.

1408. **Damm**, Bernhard: Geologie des Zendan-i Suleiman und seiner Umgebung. Südöstl. Balqash-Gebirge Nordwest-Iran. Heidelberg 1972. 52 S.
HD, F. f. Geowiss. Hab nA U.72.7312
Im Handel.

1409. **Tarkian**, Mahmud: Geologie, Petrographie und Geochemie der Magmatite südlich von Ardestan (Zentral-Iran) 1972. 176 S. HH FB Geowiss.

1410. **Adib**, Darius: (Mineralogische Untersuchungen in der Oxydationszone der Lagerstätte Tschah-Khuni, Anarak, Zentral-Iran) Heidelberg 1972. 194 gez. Bl. mit Abb. HD n nA U.73.7518

1411. **Zahedi**, Parviz: Lagerstättenkundliche Untersuchung des Kupfererzvorkommens von Chahar-Gonbad im südöstlichen Iran. Berlin 1972. 82, 19 S.
B-T , Fachbereich f. Bergbau u. Geowiss. U.73.14048

1412. **Zamani-Achtiani**, Siamak: Beiträge zur Hydrologie des Gebietes Ghazvin, Nord-Iran. Bern 1973. 108 Bl. BE n nA. Mikrofilm: Rollfilm pos. 35 mm. nA. Kopien in der StUB Bern erhältlich

1413. **Bachtiar**, Iradj: Petrographische und lagerstättenkundliche Untersuchungen des Narigan-Granits und seines geologischen Rahmens bei Bafq (Zentraliran) 1973. 118 S. AC-T, Fak. f. Bergbau u. Hüttenwesen 1973
U.74.2703

1414. **Sadredini**, Seyed Enayatolah: Geologie und Petrographie im Mittelteil des Ophiolithzuges nördlich Sabzevar/Khorassan (Iran) 1974. 120 S.
SB mn nA U.74.13603

1415. **Süssli**, Peter Ernst: The geology of the Lower Heraz Valley area (Central Alborz/Iran). Zürich 1974. Z n nA

1416. **Mosleh-Yazdi**, Ali: Mikrofazies und Mikrofauna der Mila-Formation (Kambrium/Ordovizium) im Elburz (Iran) Innsbruck 1975. 121 Bl.
IN ph 1976 Ma

1417. **Kuhle**, Matthias: Beiträge zur Quartärmorphologie SE-iranischer Hochgebirge: d. quartäre Vergletscherung d. Kuh-i-Jupar. 1975. III, 363 Bl.
GÖ mn bA
Im Handel: Göttinger geographische Abhandlungen. 1976. H.67,1.
67.2. (Golze/Göttingen.)

1418. **Alavi-Tehrani**, Nooreddin: Geology and petrography in the ophiolite range NW of Sabzevar (Khorassan/Iran): with special regard to metamorphism and genetic relations in an ophiolite suite. 1976. 147 S.
SB mn nA U.76.13221

1419. **Vaziri-Tabar**, Fariborz: Geologie und Petrographie der Ophiolithe und ihrer vulkanosedimentären Folgeprodukte im Ostteil des Bergzuges nördlich Sabzevar/Khorassan (Iran). 1976. 152 S. SB mn

1420. **Bahamin**, Hormos: Hydrogeologische Untersuchungen im Gebiet von Sheitur. Ghotrum und Bafgh (Zentraliran) 1976. VI, 191 S. AG-T
U.76.2780

1421. **Montasser-Kouhsari**, Bijan: Wirtschaftsgeologische Bestimmungsgründe der Bauwürdigkeit von Kohlen im Kerman-Becken/Iran. 1976. 114 S.
B-T FB Geowiss.

1422. **Nakissa**, Manutschehr: (Genese des Blei-Zink-Schwefelkies-Baryt-Vorkommens in den permotriassischen Sedimentgesteinen von Kuh-e-Surmeh (Provinz Fars, Süd-Iran) 1976. 149 Bl. HD, Naturwiss. Gesamtfak., Diss. nA U.76.8707

1423. **Beglari**, Parviz: Petrographische Untersuchungen in der Umgebung der Chromitlagerstätte von Khoy in NW-Azerbaijan/Iran. 1976. 122 S. AC-T, Techn. Hochsch., Fak. für Bergbau u. Hüttenwesen U.76.2795

1424. **Momenzadeh**, Morteza: Stratabound lead-zinc ores in the lower Cretaceous and Jurassic sediments in the Malayer-Esfahan district (West Central Iran): lithology, metal content, zonation and genesis. 1976. VII, 300 Bl. HD, Naturwiss. Gesamtfak. nA

1425. **Eschgi**, Hussein: Geologie, Petrographie und Genesis der Vulkanite im Gebiet südlich der Gazwin-Ebene im Iran. Wien 1976. 115 Bl., 2 Kt. gef. W 1977 Ma

1426. **Bruni**, Paolo: Studio chimico-petrografico del gruppo vulcanico del Savalan (Azerbaijan iraniano) Zürich 1976. III, 140 f. Z nA

1427. **Jenny**, Jacques Gabriel: Géologie et stratigraphie de l'Elbourz oriental entre Aliabad et Shahrud, Iran. Genève 1977. II, 243 p. GE

1428. **Alimi**, Mohammad Hossein: Untersuchungen zur Erdölgenese an Sedimenten der Unteren Odjaghgheshlagh-Formation (Obereozän) im Moghan-Becken/NW-Iran. 1977. VII, 216 S. AC-T, Fak. für Bergbau u. Hüttenwesen

1429. **Katuzi**, Mohammed-Reza: Untersuchung der erdölgeologischen Parameter von Kalksteinen der Tarbur-Formation in der Provinz Fars/Iran. (1977) 116 S. B-F FB Geowiss. 1976

1430. **Rahimi-Yazd**, Ali: Mikrofazielle und mikrofaunistische Untersuchungen aus der Perm/Trias-Grenze im Nordwest- u. Zentraliran. Innsbruck 1977. 109 Bl. IN n 1978 Ma

1431. **Seger**, Felix Ernst. Zur Geologie des Nord-Alamut-Gebietes (Zentral-Elburz, Iran) 1978. 161, X Bl., (56) Bl. Z-T n

1432. **Stampfli**, Gérard Maurice.: Etude géologique générale de l'Elburz oriental au S de Gonbad-e-Qabus, Iran N-E. 1978. X, 328 p. GE

Jordanien

1433. **Ruef,** Michael: Zur Stratigraphie und Tektonik der Kreide Jordaniens. Mit e. Beitr. zur Genese gefalteter Kieselgesteine. Heidelberg 1968. 140 gez. Bl. HD mn nA   U.68.8179

1434. **Khdeir,** Mohammad Kamal: Stratigraphie und paläogeographische Entwicklung des Jafr-Beckens (Südjordanien) Aachen 1968. 114 S. AC-T mn 1969

1435. **Arsalan,** Farouq A.: Geologie und Hydrogeologie der Azragq-Depression (Ost-Jordanien) 1976. 185 S. A-T Fak.f. Bergbau u. Hüttenwesen   U.76.2774

Libanon

1436. **Abdul-Salam,** Adel: Morphologische Studien in der Syrischen Wüste und dem Anti-Libanon. Berlin 1966. 52 S. B-F mn bA   U.66.1384 Berliner geographische Abhandlungen, Heft 3.

1437. **Hückel,** Ulrich: Mineralogischer und geochemischer Vergleich der Plattenkalke Solnhofens und des Libanon mit anderen Kalken. 1973. TÜ FB Erdwiss. 1974   U.74.14209

1438. **El-Kak,** Ahmad Massoud: Geomorphologisch-pedologische Unterchungen im Libanongebirge, in der El Bekaa-Ebene und dem Antilibanongebirge. Wien 1974. VI, 212 Bl. W ph 1975

Libyen

1439. **Quaas,** Arthur: Beitrag zur Kenntniß der Fauna der obersten Kreidebildungen in der Libyschen Wüste. (Oberwegschichten und Blätterthrone) Stuttgart 1902. S. 153-334. Aus: Palaeontographica, Bd. 30 (Ohne die Tafeln) M ph 1901

1440. **Wanner,** Johann: Die Fauna der obersten weißen Kreide der libyschen Wüste. Stuttgart 1902. S. 91-156. Aus: Palaeontographica, Bd. 30. M ph 1902

161

1441. **Mansour**, Abdelaziz Taher: Quartärgeologische Untersuchungen im oberen Murgebiet (Judenburg – St. Michael ob. Leoben) – Einige Diplographtiden aus dem Lybischen Silur. Graz 1964. 74, 22, IX Bl. GZ ph 1965

1442. **Haberland**, Wolfram: Untersuchungen an Krusten, Wüstenlacken und Polituren auf Gesteinsoberflächen der mittleren Sahara (Libyen und Tchad) 1974. III, 166 Bl. KI mn nA U.74.9351
Im Handel: Berliner Geographische Abhandlungen. 21.

1443. **Zöller**, Ingo: Zur Sedimentologie und Stratigraphie der postoberkarbonen kontinentalen Sedimente am Südost- und Ostrand des Murzuk-Beckens (Zentralsahara, Libyen) 1976. 167 S. B-T FB Bergbau u. Geowiss.

Marokko

1444. **Knoch**, Karl: Die Niederschlagsverhältnisse der Atlasländer. Marburg. 1906. 86 S. MR ph 1906

1445. **Dieckmann**, Walter: Die geologischen Verhältnisse der Umgebung von Mellila unter bes. Berücksichtigung der Eisenerz-Lagerstätten des Gebietes von Beni-Bu-Ifrur im Marokkanischen Rif. Berlin 1912. 22 S. Aus: Zeitschrift f. prakt. Geologie, Jg. 20. DR Ing.-Diss. 1912.

1446. **Brumder**, Emil: Beitrag zur Kenntnis der Eisenerzlagerstätten des nordöstl. Rifs (Marokko) (Essen 1914) 20 S., 3 Taf. Aus: Glückauf, Jg. 50. AC U.15.2461

1447. **Mensching**, Horst: Morphologische Studien im Hohen Atlas von Marokko. Ein Beitrag zur Geomorphologie und zum Klimagang des Quartärs in Nordafrika. Würzburg 1953. 104 S. WÜ Hab 1952 bA U.54.8888
Im Handel: Würzburger geographische Arbeiten, Heft 1. (Selbstverlag des Geogr. Inst. der Univ. Würzburg/1953.)

1448. **Alberti**, Gerhard K.B.: Trilobiten des jüngeren Soluriums sowie des Unter- und Mitteldevons. 1. Mit Beiträgen zur Silur-Devon-Stratigraphie einiger Gebiete Marokkos und Oberfrankens. Hamburg 1966. 962 S. HH mn Hab 1966 nA
Im Handel: Abhandlungen d. Senckenbergischen Naturforschenden Gesellschaft, 520.

1449. **Schoen**, Ulrich: Beitrag zur Kenntnis der Tonminerale im marokkanischen Boden. (1-10) Göttingen 1966. 108, 32, 20 gez. Bl. GÖ 1 Hab 1966 Mav nA

1450. **Thiede**, Jörn: Planktonische Foraminiferen in Sedimenten vom iberomarokkanischen Kontinentalrand. (Ausz.) Kiel 1971. 2 Bl. K mn
U.73.8651

1451. **Bensaid**, Mohamed: Untersuchungen über Goniatiten an der Grenze Mittel/Ober-Devon Süd-Marokkos. Bonn 1972. 84 gez. Bl. BN mn nA
Aus: Notes du service geologique. Maroc. 36(1974) 264   U.72.3096

1452, **Kudrass**, H(ermann)-R(udolf): Sedimentation am Kontinentalhang vor Portugal und Marokko im Spätpleistozän und Holozän. (Ausz.) Kiel 1972. 2 S. K mn   U.72.8332

1453. **Demnati**, Ahmed: Krustenstruktur im Rif-Bereich von Nord-Marokko aus gravimetrischen und aeromagnetischen Regionalmessungen. Hamburg 1973. S. 203-236. HH FB Geowiss. bA . Aus: Bolletino de geofisica teorica ed applicata. Vol. 14, Nr. 55.   U.73.6617

1454. **Ambos**, Robert: Untersuchungen zur pleistozänen Reliefentwicklung im Oberen Todrhagebiet am Südrand des Hohen Atlas (SE-Marokko) am Beispiel der intramontanen Becken von Ait Hani und Arhbalou n'Kerdous. 1976. 141 S. MZ FB 22 Geowiss. bA
Im Handel: Mainzer geographische Studien. 12 (Geogr. Inst. d. Johannes-Gutenberg-Univ./Mainz.)

1455. **Uttinger**, Jörg Hans: La Géologie de la Dorsale rifaine entre Tétouan et l'Oued Laou (Maroc septentrional) 1976. 210 f., (10) f. Z ph
Deutsche Zusammenfassung bA

1456. **Wildi**, Walter: Stratigraphie et sédimentation de la Dorsaire calcaire entre l'Oued Laou et Assifance (Maroc septentrional, Rif interne) Zurich 1976. 242 f. Z n
Soll im Handel erscheinen.

1457. **Sabelberg,** Udo: Jungquartär Relief- und Bodenentwicklung im Küsten-
bereich Südwestmarokkos. 1977. 170 S. GI FB Geowiss. u. Geographie
Im Handel: Landschaftsgenese und Landschaftsökologie. 1. (CATENA-
Verlag/Cremlingen-Destedt 1978.)

1458. **Andres,** Wolfgang: Studien zur jungquartären Reliefentwicklung des südwestlichen Anti-Atlas und seines saharischen Vorlandes (Marokko) 1977.
147 S. MZ FB 22 Geowiss. Hab
Im Handel: Mainzer geographische Studien. 9. (Geogr. Inst. d. Johannes-
Gutenberg Univ./Mainz.)

Oman

1459. **Lees,** George: Die Geologie Omans und von Teilen Südost-Arabiens. Wien
ph W 1927. In: Quarter. Journ. Geol. Soc. London, 84. 4. Nr. 336

Palästina / Israel

1460. **Sachsse,** Rudolph: Beiträge zur chemischen Kenntnis der Mineralien, Gesteine und Gewässer Palästinas... (Aus: Zeitschrift des Deutschen Palästi-
na-Ver., Bd. XX.) Leipzig 1896. 2 Bl., 35 S. ER ph 1896

1461. **Fuchs,** Ernst: Beiträge zur Petrographie Palästinas und der Hedschasprovinz. Marburg 1915. S. 533-582. Aus: Neues Jahrbuch für Mineralogie,
Beil. Bd. 40. MR ph   U.15.2158

1462. **Taubenhaus,** Haim: Die Ammoneen der Kreideformation Palästinas und
Syriens. Breslau 1919. 58 S., 5 Bl. BR ph 1918   U.19.2218

1463. **Enge,** Johannes: Der Anstieg des Toten Meeres 1880-1900 und seine
Erklärung. Borna-Leipzig 1931. 42 S. L ph   U.31.5596
Im Handel: Zum Klima der Türkei, Heft 4.

1464. **Adler,** Alfred: Zur Morphologie der Küste von Palästina. Erfurt 1934.
70 S. J mn   U.34.4254

1465. **Rosenberg,** Elijahu: Geologische Untersuchungen in den Naftalibergen
(am Rande des nördlichsten Teils der Jordansenke) Zürich 1960. 110 S.
Z ph-II

Saudi-Arabien

1466. **Fuchs**, Ernst: Beiträge zur Petrographie Palästinas und der Hedschasprovinz. Marburg 1915. S. 533-582. Aus: Neues Jahrbuch für Mineralogie. Beil. Bd. 40. MR ph   U.15.2158

1467. **Herrmann**, Ernst: Ueber Eruptivgesteine aus der Arabischen Wüste und ihre Feldspäte. Ma 47 S. Tafeln teilweise im mineral. Inst. der Univ. T. 1: in: Neues Jahrbuch für Mineralogie, Jg. 1924. T. 2 unter d. Titel: Über Zwillingsverwachsungen gesteinsbildender Plagioklase, in: Zeitschrift für Kristallogr. Bd. 59. B ph 1924   U.27.245

Sudan

1468. **Beinroth**, Friedrich H.: Über drei Vorkommen von Vertisols im Mittleren Sudan. Eigenschaften, Klassifikation, Entstehung und landwirtschaftliche Eignung. Stuttgart 1965. 115, XII S. S-T   U.65.11781
Im Handel: Arbeiten aus d. Geologisch-paläontologischen Institut der Technischen Hochschule Stuttgart, N.F., 49.

Syrien

1469. **Doss**, Bruno: Die basaltischen Laven und Tuffe der Provinz Haurān und vom Dīret et-Tulūl in Syrien. Wien 1886. 77 S. L ph 1887.

1470. **Poetz**, Wilhelm: Beiträge zur Kenntnis der basaltischen Gesteine von Nord-Syrien... (Aus: Zeitschr. der Deutsch. geologischen Ges., 1896, LXVIII) Berlin 1896. 1 Bl., 522-556 S. ER ph 1892

1471. **Finckh**, Ludwig: Beiträge zur Kenntniss der Gabbro- und Serpentingesteine von Nord-Syrien. Berlin 1898. S. 79-146. Aus: ZDMG, Jg. 1898 ER ph 1897

1472. **Daus**, Henning: Beiträge zur Kenntnis des marinen Miocäns in Kilikien und Nordsyrien. Stuttgart 1914. S. 429-500. Aus: Neues Jahrbuch für Mineral., Beil. Bd. 38. BR ph   U.14.3256

1473. **Taubenhaus**, Haim: Die Ammoneen der Kreideformation Palästinas und Syriens. Breslau 1919. 58 S., 5 Bl. BR ph 1918   U.19.2218

1474. **Abdul-Salam**, Adel: Morphologische Studien in der Syrischen Wüste und dem Anti-Libanon. Berlin 1966. 52 S. B-F mn bA   U.66.1384 Berliner geographische Abhandlungen, Heft 3.

1475. **Nagieb**, Mohamad Schaban: Geologische Kartierung in der nördlichen Hälfte der Al-Rouj-Grabenzone, NW-Syrien. Münster 1968. 56 gez. Bl. MS mn nA Mav   U.68.13254

1476. **Wendt**, Wolfgang Erich: Das Paläolithikum im Tal des Nahr el Kebir bei Latakia (Nordsyrien) und seine Beziehungen zu den quartären Fluß- und Strandterrassen. 1971. 239 S. K mn 1967   U.71.6913

1477. **El-Gassim**, Abdel Karim: Zur Stratigraphie und tektonischen Stellung der Nahr el Kebir Ash-Shemali-Bruchmulde (NW Syrien) Erlangen-Nürnberg 1972. 45 S. ER n   U.73.4431

Türkei

1478. **Weismantel**, Otto: Die Erdbeben des vorderen Kleinasiens in geschichtlicher Zeit... (Progr. d. Gymn. in Wiesbaden v. 1891) Marburg, Wiesbaden 1891. 31 S., 1 Bl. MR ph 1891

1479. **Thost**, Carl Robert: Mikroskopische Studien an Gesteinen des Karabagh-Gaus (Armenisches Hochland). Aus: Abh. d. Senckenberg. naturf. Ges., Bd. XVIII, 1893. S. 211-270, 1 Bl. L ph 1893

1480. **Andrä**, Ernst: Eruptivgesteine im Nordwesten Kleinasiens. Leipzig 1905. 45 S. L ph 1905

1481. **Krämer**, Rudolf: Kleinasiatische Smirgelvorkommen. Berlin 1907. 62 S. L 1907

1482. **Grützner**, K.E.: Beiträge zur Petrographie des westlichen Kleinasien. Weida i.Th. 1908. 80 S. L ph 1908

1483. **Angel**, Franz: Petrographische Studien an einigen Gesteinen aus der europäischen Türkei und Alt-Serbien. 1909. 68 Bl. GZ 1909

1484. **Meister**, Ernst: Über den Lias in Nordanatolien nebst Bemerkungen über das gleichzeitig vorkommende Rotliegende und die Gosaukreide. Stuttgart 1913. S. 499-548. Aus: Neues Jahrbuch für Mineral. Beil.-Bd. 35.
BR ph   U.13.3096

1485. **Daus**, Henning: Beiträge zur Kenntnis des marinen Miocäns in Kilikien und Nordsyrien. Stuttgart 1914. S. 429-500. Aus: Neues Jahrbuch für Mineral., Beil.-Bd. 38. BR ph   U.14.3256

1486. **Schweer**, Walter: Die türkisch-persischen Erdölvorkommen. Hamburg 1919. X, 247 S. KI rs nA   U.19.622
Im Handel: Abhandlungen d. Hamburgischen Kolonialinstituts, Bd. 40. Reihe A, Bd. 7.

1487. **Krüger**, Karl: Vorkommen, Gewinnung und Absatz des Kochsalzes im türkisch-arabischen Vorderasien. Hamburg 1920. 33 S. Aus: Mitteilungen der Geogr. Ges. in Hamburg, Bd. 33. HH mn 1921   U.22.4479

1488. **Gugenberger**, Odomar: Ueber den Lias des Ak Dagh von Merzifun und die Verbreitung des höheren Jura im nordöstlichen Anatolien. Ma W ph 1926

1489. **Schewket-Ahmet**, Mustafa: Über die Methode einer petrographisch-morphologischen Kartierung Anatoliens unter Berücksichtigung der natürlichen Verhältnisse dieses Landes. Jena 1933. 123 S. B-L 1933
U.34.224

1490. **Otkun**, Galib: Etude paléontologique des quelques gisements du Lias d'Anatolie. Genf 1942. 41 S. GE

1491. **Asim-Sirel**, Macıt: Die Kupferlagerstätte Ergani-Maden in der Türkei. o.O. (1944) 64 gez. Bl., 14 Bl., 14 Taf. B-T Ma nA   U.44.1344

1492. **Bayramgil**, Orhan: Mineralogische Untersuchungen an der Erzlagerstätte von Işıkdağ (Türkei) mit einem Kapitel über Aufbereitungsversuche. Zürich 1945. S. 24-112, 4 Taf. BA ph-n 1945

1493. **Sağıroğlu**, Halib N.: Sur quelques andésites d'Anatolie. Genf 1946. 84 S. GE

167

1494. **Önay, Togan Ş(erif):** Über die Smirgelgesteine Südwest-Anatoliens. Zürich 1950. S. 357-491. Aus: Schweiz. Mineral. petrograph. Mitteilungen, Bd. 29, H.2. Z-T n 1950

1495. **Tilev, Nuh:** Etude des rosalines maestrichtiennes (genre Globotruncana) du Sud-Est de la Turquie (Sondage de Ramandag) Ankara 1951. 101 S. LAU

1496. **Kiratlıoğlu, Esat:** Das Paläozoikum der Umgebung von Feke (Nord-Adana) SO-Türkei. 1959. 48 Bl. GZ 1959

1497. **Elgin, Mustafa Gültekin:** Die Magnetitlagerstätte des Bakırdag bei Ayazmant in Westanatolien, Türkei. o.O. 1959. 81 gez. Bl. BN mn Mav nA
U.59.1138

1498. **Kahrer, Carl:** Die Kupferlagerstätte Murgul in der nordöstlichen Türkei. o.O. 1958, 119 gez. Bl. BN mn 1958 Mav nA U.59.1148

1499 **Erkan, Hüseyn Halit:** Beitrag zur Kennzeichnung, Veredelung und Verwertung türkischer Stein- und Braunkohlen. (Heidelberg 1959) IV, 170 S. AC-T Fak. f. allg. Wiss. U.59.11

1500. **Can, Alparslan:** Petrographische und lagerstättenkundliche Untersuchungen im südlichen Teil des Granitmassives vom Uludag bei Bursa, Türkei. Bonn 1960. 77 S. BN mn 1960 U.61.1512

1501. **Ovalıoğlu, Rüştü:** Die Chromerzlagerstätten des Pozanti-Reviers und ihre ophiolithischen Muttergesteine. Clausthal 1961. IV, 85 S. CLZ Bergakademie, F.f. Bergbau und Hüttenwesen 1961 bA U.63.2045 Im Handel: Maden tetkik ve arama enstitüsü yayınlarından, 114.

1502. **Zankl, Heinrich:** Magmatismus und Bauplan des Ostpontischen Gebirges im Querprofil des Harşit-Tales. München 1962. 97 S. M n 1962 bA U.63.8502 Im Handel u.d. Titel: Geologisch-lagerstättenkundliche Untersuchungen im Ostpontischen Gebirge, zus. mit Hans-Helmut Schultze-Westrum und Albert Maucher, Bayer. Akad. d. Wiss. Math.-naturw. Kl. Abhandlungen N.F., H. 109.

1503. **Schultze-Westrum**, Hans-Helmut: Das geologische Profil des Aksudere bei Giresun (Nordost-Anatolien). München 1962. 97 S. M n bA

U.63.8476

Im Handel u.d. Titel: Geologisch-lagerstättenkundliche Untersuchungen im Ostpontischen Gebirge zus. mit Heinrich Zankl u. Albert Maucher. Bayer. Akad. d. Wiss. Math.-naturwiss. Abhandlungen. N.F. H. 109.

1504. **Göymen**, Güner: Erzmikroskopische Untersuchungen der Erzmineralien von Ergani Maden (Osttürkei), besonders ihrer unmittelbaren Nebengesteine. Heidelberg 1963. 73 gez. Bl. HD nm Mav nA   U.63.5208

1505. **Blümel**, Georg Friedrich: Die Blei-Zinklagerstätte von Ortakonus/Anamur (Türkei) und ihr geologischer Rahmen. München 1965. 60 S. M n

U.65.10349

1506. **Bremer**, Heinrich: Zur Ammonitenfauna und Stratigraphie des unteren Lias (Sinemurium – Carixium) in der Umgebung von Ankara (Türkei). Tübingen 1965. S. 127-221. Aus: Neues Jahrbuch für Geologie und Paläontologie. Abhandlungen, Bd. 122, Heft 2. TÜ mn nA   U.65.12287

1507. **Dora**, Osman Özcan: Geologisch-lagerstättenkundliche Untersuchungen im Yamanlaer-Gebirge nördlich von Karşıyaka (Westanatolien) München 1965. VI, 68 S. M n   U.65.10363

Im Handel: Maden tetik ve arama Enstitüsü Yayınlarından, No. 116.

1508. **Striebel**, Heinrich: Die Bleierz-Baryt-Lagerstätte von Karalar/Gazipaşa (Türkei) und ihr geologischer Rahmen. München 1965. II, 48 S. M n

U.65.10457

1509. **Höll**, Rudolf: Genese und Altersstellung von Vorkommen der Sb-W-Hg Formation in der Türkei und auf Chios/Griechenland. München 1966. 118 S. M n   U.66.12355

Im Handel: Bayer. Akad. d. Wiss. Math.-naturwiss. Kl., Abhandlungen N.F., H. 127.

1510. **Kruse**, Gerhard: Stratigraphische Untersuchungen an erzführenden permischen Kalken im Hohen Bolkardag (kilikischer Taurus) Unter besonderer Betrachtung der Blei-Zink-Lagerstätte von Bolkar Maden. München 1966. 55 S., VIII S. M n   U.66.12378

1511. **Löffler,** Ernst: Untersuchungen z. eiszeitl. u. rezenten klimagenetischen Formenschutz in den Gebirgen Nordostanatolien. Heidelberg 1967. 217 gez. Bl. HD nm nA Mav   U.67.8017

1512. **Wiesner,** Kurt: Die Quecksilberlagerstätte von Konya (Türkei) und ihre Prospektion. Leoben 1967. 71 S. Leoben, Montanistische Hochschule 1967

1513. **Çagatay,** Ahmet: Erzmikroskopische Untersuchung des Weiß-Vorkommens, Ergani Maden, in der Osttürkei und Bestimmung von einigen seiner Erzminerale mit der Mikrosonde. (Gekürzte Fassg.) Mainz 1967. 2 Bl. MZ n nA Vollst. Arbeit 56 Bl. Mav   U.67.10754

1514. **Becker-Platen,** Jens Dieter: Lithostratigraphische Untersuchungen im Känozoikum Südwest-Anatoliens/Türkei. Hannover 1968. 243 S. H-T nA   U.70.10180
Im Handel.

1515. **Tatar,** Yusuf: Geologie und Petrographie des Marmaris-Gebietes (SW-Türkei) Zürich 1968. V, 92 S. Z ph-II 1968.

1516. **Kelter,** Dietmar: Geologische Untersuchungen im Gebiet um Şarkı-Karaagaç am Nordende des Beyşehir-Sees (Türkei) Münster 1968. 105, III gez. Bl. MS mn 1968 Mav nA

1517. **Aytekin,** Yavuz: Untersuchungen zur Sammleradsorption und deren Verteilung an Mineraloberflächen am Beispiel des Cakmakkaya-Kupferkieserzes. Berlin 1968. 102 S. mit Abb. B-T Fak. für Bergbau und Hüttenwesen. 1968

1518. **Haude,** Herbert: Zur Geologie des mittleren Sultan Dag südwestlich von Akşehir (Türkei) Münster 1968. 147 gez. Bl. MS mn 1968 Mav nA
U.68.13085

1519. **Ghukassian,** Heros: Geologie des Gebietes westlich Doganhisar im südlichen Sultan-Dag (Provinz Konya/Türkei) Münster 1968. 108 gez. Bl. MS mn 1968 nA   U.68.13054

1520. **Schiftah**, Salamat: Eine Oberkreidefauna des Şensuyu-Gebietes (Kelkit, NE-Anatolien) München 1968. 141 S. M n 1968

1521. **El Ishmawi**, Ribhi: Geologie des nördlichen Mittelteils des Amanosgebirges zwischen Islahiye und Bahçe (S-Türkei) Erlangen-Nürnberg 1969. 126 gez. Bl. ER n 1969 Mav nA

1522. **Balzer**, Hans-Jürgen: Geologische Untersuchungen im südwestlichen Sultan-Dag (Türkei) Münster 1969. 105 gez. Bl. MS mn nA 1969
U.69.14941

1523. **Roloff**, Achim: Die jungkretazisch-terziäre Entwicklung am W-Rand des Amanosgebirges (Süd-Türkei) Mit 26 Abb. im Text und 3 Anl. Erlangen-Nürnberg 1969. 82 S. ER n 1969

1524. **Lahner**, Lothar: Geologische Untersuchungen an der Ostflanke des mittleren Amanos (SE-Türkei) Erlangen-Nürnberg 1970. 111 gez. Bl. ER n 1970 nA
U.70.7440

1525. **Irion**, Georg: Mineralogisch-sedimentpetrographische und geochemische Untersuchungen am Tuz Gölü (Salzsee), Türkei. Heidelberg 1970. 86 gez. Bl. HD nm 1970 Mav nA
U.70.10804

1526. **Güldali**, Nuri: Karstmorphologische Studien im Gebiet des Poljesystems von Kestel (Westlicher Taurus, Türkei) Tübingen 1970. 104 S. TÜ, Fachbereich Erdwiss. nA
U.70.15758
Im Handel.

1527. **Janetzko**, Peter: Geologische Untersuchungen an der Ostflanke des südlichen Amanos-Gebirges zwischen Islahiye und Hassa (Südtürkei) Erlangen-Nürnberg 1970. 85 gez. Bl. ER n 1970 Mav nA U.72.4459
Aus: Geotektonische Forschungen. 1972. H. 42.

1528. **Uzkut**, Ismet: Die Manganerzvorkommen von Türkisch-Thrakien. 1971. 6, 326, 69 S. CLZ-T
U.75.4953

1529. **Schloemer**, Wolfgang: Hydrogeologische Untersuchungen im Braunkohlen-Becken von Elbistan (Osttürkei) 1971. 154 S. AC-T Fak. f. Bergbau u. Hüttenwesen 1971

1530. **Irrlitz,** Wolfgang: Lithostratigraphie und tektonische Entwicklung des Neogens in Nordostanatolien. Mit 9 Abb., 2 Fototaf. u. 8 Falttaf. Berlin 1971. 111 S. B-F Geowiss. bA   U.73.13502 Im Handel.

1531. **Özsayar,** Türker: Paläontologie und Geologie des Gebietes östlich Trabzon (Anatolien) 1971, 138 S. GI geo nA Im Handel: Gießener geologische Schriften. 1. (Geologisch-paläontolog. Institut/Gießen 1971.)

1532. **Pişkin,** Özkan, Etude minéralogique et pétrographique de la région située à l'est Çelikhan (Taurus oriental, Turquie) Genève 1972. XIV, 153 p. GE

1533. **Yazgan,** Evren: Etude géologique et pétrographique du complexe ophiolitique de la région située au sud-est de Malatya (Taurus oriental, Turquie) et de se couverture volcano-sédimentaire. Genève 1972. 236 p. GE

1534. **Tuzcu,** Nezih: Etude minéralogique et pétrographique de la région de Baskisla dans le Taurus occidental (Karaman, vilâyet de Konya, Turquie) Genève 1972. 108 S. GE

1535. **Echle,** Wolfram: Zur Mineralogie und Petrologie der jungtertiären Sedimente (insbesondere der Tuffe und Tuffite) im Neogenbecken nördlich Mihaliççik (Westanatolien, Türkei).Mit e. Beitr. zur Entstehung u. Zusammensetzung sedimentärer Analcime. Aachen 1972. 237 S. mit Abb. AC-T, F. f. Bergbau u. Hüttenw. Hab   U.73.2333

1536. **Sözen,** Attilâ: Geologische Untersuchungen zur Genese der Zinnober-Lagerstätte Kalecik/Karaburun (Türkei) 1973. 46 S. M F.f. Geowiss.
                                        U.76.12427

1537. **Bilitza,** Uwe Volker: Die ägäische Küste Anatoliens: eine küstenmorpholog. Studie unter Berücks. d. Problems d. eustat. Terrassen. 1973. VIII, 283 S. BO Geowiss.   U.74.3104

1538. **Tanrikulu,** Kamil: Geologisch-petrographische und lagerstättenkundliche Untersuchungen im Gebiet von Maden-Köy und Miskin (Provinz: Siirt SE-Türkei) 1973. 123 Bl. HD n nA   U.74.8741

1539. **Schischwani**, Esfandiar: Mineralbestand, chemische und petrographische Zusammensetzung ignimbritischer Gesteine zwischen Aksaray und Kayseri (Zentralanatolien/Türkei) 1974. 115 Bl. F Geowiss. F. nA
U.75.7108

1540. **Akin**, Hikmet: Die Buntmetall-Komplexerzlagerstätte Harşit-Köprübaşi, Provinz Giresun/Türkei: genet. Deutung u. montangeolog. Bewertung. 1974. 107, 5, 6 S. Ill. B-T, Fachbereich für Bergbau u. Geowiss., Diss. 1974
U.74.15360

1541. **Dürr**, Stefan Hermann: Über Alter und geotektonische Stellung des Menderes-Kristallins / SW-Anatolien und seine Aequivalente in der mittleren Aegaeis. 1975. 107 S. MR Fachbereich Geowiss. Hab 1976

1542. **Büyük**, Mehmet: Geologische und hydrologische Untersuchungen im Becken von Inönü (Nordwesttürkei) 1975. 142 S. AC-T Fak. für Bergbau u. Hüttenwesen
U.75.3203

1543. **Batum**, Ilker: Petrographische und geochemische Untersuchungen in den Vulkangebieten Göllüdag und Acigöl (Zentralanatolien/Türkei) 1975. 101 Bl. FR Geowiss.Fak. nA
U.76.5860

1544. **El Gaziry**, Abdel Wahid: Jungtertiäre Mastodonten aus Anatolien (Türkei) 1975. 143 S. HH FB Geowiss. bA
U.76.7370
Im Handel: Geologisches Jahrbuch. Reihe B. Regionale Geologie Ausland. 22. (Hannover: Bundesanstalt für Geowiss. u. Rohstoffe. Stuttgart: Schweizerbart 1976.)

1545. **Konuk**, Yilmaz Tosun: Geologie eines Abschnitts der nordanatolischen Erdbebenlinie bei Kamil/Osmancik (Prov. Çorum, Türkei): Kuzey Anadolu Fayi Kamil-Osmancik (Çorum) kesiminin jeoloji si) 1974, 82 S. B mn
U.76.3691

1546. **Sonel**, Nurettin: Geologische, sedimentologische, geochemische und gesteinsphysikalische Untersuchungen an Flyschsedimenten des älteren Tertiärs und Maastrichts von Polatli und Haymana/Türkei mit kritischer Beurteilung ihrer Eignung als Erdölträger. 1976, 224 S. CLZ-T

1547. **Uygun**, Ali: Geologie und Daitomit-Vorkommen des Neogen-Beckens von Emmiler-Hirka (Kayseri-Türkei): (Emmiler-Hirka (Kayseri) Neojen Havzasinin Jeolojisi ve Diyatomit Yataklari) 1976. 136 S. BN mn
U.75.4645

1548. **Sarp**, Halil: Etude géologique et pétrographique du cortège ophiolitique de la région située au nord-ouest de Yesilova (Burdur-Turquie) Genève 1976. XII, 408 p. GE

1549. **Ayan**, Tevfik: Astrogeodätische Geoidberechnung für das Gebiet der Türkei. 1976. 138 S. KA, Fak. f. Bauingenieur- u. Vermessungswesen nA
U.76.9085

1550 **Öngen**, Sinan: Petrographie des Cavuslu-Karaköy Granitoid Massivs und einiges über ein Wollastonitvorkommen an seinem Kontakt. Wien 1976. 202 Bl. W Ma 1977

1551. **Taner**, Mehmet Fevzi: Etude géologique et pétrographique de la région de Güneyce-Ikizdere, située au sud de Rize (Pontides orientales, Turquie) Genève 1977. XII, 180 p. GE

1552. **Göncüoglu**, Mehmet Cemal: Geologie des westlichen Nidge-Massivs: (Nigde masifi batisinin jeolojisi)/vorgelegt von Mehmet Cemal Göncüoglu. 1977, 180 S. BN mn

1553. **Bas**, Halil: Petrologische und geochemische Untersuchungen an subrezenten Vulkaniten der nordanatolischen Störungszone (Abschnitt Erzincan-Niksar, Türkei) 1979. 116 S. HH FB Geowiss.

GESCHICHTE, KULTURGESCHICHTE

Allgemeines

1554. **Amiet-Keller**, Marianne: Die Kolonisation im Urteil schweizerischer
Staatstheoretiker, Wirtschaftstheoretiker und Historiker (1815-1914)
1974. 178 S. BA ph bA
Im Handel: Europäische Hochschulschriften. Reihe 3. Geschichte
und ihre Hilfswissenschaften. 31. (Lang/Bern, Frankfurt.)

1555. **Heymann**, Ilse: Sozialdemokratie contra „Weltpolitik": die Haltung
der deutschen Sozialdemokratie zu einigen Problemen der beginnenden Weltmachtpolitik des deutschen Imperialismus und zum heraus-
bildenden Gegensatz zwischen Deutschland und England in den Jahren
1894 bis 1898. 1974. IX, 244 gez. Bl. B, Akad. d. Wiss. d. DDR, Diss.
A 1974 nA

1556. **Frey**, Werner: Sir Valentine Chirol. Die britische Position und Politik
in Asien 1895-1925. Zürich 1976. VIII, 256 S. Z ph
Im Handel: Juris-Verlag.

Vorderer Orient

Allgemeines

1557. **Tischendorf**, P.A. von: Das System der Lehen in den moslemischen
Staaten, besonders im osmanischen Staate. Leipzig 1871. 63 S. L ph

1558. **Trimborn**, Herman: Rassen und Kulturen in Afrika. Bonn 1942. 31 S.
mit Abb. Kriegsvorträge d. Rhein. Friedrich-Wilhelms-Universität
Bonn a. Rh. H. 54.   U.42.941

1559. **Boschwitz**, Friedemann: Julius Wellhausen. Motive und Maßstäbe
seiner Geschichtsschreibung. Berlin 1938. 87 S. MR ph 1946
        U.45/48.9547
Im Handel: Libelli, CCXXXVIII (Darmstadt 1968.)

1560. **Paret**, Rudi: Der Islam und das griechische Bildungsgut. Tübingen
J.C.B. Mohr (Paul Siebeck) 1950. 32 S. Philosophie u. Gesch. 70.
(Vortrag gehalten am 8. Febr. 1950 in Bonn im Rahmen der Vorle-
sungsreihe „Universitas")

175

1561. **Hoffmann**, Horst: Julius Wellhausen. Die Frage des absoluten Maßstabes seiner Geschichtsschreibung. Marburg 1967. 91 S. MR th   U.67.10853

1562. **Schulin**, Ernst: Die weltgeschichtliche Erfassung des Orients bei Hegel und Ranke. Göttingen (1958), 325 S. GÖ ph nA   U.58.2869
Im Handel als: Veröffentlichungen des Max-Planck-Instituts für Geschichte, Bd. 2 (Göttingen/Vandenhoeck-Ruprecht 1958.)

1563. **Dubler**, C(ésar) E.: Das Weiterleben des alten Orients im Islam. Zürich 1958, 16 S. Antrittsvorlesung phil. I. Erw. SA. aus: Neue Zürcher Zeitung, Beil. Literatur und Kunst, Nr. 836, 1958

1564. **Kraemer**, Jörg: Das Problem der islamischen Kulturgeschichte. Tübingen: Niemeyer Verlag 1959. 69 S. (Öffentl. Antrittsvorl. Erlangen v. 17. Mai 1958)

1565. **Kress**, Hans Joachim: Die islamische Kulturepoche auf der iberischen Halbinsel. Eine historisch-kulturgeograph. Studie. Marburg 1968. MR 1968 mn bA   U.69.13298
Im Handel: Marburger geographische Schriften, 43 (Selbstverlag des Geograph. Instituts der Univ. Marburg 1968.)

1566. **Tisini**, Tayeb: Einführung in die Problematik des arabischen Geisteserbes. Berlin 1973. 150 gez. Bl. B-H Diss. B nA Mav   U.73.44

Arabisch-islamische Geschichte bis zum Mongolensturm

1567. **Huber**, Anton: Über das „Meisir" genannte Spiel der heidnischen Araber. Leipzig 1883. 62 S. L ph

1568. **Brünnow**, Rudolf Ernst: Die Charidschiten unter den ersten Omayyaden. Ein Beitrag zur Geschichte des ersten islamischen Jahrhunderts. Leiden. E.J. Brill 1884. 8., XII, 110 S. Straßburg 1884 ph

1569. **Hein**, Wilhelm: Omar II, in seinem Verhältnis zum Staate. W ph 1885

1570. **Grimme**, Hubertus: Palmyrae sive Tadmur urbis fata quae fuerint tempore Muslimico. Monasterii Guestfalorum 1886. 2, 50 S. B ph 1886

1571. **Vos**, Geerhardus: Die Kämpfe und Streitigkeiten zwischen den Banū 'Umajja und den Banū Hāsim. Von Taḳijj Ad-Dīn Al-Maḳkrīzzijj. Leiden 1888. X, 72 S. ST ph 1888

1572. **Fischer**, August: Biographien von Gewährsmännern des Ibn Isḥāq, hauptsächlich aus Aḏ-Ḏahabī. Halle a. S. 1889. 1 Bl., XVIII, 16 S., 1 Bl. HAL ph 1889

1573. **Brockelmann**, Carl: Das Verhältnis Ibn-el-Aṯīrs Kāmil fit-Ta'rich zu Tabaris Aḫbār Errusul Wal Mulūk. Straßburg 1890. 3 Bl., 58 S. ST ph 1890

1574. **Nützel**, Heinrich: Münzen der Rasuliden nebst einem Abriss der Geschichte dieser jemenitischen Dynastie. Berlin 1891. 80 S. J ph 1891

1575. **Brockelmann**, Carl: ᶜAbderraḥmān Abulfaraǧ Ibn al-Gauzī 's Talḳīh fuhūm ahl alāṯar fī muḫtaṣar assijar walaḫbār. Nach der Berliner Hs. untersucht. Breslau 1893. 2 Bl., 56 S., 1 Bl. BR ph Hab 1893

1576. **Schwenkow**, Ludolf: Kritische Betrachtungen der lateinisch geschriebenen Quellen zur Geschichte der Eroberung Spaniens durch die Araber. Celle 1894. 99 S. GÖ ph 1894

1577. **Brönnle**, Paul: Die Commentatoren des Ibn Isḥāk und ihre Scholien nebst dem Commentar des Abū Ḏarr und des Suheilī zu den Gedichten über die Schlacht bei Badr (Ibn Hisam ed. Wüstenfeld I, 516-539) nach d. Handschriften zu Berlin, Strassburg und Paris hrsg. und textkrit. bearb. Halle a.S. 1895. 2 Bl., XXXII, 55 S., 1 Bl. HAL ph 1895

1578. **Keller**, Hans: Das Kitāb Bagdad von Abu'l-Fadl Ahmad Ibn Abi Tahir Taifur. Leipzig 1898. 60, 27 S. BE ph 1897/98

1579. **Horovitz**, Josef: De Wāqidii libro qui kitāb al Maǧāzī inscribitur. Berlin 1898. 48 S. B ph 1898

1580. **Rothstein**, Gustav: Die Dynastie der Laḫmiden in al-Ḥīra. Ein Versuch zur arabisch-persischen Geschichte zur Zeit der Sasaniden. T. 1. Göttingen 1898. 40 S. HAL ph 1898
Im Handel: Reuther u. Reichard, Berlin 1899.

1581. **Becker**, Carl Heinrich: Ibn Ġauzī's Manāqib ᶜOmar ibn ᶜAbd el
ᶜAzīz besprochen und im Auszuge mitgeteilt. Leipzig 1899. VIII,
22, 168 S. HD ph 1899
Im Handel: Calvary/Berlin 1900.

1582. **Mittwoch**, Eugenius: Proelia Arabum paganorum (Ajjām al-ᶜArab)
quomodo litteris tradita sint. Berlin 1899. 44 S. B ph 1899

1583. **Becker**, Carl H(einrich): Beiträge zur Geschichte Ägyptens unter dem
Islam. (H. 1) Strassburg 1902. 80 S. HD ph 1902 Hab.

1584. **Ghazarian**, Mkrtitsch: Armenien unter der arabischen Herrschaft bis zur
Entstehung des Bagratidenreiches. Nach arabischen und armenischen
Quellen. Marburg 1903. 87 S. ST ph 1902

1585. **Mžik**, Hans von: Das Vezirat bei den Arabern. W ph 1903

1586. **Lokys**, Georg: Die Kämpfe der Araber mit den Karolingern bis zum Tode
Ludwig II. (Einleitung, Abschn. 1 und 2, 1) Heidelberg 1906. 36 S. B ph
1906
Im Handel vollst.: Heidelberger Abhandlungen zur mittleren und neueren Geschichte, Heft 13 (Winter/Heidelberg 1906.)

1587. **Helbig**, Adolph H.: Al-Qāḍī al-Fāḍil, der Wezīr Saladin's. Eine Biographie. Leipzig 1908. 75 S. HD ph 1909　　　　U.09.1995

1588. **Hofmeier**, Karl: Der Einfluß des genealogischen Momentes auf die Thron-
folge im Chalifate bis zum Untergang des Umaijadenreiches. W ph 1909

1589. **Banning**, Hubert: Muḥammad ibn al-Ḥanafīja. Ein Beitrag zur Geschichte des Islams des ersten Jahrhunderts. ER ph 1909　　　　U.10.833

1590. **Bunz**, Hugo: Kitāb ittiᶜāẓ al-ḥunafā bi aḫbār al-a'imma al-ḫulafā (Fati-
midengeschichte) vpn Al-Maḳkrīzī zum erstenmal hrsg. nach dem auto-
graphen Gothaer Unikum. (Jerusalem 1909) VII, 151 S. TÜ ph 1909
　　　　　　　　　　　　　　　　　　　　　　　　U.10.4173
Im Handel: Harrassowitz/Leipzig.

1591. **Süssheim**, Karl: Prolegomena zu einer Ausgabe der im Britischen Museum zu London verwahrten „Chronik des Seldschuqischen Reiches" (Aḫbār ad-daula as-salǧūqijja). Eine litteraturhistor. Studie. Leipzig 1911. VI, 47 S. M ph Hab nA U.11.3888
Im Handel: Harrassowitz/Leipzig 1911.

1592. **Reitemeyer**, Else: Die Städtegründungen der Araber im Islām nach den arabischen Historikern und Geographen. München 1912. IV, 172 S. M ph U.12.2342

1593. **Kasdorff**, Reinhold: Haus und Hauswesen im alten Arabien (bis zur Zeit des Chalifen Othman) Halle a.S. 1914. 71 S. HAL ph U.14.3778

1594. **Sperber**, Jakob: Die Schreiben Muḥammads an die Stämme Arabiens. (Berlin 1916) 96 S. Aus: Mitteilungen des Sem. f. orient. Sprachen zu Berlin. Jg. 19, Abt. 2, 1-93. B ph U.16.1425

1595. **Pfaff**, Franz: Historisch-kritische Untersuchungen zu dem Grundsteuerbuch des Jaḥjā ibn Ādam. Berlin 1917. 50 S. ER ph U.17.1467
Im Handel: Trenkel/Berlin.

1596. **Seif**, Theodor: Kritische Untersuchungen über die arabischen Quellen zur alten Islamgeschichte. Ha W ph 1918

1597. **Schaeder**, Hans Heinrich: Hasan von Basra. Ein Beitrag zur Geschichte des frühen Islam. Breslau 1919. 2 Bl. (Nur Titel und Lebenslauf) BR ph 1919. In: Der Islam 14 (1925), 1-75 U.19.2210

1598. **Baneth**, Dawid Hartwig: Beiträge zur Kritik und zum sprachlichen Verständnis der Schreiben Mohammeds. Ma 69, 25 S. Auszug in :Jahrbuch der Diss. d. Phil. Fak. Berlin 1919-20, S. 218-220. B ph 1920 (1921) U.21.5933

1599. **Fries**, Nikolaus: Das Heerwesen der Araber zur Zeit der Omaijaden nach Ṭabarī. Tübingen 1921. 94 S. KI ph U.21.7076

1600. **Bräunlich**, Erich: Bisṭam ibn Qais, ein vorislamischer Beduinenfürst und Held. Leipzig 1923. 84 S. L ph Hab 1922 nA U.23.8756
Im Handel: Morgenländische Texte und Forschungen, I,4.

1601. **Mazhar**, Ali: Der Partikularismus bei den Arabern bis zum Sturze der Omajjaden im Osten, besonders in Beziehung auf ihre Dichtungen. Ma W ph 1923

1602. **Fück**, Johann: Muḥammad ibn Isḥāq. Literat.-hist. Untersuchung (Autogr.) 46 S. Auszug: o.O. u.J. 1 Bl. F ph   U.26.1620

1603. **Tschudi**, Rudolf: Das Chalifat. Tübingen: Mohr 1926. 29 S. (Philosophie und Geschichte. 10.) Rede vom 2.2.1926 in Basel

1604. **Bräunlich**, E(rich): The Well in ancient Arabia. Leipzig 1925. IX, 159 S. Auszug unter d. Titel: Der Brunnen im alten Arabien, in: Jahrbuch der Phil. Fak. Leipzig 1921. 1 S. 35-37. L ph 1920   U.26.5160 In: Islamica I (1925) 41-76, 288-343 und 454-528.

1605. **Trummeter**, Fritz: Ibn Saᶜīd's Geschichte der vorislamischen Araber. Stuttgart 1928. 67 S. MS ph   U.28.5490 Im Handel: Kohlhammer/Stuttgart 1928.

1606. **Ayad**, Mohammed Kamil: Die Bedingungen und Triebkräfte des geschichtlichen Geschehens in Ibn Ḫaldūns Geschichtslehre. (Teildr.) Stuttgart 1930. 29. S. B ph 1930 (31)   U.31.930 Im Handel vollständig als: Forschungen zur Geschichts- und Gesellschaftslehre. Heft 2.

1607. **Geritz**, Alfred: Die Charakterentwicklung der Araber im Kalifenreich in ihrer Abhängigkeit von Landschaften und Lebensformen. Hamburg (1930). 95 S. HH mn 1930   U.31.3776 Im Handel.

1608. **Hoefner**, Maria: Die sabäischen Inschriften der südarabischen Expedition im kunsthistorischen Museum in Wien. 1931. 96 Bl. GZ ph 1931

1609. **Grünebaum**, Gustav: Ueber die Jahre 78-117 H. in Ibn Kaṯīrs Weltgeschichte al-Bidāja wa'n-Nihāja, mit ausgewählten Texten und einem Personalregister. Ma W ph 1931

1610. **Rosenthal**, Erwin: Ibn Khalduns Gedanken über den Staat. Ein Beitrag zur Geschichte der mittelalterlichen Staatslehre. (München 1931) VIII, 118 S. Auch als: Historische Zeitschrift, Beih. 25. B ph   U.31.975

1611. Selzer, Moische: Buch, enthaltend das, was über die Banū Umajja und Banū ᶜ Abbās überliefert worden ist von dem hervorragenden Gelehrten Šaiḫ Ahmad b. ᶜAlī al-Maḳrīzī, nebst Uebersetzung und Erläuterungen. Ma W ph 1932

1612. Weiss Rosmarin, Trude: Aribi und Arabien in den babylonisch-assyrischen Quellen. New York 1932. 45 S. Aus: Journ. of the Soc. of Oriental Research, 16. WÜ ph 1931 nA   U.32.7600

1614. Jochum, Johannes: Geschichte der Familie El-ᶜ Abbās bin ᶜ Abd el Muttalib bis zur Thronbesteigung. T. 1. Berlin 1933. 48 S. B ph
U.33.103

16 15. Hartmann, Johannes: Die Persönlichkeit des Sultan Saladin im Urteil der abendländischen Quellen. (Teildr.) Berlin 1933. 37 S. J ph
U.33.6597
Im Handel vollst. als : Historische Studien, 239.

1616. Validi, Ahmet Zeki: Ibn-Faḍlāns Reiseberichte. Seine Berichte über Erlebnisse der arabischen Gesandtschaft im Lande der Oguzen, Pečenegen, Baschkiren und Bulgaren. Ma W 1935
Im Handel: Abhandlungen für die Kunde des Morgenlandes, 24. 3.

1617. Haag, Wolfgang: Ḫālid B. ᶜ Abd Allāh al Qasrī, ein Statthalter der ausgehenden Umajjadenzeit. o.O. (1935) 75 gez. Bl. Ma nA B ph 1935
U.36.581

1618. Hellige, Walter: Die Regentschaft Al-Muwaffaqs. Ein Wendepunkt in der ᶜ Abbāsidengeschichte. Berlin 1936. 51 S. B ph nA   U.36.592
Im Handel: Neue Dt. Forschungen. Abt. Orient. Philologie und Kulturgeschichte, Bd. 1 = Bd. 87 (der Gesamtreihe).

1619. Binder, Friedrich: Die materiellen Grundlagen der Beduinenkultur. 1938. 276 Bl., 1 Kt. W 1938

1620. Klein, Hedwig: Kapitel XXXIII der anonymen arabischen Chronik Kašf al-Ġumma al-Ġamiᶜ li-Aḫbār al-Umma betitelt Aḫbār ahl ᶜ Omān min Auwal Islāmihim ilā 'Ḫtilāf Kalimatihim (,,Geschichte der Leute von ᶜ Oman von ihrer Annahme des Islam bis zu ihrem Dissensus") Auf Grund der Berliner Hs. unter Heranziehung verwandter Werke hrsg. Hamburg 1938. XI, 66, 46 S. HH ph 1947 bA
U.45/48.5658

1621. **Kannuna,** A. Karim: Muhammed als Erzieher der Araber. Zürich 1940. 75 S. Z ph 1940.
Im Handel: A.-G. Fachschriftenverlag u. Buchdruck/Zürich 1940.

1622. **Keller,** Richard: Das Pferd in Nordafrika, eine kulturgeschichtliche Studie. o.O. (1940). 152, IX gez. Bl. Ma L ph nA   U.41.4146

1623. **Sharif,** Moḥammed Badī ': Beiträge zur Geschichte der Mawālī-Bewegung im Osten des Chalifenreiches. Basel 1942. 70 S. BA ph 1942

1624. **Al-Hilali,** Hamid Majid: Das Finanzsystem des ersten arabisch-islamischen Reiches. (1.-40 d. H = 622-661 n. Chr.) o.O. (1944) 90 gez. Bl. Ma HD sw   U.44.5060

1625, **Bargebuhr,** Fritz Paul: Über das Beamtentum unter Saladin. Jerusalem 1947. 172 gez. Bl. Ma M ph nA   U.51.7528

1626. **Caskel,** Werner: Das altarabische Königreich Liḥjan. Festrede. Krefeld (1950) 29 S. = Kölner Universitätsreden, 8   U.50.4507

1627. **Zoppoth,** Gerhard: Die pseudo-aristotetlische Schrift „Das Buch der Kriegstaktik" nach den Handschriften zu Tübingen (Berlin), Wien und Istanbul. Wien 1951. W ph 1951

1628. **Grütter,** Irene: Arabische Bestattungsbräuche in frühislamischer Zeit (nach Ibn Saᶜd, Buḫārī und Abū Dāʾūd). o.O. (1952) 119 gez. Bl. Ma ER ph nA In: Der Islam 31 (1954), 147-173, 32 (1957), 79-104, 168-194
U.52.1944

1629. **Beckmann,** Leo H(ans) H(ermann): Die muslimischen Heere der Eoberungszeit. (Das Instrument d. Ausbreitung d. Islams, sein Aufbau, seine Gliederung, seine Führung und sein Einsatz) 622-651. Hamburg 1953. 158 gez. Bl. Ma HH ph nA   U.53.4072

1630. **Strenziok,** Gert: Die Genealogien der Nordaraber nach Ibn al-Kalbi. Köln 1953. 156 gez. Bl., gez. Bl. 157-335, 336-459. Ma K ph nA U.53.5837

1631. **Eickhoff,** Ekkehard: Seekrieg und Seepolitik zwischen Islam und Abendland bis zum Aufstiege Pisas und Genuas 650 - 1040. Saarbrükken 1954. V, 292 S. SB ph 1953
Im Handel: Schriften der Universität des Saarlandes. 15. Später in überarbeiteter und weitergeführter Form als: Seekrieg und Seepolitik zwischen Islam und Abendland. Das Mittelalter unter byzantinischer und arabischer Hegemonie (650-1040), Berlin: de Gruyter 1966. XI, 438 S.

1632. **Hashmi,** Yusuf Abbas: Political, cultural and administrative History under the latter Ghaznavids (from 421/1030 to 583/1187) Hamburg 1956. III, 199 gez. Bl., 1 Taf. Ma HH ph nA   U.57.3968

1633. **Stülpnagel,** Joachim von: ᶜUrwa Ibn az-Zubair. Sein Leben und seine Bedeutung als Quelle frühislamischer Überlieferung. o.O. (1957). III, 155 gez. Bl. Ma TÜ ph nA   U.57.8447

1634. **Gelpke,** Rudolf: Sultān Masᶜūd I. von Gazna. Die drei ersten Jahre seiner Herrschaft. (421/1030 – 424/1033). Basel 1957. 153 S. BA

1635. **Cornelius,** Harald: Hālid b. ᶜAbdallāh al-Qasrī, Statthalter vom Irak unter den Omayyaden (742-738 n.Chr.) Frankfurt a.M. 1958. 138 S.
F ph   U.58.2073

1636. **Qureshi,** Aijaz Hassan: Die Finanzverwaltung unter dem Kalifen ᶜUmar I. (634-644) o.O. (1958) II, 179 gez. Bl. Ma TÜ ph nA   U.58.7650

1637. **Hamdî,** Şidqī: Die Entstehung und Entwicklung des türkischen Einflusses im ᶜAbbasidenreich bis Mutawakkil. o.O. (1958). 102 gez. Bl. Ma TÜ ph nA   U.58.7633

1638.. **Latz,** Josef: Das Buch der Wezire und Staatssekretäre von Ibn ᶜAbdūs Al-Ǧahšiyārī, Anfänge und Umaiyadenzeit. Bonn 1958. IX, 182 S.
BN ph   U.58.1137
Im Handel: Beiträge zur Sprach- und Kulturgeschichte des Orients, 11 (Vorndran/Walldorf 1958.)

1639. **Schregle**, Götz: Die Sultanin Šaǧarat ad-Durr in der arabischen Geschichtsschreibung und Literatur. o.O. (1960). 249 gez. Bl. Ma ER ph nA (Teildr. 44 S.) U.60.2365
Im Handel: Harrassowitz 1961.

1640. **Bürgel**, Christoph: Baḫtiyār und ᶜ Adud ad-Daula. Ein Beitrag zur Geschichte der frühen Būyiden. Mit Übersetzungsproben und Texten einiger Sendschreiben des ᶜ Abd al-ᶜ Azīz ibn Yūsuf. Göttingen 1960. V, 245, 36 gez. Bl. GÖ ph Mav nA U.60.3262
Im Handel überarb. unter dem Titel: Die Hofkorrespondenz ᶜ Adud ad-Daulas und ihr Verhältnis zu anderen historischen Quellen der frühen Būyiden (Harrassowitz/Wiesbaden 1965.)

1641. **Dudu**, Abdul-Id: Der Tārīḫ al-Manṣūrī (Ausz. arab. u. deutsch)des Ibn Nazif al-Hamawī. Hrsg. nach dem Leningrader Unicum, übers. und mit Anm. vers. 1961. XXVI, 205, 126 Bl. W ph 1961

1642. **Ghafur Muhammad**, Abdul: The Gorids. History, culture and administration 543-612/1148-1215-16. Hamburg 1961. III, 210 gez. Bl. Ma HH ph nA U.61.4402

1643. **Horst**, Heribert: Die Staatsverwaltung der Grosselǧuqen und Ḫōrazmšāhs (1038-1231). Eine Untersuchung nach Urkundenformularen der Zeit. Mainz 1962. VII, 1915. MZ ph Hab 1962
Im Handel: Akademie der Wissenschaften und der Literatur. Veröffentlichungen der Orientalischen Kommission, Bd. 18. (Steiner/Wiesbaden 1964.)

1644. **Merkel**, Eberhard: Erste Festsetzungen im fruchtbaren Halbmond. (1.2.) Berlin 1963. S. 139-180, 268-372. B-F ph bA U.63.978
Aus: Altheim und Stiehl: Die Araber in der alten Welt, 1.

1645. **Cameron**, Alan John: Abu Dharr al-Ghifāri. Köln 1963. 80 S. K ph U.63.6253

1646. **Busse**, Heribert: Die Buyiden und das Chalifat. Politik, Religion, Verwaltung, Kultur und Wirtschaft im Zweistromland (945-1055). Hamburg 1964. HH ph Hab Mav nA U.64.5511
Im Handel u.d. Titel: Chalif und Großkönig. Die Buyiden im Iraq (945-1055). Beiruter Texte und Studien, 6 (Steiner/Wiesbaden 1969.)

1647. **Hemgesberg**, Helga: Abu Huraira, der Gefährte des Propheten. Ein Beitrag zur Geschichte d. frühen Islam. Frankfurt 1965. 198 S. F ph
U.65.3724

1648. **Haeuptner**, Eleonore: Koranische Hinweise auf die materielle Kultur der alten Araber. Tübingen 1966. 130 S. TÜ ph   U.66.14202

1649. **Hoenerbach**, Wilhelm: Araber und Mittelmeer. Anfänge und Probleme arabischer Seegeschichte (Vortr.) Kiel 1967. 38 S. mit Abb. = Veröffentlichungen der Schleswig-Holsteinischen Universitätsgesellschaft, N.F. Nr. 48   U.67.8614

1650. **Halm**, Heinz: Die Tradition über den Aufstand ͨAli ibn Muhammads, des „Herrn der Zang". Eine quellenkritische Untersuchung. Bonn 1967. 142 S. mit Kt. Skizzen. BN ph   U.67.2398

1651. **Glagow**, Rainer: Das Kalifat des al-Muͨtaḍid Billāh (892-902) Bonn 1967. 257 S. BN ph   U.67.2396

1652. **Hein**, Horst-Adolf: Beiträge zur ayyubidischen Diplomatik. Freiburg i.B. 1967. 207 S. FR ph   U.67.5068
Im Handel: Islamkundliche Untersuchungen, 8 (Schwarz/Freiburg 1971.)

1653. **Müller**, Klaus E(rich): Kulturhistorische Studien zur Genese pseudo-islamischer Sektengebilde in Vorderasien. München 1967. XI, 414 S. M ph 1967 nA
Im Handel: Studien zur Kulturkunde, Bd. 22 (Steiner/Wiesbaden.)

1654. **Sivers**, Peter von: Khalifat, Königtum und Verfall. Die polit. Theorie Ibn Khaldūns. München 1968. 159 S. M ph 1968 nA   U.68.12382
Im Handel: Schriften zur Politik und Geschichte (List/München 1968.)

1655. **Forstner**, Martin: Das Kalifat des Abbasiden al-Mustaͨīn (248/862 - 252/866) Mainz 1968. XV, 274. MZ ph 1968 bA   U.68.10846

1656. **Sezgin**, Ursula: Abū Miḫnaf. Ein Beitrag zur Historiographie der umaiyadischen Zeit. 1968. IX, 251 S. GI ph
Im Handel: Brill/Leiden 1971.

1657. **Müller**, Dorothea: Das Tier im Leben und Glauben der frühislamischen Gesellschaft. Münster 1968. 123 S. MS ph 1968

1658. **Ismail**, Adel Abdel-Fattah: Origin, ideology, and physical pattern's of Arab urbanization. Karlsruhe 1969. XVII, 221 S. KA arch 1969 U.70.11333

1659. **Puin**, Gerd-Rüdiger: Der Dīwān von ᶜ Umar Ibn Al-Ḫaṭṭāb. Ein Beitrag zur frühislamischen Verwaltungsgeschichte. Bonn 1969. 201 S. BN ph 1969 ´ U.69.1990

1660. **Schack**, Dietlind: Die Araber im Reich Rogers II. Berlin 1969. 196 S. B-F ph 1969 U.69.17430

1661. **Meyer**, Egbert: Der historische Gehalt der aiyām al-ᶜ arab. Wiesbaden 1970. 132 S. K ph 1968
Im Handel: Schriften der Max Freiherr von Oppenheim-Stiftung, 7 (Harrassowitz/Wiesbaden 1970.)

1662. **Noth**, Albrecht: Quellenkritische Studien zu Themen, Formen und Tendenzen frühislamischer Geschichtsüberlieferung. Bonn 1970. 191 S. BN ph Hab ·
Im Handel: Bonner orientalistische Studien. N.S. 25. (Oriental. Seminar/Bonn 1973.)

1663. **Grotzfeld**, Heinz: Das Bad im arabisch-islamischen Mittelalter. Eine kulturgeschichtliche Studie. Wiesbaden 1970. MS ph Hab
Im Handel: Harrassowitz/Wiesbaden

1664. **Thoden**, Rudolf: Abu'l-Ḥasan ᶜ Alī . Erfolg und Mißerfolg der Merinidenpolitik in den Jahren 710-752/1310-1351. GI ph 1970 nA
Im Handel: Islamkundliche Untersuchungen. 21. (Schwarz/Freiburg 1973.)

1665. **Schaffer**, Brigitte: Sabäische Inschriften aus der Sammlung Eduard Glaser. Nach den Abklatschen gelesen, übersetzt u. kommentiert. GZ ph 1972 Ma
Im Handel u.d. Titel: Sabäische Inschriften aus verschiedenen Fundorten. T. 1.2. Wien, Köln, Graz: Verl. d. Österr. Akad. d. Wiss. 1972-75. (Sammlung Eduard Glaser. 7.10.)

1666. **Töllner,** Helmut: Die türkischen Garden am Kalifenhof von Samarra. Ihre Entstehung und Machtergreifung bis zum Kalifat Al-Mu ^c taḍids. 1971. 175 S. BN ph
Im Handel: Beiträge zur Sprach- und Kulturgeschichte des Orients. 21. (Verlag f. Orientkunde Vorndran/Walldorf/Hessen.)

1667. **Schmucker,** Werner: Untersuchungen zu einigen wichtigen bodenrechtlichen Konsequenzen der islamischen Eroberungsbewegung. Bonn 1972. 222 S. BN Hab
Im Handel: Bonner orientalistische Studien. N.S. Bd. 24 (Harrassowitz/ Wiesbaden 1972.)

1668. **Nagel,** Tilman: Untersuchungen zur Entstehung des abbasidischen Kalifats. 1972. 198 S. BN Hab
Im Handel: Bonner orientalistische Studien. N.S. Bd. 22. (Harrassowitz/Wiesbaden 1972.)

1669. **Vogel,** Brigita: Risalat as—Sahaba von ,Abdallah Ibn al-Muqaffa'. Kairo, Adab 581. Fol. 111v:26—117r:27, British Museum. P.S. 003061. fol. 69v:25—73v:10 ;ediert, übers. u.m.Anm. vers. Wien 1973. XXII, 110 Bl. W ph Ma

1670. **Humodi,** Salah El-Tigani: Studien zur politischen Struktur der islamischen Gemeinde zur Zeit Muhammad's. 1973. 303 S. B-F, Fachbereich 11 - Philosophie u. Sozialwiss.

1671. **Murányi,** Miklos: Die Prophetengenossen in der frühislamischen Geschichte. 1973. 196 S. BN ph   U.74.3721

1672. **Derenk,** Dieter: Leben und Dichtung des Omaiyadenkalifen al-Walīd Ibn Yazīd. Ein quellenkritischer Beitrag. 130, 93 S. F FB Ost- u. Außereurop. Sprachen u. Kulturw.
Im Handel: Islamkundliche Untersuchungen.27. (Schwarz/Freiburg 1974.)

1673. **Kropp,** Manfred: Die Geschichte der ,,reinen Araber" vom Stamme Qaḥṭān: aus dem Kitāb Naśwat aṭ-ṭarab fī ta'rīḫ gahiliyyat al-'Arab des Ibn Saʿīd al-Maġribī herausgegeben und übersetzt, eingeleitet und kommentiert. 1975. Bd. 1: 114a, 130 S., Bd. 2: S. 131-514. HD, Fak. für Orientalistik u. Altertumswiss.   U.76.8621

1674. **Dahlmanns,** Franz-Josef: Al-Malik Al-'Adil. Ägypten und der Vordere Orient in den Jahren 589/1193 bis 1615/1218: e. Beitr. zur ayyubid. Geschichte. 1975. IV, 253 S. GI, Fachbereich Sprachen u. Kulturen
U.76.6467

1675. **May,** Burkhard: Die Religionspolitik der ägyptischen Fatimiden 969-1171. 1975. 331 S. HH, Fachbereich Orientalistik
U.75.8388

1676. **Hartmann,** Angelika: an-Nasir li-Din Allah (1180-1225) Politik, Religion, Kultur in der späten 'Abbasidenzeit. 1975. HH, Fachbereich Orientalistik
U.75.8250
Im Handel.

1677. **Borgolte,** Michael: Der Gesandtenaustausch der Karolinger mit den Abbasiden und mit den Patriarchen von Jerusalem. 1976. 165 S. MS ph 1975 nA
U.76.12593
Im Handel: Münchener Beiträge zur Mediävistik und Renaissance-Forschung. 25. (Arbeo-Ges./München.)

1678. **Lilie,** Ralf-Johannes: Die byzantinische Reaktion auf die Ausbreitung der Araber: Studien zur Strukturwandlung d. byzantin. Staates im 7. u. 8. Jh. 1976. 429 S. M ph bA 1975
Im Handel: Miscellanea Byzantina Monacensia. 22. (Inst. für Byzantinistik u. Neugriech. Philologie d. Univ./München 1976.)

1679. **Sayed,** Redwan: Die Revolte des Ibn al-Aš ʿat und die Koranleser. Ein Beitrag zur Religions- und Sozialgeschichte der frühen Umayyadenzeit. 1977. 453 S. TÜ FB Altertums- u. Kulturwiss.
Im Handel: Islamkundliche Untersuchungen. 45. (Schwarz/Freiburg.)

1680. **Ende,** Werner: Arabische Nation und islamische Geschichte: d. Umayyaden im Urteil arab. Autoren d. 20. Jh. 1977. XII, 309 S. HH FB Orientalistik Hab 1974 nA
Im Handel: Beiruter Texte und Studien. 20. (Wiesbaden/Steiner 1977.)

1681. **Samuk,** Sadun Mahmud Al-: Die historischen Überlieferungen nach Ibn Ishāq: eine synoptische Untersuchung. 1978. III, 175 S. F Fachbereich 11 – Ost- u. Außereurop. Sprach- u. Kulturwiss., Diss.

Kreuzzüge

1682. **Kühn**, Fritz: Geschichte der ersten lateinischen Patriarchen von Jerusalem. Leipzig. 1886. 70 S. u. 1 Bl. L ph 1886

1684. **Heermann**, Otto: Die Gefechtsführung abendländischer Heere im Orient in der Epoche des ersten Kreuzzugs. Marburg 1887. 2 Bl. II, 130 S., 1 Bl. MR ph 1887

1685. **Richter**, Paul: Beiträge zur Historiographie in den Kreuzfahrerstaaten, vornehmlich für die Zeit Kaiser Friedrich II. Berlin 1890. 39 S. B ph 1890

1686. **Zimmert**, Karl: Studien zur Geschichte des Kreuzzuges Kaiser Friedrichs. (Handschrift) W ph 1891

1687. **Gruhn**, Ludwig Friedrich Albert: Der Kreuzzug Richard I. Löwenherz, von England ... (Enth. nur Kap. III). Berlin 1892. 47 S. B ph 1892.

1688. **Hampel**, Emil: Untersuchungen über das lateinische Patriarchat von Jerusalem von Eroberung der Heiligen Stadt bis zum Tode des Patriarchen Arnul f (1099-1118). Ein Beitrag zur Geschichte der Kreuzzüge. Breslau 1899. 76 S. ER ph 1898

1689. **Gindler**, Paul: Graf Balduin I. von Edessa. Halle a.S. 1901. 79 S. HAL ph 1901

1690. **Jacobs**, Wilhelm: Patriarch Gerold von Jerusalem. Ein Beitrag zur Kreuzzugsgeschichte. Friedrich II. Aachen 1905. 63 S. BN ph 1905

1691. **Jahn**, Hans: Die Heereszahlen in den Kreuzzügen. (Berlin 1907). 51 S. B ph 1907

1692. **Heinzelmann**, Friedrich: Die deutschen erzählenden Quellen zur Schlacht bei Nikopoli 1396. 1926. 99, V Bl. GZ ph 1926

1693. **Kraemer**, Jörg: Der Sturz des Königreichs Jerusalem (583/1187) in der Darstellung des ⸳ Imād ad-Dīn al-Kātib al-Iṣfahānī. Nach dem 1. Buch d. „fath al-qudsī fīl-fath al-qudsī". o.O. (1948). XIX, 113 gez. Bl., mit Abb., 1 Kt. Skizze TÜ ph 1948 nA   U.49.7159
Im Handel: Harrassowitz 1952. Vgl. auch: Der Islam 30 (1952), 1-38.

1694. **Lüders**, Anneliese: Die Kreuzzüge im Urteil syrischer und armenischer Quellen. Mit einer Karte und Stammtaf. Hamburg 1952. 188 gez. Bl.
Ma HH ph nA U.53.4097
Im Handel: Akademie-Verlag/Berlin 1964.

1695. **Noth**, Albrecht: Heiliger Krieg und heiliger Kampf im Islam und Christentum. Beiträge zur Vorgeschichte und Geschichte der Kreuzzüge.
Bonn 1964. 160 S. BN ph 1964 bA U.65.2057
Im Handel: Bonner historische Forschungen, 28.

1696. **Spreckelmeyer**, Goswin: Das Kreuzzugslied des lateinischen Mittelalters. 1969. 314 S. MS ph bA U.74.13300
Im Handel.

1697. **Roscher**, Helmut: Papst Innocenz III. und die Kreuzzüge. Göttingen 1970. 323 S. GÖ th nA U.70.9368
Im Handel.

1698. **Rittner**, Volker: Kulturkontakte und soziales Lernen im Mittelalter. Kreuzzüge im Licht e. mittelalterl. Biographie. 1971. II, 270 S. HH FB Geschichtswiss.
Im Handel: Kollektive Einstellungen und sozialer Wandel im Mittelalter. 1. (Böhlau/Köln, Wien 1973.)

1699. **Haupt**, Barbara: Die Vzrüstünge dez herczaugen Gotfrides von Bullion. Eine dt. Übers. d. Historia Hierosolymitana d. Robertus Monachus. Texted. u. Einf. in d. Text. Berlin 1971. XIV, 348 S. B-T, Fachbereich Kommunikations- u. Geschichtswiss. 1972 nA U.73.13877
Im Handel.

1700. **Schwinges**, Rainer Christoph: Kreuzzugsideologie und Toleranz. Studien zu Wilhelm von Tyrus. GI hs 1973 nA
Im Handel: Monographien zur Geschichte des Mittelalters. 15. (Hirsemann/Stuttgart 1977.)

1701. **Zbinden**, Nicolas: Abendländische Ritter, Griechen und Türken im Ersten Kreuzzug. (Zur Problematik ihrer Begegnung) Zürich 1975. (Teildruck) IV S., S. 179-196.
(Soll erscheinen als: Texte und Forschungen zur byzantinisch-neugriechischen Philologie. (48) Verlag der Byzantinisch-Neugriechischen Jahrbücher, Athen.)

1702. **Eickhoff**, Ekkehard: Friedrich Barbarossa im Orient: Kreuzzug u. Tod Friedrichs I. 1977. 199 S. S, Fachbereich Geschichts-, Sozial- u. Wirtschaftswiss. Hab nA
Im Handel.

1703. **Stelzer**, Brita: Kaiser Friedrich II. als König von Jerusalem. Wien 1977. 186, 10 Bl. W 1978 Ma

1704. **Schmugge**, Ludwig: Radulfus Niger: de re militari et triplici via peregrinationes Ierosolomitane (1187/88) Einl u. Ed. von Ludwig Schmugge. Berlin 1977. VIII, 241 S. B-F FB Geschichtswiss. Hab 1971/72
Im Handel: Beiträge zur Geschichte und Quellenkunde des Mittelalters. 6. (de Gruyter/Berlin, New York 1977.)

Nachmongolische Zeit, Mamluken

1705. **Turba**, Gustav: Ueber den Zug Kaiser Karls V. gegen Algier vom Jahre 1541. W ph 1885

1705a. **Herzsohn**, Is. Jos. H. Paul: Der Ueberfall Alexandrien's durch Peter I., König von Jerusalem und Cypern, aus einer ungedruckten arabischen Quelle mit historischen und kritischen Anmerkungen dargestellt. I. Heft. Bonn 1886. XXVI, 50 S. BN ph 1886

1706. **Strakosch-Grassmann**, Gustav: Der Beginn des Mongoleneinfalles von 1241. 1892. VII, 119 Bl. GZ ph 1892

1707. **Capitanovici**, Georgius Johannes Johannes: Die Eroberung von Alexandria (Iskanderīje) durch Peter I. von Lusignan, König von Cypern, 1365. Mit einer Karte von Alexandrien. Berlin 1894. 50 S., 1 Bl. B ph 1894

1708. **Nicolas**, Raoul: Geschichte der Vorrechte und des Einflusses Frankreichs in Syrien und in der Levante vom Beginn des Mittelalters bis zum Friedensvertrag von Paris 1802. Bern 1917. VIII, 208 S. BE ph 1917

1709. **Gottschalk**, Hans Ludwig: Die Mād̲arā'ijjūn. Ein Beitrag zur Geschichte Aegyptens unter dem Islam. Berlin und Leipzig. XII, 131 S. M ph nA
U.31.6371
Im Handel: Studien zur Geschichte und Kultur des islamischen Orients, H. 6.

1710. **Straas**, Charlotte: Aṣ-Ṣafadī, ein Vielschreiber und sein biographisches Werk al-wāfī bi'l-wafajāt. Ma W ph 1931

1711. **Muḥammad**, Muṣṭafā (richtig: **Mostafa**, Mohamed): Beiträge zur Geschichte Ägyptens zur Zeit der türkischen Eroberung. Bonn 1935. 32 S. Aus: ZDMG 89, N.F. 14 (1935), BN ph   U.35.6612

1712. **Hartlaub**, Felix: Don Juan d'Austria und die Schlacht bei Lepanto. Berlin 1940. 186 S. B ph bA   U.40.672
Im Handel: Schriften d. Kriegsgeschichtl. Abt. im hist. Seminar d. Friedrich -Wilhelms-Univ. Berlin, Heft 28. (Junker u. Dünnhaupt/Berlin)

1713. **Schimmel**, Annemarie: Die Stellung des Ḥalīfen und des Qāḍīs am Ausgang der Mamlukenzeit. o.O. (1942). 171, 51 gez. Bl. Ma B ph nA
    U.42.552

1714. **Müller**, Kurt: Al-Malik al-Aśraf Ṣalāḥ ad-Dīn Ḥalīl, ein Mamlukensultan am Ausgang der Kreuzzüge. o.O. (1949). XII, 104 gez. Bl. Ma BN ph nA   U.49.767

1715. **Kuhnt**, Eberhard: Titel und Anrede nach Qalqaśandīs Staatshandbuch Ṣubḥ al-Aᶜśā. o.O. (1951). UU, 139 gez. Bl. Ma BN ph nA U.51.1086

1716. **Zaidi**, Syed Mujahid Husain: Tārikh-i-Qutbi of Khwurshāh bin Qubād al-Ḥusainī. The fifth chapter on the history of Timur and his descendents. o.O. (1957). IV, 64 gez. Bl. mehr. Taf. Ma BN ph nA   U.57.1269
Im Handel: Jamia Millia Islamia/New Delhi 1965 (mit vollst. pers. Text.)

1717. **Schmid**, Margarete Pia: Die diplomatischen Beziehungen zwischen Konstantinopel und Kairo zu Beginn des 14. Jh. im Rahmen der Auseinandersetzung Byzanz-Islam. o.O. (1957). VII, 278 gez. Bl. Ma M ph nA
    U.57.7194

1718. **Ernst**, Hans: Die mamlukischen Sultansurkunden des Sinai-Klosters. Wiesbaden 1960. XXXIX, 353 S. GÖ ph nA   U.60.3265
Im Handel: Harrassowitz/Wiesbaden 1960.

1719. **Lech,** Klaus: Al-ᶜUmārī's Bericht über die Reiche der Mongolen in sei-
nem Werk Masālik al-abṣār fī mamālik al-amṣār. Bonn 1962. XI, 475 S.
Anh. BN ph 1962 bA   U.67.2418
Im Handel in erw. Form als: Asiatische Forschungen, 22. (Harrassowitz/
Wiesbaden 1968.)

1720. **Aš-Šamma,** Hasan: Tārīḫ ad-duwal wa l-mulūk von Ibn Al-Furāt. Ausg.
d. 4. Bd. des Wiener Unicums, übers. und mit Anm. versehen. Wien 1964.
XII, 151, 386 Bl. Ma

1721. **Allmendinger,** Karl-Heinz: Die Beziehungen zwischen der Kommune Pisa
und Ägypten im hohen Mittelalter. Eine rechts- und wirtschaftshistorische
Untersuchung. Frankfurt 1966. VIII, 109 S. F j nA   U.66.4495
Im Handel: Vierteljahresschrift für Sozial- und Wirtschaftsgeschichte.
Beih. Nr. 54.

1722. **Mössner,** Jörg Manfred: Die Völkerrechtspersönlichkeit und die Völker-
rechtspraxis der Barbareskenstaaten. (Algier, Tripolis, Tunis 1518-1830)
Köln 1968. XXXI, 170 S. K j 1968 bA   U.68.9551
Im Handel: Neue Kölner rechtswissenschaftl. Abhandlungen, H. 58.

1723. **Lacina,** Karl-Franz: „Tarih ad-duwal wal-muluk" von Ibn al-Furat. Bibl.
Pal. Vind. Cod. A.F. 120. Bd. 4. A.F. 120 (591/1194) Übers. u. mit Anm.
versehen. Wien 1969. 127 Bl. W ph Ma 1970

1724. **Haarmann,** Ulrich: Quellenstudien zur frühen Mamlukenzeit. Freiburg
i.B. 1969. 288 S., 117 S. arab. Text. FR ph 1969 bA   U.69.5394
Im Handel: 1. Ausgabe: Robischon/Freiburg 1969. 2. Ausg.: Islamkundliche Untersuchungen, 1. (Schwarz/Freiburg 1970.)

1725. **Nebez,** Jemal-eddin: Der kurdische Fürst Mīr Muhammad-ī Rawāndizī,
genannt Mīr-ī Kōra, im Spiegel der morgenländischen und abendländischen Zeugnisse. Ein Beitrag zur kurdischen Geschichte. Hamburg
1970. 180 S. Anh. HH ph 1970   U.70.9902

1726. **El-Shamy,** Ahmed: Ta'rih ad-Duwal wa-l-Muluk von Ibn Al-Furat. Bibl.
Pal. Vind. Cod. A.F. 117, Band 1 (501-522) (25.Aug. 1107 - 31.Mai 1128)
Wien 1970. 3 Taf., XVIII, 177, 184 B. W ph 1972 Ma

1727. **Kurio**, Hars: Geschichte und Geschichtsschreiber der ᶜAbd al-Wādiden. (Algerien im 13.-15. Jh.) Kiel 1971. 193, 2, 90 S. KI ph U.71.6374 Im Handel: Islamkundliche Untersuchungen. 20. (Schwarz/Freiburg 1973.)

1728. **Schäfer**, Barbara: Beiträge zur mamlukischen Historiographie nach dem Tode al-Malik an-Nāṣirs. Mit einer Teiledition der Chronik Šams ad-Dīn aš-Šuğāᶜīs. Freiburg i.B. 1971. 250 S., 102 S. arab. Text. FR ph 1971 U.71.4112 Im Handel: Islamkundliche Untersuchungen, 15. (Schwarz/Freiburg 1971.) Der vollständige Text erschien als: Quellen zur Geschichte des islamischen Ägypten. 2a. (Steiner/Wiesbaden 1977) Vollst. Übers. ebendort angekündigt.

1729. **Imam**, Younis Beshir: Die Einwirkungen der mamlukischen Beziehungen zu Nubien und Begaland auf die historische Entwicklung dieser Gebiete. Hamburg 1971. 170 S. mit Abb. HH, Fachbereich Orientalistik nA U.72.6699 Im Handel.

1730. **Aldahir**, Abbas H.: Ta'rih ad-Duwal wa-l-Muluk von Ibn al-Furat. Bibl. Pal. Vind. Cod. A.F. 118, Band 2 (522-543) (6.1.1128-12.4.1149) Wien 1972. 1 Taf., III, 6, 65 Bl., 1 Taf., 182 B. W ph Ma 1973

1731. **Kortantamer**, Samira: Ägypten und Syrien zwischen 1317 und 1341 in der Chronik des Mufaddal b. Abi l-Fada'il. Freiburg i.B. 1973. 458 S. FR ph bA U.73.5519 Im Handel: Islamkundliche Untersuchungen. 23. (Schwarz/Freiburg.)

1732. **Melkonian**, Antranig: Die Jahre 1287-1291 in der Chronik Al-Yuninis: Ed., Übers., Komm. 1975. 213 S. FR ph bA U.75.6999 Im Handel.

1733. **Elham**, Shah Morad: Kitbuğā und Lāğīn: Studien zur Mamluken-Geschichte nach Baibars al-Manṣūrī und an-Nuwairī. 1977. 290, 88 S. FR ph bA Im Handel: Islamkundliche Untersuchgungen. 46. (Schwarz/Freiburg.)

1734. **Krebs,** Werner: Innen- und Außenpolitik Ägyptens 741-784 / 1341-
1382. HH 1979 (?)

1735. **Langner,** Barbara: Untersuchungen zur historischen Volkskunde der
ägyptischen Mamlukenzeit. (Arbeitstitel!) 1980 (?) FR ph

„Orientpolitik" europäischer Mächte und „Orientalische Frage"
(Siehe auch „Türkei" 2166 ff.)

1736. **Molden,** Ernst: Die orientalische Politik des Fürsten Metternich von
Adrianopel bis Münchengrätz. Wien 1911. W ph 1911

1737. **Goetz-Bernstein,** Hans Alfred: Frankreichs Stellung zur orientalischen Krisis im Jahre 1787. Heidelberg 1913. 30 S. HD ph U.13.3683

1738. **Peters,** Erwin: Die Orientpolitik Friedrichs des Großen nach dem Frie-
den von Teschen (1779-1786) Halle a.S. 1914. X, 56 S. HAL ph
U.14.3803
Im Handel: Histor. Studien, Heft 4.

1739. **Lammeyer,** Josef: Das französische Protektorat über die Christen im
Orient, historisch, rechtlich und politisch gewürdigt. Ein Beitrag zur
Geschichte der diplomatischen Beziehungen der Hohen Pforte. Borna-
Leipzig 1919. 107 S. ER j U.19.317

1740. **Zweig,** Leonore: Das Argument deutscher Orientpolitik in der deut-
schen öffentlichen Meinung. 1800-1870. Ma XXII, 139 S. Auszug in:
Jahrbuch d. Phil. Fak. Heidelberg 1921/22, T. 1, S. 11-14. HD ph
U.21.6917

1741. **Sablotny,** Ewald: Jakob Phillip Fallmerayer und die orientalische Frage.
Ein Beitrag zur deutschen Publizistik des neunzehnten Jahrhunderts.
Ma 243 S. Auszug: o.O. (1924) 2 Bl. J ph U.24.5485

1742. **Walter,** Piers: Preußen und die Orientalische Krise von 1839-41. Ma
126 S. (Auszug nicht gedruckt) TÜ ph 1924 U.25.8165

1743. **Müller**, Reinhold: Die Partei Bethmann-Hollweg und die orientalische Frage 1853-1856. (Teildr.) Halle a.S. 1926. VIII, 60 S. HAL ph

U.26.2929

Im Handel vollst. als: Hallische Forschungen zur neuer. Geschichte, Heft 4.

1944. **Lange**, Otto: Die Orientpolitik Oesterreich-Ungarns vom Ausgleich bis zum Berliner Kongreß. Berlin 1926. 72 S. B ph 1926 U.29.501

1745. **Schmid**, Julius: Die Orient-Politik Oesterreich-Ungarns in den Jahren 1870-1875. W ph Ma 1928

1746. **Zielke**, Barbara: Die orientalische Frage im politischen Denken Europas. (Vom Ausgang des 17. bis zum Ende des 18. Jhs.) Leipzig 1931. 93 S. HD ph

U.33.3511

1747. **Jenisch**, Marianne: Die Orientstellung Oesterreichs in der Zeit nach dem Berliner Vertrage bis zum Jahre 1883. W ph Ma 1932

1748. **Hametner**, Maria: Orientpolitik Oesterreichs in den Jahren 1841 bis 1853. W Ma 1934

1749. **Zander**, Erich: Die französische Orientpolitik vom Frankfurter Frieden bis zum Berliner Kongreß. Berlin 1936. 71 S. B ph U.36.811

1750. **Meyenberg**, Hanns: Die Orientpolitik Napoleon III. Oberlahnstein a. Rhein 1940. 26 S. GÖ ph

U.40.2953

1751. **Straube**, Harald: Sachsens Rolle im Krimkrieg. Erlangen 1952. VII, 140 Bl. ER ph Ma nA

U.52.1975

1752. **Giller**, Werner H.: Die Orientkrise 1868/69 mit besonderer Berücksichtigung der österr. Haltung. Dargest. u. Benutzung ungedruckter Aktenstücke aus dem Haus-, Hof- und Staatsarchiv in Wien. Innsbruck 1958. XV, 445 Bl. IN ph

1753. **Gugolz**, Peter: Die Schweiz und der Krimkrieg 1853-56. Basel 1965. VIII, 117 S. BA 1965 bA

Im Handel: Basler Beiträge zur Geschichtswissenschaft. 99. (Helbig u. Lichtenhain/Basel u. Stuttgart.)

1754. **Unckel**, Bernhard: Österreich und der Krimkrieg. Studien zur Politik d. Donaumonarchie in d. Jahren 1852-1856. Marburg 1968. 316 S. MR ph bA U.69.13447 Im Handel.

1755. **Hartmann**, Franz: Österreichs Beziehungen zu den Barbaresken und Marokko 1725-1830. Wien 1970. 149 Bl. W ph 1971 Ma

1756. **Beyrau**, Dietrich: Russische Orientpolitik und die Entstehung des deutschen Kaiserreiches 1866-1870/71. 1970. 308 S. BN ph bA Im Handel. U.75.3970

Vom Berliner Kongreß zur Jahrhundertwende

1757. **Meyer**, Arnold Oskar: Bismarcks Orientpolitik. Göttingen 1925. 25 S. GÖ Festrede zur Reichsgründungsfeier am 18. Jan. 1925 U.25.3406

1758. **Schröder**, Hans: Die Stellung der Nationalliberalen und Sozialdemokraten zur auswärtigen Politik d. Dt. Reiches währ. d. Orientkrisis 1885-87. (Teildr.) Rostock 1927. 34 S. ROS ph 1926 (1927)

1759. **Dieckerhoff**, Luise: Deutschland-England und das Orientproblem in den neunziger Jahren. Eine kritische Studie zur deutschen Außenpolitik. Ma 200 S. Auszug: Münster 1926, 3 Bl. MS ph U.26.6015

1760. **Raab**, Alphons: Die deutsche Orientpolitik vom Jahre 1878 bis 1908. Ma W ph 1927

1761. **Kalbskopf**: Willy: Die Außenpolitik der Mittelmächte im Tripoliskrieg und die letzte Dreibunderneuerung 1911/12. Eine Studie zur Bündnispolitik der europäischen Großmächte vor dem Weltkrieg. Erlangen 1932. VIII, 148 S. ER ph U.33.2761

1762. **Holdegel**, Kurt: Frankreichs Politik im Nahen Orient und im Mittelmeer in der Zeit vom Ausbruch des italienisch-türkischen Krieges bis zum Zusammentritt der Londoner Botschafterkonferenz. (Okt. 1911 - Dez. 1912) Dresden 1934. 109 S. L ph U.34.7660 Im Handel: Risse-Verlag/Dresden 1934.

1763. **Jahrmann**, Werner: Frankreich und die orientalische Frage 1875/78 (dargest. nach den franz. Akten) Berlin (1936). 125 S. GÖ ph nA
U.36.3795
Im Handel: Historische Studien, 299.

1764. **Israel**, Ludwig: England und der orientalische Dreibund. Eine Studie zur europäischen Außenpolitik 1887-1896. (Bad Freienwalde 1937) 142 S. B ph
U.37.766
Im Handel: Beiträge zur Geschichte der nachbismarckichen Zeit und des Weltkrieges, H. 37 = N.F. Heft 17. (Kohlhammer/Stuttgart.)

1765. **Rott**, Gerhard: Kawākibī, ein arabischer Nationalist. o.O. (1942). 110 gez. Bl. B ph Ma nA
U.42.551

1766. **Al-Hamui**, Mamun: Die Geschichte der arabischen Nationalbewegung bis zum Ende des ersten Weltkrieges. o.O. (1943). 96 gez. Bl. J ph Ma nA
U.43.3449

1767. **Huyer**, Gertrude: Von der orientalischen Frage bis zum Abschluß der Mittelmeerentente. 1947. 142 Bl. W ph 1947

1768. **Paula**, Robert: Der Einfluß Kaiser Franz Josephs auf die Außenpolitik der Monarchie mit besonderer Berücksichtigung der Orientpolitik. Wien 1952. 314 Bl. W 1952

1769. **Möhrke**, Claus-Dietrich: Deutsche Presse und Öffentliches Meinen während der Orientalischen Krisis 1875-1879. Eine Untersuchung über das Verhältnis von Staat, Presse und Außenpolitik im Bismarck-Reich. o.O. 1954. V, 356, 67 gez. Bl. MS ph Ma nA
U.54.7993

1770. **Haus**, Wolfgang: England, Rußland und der Nahe Osten 1907/08. Das Werden einer Entente. o.O. (1954). XXV, 290 gez. Bl. B-F ph Ma nA
U.54.604

1771. **Boge**, Horst: Wirtschaftsinteressen und orientalische Frage. Ein Beitrag zum Problem der wirtschaftlichen Rivalitäten der europäischen Großmächte in Osteuropa. Frankfurt 1957. F wi-so l
U.57.2412

1772. **Luksch,** Hildegard: Die Stellungnahme der „Revue des deux mondes" zur orientalischen Frage 1900-1914. Wien 1964. 114 Bl. W 1964 Ma

1773. **Plass,** Jens Bartold: England zwischen Russland und Deutschland. Der Persische Golf in der britischen Vorkriegspolitik 1899-1907. Dargestellt nach engl. Archivmaterial. Hamburg 1966. IV, 507 S. HH ph nA
U.66.7355
Im Handel: Schriftenreihe des Instituts für auswärtige Politik, Bd. 3.

1774. **Wolff-Metternich,** Beatrix Frfr.: Die Faschoda-Krise und ihre Auswirkungen auf die deutsch-italienischen Beziehungen (Ausz.) Freiburg i.B. 1964. S. 385-418. Aus: Quellen u. Forschungen aus italienischen Archiven u. Bibliotheken. Bd. 45. Ursprünglich eingereicht u.d.Titel: Der Faschoda-Konflikt und seine Auswirkungen auf die deutsche Außenpolitik. FR ph nA   U.66.5543

1775. **Kavoussi,** Iradj: Der Kampf um den Persischen Golf und seine Anliegerstaaten. Wien 1969. 177, 27 Bl. W s Ma

1776. **Zürrer,** Werner: Die Nahostpolitik Frankreichs und Rußlands 1891-1898. Wiesbaden 1970. 524 S. M ph 1970
Im Handel: Veröffentlichungen des Osteuropainstitutes München, 36. (Harrassowitz/Wiesbaden 1970.)

Neuere Zeit

1777. **Grothe,** Hugo: Die Bagdadbahn und das schwäbische Bauernelement in Transkaukasien und Palästina. München 1902. 53 S. WÜ ph 1902

1778. **Müller,** Edgar: Die wirtschaftliche Bedeutung der Bagdadbahn (mit Tabellen und zwei Figuren im Text) Zürich 1919. 124 S. Z s 1919

1779. **Butterfield,** Paul K.: The diplomacy of the Bagdad Railway 1890-1914. Göttingen 1932. 82 S. GÖ ph   U.32.3126

1780. **Krebs,** Günther: Die deutsche Bagdadbahnpolitik im Urteil der Ententepublizistik. Breslau 1933. 84 S. BR ph   U.33.5332

1781. **Sitki,** Bekir: Das Bagdad-Bahn-Problem 1890-1903. Freiburg i.B. 1935. FR ph   U.35.7156

1782. **Krüger**, Wilhelm: Die englisch-französischen Spannungen bei der Lösung der orientalischen Frage 1922. Berlin 1940. 138 S. B ph bA

U.40.681

Im Handel: Historische Studien, Heft 374.

1783. **Bode**, Friedrich Heinz: Der Kampf um die Bagdadbahn 1903-1914. Ein Beitrag zur Geschichte der deutsch-englischen Beziehungen. Breslau 1941. VII, 131 S. BR ph nA U.41.1314

Im Handel: Breslauer Historische Forschungen, 15. (Priebatsch/Breslau.)

1784. **Schworm**, Ludwig: Frankreichs Wehrfaktor Afrika. Darmstadt 1941. 285 S. GI ph U.41.2161

1785. **Fischer**, Dora: T.E. Lawrence. Wirkungen und Einsatz nomadischer Lebensräume in der großen Politik am Beispiel Arabiens. o.O. 1941. 201 gez. Bl. B aus 1941 Ma nA U.42.737

1786. **Klingmüller**, Ernst: Die Korrespondenz zwischen Sir Henry Mc Mahon und dem Scherifen von Mekka, Husain. Ihre hist. Voraussetzungen und ihre jurist.-polit. Bedeutung. o.O. (1943) III, 168 gez. Bl. B aus Hab Ma U.43.767

1787. **Joswig**, Erwin: Das Selbstbekenntnis des Obersten T.E. Lawrence „Die Sieben Säulen der Weisheit, ein Triumph". Eine geschichtliche, literarische und politische Betrachtung. Bonn 1950. BN ph U.50.877

1788. **Henrici**, Eckhard: Die deutsche Kriegführung und das Mittelmeer in den Jahren 1940-1943. o.O. 1954. 171 gez. Bl. HD ph nA U.54.4624

1789. **Avram**, Benno: The evolution of the Suez canal status from 1869 up to 1956. A historico-juridical study. Genf 1958. 171 S. GE pol

Im Handel: Droz/Genf.

1790. **Roßbach**, Anton: Der britische Standpunkt im Suezkonflikt 1956. o.O. 1959. IV, 181 gez. Bl. M j Mav nA U.59.6017

1791. **Rathmann**, Lothar: Die Nahostexpansion des deutschen Imperialismus vom Ausgang des 19. Jh. bis zum Ende des ersten Weltkrieges. Eine Studie über die wirtschaftspolitische Komponente der Bagdadbahnpolitik. T. 1-3. Leipzig 1961. 289 gez. Bl., gez. Bl. 290-498, 499-806. L ph Hab 1961 Mav nA U.62.6118

1792. **El-Dessouki**, Mohamed-Kamal: Hitler und der Nahe Osten. Berlin 1963. 184 S. B-F ph   U.63.959

1793. **Tillmann**, Heinz: Die deutsche Nahostexpansion am Vorabend und während des zweiten Weltkrieges. (Dargest. auf der Grundlage d. Akten d. Dt. Auswärtigen Amtes unter bes. Berücks. d. Araber-Politik Hitlerdeutschlands.) (1-3) Halle 1963. X, 398 gez. Bl., gez. Bl. 399-698, 274 gez. Bl. HAL ph Hab 1963 Mav nA

1794. **Jenhani**, Habib: Die Geschichte der nationalen Befreiungsbewegungen im arabischen Maghreb vom Ausbruch des zweiten Weltkrieges bis 1952. Die sozialökon. und Klassenstrukturen des Maghreb am Vorabend der entscheidenden Phase des Befreiungskampfes; Grundlagen und Perspektiven der Maghreb-Einheit. (1-3) Leipzig 1965. IV, II, 219 gez. Bl., gez. Bl. 220-409. III gez. Bl. L ph Mav nA   U.65.8125

1795. **Messmann**, Karl: Die Suezkrise 1956. (Mit Kt.) Wien 1966. XI, 249 Bl. W ph Ma 1967

1796. **Assima**, Georges: La crise de Suez 1956. Lausanne 1970. 231 S. Im Handel: L'âge d'homme, Lausanne.

1797. **Tibi**, Bassam: Zum Nationalismus in der „Dritten Welt" am arabischen Exempel. Mit bes. Berücksichtigung d. völkischen, panarabischen Nationalismus-Konzeption Sati' Huszins. Frankfurt 1971. 288 S. F ph nA
                                     U.71.3755
Im Handel.

1798. **Glasneck**, Johannes: Zur Dialektik des Kampfes zwischen nationaler Befreiung und Imperialismus in der neuesten Geschichte des Nahen Ostens. (Thesen) Halle 1972. 21 gez. Bl. HAL ph Diss. B Mav nA   U.72.1389

1799. **Hohlweg**, Horst: Das neokolonialistische Punkt-IV-Programm der Regierung Truman: seine Anwendung auf den arabischen Osten. 1973. 204 gez. Bl. Potsdam, Pädag. Hochsch., Histor.-Philol. Fak., Diss. A, 1973. nA

1800. **Bihl**, Wolfdieter: Die Kaukasus-Politik der Mittelmächte 1914-1918. T. 1. (Nebst) Anm. Wien 1974. 1. 1914 bis zur russischen Märzrevolution 1917. V Bl., Bl. 1-522c. 523-746. W ph Hab 1975 Ma

1801. **Schröder,** Bernd Philipp: Deutschland und der Mittlere Osten im Zweiten
Weltkrieg. 1975. 310 S. F gw 1973 nA   U.75.6526
Im Handel: Studien und Dokumente zur Geschichte des Zweiten Welt-
krieges. 16. (Musterschmidt/Zürich 1975.)

1802. **Fuhrmann,** Rainer: Die Orientalische Frage, das „Panslawistisch-Chauvini-
stische Lager" und das Zuwarten auf Krieg und Revolution: d. Osteuropa-
berichterstattung u. -vorstellungen d. „Dt. Rundschau" 1874-1918. 1975.
VIII, 200 S. K ph bA   U.75.10830
Im Handel.

1803. **Glaesner,** Heinz: Das Dritte Reich und der Mittlere Osten: polit. u. wirtschaftl. Beziehungen Deutschlands zur Türkei 1933-1939, zu Iran 1933-
1941 u. zu Afghanistan 1933-1941. 1976. XXVI, 625 S. WÜ ph
          U.76.14399
Im Handel.

1804. **Morsey,** Konrad: T.E. Lawrence und der arabische Aufstand 1916/18.
1975. XI, 466 S. MS ph nA   U.76.12897
Im Handel: Studien zur Militärgeschichte, Militärwissenschaft und Konfliktforschung. 7. (Biblio-Verlag/Osnabrück 1976.)

1805. **Bellmann,** Dieter: Grundzüge der geistig-kulturellen Entwicklung der ara-
bischen Staaten nach dem Zusammenbruch der politischen Herrschaft des
Imperialismus und der Erringung der nationalen Selbständigkeit auf den
Gebieten Kulturpolitik, Kulturtheorie und künstlerische Kultur. 1.: 1977.
XII, 366 Bl. 2.: 1977. Bl. 367-723. L. Senat. Diss. B. 1977 nA

1806. **Fleury,** Antoine: La politique allemande au Moyen-Orient, 1919-1939.
Eutde comparative de la pénétration de l'Allemagne en Turquie, en Iran
et en Afghanistan. Genève 1977. XIV, 434 p. GE pol
Im Handel: Institut universitaire de hautes études internatjenales. Genève.

1807. **Bayati,** Ahmed Basil al-:Der arabisch-persische Golf: e. Studie zur histor.,
polit. u. ökonom. Entwicklung d. Golf-Region. München (1978). XVIII,
373, XXXV S. GÖ wi-so nA
Im Handel: Ölschläger/München 1978.

1808. **Mejcher**, Helmut: Nachkriegsplanung für den Nahen Osten 1939-1946/50. Arabische Bestrebungen und die Politik der Weltkriegsmächte. Tübingen 1980 (?) In Vorbereitung

Ägypten

1809. **Hesse**, Max: Die staatsrechtlichen Beziehungen Aegyptens zur Hohen Pforte auf Grund der Fermane. Berlin 1897. 4 Bl., 78 S. ER j 1897

1810. **Staerk**, Peter: Über die neuzeitliche Kulturentwicklung Ägyptens und ihre verschiedenen materiellen Grundlagen. Bonn 1908. 84 S. BN ph 1908

1811. **Mayer**, Ernst Freiherr von: Die völkerrechtliche Stellung Ägyptens. Breslau 1914. 71 S. MR j   U.14.1021
Im Handel vollst.: Kern/Breslau.

1812. **Winterer**, Herrmann: Ägypten. Seine staats- und völkerrechtliche Stellung. Guben 1915. 158 S. FR rs   U.15.316

1813. **Pothmann**, Erich: Die Rechtsstellung Egyptens. Nach türkischem Staatsrecht und nach modernem Völkerrecht. Greifswald 1918. 103 S. GRE rs   U.18.357

1814. **Kelch**, Max: Die staats- und völkerrechtliche Stellung Aegyptens vor und nach dem Weltkriege. Greifswald 1919. XII, 94 S. GRE rs
U.20.527

1815. **Jordan**, Karl G.: Der ägyptisch-türkische Krieg 1839. Aufzeichnungen des Adjutanten Ferdinand Perier. Zürich 1923. X, 77 S. FRS ph 1923

1816. **Khalafallah**, Moh. Amin: Die staatsrechtliche Entwicklung Aegyptens. Ma VIII, 245 S. (Auszug nicht gedruckt) WÜ rs   U.23.10619

1817. **Brovot**, Franz: Aegypten, seine völkerrechtliche Stellung und seine neueste Verfassung. Ma VI, 143 S. Auszug in: Promotionen der Rechtsw. Fak. Köln. H. 7, S. 10. K j 1924   U.25.5342

1818. **Keimer**, Ludwig: Aegypten in seinen staats- und völkerrechtlichen Beziehungen zur Türkei, zu den Mächten und zu England. Ma 167 S. (Auszug nicht gedruckt) WÜ rs 1924   U.25.8274

1819. **Strässle**, Hermann: Aegypten vor und nach Ausbruch des Weltkrieges. Eine polit. Studie. Ma VII, 137 S. Auszug nicht gedruckt. TÜ rw 1926   U.27.5224

1820. **Kleine**, Mathilde: Deutschland und die Ägyptische Frage 1875-1890. Greifswald 1927. 207 S. MS ph   U.27.4974

1821. **Richter**, Erhard: Lord Cromer, Ägypten und die Entstehung der französisch-englischen Entente von 1904. Engelsdorf. Leipzig 1931. 61 S. L ph   U.31.5700

1822. **Taila**, Mohamed Abu: Die völkerrechtliche Entwicklung Aegyptens. Ma 8 Bl. III, 318 S. (Auszug nicht gedr.) WÜ rs   U.24.9094

1823. **Albrecht**, Wilhelm: Die völkerrechtliche Stellung Ägyptens. Würzburg 1930. 68 S. WÜ rs 1930   U.31.7169

1824. **Harnier** Freiherr v. Regendorf, Johann Adolf: Die Stellung Ägyptens seit 1922. (Regensburg 1931). 100 S. ER j   U.34.490

1825. **Niemeyer**, Wolfgang: Ägypten zur Mamlukenzeit in politisch-geographischer Hinsicht (Auszug aus einem Versuch einer kulturlandeskundlichen Skizze) (Teildr.) Quakenbrück 1935. 43 S. HH mn   U.35.7763
(Behandelt die osmanische Zeit.)

1826. **El Bahay**, Muḥammed: Muḥammed ᶜAbdu. Eine Untersuchung seiner Erziehungsmethode zum Nationalbewußtsein und zur nationalen Erhebung in Ägypten. (Glückstadt) Hamburg (New York) 1936. 120 S. HH ph   U.36.4574

1827. **Oehme**, Alfred Hans: Die Wandlung der rechtlichen Stellung Ägyptens im britischen Reich. Leipzig 1936. IX, 88 S. L j nA   U.36.6613
Im Handel: Abhandlungen d. Inst. f. Politik, ausländ. öffentl. Recht und Völkerrecht an d. Univ. Leipzig, H. 47.

1828. Sinasi, Mehmet: Studien zur Geschichte der syrischen Politik Mehmed Alis von Ägypten in den Jahren 1831-1841. (Auf Grund oriental. Quellen) Grone (Kr. Göttingen) 1936. VI, 73 S. GÖ ph   U.36.3811

1829. Klingmüller, Ernst: Geschichte der Wafd-Partei im Rahmen der gesamtpolitischen Lage Aegyptens. Berlin 1937. 154 S. B ph   U.37.776

1830. Caragiale, Vlad.: La politique des grandes puissances et la question d'Egypte. 1875-1882. Genf 1948. 196 S. GE pol

1831. Pleticha, Heinrich: Die aegyptische Frage (England-Deutschland von 1890-1914) o.O. (1949). 128 gez. Bl. ER pa Ma nA   U.49.1613

1832. Zollneritsch, Josef: Ägypten und die Politik der großen Kabinette 1881 bis 1885 im Spiegel Kalnokyscher Außenpolitik. Nach unveröffentlichten Akten des Wiener Haus-, Hof- und Staatsarchives. 1950. 219 Bl. GZ ph 1950

1833. Lachmayer, Katharina: Mehmed Ali und Österreich. W 1952 136 Bl.

1834. Mokrus, Erwin: Die Beziehungen Englands zu Aegypten vom Abschluß des anglo-aegyptischen Vertrages von 1936-1942. Hamburg 1953. XII, 193 gez. Bl. HH ph Mav nA   U.53.4100

1835. Steppat, Fritz: Nationalismus und Islam bei Mustafā Kāmil. Ein Beitrag zur Ideengeschichte der ägyptischen Nationalbewegung. o.O. (1954). VI, 164 gez. Bl. B-F ph Ma nA   U.54.642
Erschien auch in: Die Welt des Islams, N.S. 4 (1956), 241-341.

1836. Hamza, Gamal: Presse und öffentliche Meinung in Ägypten. Untersuchung und Kritik über Ursprung und Entwicklung bis zur ersten Revolution 1881/82. 1962. 155 Bl. W 1962

1837. Ahmad. ᶜAbdelhamid Muhammad: Die Auseinandersetzungen zwischen Al-Azhar und der modernistischen Bewegung in Ägypten von Muhammad ᶜAbduh bis zur Gegenwart. Hamburg 1963. 151 S. HH ph U.63.4664

1838. Zaki, Mounier Kamil: Aḥmad Luṭfī As-Sayyid (1872-1963). Ein Beitrag zur Ideengeschichte des ägyptischen Nationalismus. Wien 1967. W ph Ma

1839. **El-Gawhary** (geb. Shoukry), Aliaa: Wandlung und Konservierung des Totenbrauches in Ägypten von der Mamlukenzeit bis zur Gegenwart. Bonn 1968. 226 S. BN ph 1968   U.68.2438

1840. **El-Ghannam**, Abdel Asis: Das Regierungssystem des unabhängigen Ägypten (1922-1967). München 1968. 189 S. M ph 1968   U.68.11714

1841. **El Saiid**, Refaat: History of the socialist movement in Egypt. (1900-1925) Leipzig 1970. 509, V gez. Bl. Mav. L Sekt. Afrika- und Nahostwiss. 1970 nA   U.70.4210

1842. **Trefzger**, Marc: Die nationale Bewegung Ägyptens vor 1928 im Spiegel der schweizerischen Öffentlichkeit. Basel 1970. VI, 416 S. BA ph bA
Im Handel: Basler Beiträge zur Geschichtswissenschaft. 118. (Helbing u. Lichtenhain/Basel u. Stuttgart 1970.)

1843. **Schölch**, Alexander: Ägypten den Ägyptern! Die politische und gesellschaftliche Krise der Jahre 1878-1882 in Ägypten. Vorw. v. Albert Hourani. 1972. 396 S. HD ph-hs
Im Handel: Beiträge zur Kolonial- und Überseegeschichte. 9. (Atlantis-Verl./Zürich, Freiburg 1972.)

1844. **Girgis**, Samir: The predominance of the Islamic tradition of leadership in Egypt during Bonaparte's expedition. Zürich 1975. 137 S. Z
Im Handel: Europäische Hochschulschriften. Reihe 3. Geschichte und ihre Hilfswissenschaften. 47. (Lang/Bern u. Frankfurt.)

1845. **Humbsch**, Robert: Beiträge zur Geschichte des osmanischen Ägyptens: nach arab. Sultans- u. Statthalterurkunden d. Sinai-Klosters. 1976. 717 S., Anh. FR ph 1975 bA   U.76.6040
Im Handel: Islamkundliche Untersuchungen. 39. (Schwarz/Freiburg 1976.)

Afghanistan

1846. **Nagase**, Hosuke: Die Entwicklung der russischen und englischen Politik Persiens und Afghanistan betreffend bis zum Ende des großen Konfliktes vom Jahre 1838. Halle a.S. 1894. 48 S., 1 Bl. HAL ph 1894

1847. Schwager, Joseph: Die Entwicklung Afghanistans als Staat und seine zwischenstaatlichen Beziehungen. Borna-Leipzig 1932. XI, 100 S. TÜ
rw nA   U.32.7098
Im Handel: Abh. d. Inst. f. Politik... an der Univ. Leipzig, 24.

1848. Markowski, Bruno: Die materielle Kultur des Kabulgebietes. Leipzig 1932. VIII, 153 S. KB ph nA   U.32.5384
Im Handel: Veröff. d. Geogr. Inst. der Albertus-Univ. zu Königsberg i.Pr. N.F., Reihe Ethnogr., 2.

1849. Hashmi, Yusuf Abbas: Political, cultural and administrative History under the latter Ghaznavids (from 421/1030 to 583/1187) Hamburg 1956. III, 199 gez. Bl. HH ph nA   U.57.3968

1850. Gelpke, Rudolf: Sultān Mas ʿūd I. von Gazna. Die drei ersten Jahre seiner Herrschaft. (421/1030 - 424/1033) Basel 1957. 153 S. BA

1851. Ghafur Muhammad, Abdul: The Gorids. History, culture and administration 543-612/1148-1215/16. Hamburg 1961. III, 210 gez. Bl. HH
ph Ma nA   U.61.4402

1852. Werner, Ingeborg: Die Afghanistan-Politik des deutschen Imperialismus vom Beginn des ersten bis zum Ende des zweiten Weltkrieges. Hauptsächlich dargestellt auf der Grundlage der Akten des Deutschen Auswärtigen Amtes unter Berücksichtigung der innen- und außenpolitischen Situation Afghanistans. Halle 1965. III, 347 gez. Bl. HAL ph Mav nA

1853. Bechinie, Ernst: Die britisch-afghanischen Beziehungen von 1830 bis 1842 in völkerrechtlicher Sicht. Ein Beitrag zur Völkerrechtsgeschichte. Wien 1967. 192 Bl. W rs Ma 1967

1854. Ackermann, Hans Christoph: Narrative stone reliefs from Gandhāra in the Victoria and Albert Museum in London. Catalogue and attempt at a stylistic history.   1975. XII, 208 p., 50 pl. nA
Im Handel: Istituto italiano per il medio ed estremo Oriente. Centro studi e scavi archeologici in Asia. (Reports and memoirs. 17.) Rome, IsMEO.

1855. **Vogel** Renate: Die Persien- und Afghanistanexpedition Oskar Ritter von Niedermayers 1915/16. 1972. 330 S. MS ph nA   U.76.13087
Im Handel: Studien zur Militärgeschichte, Militärwissenschaft und Konfliktforschung. 8. (Biblio-Verlag/Osnabrück 1976.)

1856. **Glaesner**, Heinz: Das Dritte Reich und der Mittlere Osten. Polit. u. wirtschaftl. Beziehungen Deutschlands zur Türkei 1933-1939, zu Iran 1933-1941 u. zu Afghanistan 1933-1941. 1976. XXVI, 625 S. WÜ ph
       U.76.14399
Im Handel.

1857. **Abawi**, Ahmad Omer: Die Rolle der englischen Interventions- und Expansionspolitik in Afghanistan im 19. Jahrhundert und deren Auswirkungen bis zur Gegenwart. 1977. VII, 227 S. TÜ, Fachbereich Geschichte, 1977

1858. **Fleury**, Antoine: La politique allemande au Moyen-Orient 1919-1939. Etude comparative de la pénétration de l'Allemagne en Turquie, en Iran et en Afghanistan. Genève 1977. XIV, 434 S. GE pol
Im Handel.

Algerien

1859. **Turba**, Gustav: Über den Zug Kaiser Karls V. gegen Algier vom Jahre 1541. W ph 1885

1860. **Loy**, Hans August: Die Entwicklung der französischen Assimilationspolitik in Algerien seit 1830. o.O. (1943). 180 gez. Bl. K j Ma nA
       U.43.3667

1861. **Nagel**, Günter: Algerien als staatsrechtliches Problem Frankreichs. Bonn 1957. 215 Bl. BN rs Mav nA   U.57.1003

1862. **Münchhausen**, Thankmar Frh. von: Ziele und Widerstände der französischen Algerienpolitik von 1945-1958. Heidelberg 1962. XV, 441 S. HD ph   U.66.8080

1863. **Ohneck**, Wolfgang: Die französische Algerienpolitik von 1919-1939. Heidelberg 1964. 195 S. HD ph 1964 nA   U.66.8084
Im Handel: Beiträge zur Kolonial- und Überseegeschichte, Bd. 2.

1864. **Baumann**, Herbert: Die Wiederherstellung des unabhängigen algerischen Staates. Seine politischen Grundlagen, der Mechanismus seiner obersten Staatsorgane, sein Staatsaufbau und seine Rolle bei der Festigung der Unabhängigkeit. Leipzig 1965. 248, 75 gez. Bl. L j Mav nA U.65.8376

1865. **Hartmann**, Franz: Österreichs Beziehungen zu den Barbaresken und Marokko 1725-1830. Wien 1970. 149 Bl. W ph 1971 Ma

1866. **Belkherroubi**, Abdelmadjid: La naissance et la reconnaissance de la République algérienne. 1971. 166 S. LAU j

1867. **Kurio**, Hars: Geschichte und Geschichtsschreiber der ᶜ Abd al-Wādiden. Algerien im 13.-15. Jahrhundert. Kiel 1971. 193, 2, 90 S. KI ph
U.71.6374
Im Handel: Islamkundliche Untersuchungen. 20. (Schwarz/Freiburg 1973.)

1868. **Heydemann**, Lothar: Der Kampf der demokratischen Kräfte Frankreichs, unter besonderer Berücksichtigung der Rolle der Intelligenz, für eine friedliche und demokratische Regelung des Algerienproblems in den Jahren 1954-1958. (Dargest. an Hand d. franz. Tagespresse, insbes. d. „Humanité".) 1-3. Berlin 1971. II, 171 gez. Bl., gez. Bl. 172-348, 349-570. B-H gw nA Ma

1869. **Elsenhans**, Hartmut: Frankreichs Algerienkrieg 1954-62: Entkolonisierungsversuch e. kapitalist. Metropole. Zum Zusammenbruch d. Kolonialreiche. 1974. XII, 908 S. B-F FB Pol.Wiss. 1973 bA U.74.15022
Im Handel: Hanser/München.

1870. **Eichler**, Gert: Algiers Sozialökologie 1955-1970: vom Kolonialismus zur nationalen Unabhängigkeit. 1976. VIII. 255 S. B-F FB Geowiss. bA
U.76.14760
Im Handel: Urbs et regio. 1. (Gesamthochschule Kassel.)

1871. **Dunand**, Fabien: L'Indépendance de l'Algérie: décision politique sous la 5ᵉ République (1958-1962). 1977. 264 p. GE
Im Handel.

209

Irak

1872. **Hoepli**, Henry U.: England im nahen Osten. Das Königsreich Irak und die Mossulfrage. Erlangen 1931. IX, 169 S. ER ph 1931 nA

U.32.2074

Im Handel: Erlanger Abhandlungen zur mittleren und neueren Geschichte, 10.

1873. **Kluge**, Hans: Das Königreich Irak. Ein Beitrag zum Völkerrecht und Völkerbundsrecht. Leipzig 1934. X, 102 S. L j nA   U.34.7510

Im Handel: Abh. d. Inst. f. Politik, ausl. öff. Recht und Völkerrecht an der Univ. Leipzig, 40.

1874. **Jerusalem**, Elisabeth: Gertrude Bells Anteil an der englischen Politik in Mesopotamien, 1916 bis 1926. Studien zu einer Biographie. W ph 1934 Ma

1875. **Scholze**, Christa: Zum Charakter der Kolonialpolitik des englischen Imperialismus im Irak in der Zeit von 1932-1939. Leipzig 1965. 3, VII, 297 gez. Bl. L ph Ma nA   U.65.8164

1876. **Owainati**, Jamil A.R.: Die Entstehung des irakischen Staates und dessen Beziehungen zu Großbritannien. Wien 1967. III, 204, XI Bl. W s 1967

1877. **Schmidt-Dumont**, Marianne: Turkmenische Herrscher des 15. Jahrhunderts in Persien und Mesopotamien nach dem Tārīḫ al-Giyāṯī. Freiburg i.B. 1970. 250 S., 57 S. arab. Text. FR ph 1970 bA

Im Handel: Islamkundliche Untersuchungen, 6. (Schwarz/Freiburg 1970.)

1878. **Richter**, Ilse: Der Kampf des irakischen Volkes um nationale und soziale Befreiung (1945 bis Mitte 1959). Leipzig 1972. V, 288 gez. Bl. L, Sekt. Afrika- u. Nahostwiss., Diss. A. Mav nA   U.72.1990

1879. **Samaraie**, Abed Al: Entstehung und Entwicklung des irakischen Staates während der britischen Mandatsherrschaft 1920 bis 1932. 1973. III, 163 gez. Bl. L Inst. für Internationale Studien. Diss. A. nA

1880. **Farouk,** Marion Omar: Der Wandel der Produktions- und Machtverhält-
nisse auf dem Lande im Irak unter der britischen Kolonialherrschaft
1914-1932. (1.) 1974. IV, 79 Bl. T.2: 1974. Bl. 80-195, Anh. B-H. Gesellschaftswiss. Fak., Diss. A Mav nA U.74.364

1881. **Sadik Salman,** Hamid: Die Entwicklung und der Strukturwandel der
Stadt Bagdad unter den Bedingungen der asiatischen Produktionsweise
und des unterentwickelten Kapitalismus: Versuch e. histor.-materialist.
Analyse d. Entwicklung e. arab. Großstadt. 1975. X, 426 S. BO, Abt.
für Sozialwiss. U.75.3867

Iran

1882. **Mann,** Gottlieb Bernhard Oskar: Das Muǰ mil et-Tārīkh-i ba ᶜd nādirīje
des Ibn Muḥammed Emīn Abu'l-Ḥasan aus Gulistāne. (Fasc. I: Geschichte Persiens in den Jahren 1747-1750) Nach der Berliner Handschrift herausgegeben und mit einer Einleitung versehen... Leiden 1891. 24, 72 S.
ST ph 1891
Im Handel: Brill/Leiden 1891 (vollst.).

1883. **Nagase,** Hosuke: Die Entwicklung der russischen und englischen Politik
Persiens und Afghanistan betreffend ibs zum Ende des großen Konfliktes vom Jahre 1838. Halle a.S. 1894. 48 S., 1 Bl. HAL ph 1894

1884. **Ross** Edward Denison: The early years of Shāh Isma ᶜīl, founder of
the Ṣafavī dynasty... Aus: Journ. of the Royal Asiat. Society, 1896.
London 1896. 2 Bl., 92 S., 1 Bl. ST ph 1896
In: Journal of the Royal Asiatic Society, 1896, 249-340.

1885. **Brück,** Paul: Beiträge zur Kulturgeschichte Persiens in der Zeit des Hafiz
nach seinen Gedichten. Ha W ph 1920

1886. **Hinz,** Walther: Irans Aufstieg zum Nationalstaat im fünfzehnten Jahr-
hundert. 1936. 175 S. B ph Hab
Im Handel: De Gruyter/Berlin 1936. Türkische Ausgabe: Ankara 1948.
Persische Ausgabe: Teheran 1968.

1887. **Hannekum,** Wilhelm: Persien im Spiel der Mächte 1900-1907. Ein Bei-
trag zur Vorgeschichte des Weltkrieges. Berlin 1937. 203 S. GÖ ph nA
U.38.3688
Im Handel: Historische Studien, Heft 331. Reprint: Kraus/Vaduz 1965.

1888. **Spuler,** Bertold: Die Mongolen in Iran. Politik, Verwaltung und Kultur der
Ilchanzeit. 1220-1350. Mit 1 Kt. Leipzig 1939. XVI, 533 S. GÖ ph Hab
1938 nA   U.40.2941
Im Handel: 1. Aufl.: Iranische Forschungen, Bd. 1 (Leipzig 1939) 2. Aufl.:
Akademie-Verlag/Berlin 1955. 3. verb. und erw. Aufl.: Akademie-Verlag/
Berlin 1968.

1889. **Roemer,** Hans Robert: Der Niedergang Irans nach dem Tode Isma ᶜīls des
Grausamen 1577-1581. Würzburg-Aumühle 1939. 113 S. GÖ ph nA
U.39.3533
Im Handel: Triltsch/Würzburg-Aumühle 1939.

1890. **Bauer,** Heinz: Die englisch-russischen Gegensätze in Persien. Das Abkommen vom 31. August 1907 und seine Auswirkungen. Tübingen 1940. 187 S.
TÜ ph   U.41.5521

1891. **Braun,** Hellmut: Aḥvāl -e Šāh Ismāᶜīl. Eine unerschlossene Darstellung
des Lebens des ersten Ṣafawidenschahs. Göttingen 1946. III, 123, 33
pers. Text Ma nA   U.45/48.4405

1892. **Lettau,** Carl: Die russisch-persischen Beziehungen 1907-1911. Kiel 1949.
X, 104 gez. Bl. Ma KI ph nA   U.49.4092

1893. **Roemer,** Hans Robert: Staatsschreiben der Timuridenzeit. Das Šaraf-
nāmä des ᶜAbdallāh Marwārīd in kritischer Auswertung. Persischer
Text in Faksimile (Hs. Istanbul Üniversitesi F 87) Wiesbaden 1952. VIII,
224 S., 75 S. pers. Text. MZ ph Hab 1950 nA   U.51.6081
Im Handel: Akademie der Wissenschaften und der Literatur. Veröffentlichungen der Orientalischen Kommission, Bd. 3. (Steiner/Wiesbaden
1952.)

1894. **Busse,** Heribert: Beiträge zum Kanzleiwesen und zur Verwaltungsgeschichte der Turkmenen und der Safawiden an Hand zeitgenössischer Urkunden.
o.O. 1956. 179 gez. Bl. mit Textproben MZ ph Ma   U.57.6326
Im Handel erw. u.d. Titel: Untersuchungen zum islamischen Kanzleiwesen
an Hand turkmenischer und safawidischer Urkunden. Kairo 1959. Abh.
d. Dt. Archäolog. Inst.Kairo, Islamische Reihe, Bd. 1. (Sirović/Kairo 1959.)

1895. **Miraftab**, Mahmud: Dastūr al-kātib fī taᶜyīn al-marātib (des Moḥam-mad ebn Moulānā Henduśāh Nahg̱awānī). Edition und Darstellung. Göttingen 1956. VII, 107 gez. Bl., mehr. Taf. GÖ ph Mav   U.56.3119

1896. **Behnam**, Anouchiravan: Les puissances et la Perse (1907-1921) 1957. 205 S. NEU

1897. **Farboud**, Homayoun: L'evolution politique de l'Iran pendant la Seconde guerre mondiale. Lausanne 1957. 243 S.

1898. **Rezai**, Nasrollah: Die Beziehungen zwischen dem Iran und Deutschland von der Reichsgründung bis zum Ausbruch des ersten Weltkrieges. o.O. 1958. 123 gez. Bl. HD ph Ma nA   U.58.4043

1899. **Sajadieh**, Javad: Organisation und Administration unter den Mongolen in Iran. Nach dem Dastūr al-kātib fī taᶜjīn al-marātib des Muḥammad b. Hinduśāh. 1958. VI, 76 B. W ph 1958.

1900. **Ghaffari**, Ataolah: Die Entwicklung der politischen Beziehungen zwischen Deutschland und dem Iran unter bes. Berücksichtigung der internationalen Verträge. Göttingen 1958. IV, 92 gez. Bl. GÖ rs Mav nA   U.58.2672

1901. **Gehrke**, Ulrich: Persien in der deutschen Orientpolitik während des ersten Weltkrieges. (Bd. 1.2.) Hamburg (Stuttgart) 1960. XVIII, 356 S. HH ph nA   U.60.4003
Im Handel: Darstellungen zur auswärtigen Politik. Bd. 1.

1902. **Qazi**, Nabibakhsh: Die Moẓaffariden in Iran. Ein Beitrag zur Hafis-For-schung. Göttingen 1960. 106 gez. Bl. Anl. GÖ ph Mav nA U.60.3287

1903. **Zaryab**, Abbas: Der Bericht über die Nachfolger Timurs aus dem Ta'rīḫ-i kabīr des Ǧaᶜfarī ibn Muḥammad al-Ḥusainī. Hrsg., ins Deutsche über-tragen und erläutert. Mainz 1960. MZ ph bA   U.60.6014

1904. **Müller**, Hans: Schah ᶜAbbās der Große in der Chronik des Qāzī Aḥmad. Krit. Textausg., deutsche Übersetzung und Erläuterungen. Mainz 1960. XXXIII, 128 S. MZ ph bA   U.60.6006
Im Handel in erw. Form u.d. Titel: Die Chronik Ḫulāṣat at-tawārīḫ des Qāzī Aḥmad Qumī. Der Abschnitt über Schah ᶜAbbās I. Akademie der Wissenschaften und der Literatur. Veröffentlichungen der oriental. Kom-mission, Bd. XIV. (Steiner/Wiesbaden 1964.)

1905. **Göyünç**, Nejat: Das sogenannte Ğāme ͨ ol-Ḥesāb des ͨ Emād as-Sarāwī. Ein Leitfaden des staatl. Rechnungswesens von ca. 1340. Göttingen 1962. II, 179 gez. Bl. GÖ ph Mav nA U.62.3877

1906. **Pirayech**, Purandocht: Persisch-russische Beziehungen zwischen den beiden Weltkriegen. München 1964. IX, 170 S. M ph U.64.9370

1907. **Pahlawan**, Čangiz: Die konstitutionelle Revolution in Persien 1891 bis 1921. Wien 1964. 135 Bl. W ph Ma

1908. **Sohrweide**, Hanna: Der Sieg der Safawiden in Persien und seine Rückwirkungen auf die Schiiten Anatoliens im 16. Jh. Hamburg 1965. S. 95-223. HH ph nA U.65.5989
In: Der Islam 41 (1965), 95-223.

1909. **Scheikh-ol-Islami**, Mohammed Djawad: Iran's first Experience of military coup d'Etat in the Era of her constitutional government. Heidelberg. HD ph U.65.6639

1910. **Röhrborn**, Klaus-Michael: Provinzen und Zentralgewalt Persiens im 16. und 17. Jahrhundert. Hamburg 1966. X, 157 S. Anh. HH ph nA U.66.7360
Im Handel: Studien zur Sprache, Geschichte und Kultur des islamischen Orients. Beihefte zur Zeitschrift „Der Islam", N.F. Bd. 2 (de Gruyter/ Berlin 1966.)

1911. **Palombini**, Barbara von: Bündniswerben abendländischer Mächte um Persien 1453-1600. Freiburg i.B. 1966. 138 S. FR ph 1966 nA U.67.5082
Im Handel: Freiburger Islamstudien, 1. (Steiner/Wiesbaden 1968.)

1912. **Braun**, Hellmut: Das Erbe Schah ͨ Abbās'. Iran und seine Königs 1629-1694. Hamburg 1967. 201 S. HH ph Hab Mav nA U.67.7096

1913. **Scharafschahi**, Bijan: Entwicklung der politischen Macht in Iran. Kiel 1968. IV, 314, XXIII S. KI ph 1968

1914. **Ansari**, Hormoz: Deutsch-iranische Beziehungen nach dem Zweiten Weltkrieg. München 1968. 372 S. M ph 1968. U.68.11465

1915. **Herrmann,** Gottfried: Der historische Gehalt des „Nāmä-ye nāmī" von Hāndamīr. Göttingen 1968. 251 S. GÖ ph 1968 na

1916. **Glassen,** Erika: Die frühen Safawiden nach Qāżī Aḥmad Qumī. Freiburg i.B. 1968. 246 S., 127 S. pers. Text. FR ph 1968
Im Handel: Islamkundliche Untersuchungen, 5. (Schwarz/Freiburg 1970.)

1917. **Zoroufi,** Mohammad: Die Resāle des Moḥebb ᶜAlī Ḫān Nāẓim al-Mulk über die osmanisch-iranische Grenze (um 1850). München 1968. XII, 149 S. M ph 1968   U.68.12571

1918. **Luft,** Paul: Iran unter Schah ᶜAbbās II. (1942-1666) Göttingen 1969. IV, 284 S. GÖ ph 1969 na   U.69.6319

1919. **Parvisi-Berger,** Maryam: Die Chronik des Qāšānī über den Ilchan Ölǧäitü (1304-1316). Ed. und kommentierte Übers. (Bd. 1.2.) Göttingen 1969. 250, 256 S. GÖ ph 1969 na   U.69.6364

1920. **Bina-Motlagh,** Mahmud: Scheich Ṣafī von Ardabīl. Göttingen 1969. VI, 208 S. GÖ ph 1969   U.70.9064

1921. **Schmidt-Dumont,** Marianne: Turkmenische Herrscher des 15. Jahrhunderts in Persien und Mesopotamien nach dem Tārīḫ al-Ġiyāṯī. Freiburg i. B. 1970. 250 S., 57 S. arab. Text. FR ph 1970 bA
Im Handel: Islamkundliche Untersuchungen, 6. (Schwarz/Freiburg 1970.)

1922. **Radjabi Tabrizi,** Parwis: Iran unter Karīm Ḫān (1752-1779). Göttingen 1970. 205 S. GÖ ph 1970   U.70.9349

1923. **Fragner,** Bert: Geschichte der Stadt Hamadan und ihrer Umgebung in den ersten sechs Jahrhunderten nach der Higra (von der Eroberung durch die Araber bis zum Untergang der „'Iraq-Selᶜuken") Wien 1970. XI Bl., 220 Bl. W ph Ma
Im Handel: Dissertationen d. Univ. Wien. 89. (Verlag Notring/Wien 1972.)

1924. **Roschanzamir,** Mehdi: Die Zand-Dynastie. Hamburg 1970. X, 229 S. HH FB Orientalistik nA   U.70.9967
Im Handel: Geistes- und naturwissenschaftliche Dissertationen. 8. (Lüdke/ Hamburg 1970.)

1925. **Izadi**, Manoutchehr: Diplomatische und politische Beziehungen zwischen Persien, Rußland und England von 1800-1834. Wien 1971. 13, 134 Bl. W s Ma

1926. **Ravasani**, Schahpur: Die sozialistische Bewegung im Iran vom Ende des 19. Jh. bis 1922. Hannover 1971. H ph 1971   U.72.7140

1927. **Vogel**, Renate: Die Persien- und Afghanistanexpedition Oskar Ritter von Niedermayers 1915/16. 1972. 330 S. MS ph nA   U.76.13087 Im Handel: Studien zur Militärgeschichte, Militärwissenschaft und Konfliktforschung. 8. (Biblio-Verlag/Osnabrück 1976.)

1928. **Ketabi**, Mahmud: Kuček Han und die „Gangali-Bewegung". Darst. u. Analyse d. persischen Bewegung Gangal (1915-1921) Heidelberg 1972. 201 S. HD, F. f. Orientalistik u. Altertumswiss.   U.73.7793

1929. **Gaube**, Heinz: Die südpersische Provinz Arragan/Kuh-Giluyeh von der arabischen Eroberung bis zur Safawidenzeit. Hamburg 1973. 263 S. HH, Fachbereich Orientalistik nA   U.73.6665 Im Handel.

1930. **Zamir-Dahncke**, Monika Rochan: Iran in napoleonischer Zeit (1797-1814) Hamburg 1973. 190 S. HH, Fachbereich Orientalistik nA   U.73.7101 Im Handel.

1931. **Nabipour**, Mirkamal: Die beiden persischen Leitfäden des Falak ᶜ Ala-ye Tabrizi über das staatliche Rechnungswesen im 14. Jahrhundert. 1973. 169, 172 S. GÖ ph   U.74.6897

1932. **Ott**, Ursula: Transoxanien und Turkestan zu Beginn des 16. Jahrhunderts. Das Mihman-nama-yi Buhara des Fadlallah b. Ruzbihan Hungi. Übers. u. Kommentar. Freiburg i. B. 1973. 362 S. FR ph bA   U.73.5616 Im Handel: Islamkundliche Untersuchungen. 25. (Schwarz/Freiburg 1974.)

1933. **Mahrad**, Ahmad: Die deutsch-persischen Beziehungen von 1918-1933. 1974. 478 S. B-F pol bA   U.74.15152 Im Handel: Europäische Hochschulschriften. Reihe 3. 37. (Lang/Bern.)

1934. **Moayedi-Esfehani**, Mojtaba: Die persische Revolution von 1906-1909 und die Entwicklung der Dichtung als Folge der konstitutionellen Bewegung. 1974. III, 207 S. HD wi-so nA   U.74.8550

1935. **Lettau**, Dieter: Der kaiserlich persische General und Sektionschef i.D. Klemens Kolischer Khan (1868-1945) Wien 1974. 1 Portr., IX, 245 Bl., Bl. 246-247 Abb. W ph Ma 1975

1936. **Rasoulzadeh**, Ali: Der Weg Irans vom Absolutismus zum Konstitutionalismus: die persische Revolution 1905/1911. 1976. II, 175 S. WÜ FB II, Neuphilologien, Geschichte, Kunstgeschichte, 1977

1937. **Glaesner**, Heinz: Das Dritte Reich und der Mittlere Osten. Polit. u. wirtschaftl. Beziehungen Deutschlands zur Türkei 1933-1939, zu Iran 1933-1941 u. zu Afghanistan 1933-1941. 1976. XXVI, 625 S. WÜ ph
U.76.14399
Im Handel.

1938. **Keçik**, Mehmet Şefik: Briefe und Urkunden aus der Kanzlei Uzun Hasans: e. Beitr. zur Geschichte Ost-Anatoliens im 15. Jh. 1976. HH, Fachbereich Orientalistik nA   U.76.7493
Im Handel: Islamkundliche Untersuchungen. 29. (Schwarz/Freiburg.)

1939. **Khan**, Mubarak Ali: The court of the great mughuls: (based on Persian sources) 1976. III, 205 S. BO hs

1940. **Jung**, Edeltrud: Aḥmad Kasrawī : e. Beitr. zur Ideengeschichte Persiens im 20. Jh. 1976. 282 S. FR ph   (U.76.6054)

1941. **Fleury**, Antoine: La politique allemande au Moyen-Orient, 1919-1939. Etude comparative de la pénétration de l'Allemagne en Turquie, en Iran et en Afghanistan. Genève 1977. XIV, 434 S. GE pol
Im Handel.

1942. **Ekbal**, Kamran: Der Briefwechsel Abbas Mirzas mit dem britischen Gesandten MacDonald Kinneir im Zeichen des zweiten russisch-persischen Krieges (1825-1828): e. Beitrag zur Geschichte der persisch-englischen Beziehungen in der frühen Kadscharenzeit. 1977. 293 S. KI ph 1976 bA
Im Handel: Islamkundliche Untersuchungen. 43. (Schwarz/Freiburg 1977.)

1943. **Khoschnewis Gawgani**, Borhan: Die österreichischen Militärmissionen in Persien 1852 bis 1881. Wien 1978. 210 Bl. W Ma

1944. **Fragner**, Bert G.: Persische Memoirenliteratur als Quelle zur neueren Geschichte Irans. Freiburg 1978. 202 S. FR Hab
Im Handel: Freiburger Islamstudien. 7. (Steiner/Wiesbaden 1979.)

1945. **Elahi**, Homayoun: Die strategische Bedeutung Irans während des Zweiten Weltkrieges. 1978. VIII, 387 S. H-T, Fak. für Geistes- u. Sozialwiss.

1946. **Quiring-Zoche**, Rosemarie: Isfahan im 15. und 16. Jahrhundert. Ein Beitrag zur persischen Stadtgeschichte. Freiburg 1979. ca. 280 S. FR ph
Im Handel: Islamkundliche Untersuchungen. 54. (Schwarz/Freiburg 1980.)

1947. **Schimkoreit**, Renate: Herrscherurkunden der Safawiden. Regesten und diplomatische Studien. (Arbeitstitel !) FR ph 1981 (?)

Jemen

1948. **Nützel, Heinrich: Münzen der Rasuliden nebst einem Abriß** der Geschichte dieser jemenitischen Dynastie. Berlin 1891. 80 S. J ph 1891

1949. **As-Suhārī**, Muhammad ibn ʿAlī ibn Abdallah: Der Kampf um die Herausbildung eines unabhängigen jemenitischen Einheitsstaates vom Ende des 19. Jahrhunderts bis 1934. (1.2.) Leipzig 1964. 363 gez. Bl., gez. Bl. 364-565. L ph Ma nA   U.64.7614

Libanon

1950. **Soufy**, Abdullatif: Zur Geschichte des Libanon von 1840-1914, dargestellt an Hand österreichischer Quellen. Wien 1966. V, 155 Bl. W ph Ma

1951. **Brandt**, Jürgen: Die Politik des französischen Imperialismus in Syrien und Libanon vom Ende des ersten Weltkrieges bis zum Vorabend des großen syrischen Volksbefreiungskrieges 1925-1927. (1.2.) Leipzig 1966. VI, 185 gez. Bl., gez. Bl. 186-260. L ph Ma nA   U.66.9744

Libyen

1952. **Müller-Westing**, Helmut: Der Siedlungshof in Libyen. Rechtsgrundlagen der faschistischen Volkssiedlung in Libyen, unter bes. Berücksichtigung des Siedlungsvertrages. (Bozen: Selbstverlag 1941) 193 S. Prag rs 1941 bA
U.42.6040

1953. **Asal**, Mohammed Sami: Die Entstehung Libyens als souveräner Staat. Berlin 1965. 241 S. B-F ph U.65.1122

Marokko

1954. **Karner**, Friedrich: Die Marokkokrise des Jahres 1911. W ph 1935 Ma

1955. **Bretschger**, Jacob: Die Marokko-Konferenz Algericas 1906. Zürich 1913. II, 106 S. BE ph 1912/13

1956. **Rauter von Rüdiger**, Georg: Die Bedeutung der Algericas-Konferenz unter Berücksichtigung der europäischen Marokko-Politik bis zur endgültigen Lösung der Marokkofrage. Altenburg 1917. VIII, 188 S. WÜ rs 1917 U.18.551

1957. **Richter**, Johannes: Die Entwicklung des Erwerbs von Grundeigentum durch Ausländer in Marokko. (Burg b. Magdeburg) 1918. 59 S. L j
U.19.650

1958. **Neumann**, Kurt: Die Internationalität Marokkos. Berlin 1919. 291 S. KI rs 1918 nA U.19.619
Im Handel: Der Neue Orient/Berlin 1919.

1959. **Kuhnert**, Gerhard: Die Stellung der öffentlichen Meinung Deutschlands zur Marokkofrage bis zum Vertrag von Algericas. Ha, 120 S. Auszug in: Jahrbuch d. Phil. Fak. Leipzig. 1922. 2 S. 95-97. L ph 1922
U.23.8447

1960. **Hoffmann**, Annemarie: Deutsche Politik in Marokko. Anklam 1929. 46 S. J ph U.29.3299

1961. **Rheinländer**, Gertrud: Deutschland, England und die Marokkokrise (1904-1906). Bochum-Langendreer 1931. VIII, 124 S. MS ph
U.31.6659

219

1962. **Brenning**, Herbert Emil: Die großen Mächte und Marokko in den Jahren vor dem Marokko-Abkommen vom 8. April 1904 (1898-1904). Berlin 1934. 195 S. GÖ ph nA   U.34.3768
Im Handel: Historische Studien 254. Reprint: Kraus/Vaduz 1965.

1963. **Fischer**, Kuno: Marokko und der deutsch-französische Gegensatz um die Jahrhundertwende. (Tübingen) 1935. VI, 187 S. TÜ ph nA U.36.9515
Im Handel.

1964. **Melzer**, Fritz: Die Bedeutung der Marokkofrage für die englisch-französischen Beziehungen von 1901 bis zum Zustandekommen der Entente cordiale. Dresden 1937. 147 S. L ph   U.37.7348

1965. **Diedrich**, Heinrich: Frankreich und Marokko 1890-1905. Hamburg 1939. 93 S. HH ph   U.39.4497

1966. **Kosch**, Wilhelm: Aehrenthal und die Marokkokrise (1908-1911) 1939. 90 Bl. GZ ph 1939

1967. **Ouakilit**, Bachir: Die Geschichte und Rechtsstellung von Tanger seit der Algeciraskonferenz. Bonn 1962. 143 S. BN rs   U.62.1477
Im Handel.

1968. **Nimschowski**, Helmut: Die Expansion des deutschen Imperialismus nach Marokko vom Ausgang des 19. Jahrhunderts bis zur 1. Marokkokrise. Ein Beitr. zur Forschung d. Triebkräfte, Ziele u. Methoden d. dt. Marokkopolitik u. zur Unters. d. antikolonialen Kampfes d. dt. Arbeiterklasse. 1.2. Leipzig 1964. XVI, 242 gez. Bl., gez. Bl. 244-286, CXXV gez. Bl. L ph Ma nA   U.64.7594

1969. **Gerth**, Gerhard: Kolonialismus und Antikolonialismus in den Beziehungen Deutschlands zu Marokko von 1906 bis zur Agadirkrise. Leipzig 1967. IX, 220, XC gez. Bl. L ph Hab 1966 Ma nA   U.67.9511

1970. **Hartmann**, Franz: Österreichs Beziehungen zu den Barbaresken und Marokko 1725-1830. Wien 1970. 149 Bl. W ph 1971 Ma

1971. **Moritz**, Albrecht: Das Problem des Präventivkrieges in der deutschen Politik während der ersten Marokkokrise. 1974. 352 S. B-F hs bA
Im Handel.   U.74.15170

1972. **Neugebauer**, Karl-Volker: Die Errichtung der deutschen Militärkontrolle im unbesetzten Frankreich und in Französisch-Nordwestafrika: e. Studie zum Problem d. Sicherung d. Südwestflanke von Hitlers Kontinentalimperium. 1977. 291 S. K ph

Palästina/Israel

1973. **Grothe**, Hugo: Die Bagdadbahn und das schwäbische Bauernelement in Transkaukasien und Palästina. München 1902. 53 S. WÜ ph 1902

1974. **Leopold**, Walter: Die Eröffnung Palästinas in ihrer sozialen und sozialhygienischen Bedeutung für die Regulierung der jüdischen Einwanderung. Ma IV, 137 S. (Auszug nicht gedruckt) HD ph   U.23.5762

1975. **Kantorowicz**, Alfred: Die völkerrechtlichen Grundlagen des nationalenjüdischen Heims in Palästina. Ma 1 Bl., VI, 168 S., 93 Bl. (Auszug nicht gedruckt) ER j   U.24.1935

1976. **Necheles**, Ernst: Die Grundzüge des Mandatssystems unter bes. Berücksichtigung d. Eigenart des Palästina-Mandats. Ma V, 133 S. (Auszug nicht gedruckt) o.O. 1923, 2 Bl. HH rs 1923   U.25.4461

1977. **Krämer**, Albert: Das völkerrechtliche Mandat unter bes. Berücks. des Palästina-Mandates. Heidelberg 1927. 110 S. HD j   U.27.2618

1978. **Schwarzenberger**, Georg: Das Völkerbunds-Mandat für Palästina. Stuttgart 1929. 102 S. TÜ rw 1930 nA   U.31.6991
Im Handel: Tübinger Abhandlungen zum öffentlichen Recht, Heft 21.

1979. **Marcus**, Ernst: Palästina. Ein werdender Staat. Völker- und staatsrechtliche Untersuchung über die rechtl. Gestaltung des Mandatslandes Palästina unter besonderer Berücksichtigung des Rechtes der nationalen Heimstätte f.d. jüdische Volk. (Leipzig 1929) XIX, 328 S. Titelbl., Inhaltsverzeichnis und Lebensl.: Leipzig 1929. 4 Bl. HD j nA U.30.3608
Im Handel: Frankfurter Abhandlungen zum modernen Völkerrecht, Bd. 16.

1980. **Cohn**, Joseph: England und Palästina. Ein Beitrag zur brit. Empire-Politik. Berlin 1931. 327 S. HD s nA   U.31.4055

981. **Seibt**, Hans: Moderne Kolonisation in Palästina. T. 1. Die Kolonisation der dt. „Templer". T. 2. Die Kolonisation der Zionisten. Stuttgart-Degerloch 1936. 140 S., 227 S. L ph U.36.7230
In: Die Warte des Tempels, Jg. 1934, Nr. 22-24 und Jg. 1935, Nr. 1-14.
Im Handel: Selbstverlag/Neugersdorf, Sa.

1982. **Al-Hamui**, Mamun: Die Anwendung des Mandatssystems. o.O. 1944. 130 gez. Bl. Ma B aus nA U.44.1334
Vgl. auch die wohl erweiterte Buchausgabe: Die britische Palästina-Politik (Junker u. Dünnhaupt/Berlin 1943.)

1983. **Lewin**, Ernst A(lbert): Die palästinensische Arbeiterbewegung bis zum Ausbruch des zweiten Weltkrieges. New York 1950. 35 S. Ma (autogr.) BA s (Verkürzte Fassung für den Austausch) Vollständige Arbeit u.d. Titel: Die Arbeitsverhältnisse und die Anfänge der Arbeiterbewegung in Ländern des Vorderen Orients (Ägypten, Syrien, Irak, Türkei, Iran, Zypern, Transjordanien und insb. Palästina) nur als Mikrofilm vorhanden in UB Basel.

1984. **Beickert**, Hans: Die Entwicklung Palästinas in staats- und völkerrechtlicher Hinsicht vom Ausbruch des ersten Weltkrieges bis zur Aufnahme Israels in die Vereinten Nationen. o.O. (1950). IX, 191 gez. Bl. F j Ma nA U.51.2020

1985. **Döbertin**, Winfried: Der Zionismus Theodor Herzls. Ein ideengeschichtl. Beitrag zu d. histor. Voraussetzungen d. Staates Israel. Hamburg 1964. 106 S. HH ph U.64.5523

1986. **Mährdel** (geb. Salzer), Ingrid: Die britische Mandatsherrschaft über Palästina (1922-1936). Koloniales Wesen, Spezifika und gesellschaftliche Wirkungen als Faktoren ihrer Krise. Leipzig 1967. IX, 299 gez. Bl. L ph Ma nA U.67.9527

1987. **Seelbach**, Jörg: Die Aufnahme der diplomatischen Beziehungen zu Israel als Problem der deutschen Politik seit 1955. Marburg 1969. V, 299 S. MR ph bA U.69.13418
Im Handel.

1988. **Hattis**, Susan Lee: The bi-national idea in Palestine during mandatory times. Genève 1970. 356 S. GE pol

1989. **Bermann**, Dagmar T.: Produktivierungsmythen und Antisemitismus. Assimilator.u. zionist. Berufsumschichtungsbestrebungen unter de. Juden Deutschlands u. Österreichs bis 1938. Eine hist.-soziol. Studie. München 1971. V, 270 S. M ph U.71.7427

1990. **Adé**, Annamarie: Winston S. Churchill und die Palästina-Frage, 1917-1948. (Von der Balfour-Deklaration bis zum Unabhängigkeitskrieg) 1972. II, 299 S. Z ph

1991. **Drtina**, Silvia: Die Propagandatätigkeit Theodor Herzls für den Zionismus. Wien 1972. 125, V Bl., 3 Bl. W ph Ma

1992. **Offenberg**, Mario: Vom Zionismus zum Internationalismus: d. Entstehungsprozeß d. Kommunist. Partei Palästinas (P.K.P.) 1919-1924. 1975. 369 S. B-F pol bA FB Polit. Wiss. U.75.15547 Im Handel u.d. Titel: Kommunismus in Palästina. Nation und Klasse in der antikolonialen Revolution. Mit einem Vorwort von Johannes Agnoli. Meisenheim am Glan: Hain 1975. (Marburger Abhandlungen zur politischen Wissenschaft. 29.)

1993. **Kallner**, Rudolf: Herzl und Rathenau. Wege jüdischer Existenz an der Wende des 20. Jahrhunderts. 1976. 446 S. TÜ FB Geschichte bA U.76.13875 Im Handel: Klett/Stuttgart 1976.

1994. **Neubert**, Friedrich Paul Harald: Die deutsche Politik im Palästina-Konflikt 1937-38. 1976. 251 S. BN ph

1995. **Yago-Jung**, Ilse Elisabeth Veronika Judith: Die nationale Frage in der jüdischen Arbeiterbewegung in Rußland, Polen und Palästina bis 1929. 1976. 431 S. F gw

1996. **Timm**, Angelika: Nationalismus und Sozialreformismus in den jüdischen Arbeiterorganisationen Europas und Palästinas bis 1930: zu d. histor. Wurzeln u. ideolog. Quellen d. israel. Sozialdemokratie. 1976. X, 365, 8 Bl. B-H gw Diss. A Mav nA

223

Saudi-Arabien

1997. **Fischer** Dora: T. E. Lawrence. Wirkungen und Einsatz nomadischer Lebensräume in der großen Politik am Beispiel Arabiens. o.O. 1941. 201 gez. Bl. B aus 1941 Ma nA   U.42.737

1998. **Klingmüller**, Ernst: Die Korrespondenz zwischen Sir Henry Mc Mahon und dem Scherifen von Mekka, Huṣain. Ihre hist. Voraussetzungen und ihre jurist.-pol. Bedeutung. o.O. (1943) III, 168 gez. Bl. B Ma aus Hab
U.43.767

1999. **Joswig**, Erwin: Das Selbstbekenntnis des Obersten T.E. Lawrence „Die Sieben Säulen der Weisheit, ein Triumph". Eine geschichtliche, literarische und politische Betrachtung. Bonn 1950. BN ph   U.50.877

2000. **Morsey**, Konrad: T.E. Lawrence und der arabische Aufstand. 1916/18. 1975. XI, 466 S. MS ph nA   U.76.12897
Im Handel: Studien zur Militärgeschichte, Militärwissenschaft und Konfliktforschung. 7. (Biblio-Verlag/Osnabrück 1976.)

Sowjetunion / China

2001. **Grothe**, Hugo: Die Bagdadbahn und das schwäbische Bauernelement in Transkaukasien und Palästina. München 1902. 53 S. WÜ ph 1902

2002. **Ernst**, Nicolaus Karl: Die Beziehungen Moskaus zu den Tataren der Krym unter Ivan III. und Vasilij III. 1474-1519. Berlin 1911. 45 S. B ph   U.11.206
Im Handel: Sollte bei Ebering/Berlin erschienen sein.

2003. **Geiger**, Wilhelm: Die archaeologischen und literarischen Funde in Chinesisch Turkestān und ihre Bedeutung für die orientalistische Wissenschaft. S. 1-18. Erlangen 1912. ER Rede beim Antritt des Protektorats 1912   U.12.5161

2004. **Schultz**, Arved von: Der materielle Kulturbesitz der Pamirtadschik. Gießen 1914. IV, 64 S. 1 Kt. Vollst. unter dem Titel: Die Pamirtadschik, Veröffentlichungen d. Oberhess. Mus. zu Gießen. Abt. f. Völkerkunde, H. 1, GI ph   U.14.3513

2005. Okolot, Johann: Die historische Rolle der Donkosaken im Kampfe mit den Türken und Tartaren bis zum Jahre 1696 mit besonderer Berücksichtigung der Einnahme von Asow 1637. Ha W ph 1922

2006. **Bachmayr**, Emmerich: Die Berichte der Annalen der Suidynastie über die Türken. W ph 1927 Ma

2007. **Fuchs**, Walter: Die politische Geschichte des Turfangebietes bis zum Ende der T'ang-Zeit. Nach den chinesischen Quellen dargestellt. Berlin 1927. 43 S. Aus: Ostasiat. Zeitschrift, N.F. 3. B ph 1927 nA

2008. **Schakir-Zade**, Tahir: Grundzüge der Nomadenwirtschaft. Betrachtung des Wirtschaftslebens der sibir.-centralasiat. Nomadenvölker. Bruchsal 1931. 150 S. HD ph   U.32.4284

2009. **Validi**, Ahmet Zeki: Ibn-Faḍlāns Reiseberichte. Seine Berichte über Erlebnisse der arabischen Gesandtschaft im Lande der Oguzen, Pečenegen, Baschkiren und Bulgaren. W 1935 Ma
Im Handel: Abhandlungen für die Kunde des Morgenlandes, 24, 3.

2010. **Grebe**, Irmgard: Beitrag zur Kenntnis der Völker Sinkiangs nach chinesischen Quellen. Bochum-Langendreer 1937. V, 79 BN ph U.37.1626

2011. **Zwiauer**, Thomas: Ethnologie und Gruppierung der Grenzvölker im Norden Chinas auf Grund chinesischer Berichte. 1938. V, 434 Bl. W 1938

2012. **Rohr-Sauer**, Alfred von: Des Abū Dulaf (Mis'ar b. al-Muhalhil) Bericht über seine Reise nach Turkestān, China und Indien, neu übersetzt und untersucht. Bonn 1939. 73 S. BN ph 1939
Im Handel: Bonner orientalistische Studien, 26.

2013. **Hasselbach**, Richard: Der nationale Werdegang Russisch-Mittelasiens bis zur Sowjetisierung. o.O. (1943). 195 gez. Bl. B aus Mav nA
U.43.771

2014 **Hayit**, Baymirza: Die nationalen Regierungen von Kokand (Choqand) und der Alasch Orda. MS ph 1949

2015. **Pritsak**, Omeljan: Karachanidische Studien. 1-4. Studien zur Geschichte d. Verfassung d. Türk-Völker Zentralasiens. Bd. 1.2. Göttingen 1948. Ma 1. Untersuchungen. VII, 114 gez. Bl. 2. Anmerkungen, Bibliographie, Karten. 166 gez. Bl. GÖ ph nA U.49.2553

2016. **Kırımal**, Edige Mustafa: Der nationale Kampf der Krimtürken in den Jahren 1917 und 1918. Münster 1950. VII, 123 gez. Bl. Ma ph 1950 MS nA U.59.6984
Im Handel u.d. Titel: Der nationale Kampf der Krimtürken mit bes. Berücksichtigung der Jahre 1917-1918. Emsdetten i.W.: Lechte 1952. XXXIX, 374 S.

2017. **Pritsak**, Omeljan: Stammesnamen und Titularen der altaischen Völker. Göttingen 1951. GÖ Hab 1951 (In Bibliotheken nicht vorhanden).

2018. **Barth**, Joachim: Türkische und finnisch-ugrische Völker im europäischen Ost- und Nordostrußland in anthropo-geographischer Betrachtung. Hamburg 1951. IX, 227 gez. Bl., gez. Bl. 228-269, 24 gef. Bl. Ma HH mn nA U.52.4114

2019. **Tacibay**, Ismail: Turkestan. Seine Geschichte, Wirtschaft und Kultur im 19. Jahrhundert, unter bes. Berücksichtigung englischer Autoren. Münster 1952. 122 gez. Bl. MS nA U.52.8086

2020. **Liu**, Mau-Tsai: Die chinesischen Nachrichten zur Geschichte der Ost-Türken (T'U-küe). Buch 1.2. Wiesbaden 1958. 484 S. 485-830, 1 Karte Skizze GÖ ph nA U.57.3195
Im Handel: Göttinger asiatische Forschungen, Bd. 10.

2021. **Ismailowa**, Rewmira: Aus der Geschichte der Arbeiterbewegung in Turkestan am Ende des 19. und Anfang des 20. Jahrhunderts. o.O. (1959). 194 gez. Bl. Mav B Institut für Gesellschaftswissenschaften beim ZK d. SED nA U.59.914

2022. **Kapur**, Harish: Soviet Russia and Asia 1917-1927. A study of Soviet policy towards Turkey, Iran and Afghanistan. Genf 1966. 265 S. GE pol 1965

2023. **Mühlen**, Patrik von und zur: Zwischen Hakenkreuz und Sowjetstern. Der Nationalismus der sowj. Orientvölker im 2. Weltkrieg. 1971. 256 S. BN ph.
Im Handel: Bonner Schriften zur Politik und Zeitgeschichte. 5.

2024. **Ott**, Ursula: Transoxanien und Turkestan zu Beginn des 16. Jahrhunderts. Das Mihman-nama-yi Buhara des Fadlallah b. Ruzbihan Hungi. Übers. u. Kommentar. Freiburg i.B. 1973. 362 S.   FR ph bA
U.73.5616
Im Handel: Islamkundliche Untersuchungen. 25. (Schwarz/Freiburg 1974.)

2025. **Kellner**, Barbara Mechthild: Aus den Aufzeichnungen des Sa'id Giray Sultan: eine zeitgenöss. Quelle zur Geschichte d. Chanats d. Krim um d. Mitte d. 18. Jh. 1975. X, 329 S. HH, Fachbereich Orientalistik, Diss. 1975   U.75.8307
Im Handel: Islamkundliche Untersuchungen. 28. (Schwarz/Freiburg.)

Sudan

2026. **Thilo**, Martin: Ez-Zibēr Rahmet Paschas Autobiographie. Ein Beitrag zur Geschichte des Sudan. Bonn u. Leipzig 1921. 80 S. GI ph
U.21.6522

2027. **Dietrich**, Ernst Ludwig: Der Mahdi Moḥammed Aḥmed nach arabischen Quellen. Berlin 1925. 90 S. Aus: Der Islam, 14 (1925), 199-288. GI ph nA   U.25.3238

2028. **Hornik**, Marcel Paul: Der Kampf der Großmächte um den Oberlauf des Nil. 1938. 4, IV, 256 Bl. W 1938

2029. **Murad El Hag**, Mohamed: Grundprobleme der Geschichte der britischen Kolonialherrschaft im Sudan und der nationalen Befreiungsbewegung vor und nach dem zweiten Weltkrieg. Halle 1969. 193 gez. Bl. HAL ph 1969 Mav nA

2030. **Imam**, Younis Beshir: Die Einwirkungen der mamlukischen Beziehungen zu Nubien und Begaland auf die historische Entwicklung dieser Gebiete. Hamburg 1971. 170 S. mit Abb. HH, Fachbereich Orientalistik nA
Im Handel.   U.72.6699

2031. **Osman**, Abdel Gadir Mohamed: Die Auswirkungen der Politik Ägyptens auf die gesellschaftlichen und ökonomischen Verhältnisse in Nubien und im Bigaland von der arabischen Eroberung bis zum Ende der Mamlukenherrschaft. 1976. II, 178 Bl. L, Sekt. Geschichte, Diss. A. Mav nA
U.76.2218

Syrien

2032. **Rindfleisch**, Georg: Die Landschaft Hauran in römischer Zeit und in der Gegenwart. Marburg 1898. 54 S. MR ph 1898.

2033. **Nicolas**, Raoul: Geschichte der Vorrechte und des Einflusses Frankreichs in Syrien und in der Levante vom Beginn des Mittelalters bis zum Friedensvertrag von Paris 1802. Bern 1917. VIII, 208 S. BE ph 1917

2034. **Jansky**, Herbert: Die Eroberung Syriens durch Sultan Selim I. Ma W ph 1922. Vgl.: Mitteilungen zur Osmanischen Geschichte II (1926), 173-241

2035. **Şinasi**, Mehmet: Studien zur Geschichte der syrischen Politik Mehmed Alis von Ägypten in den Jahren 1831-1841. (Auf Grund oriental. Quellen.) Grone (Kr. Göttingen) 1936. VI, 73 S. GÖ ph
U.36.3811

2036. **Kuzbari**, Raschad el: Die Politik Englands und Frankreichs in Syrien. o.O. (1943). 159, 4 gez. Bl. Ma B aus
U.43.773

2037. **Hanna**, Abdalla: Die nationale Befreiungsbewegung in Syrien von der Mitte des 19. Jahrhunderts bis 1920. Ein Beitrag zur Erforschung der Unabhängigkeitsbestrebungen des arab.-syr. Volkes im Kampf gegen die türkische Feudaldespotie und die kapitalistischen Mächte. Leipzig 1965. II, 292 gez. Bl. L ph nA
U.65.8120

2038. **Brandt**, Jürgen: Die Politik des französischen Imperialismus in Syrien und Libanon vom Ende des ersten Weltkrieges bis zum Vorabend des großen syrischen Volksbefreiungskrieges 1925-1927. (1.2.) Leipzig 1966. VI, 185 gez. Bl., gez. Bl. 186-260. Ma L ph nA
U.66.9744

2039. **Seraydarian**, Souren Georges: Der Sandschak von Alexandrette. (Eine völkerrechtliche Untersuchung des Konfliktes.) Wien 1967. 122 Bl. Ma W rs 1967

2040. **Serauky**, Eberhard: Die wissenschaftlich-publizistische Tätigkeit Muhammad Kurd ᶜAlīs im Dienst der arabischen Renaissance in Syrien. Halle 1968. 203 gez. Bl. HAL ph 1968 Mav nA   U.68.6766

2041. **Ribič**, Maksimilijana: Geschichte der Stadt Bāniyās in islamischer Zeit, dargestellt nach Berichten einiger arabischer Historiker. Wien 1970. X, 114 Bl. W ph 1970 Ma

2042. **Haase**, Claus-Peter: Untersuchungen zur Landschaftsgeschichte Nordsyriens in der Umayyadenzeit. 1972. 169, 78 S. HH ph   U.76.7407

2043. **Hoffmann**, Gerhard: Kommune oder Staatsbürokratie? Zur polit. Rolle d. Bevölkerung syrischer Städte im 10. bis 12. Jh. Leipzig 1973. II, 227 gez. Bl. L, Sekt. Afrika- u. Nahostwiss., Diss. A Mav nA U.73.1706

2044. **Evrard**, James B.: Zur Geschichte Aleppos und Nordsyriens im letzten halben Jahrhundert der Mamlukenherrschaft 872-921 AH nach arabischen und italienischen Quellen. 1974. 193 S. M ph 1975 bA

       U.75.12373

   Im Handel.

2045. **Havemann**, Axel: Riʾāsa und qaḍāʾ. Institutionen als Ausdruck wechselnder Kräfteverhältnisse in syrischen Städten vom 10. bis zum 12. Jahrhundert. 1975. 268 S. B-F Magisterarbeit
   Im Handel: Islamkundliche Untersuchungen. 34. (Schwarz/Freiburg.)

Türkei

Allgemeines, Übergreifendes

2046. **Tischendorf**, P.A. von: Das System der Lehen in den moslemischen Staaten, besonders im osmanischen Staate. Leipzig 1871. 63 S. Leipzig, Phil. Diss. v. 1871

2047. **Verdy du Vernois**, F(ritz) von: Die Frage der Heiligen Stätten. Ein Beitrag zur Geschichte der völkerrechtlichen Beziehungen der Ottomanischen Pforte. Mit einem Grundriß der Heiligen Grabeskirche und Umgebung. Berlin 1901. 74 S. B j 1901
   Im Handel: Beiträge zur Geschichte der völkerrechtlichen Beziehungen der Ottomanischen Pforte, H.1.

2048. **Brockelmann**, Carl: Das Nationalgefühl der Türken im Licht der Geschichte. Halle (Saale) 1918. 22 S. Rede b. Antritt d. Rektorats 1918.

U.18.68

Auch als: Hallische Universitätsreden, 10.

2049. **Andric**, Ivo: Die Entwicklung des geistigen Lebens in Bosnien unter der Einwirkung der türkischen Herrschaft. Bd. 1.2. 124 getr. Pag. GZ 1924

2050. **Vassaf**, Muammer: Die Grundlinien des türkischen Staatswesens und seine stufenweise Entwicklung. Leipzig 1934. 98 S. L j nA 1934

U.34.7520

Im Handel: Abhandlungen d. Inst. f. Politik, ausl. öff. Recht und Völkerrecht an der Univ. Leipzig, 39. (Noske/Leipzig.)

2051. **Spuler**, Bertold: Die europäische Diplomatie in Konstantinopel bis zum Frieden von Belgrad (1739). (Teildr.) Breslau 1935. 63 S. Aus: Jb. f. Kultur und Geschichte der Slaven 1935. BR ph nA   U.35.3868

2052. **Münir**, Orhan: Minderheiten im osmanischen Reich und in der neuen Türkei. Köln 1937. 270 S. K j   U.37.6152

2053. **Cevat**, Ahmet: Die Entwicklung des Nationalgefühls der Türken von deren Frühzeit bis zur Begründung der Republik. o.O. 1938. 127 gez. Bl. Ma M ph 1948 nA   U.45/48.10786

2054. **Marcusanu**, Petru: Die Beziehungen der rumänischen Fürstentümer zum Konstantinopoler Patriarchat und zu den von diesem abhändigen hohen kirchlichen Institutionen des Orientes. 1940. 152 Bl. W 1940

2055. **Suga**, Alexander: Die völkerrechtliche Lage Bessarabiens in der geschichtlichen Entwicklung des Landes. Köln 1958. 129 S. K j 1960 bA

U.60.5122

2056. **Schaendlinger**, Anton: Numismatisch-historische Untersuchung zur Münzprägung des osmanischen Reiches auf Grund ihrer systematischen Ordnung. (T. 1-4) 1962. 376 Bl., 7 Taf. W ph 1962

2057. **Nikolopulos**, Daniel: Die völkerrechts-historische Entwicklung Kretas. Wien 1966. 160, 6 Bl. Ma W rs 1966

2058. **Szabó**, Ludwig: Die diplomatischen Beziehungen des Staates Transsylvanien von 1528-1790. Wien 1968. II, 173, V Bl. W s 1969 Ma

2059. **Pfeiffer**, Gerhard: Studien zur Frühphase des europäischen Philhellenismus (1453-1750) Erlangen 1969. 296 S. ER ph   U.69.4576

2060. **Amstadt**, Jacob: Die k.k. Militärgrenze 1522-1881. (Mit einer Gesamtbibliographie) (1.) 2. Würzburg 1969. XIV, 269 S. S. 260-515 mit Kt. Skizzen WÜ ph 1969

2061. **Schwarz**, Klaus: Osmanische Sultansurkunden des Sinai-Klosters in türkischer Sprache. Freiburg 1970. 218 S. mit 19 Taf. FR ph 1970 bA Im Handel: Islamkundliche Untersuchungen, 7 (Schwarz/Freiburg 1970.)

2062. **Kaydu**, Ekrem: Die Institution des Scheyh-ül-Islamat im Osmanischen Staat. Erlangen-Nürnberg 1971. 153 S. ER ph   U.72.4477

Vorosmanische Zeit

2063. **Wächter**, Albert Hugo: Der Verfall des Griechentums in Kleinasien im 14. Jahrhundert. Leipzig 1902. 33 S. J ph 1902 Im Handel vollst.: Teubner/Leipzig 1903.

2064. **Altunian**, Georg: Die Mongolen und ihre Eroberungen in kaukasischen und kleinasiatischen Ländern im XII. Jahrhundert. (Berlin 1911) 52 S. B ph   U.11.173 Im Handel vollst. als: Historische Studien, Heft 91.

2065. **Hakky**, Sady: Die türkische Besiedlung Anatoliens vom 13. bis 14. Jh. Ma W ph 1923

2066. **Lehmann**, Bruno: Die Nachrichten des Niketas Choniates, Georgios Akropolites und Pachymeres über die Selčuqen in der Zeit von 1180 bis 1280 n.Chr. Leipzig 1939. 96 S. L ph   U.39.6817

2067. **Gieseke**, Heinz Helmut: Das Werk des ᶜAzīz ibn Ārdašīr Āstarābādī. Eine Quelle zur Geschichte des Spätmittelalters in Kleinasien. Leipzig 1940. XVII, 135 S. L ph bA U.40.5172
Im Handel: Sammlung orientalistischer Arbeiten, Heft 2. (Harrassowitz/ Leipzig 1940.)

2068. **Işıltan**, Fikret: Die Seltschuken-Geschichte des Akserāyī. Gräfenhainichen 1943. 129 S. BR ph nA U.43.1494

2069. **Temir**, Ahmet: Die arabisch-mongolische Stiftungsurkunde von 1272 des Emir Nūr al-Dīn Cācā von Kırşehir. Hamburg 1953. HH ph Hab
Im Handel: Türk Tarih Kurumu/Ankara

2070. **Schreiner**, Peter: Studien zu den Brachea chronika. München 1967. XI, 237 S. M ph nA U.67.11944
Im Handel: Miscellanea Byzantina Monacensia. 6.

2071. **Keçik**, Mehmet Şefik: Briefe und Urkunden aus der Kanzlei Uzun Hasans. Ein Beitrag zur Geschichte Ost-Anatoliens im 15. Jahrhundert. 1976. 276, 60 S. HH FB Orientalistik nA U.76.7493
Im Handel: Islamkundliche Untersuchungen. 29. (Schwarz/Freiburg.)

2072. **Strohmeier**, Martin: Die Seldschuken im Urteil türkischer Historiker des 20. Jahrhunderts. (Arbeitstitel!) FR ph 1981 (?)

Osmanen. Von den Anfängen bis zum 17. Jahrhundert

2073. **Padejsky**, Paul A.: Die Schlacht am Amselfelde und der Untergang des serbischen Reiches. 1887. 250 S. GZ ph 1887

2074. **Popescu**, Michail: Die Stellung des Papstthums und des christlichen Abendlandes gegenüber der Türkengefahr vom Jahre 1523 bis zur Schlacht bei Mohács (1526). Bucarest 1887. 1 Bl., 92 S., 1 Bl. L ph 1887

2075. **Luschan**, Felix van: Die Tachtadschy und andere Überreste der alten Bevölkerung Lykiens. Mit 5 Abb. (Aus: Arch. für Anthropol. XIX. Bd. und aus: Petersen u. Luschan, Reisen in Lykien ... 1889) o.O. 1891. 31-53 S. M ph 1891

2076. **Traut**, Herrmann Heinrich: Kurfürst Joachim II. von Brandenburg und der Türkenfeldzug vom Jahre 1542. Gummersbach 1892. X, 45 S., 1 Bl. B ph 1892

2077. **Popović**, Michajlo R.: Der Friede von Karlowitz. 1699. Leipzig-R. 1893. 73 S., 1 Bl. L ph 1893

2078. **Hossinger**, Theodor: Quellenkritische Untersuchungen zur ersten Türkenbelagerung Wiens im Jahre 1529. W ph 1896

2079. **Sirbu**, Johann: Mateu Voda Basarabs auswärtige Beziehungen 1632-1654. W ph 1896

2080. **Manandian**, Agop: Beiträge zur albanischen Geschichte. Leipzig 1897. 48 S. J ph 1897

2081. **Svoboda**, Heinrich: Die Türkeneinfälle in Krain (1520-1530). 1899, 125 S. GZ 1899

2082. **Müller**, Johannes: Die Verdienste Zacharias Geizkoflers um die Beschaffung der Geldmittel für den Türkenkrieg Kaiser Rudolf II. (Augsburg): Selbstverlag 1900. 57 S. M ph 1900

2083. **Heile**, Gerhard: Der Feldzug gegen die Türken und die Eroberung Stuhlweissenburgs unter dem Erzherzog Matthias von Oesterreich im Jahre 1601. Rostock 1901. 72 S. ROS ph 1901

2084. **Herre**, Paul: Europäische Politik im Cyprischen Krieg 1570-1573. 1. Vorgeschichte und Vorverhandlungen. Leipzig 1902. III, 51 S. L ph 1902 Im Handel T. 1 vollst.: Dietrich/Leipzig 1902.

2085. **Sanda**, Johann: Freiherr Hans Kazianer und der Feldzug gegen Essegg im Jahre 1537. Ha W ph 1904

2086. **Ebermann**, Richard: Die Türkenfurcht, ein Beitrag zur Geschichte der öffentlichen Meinung in Deutschland während der Reformationszeit. Halle a.d.Saale 1904. 69 S. HAL ph 1904

2087. **Ure**, Josef: Bauernkrieg und Türkennot in Kärnten unter Friedrich III. Ha W ph 1905

233

2088. **Kling**, Gustav: Die Schlacht bei Nikopolis im Jahre 1396. (Berlin 1906) 111 S. B ph 1906

2089. **Ursu**, Jon: Die auswärtige Politik des Woywoden der Moldau Peter Rares (Erste Regierung 1527-1538) (Berlin 1907) 30 S. (Teil der eingereichten Arbeit) B ph 1907

2090. **Schollich**, Ernst: Die Verhandlungen über die Türkenhilfe auf dem Regensburger Reichstage im Jahre 1594. 1907. 183 Bl. GZ ph 1907

2091. **Deschmann**, Rudolf: Die Schlacht bei St. Gotthard an der Raab. Ha W ph 1909

2092. **Tschudi**, Rudolf: Das Aşafnāme des Luṭfī Pascha nach den Handschriften zu Wien, Dresden und Konstantinopel zum ersten Male herausgegeben und ins Deutsche übertragen. Leipzig 1910. XXI, 36, 45 S. 1 Taf. ER ph 1910   U.11.1006
Im Handel: Türkische Bilbiothek XII (Berlin/1910.)

2093. **Thein**, Rudolf: Papst Innocenz XI. und die Türkengefahr im Jahre 1683. Breslau 1912. XII, 139 S. BR ph   U.12.757

2094. **Gramada**, Ivan: Anteil der Rumänen an der zweiten Belagerung Wiens im Jahre 1683. Ma W ph 1913

2095. **Hift**, Irma: Historische Volkslieder und Flugblätter aus der Zeit der Türkenkriege. Ha W ph 1914

2096. **Klein**, Anton Adalbert: Zur Geschichte der Türkeneinfälle in die Steiermark während der Regierung Friedrich III. 1922. 50 Bl. GZ ph 1922

2097. **Kortsha**, Djevat: Drei Fragen aus dem Leben Skender Begs. Ma W ph 1922

2098. **Jansky**, Herbert: Die Eroberung Syriens durch Sultan Selim I. Ma W ph 1922. Vgl.: Mitteilungen zur Osmanischen Geschichte II (1926), 173-241

2099. **Brunner**, Otto: Oesterreich und die Walachei während des Türkenkrieges von 1683 bis 1699. W ph 1922

2100. **Silberschmidt**, Max: Das orientalische Problem zur Zeit der Entstehung
des türkischen Reiches nach venezianischen Quellen. Ein Beitrag zur
Geschichte der Beziehungen Venedig zu Sultan Bajezid I. zu Byzanz,
Ungarn und Genua und zum Reich von Kiptschak (1381-1400). Zürich
1923. XIV, 207 S. Z ph
Im Handel: Beiträge zur Kulturgeschichte des Mittelalters und der
Renaissance. 27. (Teubner/Leipzig, Berlin 1923) Reprint: Gerstenberg/
Hildesheim 1972.

2101. **Forrer**, Ludwig: Die osmanische Chronik des Rustem Pascha. Zürich
1923. IV, II, 208 S. Z ph 1923
Im Handel: Türkische Bibliothek, 21. (Mayer u. Müller/Leipzig.)

2102. **Haschmet**, Mehmed-Ali: Qanunname von Qaraman. Übers. und erläut.
Ma 88 S. (Auszug nicht gedruckt) GI ph   U.24.3266

2103. **Hein**, Joachim (Emil Peter): Bogenhandwerk und Bogensport bei den
Osmanen. Nach dem „Auszug der Abhandlungen der Bogenschützen"
(Telḫīṣ resāil er-rümāt) des Muṣṭafā Kānī. Berlin 1925. S. 289-360.
HH ph 1923 nA   U.26.3694
In: Der Islam 14 (1925), 289-360.

2104. **Graf**, Johann: Die westungarischen Grenzgebiete vorwiegend von der
Mitte des 15. bis zur Mitte des 17. Jhs. W ph 1926

2105. **Burski** Hans-Albrecht von: Kemāl Re'is. Ein Beitrag zur Geschichte der
türkischen Flotte. Bonn 1928. 83 S. BN ph   U.28.884

2106. **Rieger**, Gerhard: Die Einbeziehung der Osmanen in das abendländische
Staatensystem. König Franz I. von Frankreich, Sultan Soliman der
Prächtige und die Habsburger. Teildr., umfassend die Jahre 1543-1547.
(Nordhausen am Harz) 1928. 97 S. GÖ ph   U.29.2414

2107. **Şükrü**, Meḥmed: Das Hešt Bihišt des Idrīs Bitlīsī. Tl. 1: Von den Anfängen
bis zum Tode Orḫans. Berlin (1931) 27 S. Aus: Der Islam 19 (1931),
131-157. BR ph nA   U.31.1907

2108. **Lehmann**, Wilhelm: Der Friedensvertrag zwischen Venedig und der Türkei vom 2. Oktober 1540. Nach dem türkischen Orig. hrsg. und erl. (Teildr.) Stuttgart 1936. VIII, 21, 9 S. BN ph   U.36.1478
Im Handel: Bonner orientalistische Studien, Heft 16.

2109. **Allesch**, Richard: Kärntens Anteil an den Abwehrmaßnahmen gegen die Türken im 16. Jh. Ma W ph 1937

2110. **Steidl**, Alfons Leopold: Die Wiener Handschrift des Selimi-Name von Šükrī – ein türkisches Sprachdenkmal. 1938. XXIII, 306 Bl. W 1938

2111. **Būlūç**, Sadettin: Untersuchungen über die altosmanische anonyme Chronik der Bibliothèque Nationale zu Paris. Suppl. turc 1047 Anc. fonds turc 99. Leipzig 1938. 55 S. BR ph   U.38.1925

2112. **Kundi**, René: Aus dem Qānūnnāme des ᶜ Azīz Efendi. 1939. 83 Bl. W ph 1939

2113. **Pertl**, Franz: Die Grenzabwehr gegen die Türken im westlichen Ungarn und die niederösterreichischen Stände 1564-1601. 1939. 100, V Bl. W 1939

2114. **Logitsch**, Hildegard: Innere und äußere Defensionsmaßnahmen des Erzherzogtums Niederösterreich im 16. und 17. Jahrhundert. 1939. 104 Bl. W 1939

2115. **Kulisch**, Liselotte: Die türkischen Lehnsbriefe in der Landesbibliothek zu Kassel. Mit einem Überblick über die Lehnsverwaltung in frühtürkischer Zeit. Berlin 1939. S. 125-160. GRE ph bA   U.39.3746
In: Mitteilungen der Auslands-Hochschule an der Universität Berlin, Abt. 2. Jg. 41 (1938), 125-160, Anh. 7 Ktn.

2116. **Schneider**, Andreas: Die Mitwirkung der niederösterreichischen Land-stände bei der Türkenabwehr unter Ferdinand I. und Maximilian II. 1939. V, 149 Bl. W ph 1939

2117. **Müller**, Berta: Die alttschechischen Berichte über die Türken. Mit bes. Berücksichtigung der Sprache des V. Vratislav v. Mitrovic. o.O. (1940), 191 gez. Bl. Ma nA Prag 1940

2118. **Muftic**, Asim: Moschee und Stiftung Ferhãd Paša's in Banja Luka.
Gräfenhainichen 1941. 67 S. L ph   U.41.4167

2119. **Herle**, Wilhelmine: Die Türken- und Ungarneinfälle im ost-niederöster-
reichischen Grenzgebiet (vorwiegend im 15. und 16. Jh.) 1941. 211 Bl.
W ph 1941

2120. **Nedkoff**, Boris Christoff: Die Ğizya (Kopfsteuer) im Osmanischen
Reich. Mit besonderer Berücksichtigung von Bulgarien. Leipzig 1942.
XII, 55, 11 S. B ph 1941 bA   U.42.539
Im Handel: Sammlung orientalistischer Arbeiten, H. 11. (Harrassowitz/
Leipzig 1942.)

2121. **Speiser**, Marie-Thérèse: Das Selimname des Sa ᶜ dī b. ᶜ Abd ül-Müte ᶜ āl.
Zürich 1946. 93 S. BA ph 1946

2122. **Kreutel**, Richard: Evlijã Čelebīs Bericht über die Botschaftsreise Qara
Mehmed Paschas nach Wien (1665).Wien 1948. XI, 79 Bl. Erschien überarbeitet als: Exlijã Čelebīs Bericht über die türkische Großbotschaft
des Jahres 1665 in Wien. Ein Vergleich mit zeitgenössischen türkischen
und österreichischen Quellen, im WZKM 51 (1948-1952), 188-242.

2123. **Hilbert**, Christa: Osteuropa 1648-1681 bei den zeitgenössischen osmanischen Historikern. (Ukraine-Polen-Moskau) Göttingen 1948. 130, 65
gez. Bl. Ma GÖ ph 1948 nA   U.45/48.4420

2124. **Thon**, Theresia: Die Türken vor Wien 1683 in der Belletristik. (Roman und
Drama) W 1947, 137 Bl.

2125. **Neck**, Rudolf: Österreichs Türkenpolitik unter Melchior Khlesl. Wien
1948. XIII, 221, XII Bl. W ph 1948
Auszug u.d. Titel: Andrea Negroni. Ein Beitrag zur Geschichte der
österreichisch-türkischen Beziehungen nach dem Frieden von Zsitvatorok,
in: Mitteilungen der österreichischen Staatsarchivs, 3 (1950) 166-195.

2126. **Böhm**, Wolfgang Rudolf: Die Tuerkensteuer des Klerus im Bistum Regensburg. Eine rechtsgeschichtliche Quellenarbeit zur Frage der Steuer-
immunität des Geistlichen. o.O. (1949) XIII, 231, XV gez. Bl., 1 Kt.
Ma ER j nA   U.49.1236

2127. **Wädekin**, Karl-Eugen: Der Aufstand des Bürklüdsche Mustafa. Ein Beitrag zur Geschichte der Klassenkämpfe in Kleinasien im 15. Jh. o.O. (1950).69 gez. Bl. L ph Mav nA U.50.4841

2128. **Beldiceanu**, Nicoarǎ: Der Feldzug Bājezīds II. gegen die Moldau und die Schlachten bis zum Frieden von 1486. o.O. 1955. 100 gez. Bl. Ma M ph nA U.56.6934

2129. **Kissling**, Hans Joachim: Beiträge zur Kenntnis Thrakiens im 17. Jahrhundert. Wiesbaden 1956. 126 S. mit Kt. M ph Hab
Im Handel: Abhandlungen für die Kunde des Morgenlandes, 32, 3. (Steiner/Wiesbaden 1956.)

2130. **Stahlmann**, Sigrid: Suillaume Postel (1510-1581). Ein Beitrag zur Geistesgeschichte des 16. Jh. GÖ ph U.56.3134

2131. **Weczerka**, Hugo: Das mittelalterliche und frühneuzeitliche Deutschtum im Fürstentum Moldau von seinen Anfängen bis zu seinem Untergang (13.-17. Jh.) Hamburg 1955. 281, 89 gez. Bl. Ma HH ph nA U.56.3893
Im Handel: Buchreihe der Südostdeutschen Historischen Kommission. 4.

2132. **Maier**, Liselotte: Die Berichterstattung während der zweiten Wiener Türkenbelagerung. 1957. 261 Bl., Taf. 262-297. W 1957

2133. **Heinrich**, Ferdinand: Die Türkenzugsbestrebungen Kaiser Maximilians I. in den Jahren 1517 und 1518. 1958. XI Bl., 232, 7 S. GZ ph 1958

2134. **Herrmann**, Ehrenfried: Türke und Osmanenreich in der Vorstellung der Zeitgenossen Luthers. (Ein Beitrag zur Untersuchung des deutschen Türkenschrifttums) Freiburg i.B. 1961. 360 gez. Bl. Ma FR ph
U.61.3171

2135. **Heller**, Erdmute: Venedische Quellen zur Lebensgeschichte des Ahmed Pašа Hersekoglu. München 1961. 95 S. M ph U.61.7487
Im Handel: München 1961.

2136. **Matuz**, Josef: Diplomatische Beziehungen zwischen dem Chanat der Krim und Dänemark in der zweiten Hälfte des 17. Jahrhunderts. München 1961. 146 S. Freie Ukrainische Universität München ph 1961
Im Handel stark überarb. u.d. Titel: Krimtatarische Urkunden im Reichsarchiv zu Kopenhagen. Mit historisch-diplomatischen und sprachlichen Untersuchungen.Freiburg: Schwarz 1976. 347 S., 30 Taf. (Islamkundliche Untersuchungen. 37.)

2137. **Zsolnay**, Vilmos von: Johann von Hunyadi und die Verteidigung Belgrads 1456. Mainz 1963. 176 S. MZ ph 1963 nA
Im Handel u.d. Titel: Vereinigungsversuche Südosteuropas im 15. Jahrhundert. Johann von Hunyadi (Frankfurt, Koblenz 1967.)

2138. **Papoulia**, Basilike D.: Ursprung und Wesen der ,,Knabenlese" im Osmnaischen Reich. München 1964. X, 139 S. M ph nA   U.64.9369
Im Handel: Südosteuropäische Arbeiten. 59. (Oldenbourg/München.)

2139. **Flemming**, Barbara: Landschaftsgeschichte von Pamphylien, Pisidien und Lykien im Spätmittelalter. Wiesbaden 1964. 160 S., 2 Karten (= AKM 35,1) Los Angeles, Univ. of California 1961

2140. **Sohrweide**, Hanna: Der Sieg der Safawiden in Persien und seine Rückwirkungen auf die Schiiten Anatoliens im 16. Jh. Hamburg 1965. S. 95-223. HH ph nA   U.65.5989
In: Der Islam 41 (1965), 95-223.

2141. **Turetschek**, Christine: Die Türkenpolitik Ferdinands I. von 1529-32. XIII, 396 Bl. 1 Kt. W 1965

2142. **Kissling**, Hans-Joachim: Sultan Bâjezîd's II. Beziehungen zu Markgraf Francesco II. von Gonzaga. München: Hueber 1965. VI, 121 S. Münchener Universitäts-Schriften. Reihe d. Philosoph. Fak. Bd. 1 nA
U.66.12189

2143. **Dilger**, Konrad: Untersuchungen zur Geschichte des osmanischen Hofzeremoniells im 15. und 16. Jahrhundert. München 1967. 141 S. M ph nA   U.67.11859
Im Handel: Beiträge zur Kenntnis Südosteuropas und des Nahen Orients, 4. (Trofenik/München.)

2144. **Degasperi**, Brigitte A(nny) M(onika): Der Anteil Tirols an den Türkenkriegen in den Jahren 1663/64 und 1683 bis 1699. (Innsbruck) 1967. XXV, 358 Bl. IN ph Ma 1968

2145. **Stoy**, Manfred: Gaspar Graciani (1575/80-1620), türk. Diplomat u. Fürst d. Moldau (1619-1620) Wien 1967. III, 193 Bl. W ph 1968 Ma

2146. **Liebe-Harkort**, Klaus: Beiträge zur sozialen und wirtschaftlichen Lage Bursas am Anfang des 16. Jh. Ergebnisse aus der Untersuchung einiger Erbschaftshefte mit einem Überblick über die zeitgenössischen Vorschriften und Vorgänge auf dem Markt der Stadt. Hamburg 1970. 437 gez. Bl., Abb. HH ph 1970

2147. **Faroqhi**, Suraiya: Die Vorlagen (telḫīṣe) des Großwesirs Sinān Paša an Sultan Murād III. Hamburg 1970. 44 S., S. 15-254. HH Fachbereich Geschichtswiss. 1970 (1968).   U.70.9624
Auszug in: Der Islam 45 (1969), 96-116.

2148. **Eberhard**, Elke: Osmanische Polemik gegen die Safawiden im 16. Jahrhundert nach arabischen Handschriften. Freiburg 1970. 257 S. mit 10 S. arab. Text. FR ph 1970 bA
Im Handel: Islamkundliche Untersuchungen, 3. (Schwarz/Freiburg 1970.)

2149. **Wurm**, Heidrun: Der osmanische Historiker Ḥüseyn b. Ǧaᶜfer, genannt Hezārfenn, und die Istanbuler Gesellschaft in der zweiten Hälfte des 17. Jahrhunderts. Freiburg 1971. 214 S. HH ph 1970 bA   U.71.5194
Im Handel: Islamkundliche Untersuchungen, 13. (Schwarz/Freiburg 1971.)

2150. **Röhrborn**, Klaus (Michael): Das osmanische Pfründen-System in der 2. Hälfte des 16. Jahrhunderts. Gießen 1971
Im Handel u.d. Titel: Untersuchungen zur osmanischen Verwaltungsgeschichte. Berlin, New York: de Gruyter 1973, XI, 177 S. (Studien zur Sprache, Geschichte und Kultur des islamischen Orients. N.F. 5.)

2151. **Matuz**, Josef: Das Kanzleiwesen Sultan Süleymans des Prächtigen. 1974. VIII, 172 S., Anh. FR Hab ph 1972 nA   U.74.5635
Im Handel: Freiburger Islamstudien. 5. (Steiner/Wiesbaden 1974.)

2152. **Meienberger**, Peter: Johann Rudolf Schmid zum Schwarzenhorn als kaiserlicher Resident in Konstantinopel in den Jahren 1629-1643. Ein Beitrag zur Geschichte der diplomatischen Beziehungen zwischen Österreich und der Türkei in der ersten Hälfte des 17. Jahrhunderts. Zürich 1973. (Teildruck) 15 S. Z ph
Im Handel: Geist und Werk der Zeiten. 37. (Lang/Bern, Frankfurt.)

2153. **Puschnik**, Herbert: Johann Ferdinand Kyba von Kinitzfeld 1648-1703. Kommandant v. Brod u.d. „Mittleren Savegrenze". Wien 1973. 146 Bl., 13 Bl. W ph

2154. **Grünfelder**, Annemarie: Studien zur Geschichte der Uskoken. T. (1.) 2. Graz, Innsbruck 1974. (1.) (Grundwerk) X, 412, VIII, VI Bl. 2. Anmerkungen. II, 190 Bl. IN ph Ma

2155. **Kreiser**, Klaus: Edirne im 17. Jahrhundert nach Evliyā Çelebi. Ein Beitrag zur Kenntnis der osmanischen Stadt. 1975. XXXIII, 289, 48 S. M ph 1972 Im Handel: Islamkundliche Untersuchungen. 33. (Schwarz/Freiburg 1975.)

2156. **Lapadatu**, Aurel: Über die Genesis der rumänischen Agrargesellschaft bis zum Aufgang des 18. Jahrhunderts: anthropogeograph., ethnolog. u. geopolit. Faktoren; rechtl. u. ökonom. Bestimmungsgründe. 1975, III, 177 Bl. BN L Mav nA   U.75.4313

2157. **Özdemir**, Hasan: Die altosmanischen Chroniken als Quelle zur türkischen Volkskunde. 1975. 460 S. FR ph bA   U.75.7038 Im Handel: Islamkundliche Untersuchungen. 32. (Schwarz/Freiburg.)

2158. **Antonitsch**, Evelyne: Die Wehrmaßnahmen der innerösterreichischen Länder im Dreizehnjährigen Türkenkrieg 1593-1606 (unter bes. Berücksichtigung d. Steiermark) Graz 1975. XLVIII, 217 Bl., Bl. 218-467, 6 Bl. GZ ph Ma

2159. **Köhbach**, Markus: Die Feldzüge nach Neuhäusel und Kanizsa in den Jahren 1599 und 1600 nach der osmanischen Chronik des ᶜAbdu'l-Qadir Efendi. Wien 1976. III, 342 Bl., 34 Bl. W ph Ma

2160. **Beydilli**, Kemal: Die polnischen Königswahlen und Interregnen von 1572 und 1576 im Lichte osmanischer Archivalien: ein Beitrag zur Geschichte d. osman. Machtpolitik. 1976. 3 Bl., 180 S. M ph bA Im Handel.

2161. **Matschke**, Klaus-Peter: Die Schlacht bei Ankara und das Schicksal von Byzanz: Studien zur spätbyzantin. Geschichte zw. 1402 u. 1422. 1977. 242, C III Bl. L, Senat, Diss. B, 1977 nA

241

2162. **Binswanger**, Karl: Untersuchungen zum Status der Nichtmuslime im osmanischen Reich des 16. Jahrhunderts: mit einer Neudefinition d. Begriffes „Dimma". 1977. VI, 418 S. M ph
Im Handel: Beiträge zur Kenntnis Südosteuropas und das Nahen Orients. 23. (Trofenik/München.)

2163. **Kappert**, Petra: Die osmanischen Prinzen und ihre Residenz Amasya im 15. und 16. Jahrhundert. 1977. VIII, 243 S. HH Fachbereich Orientalistik n A
Im Handel: Uitgaven van het Nederlands Historisch-Archaeologisch Instituut te Istanbul. 42.

2164. **Schaendlinger**, Anton C.: Die Feldzugstagebücher des ersten und zweiten ungarischen Feldzugs Suleymans I. Wien 1978. ca. 200 S. W ph Hab 1975
Im Handel: Beihefte zur Wiener Zeitschrift für die Kunde d. Morgenlandes. 8.

2165. **Stricker**, Gerd: Stilistische und verbalsyntaktische Untersuchungen zum Moskovitischen Prunkstil des 16. Jahrhunderts. D. Erzählung über d. Belagerung Pleskaus durch d. poln. König Stephan Bathory 1581/82 im Vergleich mit d. Erzählung über die Eroberung Konstantinopels durch die Türken 1453. 1978. XIII, 678 S. MS ph
Im Handel: Slavistische Beiträge. 127. (Sagner/München 1979.)

18. Jahrhundert bis zum Berliner Kongreß

2166. **Pantschoff**, Mladen: Kaiser Alexander I. und der Aufstand Ypsilantis 1821. Leipzig-Reudnitz 1891. VI, 69 S. L ph 1891

2167. **Porsch**, Rudolf Otto Karl: Die Beziehungen Friedrich des Großen zur Türkei bis zum Beginn und während des siebenjährigen Krieges. Marburg 1897. 84 S. 1 Bl. MR ph 1897

2168. **Petroff**, Bobi: Die Politik Friedrich August II. von Sachsen, König von Polen, während des Türkenkrieges 1736-39. Leipzig 1902. 53 S. L ph 1902

2169. **Frankl**, Philipp: Der Friede von Szegedin und die Geschichte seines Bruches. Leipzig 1903. 96 S. BE ph 1903/04

2170. **Wagner**, Robert: Der kretische Aufstand 1866/67 bis zur Mission Aali Paschas. Bern 1908. 179 S. BE ph 1907/08

2171. **Boguth**, Walter: Der Feldzug gegen die Türken in Ungarn im Jahre 1687. Ha W ph 1911

2172. **Scarlatescu**, Alice: Der russisch-türkische Krieg im Jahre 1711 und die Politik des Fürsten Demeter Cantemir. W ph 1911

2173. **Bradisteanu**, Stancu: Die Beziehungen Rußlands und Frankreichs zur Türkei in den Jahren 1806 und 1807. (Berlin 1912) 317 S. B ph
U.12.220
Im Handel: Ebering/Berlin 1912.

2174. **Zildžić**, Mehmed: Omer Pascha Latas in Bosnien. Ma W ph 1913

2175. **Bardach**, Raoul: Oesterreichs Orientpolitik vom Belgrader Frieden bis zum Ausbruck des türkisch-russischen Krieges. Ma W ph 1917

2176. **Müller**, Otto: Azmi Efendis Gesandschaftsreise an den preussischen Hof. Ein Beitrag zur Geschichte der diplomatischen Beziehungen Preußens zur Hohen Pforte unter Friedrich Wilhelm II. Flensburg 1918. 110 S., 2 Taf. Kl ph   U.19.2389

2177. **Held**, Hans Walther: Die Phanarioten, ihre allmähliche Entwicklung zur fürstlichen Aristokratie bis zu deren Untergang 1821. Elberfeld 1920. 104 S. BE ph

2178. **Offenberger**, Wolf: Serbisch-türkische Politik in den Jahren 1875-1878, als Teil der orientalischen Frage dieser Zeit. Ma W ph 1923

2179. **Perlmutter**, Moses: Die Stellung Oesterreichs während des russich-türkischen Krieges (1768-1744) bis zum Abschlusse der Convention vom 6. Juli 1771. Ma W ph 1923

2180. **Schwarz**, Karl: Die Stellung Oesterreich-Ungarn zur bosnisch-herzegowinischen Frage im Zeitraume des Berliner Kongresses 1875-1878. Ha W ph 1923

2181. **Jordan**, Karl G.: Der ägyptisch-türkische Krieg 1839. Aufzeichnungen des Adjutanten Ferdinand Perier. Zürich 1923. X, 77 S. FRS ph 1923

2182. **Mertz**, Heinrich: Die Schwarze Meer-Konferenz von 1871. Eine hist.-politische und völkerrechtliche Studie. Stuttgart (1927) 97, V S.
TÜ rw   U.27.5201

2183. **Zubac**, Marijan: Herzegowina in der ersten Hälfte des 19. Jahrhunderts. Ma W ph 1927

2184. **Pätz**, Rudolf: Die Beziehungen Friedrich des Großen zur Türkei vom Hubertusburger Frieden bis zum Frieden von Kütschük-Kainardsche (1763-1774) (Ohlau) (1929) X, 109 S. HH ph 1929   U.30.3488

2185. **Bek**, Norbert: Die politischen Voraussetzungen der Occupation Bosniens und der Herzegowina und die österr.-ungar. Außenpolitik während der orientalischen Krise 1875/78. Ma W ph 1929

2186. **Liebold**, Rudolf: Die Stellung Englands in der russisch-türkischen Krise von 1875/78. Wilkau/Sa. 1930. 220 S. L ph   U.30.5011

2187. **Scheel**, Helmut: Die Schreiben der türkischen Sultane an die preußischen Könige in der Zeit von 1721-1774 und die ersten preußischen Kapitulationen vom Jahre 1761. Zum ersten Male auf Grund der im Preuß. Geh. Staatsarchiv zu Berlin-Dahlem aufbewahrten Originalurkunden bearbeitet. (Berlin) 1930. 82, VIII S. mit 7 Taf. GRE ph bA
U.30.3053
In: Mitteilungen d. Sem. f. Oriental. Sprachen zu Berlin, Jg. 33 (1930) 1-82, 7 Taf.

2188. **Rupprecht**, Friedrich: Der Pariser Frieden von 1856. Sein Zustandekommen und seine Bedeutung für die Entwicklung des Völkerrechts. Coburg 1934. 79 S. WÜ rs   U.34.5372

2189. **Rüter**, Paul: Die Türkei, England und das russisch-französische Bündnis 1807-1812. Emsdetten/Westfalen 1935. 113 S. MS ph   U.35.8992
Im Handel: Lechte/Emsdetten 1935.

2190. **Bayer** Martha: Die Entwicklung der österreichischen Militärgrenze mit bes. Berücksichtigung des Karlstädter Generalates. Ma W ph 1935

2191. **Matejic**, Slobodan: Die Beziehungen Österreichs zum ersten serbischen Aufstande gegen die Türken unter Karageorg Petrowić (1804-1813) 1938. 105 Bl. GZ ph 1938

2192. **Komischke**, Heinrich: Ahmed Midhat und sein Beitrag zur diplomatischen Vorgeschichte des russisch-türkischen Krieges von 1877/78. Würzburg 1938. VII, 119 S. GÖ ph   U.38.3692

2193. **Odenthal**, Josef: Oesterreichs Türkenkrieg 1716-1718. (Teildr.) Düsseldorf 1938. VIII, 39 S. K ph   U.38.5997
Im Handel.

2194. **Hofer**, Kurt Paul: Die Repressaliengefechte gegen die Bosnier und Montenegriner in der ersten Hälfte des 19. Jh. 1938. 119, 6, VII Bl. W ph 1938

2195. **Soukup**, Kurt: Die Beziehungen Österreichs zur Türkei von 1770 bis 1775 und die Tätigkeit des Freiherrn von Thugut. 1939. 195 Bl. W 1939

2196. **Roth**, Alfred: Theodor Vladimirescu und die Orientpolitik. Der Beginn nat.-rumän. Entwicklung u.d. Haltung der Anrainergroßmächte Rußland, Österreich und Türkei 1821-22. Dargest. auf Grund neu erschlossener Wiener Quellen. o.O. (1941) 230 Bl. in getr. Pag. Ma W ph nA   U.41.5625

2197. **Üçok**, Ömer Çoşkun: Die türkisch-französischen Bündnisverhandlungen im Jahre 1807 und die Gründe ihres Scheiterns. (Heidelberg) 1943. VII 85 gez. Bl. Ma HD ph nA   U.43.3262

2198. **Heinrich**, Elfriede: Die diplomatischen Beziehungen Österreichs zur Türkei 1733-1734. 1944. 221 Bl. W 1944

2199. **Jacob**, Ilse: Beziehungen Englands zu Russland und zur Türkei in den Jahren 1718-1727 (eine hist.-dipl. Studie) Basel 1945. 159 S. BA ph bA Im Handel: Basler Beiträge zur Geschichtswissenschaft. 18. (Helbing u. Lichtenhahn 1945.)

2200. **Pruckner,** Gertrude: Der Türkenkrieg von 1716-1718. Seine Finanzierung und militärische Vorbereitung. 1946. IV, 281 Bl. W ph 1946

2201. **Brücker,** Johanna: Demetrius Cantemir, sein Leben, seine Werke und seine Bedeutung. Wien 1949. XI, 199 Bl. W ph

2202. **Fenzl,** Otto: Zustandekommen, Vorbereitung und Durchführung des Türkenkrieges 1716-1718. Wien 1950. 148, VIII gez. Bl. W ph 1950

2203, **Çiragan,** Ertugrul Oguz: La politique ottomane pendant les guerres de Napoléon. Neuchâtel 1952. 110 S. NEU

2204. **Heinz** ,Wilhelm: Das kulturelle und geistige Leben der Türkei unter Ahmed III. (1960) 161 Bl. W ph 1960
Aus: Die Kultur der Tulpenzeit des osmanischen Reiches. WZKM 61 (1967), 62-116 .

2205. **Kametler,** Bibiana. Graf Adam I. von Batthyany. Wien 1961. 212 Bl. W ph

2206. **Botzaris,** Notis: Visions balkaniques dans la préparation de la révolution grecque, 1789-1821. Genf 1962. VIII, 218 S. GE pol
Im Handel: Etudes d'histoire économique, politique et sociale. 38. (Droz/Genf, Paris 1962.)

2207. **Klesl,** Wolfgang: Leopold von Talman, ein österreichischer Diplomat des Spätbarocks. Wien 1966. 177 Bl. W ph Ma

2208. **Rauchenberger,** Franz: Graf Buol-Schauenstein. Seine Politik im Krimkrieg. Graz 1967. VI, 275 Bl. GZ ph 1970 Ma

2209. **Bormann,** Claus: Bismarck und Südosteuropa vom Krimkrieg bis zur Pontuskonferenz. (Die politische und wirtschaftliche Bedeutung der „Orientalischen Frage" von 1853/54-1871 für die Politik Bismarcks) Hamburg 1967. 308 S. HH ph   U.67.7112

2210. **Ritter,** Monika: Frankreichs Griechenlandpolitik während des Krimkrieges. Im Spiegel der französischen und bayerischen Gesandtschaftsberichte 1853-1857. München 1967. XIV, 496 S. M ph   U.67.11932

246

2211. **Krajasich**, Peter: Die Militärgrenze in Kroatien. Mit besonderer Berücksichtigung der sozialen und wirtschaftlichen Verhältnisse in den Jahren 1754-1807. Wien 1967. 288, XIII Bl. Ma W ph 1967

2212. **Zoroufi**, Mohammad: Die Resāle des Moḥebb ᶜAlī Ḫān Nāẓim al-Mulk über die osmanisch-iranische Grenze (um 1850). München 1968. XII, 149 S. M ph 1968   U.68.12571

2213. **Haugwitz**, Johanna: Die Beziehungen Österreichs zum Türkei unter Felix Schwarzenberg. Wien 1970. II, 143 Bl. W ph Ma

2214. **Flandorfer**, Elisabeth: Rudolf Slatin, Pascha und Baron. Das abenteuerl. Leben eines Österreichers in zwei Erdteilen. Wien 1971. III, 258 Bl. W ph 1973 Ma

2215. **Baum**, Heinrich Georg: Edirne vakası. (Das Ereignis von Edirne) 1973. 241 S. M ph 1971
Im Handel: Islamkundliche Untersuchungen. 24. (Schwarz/Freiburg 1973.)

2216 **Schütz**, Eberhard: Die europäische Allianzpolitik Alexanders I. und der griechische Unabhängigkeitskampf. 1820-1830. 1972. VII, 153 S. M ph
Im Handel: Veröffentlichungen des Osteuropa-Instituts München, Reihe Geschichte. 43. (Harrassowitz/Wiesbaden 1975.)

2217. **Kargl**, Angelika: Studien zur österreichischen Internuntiatur in Konstantinopel 1802-1818. Wien 1973. Bl. A-E, 379, 4 Bl., 7 Bl. W ph 1974 Ma

2218. **Cremer-Swoboda**, Thordis: Der griechische Unabhängigkeitkrieg. 1974. XVII, 225 S. M ph 1972
Im Handel.

2219. **Karamuk**, Gümeç: Ahmed Azmi Efendis Gesandtschaftsbericht als Zeugnis des osmanischen Machtverfalls und der beginnenden Reformära unter Selim III. Zürich 1975. Z phil
Im Handel: Geist und Werk der Zeiten. 44. (Lang/Bern, Frankfurt.)

2220. **Kornrumpf**, Hans-Jürgen: Die Territorialverwaltung im östlichen Teil der europäischen Türkei vom Erlaß der Vilayetsordnung (1864) bis zum Berliner Kongreß (1878) nach amtlichen osmanischen Veröffentlichungen. 1976. XII, 434 S. MZ ph Hab
Im Handel: Islamkundliche Untersuchungen. 40. (Schwarz/Freiburg.)

Neuere Geschichte

2221. **Schneller**, Hans: Die staatsrechtliche Stellung von Bosnien und der Herzegowina. Leipzig 1892. 220 S. 3 Bl. B j Ha 1892

2222. **Kekule**, Stephan Carl: Über Titel, Ämter, Rangstufen und Anreden in der offiziellen osmanischen Sprache. Halle a.S. 1892. VII, 44 S. HAL ph 1892

2223. **Balaktschieff**, Ilija: Die rechtliche Stellung des Fürstentums Bulgarien. Würzburg 1893. 84 S. WÜ j 1893

2224. **Hesse**, Max: Die staatsrechtlichen Beziehungen Aegyptens zur Hohen Pforte auf Grund der Fermane. Berlin 1897. 4 Bl., 78 S. ER j 1897

2225. **Milobar**, Franz: Der Berliner-Kongreß und die Bosnische Frage. Diplomatisch-juristische Abhandlung. Zürich-Oberstrass 1902. 147, 1 S. Z j 1902/03

2226. **Entschef**, Dimitri: Die völkerrechtliche Bedeutung des Berliner Vertrages von 1878. Würzburg 1903. WÜ j 1903

2227. **Tutundjian**, Télémaque: Du pacte politique entre l'état Ottoman et les nations non-musulmanes de la Turquie. 1904. 113 S. LAU j

2228. **Déligeorges**, E(paminondas L.): Die Kapitulationen der Türkei. Heidelberg 1907. XII, 131 S. HD j 1907

2229. **Iplician**, Yervant M(ihran): Die Entwicklungsgeschichte der Staatsschulden in der Türkei. Mit Berücksichtigung ihrer Staatsschuldenverwaltung vom Jahre 1881. Strassburg 1911. 74 S. ST rs 1911

U.12.4256

2230. **Bein,** Wilhelm F(riedrich) C(arl): Die Kapitulationen. Ihr Begriff, ihr wesentlicher Inhalt und ihre Aufhebung, beurteilt nach Völkerrecht und türkischem Staatsrecht. Wittenberg 1916. 61 S. GRE j   U.16.307

2231. **Jäschke,** Gotthard: Die Entwicklung des osmanischen Verfassungsstaates von den Anfängen bis zur Gegenwart. Berlin 1917. 57 S. Aus: Die Welt des Islam, Bd. 5. GRE j   U.17.311
In: Die Welt des Islam, 5. (1918) 5-59.

2232. **Kunke,** Max: Die Kapitulationen der Türkei, deren Aufhebung und die neuen deutsch-türkischen Rechtsverträge. Erlangen 1918. XI, 182 S. ER j   U.18.216

2233. **Petrich,** Walter: Der osmanische Sultan. (Versuch einer Einzeldarstellung nach dem osmanischen Staatsrecht) Greifswald 1919. 50 S. GRE rs bA   U.19.511

2234. **Schlaeppi,** David: Oesterreich-Ungarn in Bosnien und der Herzegowina von 1878-1914. BE 1921

2235. **Muhiddin,** Ahmed: Die Kulturbewegung im modernen Türkentum. Leipzig 1921. VI, 72 S. L ph 1921 nA   U.22.7606

2236. **Stegemann,** Wilhelm: Die Haltung des deutschen Liberalismus in der Balkanfrage, vom Berliner Kongress bis zu Bismarcks Entlassung. Ma 5, 93 S. Auszug: Hamburg 1922, 2 Bl. HH ph   U.22.4463

2237. **Kremmer,** Richard: Die Finanzierung des Krieges im Orient durch Deutschland und ihre Rückwirkung auf das türkische Finanz- und Wirtschaftsleben. Ma XVIII, 530 S. (Auszug nicht gedruckt) Hamburg 1922. HH rs 1922   U.23.5225

2238. **Hahn,** Julius: Das Schutzgenossenwesen im osmanischen Reiche unter besonderer Berücksichtigung d. deutsch. Reichsrechtes. Ma 64 S. m. Anh. (Auszug nicht gedruckt) WÜ rs   U.23.10594

2239. **Holborn,** Hajo: Bismarck und die Türkei in der Zeit nach dem Berliner Kongress bis zu seinem Rücktritt 1878-1890. Ma 206 S. Auszug in: Jahrbuch d. Diss. d. Phil.Fak. Berlin 1923-24. II. S. 142-145. B ph
U.24.767

2240. **Panaiotoff**, Iwan: Vorgeschichte und Entstehung des Balkanbundes von 1912. Ma II, 189, X S. Auszug in: Jahrbuch d. Phil. Fak. Göttingen 1923. S. 15-17. GÖ ph U.23.4317

2241. **Fischler**, Jacob: Die Grenzlimitierung Montenegros nach dem Berliner Kongresse von Aug. 1878 bis Okt. 1887. Ma W ph 1925

2242. **Uhlig**, Paul: Deutsche Arbeit in Kleinasien von 1888 bis 1918. Versuch einer kulturgeographischen Zusammenfassung. Ma 179 S. GRE ph U.25.3926

2243. **Hadsch-Mir**, Mohammad Hadi: Der Einfluß der westeuropäischen Demokratie auf die türkische Verfassungsrevision vom 21. August 1909 und seine seitherige Überwindung. Ma 109 S. (Auszug nicht gedruckt) TÜ ph 1925 U.26.6593

2244. **Kiendl**, Hans: Russische Balkanpolitik von der Ernennung Sasonows bis zum Ende des zweiten Balkankrieges. Teildr. (Garmisch 1925) 72 S. M ph 1925 nA U.26.5797
Im Handel vollst. u.d. Titel: Russische Balkanpolitik 1905-1913.

2245. **Schlanger**, Helene: Die deutsche Politik während der Balkankriege. 1912-1913. Ma W ph 1928

2246. **Samonsky**, Nachum: Bosnien und die Herzegowina in den Beziehungen zwischen Oesterreich-Ungarn und Rußland 1882-1908. Ma W ph 1928

2247. **Michaelis**, Herbert: Die deutsche Politik während der Balkankriege 1912/13. Waldenburg/Sa. 1929. 269 S. L ph U.30.5021

2248. **Schacht**, Horand Horsa: Die Entwicklung der mazedonischen Frage um die Jahrhundertwende zum Mürzsteger Programm. Halle (Saale) 1929. 96 S. HAL ph U.29.2691

2249. **Jacob**, Walter: Die makedonische Frage. Ein polit.-geogr. Versuch. Langensalza 1931. 58 S. L ph U.31.5633
Im Handel: Veröffentlichungen d. Geogr. Seminars d. Universität Leipzig, H. 5.

2250. **Walenta**, Karl: Kálnoky, die europäischen Großmächte und ihr Verhältnis zur Balkanfrage. 1931. IV, 386 S. GZ ph 1931

2251. **Rathmann**, Erich: Die Balkanfrage 1904-08 und das Werden der Tripelentente. (Vom Mürzsteger Akommen bis zum Beginn der bosnischen Krise) Halle 1932. XIV, 203 S. KI ph bA U.32.4819
Im Handel: Ausgew. hall. Forschungen z. mittl. und neuen Geschichte, 7.

2252 **Geschke**, Albert: Die deutsche Politik in der mazedonischen Frage bis zur türkischen Revolution von 1908. Bydgoszcz (1932) 122 S. DZ-T
U.32.7940

2253. **Meyer**, Paul: Die Neutralität Deutschlands und Oesterreich Ungarns im italienisch-türkischen Krieg 1911-1912. Göttingen 1932. 79 S.
GÖ ph U.32.3142

2254. **Malzkorn**, Richard: Die deutsche Balkanpolitik in den neunziger Jahren des vorigen Jahrhunderts. Köln (1932) VII, 156 S. Ma autogr. K ph
U.33.3832

2255. **Bickel**, Otto: Rußland und die Entstehung des Balkanbundes 1912. Ein Beitrag zur Vorgeschichte des Weltkrieges, dargest. vorwiegend auf Grund des amtlichen Aktenmaterials. o.O. (1932) IV, 173 S. GÖ ph nA
U.33.787
Im Handel: Osteuropäische Forschungen, N.F. 14.

2256. **Herber**, Constantin: Annexion de la Bosnie-Herzégovine (1908-1909) Freiburg/Schweiz. 84 S. FRS ph

2257. **Lindow**, Erich: Freiherr Marschall von Bieberstein als Botschafter in Konstantinopel 1897-1912. (Teildr.) Danzig 1934. 39 S. DZ-T 1933
U.34.3384
Im Handel vollst.: Danzig 1934.

2258. **Waldhauser**, Anton: Der Berliner Kongreß und die Okkupation Bosniens im Lichte der Wiener Presse. Ma W ph 1934

2259. **Krasniqi**, Rexhep: Der Berliner Kongress und Nordostalbanien. Ma W 1934

2260. **Fränkel**, Arié: Die Annexion Bosniens und der Herzegowina im Lichte der Wiener Presse. Ma W ph 1935

2261. **Lukitsch**, Ratislav: Die Minderheitenfrage in Jugoslawien. 1938. 183 Bl. GZ 1938

2262. **Seraphimoff**, Johann–Russy: Das völkerrechtliche Minderheitenproblem auf dem Balkan unter bes. Berücksichtigung der bulgarischen Minderheiten. Limburg a.d.L. 1939. 95 S. F j   U.39.2517

2263. **Bushati**, Sander: Die Entstehung des Fürstentums Albanien. 1940. XVIII, 166, 4 Bl. 1 Kt. W 1940

2264. **Bauer**, Lorenz: Vorgeschichte und Entwicklung der serbischen Frage während der Annexionskrise 1908/1909. 1940. 190 Bl. W 1940

2265. **Krause**, Erwin: Deutschlands Mitwirkung an der Organisation des türkischen Heeres und dem Ausbau der vorderasiatischen Eisenbahnen vor dem Weltkriege. o.O. (1943). 94 gez. Bl. Ma KB ph nA   U.43.3975

2266. **Schwaighofer**, Isolde: Die Annexionskrise in ihrer historischen Beurteilung. 1947. 171 Bl. GZ ph 1947

2267. **Husinský**, Heribert: Die „Reichspost" und die österreichische Balkanpolitik in den Jahren 1908/09. Wien 1948. XI, 224 Bl. W ph Ma

2268. **Brantl**, Heinrich: Die Balkanpolitik Aehrenthals von seiner Berufung 1906 bis zur jungtürkischen Revolution 1908. 1948. III, 201 Bl. 1 Kt. GZ ph 1948

2269. **Dörr**, Erhard: Der russisch-österreichische Balkangegensatz und seine Bedeutung für die Entwicklung der Balkanstaaten. Von der bosnischen Annexionskrise 1908 bis zum Eintritt Bulgariens in den Weltkrieg 1915. Der Versuch einer Zusammenschau. Würzburg 1950. 214 Bl. WÜ ph Ma nA   U.50.7694

2270. **Joswig**, Erwin: Das Selbstbekenntnis des Obersten T.E. Lawrence „Die Sieben Säulen der Weisheit, ein Triumph". Eine geschichtliche, literarische und politische Betrachtung. Bonn 1950. BN ph   U.50.877

2271. **Würl**, Erich: Die Tätigkeit des Markgrafen Pallavicini in Konstantinopel 1906-14 Wien 1951. 151 Bl. W ph 1951

2272. **Cailler**, Claude-Alexandre: La politique balkanique de l'Italie entre 1875 et 1914. Freiburg/Schweiz 1951. 238, 11 S. FRS ph

2273. **Delfs**, Herrmann: Die Politik der Mächte beim Zerfall des Osmanischen Reiches. Kiel 1954. 343 gez. Bl. Anl. KI ph Mav nA   U.54.5181

2274. **Zeitlmair**, Anna Marie: Disraeli und Gladstone und ihre Balkanpolitik. Wien 1956. 153 S. W ph

2275. **Deusch**, Engelbert: Balkanprobleme im Jahre 1878 im Lichte der österreichisch-ungarischen Konsulatsberichte. 1961. 147 Bl. 148-369. W. 1961

2276. **Schramek**, Wilhelm: Die Bündnisverträge Deutschlands und Österreich-Ungarns mit d. Türkei während des Ernsten Weltkrieges. Wien 1964. 181 Bl .Ma W 1964

2277. **Hornberg**, Hannelore-Ursula: Das Spiel der Finanzpolitik auf dem Balkan 1900-1914. Wien 1964. 211 Bl. Ma W 1964

2278. **Sander**, Joseph: Die Stellung der deutschen Presse zur Annexion Bosniens und der Herzegowina. Wien 1965. 259, XXXII, 4 Bl. W ph

2279. **Lewin**, Erwin: Die nationale Unabhängigkeitsbewegung des albanischen Volkes von 1917-1920. Leipzig 1965. 267 gez. Bl. Ma L ph nA   U.65.8139

2280 **Brettner-Messler**, Horst: Die Balkanpolitik Conrad v. Hötzendorfs. (Von seiner Wiederernennung zum Chef des Generalstabes bis zum Oktober-Ultimatum. Dezember 1912 bis Oktober 1913) Wien 1966. 174 Bl. W ph Ma

2281. **Kamler**, Heinz-Georg: Annexion und Erwerb Bosniens und der Herzegowina durch Österreich-Ungarn im Jahre 1908. Wien 1967. VIII, 208 Bl. Ma W rs 1967

2282. **Bartl**, Peter: Die albanischen Muslime zur Zeit der nationalen Unabhängigkeitsbewegung (1878-1912).München 1968. 207 S. M ph 1968 nA
Im Handel: Albanische Forschungen, Bd. 8. (Harrassowitz/Wiesbaden.)

2283. **Gardos**, Harald: Österreich-Ungarn und die Türkei im Kriegsjahr 1915.
Wien 1968. 156 Bl. W ph Ma

2284. **Löding**, Dörte: Deutschlands und Österreich-Ungarns Balkanpolitik von
1912-1914 unter bes. Berücksichtigung ihrer Wirtschaftsinteressen.
Hamburg 1969. HH ph 1969

2285. **Gill**, Arnon: Die sowjetisch-türkischen Beziehungen von der russischen
Revolution 1917 bis zum Ende des ersten Weltkrieges und die Selb-
ständigkeitsbestrebungen der transkaukasischen Völker (Georgier, Armenier Aserbejdschaner) Basel 1969. 169 S. BA ph-hs 1969

2286. **Krause**, Adalbert Gottfried: Das Problem der albanischen Unabhängigkeit in den Jahren 1908-1914. Wien 1970. 488 Bl., 16 Kt. W ph 1970
Ma

2287. **Laky**, Tibor: Graf Franz Zichys Rolle in der Balkanpolitik Österreich-
Ungarns (1874-1880). Nach den Akten des Wiener Haus-, Hof- u.
Staatsarchivs. (Mit Portr., Stammtaf. u. Zusammenfassung) Graz
1971. 169 Bl., X Bl. Faks., 5 Bl. GZ ph 1973

2288. **Schanderl**, Hanns Dieter. Die Albanienpolitik Österreich-Ungarns und
Italiens 1877-1908. Wiesbaden 1971. 185 S. M ph 1970
Im Handel: Albanische Forschungen. 9. (Harrassowitz/Wiesbaden.)

2289. **Magripli**, Kenan: Die außenpolitischen Aspekte der konstitutionellen
Entwicklung im osmanischen Reich. (Wien 1971) IV, 143 Bl. W s Ma
1972

2290. **Morsey**, Konrad: T.E. Lawrence und der arabische Aufstand 1916/18.
1975. XI, 466 S. MS ph nA   U.76.12897
Im Handel: Studien zur Militärgeschichte, Militärwissenschaft und
Konfliktforschung. 7. (Biblio-Verlag/Osnabrück 1976.)

2291. **Adanir**, Fikret: Die mazedonische Frage, ihre Entstehung und Entwicklung bis 1908. 1977. IX, 283 S. F FB Geschichtswissenschaft
Im Handel: Frankfurter historische Abhandlungen. 20. (Steiner/Wiesbaden 1979.)

(Siehe auch 4892 und 2343)

Meerengenfrage

2292. **Limpricht**, Max: Die Straße der Dardanellen. Breslau 1892. 74 S. 1 Bl., 1 Kte. BR ph 1892

2293. **Kuntze**, Heinrich: Die Dardanellenfrage. Eine völkerrechtl. Studie. Rostock 1909. 73 S. WÜ j   U.10.4310

2294. **Kumrov**, Carl: Der Bosporus und die Dardanellen. Eine völkerrechtliche Studie. Biebrich 1913. 112 S. WÜ rs   U.13.1386

2295. **Dendrino**, Grigore: Bosporus und Dardanellen. Eine völkerrechtl. Abhandlung. Berlin (1914) XV, 233 S. B j 1914   U.15.191
Im Handel: Ebering/Berlin 1915.

2296. **Scheffler**, Artur: Die Dardanellenfrage. (Berlin) 1915. 79 S. Aus: Die Welt des Islams. Bd. 2. ER j   U.15.284
In: Die Welt des Islams, 2. (1914), 101-179.

2297. **Greve**, Max: Die völkerrechtliche Entwicklung der Dardanellenfrage. (Auszug nicht gedr.) GRE rs 1918

2298. **Lauber**, Otto: Die Dardanellenfrage. Memmingen 1919. 46 S. ER j
     U.19.318

2299. **Westerhagen**, Thilo von: Die internationalrechtliche Entwicklung der Dardanellenfrage. Hannover 1919. 60 S. GRE rs   U.20.683

2300. **Schwerke** Wilhelm: Die juristische Natur des für den Bosporus und die Dardanellen geltenden völkerrechtlichen Regimes. Ma 44 S. Auszug: Greifswald 1921, 9 S. GRE rs   U.21.716

2301. **Stark** , Edmund: Bosporus und Dardanellen. Eine völkerrechtsge-
schichtl. Studie zu den Bestimmungen des Vertrages von Sèvres. Ma
118 S. (Auszug nicht gedruckt) TÜ s U.22.9331

2302. **Laufer**, Josef: Die Dardanellenfrage und der Friedensvertrag von
Sèvres. Eine völkerrechtliche Studie. Ma 143 S. (Auszug nicht gedruckt)
WÜ rs U.24.8994

2303. **Mess**, Winfrith: Die türkischen Meerengen. Ma 183 S. ER j U.25.1403

2304. **Nelz**, Hans: Die Meerengenkonvention von Lausanne. Ma IV, 73 S.
(Auszug nicht gedruckt) WÜ rs U.26.6715

2305. **Topf**, Erich: Der jetzige Stand der Dardanellenfrage und das Lausanner
Meerengenabkommen (Magdeburg) 1927. VI, 75 S. GÖ rs U.27.1914

2306. **Picht**, Eckart: Die Dardanellenfrage unter bes. Berücksichtigung der
Friedensverträge von Sèvres und Lausanne. Ma IV, 223 S. ER j
U.28.1482

2307. **Exner**, Fritz: Die Meerengenfrage (Bosporus und Dardanellen) BR rs
1927 . U.28.1113

2308. **Linn**, Walter: Die Internationalisierung der Meerengen von Konstantinopel. Eine völkerrechtliche Studie. Ansbach 1930. 52 S. ER j
U.30.1530

2309. **Sauerteig**, Otto: Die völkerrechtliche Stellung der Dardanellen im Vertrag von Lausanne (24. Juli 1924). Erlangen 1932. 50 S. WÜ rs
U.32.7328

2310. **Peters**, Martin: Die Meerengen und die europäischen Großmächte
1890-1895. Erlangen 1932. XIII, 83 S. ER ph U.32.2087

2311. **John**, Willi: Das Dardanellenproblem und die großen Mächte im Jahre
1911. Ohlau i. Schl. (1934) IX, 71 S. BR ph U.34.386

2312. **Bürgin**, Werner: Die Frage der Meerengen der Dardanellen und des Bosporus. Der Vertrag von Montreux (1936). (Basel 1949) IV, 131 Bl. Ma BA j nA (vorhanden in der UB Basel und LB Bern).

2313. **Djonker**, Mahmud C.: Le Bosphore et les Dardanelles. Les conventions de Détroits de Lausanne (1923) et Montreux (1936). Lausanne 1938. 167 S.

2314. **Maleef**, Boris: Der Anspruch Bulgariens auf einen Zugang zum Ägäischen Meer unter besonderer Berücksichtigung des Meerengenproblems. Göttingen 1939. IX, 128 gez. Bl. Ma GÖ rs 1941 nA

2315. **Gür**, Izzet: Völkerrechtliches Geschehen um die Dardanellen und den Bosporus. 1943. 134 Bl. W 1943

2316. **Lau**, Marga: Russland und die türkischen Meerengen in den letzten Jahren vor dem ersten Weltkrieg. Kiel 1946. 123 gez. Bl. Ma KI ph 1947 nA
U.45/48.7713

2317. **Kinder**, K.H.: Die völkerrechtliche Stellung der Dardanellen und des Schwarzen Meeres im Wandel der Geschichte. (Erlangen) 1949. 144 gez. Bl. Ma ER j nA
U.49.1281

2318. **Morf**, Jürg: Die Dardanellenfrage an der Konferenz von Montreux 1936. Zürich 1977. (Teildr.) IV, X S., S. 230-244
Im Handel vollst.: Geist und Werk der Zeiten. 55. (Lang/Bern, Frankfurt.)

Die Zeit der Republik

2319. **Eger**, Hans: Die gegenwärtigen völkerrechtlichen Beziehungen der Türkei. Greifswald 1933. 96 S. GRE rs
U.33.3165

2320. **Michaelsen**, Erich: Die „Austauschbarkeit" im Sinne des griechisch-türkischen Vertrages vom 30. Januar 1923 und das Problem des Austausches von Minderheiten, unter bes. Berücksichtigung dieses Vertrages. (Hamburg) 1940. 54 S. HH rs
U.40.3303

2321. **Birnbaumer,** Ingmar: Die neue Türkei. 1940. 98 Bl. GZ 1940

2322. **Vorndran,** Hans: Vom Türkenherd zu den Volkshäusern. Berlin. B ph
1941   U.44.1213

2323. **Vere-Hodge,** Edward Reginald. Turkish Foreign Policy 1918-1948.
Genf 1950. 215 S. GE s
Im Handel: Ambilly-Annemasse 1950.

2324. **Schuh,** Eduard von: Die Türkei im Spannungsfeld des östlichen Mittel-
meeres. Eine polit.-wirtschaftspol. Studie unter bes. Berücksichtigung
des angelsächsischen Einflusses. o.O. 1954. VIII, 330 gez. Bl. Ma N H.
f. Wirtsch.- u. Sozialwiss. 1954 nA

2325. **Örnek,** Sedat Veyis: Die religiösen, kulturellen und sozialen Reformen
in der neuen Türkei (von 1920 bis 1938), verglichen mit der Modernisierung Japans. o.O. (1960) III, 113 gez. Bl. Ma TÜ ph nA
                                                                                       U.60.8271

2326. **Içen,** Erdogan: Die Regierung der Großen Nationalversammlung der
Türkei und ihre völkerrechtliche Anerkennung. Göttingen 1961. IV,
76 S. GÖ rs   U.61.3474

2327. **Krecker,** Lothar: Deutschland und die Türkei im zweiten Weltkrieg.
Frankfurt 1962. 293 S. F ph 1962 bA   U.63.2943
Im Handel: Frankfurter wissenschaftliche Beiträge, Kulturwissenschaft-
liche Reihe, Bd. 12.

2328. **San,** Adnan: Die Stellung der Türkei im Rahmen der internationalen Verträge seit dem ersten Weltkrieg. Göttingen 1963. XXIV, 164 S. GÖ j
                                                                                       U.63.3728

2329. **Glasneck,** Johannes: Die imperialistischen Großmächte und die Türkei
am Vorabend und während des zweiten Weltkrieges. (1.2.) Halle 1964.
VII, 312 gez. Bl., gez. Bl. 313-484. HAL ph Mav nA   U.64.5031

2330. **Glasneck,** Johannes: Methoden der deutsch-faschistischen Propaganda-
tätigkeit in der Türkei vor und während des Zweiten Weltkrieges. Halle
(Saale): (Martin-Luther-Univ.) 1966. 46 S. = Wissensch. Beiträge d. Martin-
Luther-Univ. Halle-Wittenberg. 1966, 12 nA   U.66.6632

2331. **Minuth**, Karl-Heinz: Die westalliierte militärische und politische Südosteuropastrategie 1942-1945. Kiel 1967. XXX, 309 gez. Bl. KI ph
Mav nA   U.67.8806

2332. **Seraydarian**, Souren Georges: Der Sandschak von Alexandrette. (Eine völkerrechtliche Untersuchung des Konfliktes) Wien 1967. 122 Bl. Ma
W rs 1967

2333. **Steinhaus**, Kurt: Politische und soziale Grundlagen der türkischen Revolution. Zum Problem d. Entfaltung d. bürgerl. Gesellschaft in sozioökon. schwach entwickelten Ländern. Marburg 1969. 212 S. MR ph bA
U.69.13429
Im Handel u.d. Titel: Soziologie der türkischen Revolution. Frankfurt a.M.: Europäische Verlagsanstalt. 1969.

2334. **Önder**, Zehra: Die türkische Außenpolitik im Zweiten Weltkrieg. 1977. 313 S. B-F pol 1973 bA
Im Handel: Südosteuropäische Arbeiten. 73. (Oldenbourg/München 1977.)

2335. **Förster**, Jürgen: Die Auswirkungen der Katastrophe von Stalingrad 1942/1943 auf die europäischen Verbündeten Deutschlands und die Türkei. 1975. 172 S. K ph bA   U.74.9799
Im Handel.

2336. **Glaesner**, Heinz: Das Dritte Reich und der Mittlere Osten. Polit. u. wirtschaftl. Beziehungen Deutschlands zur Türkei 1933-1939, zu Iran 1933-1941 u. zu Afghanistan 1933-1941. 1976. XXVI, 625 S. WÜ ph
U.76.14399
Im Handel.

2337. **Fleury**, Antoine: La politique allemande au Moyen-Orient, 1919-1939. Etude comparative de la pénétration de l'Allemagne en Turquie, en Iran et en Afghanistan. Genève 1977. XIV, 434 S. GE pol
Im Handel.

2338. **Keskin**, Hakkı: Das Fremdkapital und die Unterentwicklung insbesondere am Beispiel der Türkei. 1976. B-F FB Politische Wissenschaft
Im Handel u.d. Titel: Die Türkei. Vom Osmanischen Reich zum Nationalstaat. Werdegang einer Unterentwicklung. Berlin: Olle u. Wolter 1978. 301 S.

Tunesien

2339. **Stock**, David: Die Tunisfrage. Ma W ph 1927

2340. **Meier**, Dieter: Die Stellung von Tunis in der Völkergemeinschaft.
Hamburg 1939. 42 S. HH rs   U.39.4033
Im Handel: Studien zur europ. Geschichte, Reihe B, H. 1.

2341. **Weitz**, Theodor: Italien und Tunis. 1870-1881. Düsseldorf 1940. VII,
43 S. GÖ ph   U.40.2964

2342. **Freudenberg**, Reinhart: Die völkerrechtliche Stellung Tunesiens. Bonn
1957. XV, 101 gez. Bl. BN rs Mav nA   U.58.974

2343. **Çayci**, Abdurrahman: La question tunisienne et la politique ottomane
(1881-1913) Neuchâtel 1963. XV, 200 S. NEU ph
Im Handel: Edebiyat fak. matb./Istanbul.

2344. **Rosenbaum**, Jürgen: Frankreich in Tunesien. Die Anfänge d. Protek-
torates 1881-1886. Heidelberg 1971. 263 S. HD ph-hs nA   U.73.7966
Im Handel.

2345. **Bloch**, Robert: Die französischen Colons im Protektorat Tunesien. 1923-
1929. Zürich 1975. 289 S. Z ph

2346. **Lejri**, Mohamed Salah: L'évolution du Mouvement national tunisien des
origines à la deuxième Guerre mondiale. Lausanne 1975. 2 vol. 292 p.,
19 pl., 295 p., 28 pl. LAU pol

2347. **Greiselis**, Waldis: Das Ringen um den Brückenkopf Tunesien 1942/43:
Strategie d. ,,Achse" u. Innenpolitik im Protektorat. 1975. 362 S.
FR ph bA   U.76.5980
Im Handel.

2348. **Goldstein**, Daniel: Mise en valeur coloniale et mise en marche nationale:
les répercussions de la Première Guerre mondiale sur la Tunisie. Ed.
partielle. 1977. II, 77 p. Z
Soll vollständig in Tunis erscheinen.

KUNST, THEATER, FILM

2349. **Martin**, Fredrik: Figurale persische Stoffe aus dem Zeitraum 1550 bis 1650. Stockholm 1899. W ph 1901

2350. **Prüfer**, Curt: Ein ägyptisches Schattenspiel. Erlangen 1906. XXIII, 151 S. ER ph 1906

2351. **Kahle**, Paul: Zur Geschichte des arabischen Schattenspiels in Egypten. Halle a.S. 1909. 36 S. HAL ph Hab   U.09.1724
Im Handel u.d. Titel: Neuarabische Volksdichtung aus Egypten, H. 1. (Haupt/Leipzig).

2352. **Wachsberger**, Artur: Die Wandmalerei Chinesisch-Turkestan. Wien, Phil. Fak., Diss. v. 1914. Berlin 1916
Als Buch u.d. Titel: Stilkritische Studien zur Wandmalerei Chinesisch-Turkestans.

2353. **Enani**, A(li Ahmed): Beurteilung der Bilderfrage im Islam nach der Ansicht eines Muslim. (Berlin 1918) 41 S. B ph   U.18.1286
In: Mitteilungen des Sem. f. Oriental. Sprachen zu Berlin 22 (1919), 1-40.

2354. **Ellenberg**, Hans: Islamisches Kunstgewerbe nach Qazwīnī und Thaᶜālibī. Ma 73 S. Auszug: Kiel 1920, 6 S. KI ph   U.20.3708

2355. **Zednik-Zeldegg**, Victoria: Die chinesischen Elemente in der persischen Miniaturmalerei. Ma. W ph 1924

2356. **Uhlemann**, Heinz: Beiträge zur Geographie des Orientteppichs. Leipzig 1930. 135 S. L ph   U.30.5089
Im Handel u.d. Titel: Geographie des Orientteppichs, Hiersemanns Handbücher, 12.

2357. **Mousa**, Ahmed: Zur Geschichte der islamischen Buchmalerei in Ägypten. Cairo 1931. 112, XLV S. B ph   U.31.934

2358. **Tanew**, Tatscho: Methode zur Veröffentlichung von orientalischen Teppichen. (In Bibliotheken nicht mehr vorhanden.) B ph   U.43.628

2359. **Meurer**, Hanna: Die Verbindung der altorientalischen und islamischen Zeit durch figürliche Motive in der darstellenden Kunst. Berlin. B ph 1945 (In Bibliotheken nicht vorhanden.)   U.44.1144

2360. **Otto-Dorn**, Katharina: Türkische Keramik in Kleinasien. HD ph Hab 1949 (In Bibliotheken nicht vorhanden) Im Handel: Türk Tarih Kurumu/Ankara 1957.

2361. **Stettler**, Romuald: Der persische Handelsteppich. Bern 1953. IX, 157 S. BE rer.pol. 1953

2362. **Johansen**, Ulla: Die Ornamentik der Jakuten. Hamburg 1953. 183 gez. Bl. XIII Taf. Ma HH ph nA   U.54.4066 Im Handel als: Wegweiser zur Völkerkunde, Heft 3 bei: Hamburgisches Museum für Völkerkunde und Vorgeschichte.

2363. **Scheunemann**, Brigitte: Anatolische Teppiche auf abendländischen Gemälden. o.O. (1954) 149 gez. Bl. Ma B ph nA   U.54.92

2364. **Fux**, Herbert: Zur Frage des islamischen Einflusses auf das frühe chinesische Blau-Weiß. 1959. 232 Bl. W ph 1959

2365. **Hussein**, Mohammed Taha: Mamlukische Kunstformen in der Seidenweberei des 13. bis 15. Jahrhunderts. Ein Beitrag zur islam. und europäischen Kunst. Köln 1963. 162, 49 S. K ph   U.63.6271

2366. **Duda**, Dorothea: Die Buchmalerei der Ǧalā'iriden. Wien 1964. W ph 1964. Überarbeitet und gekürzt in: Der Islam, 48, 1 (1971), S. 28-76 (1. Teil)

2367. **Schulthess-Ulrich**, Nanny von: Zu einigen Gewebebezeichnungen orientalischer Herkunft. (Teildruck) Zürich 1968. 70 S. Z ph

2368. **Spuhler**, Friedrich-Karl: Seidene Repräsentationsteppiche der mittleren bis späten Safawidenzeit. Die sog. Polenteppiche. Berlin 1968. 287 S. B-F 1968 ph

2369. **Linsler**, Renate: Theater in Israel, 1948 bis zur Gegenwart. (Theater zwischen zwei Kriegen) Wien 1969. 186 Bl. W ph

2370. **Trauzeddel**, Sigrid: Die koptische Kunst als ägyptische Volkskunst. Untersuchungen zum Volkskunstcharakter der kopt. Kunst. Halle 1969. 143 gez. Bl. HAL ph Mav nA   U.69.7447

2371. **Grauer**, Armgard: Die Architektur und Wandmalerei der Nubier. Behandelt nach d. ethnogr. Befund vor d. Aussiedlung 1963/64. Freiburg i.B. 1968. X, 257 S. FR ph 1968   U.69.5380

2372. **Jachimowicz**, Edith: Ikonographische Studien an einigen frühen arabischen illustrierten Handschriften. Wien 1969. W ph 1969 Ma

2373. **Illgen**, Volker: Zweifarbige reservetechnisch eingefärbte Leinenstoffe mit großfigurigen biblischen Darstellungen aus Ägypten. Mainz 1969. 92 S. MZ ph   U.69.12887

2374. **Shafie**, Mohamed Sanaā El Din Mahmoud Abdel Rahman: Die dramatische Gestaltung der Corolian-Legende durch Shakespeare und Brecht und die Bedeutung dieser Werke für das Theater der VAR. Leipzig 1970. III, 164 gez. Bl. Mav L Sektion Kulturwissenschaften und Germanistik 1970 nA   U.70.4277

2375. **Bahramsari**, Hayatollah: Netzhautperspektive und persische Miniaturmalerei. Aachen 1971. 59 S. A-T med   U.71.1767

2376. **Schmitt**, Erika: Ornamente in der Gandharakunst und rezenten Volkskunst im Hindukusch und Karakorum. 1971. VI, 333, 29 S. HD ph-hs 1969
Im Handel: Dissertationsreihe des Südasien-Instituts der Universität Heidelberg. 10. (H arassowitz/Wiesbaden 1971.)

2377. **Finster,** Barbara: Die Mosaiken der Umayyadenmoschee von Damaskus. 1972. S. 83-141. Aus: Kunst des Orients. Bd. 7 (1970/71) H. 2, TÜ ph

2378. **Gruner,** Dorothee: Die Berber-Keramik. Frankfurt 1972. XVIII, 182 S. F hs nA 1972   U.73.4961
Im Handel.

2379. **Al Hakim,** Faik: Tendenzen in der Entwicklung des progressiven iraki-schen Theaters der Gegenwart und Hauptlinien seiner Geschichte. Leip-zig 1972. II, 313 gez. Bl. L, Sekt. Kulturwiss. u. Germanistik, Diss. A
Mav nA   U.72.1869

2380. **Shakir,** Abbas: Die Stadt Bagdad. Untersuchung ihrer kunstgeschichtl. u. topographischen Entwicklung v.d. Anfängen bis Ende d. 19. Jh. Leipzig 1973. 191 gez. Bl. L, Sekt. Kulturwiss. u. Germanistik, Diss. A
Mav nA   U.73.1819

2381. **El-Kadhi,** Luay: Sozialkritische Tendenzen im arabischen Film. Ein Beitrag zur Erarbeitung e. Ästhetik d. progressiven arab. Films. Berlin 1973. II, 199 gez. Bl. B-H gw Diss. A nA   U.73.132

2382. **Puchner,** Walter: Das neugriechische Schattentheater Karagiozis. Wien 1972. 219 Bl. Die Illustr. liegen nur dem im Inst. f. Theaterwissenschaft d. Univ. Wien hinterlegten Exemplar bei. W ph

2383. **Rührdanz,** Karin: Humanismus und Tradition in der modernen arabi-schen Malerei. 1: 1973. 153 Bl. 2: 1973. 97 Bl. HAL ph Diss. A nA
                                                  U.74.1526

2384. **Moser,** Reinhard-Johannes: Die Ikattechnik in Aleppo. Basel 1974. II, 147 S. Abb. BA ph
Im Handel: Basler Beiträge zur Ethnologie. 15. (Pharos-Verl./Basel.)

2385. **Tlili,** Chagra El Houcine: Die maghrebinische Bildkunst: Studien zu d. Grundtendenzen d. Tradition u.d. Gegenwartskunst. 1974. 250, 60 Bl. HAL ph Diss. A Mav nA   U.75.1818

2386. **Canetti,** Diana: Das gesellschaftskritische Theater in der Türkei. Wien 1975. 194 Bl. W ph Ma

2387. **Karoumi,** Awni: Zur Frage des altorientalischen Theaters und Entwicklungslinien des arabisch-irakischen Theaters. 1976. 321 Bl. B-H gw Mav nA   U.76.460

2388. **Hamazavi-Abedi,** Aboutaleb: Die Entwicklung des Films im Iran. 1978. 201 S. K ph

2389. **Davoudian,** Leyla: Das Theater der Derwische. (Arbeitstitel) Wien 1980 (?)   In Vorbereitung

LANDWIRTSCHAFT

Allgemeines

2390. **Soliman,** Fahmi Abdel Motal: Der Einfluß der landwirtschaftlichen Betriebsverhältnisse, insbesondere hoher Temperaturen, in ariden Gebieten mit Bewässerungsfeldbau auf die Auslegung der Ackerschlepper und ihrer Motoren. Gießen 1961. 76 S. GI L   U.62.3593

2391. **Ettlinger,** Ernst: Landwirtschaft und Wirtschaftswachstum in den Entwicklungsländern (unter bes. Berücks. des techn. Fortschrittes im Ackerbau). Wien 1971. III, 471 Bl. W-HW 1973 Ma

2392. **Pasquier,** Roger: L'animation agricole. Un moyen d'accroître l'utilité des fonds destinés au développement rural dans le Tiers-Monde. 1973. 144 p. Im Handel.

2393. **Radikowski,** Alfons: Investitionsfinanzierung landwirtschaftlicher Kleinbetriebe in Entwicklungsländern. 1973. 152 Bl. S Fachbereich Geschichts-, Sozial- u. Wirtschaftswiss., Diss. 1973 nA   U.74.13863

2394. **Uibrig,** Holm: Bedeutung, Notwendigkeit, Entwicklung, Stand und Probleme der Landnutzungsinventur und -planung unter bes. Beachtung der Entwicklungsländer. 1975. V, 183 Bl. Mav DR-T, Fak. f. Bau-, Wasser- u. Forstwesen, Diss. A nA   U.75.1319

Vorderer Orient

2395. **Koritschan,** Leopold: Die Palme bei den Arabern und anderen semitischen Völkern. 1893, W ph

2396. **Petonke,** Maria: Die Entwicklung der Baumwollkultur im Mittelmeergebiet außerhalb Ägyptens. Saalfeld (Ostpr.) (1934) 96 S. B ph   U.34.148

2397. **Mummendey,** Dietrich: Produktion und Handel der nordafrikanischen Datteln. Bonn 1955. II, 248 gez. Bl. Ma BN rs nA   U.56.1058

2398. **Saeed,** Hamid M.: Forstpolitische Planung im Nahen Osten, insbesondere in den Ländern: Iran, Irak, Syrien, Jordanien und Libanon. Freiburg i.Br. 1965. IV, 219 gez. Bl. FR nm Mav nA   U.65.4495

2399. **Grienig**, Horst: Zur Agrarumgestaltung in einigen Ländern des nahen und mittleren Ostens. Unter bes. Berücks. der VAR (Ägypten). Leipzig 1966. 299 Bl. L wi Mav nA U.66.9986

2400. **Nagel**, Friedrich Wilhelm: Die Ökonomik der Beregnung bei Weizen in semi-ariden Regionen Nordafrikas und des Nahen Ostens, untersucht für die Negev Israels. 1974. XIV, 337 S Aus: Zeitsch. f. Bewässerungswirtsch. 1975, Sonderh. 4. HOH, Fachber. Wirtschafts- u. Sozialwiss. Diss. nA

2401. **Grienig**, Horst: Zum Problem der Vielschichtigkeit der ökonomischen Basis in den afro-asiatischen Ländern. Eine Analyse zu d. Ursachen d. Entstehung u. zur Spezifik d. Vielschichtigkeit d. ökon. Basis d. afro-asiat. Länder, zu ihrer Widerspiegelung in d. Sphäre d. Ökonomie u. zu ihrer Bedeutung für die Gruppierung d. Staaten (dargestellt vorwiegend am Beispiel d. Landwirtschaft u. d. arab. Staaten.) II, 361 Bl. L Sekt. Afrika- u. Nahostwiss., Diss. B U.75.2235

2402. **Oustuani**, Abdul Muheimen: Das Mikroskopische Bild der Honige des östlichen Mittelmeergebietes. 1976. 62 S. HOH, Fachbereich Allg. Naturwiss. U.76.9006

2403. **Treydte**, Klaus-Peter: Ziele, Strategien und Effekte der Agrarreformen in den Ländern Nordafrikas. Analyse aus entwicklungspolitischer Sicht. Bonn 1979. IV, 340 S. BN rs
Im Handel u.d. Titel: Agrarreform und Entwicklung. Ziele, Strategien und Effekte d. Agrarreformen in den Ländern Nordafrikas. Analyse aus entwicklungspolitischer Sicht. Bonn: Verlag Neue Gesellschaft 1979. IV, 340 S. (Reihe Struktur- und Entwicklungspolitik. 1.)

Ägypten

2404. **Richter**, Konrad: Die Grundzüge der Bewässerung Ägyptens. Dresden 1914. 60 S. DR-T U.14.4921

2405. **Ahmed**, Tewfik: Die Entwicklung des landwirtschaftlichen Genossenschaftswesens in Ägypten, verglichen mit anderen Ländern alter islamischer Kultur. Ma 129, 21 S. (Auszug nicht gedruckt) J rw U.24.5240

2406. **Mansour**, Mohammed Sabry: Baumwollanbau oder Kornanbau in Ägypten? Ma 122 S. Auszug in: Jahrbuch d. Phil. Fak. Bonn. Jg. 2, Halbbd. 2, 1924. S. 64-65. BN ph 1924 U.28.992

2407. **Heikal,** Ismail Seddik: Die Landwirtschaft in Ägypten. Ma 175 S.
Auszug in: Jahrbuch d. Diss. d. Phil. Fak. Berlin 1925–26, II
S. 109–111. B ph 1926   U.28.439

2408. **Oaf,** Muhammad Nagib: Allgemeine Grundlagen und Betriebsorgani-
sationen der ägyptischen Landwirtschaft. Ma 104 S. (Auszug nicht
gedruckt) F wi-so   U.27.1285

2409. **Baumann,** Edwin: Untersuchungen an ägyptischen Baumwollsorten
verschiedener Ernten. Zürich 1927. II. 51 S. Z-T 1927.

2410. **Shalaby,** Ahmed: Untersuchungen über das Phosphorsäure- und Kali-
Düngungsbedürfnis einiger ägyptischer Böden durch Laboratoriums-
versuche im Vergleich mit Vegetationsversuchen. Berlin (1932).
59 S. B-L   U.32.8576

2411. **Eberli,** Heidi: Die Veränderungen im Anbau der ägyptischen Nahrungs-
pflanzen, dargestellt im Zusammenhang mit der Zunahme der ägyptischen Bevölkerung, dem Wandel im ägyptischen Bewässerungssystem
und in der Landwirtschaft seit Ende des 19. Jahrhunderts. Zürich
1939. X, 97 S. Z ph

2412. **Lindner,** Ph. Fr.: Über Wirtschaftswandlungen in Ägypten, an Beispielen
von Zuckerrohr, Weizen und Baumwolle. o.O. (1937). 98 gez. Ma Teildr.:
Wien Eigenverl. 1939. 32 S. W-HW 1937. Nur Teildruck für den Austausch.   U.41.5738

2413. **Bauer,** Heinrich: Die Tierzucht in Ägypten. Berlin 1942. 82 S.
B tä 1940   U.42.658

2414. **Müller–Wodarg,** Dieter: Die Landwirtschaft Ägyptens in der frühen
ᶜAbbāsidenzeit 750–969 n. Chr./132–358 d. H.–Hamburg 1953. XII,
216 gez. Bl., Anl. Ma HH ph n A   U.53.4101

2415. **Hassan,** Schaukat Aly: Möglichkeiten zur Verbesserung der ägyptischen
Geflügelwirtschaft. Unter bes. Berücks. der Verwendung von Baumwoll-
saatmehl. Hohenheim 1955. 38 S. HOH Landwirtsch. H.   U.55.4740

2416. **Hamawi,** Hassan Abd-el-Kader el -: Vergleichende Untersuchungen über
die Bindungsform der Phosphorsäure in ägyptischen Ackerböden. 1955,
58 S. HOH 1   U.55.4718

2417. **Halpap,** Paul: Struktur, Leistung und Entwicklung der ägyptischen Landwirtschaft. Berlin 1958. 200 gez. Bl. Ma B-H landw.-gärtner. Fak. nA   U.59.543

2418. **Khalil,** Saad: Grundeigentum und Landreform in Ägypten. Bonn 1959. 117 S. BN rs   U.59.972

2419. **Abdel Samie,** Hussein, Mohamed: Agrarreform und Maßnahmen zur landwirtschaftlichen Entwicklung der Vereinigten Arabischen Republik und des Iraks. Kiel 1960. VIII, 154, 5 gez. Bl. Mav K 1 nA
U.60.4897

2420. **Ismail,** Ismail Moustafa: Die Gärten der alten Ägypter und die Entwicklung der Bewässerung bis zum Hochdamm bei Assuan. o.O. (1960). 77 gez. Bl. Mav M-T 1, nA   U.60.7236

2421. **Imam,** Mohamed el Said: Probleme der ägyptischen Forst- und Holzwirtschaft. Freiburg i.B. 1960. 98 gez. Bl. Ma FR nm nA   U.62.3490

2422. **Kesseba,** Abbas: Enzymatisch-bodenkundliche Untersuchungen an ägyptischen Böden. München 1962. 139 gez. Bl. Mav M-T Fak. f. Landwirtsch. u. Gartenbau nA.   U.62.8192
Auszug: S. 9–20 bA. Aus: Zeitschrift für Pflanzenernährung, Düngung, Bodenkunde, Bd 99 (1962), H. 1

2423. **Shafik,** Mohamed: Der Zustand der ägyptischen Landwirtschaft vor und nach der Revolution von 1952 unter bes. Berücksichtigung der Stellung der Fellachen. 1963. GZ

2424. **Muralt,** Jürgen von: Entwicklung und Struktur des Genossenschaftswesens in Ägypten. Unter bes. Berücks. d. landwirtschaftlichen Genossenschaften. Marburg 1964. 196 S. MR rs 1964   U.65.9386
Im Handel: Veröffentlichungen des Instituts für Genossenschaftswesen an d. Philipps-Universität Marburg (Lahn), 30.

2425. **Schita,** Achmed Rida Mohamed: Änderung der Agrarstruktur in Ägypten in den letzten 50 Jahren. 1965. II, 135 Bl. GZ 1965

2426 · **Wörz**, Johannes G.F.: Die genossenschaftliche Produktionsförderung in Ägypten als Folgeerscheinungen der Agrarreform und als neues Element der genossenschaftlichen Entwicklung. Hohenheim 1966. 213 S. HOH Landwirtsch. H. agr. 1966 nA Im Handel: Wissenschaftliche Schriftenreihe d. Bundesministeriums für wirtschaftliche Zusammenarbeit, 12.

2427. **Grienig**, Horst: Zur Agrarumgestaltung in einigen Ländern des nahen und mittleren Ostens. Unter bes. Berücks. der VAR (Ägypten). Leipzig 1966. 299 Bl. Mav L wi nA   U.66.9986

2428. **Simons**, Peter: Die Entwicklung des Anbaus sowie die Verbreitung und Bedeutung der Nutzpflanzen in der Kulturlandschaft der ägyptischen Nilstromoase von 1800 bis zur Gegenwart. Eine agrargeogr. Unters. Köln 1967. VII, 218 S. K mn   U.67.9463 Im Handel: Kölner geographische Arbeiten, H. 20.

2429. **Jakob**, Michael: Pilzliche Erkrankungen der Baumwollkeimlinge in Ägypten. Hohenheim 1967. 65 S. HOH Landw. H agr.   U.67.8082

2430. **Aboulela**, Hassan. Wirtschaftsplan der V.A.R. in der 2. Hälfte des 20. Jahrhunderts unter Berücksichtigung der Landwirtschaft.   Graz 1968. 122, 4 Bl. Ma GZ s 1969

2431. **NourEl-Din**, Nabil: Die Böden Ägyptens, ihre Klassifikation und ihre Nutzung. Freiburg i.B. 1968. 230 S. Mav Fr nm 1968 nA   U.68.5359

2432. **El Shagi**, El-Shagi: Förderung der Landwirtschaft unterentwickelter Länder durch genossenschaftliche Agrarproduktion. Dargest. am Beispiel Ägyptens. Hohenheim 1968. 175 S. HOH agr. 1968 nA Im Handel: Afrika-Studien, Nr. 36.   U.68.8378

2433. **Shafshak**, Salah El-Din: Fruchtfolgen und Fruchtfolgeprobleme in der Vereinigten Arabischen Republik. Halle 1970. 194 gez. Bl. Mav HAL Sektion Pflanzenproduktion 1970 nA

2434 · **Abdou**, Abdel Ghafar Taha: Zum effektiven System der Agitation, Agrarpropaganda und Agrarberatung für die ökonomisch-gesellschaftlich-kulturelle Bewußtseinsentwicklung auf dem Lande in der VAR. Berlin 1970. 179 gez. Bl., Mav, B-H, Biowiss. F. nA   U.70.120

2435. **Raouf**, Mohamed Mahmoud Abdel: Die Agrarfrage und ihre Lösung in der VAR, die Rolle des Staates bei der Planung und Leitung der Landwirtschaft zur Lösung der Agrarfrage. Berlin 1971. 307 Bl. B–ÖK, Diss A nA Ma
U.71.267

2436. **Elkalash**, S(ami) S(oliman): Untersuchungen zur Pathologie der Vormägen des Schafes und über Möglichkeiten zur Leistungssteigerung der Schafzucht in der VAR. Leipzig 1971. III, 212 XVI gez. Bl. Sekt. Tierproduktion u. Veterinärmed., Diss. A. nA Mav
U.72.1845

2437. **El-Abbassy**, Hassan: Zur Entwicklung des Absatzes landwirtschaftlicher Erzeugnisse in Ägypten, insbesondere dargestellt am Beispiel des Absatzes von Baumwolle. Leipzig 1972. V, 212 gez. Bl. Mav L., Sekt. Tierproduktion u. Veterinärmed., Diss. A. nA
U.72.1803

2438. **Ali**, Mahmoud Sabri Tawfik, Hassanein: Ein Beitrag zur Ätiologie, Epizootiologie, Diagnostik und Bekämpfung der Nutztierleptospirosen in der Arabischen Republik Ägypten. Berlin 1972. 160 gez. Bl. Mav B–H, Biowiss. F., Diss. A. nA
U.73.51

2439. **Arafa**, Nagi: Die sozialen und ökonomischen Folgen der Agrarreform in Ägypten. (Ergebnisse e. Feldforschg. an ehemaligen Landlosen in 4 ägypt. Dörfern.) Bonn 1972. 159 S. BN ph
U.73.2902

2440. **Agami**, Saad. Organisation und Funktion der landwirtschaftlichen Genossenschaften in Ägypten. Graz 1973. V, 226, 8 Bl. GZ s 1974

2441. **Abdullatif**, Tarik: Ziele, Prozesse und Auswirkungen der Agrarreformen in Kuba, der Volksrepublik China und Ägypten. Eine Unters. auf d. Basis d. Tuma'schen Ansatzes zu e. Agrarreformtheorie. Göttingen 1973. VII, 371. S. GÖ 1
U. 73.6143

2442. **Neugebauer**, Monika: Ökonomische Aspekte der Baumwollproduktion in der Arabischen Republik Ägypten. Unter bes. Berücks. ihrer Entwicklung in d. Jahren 1960–1970. Leipzig 1973. 172 Bl. Inst. f. trop. Landwirtsch. u. Veterinärmed., Diss. A nA
U.73.1761

2443. **Khalil**, Elwy Sayed: Die Agrarpolitik Ägyptens seit der Revolution von 1952: unter bes. Berücks. d. Auswirkungen d. arab. Sozialismus. 1973. VII, 152 S. HD ph-hs
U. 74.8439

2444. **Randak**, Harald: Die agrarwirtschaftliche Entwicklung in Ägypten und im Irak: e. vergl. Analyse unter bes. Berücks. d. landwirtschaftl. Märkte. 1974. VII, 208 S. ER ph   U.74.5211

2445. **Moustafa Abbas**, Mohamed Abd Elkhalek: Die Bienen der Gattung Andrena aus der AR Ägypten und den angrenzenden Ländern. 1974. 144, 6 Bl. B–H Biowiss. Fak. Diss A nA Mav   U.74.527

2446. **El Menshaui**, Magdi: Analyse und Entwicklungsmöglichkeiten von Bewässerungsbetrieben auf Neuland: untersucht am Beispie. d. ABIS-Projekts/Ägypten 1974. 162 S. HOH, Fachbereich Wirtschafts- u. Sozialwiss.   U.74.8876

2447. **Kishar**, Hussein A.: Die Auswirkungen des Assuan-Hochdammes auf die ägyptische Landwirtschaft. Innsbruck 1975. 157 Bl., 1 Kt. IN wi 1976

2448. **Fathy**, Amr: Der Beitrag der Landwirtschaft und der Agrarreform zur sozio-ökonomischen Entwicklung des ländlichen Ägyptens. 1975. 123 S. BN l   U.75.4079

2449. **Shweil**, Salama Fathalla: Untersuchungen über den Nachweis der Erschöpfung von Zuckerrohrmelassen: unter bes. Berücks. ägypt. Zuckerrohrmelassen. 1976. III, 135 Bl. B–H Biowiss. F nA Diss A Mav

U.76.655

2450. **Menzel**, Gerhard: Die Organisation, Leitung und Planung staatlicher Landwirtschaftsbetriebe in den Neulandgebieten der ARÄ unter besonderer Berücksichtigung des Agrarsektors Mariut.1976 . 248 Bl., Inst. für trop. Landwirtschaft u. Veterinärmedizin, Diss. A, 1976. nA Mav   U.76.2196

2451. **Mittwally**, Saad Hassan: Entwicklungsstand und Perspektiven des landwirtschaftlichen Genossenschaftswesens in Ägypten. 1977. 247 Bl. Inst. für trop. Landwirtschaft. Diss. A. nA

2452. **El Sherif**, Enan: Zur Diagnostik von Blättern und Blattmehlen einiger wirtschaftlich wichtiger Ölpflanzen der Arabischen Republik Ägypten. 1977. 168 S. HH FB Biologie

Afghanistan

2453. **Niedermayer**, Richard: Das afghanische Bewässerungswesen. (Breslau) 1929, 39 S. DZ-T 1928   U.29.6231
In: Der Kulturtechniker, Jg. 1929

2454. **Kamal**, Abdul Hadi: Das Agrarland Afghanistan und seine Zukunft.
Zürich 1954. 229 S. Z vw 1954.

2455. **Schuckmann**, Heinrich: Stand und Möglichkeiten der Wassernutzung
in Afghanistan. Erlangen–Nürnberg 1962. 129 gez. Bl. Ma ER n nA
Auszug 17 S.   U.62.2829
Im Handel.

2456. **Abawi**, Mohammed Jahja. Die Wirtschaftsstruktur, insbesondere die
Agrarstruktur in Afghanistan und die Möglichkeiten genossenschaft-
licher Betätigung in der Landwirtschaft. Münster 1964. 174, VIII S.
MS rs   U.64.9824

2457. **Wald**, Hermann-Josef: Landnutzung und Siedlung der Pashtunen im
Becken von Khost (östl. Afghanistan). Opladen 1969. IX, 124 S. FR
ph 1967   U.69.5733
Im Handel: Leske/Opladen 1969

2458. **Fischer**, Dieter: Waldverbreitung, bäuerliche Waldwirtschaft und kom-
merzielle Waldnutzung im östlichen Afghanistan. 1970. 139 S.
FR
Im Handel: Afghanische Studien. 2. (Hain/Meisenheim.)

2459. **Islam** uddin: Agrargeographische Untersuchung in Guldara und Ghori
als Beispiele für Alt - und Jungsiedelland im afghanischen Hindukusch.
Gegenüberstellung u. Vergleich 1972. 121 S. X S. Abb. 8, K m–n 1972
                                                              U.72.8944

2460. **Rellecke**, Willy Clemens : Ethnologische Aspekte bei der Realisierung eines Entwicklungsprojektes in Herat (Westafghanistan). Der Agrarkredit
als entwicklungsfördernde Maßnahme. 1977. 172 S. FR Geowiss. 1978

2461. **Lakanwal**, Abdul Ghafar. Situationsanalyse landwirtschaftlicher Bera-
tungsprogramme in Entwicklungsländern. Method. Probleme, dargest.
an Beratungsprogrammen zur Förderung von Kleinlandwirten in Paktia
(Afghanistan). 1977. VIII, 283 S. HOH FB Agrarökonomie u. Agrartech-
nik
Im Handel: Sozialökonomische Schriften zur Agrarentwicklung. 30.
(Breitenbach/Saarbrücken 1978.)

Algerien

2462. **Anton**, Günther K.: Französische Agrarpolitik in Algerien. Eine kolonialpolit. Studie. Leipzig 1893. 2 Bl., 127 S. J Hab 1893

2463. **Schmitt**, Johann: Der Weinbau in Algerien. Ma 110 S. (Auszug nicht gedruckt.) K wi so   U.23.7056

2464. **Schröder**, Peter: Grundlagen, Entwicklung und Bedeutung der Waldwirtschaft in Tunesien und Algerien: zugl. e. Beitr. zur Systematik d. Weltforstwirtschaft 1974. X, 346 S. HH FB Biologie   U.74.7591 Im Handel.

2465. **Schindler**, Klaus: Untersuchungen über den Stickstoffbedarf der Frühkartoffeln im Bezirk Algier. 1975. 118, 15 Bl. Inst. für trop. Landwirtschaft u. Verterinärmedizin, Diss. A. n A   U.75.2504

2466. **Bärschneider**, Edeltraud: Die Entwicklung der landwirtschaftlichen Selbstverwaltungsbetriebe in der Demokratischen Volksrepublik Algerien: unter bes. Berücks d. Produktionsentwicklung, Kostengestaltung u. Finanzierungsmethoden in d. Selbstverwaltungsbetrieben d. Bezirkes Oran. Edeltraud Bärschneider; Manfred Bärschneider. 1976. 338 Bl., Mav.   L. Inst. für trop. Landwirtschaft u. Veterinärmedizin, Diss. A   nA   U.76.2085

Golfstaaten

2467. **Ansell**, R(oy H(enry): Observations on the reaction of British Friesian cattle to the high ambient temperatures of the United Arab Emirates. Berne (1974). V, 208 S. nA

Irak

2468. **Dalldorf**, Karl: Die künstliche Bewässerung Mesopotamiens. (Harburg-Wilhelmsburg) 1933. 67 S. HH mn bA   U.33.6277

2469. **Neumann**, Heinrich: Die Geographie der künstlichen Bewässerung des Iran und Irak. o O. 1944. 117 gez. Bl. Ma GRE ph   U.44.3779

2470. **Fleega**, Ahmed Najim el Din: Die moderne Bewässerung des Irak. (Köln) 1957. 81 S. K mn   U.57.5531

2471. **Wirth**, Eugen: Agrargeographie des Irak. 1959. IX, 193 S. 59 Kt.
HH mn Hab
Im Handel: Hamburger geographische Studien. 13.

2472. **Abdel** Samie, Hussein Mohamed: Agrarreform und Maßnahmen zur
landwirtschaftlichen Entwicklung der Vereinigten Arabischen Republik und des Iraks. Kiel 1960. VIII, 154, 5 gez. Bl. Mav K 1 nA
U.60.4897

2473. **Schuchardt**, Jürgen: Die Funktion der irakischen Landwirtschaft im
ökonomischen Abhängigkeitssystem des Irak vom Imperialismus
(1918–1958). Berlin 1965. II. XXV gez. Bl. Mav B–H wi nA
U.65.487

2474. **Mutlak**, Abdul Razak: Agrarfrage und Bodenreform im Irak. Mit ein-
gehender Darstellung der Perspektiven der landwirtschaftlichen Genossenschaften. Leipzig 1965. VIII, 239 gez. Bl. Ma L 1 nA U.65.8309

2475. **Meliczek**, Hans: Die wirtschaftlichen und sozialpolitischen Verhältnisse im Irak. Unter besonderer Berücksichtigung der Agrarverfassung
und Agrarreform. Berlin 1966. XVI, 309 S. B–T Fak f. Landbau
U.66.1593
Im Handel: Materialsammlungen der Zeitschrift f. ausländ. Landwirtschaft, H.6.

2476. **Bodagh**, Jamil: Zu enigen Problemen der Rückständigkeit der Produk-
tivkräfte unter der Herrschaft der halbfeudalen Produktionsverhält-
nisse in der Landwirtschaft des Irak. Berlin 1967. 3, VIII, 277 gez.
Bl. Mav B–ÖK nA
U.67.1660

2477. **Bahiralulloom**, Mohammed Mahdi: Die Landwirtschaftsbank in Bagdad
und ihr Einfluß auf die irakische Landwirtschaft. Graz 1969. Bl. A–C,
132, 3 Bl. GZ wi 1970 Mav

2478. **Malik**, Hadi: Zur sozial-ökonomischen Problematik der Umgestaltung
der irakischen Landwirtschaft. Berlin 1971. V, 188 gez. Bl. B–ÖK
Diss A.Mav n A
U.71.255

2479. **Ameen,** Farhad Ahmed: Einige Probleme des Zuckerrübenanbaus in der DDR und Schlußfolgerungen für den Irak. (Eigene Untersuchung. über Beregng u. Herbizideinsatz zur Aufgangsverbesserg. d. Zuckerrüben.) Berlin 1971. 109 gez. Bl. B–H Biowiss. F. Diss A nA U.72.70

2480. **Pfeiffer,** Albrecht: Aktuelle Probleme der Produktionssteigerung und der sozialen Umgestaltung der Landwirtschaft im Irak. 1972. 315 Bl. L Mav nA Diss B U.74.1905

2481. **Dujaili** , Muhsin al-.: Die Entwicklung der Agrarwirtschaft im Irak. Aufbau u. Handhabung d. Agrarreform dargest. am Mussayib -Projekt. (Linz) 1972. VII, 255 Bl. L I wi Ma

2482. **Abdulla,** Reyadh: Die Erzeugung und Vermarktung von Schlachtvieh und Fleisch im Irak. Gegenwärtiger Stand u. Vorschläge zu ihrer Entwicklung. – Hohenheim 1972. VI, 187 S. HOH, Fachbereich Agrarbiologie U.72.8024

2483. **Habib-Mustanserya** , Kadhum: Die bisherige und die künftige Entwicklung der irakischen Weizenproduktion und -konsumtion 1973. 118 Bl. B–ÖK Diss B nA Mav. U.74.160

2484. **Al-Najjar,** Lattif : Die Planung holzverarbeitender Industrie als Voraussetzung zur Entwicklung von Forst- und Holzwirtschaft im Irak. 1973. III, 216 S. FR Forstwiss. Fak., nA U.74.6013

2485. **Aldakhil,** Adnan: Die optimale Organisation von landwirtschaftlichen Betrieben in Bewässerungsgebieten mit Versalzungsproblemen. Untersucht am Beisp. d. Greater-Mussaib-Projekts (Irak). Hohenheim 1973. 208 S. HOH wi so U.73.8127

2486. **El Hakim,** Abdul Husein: Ökonomik der Bodenentsalzung: dargest. an Beisp. aus d. Irak 1973. XVII, 295 S. HOH agr. nA U.74.8863

2487. **Randak,** Harald: Die agrarwirtschaftliche Entwicklung in Ägypten und im Irak: e. vergl. Analyse unter bes. Berücks. d. landwirtschaftl. Märkte 1974. VII, 208 S. ER ph U.74.5211

2488. **Ali**, Hikmat Abid: Ergebnisse agrotechnischer Feldversuche mit Winterraps auf einem Lössstandort in der Deutschen Demokratischen Republik sowie Befunde von Gefäßversuchen mit variierter Wasserversorgung als Beitrag zur Lösung von Problemen der Produktion pflanzlicher Öle im Irak. 1975. 114 gez. Bl., Inst. für Trop., Landwirtschaft u. Veterinärmedizin, Diss. A 1975. nA

2489. **Saad**, Sadik Jaffar : Probleme der Tiergesundheit im Irak. 1976. 272 S. GIFB Veterinärmedizin u. Tierzucht

2490. **Jabir**, Abdul Mahdi. Die Holzwirtschaftslage im Irak. Wien 1978. VI, 482 Bl. W. Univ. f. Bodenkultur

Iran

2491. **Beuck**, Hans Heinrich: Die Bodenkultur in Persien und ihre Ausfuhrerzeugnisse. Hamburg 1919. 151 S. HH rs 1919   U.20.697
Im Handel: Redding/Hamburg 1919.

2492. **Schadow**, Georg: Die Grundlagen der persischen Landwirtschaft, insbesondere die Lage des persischen Bauernstandes. Ma 133 S. (Ausz. nicht gedruckt.) WÜ rs   U.20.1082

2493. **Maleki**, Gholam Hossein: Entwicklungslinien und Entwicklungsmöglichkeiten der iranischen Landwirtschaft. Graz 1943. V. 175 gez. Bl. Ma GZ rs 1943 nA

2494. **Neumann**, Heinrich: Die Geographie der künstlichen Bewässerung des Iran und Irak. o.O. 1944. 117 gez. Bl. Ma GRE ph   U.44.3779

2495. **Farahmand**, Abolhassan: Die Struktur der iranischen Landwirtschaft und die Möglichkeiten einer Mechanisierung. Gießen 1955. 94 gez. Bl. Mav G l nA   U.55.2917

2496. **Beglarbegi**, Djahongir: Opiumanbau und Opiumverwertung in Persien in den letzten 20 Jahren. Hamburg 1955. 39 gez. Bl. Mav HH med nA   U.55.3866

2497. **Zolfaghari**, Ziaeddin: Ziele und Mittel der Agrarpolitik in Iran in Verbindung mit der Industrialisierung in den letzten Jahren. o.O. 1956. 83 gez. Bl. Mav FR rs bA   U.56.2455

2498. **Tadayon**, Hossein: Das Wesen der Bodenreform. (Tübingen) 1956. II, 164 gez. Bl. TÜ rw nA Ma U.56.7967

2499. **Massoud**, Soltan Hossein: Untersuchungen einiger Böden aus Nordost-Iran (Khorassan.) Gießen 1958. 38 S. GI l 1958 U.63.3558

2500. **Beheschti**, Mohammed: Die Agrarverfassung und die sich daraus ergebenden Perspektiven für die Entwicklung eines ländlichen Genossenschaftswesens im Iran. (Stuttgart 1959.) 182 S. HOH l 1959 U.60.4480

2501. **Schah-Zeidi**, Modjtaba: Die Struktur der iranischen Landwirtschaft und die wichtigsten Maßnahmen für die Förderung. o.O. 1960. 153 gez. Bl. Mav KI l nA U.60.4914

2502. **Saedlou**, Huschang: Der Einfluß der Bewässerung auf die Volkswirtschaft und Landwirtschaft im Iran. Bonn 1960. 185 S. BN l U.60.1580

2503. **Nezam-Mafi**, Manoutcher: Une région agricole de l'Iran. Le Khouzistan Lausanne 1961. 168 S. LAU wi

2504. **Ghawamsadeh**, Gowdars: Wege und Mittel zur Verbesserung der Produktionsleistung der Landwirtschaft im Iran. (Zugl. im Vergleich zur Lage und Entwicklung in der Türkei.) Gießen 1961. 113 S. GI l U.61.3302

2505. **Khalatbari**, Parviz: Agrarfrage in Iran. Berlin 1961. XIV, 220 gez. Bl. Ma B–H wi nA U.61.334

2506. **Sartipi-Yarahmadi**, Fathollah: Das Problem der Grundbesitzverhältnisse in der wirtschaftlichen und politischen Entwicklung des Iran. Bonn 1961. 121 S. B l U.61.1650

2507. **Droudian**, Mansour: Organisationsgrundsätze der Agrarwirtschaft und ihre Anwendungsmöglichkeiten auf die iranische Landwirtschaft. Gießen 1962. III. 208 S. GI U.62.3560

2508. **Tabesch**, Fereydun: Voraussetzungen und Möglichkeiten für die Mechanisierung der iranischen Landwirtschaft. Bonn 1962. 152 S. BN l U.62.1805

2509. **Azimi,** Mansour: Die Milchwirtschaft und der Absatz von Milch und Milchprodukten im Raume von Teheran. Gießen 1962. 80 S. GI
l 1962   U.63.3539

2510. **Latefi,** Parviz: Die Bewässerungswirtschaft im Iran, ihre Grundlagen und Verfahren. Ein Überblick und Ausblick. Gießen 1963. 107 S. GI l
U.63.3556

2511. **Sahebi, Parwiz.** Die heutige Stellung der Landwirtschaft und die Ver-hältnisse des Landvolkes im Staat in Iran. Jetzige und zukünftige Ent-wicklungstendenzen der Landwirtschaft und ihrer Zugehörigen (des Landvolkes.) Gießen 1963. 153 S. GI l   U.63.3566

2512. **Pourafzal,** Hassan: Notwendigkeit und Möglichkeiten einer genossen-schaftlichen Vermarktung von Agrarprodukten im Iran. Gießen 1963.
161 S. GI l   U.63.3564

2513. **Gulamhusain,** Namdar: Die Entwicklungsmöglichkeit der iranischen Agrarwirtschaft. (Mit Tab. und Diagr.) (Wien 1964). 131 Bl. Ma W s
1964

2514. **Ghofli,** Nasser: Die Geflügelwirtschaft im Iran. Unter bes. Berücks. d. Geflügelkrankheiten. Bonn 1964. 118 S. BN l   U.64.1939

2515. **Elias-Azar,** Khosro: Studien über die biologische Aktivität iranischer Böden. München 1964. 119 gez. Bl. Mav nA M Aus: Zeitschrift f. Pflanzenernährung, Düngung, Bodenkunde, Bd 108. 1965, H. 3 (zusammen mit Gg. Hoffmann.)   U.64.9762

2516. **Amini,** Houschang Ch.: Die Bodenreform und deren Probleme in Iran. 1964. 125, 5 Bl. GZ 1964

2517. **Niroumand,** Keykavous: Möglichkeiten einer Modernisierung der Milch-wirtschaft persischer Städte. Gießen 1965. 112 S. GI l   U.65.4688

2518. **Massumi Khaweh,** Taghi: Über die Möglichkeiten stufenweiser Verbesse-rung der Arbeitswirtschaft und Arbeitsproduktivität in einer Betriebs-form der iranischen Landwirtschaft. Gießen 1965. 105 S. GI l
U.65.4686

2519. **Davallou-Ghadjar**, Mohammad Reza: Die Anpassung des Arbeitsvoranschlages an die landwirtschaftlichen Verhältnisse des Iran. Ermittlung von Zeitspannen, verfügbaren Arbeitstagen und Leistungszahlen für landwirtschaftliche Arbeiten. Hohenheim 1965. 109 S. HOH l
U.65.6763

2520. **Azimi**, Huschang: Die Landbauzonen im Iran. Ein Überblick über die landwirtschaftliche Erzeugung. Gießen 1965. 141 S. GI l   U.65.4672

2521. **Khazal-Pur-Fard**, Mehdi: Stand und Entwicklungsmöglichkeiten der Landwirtschaft in der Provinz Khusistan (Iran.) Bonn 1966. 148 S.
BN l   U.66.2842

2522. **Saremi**, Ahmad: Der derzeitige Stand der Bienenzucht im Iran. Unter Berücksichtigung der weiteren Ausbaufähigkeit im Zuge der Rationalisierung und Intensivierung der Landwirtschaft. Bonn 1966. 65 S.
BN l   U.66.2855

2523. **Arianpour**, Sirous: Die iranische Agrarwirtschaft und die ökonomischen Probleme der landwirtschaftlichen Reformen in Iran. (Mit Summarium.) Graz 1966 GZ

2524. **Djirsarai**, Yahya: Bodenreform im Iran als zentrales Problem der Agrarpolitik. Bonn 1967. 113 S. BN l   U.67.2586

2525. **Moschiri**, Rahim: Die Agrarwirtschaft im Gebiet von Sangesar. Freiburg i.B. 1967. 135 gez. Bl. Ma FR mn nA   U.67.5145

2526. **Sobhani**, Mehrdad: Entwicklung, Stand und Probleme des landwirtschaftlichen Erziehungs- und Bildungswesens im Iran. Bonn 1967. 117 S. BN l   U.67.2612

2527. **Sarikhani**, Nosratollah: Zusammenhang zwischen den Holzbringungsverhältnissen, dem Ausnutzungsprozent beim Laubholzeinschlag und der Walderhaltung in Iran. Freiburg i.B. 1967. V, 142 gez. Bl. Ma v
FR nm nA   U.67.5157

2528. **Sadri**, Parwiz: Die Wasserwirtschaft im Iran nach dem Zweiten Weltkrieg. (Illustr.) (Innsbruck) 1968. 2 II, 187 Bl. IN s MA

2529. **Foroudi**, Echrat: Die Agrarstruktur Irans und die Maßnahmen der Agrarreform. Graz 1968. 91, 3 Bl. GZ wi Ma

2530. **Yachkaschi**, Ali: Forstliche Verhältnisse im Iran. Probleme u. Lösungs-
vorschläge. Göttingen 1968. IV, 178 S. GÖ Forstl. Fak. 1968
U.70.9492

2531. **Farschid**, Hossein: Die Auswirkungen der Sieben- und Fünfjahrspläne
des Iran auf die Wirtschaft des Landes, unter bes. Berücksichtigung
der Landwirtschaft. Berlin 1968. 3, 261, 3 gez. Bl. Ma B–H landwirtsch., -gärtner. Fak. nA 1968

2532. **Eghbal**, Djalil: Agrarreform im Iran. Eine wirtschafts- und sozialpolitische Untersuchung. Erlangen-Nürnberg 1969. X, 276 S. ER
wi-so 1969   U.69.4331

2533. **Mussawi Khessal**, Seyed Esmaiel: Möglichkeit der Wasserversorgung
im Kaiserreich Iran auf Grund der bestehenden geologischen und
klimatischen Verhältnisse. München 1969. 215 gez. Bl. M–T Fak.
f. Landw. u. Gartenbau. nA 1969. Auszug: 20 S.   U.69.14786

2534. **Refahiyat**, Huschang: Möglichkeiten zur Verbesserung der Agrarstruktur im Iran unter Berücksichtigung der bisher durchgeführten
Maßnahmen. Gießen 1970. 165 S. GI 1   U.70.8899

2535. **Taheri**, Abolghassem. Die Landwirtschaft in der heutigen Struktur und
die Maßnahmen zur Leistungssteigerung in der iranischen Landwirtschaft. Graz 1970. II, 122, 6 Bl. GZ s Ma

2536. **Gholamasad**, Dawud. Sozio-ökonomische Aspekte der Landreform im
Iran. Graz 1970. III, 171, III Bl. GZ s

2537. **Bidarmaghz**, Sohrab: Steigerung und Rationalisierung der Agrarproduktion im Iran mit Hilfe kooperativer Maßnahmen (Am Beispiel der Region
Ramdjerd/Fars.) Gießen 1970. 169 S. GI 1 1970   U.70.8758

2538. **Asbaghi–Namin**, Farahmand. Probleme der Entwicklung der Landwirtschaft und Industrie in Iran. GZ s 1972 Ma

2539. **Kaufhold, Wolfgang**: Untersuchungen zum Anbau von Alexandrinerklee,
Trifolium alexandrinum L.,und Persischem Klee, Trifolium resupinatum L.
1971. II, 118 Bl. J mn Diss A nA   U.74.1652

2540. **Erchad**, Djafar: Beitrag zur Kenntnis der Phythophthora-Arten im Iran und ihrer phytopathologischen Bedeutung. Berlin 1971. 84 S. B-T 1 bA   U.71.10206 Im Handel.

2541. **Fouladi-Nejad**, Mahmoud: Der Einfluß von Haarstärke und Haarlänge auf den Vliescharakter eintägiger Karakullämmer einer iranischen Population. Vergleiche iran. u. südwestafrik. Zuchten. Gießen 1971. 108 S. GI FB Angewandte Genetik u. Leistungsphysiologie d. Tiere

2542. **Djamchidi**, Ali-Asghar: Die Agrarverfassung im Iran seit der Bodenreform im Jahre 1962. Wien 1971. IV, 141 Bl. W s 1972

2543. **Asbaghi-Namin**, Farahmand. Probleme der Entwicklung der Landwirtschaft und Industrie in Iran. 1971. 213, 3 Bl. GZ s 1972 Ma

2544. **Esmaili**, Hossein. Landwirtschaftliche Genossenschaften in Iran. Graz 1971. 147, 2 Bl. GZ s Ma

2545. **Djawadi Esfahani**, Fard: Bodenreformtheorien und deren Einfluß auf die iranische Bodenreform. Wien 1971. IV, 164 Bl. W-HW Ma

2546. **Sardary**, Monireh: Die Politik der iranischen Regierung in der Agrarfrage in der Zeit nach 1962. Leipzig 1972. 215 gez. Bl. L.Sekt. Afrika-u. Nahostwiss., Diss. A, nA Mav   U.72.2000

2547. **Ghawami**, Nasereddin. Bodenreform in Iran. (Wien) 1972. II, 116 Bl. W s Ma

2548. **Behbehani**, Esmail: Möglichkeiten zur Steigerung der landwirtschaftlichen Einkommen in dem Bewässerungsgebiet Varamin in Persien. Eine Fallstudie v. linearen Programmierungsmodellen. Hohenheim 1972. 186 S. HOH wi so   U.72.8029

2549. **Heyn**, Helge. Wasserverteilung bei Beregnung und Furchenrieselung. 1973, VII., 183 S. B–T Im Handel. (handelt über iran. Landwirtschaft.)

2550. Motashemi, Zabihollah: Über die Bedeutung der Schaffleischerzeugung im Iran unter besonderer Berücksichtigung der anfallenden Schlachtnebenprodukte 1973. 170 S. M–T Fak. für Landwirtschaft u. Gartenbau, n A U.74.11944

2551. Irani, Parviz: Untersuchungen über die Backqualität iranischer Weizen . München 1973. II, 103 S. M–T 1 U.73.10812

2552. Amini, Siawuch: Der Agrarkredit im Iran. Ergebnisse empir. Untersuchungen in südiran. Dörfern. Hohenheim 1973. 231 S. HOH wi-so
U.73.8130

2554. Fazelzad, Ahad: Möglichkeiten und Grenzen des Einsatzes der mitteleuropäischen Technik bei der Tierhaltung (Schafe) im Iran 1974. 132 S. GI Fachbereich Nahrungswirtschafts- u. Haushaltswiss., U.74.6311

2555. Rasawieh, Wali: Über den Einfluß der neuen Bodenreform in ausgewählten Gebieten des Iran auf die Produktion an ernährungswirtschaftlichen Gütern und deren Auswirkungen auf Nahrungsverbrauch und Nährstoffzufuhr 1974. 222 S. BN 1 U.74.3794

2556. Herold, Werner: Messungen an Karakulrohfellen: Zusammenhänge u. Abhängigkeiten versch. Kriterien beim eintägigen Karakullamm u.s. Fell. 1974, 113 S. GI, Fachbereich Angewandte Genetik u. Leistungsphysiologie d. Tiere U.74.6351

2557. Khalatbari, Anoschirwan: Erkrankungen und Abgänge bei Milchkühen und Kälbern im Iran 1975. 101 S. BN 1 U.75.4250

2558. Schafabachsch, Amir: Entwicklungsprobleme der iranischen Landwirtschaft: unter d. bes. Berücks. d. polit. u. ökonom. Unabhängigkeitsbestrebung u. d. Erhöhung d. Lebensniveaus d. iran. Volkes 1975. IV, 206, 10 Bl. L wi Diss A nA U.75.2501

2559. **Haschemi**, M.A. Die Agrarverfassung des Iran. (Innsbruck 1975.)
V, 160 Bl. IN wi Ma

2560. **Behdad**, Ebrahim: Verbreitung von Rosellinia necatrix (Hartig)
Berlese als Wurzelfäuleerreger im Iran und Möglichkeiten der
Schadensverhütung. 1975. 120 S. HOH, Fachbereich Pflanzenpro-
duktion, 1975.   U.75.9976

2561. **Dadaschi**, Feridun: Untersuchungen über die Reaktion einiger persi-
scher Reissorten auf Intensivierungsmaßnahmen durch differenzierte
Mineraldüngung. 1975. 122 S. GI, Fachbereich 15, Angewandte
Biologie, 1976

2562. **Sagheb**, Huschang: Vergleichende Untersuchungen über die Eigenschaften und die Verwendungsmöglichkeiten von Hainbuchenholz
aus dem Iran und Süddeutschland. 1975. 2 Bl., IV, 169 S. M s

2563. **Schams**, Faramars: Untersuchungen über Möglichkeiten der Ertrags-
steigerung von Futterpflanzen auf Standorten mit Alkali- und
Alkalisalzböden im Iran 1976. III, 178 S. GI, Fachbereich Angewandte Biologie u. Umweltsicherung

2564. **Bolandian**, Houshang: Die Organisation der persischen Staatsforst-
verwaltung und Möglichkeiten ihrer Rationalisierung. Wien 1976.
W Univ. f. Bodenkultur

2565. **Amiri** , Sa'id: Situation und Entwicklung des Holzmarktes im Iran.
Wien 1976, IV, 247 S. W Univ. f. Bodenkultur, Ma

2566. **Woschmgir**, Daryusch: Studien für einen forst- und holzwirtschaft-
lichen Entwicklungsplan für den Iran. Wien 1978. XVIII, 215 Bl.
Wien, Univ. f. Bodenkultur

2567. **Koranlu**, Mohammad Ali Zargham: Wasserwirtschaftliche Studie über
die Nutzung des Shahar Chay in Azarbayejan/Iran. Graz 1978. 127 Bl.,
GZ-T Ma

Jemen

2568. **Dawam,** Omar Ben Mohamed: Die agrarwirtschaftliche Erschließung
der Tihama-Ebene in der Jemenitischen Arabischen Republik: unter bes.
Beachtung d. Rolle staatl. Agrarprojekte. 1974. 179 Bl. L, Inst. für trop.
Landwirtschaft u. Veterinärmedizin. Diss. A Mav nA   U.74.1952

2569. **Bergner,** Erhard: Zur Entwicklung der Viehwirtschaft in d. VDR Jemen:
unter bes. Berücks. d. Rinderproduktion. 1976. 163 Bl. L, Inst. für trop.
Landwirtschaft, Diss. A, nA Mav   U.76.2089

2570. **Kopp,** Horst: Agrargeographie der Arabischen Republik Jemen. Landnutzung und agrarsoziale Verhältnisse in einem islamisch-orientalischen
Entwicklungsland mit bäuerlicher Kultur. Erlangen 1979. ER Hab
Soll erscheinen als: Erlanger geographische Arbeiten. Sonderband 10.
1979 (?)

Jordanien

2571. **Azab,** Fahad: Einige wichtige Aspekte der Agrarfrage in Jordanien.
Berlin 1963. 330 gez. Bl. B - Ök Mav nA   U.63.1230

2572. **Lubani,** Mohammed Ali: Probleme des Agrarhandels in Jordanien. Dargest. am Beisp. d. Absatzes v. Obst, Gemüse u. Oliven. Leipzig 1972. 178
gez. Bl. L, Inst. f. trop. Landwirtschaft u. Veterinärmed., Diss. A Mav nA
U.72.1947

Libanon

2573. **Faust,** Edgar W(ilfried): Untersuchungen über Absterbeerscheinungen an
alkaloidfreien Lupinen auf Standorten der Republik Libanon. Bonn 1972.
110 S. BN l   U.72.3153

2574. **Hartmann,** Günter: Jahreszeitliche Einflüsse auf die Anfälligkeit von Citrus
Limon Burm. F. für die Gummose-Erreger Phytophthora Citrophthora
(SM u. SM.) Leonian und Hendersonula Toruloidea Nattrass in Libanon.
1973. 141 S. BN l

Libyen

2575. **Ahmad**, Naji Abbas: Die ländlichen Lebensformen und die Agrarentwicklung in Tripolitanien. Heidelberg 1969. 304 S. HD ph 1967
Im Handel: Heidelberger geographische Arbeiten, 25 (Selbstverlag des Geogr. Inst. d. Univ.)

Marokko

2576. **Hess**, Carsten: Über die Natur der Bindung des Humus in Schwarzerden und schwarzerdeartigen Böden. Insbes. in den Tirsen Marokkos. Göttingen 1965. 192, IX S. GÖ 1   U.65.5127

2577. **Kruse**, Walter: Untersuchungen zum Prozeß der Rubefizierung (Entkalkungsrötung) mediterraner Böden am Beispiel kalkhaltiger marokkanischer Küsten-Dünen. Göttingen 1969. 63 S. GÖ 1 uA   Aus: Göttinger bodenkundliche Berichte. 13. 1969

2578. **Frenne**, Wolfram de: Die betriebswirtschaftlichen Verhältnisse eines marokkanischen Bewässerungsgebietes u. die Probleme seiner Entwicklung. Hohenheim 1971. 158 S. HOH FB Agrarbiologie   U. 71.6022

2579. **Hami**, Omar: Allgemeine Charakterisierung, Phosphat- und Kaliumhaushalt verschiedener Böden Marokkos. 1974. 185 Bl. L, Inst. für trop. Landwirtschaft u. Veterinärmedizin, Diss. A 1974 Mav nA   U.74.2002

2580. **Schreiber**, Ernst-Rudolf: Lebensweise, Bedeutung und Bekämpfungsmöglichkeiten von Ditylenchus dipsaci (Kühn) Filipjev an Ackerbohnen Vici faba L. in Marokko. 1977. 150 S. B-T FB Internat. Agrarentwicklung

2581. **Bradly**, Mustapha: Die Leistungsentwicklung Schwarzbunter Importrinder und deren Nachzucht in Marokko. 1978. 215 S. GÖ 1

Palästina/Israel

2582. **Schulman**, Leon: Palästina und die arabische Agrarfrage (Teil I, Abschn. I-III). Weimar 1915. 47 S. B ph   U.15.1466

2583. **Jessel**, Ernst Guenter: Palästina im Rahmen des türkischen Reiches und die Anfänge der jüdischen landwirtschaftlichen Kolonisation. Ein Beitrag zur neueren Kolonisationsgeschichte. Ma III, 168, X (Auszug nicht gedr.) FR rs   U.23.2989

2584. **Ascher**, Fritz: Beiträge zum Problem der Intensität und Extensität in der Landwirtschaft Palästinas. Ma 166 S. Auszug: Gießen 1924. 4 Bl. GI ph   U.24.3190

2585. **Eichenberg**, Walter: Die Landarbeiterfrage und die Landarbeitersiedlung in der jüd. Kolonisation in Palästina. Ma VII, 247, 26 S. Auszug in: Jahrbuch d. Math.-naturwiss. Fak. Göttingen. 1924. S. 60-61 GÖ mn 1924   U.28.2710

2586. **Jonas**, Salo: Rinderzucht in Palästina. Ma 241 S. Auszug nicht gedruckt. HAL n   U.25.4080

2587. **Guttfeld**, Martin: Die Entwicklung des ländlichen Besitzes in Palästina. Ma IV, 137 S. Auszug: (Neukölln) 1925. S. 107-114. B-L 1924   U.27.6426

2588. **Wiesenthal**, Uscher: Die Bewässerungssysteme Palästinas. Berlin (1933) 64 S. B-L   U.33.5051

2589. **Retter**, Leon: Die jüdische landwirtschaftliche Kolonisation in Palästina mit bes. Berücksichtigung des Sozial- und Wirtschaftsaufbaues. o.O. (1948). 104 gez. Bl. Ma (autogr.) M sw 1948 nA   U45/48.9772

2590. **Klein**, Joachim: Die Wasserwirtschaft von Palästina. Ihre geogr. Grundlagen u.d. Möglichkeiten ihrer Entwicklung. o.O. 1950. 173 gez. Bl. M s nA   U.50.5706

2591. **Gill**, Arnon: Die landwirtschaftliche Ansiedlung als Wirtschafts- und Sicherheits-Faktor des Staates Israel. Köln 1962. V, 237 S. K wi-so   U.62.5710

2592. **Remer**, Yichak: Rindviehhaltung und Futterbau in Israel. (Eine markt- u. betriebswirtschaftl. Analyse) München 1966. IX, 175 gez. Bl. M-T F. f. Landwirtsch. u. Gartenbau, nA   U.66.12721

2593. **Meyer**, Egon: Der Moschav. Die Dorfkooperative in Israel unter bes.
Berücks. d. Moschav Ovdim im Zeitraum 1948-1963. 1967. VIII, 123 S.
BA
Im Handel: Veröffentlichungen der List-Gesellschaft e.V., 52. Reihe C.
Studien des List-Instituts. Israelprojekt. (Kyklos-Verl./Basel.)

2594. **Frank**, Michael: Cooperative land settlements in Israel and their relevance
to African countries. Basel 1968. XII, 168 S. BA
Im Handel: Veröffentlichungen der List-Gesellschaft e.V., 53. (Kyklos-
Verl./Basel.)

2595. **Richter**, Werner: Historische Entwicklung und junger Wandel der Agrar-
landschaft Israels. Dargest. insbes. am Beisp. Nordgaliläas. Köln 1968,
VI, 392 S. K mn bA   U.68.9605
Im Handel: Kölner geographische Arbeiten. 21.

2596. **Meier-Cronemeyer**, Hermann: Kibbuzim. Geschichte, Geist u. Gestalt.
1969. 299 S. HH
Im Handel.

2597. **Herz**, Amitay: Physiologische Studien an Milchkühen am subtropischen
Standort (Israel) 1972. 90 S. B-T

2598. **Reinhold**, Horst Georg: Citruswirtschaft in Israel: eine geographische
Unters. d. Agrumenbaus, seine Voraussetzungen, Formen u. Möglichkei-
ten (mit engl. summary, franz. résumé u. span. resumen). Heidelberg:
Geograph. Inst. d. Univ. Heidelberg, 1975. IX, 307 S. HD n 1972
Im Handel: Heidelberger geographische Arbeiten. 43.

2599. **Pohoryles**, Samuel: Strukturwandlungen in der israelischen Landwirtschaft. 20 Jahre Landwirtschaftsentwicklung u. Agrarplanung in Israel.
Bonn 1972. V, 324 S. B l   U.73.3337

2600. **Levedag**, Rolf: Industrialisierungstendenzen in den Kibbuzim: wirt-
schafts- u. sozialgeograph. Aspekte. 1974. XI, 252 S. M s bA
                                                         U.75.12618
Im Handel.

2601. **Yeruham**, Israel: Morphological, clinical and serological differentiation between Babesia species of cattle in Israel. Bern 1975. III, 80 leaves. BE med

2602. **Philipp**, Gisela: Die Arava (Israel): Voraussetzungen, Probleme u. Entwicklung landwirtschaftl. Siedlung in einem Wüstengebiet. 1976. 172 S. FR Geowiss

Saudi-Arabien

2603. **Dequin**, Horst: Die Landwirtschaft Saudisch-Arabiens und ihre Entwicklungsmöglichkeiten. Berlin 1962. XII, 260 S. B-T 1   U.63.1141

2604. **Al-Mezaini**, Saleh: Untersuchungen über das Vorkommen von Zecken an Haus- und Nutztieren in den Zentral- und Ostregionen Saudi-Arabiens. Berlin 1970. 28 S. B-F FB med 1970   U.72.13196

2605. **Voss**, Bernhard: Ein Beitrag zur Hydrogeologie und Wasserwirtschaft der Oase Al-Hassa in Saudi-Arabien. 1979. X, 165 S. BS Im Handel.

Sudan

2606. **Rock**, Fred: Der Anbau von Nadelhölzern im Sudan. Hamburg 1960. XII, 161 gez. Bl. HH mn Mav nA   U.60.4067

2607. **Böker**, Wolfgang: Die Agrarfrage im Sudan. Berlin 1964. 204 gez. Bl. Ma B-H wi nA   U.64.381

2608. **Schinkel**, Hans-Georg: Haltung, Zucht und Pflege des Viehs bei Nomaden Ost- und Nordostafrikas. Ein Beitrag zur traditionellen Ökonomie der Wanderhirten in semiariden Gebieten. Berlin 1970. 302 S. L 1970 Im Handel überarbeitet als: Veröffentlichungen des Instituts für Völkerkunde zu Leipzig, H. 21.

2609. **Khalifa**, Abdalla: Agrarwirtschaft und Industrialisierung im Sudan. Graz 1972, Bl. A-B, 130 Bl., Bl. A-C GZ s Ma

2610. **El Badawi**, El Khawad: Untersuchungen zur Eliminierung der Zwischen-
wirte von Fasciola hepatica, Fasciola gigantica und Schistosoma bovis
durch Molluskizid-Anwendung: ein Beitrag zur Bekämpfung d. Faszio-
lose u. Schistosomatose d. Haustiere in d. Demokrat. Republik Sudan.
1974. 104 Bl., Anh. B-H Biowiss. F Diss. A 1974 nA   U.75.349

2611. **Bartsch**, Reinhart: Die Ökonomik der chemischen Schädlingsbekämp-
fung im bewässerten Baumwollanbau in der Gezira/Sudan. 1976. 219 S.
HOH wi-so   U.76.8973

2612. **Osman**, Anas Mohamed: Einige Verfahren der Milchbe- und -verarbeitung
zur Herstellung von Trink- und Trockenmilch sowie deren Eignung für
die Anwendung in der Demokratischen Republik Sudan. 1977. IV,
191, 54 Bl. L Sektion Tierproduktion u. Veterinärmedizin. Diss. A nA

Syrien

2613. **Alhassani**, Ali Mohamed: Europäisierung der Syrischen Landwirtschaft.
Ma II, 109 S. Auszug in: Phil. Fak. Jena, Verzeichnis d. Diss. Nachtr.
1921/22, S. 9. J ph 1921   U.22.5214

2614. **Samara**, Yussof: Agrarverhältnisse Syriens. München 1938. 79 S. M s
bA   U.38.7164

2615. **Wazzan**, Salah: Die gegenwärtige Lage der syrischen Landwirtschaft und
die Möglichkeiten ihrer Entwicklung. o.O. (1956). 130 gez. Bl. BN 1
Mav nA   U.56.1440

2616. **Abdel Samie**, Hussein Mohamed: Agrarreform und Maßnahmen zur
landwirtschaftlichen Entwicklung der Vereinigten Arabischen Republik
und des Iraks. Kiel 1960. VIII, 154, 5 gez. Bl. K L nA   U.60.4897

2617. **Ibrik**, Mohammed: Die Stellung der Baumwollwirtschaft in der Entwicklung der syrischen Volkswirtschaft. Bonn 1966. 140 S. BN 1
U.66.2840

2618. **Al-Jumaa**, Naim: Stand und Entwicklungsmöglichkeiten des landwirtschaftlichen Genossenschaftswesens in der Syrischen Arabischen Republik. Leipzig 1968. IV, 146, IV gez. Bl. Mav L Sektion Tierproduktion
Veterinärmed. 1968. nA

2619. **Dib,** Rudwan: Probleme der Agrarwirtschaft Syriens. (Graz 1970) VI, 147, 5 B. GZ wi Ma

2620. **Liebisch,** Arndt: Untersuchungen zur Zeckenfauna von Rind, Schaf, Ziege und Dromedar in der Syrischen Arabischen Republik. Unter bes. Berücks. d. geogr. Verbreitung u.d. Saisonaktivität. (1.2.) Leipzig 1972. 195 gez. Bl.; gez. Bl. 196-331. L, Inst. f. trop. Landwirtsch. u. Veterinärmed., Diss. B, Mav nA U.72.1793

2621. **Gouma,** Mohamed Saleh: Die Rolle der Agrarreform im Wirtschaftswachstum Syriens Berlin 1972. 173 gez. Bl. B-Ök Diss. A nA U.72.827

2622. **Al-Ashram,** Mahmoud: Zur betriebswirtschaftlichen Gestaltung der landwirtschaftlichen Produktionsprozesse auf den Bewässerungsflächen des Euphrat-Projektes in der Syrischen Arabischen Republik. Leipzig 1972. V, 248 gez. Bl. L, Inst. f. trop. Landwirtschaft u. Veterinärmed., Diss. A nA U.72.1812

2623. **Yassine,** Adnan: Die Bedeutung von Zeckeninvasionen für die Rinderhaltung in Syrien. Erhebungen u. Untersuchungen zur gegenwärtigen Situation sowie Bekämpfungsvorschläge. Göttingen 1973. 142 S. GÖ 1 U.73.6524

2624. **Baradi,** Farouk: Zur Häufigkeit einiger Lungenerkrankungen der Schafe in Syrien aufgrund der pathologisch-anatomischen und histologischen Diagnose an Schlachtlungen unter bes. Berücksichtigung der Lungenadenomatose und der atypischen Pneumonie. Leipzig 1973. 77 gez. Bl. L, Sekt. Tierproduktion u. Veterinärmed., Diss. A nA U.73.1623

2625. **Baghdady,** Marvan: Virologische Untersuchungen zum Vorkommen der IBR/IPV (infektiöse bovine Rhinotracheitis/infektiöse pustulöse Vulvo-Vaginitis) in der Syrischen Arabischen Republik (SAR) 1974. 194 Bl. L, Univ., Sekt. Tierproduktion u. Veterinärmedizin, Diss. A nA Mav U.74.1927

2626. **Bakour,** Yahia Mohamed: Möglichkeit und Notwendigkeit des Aufbaues landwirtschaftlicher Produktionsgenossenschaften für die weitere Umgestaltung und Entwicklung der syrischen Landwirtschaft. 1974. II, 162, 29 Bl. MEI, Hochsch. f. LPG, Diss. A. 1974 Mav nA

2627. **Arar**, Abdullah Abdir-Raziq: Studies on water management in the Ghab Valley Syrian Arab Republic. 1976. II, 108 Bl. L, Inst. f. trop. Landwirtschaft u. Veterinärmed., Diss. A. Mav nA U.76.2081

Türkei

2628. **Wlainatz**, Milan: Die agrar-rechtlichen Verhältnisse des mittelalterlichen Serbiens. Halle a.S. 1903. VIII, 71 S. HAL ph 1903
Im Handel vollst.: Sammlung nationalökon. und statist. Abhandlungen d. staatswiss. Sem. z. Halle a.S., Bd. 40.

2629. **Gurland**, Aron: Grundzüge der muhammedanischen Agrarverfassung und Agrarpolitik mit bes. Berücksichtigung der türkischen Verhältnisse. Ein kritischer Versuch. Dorpat 1907. X, 85 S. BE ph 1907/08

2630. **Bensasson**, Leon: Über die Seidenkultur in Kleinasien. Tübingen 1919. 86 S., 5 Taf. TÜ s U.19.695

2631. **Thieme**, Albert: Die Veterinär-Medizin in der Türkei, ihre Geschichte und ihr Stand zu Beginn des Weltkrieges. Berlin 1921. 37 S. B-Ti 1921

2632. **Ess ᶜad**, Nurullah: Die anatolische Landwirtschaft mit besonderer Berücksichtigung Kleinasiens. Ma 84 S. Auszug nicht gedruckt. F wi-so 1922 U.23.2168

2633. **Mashar**, Ilhami: Die landwirtschaftlichen Verhältnisse am Marmaragebiet. Ma 86 S. (Auszug, Autogr.: Gießen 1923, 2 Bl.) GI ph U.23.3714

2634. **Sejde**, Mahmoud Schemsi: Beitrag zum Aufbau der Pferdezucht in der Türkei. Ma 77 S. M tä U.24.8102
Auszug in: Münchner Tierärztliche Wochenschrift 1924.

2635. **Süleyman**, Sabri: Die anatolischen Schafsrassen und ihre wirtschaftliche Bedeutung. Ma 94 S. J ph 1924 U.25.5076

2636. **Hüssein**, Kadri: Studien über Wolle und Körperproportionen in der Schäferei der Landwirtschaftlichen Hochschule zu Halkaı ı b. Konstantinopel nebst Bemerkungen über die Schafsrassen der Türkei. Halle 1927. 60 S. HAL n U.27.2388

2637. **Kadelbach**, Hasso: Die türkische Landwirtschaft in der Gegenwart und ihre Zukunftsaufgaben. Halle/Saale 1929. 76 S. HAL n nA U.29.2724

2638. **Rauf Bey**, Said: Probleme der türkischen Landwirtschaft. o.O. und Jahr. 44 S. HH rs 1930 nA U.31.3577

2639. **Forsteneicher**, Franz: Die Jugendkrankheiten der Baumwolle in der Türkei. Berlin 1931. S. 367-419. B-L 1930 U.31.8691

2640. **Husnī, Ṣārim**: Über die Opiumgewinnung in der Türkei und die Entwicklung der Milchsaftschläuche bei Papaver somniferum. Berlin (1932). 51 S. B ph 1932 U.33.2011

2641. **Baseler**, Johannes: Urwaldprobleme in Nordanatolien. Osterholz-Scharmbeck 1932. 104 S. DR-T U.32.8028
Im Handel: Mitteilungen aus dem Inst. f. ausländische und koloniale Forstwirtsch. an der FH Tharandt, 2.

2642. **Schewket**, Raschid: Untersuchungen über die Einflüsse der allgemeinen wirtschaftlichen Verhältnisse auf die Landwirtschaft und ihre Entwicklungsmöglichkeiten in der Türkei. Berlin 1932. 203 S. L ph nA U.32.5948
Im Handel u.d. Titel: Die türkische Landwirtschaft als Grundlage der türkischen Volkswirtschaft, auch als: Moderne Wirtschaftsgestaltungen, 16.

2643. **Nūrī**, Šaraf-ad-Dīn: Der Schutzwald in der Türkei, ein Beitrag zur Erfassung des Schutzwaldproblems. (München 1933). 108 S. M s bA U.33.7297

2644. **Ṣāʾim**, Jūsuf: Das landwirtschaftliche Kreditwesen in der Türkei. Berlin (1934). 176 S. B s U.34.5663

2645. **Demirel**, Esat: La Bank Agricole de Turquie et la nécessité de sa réorganisation. Lausanne 1935. IV, 187 S. LAU wi

2646. **Kemal**, Ali: Grundlagen, Bedingungen und Aufbau der Forstwirtschaft in der Türkei. Dresden-Ankara 1935. VII, 142 S. DR-T 1932

2647. **Adnan**, Akif: Untersuchungen über Fragen der Ertragsregelung in den Waldungen der Türkei. München 1935. 133 S. M sw bA   U.35.5358

2648. **Starke**, Werner: Untersuchungen über die Möglichkeiten einer Hagelversicherungsorganisation in der Türkei. Strehlen 1935. 115 S. BR ph
U.35.6753

2649. **Riza**, Kazim: Die türkische Landwirtschaft und ihre wichtigsten Betriebszweige. Leipzig-Ankara 1935. IV, 223 S. L ph   U.36.7214

2650. **Mahoutdji**, Ali Ekber: Die türkische Agrar- und Industriepolitik nach dem Kriege. Dresden 1937. 150 S. L ph 1936 nA   U.37.7344
Im Handel.

2651. **Kahyaoglu**, Halil Shakir: Le tabac turc et son importance économique. Freiburg/Schweiz 1937. VIII, 92 S. FRS

2652. **Ridvan**, Ismail: Wirtschaftliche und technische Untersuchung verschiedener Holzbringungsanstalten im Gebirge an einem Beispiel aus der Nordtürkei. München 1938. VII, 128 S. M sw   U.38.7162

2653. **Busch-Zantner**, Richard: Agrarverfassung und Siedlung in Südosteuropa. Unter bes. Berücks. der Türkenzeit. Leipzig 1938. VIII, 160 S. ER ph bA
U.38.2579
Im Handel: Leipziger Vierteljahrsschrift für Südosteuropa, Beihefte, Heft 3.

2654. **Erdem**, Refik: Versuche über die Einwirkung von Berührungsgiften auf die Raupen des Kiefernprozessionsspinners als Grundlage zur Bekämpfung der Prozessionsspinner in der Türkei. Dresden 1940. 71 S. DR-T
U.40.1769

2655. **Kayacık**, Hayrettin: Grundlagen der Aufforstung im Mittelmeergebiet unter bes. Berücks. von Italien und der Türkei. Dresden 1941. 134 S. DR-T   U.41.1478
Im Handel.

2656. **Zadil**, Ekmel: Die Besteuerung des Grund und Bodens in der Türkei. Eine vergleichende Untersuchung der Besteuerung des Grund und Bodens im Islam, im Osmanischen Reich und in der Türkischen Republik. Göttingen-Grone 1941. 97 S. GÖ rs   U.41.2203

2657. **Savaş,**Kemal: Die Waldweide in der Türkei, ihr gegenwärtiger Umfang und ihre künftige wirtschaftliche sowie rechtliche Regelung. Dresden 1941. 136 S. DR-T   U.41.1500
Im Handel.

2658. **Uslu,** Muttalip: Die Waldbrandbekämpfung als Forstschutzaufgabe unter besonderer Berücksichtigung der deutschen und türkischen Verhältnisse. Neudamm 1942. 155 S. GÖ f   U.42.2828
Im Handel.

2659. **Günyüz,** Süleyman: Entwicklung und Bedeutung der Tabakproduktion in der Türkei. Istanbul 1951. 110 S. BE rer. pol.

2660. **Biker,** Nesimi: Die Grundlagen des anzustrebenden Aufbaues der Forstschutzorganisation in der Türkei. Vorschläge zur Kontrolle und Bekämpfung der forstschädlichen Insekten. Hann. Münden 1955. 70 gez. Bl. GÖ f Mav nA   U.56.3218

2661. **Özbaysal,** Necdet: Getreidemarktorganisation der Türkei. (Kiel 1956) 139 gez. Bl. Ma KI rs nA   U.56.4809

2662. **Ergün,** Hüseyn: Die Helminthenfauna beim Huhn in der Umgebung von Ankara. Hannover 1956. 32 S. H-Ti   U.56.4042

2663. **Schmidt,** Ernst: Der Baumwollanbau in der Türkei und seine wirtschaftsgeographischen Grundlagen. München 1957. III, 115 S. M sw
U.59.6065

2664. **Orçun,** Ercüment: Ödlandaufforstung in Deutschland und Anwendbarkeit ihrer Erfahrungen in der Türkei. Hamburg 1958. 199 gez. Bl. Ma HH mn nA   U.58.3578

2665. **Özemir,** Yaşar: Voraussetzungen und Möglichkeiten für die Mechanisierung der türkischen Landwirtschaft. Bonn 1961. 127 S. BN 1
U.61.1646

2666. **Canko,** Kāmuran: Die Agrarverfassung und die Bodenreform der Türkischen Republik. Freiburg i.B. 1962. 116 S. FR rs   U.62.3171

2667. **Özel**, Ziya: Die Entwicklung der Freiraumgestaltung in der Türkei vom XV. Jahrhundert bis zur Gegenwart. Berlin 1962. 114 S. B-T Fak. f. Landbau 1962   U.64.1166

2668. **Karakaya**, Kayhan: Aussaat von Mais mittels Drillmaschinen in der türkischen Landwirtschaft. Bonn 1963. 102 S. BN 1   U.63.1854

2669. **Bodur**, Süleyman: Agrargeographische und wirtschaftliche Verhältnisse der türkischen Landwirtschaft. Gießen 1963. 116 S. GI 1   U.63.3543

2670. **Bülbül**, Mehmet: Staatliche Förderung der Landwirtschaft in der Türkei. Kiel 1963. V, 118, V gez. Bl. Ma KI 1 nA   U.63.5940

2671. **Bayar**, Dogan: Die Bedeutung der türkischen Landwirtschaft für den türkischen Außenhandel in den Jahren 1948-1958. Erlangen-Nürnberg 1963. 296, XXVII S. ER wi-so   U.63.2801

2672. **Gürtan**, Hayati: Die Arbeitsproduktivität bei der Holzernte in der türkischen Forstwirtschaft. Freiburg i.B. 1964. 189 gez. Bl. FR nm Mav nA   U.64.4173

2673. **Elbir**, Nurettin: Probleme der Umwandlung und Überführung des Niederwaldes in der Türkei. Unter Berücksichtigung der Verhältnisse in Deutschland. Freiburg i.B. 1964. IV, 148 gez. Bl. FR nm Mav
U.64.4164

2674. **Rohrmoser**, Klaus: Untersuchungen über Beziehungen zwischen Witterung und Ertrag bei Weizen, Gerste (und Baumwolle) in einigen Gebieten der Türkei. Hohenheim 1964. 138 S. HOH 1   U.64.6325

2675. **Ünal**, Sahir: Der Obst- und Gemüseanbau in der Türkei. Hannover 1964. 393 gez. Bl. mit Abb. Ma H-T Fak. f. Gartenbau und Landeskultur nA
U.64.5726

2676. **Oguz**, Nihat: Fragen der landwirtschaftlichen Genossenschaften in der Türkei. Köln 1965. 163 S. K wi-so   U.65.7587

2677. **Metin**, Mustafa: Türkischer Weißkäse. Eine Monographie. Gießen 1966. 75 S. GI 1   U.66.5872

2678. **Akalın**, Hasan Tahsin: Probleme der Neuordnung des Boden-, Wasser-
und Forstrechtes in der Türkischen Republik. Unter Berücksichtigung
der landwirtschaftlichen Entwicklung. Freiburg i.B. 1966. 211 S. FR rs
U.66.5001

2679. **Ceylan**, Ayhan: Einfluß von Standort, Sorte und Düngung auf die Ertragsbildung und die Qualität von Sommer- und Wintergerste. Gießen
1966. 195 S. GI 1   U.66.5858
(Enthält auch Daten aus der Türkei.)

2680. **Osterkamp**, Hermann: Zum Problem der ländlichen Unterbeschäftigung
in den Entwicklungsländern. Ergebnisse einer Untersuchung in 2 türk.
Dörfern. Göttingen 1967. VII, 185 S. GÖ 1 bA   U.67.6203
Im Handel.

2681. **Tolon**, N.: Möglichkeiten und Grenzen der Produktions- und Export-
steigerung türkischer Agrarprodukte unter bes. Berücksichtigung der
Assoziierung der Türkei an die EWG (Untersuchung der Produktions-
und Exportmöglichkeiten der Türkei bei ausgewählten Agrarerzeug-
nissen) Bonn 1968. 119 S. BN 1968

2682. **Kulak**, Yalçın: Die türkische Agrarwirtschaft, ihre Probleme und Ziele.
Unter bes. Berücks. des 1. Fünfjahresplanes. Köln 1968. XI, 483 S.
K wi-so 1968

2683. **Erdal**, Hayrettin: Die türkische Landwirtschaft und ihre Kreditversor-
gung. Köln 1968. II, 283 S. K wi-so 1968

2684. **Arın**, Özbek: Dörfliche Planungen im Zusammenhang mit Vorschlägen
für die Verbesserung der Agrarstruktur in der Türkei. Ein Beitr. zur Re-
rionalplanung Mittelanatoliens. Stuttgart 1969. 177, 51 S. S FB Orts-,
Regional- u. Landespl.   U.72.11521

2685. **Alyari**, Huschang: Studien über Wachstum, Entwicklung, Ertragsbildung
und Nährstoffaufnahme der Baumwolle im ägäischen Raum. Gießen
1969. 137 S. GI 1   U.69.5796

2686. **Ayyıldız**, Tayyar: Die Teewirtschaft in der Türkei. Unter bes. Berücks.
der Erstellung eines exportfähigen Teeangebots. Bonn 1969. 132 S.
BN 1 1969

2687. **Lippitz**, Klaus: Un'ersuchungen über Wachstum, Entwicklung, Ertragsbildung und Nährstoffaufnahme von türkischen Weizensorten im ägäischen Raum. Gießen 1970. 278 S. GI l U.70.8870

2688. **Özkan**, Vahap: Probleme und Möglichkeiten einer Förderung des türkischen Frischobstexports. Witterschlick b. Bonn (1970) 187 S.
BN l 1970

2689. **Pfister**, Karl: Rückzahlungsfragen in Bewässerungsprojekten. Dargest. an
Beispielen aus d. Türkei. Hohenheim 1970. 198 S. HOH wi-so
U.72.8046

2690. **Erençin**, Mehmet: Salzbewegung und Versalzungstendenz in einigen
zentralanatolischen Ackerböden unter dem Einfluß von Bewirtschaf-
tung und Bewässerung. Gießen 1971. 110 S. GI l 1971 U.71.4286

2691. **Battı**, Fahri: Ertragstafel und Leistungspotential der Kiefer (Pinus Sil-
vestris L.) in der Türkei. Freiburg i.B. 1971. 110 S. Anhang 14 S., 3 S.
engl. Zusammenfassung FR f 1971 U.71.3809

2692. **Türüdü**, Ömer-Aydın: Grundlagen und Anwendung der Blattanalyse im
Haselnußanbau. Hannover 1971. 133 S. H-T F.f. Gartenbau und Landeskultur 1971 U.71.5301

2693. **Demirci**, Rasih: Die optimale Organisation von baumwollanbauenden
Betrieben im Gebiet von Adana, Türkei. 1971. 223 S. HOH Fachber.
wi-so 1971 U.71.6019

2694. **Altan**, Türker: Untersuchungen zur derzeitigen Situation und Entwicklung türkischer Nationalparke. Hannover 1971. IV, 158 S. H-T F.f. Gartenbau u. Landeskultur U.71.5200

2695. **Erdin**, Ertugrul: Versuche mit Unterflurbewässerung im mediterranen Gebiet der Türkei. Gießen 1972. 154 S. GI, Fachber. Umweltsicherung
U.72.5807

2696. **Wojtkowiak**, Georg: Die Zitruskulturen in der küstennahen Agrarland-
schaft der Türkei. Wirtschaftsgeogr. Betrachtung e. Produktionszweiges.
Hamburg 1972. XIV, 417 S. HH FB Geowiss nA 1972 U.72.7014
Im Handel: Mitteilungen der Geographischen Gesellschaft in Hamburg.
58. (Geograph. Institut/Hamburg.)

2697. **Imamoglu**, Ali E(rdogan): Vergleichende Untersuchungen über die Wirkung verschiedener Bewässerungsverfahren auf physikalische und chemische Eigenschaften des Bodens in der Menemen-Ebene Izmir/ Türkei. Gießen 1973. 122 S. GI, Fachbereich Umweltsicherung

U.73.5951

2698. **Dener**, Hasan Işin: Die den Zwei-Faktoren-Produktionsfunktionen zugrunde liegenden Hypothesen des technischen Fortschritts und deren Überprüfung mit Zeitreihen des Aggregats der türkischen Wirtschaft außer Landwirtschaft. 1974. 197 S. BN rs

U.74.3354

2699. **Özçürümez**, Necmi: Wirkung verschiedener Bewässerungsverfahren auf Entwicklung, Ertragsbildung und Nährstoffaufnahme der Baumwollpflanze in der Menemen-Ebene – Izmir – der Westtürkei. 1974. 179 S. GI, Fachber. Angewandte Biologie

U.74.6433

2700. **Saatçilar**, Metin Hüseyin: Bodenentsalzung durch verschiedene Dränverfahren auf Alluvialböden des Gediztales bei Menemen/Türkei. 1974. 138 S. GI, Fachber. Umweltsicherung

U.74.6467

2701. **Celem**, Hayran: Erosionsminderung durch verschiedene Lebendbauweisen an einer Lößlehmböschung. 1975. 147 S. H-T, Fak. f. Gartenbau u. Landeskultur

U.75.8829

2702. **Baskaya**, Hüseyin Savas: Untersuchungen über die organischen Stoffe in türkischen Teeböden sowie deutschen Basalt- und Lockerbraunerden. 1975. 182 S. GÖ l bA

U.75.7614

Im Handel.

2703. **Acar**, Aykut: Die wirtschaftsgeographische Struktur und Bedeutung des Haselnuß-Anbaus in der Türkei. 1975. 23 S., Anh. GI, FB Geowiss. u. Geographie nA

2704. **Uçucu**, Rauf: Ein Beitrag zur Ermittlung des Arbeitszeitbedarfes und der Arbeitsleistung bei der Bodenbearbeitung einschließlich der Aussaat und der Wirkung der wichtigsten agrarstrukturellen Einflußgrößen, unter Berücks. d. Verhältnisse in d. West-Türkei. 1976. 123 S. GI, Fachbereich Nahrungswirtschafts- u. Haushaltswiss.

U.76.6734

2705. **Arıcı**, Ismet: Bewässerungsplanung in der Türkei: unter bes. Berücks. der Flurbereinigung. 1976. 147 S. BN l

2706. **Aktaş**, Yaşar: Organisation und Arbeitsweise der projektbezogenen landwirtschaftlichen Beratung (CES) im Bewässerungsgebiet der unteren Seyhan-Ebene in der Südtürkei. 1976. XII, 243 S. HOH wi-so Im Handel u.d. Titel: Landwirtschaftliche Beratung in einem Bewässerungsprojekt der Südtürkei. Organisation und Arbeitsweise. Saarbrücken: Verlag d. SSIP-Schriften Breitenbach 1976. (Sozialökonomische Schriften zur Agrarentwicklung. 18.)

2707. **Erençin**, Camilla: Untersuchungen über Fütterung und Leistung von Karpfenvarietäten und deren Kreuzungsprodukten in Çifteler/Türkei. 1976. 158 S. GI, Fachber. Veterinärmedizin u. Tierzucht   U.76.6481

2708. **Lischka**, Reinhold: Der Einfluß verschiedener Aufzuchtverfahren auf die Gewichtsentwicklung von Lämmern und die Milchleistung der Mütter bei Kivircik, Awassi und Sakizschafen sowie Kreuzungen mit dem ostfriesischen Milchschaf. 1976. 84 S. GI, Fachber. Veterinärmedizin u. Tierzucht   U.76.6598

2709. **Saglam**, Kemal: Die Bedeutung der Agrarreform für die soziale und ökonomische Entwicklung in der Türkei. 1976. 493 S. F wi

2710. **Meyer-Rühen**, Henner: Anbau und Verwertung von Ölsaaten und Ölfrüchten im Ägäischen und Marmara/Thrazien-Gebiet der Türkei. 1977. XV, 253 S. GI FB Nahrungswirtschafts- u. Haushaltswiss. Diss.

2711. **Izmirli**, Resul: Das ländliche Genossenschaftswesen in der Türkei und seine Bedeutung für die türkische Landwirtschaft. 1977. IV, 207 S. GI, Fachber. 20 – Nahrungswirtschafts- u. Haushaltswiss.

2712. **Rennenberg**, Heinz: Physiologie der Bildung und Abgabe von Glutathion in Suspensionskulturen von Nicotiana tabacum var. „Samsun". 1977. 112 S. K mn

2713. **Brammeier**, Heinrich: Untersuchungen zur Blüten- und Fruchtentwicklung belaubter und unbelaubter Infloreszenzen von Satsuma-Mandarinen (Citrus unshiu marcovitch) auf den Unterlagen Pencirus trifoliata und Citrus aurantium an einem Standort der Westtürkei. 1977. IX, 170 S. B-T, Fachber. Internat. Agrarentwicklung

2714. **Akder,** Ahmet Halis: Entwicklungspolitische Probleme der agrartechnischen Wandlung am Beispiel der Türkei. 1977. 200 S. F, Fachber. Wirtschaftswiss., Diss.

2715. **Çengel,** Muzaffer: Die mikrobielle Dynamik in versalzenen türkischen Böden der Menemen- und Salihli-Ebene und in Abhängigkeit vom Salzzusatz. 1978. 155 S. GI, Fachber. 16 – Angewandte Biologie u. Umweltsicherung

2716. **Çaglayan,** Latif: Grundlagen und Probleme der Steigerung des türkischen Zitrusexports in die Bundesrepublik Deutschland. 1978. 234 S. GI FB 20

2717. **Wagenhäuser,** Franz J.A.: Wanderarbeiter (Gastarbeiter) und Agrarstruktur. Türkische landwirtschaftliche Familienbetriebe unter dem Einfluß der Gastarbeiterbeschäftigung in Westeuropa (Arbeitstitel). Göttingen 1980 (?)   In Vorbereitung

Tunesien

2718. **Kaspar,** Georg: Koloniale Bodenrechtspolitik. Frankreich in Tunesien. (Berlin 1938) 147 S. B rs   U.38.104

2719. **Jentzsch,** Ernst-Günther: Die Struktur der Nahrungsversorgung und der landwirtschaftlichen Produktion Tunesiens in Vergangenheit, Gegenwart und Zukunft. Ein Beitrag zur Entwicklungsproblematik Tunesiens. Berlin 1965. XII, 258 S. B-T Fak. f. Landbau 1965   U.66.1586
Im Handel: Materialsammlungen der Zeitschrift f. ausländ. Landwirtschaft, H. 5.

2720. **Achenbach,** Hermann: Agrargeographische Entwicklungsprobleme Tunesiens und Ostalgeriens. Exemplar. Strukturanalyse ausgewählter Reform- u. Traditionsräume zwischen Mittelmeerküste u. Nordsahara. Hannover 1970. XVI, 278 S., Anl. H-T mn Hab nA   U.72.7035
Im Handel.

2721. **Schröder,** Peter: Grundlagen, Entwicklung und Bedeutung der Waldwirtschaft in Tunesien und Algerien. Zugleich e. Beitrag zur Systematik d. Weltforstwirtschaft. 1974. X, 346 S. HH FB Biologie   U.74.7591
Im Handel.

2722. **Götz,** Ewald: Siedlerbetriebe im Bewässerungsgebiet des Unteren Medjer-
datales/Tunesien. 1971. 223 S. HOH, Fachbereich Agrarbiologie nA

U.74.8859

2723. **Burgemeister,** Rainer: Probleme der Dromedarhaltung und -zucht in
Südtunesien. 1974. 95 S. GI med U.74.6287

2724. **Neutatz,** Helge R.: Der Beitrag der Landwirtschaft zur postkolonialen
Wirtschaftsentwicklung Tunesiens. Wien 1975. X, 256 Bl. W, Univ.
f. Bodenkultur Ma

2725. **Zitzewitz,** Wilhelm von: Bodenverhältnisse, Pflanzengesellschaften und
Unkrautprobleme auf neuangelegtem Grünland im humiden Nordwesten
Tunesiens. 1976. 150 S. BN l U.76.4071

2726. **Wehren,** Wilhelm: Eignung und Futterwert, besonders Aminosäurenzusam-
mensetzung von unkonventionellen Proteinquellen in Semi-Ariden Gebieten Tunesiens. 1976. 155 S. BN l

MATHEMATIK

2727. **Nix,** L.M. Ludwig: Das fünfte Buch der Conica des Apollonius von Perga
in der arabischen Übersetzung des Thabit Ibn Corrah. Herausgegeben, ins
Deutsche übertragen und mit einer Einleitung versehen. Leipzig 1889,
32, 16 S. L ph 1889

2728. **Lokotsch,** Karl: Ein Beitrag zur Geschichte der Mathematik. Avicenna
als Mathematiker, besonders die planimetrischen Bücher seiner Euklid-
übersetzung. Erfurt 1912. 27 S. BN ph U.12.500

2729. **Kapp,** Albert Georg: Arabische Übersetzer und Kommentatoren Euklids.
(T. 1.) Bruges (Belgien) 1934. S. 150-172. Aus: Isis, 22. (Forts. sollte
ebd. erscheinen) Titelblatt und Lebensl. o.O. (1934) 2 Bl. HD nm (nur
Titelbl. usw. für den Austausch) U.35.1807

2730. **Weinberg,** Josef: Die Algebra des Abū Kāmil Šo'gaʾ ben Aslam. München
1935. 143 S. M ph U.35.5628

2731. **Krause,** Max: Die Sphärik von Menelaos aus Alexandrien in der Verbesserung von Abū Naṣr Manṣūr b. ᶜAlī b. ᶜIrāq. Mit Untersuchungen zur Geschichte des Textes bei den islamischen Mathematikern. Göttingen 1936. VII, 254, 112 S., 7 Taf. Aus : Abhandlungen d. Ges. d. Wissenschaften zu Göttingen. Phil.-hist. Klasse. Folge 3, Nr. 17.
HH ph 1936 nA   U.37.4833

2732. **Kunitzsch,** Paul: Der Almagest. Die Syntaxis mathematica des Claudius Ptolemäus in arab.-latein. Überlieferung. München. XVI, 384 S. M ph Hab
Im Handel: Harrassowitz/Wiesbaden 1974.

2733. **Gouda,** Mustafa M.: The Kairo method and the modified Kairo method „New alternatives for solving linear programming problems" and the Kairo algorithm for matrix inversion. 1976. 207 S. GÖ wi-so

MEDIZIN

Allgemein

2734. **Stimming**, Hans Joachim: Die Geschichte der Cholera bis zum Ende der ersten Pandemie 1838 unter bes. Berücksichtigung ihres Ursprungs in Indien. Ma 28 Bl. mit Abb. Berlin 1951. B-F med   U.51.463

2735. **Schmoll**, Dietrich: Phasen der Akklimatisation an Hitzearbeit während eines dreiwöchigen Daueraufenthaltes in einem feuchtheißen Klima. Tübingen 1967. 72 S. TÜ med   U.67.13853

2736. **Tabor**, Ingrid: Medizin und Sozialhygiene in den fünf großen Weltreligionen. Köln 1970. 84 S. K med 1970   U.70.12331

2737. **Saameli**, Werner Konrad: Wert des Medizinstudiums für die ärztliche Tätigkeit in Entwicklungsländern. Zürich 1971. I, 27 Bl. Z med

2738. **Kraus**, Liselotte: Behandlung und Ergebnisse bei ungewollter Kinderlosigkeit in einem Entwicklungsland. 1973. II, 91 S. M med

2739. **Herrmann**, Jens: Klinische Erfahrungen bei der Behandlung der Bilharziose mit Ambilhar (CIBA) seit 1965 in der klinischen Abteilung des Bernhard-Nocht-Instituts Hamburg. 1976. 72 S. HH med

2740. **Werner**, Heinecke: Basisgesundheitsdienste in ländlichen Regionen von Entwicklungsländern. 1977. 171 S. S, Fachbereich Geschichts-, Sozial- u. Wirtschaftswiss.
Im Handel: Europäische Hochschulschriften. Reihe 7. Medizin. 13. (Lang/Bern, Frankfurt.)

VORDERER ORIENT

2741. **Felsch**, Karl: Die Augenheilkunde des Alcoatim (1159) zum ersten Male ins Deutsche übersetzt und mit Anmerkungen begleitet. Berlin 1898. 29 S. B med 1898

2742. **Cueva**, Juan: Die Augenheilkunde des Avicenna. Nach d. lateinischen Übers. d. Kanon, Venedig 1564 (Buch III, Fen. 3) zum erstenmal ins Deutsche übertragen. Berlin 1899. 36 S. B med 1899

2743. **Uspensky**, Paul: Die Augenheilkunde des Avicenna. Nach dem „Liber Canonis" zum erstenmal ins Deutsche übertragen. Berlin 1900. 47 S. (Enthält die Übers. von Buch 3, Fen 3, Traktat 2.) B med 1900

2744. **Bernikow**, Theodor: Die Augenheilkunde des Avicenna. Nach dem „Liber canonis" zum erstenmal ins Deutsche übertragen (III. Teil) Berlin (1900) 34 S. (Enthält d. Übers. von Avicenna, Canon Medicinae, Buch 3, Fen 3, Traktat 3 und Liber 5, Summa 1, Traktatus 2.) B med 1900

2745. **Gretschischeff**, Xenophon: Die Augenheilkunde des Ali Abbas (X. Jahrhundert) Zum erstenmal ins Deutsche übertragen. Berlin 1900. 33 S. B med 1900

2746. **Michailowsky**, Elias: Die Augenheilkunde des Avicenna. Berlin (1900). 36 S. (Enthält d. Übers. von Avicenna, Canon Medicinae, Buch 3, Traktat 4.) B med 1900

2747. **Waly**, Hamed: Drei Kapitel aus der Ärztegeschichte des Ibn Abī Oṣaibiᶜa. Berlin 1910. 45 S. B med   U.10.112

2748. **Bergsträsser**, Gotthelf: Die bisher veröffentlichten arabischen Hippokrates- und Galen-Übersetzungen. Sprach- und literaturgeschichtl. Untersuchungen. Leiden 1912. 59 S. L ph Hab   U.12.6239
Im Handel u.d. Titel: Ḥunain ibn Isḥāḳ und seine Schule, Leiden.

2749. **Himmet**, Hussein: Geschlechtskrankheiten und Ehe im Islam. München 1917. 16 S. M med   U.17.1179

2750. **Lantzsch**, Kurt: Abu Jusuf Jakub Alkindi und seine Schrift De medicinarum compositarum gradibus, ein Beitrag zu dem Kapitel Mathematik und Medizin in der Vergangenheit. (Auszug: o.O. u. J., 8 S.) L med   U.20.2740

2751. **Haubold**, Rudolf: Ein Münchner handschriftlicher Text angeblich des Alkindi: De signis astronomiae applicatis ad medicinam. Ha 30 S. Auszug: o.O. 1921. 7 S. L med 1920 (21)   U.21.4775

2752. **Kappauf**, Willi: Aus der Zahnheilkunde der Araber in der Überlieferung des Abendlandes. Mannheim 1921. 80 S. L med 1920   U.21.4789

2753. **Schier**, Bernd: Die Zahnheilkunde in der Lehre der arabischen Aerzte nach den Ueberlieferungen des Mittelalters. Ma 76 S. m. Abb. Auszug: Göttingen 1921. 2 Bl. GÖ med   U.22.3472

2754. **Kiram-Bey**, Zeki Haschmet Mirza: Zahn- und Mundpflege bei den mohammedanischen Völkern. Ma 16 S. mit Abb. Auszug in: Jahrbuch d. Diss. d. Med. Fak. Berlin 1922/23, 2, 136. B med 1923   U.24.285

2755.. **Gotthard**, Herbert: Ibn al Ǧauzī's „Diätik der Seele". Einleitung, Übersetzung und Text. Ma X, 59 S. m. Taf. Bd. (Auszug nicht gedruckt) HD ph   U.24.5047

2756. **Kappler**, Ernst: Nahrungs- und Genußmittel in Vorderasien. Ma 100 S. (Auszug nicht gedruckt) HD ph   U.24.5080

2757. **Simon**, Ernst: Die erste Beschreibung der Masern und Pocken bei Abu-Bekr-er-Rhazi. Ma 28 S. (Auszug nicht gedruckt) J med 1924
U.25.4982

2758. **Mohamed**, Abdul Chalik el Dalgamoni: Hygiene im Lichte des Islams. Jena 1925. 38 S. J med 1925   U.26.3983

2759. **Aschry**, Mahmoud el: Harnsteine und ihre chirurgische Behandlung zur Araberzeit. Ma 22 S. Auszug in: Jahrbuch der Diss. d. Med. Fak. Berlin 1926-27. S. 46-47. B med 1924   U.31.501

2760. **Bably**, Ahmed el: (Aḥmed el-Bebly): Die chirurgischen Instrumente bei den Arabern. Ma 31 S. mit 2 Tafeln. B med 1926   U.31.54

2761. **Raḥmī** (Titelblatt fälschl. Rhamy), Muḥammad ᶜAli: Entwicklungsgeschichte der Zahnheilkunde im Orient (speziell in Ägypten) Strasbourg 1926. 26 S. HD med   U.26.3776

2762. **Dinānah**, Taha: Ibn Ḫātimah. Die Schrift von Abī Ǧaᶜfar Aḥmed ibn ᶜAlī ibn Moḥammed ibn ᶜAlī ibn Ḫātimah aus Almeriah über die Pest. (Leipzig 1927) S. 27-81. L med 1926   U.27.3861
In: Archiv für Geschichte der Medizin, Bd. 19.

2763. **Rihab,** Mohamed: Der arabische Arzt Abū el Ḥasan Aḥmed ibn Moḥa-
med Aṭ - Ṭabarī. Übersetzungen einzelner Abschnitte aus seinen „Hip-
pokratischen Behandlungen". (Leipzig 1927) 47 S. Aus: Archiv f. Gesch.
d. Med., Bd. 19 L med 1927   U.27.3927

2764. **Abū Ganīma,** Muhammed Ṣubḥī: Abul-Kasim, ein Forscher der arabischen Medizin. Berlin-Friedenau (1929) 33 S. B med   U.29.24

2765. **Ḥusainī,** Muḥammad: Die Anal-Leiden und ihre Behandlung bei den
Arabern. Berlin (1933). 36 S. B med   U.33.1885

2766. **Dabbāg,** Ḫalīl: Frakturen und Luxationen bei den Arabern im Mittelalter. Berlin (1933) 27 S. B med   U.33.1855

2767. **Rasslan,** Wassel: Mohammed und die Medizin nach den Überlieferungen.
Berlin (1934). 51 S. B med nA   U.34.2750
Auch als: Abh. z. Geschichte der Medizin und Naturwiss. 1.

2768. **Wafa Dijany,** Husam: Geschichte der arabischen Medizin in Spanien.
Gütersloh/Westf. 1934. 36 S. HH med 1934   U.35.7662

2769. **Storbeck,** Friedrich: Gustav Nachtigal als Arzt in „Sahara und Sudan".
Ein Beitrag zur historisch-geogr. Pathologie. Leipzig 1937. 39 S. GÖ med
bA   U.37.3838
Aus: Archiv für Schiffs- und Tropenhygiene, Bd. 41.

2770. **Abd-Elaal,** Mohamed Sayed: Die arabischen Ärzte und ihre Kunst in den
ersten Jahrhunderten nach Mahomeds Ankunft. München 1938. 15 S.
M med   U.38.7191

2771. **Atallah,** Sadik: Ibn Abi Useibià — Schrift über die arabischen Ärzte und
ihre Kunst. Abschnitt über die Anfänge. (München) 1939. 20 S. M med
1939   U.40.5509

2772. **Abu'l-Gait,** Ahmad A. (Abou-Elgheit): Gedanken aus Ibn Abi Useibia über
die arabischen Ärzte und ihre Kunst. (München) 1940. 28 S. M med
        U.40.5502

2773. **Volger,** Lothar: Der Liber fiduciae de simplicibus medicinis (kitāb iᶜtimād fi-l-adviya al-mufrada, lat.) des Ibn al-Jazzar in der Übersetzung von Stephanus de Saragossa, übertragen aus der Handschrift München Cod. lat. 253. Berlin 1941   U.41.715

2774. **Penuela,** Joachim M.: „Die Goldene" des Ibn Al-Munāṣif. Ein Beitrag zur med.-arab. Lexikographie und zur Geschichte der span.-arab. Literatur im Zeitalter der Almohaden. (Roma 1941). XIX, 184 S. B ph   U.41.610

2775. **Hawasli,** Ahmed Kadri: Infektion und Prophylaxe im Islam. Stellung des Islams zur heutigen med. Wissenschaft und sein Einfluß auf die Lebensweise seiner Anhänger. o.O. 1943. 43 gez. Bl. mit eingekl. Abb. Ma B med nA   U.43.236

2776. **Hengen,** Otto Paul: Hygienische Erfahrungen in Nordafrika. o.O. 1950. 49 gez. Bl. Ma HD med   U.50.3769

2777. **Bissar,** Sadik: Berufskrankheiten im Vorderen Orient. o.O. 1944. 19 gez. Bl. M med 1945 Mav nA   U.44.6595

2778. **Hummel,** Walter: Die Physiologie des Auges in der arab. Medizin. o.O. 1949. 74 gez. Bl. mit eingekl. Abb. Ma MS med nA   U.49.6343

2779. **Kayser,** Walter: Das physiologische Denken in der mittelalterlichen arabischen Medizin (unter Ausschluß der Physiologie des Sehens) o.O. 1949. 88 gez. Bl. mit eingeklebten Abb. Ma MS med nA   U.49.6354

2780. **Dubler,** César E(mil): La materia médica de Dióscorides. Transmisiòn medieval y renacentista. I. Zürich 1953. LXXVIII, 333 Z Hab ph nA Im Handel.

2781. **Fischer** (geb. Faust), Irmgard: Über die geographische Verbreitung des Paratyphus A in Europa und Nordafrika von 1900-1952. o.O. 1953. 58 gez. Bl. Ma TÜ med nA   U.53.8584

2782. **Amirkhalili,** Seyed-Hossein: Die Pulsschrift des Ali Ibn Sina (Avicenna). Köln 1958. 64 S. K med   U.58.4843

2783. **Samadi**, Parwiz: Das Medizinische in der Baha'i-Religion. o.O. 1960.
33 gez. Bl. TÜ med Mav nA   U.60.8187

2784. **Herford**, Klaus: Antike und arabische Elemente in den Rezepten von
Georg Bartischs Augendienst. Heidelberg 1962. IV, 67 gez. Bl. HD med
Mav nA   U.62.4990

2785. **Kirsch**, Eberhard: Die Sexualbiologie bei Avicenna. Eine medizin.-histo-
rische Studie auf d. Basis auf d. latein. Canon der Medizin. München
1964. 62 S. M med   U.64.9072

2786. **Kober**, Klaus: Vergleichende Untersuchungen über das Malaria-Ausrot-
tungsprogramm d. Weltgesundheitsorganisation i.d. Regionen Europa
und Östl. Mittelmeer. Berlin 1965. II, 134 S. B-F med   U.65.947

2787. **Heine**, Hans-Dieter: Die Cholera im Mittleren Osten. Tübingen 1965.
64 S. mit Abb. TÜ med   U.65.12097

2788. **Diedrichsen**, Udo: Die Verbreitung von Culcinen (Aedes, Culex, Theo-
baldia) im Mittleren Osten und ihre Bedeutung als Krankheitsüberträger.
Tübingen 1965. 74 S. mit Abb. TÜ med   U.65.12068

2789. **Mostafid**, Mohammad Kazem: Leben und med. Werke d. pers. Arztes
Razes. Freiburg i.B. 1965. 72 gez. Bl. FR med Ma nA   U.65.4268

2790. **Strohmaier**, Gotthard: Die arabisch erhaltene Galenschrift ,,Über die
Verschiedenheit der homoiomeren Körperteile". Zum 1. Male heraus-
gegeben, übers. und erläutert. Berlin 1965. LXXVI, 122 gez. Bl.
B-H ph Mav nA   U.65.324
Im Handel.

2791. **Schaltschi**, Mohsen: Ali ibn Abbas al Majussi. Arzt und Forscher vor
1000 Jahren. Eine Würdigung des großen pers. Gelehrten und sein Werk
Kamell als Sanaat al Tabiat al Maleki. Freiburg i.B. 1965. 75 S. FR med
U.65.4307

2792. **Kircher**, Heidi Gisela: Die ,,einfachen Heilmittel" aus dem ,,Handbuch
der Chirurgie" des Ibn al-Quff. Bonn 1966. 385 S. BN ph   U.66.2546

2793. **Hamadeh,** Helke: Die Frakturlehre des Abū'l Qāsim Halaf b. ᶜAbbās az-Zahrawī. Heidelberg 1967. 149 gez. Bl. mit Abb. HD med Mav nA
U.67.7663

2794. **Hamadeh,** Riyad: Die Wundlehre des Abū'l-Qāsim und des Ibn Sīnā. Heidelberg 1967. 143 gez. Bl. mit eingekl. Abb. HD med Mav 1967

2795. **Thies,** Hans-Jürgen: Erkrankungen des Gehirns insbesondere Kopfschmerzen in der arabischen Medizin. Bonn 1967. 217 S. BN ph   U.67.2460
Im Handel: Beiträge zur Sprach- und Kulturgeschichte des Orients, 19 (Vorndran/Walldorf 1968).

2796. **Forouzan,** Abolghassem: Die Gesundheitsgebote und Verbote des Islam. Ihr Wert und ihre Beziehungen zu ähnlichen Vorschriften anderer Religionen sowie zur Geisteshaltung ihrer Umwelt während ihres Werdens im Lichte der modernen Medizin. Freiburg i.B. 1967. VII, 149 S.
FR med   U.67.4741

2797. **Martini-Böltau,** Edith: Die Urologie in der „Chirurgie" des Abú ul-Qásim. (Nebst e. deutschen Übersetzung) Düsseldorf 1967. 132 S. mit Abb. D med   U.67.3621

2798. **Ziekur,** Martina: Die Ausbreitung des Fleckfiebers im Mittleren Osten. Tübingen 1967. 60 S. mit Abb. TÜ med 1967

2800. **Thies** (geb. Butz), Dorothee: Die Lehren der arabischen Mediziner Tabari und Ibn Hubal über Herz, Lunge, Gallenblase und Milz. Bonn 1967. 186 S. BN ph   U.67.2459
Im Handel: Beiträge zur Sprach- und Kulturgeschichte des Orients, 20. (Vorndran/Walldorf 1968.)

2801. **Knoch,** Brigitte-Christine: Verbreitung und Ökologie der Anophelen im Mittleren Osten (insbes. Afghanistan) und ihre Beziehung zur Malaria. Tübingen 1967. 105 S. TÜ med   U.67.13782

2802. **Bay,** Ellen: Islamische Krankenhäuser im Mittelalter. Unter bes. Berücksichtigung der Psychiatrie. Düsseldorf 1967. 115 S. mit Abb. D med
U.67.3527

2803. **Taschkandi,** Schah Ekram: Übersetzung und Bearbeitung des Kitāb at-Taswīq aṭ-ṭibbī des Sā ᶜid b. al-Ḥasan. Ein med. Adabwerk aus dem 11. Jahrh. Bonn 1968. 173 S. BN ph 1968.   U.68.2773
Im Handel: Bonner Orientalistische Studien. N.S. Bd. 17.

2804. **Terzioğlu,** Arslan: Mittelalterliche islamische Krankenhäuser unter Berücksichtigung der Frage nach den ältesten psychiatrischen Anstalten. Berlin 1968. 272, XVIII S. m. Abb. B-T arch 1968

2805. **Djabri,** Mohamed Zouher: Rušd al-labīb ilā mu ᶜāšarat al-ḥabīb des Ibn Falīta. Kap. 9-11. Die Edition des arab. Textes auf der Grundlage der Hs. Gotha 2038 unter Hinzuziehung der Hs. Paris 3051 und Ahlwardt 6390. Erlangen-Nürnberg 1968. V, 79 S. ER med 1968   U.68.4164

2806. **Tejan-Jalloh,** Ibrahim: Gelbfieber in Afrika 1950-1965. Berlin 1968. 57, V S. mit Abb. u. Kt. Skizzen. B-F med 1968   U.68.1598

2807. **Schmucker,** Werner: Die pflanzliche und mineralische Materia Medica im Firdaus al-Ḥikma des ᶜAlī ibn Sahl Rabban at-Ṭabarī. Bonn 1968. 551 S. BN ph 1968

2808. **Bürgel,** J.Ch.: Studien zum ärztlichen Leben und Denken im arabischen Mittelalter. Göttingen 1968. GÖ Hab ph 1968

2809. **Heinze,** Claus: Die Zahnheilkunde bei Abū'l-Qāsim. Freiburg i.B. 1968. 52 Bl. mit Abb. FR med nA 1968   U.68.5182

2810. **Heckh,** Hiltrud: Medizinisches aus Tausendundeiner Nacht. Heidelberg 1968. 161 gez. Bl. HD med Mav nA   U.68.7897

2811. **Richter-Bernburg,** Lutz: Eine arabische Version der pseudogalenischen Schrift De theriaca ad Pisonem. Göttingen 1969. 230, 106 S. GÖ ph 1969   U.69.6390

2812. **Recep,** Ömer: Ṭibb an-Nabī. Die Prophetenmedizin bei Ibn as-Sunnī und Abū Nu ᶜaim unter besonderer Berücksichtigung der Kapitel über den Kopfschmerz, die Augen-, Nasen-, Zahnkrankheiten und die Hämorrhoiden. Marburg 1969. III, 104, 84 arab. Text. MR 1969
U.69.13366

2813. **Mokhtar,** Ahmed Mohammed: Rhases contra Galenum. Die Galenkritik in d. ersten 20 Büchern d. „Continens" von Ibn ar-Rāzī. Bonn 1969. 101 S. BN med   U.69.1931

2814. **Sargar-Balay Djam,** Giti: Zur Psychiatrie des Avicenna (Ibn Sina). Unter bes. Berücksichtigung der endogenen Depressionen. Bonn 1970. 83 S. BN med 1970   U.70.6261

2815. **Domenjoz,** Marie-Christine: Zusammengesetzte Heilmittel nach dem Kitāb al-Muḫtārāt fī ṭ-ṭibb des Ibn Hubal. Bonn 1970. 159 S. BN ph
U.70.5859

2816. **El-Haw,** Hassan Mohamed: Risāla fīmā yaḥtāg ilaihi'r-rigāl wan-nisā' fī'sti ᶜmāl al-bāh mimmā yaḍurr wa yanfa ᶜ des At-Tifāsī. Die Edition des arabischen Textes auf der Grundlage der Handschrift Al-Azhar (64 Magāmī ᶜ) Ḥalīm 34687 und der Handschrift Dar al-kutub Kairo 24 Mīm Ṭibb unter Hinzuziehung der Handschrift Paris 3056 und des Buches „Rugū ᶜ aš-saiḫ ilā ṣibāh fī'l-quwa ᶜala l-bāh". Erlangen-Nürnberg 1970. 117 S. ER med 1970   U.73.4467

2817. **Firouzabadi,** Homa: Bibliographie der medizinischen Werke Rhazes. „Abu Bakar Muhammad Ibn Zakaryya". Düsseldorf 1970. 42 gez. Bl. D med   U.70.6935

2818. **Anbari,** Mohamed Walid: Streitfragen über die Zeugung, Nachkommenschaft und über den Geschlechtsverkehr, verfaßt von ᶜIsā ibn Māssah. Masā'il fī al-nasl wa al-ḏurrīya wa al-ǧima ᶜ. Edition, Übersetzung und Bearbeitung des arabischen Textes auf der Grundlage der Handschrift Ayasofya 3724. Erlangen 1971. 81 S. ER med 1971   U.72.4274

2819. **Haenel,** Thomas A.: Kulturgeschichte und heutige Problematik des Haschisch. Basel (1971). BA nA
Aus: Pharmakopsychiatrie – Neuropsychopharmakologie. H. 2, 1970, S. 89-115.

2820. **Thies,** Hans-Jürgen: Der Diabetestraktat ᶜAbd al-Laṭīf al-Bagdādīs. Untersuchungen zur Geschichte des Krankheitsbildes in der arabischen Medizin. Bonn 1971. BN ph 1971

2821. **Shobokshi**, Ossama: Die auserwählten Juwelen des Kommentars zum Lehrgedicht Al-Gawāhir al-Maḫrūsa fī Šarḥ al-Manẓūma von Qāsim Ibn Aḥmad Ibn Ja'mun. Erlangen 1971. ER med 1971 U.72.4683

2822. **Haydar**, Gauss: Kitāb fil-bāh wa-mā yuḫtaǧu ilaihi min tadbīr al-badan fi'sti mālihī des Qusta Ibn Lūqa: 1. Abhandlung (d. Buch über d. Kohabitation u. d. für ihre Ausübung notwendigen körperl. Voraussetzungen), Edition, Übertragung u. Bearbeitung d. arab. Textes auf d. Grundlage d. Hs. d. Universitätsbibliothek Istanbul Nr. 243. 1973, VII, 46 S. ER med 1973 U.76.5013

2823. **Tabari**, Walid: Die Lehre von den Knochenbrüchen bei Ibn Sina. 1973. 120 gez. Bl. HD med nA

2824. **Hallak**, Kamal: Kitāb nuzhat al-aṣḥāb fī mu ᶜāšarat al-aḥbāb fī 'ilm al-bāh (Das Buch der Unterhaltung der Freunde über den vertrauten Umgang der Liebenden mit der Wissenschaft von der Sexualität) des Abu Nasr aṣ-Samau 'al Ibn Yahya Ibn 'Abbas al-Magribi al-Isra 'ili: Zweiter Teil, sechster Abschnitt. Ed., Übertr. u. Bearb. d. Textes auf d. Grundlage d. Hss. Berlin 6381 u. Istanbul (Ṣehid Ali Pasa) 2145. 1973. XI, 35 S. ER med U.74.5030

2825. **Biesterfeldt**, Hans Hinrich: Galens Traktat „Dass die Kräfte der Seele den Mischungen des Körpers folgen". 1973. 267 S. GÖ ph 1975 nA U.75.7628

Im Handel.

2826. **Sabbagh**, Elian: Rušd al-labib ila mu ᶜāšarat al-habib (Anleitung des Einsichtigen hinsichtlich des Umgangs mit der geliebten Person) des Ibn Falita Kapitel 12-14. Die Ed. d. arab. Textes auf d. Grundlage d. Hs. Gotha 2038 unter Hinzuziehg. d. Hs. Paris 3051. Erlangen-Nürnberg 1973. V, 74 S. ER med U.73.4685

2827. **Barhoum**, Najdat Ali: Das Buch über die Geschlechtlichkeit (Kitāb fī l-bāh) von Qusṭā Ibn Lūqā: Ed. u. Übertr. d. arab. Textes nach d. Hs. Nr. 242 d. Universitätsbibliothek Istanbul. 1974. 54, 26 S. ER med U.74.4918

313

2828. Ammari,Ghassan: Das Buch der sexuellen Stimulantien und königlichen Mixturen: (Kitāb albāb al-bāhīya wa-t-tarākīb as-sulṭānīya) d. Muhammad Ibn Muḥammad Ibn al-Ḥassan Abū Ǧa ᶜfar Naṣīr ad-Dīn aṭ-Ṭusi. Ed., Übertr. u. Bearb. d. Textes auf d. Grundlage d. Hs. Berlin 6383. 1974. XI, 72 S.   U.74.4906

2829. Husni-Pascha, Adnan: Rušd al-labib ila mu ᶜāšarat al-habib (Anleitung des Einsichtigen hinsichtlich des Umgangs mit der geliebten Person) des Ibn Falita, Kapitel 4: Edition, Übertragung u. Bearbeitung d. arab. Textes auf d. Grundlage d. Hs. Gotha Nr. 2038 u. Paris Nr. 3051. 1975. IX, 43 S. ER med   U.75.5801

2830. Al-Khouri, Boulus: Rušd al-labib ᶜila mu ᶜāšarat al-habib (Anleitung des Einsichtigen hinsichtlich des Umgangs mit der geliebten Person) des Ibn Falīta, Kapitel 6, Teil 1: Ed., Übertragung u. Bearbeitung d. arab. Textes auf d. Grundlage d. Handschriften Gotha 2038 u. Paris 3051. 1975. VIII, 32, 33 S. ER med   U.75.5826

2831. Kanawati, Mohammed Muti: Ar-Razi Drogenkunde und Toxikologie im „Kitab al-hawi" (liber continens): unter Berücks. d. Verfälschungs- u. Qualitätskontrolle. 1975. 334 S. MR, Fachbereich Pharmazie u. Lebensmittelchemie

2832. Beyer, Wolfgang: Serologische Untersuchungen zum Vorkommen von Toxoplasma-Antikörpern bei ausländischen Arbeitnehmern aus dem mediterranen Raum. 1975. 46 S. F med

2833. Anbeh, Nassir: Pharmakologisch relevante Drogen aus dem „Buch über die Grundlagen der wahren Heilmittel" von Abu Mansur Muwaffaq Ibn Ali Al-Harawi. 1975. 135 S. D med   U.76.4698

2834. Mansour, Fadi: Kitab nuzhat al-ashab fi muᶜāšarat al-ahbab fi 'ilm al-bah (Das Buch der Unterhaltung der Freunde über den vertrauten Umgang der Liebenden mit der Wissenschaft von der Sexualität) des Abu Nasr as-Samau' al Ibn Yahya Ibn 'Abbas al-Magribi al-Isra'ili: zweiter Teil, erster bis fünfter Abschnitt: Edition, Übertr. u. Bearb. d. Textes auf d. Grundlage d. Hs. Istanbul (Sahid Ali Pasa) 2145 unter Hinzuziehung d. Hs. Berlin 6381 u. Gotha 2045. 1975, X, 54, 17 S. ER med

2835. **Raslan**, Usama: Über die Erhaltung der Gesundheit: e. Hygiene Traktat von Ali ibn Sahl Rabban at-Tabari. 1975. 148 S. BN med   U.75.4481

2836. **Schwarz**, Gunnar-Werner: Zur Entwicklung des Apothekerberufs und der Ausbildung des Apothekers vom Mittelalter bis zur Gegenwart: e. Studie zur Geschichte d. Apothekerberufs von d. Anfängen im Islam bis zur allgemeinen Verbreitung in Europa im 15. Jh. u. zur fachl. Ausbildung d. europ. Apothekers unter bes. Berücks. d. deutschsprachigen Raums. 1976. 144, IV, 635 S. F FB Physik   U.76.5751

2837. **Al-Bayati**, Ghadhban: Rušd al-labib ila mu ͨ āsarat al-habib (Anleitung des Einsichtigen hinsichtlich des Umgangs mit der geliebten Person) des Ibn Falita: Kap. 1-3, Edition, Übertr. u. Bearb. d. arab. Textes auf d. Grundlage d. Hs. Gotha Nr. 2038 u. Paris Nr. 3051. 1976. XI, 48, 28 S. ER med   U.76.4885

2838. **Haddad**, Taher: Kitab nuzhat al-ashab fi mu ͨ āsarat al-ahbab fi 'ilm al-bah (Das Buch der Unterhaltung der Freunde über den vertrauten Umgang der Liebenden mit der Wissenschaft von der Sexualität) des Abu Nasr as-Samau' al Ibn Yahya Ibn 'Abbas al Magribi al-Isra'ili, Teil eins, Abschnitt sechs bis acht: Edition, Übertr. u. Bearb. d. Textes auf d. Grundlage d. Hs. Gotha 2045 u. Berlin 6381. 1976. X, 38 S. ER med   U.76.5002

2839. **Makansi**, Adnan: Über die Geschwürsbildungen im Dickdarm und Rektum und die blutigen Durchfälle im „Continens" des Rhazes. 1976. 125 S. M med

2840. **Amdja**, Krikor: Das Buch der Aufklärung über die Geheimnisse der Eheschließung. T. 2. (Kitab al-idah min asrar an-nikah) des Aš-Širazi: Edition u. Übertragung d. arab. Textes auf d. Grundlage d. Hs. d. Herzogl. Bibliothek Gotha Nr. 2040 u. Nr. 2041. 1976. V, 125, 104 S. ER med   U.76.4873

2841. **Yousif**, Jalal Elias: Rušd al-labib ila mu ͨ āsarat al-habib (Anleitung des Einsichtigen hinsichtlich des Umgangs mit der geliebten Person) des Ibn Falita, Kapitel 5: Ed., Übertr. u. Bearb. d. arab. Textes auf d. Grundlage d. Hs. Gotha Nr. 2038 u. Paris Nr. 3051. 1977. IX, 46 S. M-T med

2842. **Zeni**, Adnan: Rušd al-labīb ilā mu ʿāšarat al-ḥabīb des Ibn Falīta: Kap. 6, Teil 3. Edition, Übertragung und Bearbeitung des arab. Textes auf der Grundlage der Handschriften Gotha Nr. 2038 und Paris Nr. 3051. Anleitung des Einsichtigen hinsichtlich des Umgangs mit der geliebten Person. 1978. X, 43 (28) S. M-T med

2843. **Abdo**, Fahriddin: Kitāb fī'l bāh wa mā yuhtāġu ilaihi min tadbīr al-badan fi'stimālihi des Qusta Ibn Luqa (2. Abhandlung). Edition, Übertragung und Bearbeitung des arabischen Textes auf der Grundlage der Handschrift der Universitätsbibliothek Istanbul Nr. 242. (Das Buch über die Kohabitation und die für ihre Ausübung notwendigen körperlichen Voraussetzungen. 1978. XI, 41, 16 S. M med

Arabischer Raum

2844. **Allau**, Ali: Schwangerschaftsunterbrechungen bei den Arabern. Münster 1966. 52 gez. Bl. MS med Mav nA   U.66.12856

2845. **Hischma**, Ahmad: Historischer Überblick über die Entwicklung der Medizin in den arabischen Ländern und ihr Einfluß auf die Entwicklung der Medizin in Europa; die Darstellung des Gesundheitswesens in Jordanien, Möglichkeiten zu seiner Verbesserung auf Grund der Erfahrung in der DDR. 1976. 187 Bl. GRE Diss. A nA Ma

2846. **Faust**, Elfriede: Medizinisches in Olfert Dappers Arabienbuch 1680. 1977. K med
Im Handel u.d. Titel: Arabien 1680. Olfert Dappers Arabienbuch u. seine Quellen, geprüft an Nachrichten über Kaffee, Sesam u. Träumen. Köln: Forschungsstelle d. Instituts für Geschichte der Medizin d. Univ. Feuchtwangen: Kohlhauer (Vertrieb) 1977. 256 S. (Kölner medizinhistorische Beiträge. 5.)

Ägypten

2847. **Tunger**, Johannes: Über Pellagra in Ägypten. Oelsnitz i.V. 1923. 15 S. L med 1923   U.24.6687

2848. **Hifuy**, Mohammed: Bilharzia in Ägypten. Ma 31 S. B med 1923

U.28.128

2849. **Ruschdi**, Ali: Ueber Säuglingssterblichkeit in Ägypten und ihre Bekämpfung. Charlottenburg (1925). 25 S. B med 1925   U.26.95

2850. **Ali, A.**: Ankylostomiasis und Schistosomiasis in Ägypten. Berlin 1925. 31 S. B med 1925   U.26.15

2851. **Raḥmī**(Titelblatt fälschl. Rhamy), Muḥammad ʿAli: Entwicklungsgeschichte der Zahnheilkunde im Orient (speziell in Ägypten). Strasbourg 1926. 26 S. HD med   U.26.3776

2852. **Chafie**, Gamal: Ankylostomiasis und Bilharziasis in Ägypten. Kirchhain N.L. 1926. 28 S. L med   U.26.4871

2853. **Schalaby**, Nasr Hassan: Bilharziasis in Ägypten. München 1926. 39 S. M med bA   U.26.5653

2854.. **Selim**, Mahmoud Fadel: Ein Beitrag zur Verbreitung der Tuberkulose in Zentral-Aegypten auf Grund der Ergebnisse von 5194 Untersuchungen nach v. Pirquet. Zürich 1926. Z med 43 S. 1926

2855. **Tawil**, Mustafa Aly el: Beitrag zur Verbreitung der Tuberkulose in Ober-Aegypten auf Grund der Ergebnisse von 4216 Untersuchungen nach v. Pirquet. Zürich 1926. 36 S.

2856. **Soliman**, Mohamed Mohamed. Urolithiasis in Ägypten. 1927. 43 S. J med   U.27.2876

2857. **Aly**, Abel Hamīd Mohammed: Über das Vorkommen der Ankylostomiasis und Bilharziosis in Ägypten. Jena 1928. 28 S. J med 1928

U.29.3251

2858. **El-Ayouby**, Mahmood: Geschichte der Zahnheilkunde in Alt- und Neu-Ägypten. Tübingen 1929. 47 S. TÜ med   U.29.5652

2859. **Taha**, Mohamed Abdel Rahim: Bilharziase in Ägypten. XIX S. Ma Auszug in: Jahrbuch d. Diss. d. Med. Fak. Berlin 1928-29, S. 8-9

U.30.502

317

2860. **Rozeik**, Fauzi Mussad: Die Zahnheilkunde in Ägypten. Würzburg-Aumühle 1940. 15 S. B med 1940   U.41.435

2861. **Holtmeier**, Otto: Untersuchungen in Ägypten mit dem Farbpyramiden-
Test (nach Pfister von R. Heiss und H. Hiltmann) Freiburg i.B. 1961.
261 gez. Bl. Ma FR ph nA   U.61.3174

2862. **El Azem**, Ahmed Assem: Entwicklung, Stand und Perspektive des Ge-
sundheits- und Sozialwesens der Vereinigten Arabischen Republik seit
Ausbruch der Revolution 1952. Leipzig 1963. 56 gez. Bl. L med Mav nA
         U.63.6659

2863. **Shafia**, Hussain: Gegenwartsprobleme der Bilharziose in Ägypten. Möglichkeiten einer Sanierung. Hamburg 1966. 80 S. mit Abb. HH med
         U.66.7277

2864. **El-Wakil**, Yehia Ahmed: Bilharziose in Ägypten. Unter bes. Berücksichtigung d. Standes in der Provinz El-Baheira. Göttingen 1967. 73 gez. Bl. mit
eingekl. Abb. Mav GÖ med nA   U.67.5994

2865. **Berendji**, Reza: Medizinisches in Abd-ul-Latifs „Denkwürdigkeiten Ägyptens". Düsseldorf 1969. 59 S. D med 1969   U.69.3633

2866. **El-Mankabady**, Makram: Untersuchungen über den Einfluß der sozialpolitischen Umstellungen un der Industrialisierung auf die Ulcusfrequenz
in der Vereinigten Arabischen Republik (Ägypten) Berlin 1970. 38 S.
B-F med   U.70.16864

2867. **El-Hanak**, Mohamed Gamil Mohamed Elsayed: Ausbildung und Berufs-
bewährung blinder Masseure in der Deutschen Demokratischen Republik
und Schlußfolgerungen für die Ausbildung Blinder auf dem Gebiet der
Physiotherapie in der Arabischen Republik Ägypten. Berlin 1973. IV,
117 gez. Bl. B-H gw Diss. A nA   U.73.111

Afghanistan

2868. **Datta**, Bhupendranath: Eine Untersuchung der Rassenelemente in Belutschistan, Afghanistan und den Nachbarländern des Hindukusch. Ma 1924. II, 77, 8 S. Auszug: Charlottenburg 1923. 2 Bl. HH ph 1924
U.25.4332

2869. **Winkler, K.**: Die Volksmedizin der Bewohner des Zentral-Hindukusch (Afghanistan) München 1964. 65 S. M med U.64.9247

2870. **Knoch**, Brigitte-Christine: Verbreitung und Ökologie der Anophelen im Mittleren Osten (insbesondere Afghanistan) und ihre Beziehung zur Malaria. Tübingen 1967. 105 S. TÜ med U.67.13782

Algerien

2871. **Mottu-Pittori**, Delphine: Etude de la fréquence de la drépanocytose dans une population de nouveau-nés à Oran, Algérie. Genève 1977. IV, 40 p. GE med

Kuweit

2872. **Mutlak-Hamdan**, Shaker: Die Arzneimittelgesetzgebung im Staate Kuwait. Hamburg 1967. 57 S. HH med 1967

2873. **Mahayni**, Nabil S(uheil): Der Staat als Träger der Gesundheitsfürsorge im Entwicklungsland Kuwait. Bochum 1968. 54 gez. Bl. Mav BO Abteilung für theoret. Med. 1968 U.68.2229

Irak

2874. **Rikabi**, Ahmed M(ohammed): Schistosomiasis urinaria (Bilharziosis) im Irak. Basel 1954. 31 S. 1 Taf. BA 1954

2875. **Barbouti**, Ihsan: Tuberkulose-Krankenhäuser im Irak. Berlin 1956. III, 117 gez. Bl., mehr. Taf. B-T Mav nA U.56.914

2876. **Shakir**, Malik: Beitrag zur Epidemiologie und Geomedizin des Iraq.
o.O. 1958. 98 gez. Bl. TÜ med Mav nA   U.58.7598

2877. **Kutup**, Bedi: Die Bedeutung der Tuberkulose im Irak. Verbreitung
und Maßnahmen zu ihrer Bekämpfung. Hamburg 1960. 26 gez. Bl. mit
eingekl. Abb. HH med Mav nA   U.60.3885

2878. **Al-Samir**, Abdul Majeid: Organisation des Gesundheitswesens im Irak.
Hamburg 1965. 47 S. HH med 1965.   U.66.7521

2879. **Hashim**, Issa Ali: Über die Verbreitung einiger parasitärer Krankheiten
im Irak. Bonn 1965. 100 S. mit Abb. BN med   U.65.1915

2880. **Al-Issa**, T(aufik): Die Entwicklung d. Trinkwasserversorgung von Bagdad. Göttingen 1965. 82 gez. Bl. GÖ med Mav nA   U.65.4840

2881. **Hamawandi**, Ihsan: Über Vorkommen und Behandlungsergebnisse des
Entropium und Ektropium palpebrale an der Universitäts-Augenklinik
Rostock in den Jahren 1958-1969 sowie einige problembezogene Schluß-
folgerungen für die augenärztliche Versorgung der Bevölkerung in der
Republik Irak. Rostock 1971. 90 gez. Bl. mit Abb. ROS med Mav nA
U.71.1668

2882. **Jawad**, Saadi: Voraussetzungen und Probleme der medizinischen Genetik im Irak. 1972. 101 S. M med   U.74.11156

2883. **Al-Souri**, Farouk: Typenvorschläge für allgemeinärztliche und geburts-
hilfliche Einrichtungen für die ambulante Versorgung der Bevölkerung
in Kleinstädten und Landbezirken des Irak. Dresden 1972. 143 gez. Bl.
DR-T , F. f. Bau-, Wasser- u. Forstw., Diss. A Mav nA   U.72.1112

Iran

2884. **Datta**, Bhupendranath: Eine Untersuchung der Rassenelemente in Be-
lutschistan, Afghanistan und den Nachbarländern des Hindukusch.
Ma 1924. II, 77, 8 S. Auszug: Charlottenburg 1923. 2 Bl. HH ph 1924
U.25.4332

2885. **Greenfield**, Gregor: Beitrag zur Frage der allgemeinen Hygiene in Persien m. spez. Berücks. der Malaria. Berlin (1933) 28 S. B med

U.33.1870

2886. **Kia-Nouri**, Noureddin: Krankenhausbau für Iran. o.O. (1942) 51 gez. Bl. mit eingekl. Abb., 2 Taf., 5 Pl. Ma AC nA   U.42.39

2887. **Azizi**, Ali Asghar: Pharmazie in Iran. Ma 1943. 126, II Bl. B mn nA

U.43.639

2888. **Tölle**, Erika: Über die gesundheitlichen Verhältnisse im Iran. o.O. (1944) 32 gez Bl. mit Tab. Ma TÜ med nA   U.44.8069

2889. **Sinatbachsch**, Hossein: Die Pflege, Erziehung und ärztliche Versorgung des Kindes im Iran (Persien). o.O. 1956. II, 40 gez. Bl. Mav D med

U.56.1825

2890. **Agah**, Ahmad-Ali: Malaria und ihre Bekämpfung in Iran. o.O. 1958. 72 S. F med 1959   U.60.2441

2891. **Teymurian**, Nasser: Die Trinkwasserversorgung in Iran. Unter bes. Berücksichtigung der Trinkwasserversorgung seiner Hauptstadt Teheran. Bonn 1960. 66 S. BN med   U.60.1403

2892. **Hemmati**, Abouzardjomehr: Die abendländische Medizin in Persien. o.O. (1960) 218 gez. Bl. BN med Mav nA   U.60.1329

2893. **Tayefeh-Mahmoudi**, Bahram: Der persische Arzt und Philosoph Avicenna (Ibn Sina). (In d. Sicht d. pers. Medizin- u. Literaturgeschichtsschreibung) Düsseldorf 1964. 132 S. D med   U.64.2817

2894. **Anvar**, Mehrangiz: Entwicklung und Gesundheit persischer Kinder in persischen Kindergärten und Waisenhäusern. Düsseldorf 1964. 38 S. mit Abb. D med   U.64.2631

2895. **Zahireddini**, Badri: Medizinische Topographie der iranischen Stadt Malayer. Erlangen-Nürnberg 1966. 58 S. ER med 1966

321

2896. **Ghotbi,** Massoud: Hepatitis epidemica. Eine vergl. Studie unter bes. Berücks. der Verhältnisse im Iran. Berlin 1967. 77 S. mit Abb. B-F med
U.67.1042

2897. **Rassekhi,** Huschang: Über die Verbreitung und Bekämpfung der humanpathogenen Helminthen in Iran. Tübingen 1968. 108 S. TÜ med 1968
U.68.14536

2898. **Hosseinmardi,** Alinaghi: Aktive Immunisierung gegen Ziegenpocken im Iran. Unter bes. Berücks. e. neu entwickelten Gewebekultur-Lebendvaccine. München 1968. 21 S. M med
U.68.11865

2899. **Bigdeli,** Mohamed-Taher: Malaria und Malariabekämpfung im Iran. Tübingen 1969. 76 S. TÜ med
U.69.16484

2900. **Kiani,** Djahangir: Medizinische Topographie von Rey bis Teheran. Erlangen-Nürnberg 1969. 78 S. ER med 1969
U.69.4451

2901. **Hekmat-Nejad,** Reza: Ethnographische Dermatologie in Persien. Mainz 1969. 106, IV S. mit Abb. MZ med 1969
U.69.12863

2902. **Babai,** Morteza: Iran. Medizinische Topographie der persischen Stadt Isfahan. Erlangen 1970. 99 S. ER med 1970
U.70.7161

2903. **Schakibi,** Ahmad: Vergleich der Arzneimittelgesetze des Iran mit den Gesetzen der Bundesrepublik Deutschland nach dem Stande von 1970. Hamburg 1971. 68 S. HH med
U.71.5126

2904. **Moattar,** Fariborz: Isma'il Gorgani und seine Bedeutung für die iranische Heilkunde insbesondere Pharmazie. Unter Berücks. s. Verdienste f.d. Gestaltung d. neupers. Sprache. Marburg 1971. 400 S. MR n 1971
U.73.9794

2905. **Moghadassian,** Massoud: Untersuchungen über Trinkwasseraufbereitung im Iran. 1971. 73 S. D med 1974 nA   U.75.5446
Im Handel.

2906. **Saremi,** Faramarz: Das Kapitel über die Behandlung von Vergiftungen aus dem persischen „Tuhfät al muminin" vom Jahre 1969. Köln 1972. 35 S. K med
U.72.8874

2907. **Keramati,** Manutschehr: Die Hygiene im islamischen Persien bis zum Ende des 19. Jahrhunderts. Köln 1972. 67 S. K med   U.72.8723

2908. **Payandeh,** Parwiz: Roter Löwe und Rote Sonne. Ein Beitrag zur Emblematik d. Gesellschaft vom Roten Löwen u.d. Roten Sonne. Düsseldorf 1972. 74 S. D med   U.73.4191

2909. **Rahbari,** Jasdan: Das Hautleistensystem der Finger und Hände von Iranern. 1972. 24 S. K med 1973   U.74.9498

2910. **Kuhlgatz,** Christian: Surcheh-ye Pain: d. sozialen u. hygien. Bedingungen in einem pers. Dorf bei Isfahan. 1974. 172 Bl.Ü med 1975   U.75.11280

2911. **Schafti,** Ebrahim: Geschichte der Malariabekämpfung im Iran. 1975. 71 Bl.SB med Ma   U.75.13854
Besteht aus 1 Mikrofiche.

2912. **Ezzatpur Ghadim,** Morteza: Analyse der Hygienesituation in der extensiven Schafhaltung der Provinz Aserbaidschan und Vorschläge zu ihrer Verbesserung im Rahmen der bestehenden traditionellen Haltung. 1975. IV, 197 S. GÖ 1   U.75.7722

2913. **Mirmiran,** Reza: Medizinische Topographie der persischen Stadt Nain. 1975. 179 S. ER med   U.75.5905

2914. **Sarkissian,** Bagir Z.: Die Gesetzgebung des Iran auf dem Gebiete der Abhängigkeit erzeugenden Stoffe. Eine Übersicht. 1975. 83 S. HH med
     U.76.7713

Jemen

2915. **Eryani,** Hussain el-: Zur Frage des prozentualen Mengenverhältnisses der intestinal-pathogenen Würmer bei der Jemen-Bevölkerung. Beitrag zur helminthologischen Situation in der Republik Jemen. 1972. 55 gez. Bl. HD med nA

2916. **Schäfer,** Ernst: Erste zahnärztliche Reihenuntersuchung einer Dorfbevölkerung in der Arabischen Republik Jemen. Heidelberg 1973. 49 gez. Bl. HD med nA   U.73.7976

2917. **Makki,** Ina: Schleimhautkarzinome der Mundhöhle unter besonderer Berücksichtigung des Qat-(Abusus) und Schama-Abusus: Untersuchungen im staatlichen Hospital von Hodeidah der Jemenitischen Arabischen Republik. 1975. 32 gez. Bl. HD med nA

2918. **Herbst,** Joachim: Dermatomykosen bei Schulkindern in der Arabischen Republik Jemen und in Tunesien: Ergebnisse zweier Reihenuntersuchungen aus d. Jahren 1970 u. 1971. 1975. 88 S. HH med   U.76.7436

2919. **Schopen,** Armin: Das Qat: Geschichte u. Gebrauch d. Genußmittels Catha edulis Forsk. in der Arab. Republik Jemen 1978. 279 S. F, Fachbereich Geschichtswiss.
Im Handel: Arbeiten aus dem Seminar für Völkerkunde der Johann-Wolfgang-Goethe-Universität, Frankfurt a.Main. 8. (Steiner/Wiesbaden 1978.)

Jordanien

2920. **Katbeh,** Ziad: Hygienische Verhältnisse in Jordanien. Saarbrücken 1965. 116 S. mit Abb. SB med   U.65.11659

2921. **Jumah,** Ahmed: Geomedizin und Hygiene in Jordanien. Münster 1968. 78 gez. Bl. mit eingekl. Abb., mehr Bl. Abb. MS med 1968 Mav nA
U.68.13128

2922. **Tahhan,** Sami: Sterbefälle nach Todesursachen in Syrien im Vergleich mit Jordanien, Israel und der Bundesrepublik Deutschland. Mainz 1968. 78 S. mit Abb. MZ med 1968   U.68.11053

Libyen

2923. **Häbler,** Utz: Die hygienischen Verhältnisse Tripolitaniens (Libyen) Mit bes. Berücksichtigung d. Wassers. Münster 1967. 147 gez. Bl. MS med nA
U.67.12570

2924. **Raffa,** Mohamed Ali: Serologisch genetische Untersuchung an einer Stichprobe aus Libyen. 1971. 60 S. MZ med 1974

2925. **Khalid**, Sahal: Die Epidemiologie des Krankheitsbildes anxiös-
agitierte Depression in Benghasi/Libyen und andere psychische Aspekte
und ihr Zusammenhang mit der Erdölproduktion. 1972. 96 gez. Bl.
B-H med Diss. A. nA   U.72.313

2926. **Gulden**, Manfred: Die Ursachen der ungewollten Kinderlosigkeit in
einem Entwicklungsland (Libyen) München 1972. II, 75 S. mit Abb.
M med   U.73.10132

2927. **Hassouna**, Ahmed H.: Das Verhalten der Serumlipidfraktionen – Cho-
lesterin, Phosphatide und Triglyceride – in Libyen vor und nach dem
Fastenmonat Ramadan. 1974. 42 S. MR med   U.75.11707

Marokko

2928. **Choffat**, François: Aït-Baha-ou-Baha. Etude de santé publique dans
un village marocain. Genève 1969. 69 p. GE med

2929. **Dermoumi**, Mohamed: Die Organisation des Gesundheitswesens in Marokko und einige sich daraus ergebende Schlußfolgerungen für das Studium der ausländischen Medizinstudenten in der DDR. Rostock 1972.
110 gez. Bl. ROS med nA   U.72.2379

2930. **Augustin**, Bernd: Zahngesundheit bei 1376 Einwohnern Südmarokkos:
eine Studie über d. Einfluß sozio-ökonom., ökolog., rass., geograph. u.
alimentärer Faktoren auf Erkrankungen von Zahn u. Zahnbett. 1975.
S. 848-854. HH med nA
Aus: Deutsche zahnärztliche Zeitschrift. 31 (1976) 11 u.d. Titel: Zahn
karies in Südmarokko, zus. mit G. Ahrens u. S. Völcker.

2931. **Völcker**, Stefan: Zahngesundheit in fünfzehn Orten Südmarokkos.
Eine Studie über d. Einfluß sozio-ökonom., ökolog., rass., geograph.
u. alimentärer Faktoren auf Erkrankungen von Zahn u. Zahnbett. 1975.
S. 848-854 HH med bA   U.76.7842
Aus: Deutsche zahnärztliche Zeitschrift. 31 (1976) u.d. Titel: Zahn-
karies in Südmarokko, zus. mit G. Ahrens, B. Augustin.

2932. **Venzlaff**, Helga: Der marokkanische Drogenhändler und seine Ware.
Ein Beitrag zur Terminologie u. volkstüml. Gebrauch traditioneller
arab. Materia medica. 1977. 242 S. MZ ph Hab
Im Handel: Veröffentlichungen der Orientalischen Kommission. 31.
(Steiner/Wiesbaden 1977.)

Palästina/Israel

2933. **Gaffanowitsch**, A(braham) L(eiba): Hygienische Betrachtungen zur
Tuberkulosenfrage im werdenden Palaestina. Ma 84 S. Auszug (Ma):
6 S. in: Dissertationen der Med. Fak. Frankfurt a.M. Bd. 1, S. 333-
337. F med 1920   U.22.2436

2934. **Schneller**, Paul: Über die tropenhygienische Sanierung Palästinas.
Tübingen 1923/24. 96 S. TÜ med 1925 nA   U.26.6573

2935. **Schneider**, Johannes: Organisation und Erfolg der Malariabekämpfung
in Palästina. Jena (1929). S. 99-124. In Zentralblatt f. Bakteriol., Pa-
rasitenkunde und Infektionskrankh., Abt. 1, Bd. 111 HH med
U.30.3433

2936. **Bejgiel**, Gierc: La malaria en Palestine autrefois et aujourd'hui. Lausanne 1941. 32 S. LAU med

2937. **Dreyfuss**, Uriel Yehuda: Battle-field burns. A summary of 34 cases
from the „Six Days War" in Israel. Basle 1972. V, 46 leaves. BA med nA

2938. **Mazloumi**, Baroukh Simantov: Infektionskrankheiten in Israel und ihre
Bedeutung für den Tourismus. Hamburg 1973. 62 S. HH med
U.73.6853

Saudi-Arabien

2939. **Hörder**, Max-Hermann, u. Theodor Hanf: Krankheit und Sozialstruktur
in Saudi-Arabien. Eine Studie zur Frage d. Bedeutung sozialer Faktoren f.d. Medizin in Entwicklungsländern. Freiburg i.B. (1963) 12 S.
Aus: Freiburger Universitätsblätter. 1963 H.3. nA   U.63.3122

2940. **El-Mohammed**, Saleh El-Kadhi: Die Entwicklung der saudi-arabischen Medizin in den letzten 150 Jahren. Unter bes. Berücks. d. Chirurgie u. Orthopädie. Düsseldorf 1966. 64 S. D med   U.66.3923

2941. **Al-Guaiz**, Saad Abdulrahman: Hygienische Verhältnisse in Saudi-Arabien. 1973. 131 S. SB med 1974   U.75.13741

Sowjetunion

2943. **Schoch**, Erhard Otto: Beiträge zur Anthropologie der Aderbeidshan-Türken, Usbeken und Kasaken. München 1946. 115 gez. Bl. Ma M n 1947 nA   U.45/48.10907

Sudan

2944. **Clar**, Hans Erik: Übertragbare Krankheiten in der Republik Sudan. (Beitr. zu einer med. Landeskunde des Sudan.) Heidelberg 1966. III, 171, 12 gez. Bl. mit Abb., HD med Mav nA   U.66.7820

2945. **Sharaf**, Ahmed-Ali: Gegebenheiten und Organisation des Gesundheitsdienstes des Sudan. Hamburg 1966. II, 86 S. HH med   U.66.7278

2946. **Mohammed**, Mohammed Alhassan: Untersuchungen über das Wachstum sudanesischer Kinder in Khartoum. Halle 1973. 89 gez. Bl. HAL med Mav nA   U.73.1255

2947. **Salama**, Fawzi Ibrahim: Medizin im Sudan. Aachen 1973. 62 S.   U.73.2640

2948. **Antz**, Heinrich: Über das Problem der Bilharziose im Sudan und seine touristikmedizinische Bedeutung. 1978. 72 S. AC-T med

327

Syrien

2949. **Martini**, Mohamed Samir: Die Krankenhaushygiene in Deutschland und vergleichsweise in Syrien. Düsseldorf 1964. 68 S. D med   U.64.2752

2950. **Ksebe**, Kamal: Über die Säuglings- und Kleinkindersterblichkeit in Syrien. Unter bes. Berücks. d. soz. und hygien. Verhältnisse. Halle 1965. 80 gez. Bl. mit eingekl. Abb. Ma HAL med nA   U.65.5466

2951. **Martini**, Mohamed Ghias: Das Gesundheitswesen in der Bundesrepublik Deutschland – unter besonderer Berücksichtigung von Nordrhein-Westfalen – und in Syrien. Düsseldorf 1966. 70 S. D med   U.66.3913

2952. **Soufi**, Houssam al: Die Organisation des Gesundheitswesens in Syrien. Hamburg 1966. II, 92 S. HH med nA   U.66.7283
Im Handel: Die Organisation des Gesundheitsdienstes in Syrien.

2953. **Abdul-Ahad**, Munir: Die hygienischen Verhältnisse in Syrien östlich des Euphrats. Münster 1967. 84 gez. Bl. mit eingekl. Abb., mehr. Taf. MS med Mav nA   U.67.12479

2954. **El-Atassi**, Talal El Sayed Suleiman: Hygienische Verhältnisse in Syrien. Saarbrücken 1967. 53 S. SB med   U.67.13245

2955. **Tahhan**, Sami: Sterbefälle nach Todesursachen in Syrien im Vergleich mit Jordanien, Israel und der Bundesrepublik Deutschland. Mainz 1968. 78 S. mit Abb. MZ med 1968   U.68.11053

2956. **Nagi**, Mouaffak Mohammed: Aufbau und Organisation des Gesundheitswesens in der Syrischen Arabischen Republik. Greifswald 1968. 75 gez. Bl. GRE med nA Mav   U.68.6399

2957. **Saidavi** (geb. Thume), Sieglinde: Der Gesundheitsschutz für Mutter und Kind in der Syrischen Arabischen Republik. Berlin 1969. 85 gez. Bl. B-H med Mav nA   U.69.961

2958. **Abouadal**, Eduard: Die hygienischen Verhältnisse in Syrien. Unter bes. Berücks. d. Stadt Damaskus. Münster 1969. 84 gez. Bl. mit Abb., mehr. Taf. MS med 1969 Mav nA   U.69.14926

2959. **Bschara**, Rafael: Über die Entwicklung der Trinkwasserversorgung in Syrien. Göttingen 1969. 74 gez. Bl. GÖ med Mav nA   U.69.6089

2960. **Fattouh**, Hanna: Das Trachom in Syrien. Erlangen-Nürnberg 1970. 38 S. ER med   U.70.7249

2961. **Khayat-Noucco**, Soubhi: Das Gesundheitswesen Syriens und der Syrisch-Arabischen Republik. Unter bes. Berücks. seiner Entwicklung v. 1944 bis 1966. Rostock 1971. 112 gez. Bl. ROS med Diss. A Mav nA   U.72.2403

2962. **Azawi**, Aida: Aufbau und Entwicklung des Gesundheitswesens in Syrien unter Berücksichtigung der Morbidität, insbesondere der Infektionskrankheiten. 1971. 82 gez. Bl. GRE Diss. A nA   U.71.712

2963. **Al Khaled**, Abdul Hamid: Mikrobiologische Untersuchungen zum Vorkommen und zur Prophylaxe der Koli-Infektion der Kälber in der SAR. 1973. 156 Bl. L, Sekt. Tierproduktion u. Veterinärmedizin, Diss. A Mav nA   U.74.2036

2964. **Kaba**, Joseph R.: Eine arbeits- und sozialhygienische Studie zur Ausbildung und zum Gesundheitsschutz der werktätigen Jugend im Wandel der gesellschaftspolitischen Entwicklung in Syrien: eine Gegenüberstellung mit d. Situation in d. DDR u. Vorschläge für d. Intensivierung in Syrien. 1974. 129 Bl. ROS med Diss. A Mav nA   U.74.2540

Türkei

2965. **Adler**, Albert: Etappen-Spital-Erfahrungen aus Dimotika. (Bulgarisch-Türkischer Krieg) (Mit 12 Photographien im Text) Leipzig 1915. 62 S. Z med 1915/16

2966. **Schalk**, Herman: Die Ursachen therapeutischer Resistenz bei Malariafällen in der Türkei. Ma 35 S. Auszug: Berlin (1922) 2 Bl. B med   U.22.423

329

2967. **Newsad,** Achmed: Die Verbreitung der Echinococcenkrankheit bei Tieren und Menschen m. Berücks. der Verhältnisse in der Türkei. (Hamburg) 1928. 46 S. H-Ti   U.28.7283

2968. **Afet,** (Bayan): Recherches sur les caractères anthropologiques des populations de la Turquie. L'Anatolie, le pays de la „race" turque. (Enquête sur 64000 individus) 1939. IV, 176 S. GE

2969. **Schoch,** Erhard Otto: Beiträge zur Anthropologie der Aderbeidshan-Türken, Usbeken und Kasaken. München 1946. 115 gez. Bl. Ma M n 1947 nA
U.45/48.10907

2970. **Turgut,** Ahmed Hamdi: Neuaufbau der Sozialversicherung auf dem zahnärztlichen Sektor der Türkei. 1953. 100, V S. MZ med 1954 Mav nA
U.54.6193

2971. **Gökçedağ,** Aydın: Aufbau und Entwicklung der Sozialversicherung in der Türkei in ihrer Bedeutung für die Förderung der Gesundheitsfürsorge. Hamburg 1962. 43 gez. Bl. Ma HH med nA   U.62.4496

2972. **Enginalev,** Aykut: Anthropologische Untersuchungen in vier türkischen Dörfern. Mainz 1962. S. 29-47. MZ n 1962 nA   U.63.7317
Aus: Homo, 14 (1963), H. 1-2.

2973. **Bilge,** Aytekin: Neuaufbau der Kinderzahnpflege in den türkischen Schulen. Mainz 1963. 55 gez. Bl. MZ med Mav   U.63.7213

2974. **Gonzalo,** Roberto: Anthropometrische Ergebnisse einer Querschnittwachstumsuntersuchung an süd-west-anatolischen Kindern. Kiel 1967. VIII, 132 gez. Bl. KI mn Mav nA 1967

2975. **Uysal,** Ülkü: Die Gesellschaft vom Türkischen Roten Halbmond mit einer Darstellung der historischen Wurzeln der Rotkreuzidee im abendländischen und im islamischen Raum des Nahen Ostens. Wien 1967. IX, 206, XXI Bl. W s 1968

2976. **Bulutoğlu-Irmak,** Yakut: La structure par âge et la mortalité de la population de la Turquie. Essai d'analyse demographique. Genf 1969. XVI, 202 S. GE wi

2977. **Ibrahim**, Isaak: Medizinische Topographie von Nusaybin in der Türkei. Erlangen 1969. ER med 74 S. 1969

2978. **Tussi**, M(ohammad) Hossein R.: Untersuchungen über die physische Entwicklung türkischer Jugendlicher und ihre soziale Differenzierung. Kiel 1971. VII, 58 S. KI med 1971

2979. **Bingel**, Adolf Ulrich: Über den derzeitigen Stand des Wurmbefalles ausgewählter Bevölkerungsgruppen: unter bes. Berücksichtigung d. Gastarbeiter im Bereich von Essen u. Mülheim. 1973. 46 Bl. ES med nA
U.76.5356

2980. **Towfigh-Kouzekonanie**, Mohammed: Seelische Erkrankungen bei ausländischen Arbeitern nach klinischen und sozialen Aspekten. 1973. 40 S. M med
U.76.12459

2981. **Junghans**, Manfred: Die Tuberkulose bei Gastarbeitern: unter bes. Berücksichtigung d. Resistenzverhältnisse. 1973. 45 S. M med U.74.12358

2982. **Soganci**, Şükrü: Medizinisches aus Anatolien. 1974. 249 S. ER med
U.75.6010

2983. **Uihlein**, Paul Josef: Urologische Erkrankungen von Gastarbeitern aus mediterranen Ländern. 1974. 46 gez. Bl. HD med nA

2984. **Freytag**, Irmgard: Untersuchungen über die Erkrankungen der ausländischen Arbeitnehmer: (Zusammenstellung aus d. Krankenmaterial d. Med. Klinik d. Städt. Krankenanstalten Osnabrück aus d. Jahren 1968-1971) 1974. 70 S. MS med nA
U.74.12856

2985. **Straube**, Helge: Untersuchungen zur psychiatrischen Morbidität von Gastarbeitern. 1974. 2 Bl., 98 S. M med.

2986. **Knittel**, Bruno: Berechnung von Genfrequenzen der Blutgruppen A, B, 0 und des Rhesusfaktors RH bei Griechen und Türken. 1974. 60 gez. Bl. SB med 1975

2987. **Vorhold**, Reinhard: Morbidität ausländischer Kinder in Köln und deren Repräsentation am Patientengut der Kölner Universitäts-Kinderklinik von 1969 bis 1972 im Vergleich mit deutschen Kindern. 1975. 100 S.
K med   U.75.11168

2988. **Sen**, Cihat: Psychohygienische und sozialpsychiatrische Aspekte bei Gesundheitsstörungen türkischer Gastarbeiter in der Bundesrepublik Deutschland. 1975. 72 S. MR med

2989. **Baltin**, Hartmut: Untersuchung der Histokompatibilitätsantigene einer türkischen Population. 1975. 2 Bl., 51 S., 1 Bl. M med

2990. **Mergerian**, Hamparzum: Untersuchungen über die helminthologische Durchseuchung bei türkischen Gastarbeitern in der Bundesrepublik Deutschland. 1975. 47 Bl. GÖ med nA   U.75.7841

2991. **Becker**, Wolfgang: Über Unfallursachen an Hand einer Stichprobe von türkischen Arbeitnehmern in einem chemischen Betrieb in Bayern. 1975. 95 S. MR med

2992. **Knörk**, Hans-Joachim: Abortfrequenz bei deutschen Frauen und Gastarbeiterinnen: unter Berücksichtigung soziolog. Strukturen. 1976. 72 Bl. HD med 1977 nA

2993. **Chirvanioun**, Kazem: Die besonderen Erkrankungen der Gastarbeiter aus der Sicht des praktischen Arztes. 1976. 29 gez. Bl. MS med nA

2994. **Niemeyer**, Rainer: Geburtsmedizinische Ergebnisse bei Gastarbeiterfrauen: statist. Unters. an 4563 Fällen d. Städt. Frauenklinik Darmstadt aus d. Jahren 1969-1972. 1976. 89 Bl. HD med nA

2995. **Ueker**, Ralf: Über einige sozialpathologische Bedingungen der Krankheiten ausländischer Arbeitnehmer: eine Pilot-Studie. 1977. IV, 219 gez. Bl. HD med nA

2996. **Rettig**, Heinrich: Zur Situation von ausländischen Arbeitnehmern in stationärer Behandlung einer neurologisch-psychiatrischen Klinik. 1977. 116 S. TÜ med

2997. **Esslinger,** Herbert Werner: Klinische, soziale und demographische Daten über ausländische Arbeitnehmer in stationärer psychiatrischer und neurologischer Behandlung. 1977. 98 S. TÜ med

2998. **Khader,** Dib: Die Häufigkeit der geburtshilflich-operativen Eingriffe bei Ausländerinnen im Vergleich zu deutschsprechenden Frauen. 1977. 61 Bl. H, Med. Hochschule nA

2999. **Winkelmann,** Alfred: Gastarbeitertuberkulose. 1978. 131 S. BN med

3000. **Wenzel,** Barbara: Vergleichende Untersuchungen von Mundbefunden bei 6-12 Jahre alten deutschen und türkischen Schulkindern in Duisburg. 1978. 59 S. D med

Tunesien

3001. **Haas,** Dieter: Verbreitung und Ökologie der Mollusken, besonders des Bilharziose-Zwischenwirts Bulinus truncatus, in südtunesischen Binnengewässern. 1973. 34 S., Anh. TÜ med   U.74.14169

3002. **Herbst,** Joachim: Dermatomykosen bei Schulkindern in der Arabischen Republik Jemen und in Tunesien: Ergebnisse zweier Reihenuntersuchungen aus d. Jahren 1970 u. 1971. 1975. 88 S. HH med   U.76.7436

MUSIK

Allgemeines

3003. **Födermayr,** Franz: Zur gesanglichen Stimmgebung in der außereuropäischen Musik. Ein Beitrag zur Methodik der vergleichenden Musikwissenschaft. 1971. Bd. 1.2. W Hab
Im Handel: Acta Ethnologica et Linguistica. 24. (Stiglmayr/Wien 1971.)
(behandelt auch nahöstliche Musik.)

Arabische Welt

3004. **Müller,** Wilhelm: Ueber die Musik der muslimischen Voelker (Araber). Ma VII, 38 S. Auszug: Erlangen 1 Bl. ER ph   U.22.2081

3005. **El-Hefni,** Maḥmūd: Ibn Sina's Musiklehre hauptsächlich an seinem „Nag̀āt" erläutert. Nebst Übersetzung und Herausgabe des Musikabschnittes des „Nag̀āt". Berlin Wilmersdorf (1931). 100 S. B ph
U.31.846

3006. **Neubauer,** Eckard: Musiker am Hof der frühen ᶜAbbasiden. Frankfurt 1965. 244 S. F ph   U.65.3741

3007. **Touma,** Habib: Der Maqam Bayati im arabischen Taqsim. Berlin 1968. 104 S. mit Notenbeisp., 1 Schallplatte, B-F ph 1968   U.68.1604

3008. **Manik,** Liberty: Das arabische Tonsystem im Mittelalter. Berlin 1968. XII, 140 S. B-F ph 1968 bA   U.69.17326
Im Handel.

3009. **Reichow,** Jan: Die Entfaltung des Melodiemodells im Genus Sikah. (1.2.) Köln 1971. III, 152 S. mit Notenbeisp. K ph bA   U.71.6810
Im Handel.

3010 **Stigelbauer,** Michael: Die Sängerinnen am Abbasidenhof um die Zeit des Kalifen al-Mutawakkil. Nach dem Kitab al-Agani des Abu-l-Farag al-Isbahani u. anderen Quellen dargestellt. Wien 1974. 174 Bl. W ph Ma
Im Handel: Dissertationen d. Univ. Wien. 127. (VWGÖ/Wien 1975.)

3011. **Perkuhn,** Eva Ruth: Die Theorien zum arabischen Einfluß auf die europäische Musik des Mittelalters. 1976. 236 S. BN ph bA   U.76.3825
Im Handel.

Ägypten

3012. **Schiffer,** Brigitte: Die Oase Siwa und ihre Musik. Bottrop i.W. 1936. VI, 128 S. mit Abb. und Notenbeisp. B ph   U.36.733

3013. **Berner**, Alfred: Studien zur arabischen Musik auf Grund der gegenwärtigen Theorie und Praxis in Ägypten. Bottrop i.W. 1937. III, 125 S. B ph na   U.37.707
Im Handel: Schriftenreihe d. Staatl. Inst. f. dt. Musikforschung, H. 2. (Kistner und Siegel/Leipzig.)

3014. **Ali**, Fuad Hasanein: Ägyptische Volkslieder. T. 1. Arab. Texte mit Anmerkungen. Stuttgart (1939) IX, 196 S. TÜ ph na   U.39.8873
Im Handel: Veröffentlichungen des oriental. Seminars der Univ. Tübingen, H. 10.

3015. **Elsner**, Jürgen, Dr.: Der Begriff des maqām in Ägypten in neuerer Zeit. Berlin 1970. 175, 13 gez. Bl. B-H, Sekt. Ästhetik u. Kunstwiss., Hab. na
U.70.28

3016. **Simon**, Artur: Studien zur ägyptischen Volksmusik. T. 1.2. Hamburg 1972. HH FB Kulturgeschichte u. Kulturkunde na   U.72.6947
Im Handel: Beiträge zur Ethnomusikologie. 1. (Wagner/Hamburg.)

3017. **El-Malt**, Khairy Ibrahim Muhammad: Violinspiel und Violinmusik in Ägypten. 1977. 165. XVIII Bl. L, Senat, Diss. A. 1977. na

Algerien

3018. **Födermayr**, Franz: Die musikwissenschaftlichen Phonogramme Ludwig Zöhrers von den Tuareg der Sahara. Wien 1964. VII, 109 Bl. W ph

Iran

3019. **Khatschi**, Khatschi: Der Dastgāh. Studien zur neuen persischen Musik. Köln 1962. VI, 159 S. K ph bA   U.62.5986
Im Handel: Kölner Beiträge zur Musikforschung, Bd. 19.

3020. **Wilkens**, Eckart: Hushang Ghaffari und Nasser Rastegar-Nejad, zwei persische Santurspieler und ihre Musik. Studien zum Problem des Gestaltungsvermögens in der orient. Musik. (1.2.) Köln 1967. ii, 160, 50 S. mit Notenbeisp. K ph bA   U.67.9388
Im Handel: Kölner Beiträge zur Musikforschung, Bd. 45, unter d. Titel: Künstler und Amateure im persischen Santurspiel.

3021. **Massoudieh**, Mohammad Taghi: Awāz-e Šur. Zur Melodiebildung in der persischen Kunstmusik. (1.2.) Köln 1968. 124 S. mit Notenbeisp.
K ph bA 1968   U.68.9537
Im Handel: Kölner Beiträge zur Musikforschung, 49.

3022. **Tschakert**, Irmgard: Wandlungen persischer Tanzmusikgattungen unter westlichem Einfluß. Berlin 1971. 211 S. B-F FB Kunstwiss. bA
U.72.13349
Im Handel: Beiträge zur Ethnomusikologie. 2. (Wagner/Hamburg 1972.)

3023. **Kachani**, Amirachraf Aryanpour: Musik, Tanz und Musikinstrumente im alten Iran. Wien 1973. 235 Bl. W ph

Sowjetunion/China

3024. **Huth**, Arno: Die Musikinstrumente Ost-Turkestans bis zum 11. Jahrhundert nach Chr. Berlin 1928. 53 S. B ph 1928

Syrien

3025. **Michaelides**, Nefen: Das Grundprinzip der altarabischen Quasidah in der musikalischen Form syrischer Volkslieder. Halle 1972. 108 gez. Bl. mit Notenbeisp. HAL ph Diss.A nA Mav   U.72.1512

Türkei

3026. **Friedrich**, Wilhelm: Die älteste türkische Beschreibung von Musikinstrumenten aus dem Anfang des 15. Jahrhunderts von Aḥmedoglu Šükrüllāh. Breslau 1944. BR ph nA   U.44.1818

3027. **Oransay**, Gültekin: Die melodische Linie und der Begriff Makam der traditionellen türkischen Kunstmusik vom 15. bis zum 19. Jahrhundert. München 1966. 143 S. mit Notenbeispielen. M ph 1966 nA U.66.12263
Im Handel: Ankaraner Beiträge zur Musikforschung in Erinnerung an Maragah Abdulkadir und Mahmut Ragip Gazimihāl, 3.

3028. **Reiche**, Jens Peter: Stilelemente süd-türkischer Davul-Zurna-Stücke. Ein Beitrag zur Unters. d. mediterranen Spielpraxis v. Trommel u. Oboe. Berlin 1968. S. 9-54 mit Notenbeisp. B-F ph bA U.69.17405 Aus: Jahrbuch f. musikalische Volks- u. Völkerkunde. 5.

3029. **Ahrens**, Christian: Instrumentale Musikstile an der osttürkischen Schwarz-meerküste. Eine vergleichende Untersuchung der Spielpraxis von davul, kemençe und tulum. Berlin 1970. 202 S. B-F 1970 bA Im Handel: Renner/München 1970.

3030. **Sieglin**, Angelika: Untersuchungen zur Kompositionstechnik in den Peşrev des Tanburi Cemil Bey. Berlin 1975. 130 S. B-F Magisterarbeit Im Handel: Beiträge zur Ethnomusikologie. 5. (Wagner/Hamburg 1975.)

3031. **Okyay**, Erdogan: Melodische Gestaltelemente in den türkischen Kirik Hava. 1975. 129 S.: Notenbeisp. B-F, Fachber. Kunstwiss. U.76.15033

Tunesien

3032. **Lachmann**, Robert: Die Musik in den tunesischen Städten. o.O. (1923) S. 136-170, 10 S. Aus: Archiv f. Musikwissenschaft, 1923, B ph 1922 nA
U.23.543

NATUR– UND GEHEIMWISSENSCHAFTEN

3033. **Geyer**, Rudolf: Das Buch über die Namen der wilden Tiere von al-'Aşma ᶜ ī Wien 1884. W ph 1884

3034. **Loewenthal**, Albert: Dominicus Grundisalvi und sein psychologisches Compendium. Ein Beitrag zur Geschichte der philosophischen Littera-tur bei Arabern, Juden und Christen. Teil I. Berlin 1890. 1 Bl., 35 S. KB ph 1890

3035. **Haffner**, August: Das Kitāb-al-chail von al-'Aşma'ī. Ha W ph 1892

337

3036. **Ansbacher**, Jonas: Die Abschnitte über die Geister und wunderbaren Geschöpfe aus Qazwīnī's Kosmographie zum ersten Male ins Deutsche übertragen und mit Anmerkungen versehen. Kirchhain N.-L. 1905. 44 S. ER ph 1906

3037. **Ibel**, Thomas: Die Wage im Altertum und Mittelalter. Erlangen 1908. 187 S. ER ph (Enthält Abschnitte über den islamischen Bereich.)
U.09.832

3038. **Nagelberg**, Samuel: Kitāb aš-šaǧar. Ein botanisches Lexikon, zum ersten Male nach einer Berliner Handschrift ediert, mit Einleitung und kritischen und erörternden Anmerkungen versehen. Kirchhain N.L. 1909. IV, 101 S. Z ph 1909. IV, 101 S. Z ph 1909/10

3039. **Silberberg**, Bruno: Das Pflanzenbuch des Abū Ḥanīfa Aḥmed ibn Dā'ūd ad-Dīnawarī. Ein Beitrag zur Geschichte der Botanik bei den Arabern. Strassburg 1910. 41 S. Aus: Zeitschrift für Assyriologie. 24 (1910), 225-265. BR ph 1910
U.11.745

3040. **Taeschner**, Franz: Die Psychologie Qazwīnīs. Tübingen 1912. 67 S. KI ph
U.12.6001

3041. **Bauerreiß**, Heinrich: Zur Geschichte des spezifischen Gewichtes im Altertum und Mittelalter. Erlangen 1914. 127 S. ER ph   U.14.3308
(Enthält Angaben über den islamischen Bereich.)

3042. **Lantzsch**, Kurt: Abu Jusuf Jakub Alkindi und seine Schrift De medicinarum compositarum gradibus, ein Beitrag zu dem Kapitel Mathematik und Medizin in der Vergangenheit. (Auszug: o.O. u. J. 8 S.) L med
U.20.2740

3043. **Haubold**, Rudolf: Ein Münchner handschriftlicher Text angeblich des Alkindi: De signis astronomiae applicatis ad medicinam. Ha 30 S. Auszug: o.O. (1921) 7 S. L med 1920 (21)   U.21.4775

3044. **Buchner**, Ferdinand: Die Schrift über den Qarasṭūn von Thabit B. Qurra. Erlangen 1921. S. 141-188. Aus: Sitzungsberichte der Physik.-Med. Sozietät in Erlangen. Bd. 52, 53. ER ph   U.21.6286

3045.   **Mayrhofer**, Hans: Kritische Einleitung zu einem arabischen Tier-
buch. Ha 56 S. Auszug: München (1925), 4 Bl. M ph 1911
U.25.7410

3046.   **Winkler**, Hans Alexander: Ueber das Wesen und die Herkunft einiger
arabischer Zaubercharaktere. Ma XI, 79 S. (Auszug nicht gedruckt)
TÜ ph 1925   U.26.6608

3047.   **Schmeller**, Hans: Technische Vorrichtungen der islamischen Welt und
deren Bedeutung für die Geschichte der Naturwissenschaften. Ma 50 S.
ER ph   U.29.1496

3048.   **Strauß**, Bettina: Das Giftbuch des Sānaq. (Teildruck) (Darmstadt
1935) 64 S. B ph   U.35.220
Vollst. erschienen als: Quellen und Studien zur Geschichte der Medizin
und Naturwissenschaften, 4.2.

3049.   **Haschmi**, Mohammed Jahia: Die Quellen des Steinbuches des Berūnī.
Gräfenhainichen 1935. 48 S. BN ph 1935   U.36.1455

3050.   **Taḳi ed Dīn** al-Hilālī: Die Einleitung zu Al-Birunis Steinbuch mit Er-
läuterungen übersetzt. Gräfenhainichen 1941. XXI, 41 S. B ph bA
U.41.629
Im Handel: Sammlung orientalist. Arbeiten, 7 (Harrassowitz/Leipzig.)

3051.   **Krotkoff**, Georg: Al-Qarāfī's Schrift „Das Buch der genauen Beobachtung dessen, was die Blicke erreichen". Wien 1950. W ph

3052.   **Schahpurian**, Reza: Die deskriptive Bedeutung von Ibn-al-Haithams
Optik „Kitāb-al-Manazir" für die Wahrnehmungslehre. Bonn 1960. 66 S.
BN ph 1959   U.69.1453

3053.   **Möller**, Detlef: Studien zur mittelalterlichen arabischen Falknereilitera-
tur. Münster 1963. 169 S. MS ph 1963 nA   U.65.11215
Im Handel: Quellen und Studien zur Geschichte der Jagd, Bd. 10.

3054.   **Goltz**, Dietlinde: Zur Geschichte der Mineralnamen in Pharmazie, Che-
mie und Medizin von den Anfängen bis Paracelsus. Marburg 1966. 72 S.
MR n   U.66.11386
Im Handel: Sudhoffs Archiv, Beih. 14. (Steiner/Wiesbaden 1972.)

3055. **Lutz**, Bernd Friedrich: Das Buch „Alfadol". Unters. und Ausg. nach der Wiener Handschrift 2804. Mit einem Nachtrag von Paul Kunitzsch: Die arabischen Losrichternamen. Heidelberg 1967. 343 S. mit Abb. HD ph U.67.7924

3056. **Magdi**, Cherifa Ismā ʿĪl: Die Kapitel über Traumtheorie und Traumdeutung aus dem Kitāb at-taḥrīr fī ʿilm at-tafsīr des Ḍiyāʾ ad-Dīn al-Ġazīrī (7./13. Jh.) Göttingen 1969. 128, 71 S. GÖ ph 1969 U.69.6323 Im Handel: Islamkundliche Untersuchungen, 10. (Schwarz/Freiburg 1971.)

3057. **Schmitt**, Elisabeth: Lexikalische Untersuchungen zur arabischen Übersetzung von Artemidors Traumbuch. Mainz 1970. 522 S. MZ ph nA Im Handel: Akad. d. Wiss. u. Literatur. Veröffentlichungen der Oriental. Komm. 23. (Steiner/Wiesbaden.)

3058. **Dittberner**, H.: Zur Geschichte der Kenntnis und Ordnung der Salze. 1971. 230 S. F n 1971

3059. **Weisser**, Ursula: Das „Buch über das Geheimnis der Schöpfung" von Pseudo-Apollonius von Tyana. Eine späthellenistische physikalische Kosmogonie. 1974. 10 S. Kurzfassung. F FB 13, Physik

3060. **Schönfeld**, Jutta: Über die Steine: d. 14. Kapitel aus d. „Kitab al-Muršid" d. Muhammad ibn Ahmad at-Tamimi, nach d. Pariser Manuskript hrsg., übers. u. kommentiert. 1976. 260 S. B-F, Fachbereich Philosophie u. Sozialwiss., Diss. 1976 bA U.76.15134 Im Handel: Islamkundliche Untersuchungen. 38. (Schwarz/Freiburg.)

PHILOSOPHIE

3061. **Beer**, Georg: Al-Gazzālī's Maḳāṣid al-Falāsifat. I. Theil: Die Logik. Cap. I-II. Nach der Berliner und Oxforder Handschrift zum ersten Male herausgegeben, übersetzt und mit Vorwort nebst Anmerkungen versehen. Leiden 1888. 4 Bl., 40, 16 S. L ph 1888

3062. **Hannes,** Ludwig: Des Averroës Abhandlung „Über die Möglichkeit der Conjunktion" oder „Über materiellen Intellekt", in d. hebr. Übers. eines Anonymus nach Hss. zum 1. Male hrsg., übers., erl., mit Einl. u. Parallelstellen versehen. Heft 1. Halle a.S. 1892. 54, 11 S., 3 Bl. HAL ph

3063. **De Boer,** Tjitze: Die Ewigkeit der Welt bei Algazzālī und Ibn Rošd. (Erstes Kap. aus: „Die Widersprüche d. Philosophie nach Al-Gazzālī und ihr Ausgleich durch Ibn Rošd.) Strassburg 1894. 2 Bl., 44 S., 1 Bl. ST ph 1894

3064. **Baumstark,** Anton: Syrisch-arabische Biographieen des Aristoteles. Leipzig 1898. 130, 2 S. HD ph Hab 1898

3065. **Worms,** Moses: Die Lehre von der Anfangslosigkeit der Welt bei den mittelalterlichen arabischen Philosophen des Orients und ihre Bekämpfung durch die arabischen Theologen (mutakallimūn) Münster ·i. W. 1900. VIII, 49 S. ER ph 1899
Erschien vollst. in: Beiträge zur Geschichte der Philosophie des Mittelalters, Bd. 3, H. 4.

3066. **Biram,** Arthur: Kitābu'l-masā'il fī'l-ḫilāf beyn al-Baṣrijjīn wa'l-Bagdādijjīn. (Verf.: Abū Rašīd Sa ͨ īd Ibn-Muḥammad an-Naisābūrī.) Al-Kalām fī'l-ǧawāhir. Die atomistische Substanzlehre aus dem Buch der Streitfragen zwischen Basrensern und Bagdadensern (hrsg.) Berlin 1902. 82, 89 S. L ph 1902

3067. **Winter,** Martin: Über Avicennas Opus egregium de anima (liber sextus naturalium) Grundlegender Teil. München 1903. 53 S. ER ph 1903

3068. **Horten,** Max: Buch der Ringsteine Alfārābis neu bearbeitet und mit Auszügen aus dem Kommentar des Emīr Ismaīl el Fārānī erläutert. T. 1. Einleitung und Übersetzung. Münster i.W. 1904. 45 S. BN ph 1904.
Die arabischen Texte ersch. in: Zeitschrift für Assyriologie und verwandte Gebiete, 18 (1904/5) 257-300.

3069. **Iqbal,** S(heikh) M(uhammad): The Development of Metaphysics in Persia. 1908. XII, 195 S. M ph 1907
Im Handel: Luzac/London 1908.

341

3070. **Obermann,** Joel: Prolegomena zu einer kritischen Darstellung der arabischen Philosophie. W ph 1915.

3071. **Eckleben,** Willi: Die abendländischen Avicenna-Kommentare. Leipzig: Edelmann 1921. 24 S. L med   U.21.4755

3072. **Reitzenstein,** Erich: Ein arabisches Theophrastfragment und seine Bedeutung für Epikur und Lucrez. Ma 103 S. (Auszug nicht gedruckt) HD ph 1923 (24)   U.24.5130

3073. **Babad,** Josef: Averroes und die zeitgenössische jüdische und christliche Philosophie. Ma W ph 1932

3074. **Ḥalīfa,** ᶜAbd-al-Ḥakim: The Metaphysics of Rumi. (A critical and hist. sketch) Lahore 1933. VI, 128 HD ph   U.33.6497

3075. **Laubenthal,** Rhabanus: Das Verhältnis des heiligen Thomas von Aquin zu den Arabern in seinem Physikkommentar. Kallmünz 1934. IV, 86 WÜ ph   U.34.5474

3076. **Bonné,** Jakob: Die Erkenntnislehre Alberts d.Gr. mit besonderer Berücksichtigung des arabischen Neuplatonismus. Teildruck. Bonn:Stodieck 1935. 67 S. BN   U.35.6493

3077. **Pines,** Salomon: Beiträge zur islamischen Atomenlehre. Gräfenhainichen 1936. 133 S. B ph   U.36.701
Im Handel: Harrassowitz (Leipzig).

3078. **Lator,** Stefan: Die Logik des Ibn Sab'īn von Murcia. Rom 1942. XXXII, 110 gez. Bl. Ma M ph nA   U.43.4935

3079. **Abū Rīdah,** Muhammad ᶜAbd al-Hādī: Al-Ghazālī und seine Widerlegung der griechischen Philosophie (Tahafut al-Falāsifah) Basel 1952. BA ph 1952. X, 199 S.

3080. **Simon,** Heinrich: Ibn Khalduns Wissenschaft von der menschlichen Kultur. Berlin 1956. VII, 218 gez. Bl. mit eingekl. Schriftproben. Ma B-H ph Hab nA   U.56.135
Im Handel: Beiträge zur Orientalistik, II. (VEB Otto Harrassowitz/ Leipzig 1959.)

3081. **Gätje**, Helmut: Die parva naturalia des Aristoteles in der Bearbeitung des Averroes. Untersuchungen zur arab. Philosophie. o.O. (1955) 372 gez. Bl. Ma (zum Teil vervielfältigt) TÜ ph nA   U.56.8096

3082. **Sahebozzamani (-Khorassani)**, Mohammed-Hassan: Das Verhältnis von Religion und Philosophie bei al-Farabi. Göttingen 1956. 113 gez. Bl. Mav GÖ ph nA   U.56.3127

3083. **Wernst**, Paul: Die Seins- und Gotteslehre des Buches „An-Nukat wa'l Fawā'id" des Ibn Sīnā (Avicenna). Erstmalig veröffentlicht, übersetzt und erklärt nach der Unikum-Hs. Fayzullah 1217. o.O. (1958) VII, 222 gez. Bl., zahlr. Taf. Ma TÜ ph nA   U.58.7660

3084. **Ess**, Josef van: Die Gedankenwelt des Ḥārit ibn Asad al-Muḥāsibī, anhand von Übersetzungen aus seinen Schriften dargestellt und erläutert. Bonn 1959. XXVI, 243 S. BN ph 1959 nA   U.61.1473
Im Handel: Bonner orientalistische Studien. 12 (N.S.) (Selbstverlag des Orientalischen Seminars Bonn.)

3085. **Ghaussy**, Abdul Aziz: Aufbau und System der Philosophie der Wissenschaften im Islam nach al-Kindī, al-Fārābī und Ibn Sīnā in ihren systematischen Werken. Hamburg 1961. 233 S. HH ph Mav nA   U.61.4403

3086. **Ess**, Josef van: Die Erkenntnislehre des ʿAdudaddīn al-Icī. Übersetzung und Kommentar des ersten Buches seiner mawāqif. Frankfurt 1964. IX, 510 S. F ph Hab 1964 nA
Im Handel als: Akad. d. Wiss. u.d. Literatur. Veröffentl. d. Orientalischen Kommission, Bd. 22. (Steiner/Wiesbaden 1966.)

3087. **Mehregan**, Huschang: Der Einfluß der persischen Sprache auf das philosophische Denken der Perser. Wien 1965. V, 418 Bl. Ma W ph 1967

3088. **Kellermann**, Mechthild: Ein pseudoaristotelischer Traktat über die Tugend. Ed. und Übers. d. arab. Fassungen d. Abū Qurra u.d. Ibn aṭ-Ṭayyib. Erlangen-Nürnberg 1966. 234 S. ER ph   U.66.4367

3089. **Asali**, Kamil: Progressive Trends in modern Arabic thought (1798-1918), (1.2.) Berlin 1967. VI, 200 gez. Bl., gez. Bl. 201-327. B-H ph Mav nA   U.67.330

3090. **Daiber**, Hans: Die arabische Übersetzung der Placita philosophorum.
Saarbrücken 1967. VIII, 550 S. SB ph   U.67.13339

3091. **Zakzuk**, Mahmud H.A.: Al-Ghazalis Grundlegung der Philosophie. Mit
einer Erörterung seines philos. Grundansatzes im Vergleich mit Des-
cartes. München 1968. 172 S. M ph 1968   U.68.12556

3092. **Tisini**, Tayeb. Einführung in den Materiebegriff bei den islamisch-arabischen Philosophen im Mittelalter. (Erhellt durch die Untersuchung des
Materiebegriffs bei den zwei Hauptgestalten der griechisch-antiken Philosophie, Demokrit und Aristoteles) Berlin 1968. II, 340 gez. Bl.
B-H ph 1968 Mav nA   U.68.1088

3093. **Fakhouri**, Adel: Reconstruction systématique de quelques théories
d al-Mantiq. Erlangen 1969. 65 S. ER ph 1969

3094. **Schoen**, Ulrich: Determination und Freiheit im arabischen Denken heute – eine christliche Reflexion im Gespräch mit Naturwissenschaften
und Islam. Heidelberg 1972. 226 Bl. HD th nA   U.72.7882

3095. **Endress**, Gerhard: Zwanzig Abschnitte aus der Institutio theologica. In
arab. Übers. Proclus Arabus. Eingel., hrsg. u. erklärt. 1973. 348, 90,
12 S. F ph Hab 1971
Im Handel. Beiruter Texte und Studien. 10. (Steiner/Wiesbaden 1973.)

3096. **Ruland**, Hans-Jochen: Die arabischen Fassungen von zwei Schriften des
Alexander von Aphrodisias: Über d. Vorsehung u. Über d. liberum ar-
bitrium. 1976. X, 235 S. SB ph   U.75.13850

3097. **Schodjaie**, Gholam Ghauß: Das Problem der Freiheit und Determination
im Islam: Versuch e. Vergleiches mit d. abendländ. Philosophie. 1975.
II, 179 S. M ph 1976

3098. **Finianos**, Ghassan. Les grandes divisions de l'être ‚mawjūd' selon Ibn
Sīnā. Fribourg (1976) IV, II, 303 p. FRS ph
Im Handel: Editions universitaires. Freiburg/Schweiz.

3099. Neuwirth, Angelika: ʿAbd al-Laṭīf al-Bagdādīs Bearbeitung von Buch
Lambda der aristotelischen Metaphysik. 1976. XIV, 273 S. GÖ ph nA
Im Handel: Veröffentlichungen der Orientalischen Kommission. 27.
(Steiner/Wiesbaden.)

3100. **Ponzalli,** Ruggero: Averrois in librum V metaphysicorum Aristotelis
commentarius. Ed. condotta su manoscritti scelti con introd., note ed
uno studio storico-filosofico. Friburgo (1971) 270 p. FRS
Im Handel.

POLITIK

Allgemeines

3101. **Eid**, Mohammad Salah-uddīn: Die blockfreien Staaten in den Vereinten Nationen. Heidelberg 1968. 267 S. HD ph 1968 nA
Im Handel.

3102. **Treuheit**, Werner: Sozialismus in Entwicklungsländern. Dargest. an ausgew. Beisp. Aachen 1970. 308 S. AC-T ph   U.70.5499

3103. **Polte**, Winfried: Leistungen sowie Koordinations- und Kooperationsprobleme internationaler Organisationen und Behörden bei Katastropheneinsätzen in Entwicklungsländern. (unter bes. Berücks. d. BRD) 1974. XII, 446 S. K wi-so   U.74.10038

3104. **Friedländer**, Paul: Grundprobleme der Strategie und Politik des Imperialismus gegenüber Entwicklungsländern in der internationalen Klassenauseinandersetzung der Gegenwart / vorgelegt von Dr. Paul Friedländer u. Dr. Gertraud Liebscher. (1.) 1975. XVII, 414 Bl. Tl. 2. 1975. Bl. 415-634. Potsdam, Akad. f. Staats- u. Rechtswiss. d. DDR. Wissenschaftl. Rat, Diss. B. 1976. nA   U.76.2455

3105. **Flegel**, Herbert: Die Entwicklung der internationalen Solidarität der Arbeiterklasse und der anderen Werktätigen sowie der Jugend unter Führung der Sozialistischen Einheitspartei Deutschlands mit der nationalen Befreiungsbewegung in Asien und Afrika: dargest. am Beisp. d. Kreises Pirna in d. Periode d. Übergangs vom Kapitalismus zum Sozialismus in d. DDR. 1977. XII. 406 Bl. Dresden, Pädag. Hochschule, Fak. f. Gesellschafts-, Sprach- u. Kunstwiss., Diss. A. nA

3106. **Evers**, Tilman Tönnies: Bürgerliche Herrschaft in der Dritten Welt: zur Theorie des Staates in ökonomisch unterentwickelten Gesellschaftsformationen. B-F FB 15 Polit. Wiss. Hab
Im Handel: Europäische Verlagsanstalt/Frankfurt.

VORDERER ORIENT

3107. **Hamburger,** Wilhelm: Der Kampf um die politische Neugestaltung des arabisch-asiatischen Raumes. Ma 1940. VII, 252, 37 Bl. W ph 1940

3108. **Muhammad,** Abbas Hilmi: Der arabisch-israelische Konflikt im Spiegel des Völkerrechtes. 1958. IV, 121 Bl. W sw 1958

3109. **Reiners,** Heinrich: Die klassische islamische Staatsidee. Ihre moderne Interpretation und ihre Verwirklichung in den Verfassungsordnungen muslimischer Staaten. Münster 1968. XXXIII, 199 S. MS rs 1968

3110. **Doberenz,** Günther: Die amerikanische Nahostpolitik von 1956-1958. (1.2.) Halle 1969. VIII, 252 gez. Bl. 252-278. HAL ph Mav nA
U.69.7101

3111. **Akrami,** Reza: Zusammenarbeit zwischen den Staaten des Cento-Pakts auf politischem, wirtschaftlichem und kulturellem Gebiet und deren Schwierigkeiten in der jüngsten Vergangenheit. Bonn 1970. 1242 S. BN ph
U.70.5776

3112. **El Sayed,** Raouf Abdel: The Baghdad Pact in world politics. Genève 1971. 302 p. GE

3113. **Bator,** Angelika: Die Haupttendenzen der amerikanischen Nahost-politik seit dem Ende des zweiten Weltkrieges bis zu Beginn der sieb-ziger Jahre. Leipzig 1972. 280 Bl. L, Sekt. Afrika- u. Nahostwiss., Diss. A Mav nA
U.72.1816

3114. **Gosouse,** Simaan Michael: The Israeli aggression and responsibility in international law. Berlin 1972. 138 gez. Bl. B-H gw Mav nA U.72.226

3115. **Ayyash,** Fawzi: Das Verhältnis von Bürger und Staat im Islam. Graz 1973. Bl. A-B, 151, 4 Bl. GZ s Ma

3116. **Hussain,** Ghasi: Politische Aspekte der Nahostfrage und völkerrecht-liche Analyse der israelischen Juni-Aggression von 1967. 1973. VI, 376 Bl. L, Univ., Wissenschaftl. Rat, Diss. B Mav nA
U.74.1896

3117. **Maull**, Hanns Walter: Konflikt und Konfliktverhalten: eine Fallstudie, d. Rolle Ägyptens, Syriens u. Jordaniens im Konflikt mit Israel. 1973. V, 334, XI S. M ph 1975   U.76.12243

3118. **Timm**, Klaus: Soziale, nationale und ideologische Aspekte der revolutionären Umgestaltung im Vorderen Orient, insbesondere in der Arabischen Republik Ägypten. T. 1: 1974. LXXIV, 377 Bl. T. 2: 1974. 195 Bl. L Diss. B Mav nA   U.74.1913

3119. **Salem**, Samir Abdel Rahman: Zu theoretischen und praktischen Problemen der völkerrechtlichen Verantwortlichkeit, unter Berücksichtigung der Aggression Israels gegen die arabischen Staaten. 1976. 227 gez. Bl. L Diss. A nA

3120. **Kokxhoorn**, Nicoline: Oil and politics: the domestic roots of US expansion in the Middle East. 1977. XII, 291 S. B-F pol. 1976 bA Im Handel.

Arabische Länder

3121. **Badr**, A. Schauky: Die politischen und sozialen Ziele der Moslembrüder. Graz 1968. 105, 2 Bl. GZ s 1972 Mav

3122. **Amad**, Adnan: Die politisch-soziale Problematik der arabischen Einheitsbestrebungen. Köln 1969. 216 S. K wi-so 1969

3123. **Schoneweg**, Egon: Nationale Emanzipationsbewegungen im Maghreb. Heidelberg 1969. X, 562 S. HD ph   U.70.11048

3124. **Karboul**, Mohamed: Politische und sozialökonomische Probleme der Integration des Maghreb. Köln 1971. 255 S. K wi-so 1971   U.71.6687

3125. **Hajjaj**, Aref Said: Der Panarabismus Gamal Abdel-Nassers. 1971. XXIII, 225 S. HD ph-hs 1971   U.71.5578

3126. **Höpp**, Gerhard: Zur Rolle und Funktion kleinbürgerlicher Kräfte in den geistigen Auseinandersetzungen in den arabischen Ländern. Ein Beitr. z. Untersuchung d. ideol. Klassenkampfes in d. nationalen Befreiungsbewegung d. arab. Völker. Leipzig 1972. IV, 349 gez. Bl. L, Sekt. Afrika- u. Nahostwiss. Diss. A nA Mav   U.72.1885

3127. **El-Mani**, Abdul Ghani: Gewaltenteilung und Personifikation der Staatsmacht arabischer Staaten in vergleichender Sicht. Wien 1973. Bl. b-j, 320 Bl. W s 1974 Ma

3128. **Ramadhani**, Mazin Ismail Al-: Die Liga der Arabischen Staaten (LAS). Studie zu ihrer Entstehung, Organisation u. ihren Aktivitäten. 1974. XX, 532 S. FR ph

3129. **Benard**, Cheryl Christa: Arabischer Nationalismus? Studien zur polit. Bewußtseinsbildung d. arab. Welt. Wien 1974. 239, 14 Bl. W ph Ma

3130. **Abediseid**, Mohammad: Probleme und Krisen der deutsch-arabischen Beziehungen im Hinblick auf den Nahost-Konflikt. 1974. 438 S. REG ph
U.75.13629

3131. **Shawkat**, Khurschid: Europa und der Nahe Osten in der internationalen Politik der Gegenwart. (ein Beitr. zur Theorie d. internat. Beziehungen in bezug auf d. Lösung regionaler Probleme) 1975. 181, 49, 11 Bl. L Diss. A Mav nA U.75.2523

3132. **Watti**, Mohamed Moustafa: Analyse des nationalen Interesses am Beispiel der deutsch-arabischen Beziehungen. 1976. III, 279 S. BO Abt. f. Sozialwiss. Im Handel: Brockmeyer/Bochum.

3133. **Hamdan**, Hassan: Nassers Rolle in der Außenpolitik der arabischen Staaten von 1954 bis 1964. 1977. 307 S. BN ph 1976

3134. **Nashashibi**, Muhyi Eddin: Die panarabische Bewegung 1945-1970. 1977. 187 S. B-F pol

3135. **Roman**, Jochanan Hans: Interpretation und völkerrechtliche Bedeutung des Sinai-Abkommens zwischen Israel und Ägypten vom 4. September 1975 unter Berücksichtigung des Ergänzungsabkommens mit den Vereinigten Staaten. Heidelberg 1977. 172 S. HD j 1977 Im Handel: Schriften zum Völkerrecht. 59. (Duncker u. Humblot/ Berlin 1978.)

3136. **Hirschfeld**, Ronald: Die Beziehungen der DDR zu Algerien, Syrien und der VAR zwischen 1953-1970: Theorie u. Praxis der DDR-Außenpolitik in der 3. (Dritten) Welt. 1978. 302 S. BN ph

Ägypten

3137. **Fayed**, Mustapha Kamal: Entwicklung der Verfassung Ägyptens. 1927. 68 Bl. GZ 1927

3138. **Hebel**, Wilhelm von: Das Suezkanalproblem vom völkerrechtlichen Standpunkt. o.O. (1959) XII, 136 gez. Bl. Ma WÜ rs   U.59.7853

3139. **Pfahlberg**, Bernhard: Zur Politik afro-asiatischer Staaten in den Vereinten Nationen. Indien, Indonesien, Pakistan, die Philippinen und die Vereinigte Arabische Republik in Generalversammlung und Sicherheitsrat der Vereinten Nationen während der Jahre 1945-1960. Freiburg i.B. 1963. 283 S. FR ph 1963 bA   U.66.5514
Im Handel: Sozialwissenschaftliche Beiträge zur Entwicklungsforschung, Bd. 4.

3140. **Assassa**, Sami: Die Entstehung der Vereinigten Arabischen Republik und die Entwicklung, die zum Austritt Syriens im September 1961 geführt hat. Berlin 1965. XXV, 167 S. B-F ph   U.65.1123

3141. **Westphal**, Horst: Zur Rolle der in der VAR/Ägypten gebildeten Sammlungsbewegungen: Befreiungsorganisation „At-Tahrir", Nationale Union, Arabische Sozialistische Union. Potsdam 1965. 335, 64, 86 gez. Bl. Ma POT Ak. f. Staats- und Rechtswiss. nA   U.65.11390

3142. **Weiss**, Gerhard: Wesen und Inhalt der neuen Etappe in den Beziehungen zwischen der Deutschen Demokratischen Republik und der Vereinigten Arabischen Republik. Berlin 1965. 172 gez. Bl. B-H wi nA U.66.571

3143. **Ule**, Wolfgang: Der arabische Sozialismus und der zeitgenössische Islam. Dargestellt am Beispiel Ägyptens und des Iraks. Opladen 1969. 263 S. HD ph 1968 nA   U.69.9006
Im Handel: Schriften des Deutschen Orient-Instituts. Materialien und Dokumente (Leske/Opladen.)

3144. **Hajjaj**, Aref Said: Der Panarabismus Gamal Abdel-Nassers. 1971. XXIII, 225 S. HD ph-hs 1971   U.71.5578

3145. **Darrar**, Ezzat: Verfassungsreform in Ägypten. (V.A.R.) (Innsbruck) 1971. XIV, 327 Bl. IN s Ma 1972

3146. **Büren**, Rainer: Nassers Ägypten als arabisches Verfassungsmodell. Kiel 1972. 171 S. KI nA j   U.73.8428
Im Handel: Schriften des deutschen Orientinstituts (Leske/Opladen.)

3147. **Abd-El Moneim Hefny**, Magdy: The proposed project for a merger between Egypt and Libya. The economic possibilities and the future. Berlin 1973. VIII, 320 gez. Bl. B-ÖK Diss. A. Mav nA   U.73.444

3148. **Maull**, Hanns Walter: Konflikt und Konfliktverhalten. Eine Fallstudie. Die Rolle Ägyptens, Syriens u. Jordaniens im Konflikt mit Israel. 1973. V, 334, XI S. M ph 1975   U.76.12243

3149. **Dassuqi**, as-Saijid Ad-: Die Gewaltentrennung im ägyptischen Verfassungsrecht. (Wien 1974) 160 Bl. W s Ma

3150. **Timm**, Klaus: Soziale, nationale und ideologische Aspekte der revolutionären Umgestaltung im Vorderen Orient, insbesondere in der Arabischen Republik Ägypten. T. 1: 1974. LXXIV, 377 Bl. T. 2: 1974. 195 Bl. L Diss.B Mav nA   U.74.1913

3151. **Soliman**, Abdel Meguid Abdel Hafiz Ibrahim: Die Grundsätze des Staatsaufbaus in der Deutschen Demokratischen Republik und in der Arabischen Republik Ägypten. 1975. 344 Bl. HAL F.f. Rechts- u. Wirtschaftswiss. Diss. A Mav nA   U.75.1808

3152. **Mahmoud**, Salah El-Din Aly: Die ägyptische Polizei in Vergangenheit und Gegenwart bei der weiteren Demokratisierung des Polizeiapparats in der ARÄ. 1976. IV, 408 Bl. L j Diss. A Mav nA   U.76.2193

3153. **Hamdan**, Hassan: Nassers Rolle in der Außenpolitik der arabischen Staaten von 1954 bis 1964. 1977. 307 S. BN ph 1976

3154. **Haggag**, Moustafa: Politische Aspekte des Deutschlandbildes in der
veröffentlichten Meinung Ägyptens: 1964-1972. 1977. 166 S. AC-T ph
Im Handel: Europäische Hochschulschriften. Reihe 31. Politikwiss.
10. (Lang/Frankfurt am Main, Bern.)

3155. **Shanneik**, Ghazi Y.: Die Entwicklung des ägyptischen Militärregimes
unter besonderer Berücksichtigung der ägyptisch-sowjetischen Beziehungen 1952-1970. 1978. XIII, 198 S. GÖ wi-so

Afghanistan

3156. **Massoun**, Gholam Sachi: Der völkerrechtliche Status von Afghanistan.
Hamburg 1960. VI, 180, VII gez. Bl. HH j Ma nA   U.60.3741

3157. **Abawi**, Khalil Ahmad: Der Kampf des pachtunischen Volkes um die
Unabhängigkeit seiner Heimat Pachtunistan. Ein Selbstbestimmungs-
problem in Zentralasien. Freiburg i.B. 1962. XII, 155 S. FR rs

U.62.3164

3158. **Nursai**, Ata Mohammed: Materialien und Wege für eine Reform der
staatlichen Verwaltungsstruktur in Afghanistan. Köln 1963. IX, 91 S.
K j   U.63.6111

3159. **Daftarie**, Mohammed Osman: Die Neutralität Afghanistans. Freiburg
i.B. 1966. XV, 142 S. FR rs   U.66.5006

3160. **Fröhlich**, Dieter: Nationalismus und Nationalstaat in Entwicklungsländern. Probleme d. Integration ethn. Gruppen in Afghanistan. Köln
1969. 250 S. K wi-so 1969 nA
Im Handel.

3161. **Mokhtarzada**, Mohammed Taufig: Entstehung und Entwicklung der
deutsch-afghanischen Beziehungen. Unter bes. Berücks. d. Entwicklungshilfe d. Bundesrepublik Deutschland f. Afghanistan während d.
1. Entwicklungsdekade. Berlin 1972. 232 S. B-F pol   U.72.13207

3162. **Tanneberger,** Hans-Georg: Das Verhältnis der Volksrepublik China zum Völkerrecht: unter bes. Berücks. d. histor. Erfahrungen d. Landes mit d. sogen. „ungleichen Verträgen" seit d. Frieden von Nanking (1842) u. d. eigenen Vertragspraxis gegenüber d. sechs asiat. Staaten (Afghanistan, Birma, Ceylon, Indonesien, Nepal, Pakistan) 1974. 351 S. BO j
U.74.3228

Algerien

3163. **Schoneweg,** Egon: Nationale Emanzipationsbewegungen im Maghreb. Heidelberg 1969. X, 562 S. HD ph
U.70.11048

3164. **Karboul,** Mohamed: Politische und sozialökonomische Probleme der Integration des Maghreb. Köln 1971. 255 S. K wi-so
U.71.6687

3165. **Gschwind,** Alexander: Die Entwicklung von Partei und Staat im unabhängigen Algerien (1962-1977). 1977. XIV, 252 S. BA j nA

3166. **Hirschfeld,** Ronald: Die Beziehungen der DDR zu Algerien, Syrien und der VAR zwischen 1953-1970. Theorie und Praxis der DDR-Außenpolitik in der 3. Welt. 1978. 302 S. BN ph

Golfstaaten

3167. **Eftekhari,** Mansur: Die Bahrein-Insel und ihre völkerrechtlichen Aspekte. Wien 1971. III, 134 Bl. W s 1972

Irak

3168. **Al-Hilli,** Fadhil Abdul Ameer: Das Kabinett im Irak. o.O. (1946) I, 87 gez. Bl. Ma FR rs 1946 nA
U.45/48.3096

3169. **El-Fartosy,** Mohammed-Hussein: Du principe de la responsabilité politique des ministres et de son application éventuelle en Irak. Neuchâtel 1956. 125 S. NEU j

3170. **Al-Ani**, Ali Ghalib. La vie parlementaire en Irak (de 1921-1957) 149 S.
NEU j

3171. **Ivens**, Hans: Die Entwicklung von Beziehungen der Gleichberechtigung
und Gleichseitigkeit zwischen der Deutschen Demokratischen Republik
und der Republik Irak im gemeinsamen Kampf beider Länder gegen im-
perialistische Kriegs- und Kolonialpolitik in der gegenwärtigen Etappe der
Übergangsperiode von Kapitalismus zum Sozialismus. Leipzig 1962. L j
nA   U.62.6312

3172. **Ule**, Wolfgang: Der arabische Sozialismus und der zeitgenössische Islam.
Dargestellt am Beispiel Ägyptens und des Iraks. Opladen 1969. 263 S.
HD ph 1968 nA   U.69.9006
Im Handel: Schriften des Deutschen Orient-Instituts. Materialien und Do-
kumente (Leske/Opladen.)

3173. **Vanly**, Ismet Chériff: La question nationale du Kurdistan irakien. Etude
de la révolution de 1961. Lausanne 1970. 419 p. LAU pol
Im Handel.

3174. **Qassim**, Abdul Settar Naji: Die Entstehung der Verfassung der Republik
Irak vom 27. Juli 1958 und ihre Perspektiven. Berlin 1971. 164 gez. Bl.
B-H gw Diss. A nA   U.72.479

3175. **Yasiri**, Ayad al-: Schatt-el-Arab als irakisch-iranische Grenzfrage. Wien
1972. III, 169, XXXVIII Bl. W s Ma

3176. **Fayadh**, Hamid: Die Stellung der Regierungsgewalt im Irak seit der Unabhängigkeit mit besonderer Berücksichtigung ihres Verhältnisses zum Parlament. Wien 1973. IV, 160 Bl. W s Ma 1974

Iran

3177. **Tonkaboni**, Seyed Mohammed Reza: Der Parlamentarismus in Iran. München 1961. VI, 241 S. M j   U.61.7070

3178. **Kaviani**, Bijan: Das Problem demokratischer Wahlen im Iran. Tübingen
1963. VII, 162 S. TÜ rw   U.63.9625

3179. **Aram**, Ali Akbar Schamsse: Elemente des gegenwärtigen iranischen Regierungssystems. Heidelberg 1966. V, 141 S. HD ph   U.66.8042

3180. **Zia**, Hossein: Die Rolle der Religion bei der Entstehung und Entwicklung des Parlamentarismus im Iran. Heidelberg 1970. 171 S. HD, F.f. Orientalistik u. Altertumswiss.   U.70.11195

3181. **Soleimanfard**, Mohammad: Die persische Verfassung. Ihre Entwicklung u. Grundzüge. Wien 1971. 116, XXXV Bl. W s 1972 Ma

3182. **Yasiri**, Ayad al-: Schatt-el-Arab als irakisch-iranische Grenzfrage. Wien 1972. III, 169, XXXVIII Bl. W s Ma

3183. **Borzoui**, Farzin: Das Wirken des Staatsmannes Ahmad Qawam in der iranischen Politik: unter bes. Berücks. s. Vertragswerkes mit d. Sowjetunion. 1975. VII, 188 S. HD ph   U.75.9238

3184. **Warahram**, Gholamreza: Die USA und der Iran: e. Unters. zur Entwicklung d. iran.-amerikan. Beziehungen bis 1963. 1975. V, 210 S. HH hs

U.76.7861

3185. **Pourkian**, Dariush: Die militärischen Beziehungen der USA zum Iran: eine Fallstudie zur Penetration. Teil 1: 1942-1953. 1978. XCII, 474 S. HH wi nA
Im Handel: Haag und Herchen/Frankfurt 1978.

Jemen

3186. **Hammoud**, Said Mahmoud: Die Süd-Arabische Föderation. (Eine geschichtl. u. völkerrechtl. Studie) (Wien 1967) V, 127, VI Bl. W s

3187. **Azzazi**, Mohamed El-: Die Entwicklung der Arabischen Republik Jemen: sozio-polit. Grundlagen d. Administration. 1976. X, 231 S. BO Abt. f. Sozialwissenschaften
Im Handel: Bochumer Materialien zur Entwicklungsforschung und Entwicklungspolitik. 7. (Erdmann/Tübingen, Basel.)

Jordanien

3188. **Haas,** Marcus: Husseins Königreich: Jordaniens Stellung im Nahen Osten. 1975. XVII, 730 S. M ph bA U.75.12429
Im Handel.

3189. **Maull,** Hanns Walter: Konflikt und Konfliktverhalten. Eine Fallstudie. Die Rolle Ägyptens, Syriens u. Jordaniens im Konflikt mit Israel. 1973. V, 334, XI S. M ph 1975 U.76.12243

Libyen

3190. **Abd-El Moneim Hefny,** Magdy: The proposed project for a merger between Egypt and Libya. The economic possitilities and the future. Berlin 1973. VIII, 320 S. B-ÖK Diss. A Mav nA U.73.444

Marokko

3191. **Schoneweg,** Egon: Nationale Emanzipationsbewegungen im Maghreb. Heidelberg 1969. X, 562 S. HD ph U.70.11048

3192. **Karboul,** Mohamed: Politische und sozialökonomische Probleme der Integration des Maghreb. Köln 1971. 255 S. K wi-so U.71.6687

3193. **Henselder,** Helga: Marokko zwischen Demokratie und Diktatur. Köln 1971. 574 S. K wi-so U.72.8675

Mauretanien

3194. **Harding,** Leonhard: Französische Religionspolitik in Westafrika: ,,Soudan Français" 1895-1920. 1972. 355 S. B-F Fachber. Ges. 1972U.72.13068

Palästina/Israel

3195. **Blume,** Fritz: Der Status Jerusalems. Eine völkerrechtliche Betrachtung. Göttingen 1955. XIII, 137 S. GÖ rs nA U.56.2907

3196. **Feldmann,** Renate: Die amerikanische Politik bei der Gründung des Staates Israel. Eine krit. Analyse. Freiburg i.B. 1962. V, 205, XXXI S. FR ph
U.62.3418

3197. **Coburger,** Dieter: Die Beziehungen zwischen der westdeutschen Bundesrepublik und Israel von 1949 bis 1961. Unter bes. Berücks. d. sogen. Wiedergutmachungsabkommens. Leipzig 1964. 429 gez. Bl. L ph nA
U.64.7543

3198. **Schmidt-Sibeth,** Hans: Die völkerrechtlichen Probleme der Entstehung des Staates Israel. München 1965. XXIV, 88 S. M j U.65.9672

3199. **Bopst,** Wolf-Dieter: Die arabischen Palästinaflüchtlinge. Ein sozial-geogr. Beitr. zur Erforschung des Flüchtlingsproblems. München 1967. 198 S. M sw 1967 bA U.69.13603
Im Handel: Münchner Studien zur Sozial- und Wirtschaftsgeographie, Bd. 3.

3200. **Stolz,** Peter: Politische Entscheidungen in der Versammlungsdemokratie. Untersuchungen z. kollektiven Entscheid in d. athenischen Demokratie, im schweizer. Landsgemeindekanton Glarus u. im Kibbuz. 1968. 207 S. BA
Im Handel: Haupt/Bern, Stuttgart.

3201. **Epstein,** Curt: Israel: Das Werden d. Staates u.d. Verwirklichung d. Gewaltenteilung. Würzburg 1968. XV, 260 S. WÜ rs U.68.14841

3202. **Altamemi,** Younes Rabaie: Die Palästinaflüchtlinge und die Vereinten Nationen. Wien 1970. IV, 290 Bl. W s Ma 1970
Im Handel: Abhandlungen zu Flüchtlingsfragen. 7. (Braumüller/Stuttgart, Wien 1974.)

3203. **Dippmann,** Klaus J(ohannes): Die Außenpolitik des Staates Israel 1948-1970. Eine politol.-krit. Analyse. Braunschweig 1971. 600 S. BS-T ph u. sozialwiss. 1971 U.72.3630

3204. **Gosouse**, Simaan Michael: The Israeli aggression and responsibility in international law. Berlin 1972. 138 gez. Bl. B-H gw Mav nA U.72.226

3205. **Raz**, Zeev (ursprüngl.:) (Wolf) Rosenthal: Israels politisches System und Ben Gurion. Analyse. Köln 1972. 485 S. K ph   U.72.8852

3206. **Steiner**, Moshe: Die Histadrut als Modellfall der maximalen Funktionalität der Gewerkschaftsbewegung. Wien 1973. III, 138 Bl. W-HW 1974 Ma

3207. **Heil**, Hans Jürgen: Von der zionistischen Utopie zum Staate Israel: ein Staatsentwurf und seine Verwirklichung. Eine Unters. zum Verhältnis v. Utopie u. Realität. Würzburg 1973. 220 S. WÜ j   U.73.12941

3208. **Fried**, Melvin: Israels Besatzungspolitik 1967-1972: eine Fallstudie über Politik, Wirtschaft u. Verwaltung in militär. besetzten Gebieten. 1975. IV, 420 S. TÜ, Fachbereich Sozial- u. Verhaltenswiss., Pädagogik.
U.75.14332

3209. **Martin**, Wolf-Peter: Rückkehr der herrschenden Klasse? Unters. zur Entstehung d. Klassengesellschaft in Palästina. 1975. 262 S. HH FB Philosophie, Sozialwiss.   U.75.8385

3210. **Treffer**, Gerd: Israels Identitätskrise: Israel zwischen Judaismus, Zionismus. und Israelismus. 1975. 180 S. M ph bA   U.76.12462
Im Handel: Tu duv-Verlagsgesellschaft/München 1975.

3211. **Maull**, Hanns Walter: Konflikt und Konfliktverhalten. Eine Fallstudie. Die Rolle Ägyptens, Syriens u. Jordaniens im Konflikt mit Israel. 1973. V, 334, XI S. M ph 1975   U.76.12243

3212. **Mulhi**, Ahmed Alwan: Die Entwicklung der palästinensischen Frage nach 1967 unter besonderer Berücksichtigung der Einschätzung von Kampfformen (bewaffneter Kampf in den okkupierten Gebieten, politischer Kampf, individueller Terror und andere) zur Lösung des palästinensischen Problems: jur. Aspekte samt ihrer Aufwirkung auf d. internat. Beziehungen. 1976. XXII, 167 Bl. L j Diss. A nA

3213. **Wehling**, Gerd-Rudolf: Die politischen Parteien im Verfassungssystem Israels. 1977. XVI, 238 S. KI j 1975/76
Im Handel: Studien aus dem Institut für Internationales Recht an der Universität Kiel. 2. (Duncker u. Humblot/Berlin 1977.)

3214. **Roman**, Jochanan Hans: Interpretation und völkerrechtliche Bedeutung des Sinai-Abkommens zwischen Israel und Ägypten vom 4. September 1975 unter Berücksichtigung des Ergänzungsabkommens mit den Vereinigten Staaten. Heidelberg 1977. 172 S. HD j 1977
Im Handel: Schriften zum Völkerrecht. 59. (Duncker u. Humblot/Berlin 1978.)

3215. **Orland**, Nachum: Israels Revisionisten: Die geistigen Väter Menachem Begins. München 1978. II, 220 S. M ph
Im Handel:tu duv-Buch:Reihe Politologie, Soziologie. 5. (tuduv-Verlagsgesellschaft/München.)

Sudan

3216. **Ibrahim**, Elsayim Mohammed: Der Kampf der antiimperialistischen, nationalen Befreiungsbewegungen um die Verwirklichung des nationalen Selbstbestimmungsrechtes nach dem 2. Weltkrieg, dargestellt am Beispiel der Republik Sudan. Potsdam-Babelsberg 1960. 101 gez. Bl. Ma POT Ak. f. Staats- und Rechtswiss. nA

3217. **El-Badrawi**, Abdul Monem: Die Entwicklung der Demokratie im Sudan von 1936 bis 1968. Bonn 1971. IV, 146 S. BN ph   U.71.2164

3218. **Elkhider**, Fathelaleem M.: Die Entwicklung des Südsudan-Problems. Wien 1972. III, 152 Bl. W s Ma

3219. **Breier**, Horst: Intelligenzia und Politik im Südsudan: der Weg von der Legalität in d. Revolution. 1975. VIII, 407 S. AC-T   U.75.3200

3220. **Gritsch**, Mario: Die Beziehungen Österreich-Ungarns zum ägypt. Sudan. Die staatl., kirchl. sowie privaten Interessen u. Unternehmungen in diesem Raume. Wien 1975. Bl. a-d, III, 396 Bl. W ph Ma

3221. **El-Hassan**, Abdelmarouf Abdalla Mohammed: Zu einigen Fragen des politischen und ideologischen Klassenkampfes im arabischen Raum unter besonderer Berücksichtigung der Entwicklung im Sudan. 1977. II, 163 Bl. L, Sekt. Marxist.-leninistischen Philosophie/Wissenschaftl. Kommunismus, Diss. A 1977 nA

3222. **Bob**, Abdel Magid Mohammed Ali: Zur Rolle und Funktion des Kleinbürgertums in den politisch-ideologischen Auseinandersetzungen der Gegenwart im Sudan. 1977. IV, 172 Bl., L., Sekt. Afrika-Nahost-Wiss., Diss. A nA

Syrien

3223. **Pfahlberg**, Bernhard: Zur Politik afro-asiatischer Staaten in den Vereinten Nationen. Indien, Indonesien, Pakistan, die Philippinen und die Vereinigte Arabische Republik in Generalversammlung und Sicherheitsrat der Vereinten Nationen während der Jahre 1945-1960. Freiburg i.B. 1963, 283 S. FR ph 1963 bA   U.66.5514
Im Handel: Sozialwissenschaftliche Beiträge zur Entwicklungsforschung, Bd. 4.

3224. **Assassa**, Sami: Die Entstehung der Vereinigten Arabischen Republik und die Entwicklung, die zum Austritt Syriens im September 1961 geführt hat. Berlin 1965. XXV, 167 S. B-F ph   U.65.1123

3225. **Scharf**, Hans: Gegenwartsprobleme des politisch-ideologischen Kampfes und der politischen Macht im Prozeß der nationaldemokratischen Revolution in der Syrischen Arabischen Republik (1966-1969). (1.2.) Leipzig 1970. VII, 252, 146 gez. Bl. Mav L Sektion Afrika- und Nahostwiss. 1970 nA

3226. **Al-Zoobi**, Mohamad: Die Haltung der Baath-Partei zum Klassenkampf: ein Beitr. zur Geschichte d. Baath-Partei in Syrien von 1947 bis 1963. 1972. 250 Bl. L Sekt. Afrika- u. Nahostwiss., Diss. A Mav nA
U.75.2578

3227. **Maull**, Hanns Walter: Konflikt und Konfliktverhalten. Eine Fallstudie. Die Rolle Ägyptens, Syriens u. Jordaniens im Konflikt mit Israel. 1973. V, 334, XI S. M ph 1975   U.76.12243

3228. **Reissner, Johannes:** Ideologie und Politik der Muslimbrüder Syriens. Von den Wahlen 1947 bis zum Verbot unter Adīb aš-Šišakli. 1977 (?) ca. 450 S. B-F
Im Handel: Islamkundliche Untersuchungen. 55. (Schwarz/Freiburg 1980.)

3229. **Falioun, Hussam Eddin:** Die Baath-Partei: die wirtschaftl. u. gesellschaftl. Voraussetzungen für eine sozialist. Politik in den Entwicklungsländern – dargest. am Beisp. d. Baath-Partei Syriens. 1977. VII, 391 S. MS wi-so 1975   U.76.12657

3230. **Hirschfeld, Ronald:** Die Beziehungen der DDR zu Algerien, Syrien und der VAR zwischen 1953-1970. Theorie u. Praxis der DDR-Außenpolitik in der 3. Welt. 1978. 302 S. BN ph

Türkei

3231. **Jawuz, Muḥammad (Yavuz, Mehmet):** Die Stellung des Präsidenten der türkischen Republik m. bes. Berücksichtigung d. deutschen Reichspräsidenten. Bruchsal 1933. 84 S. HD j   U.33.3421

3232. **Gözübüyük, A. Şeref:** La condition des membres de la Grande assemblée nationale de Turquie. Freiburg/Schweiz 1955. 91 S. FRS j

3233. **Molu, Sait:** Die auswärtige Gewalt des türkischen Staates. Göttingen 1955. XII, 148 gez. Bl. GÖ rs Mav nA   U.55.3141

3234. **Veliagagil, Hasan Tahsin:** Parlament und Regierung in der türkischen Verfassung von 1961. Frankfurt 1966. 119 S. F j 1966   U.66.4527

3235. **Çadırçıoglu, Ali Turhan:** La Turquie et l'integration progressive de l'Europe. Neuchâtel 1961. 332 S. NEU

3236. **Michaelides, Michael:** Die Stellung der Türkei und Griechenlands zum Zypernproblem im Rahmen der USA-Globalstrategie. Leipzig 1970. V, 154 gez. Bl. L Sekt. Afrika- u. Nahostwiss. Mav nA   U.70.4107

3237. Ulucan, Devrim: Streik und Aussperrung in der Türkei. Köln 1971. XIII, 156 S. K j   U.71.6894

3238. Günday, Metin: Parteiwesen in der Bundesrepublik Deutschland und in der Türkei. Heidelberg 1972. V, 153 S. HD j 1972   U.72.7532

3239. Demircioğlu, Atillá Murat: Die Rechtsstellung der Gewerkschaften in der Schweiz. Mit einem kurzen Blick auf das türkische Recht. Bern 1975. VI, XXIV, 241 S. BE j
Im Handel: Europäische Hochschulschriften. Reihe 2, Rechtswissenschaft. 123. (Lang/Bern, Frankfurt.)

3240. Jegodzinski, Sybille: Grundlagen und Konzepte einer strukturorientierten Ausländerpolitik: das Beispiel d. Bundesrepublik Deutschland. Hamburg 1977. VII, 178 (44) S. HH wi 1976
Im Handel: Reim/Hamburg 1977.

3241. Külebi, Ahmet: Ein partizipatorisches Reorganisationsmodell zur Reform der öffentlichen Verwaltung in der Türkei. Wien 1978. IV, 199 Bl. W wi Ma

3242. Weiher, Gerhard: Militär und Entwicklung in der Türkei: 1945-1973. Ein Beitrag zur Untersuchung der Rolle des Militärs in der Entwicklung d. Dritten Welt. 1978. 324 S. M FB Sozialwissenschaften 1976
Im Handel: Schriften des Deutschen Orient-Instituts. (Leske u. Budrich/ Opladen 1978.)

Tunesien

3243. Ruf, Werner Klaus: Außenpolitik und Entkolonialisierung im politischen Handeln Habib Burgibas. Freiburg i.B. 1967. 279 S. FR ph 1967
Im Handel u.d. Titel: Der Burgibismus und die Außenpolitik des unabhängigen Tunesien (Bertelsmann Univ.-Verl./Bielefeld 1969), Freiburger Studien zu Politik und Gesellschaft überseeischer Länder, Bd. 1.

3244. Germann, Raimund E.: Verwaltung und Einheitspartei in Tunesien. Unter bes. Berücks. des Genossenschaftswesens. Freiburg/Schweiz 1968. 246 S. FRS bA j 1968
Im Handel: Wirtschaft, Gesellschaft, Staat. 27. (Europa-Verlag/Zürich.)

3245. **Schoneweg**, Egon: Nationale Emanzipationsbewegungen im Maghreb.
Heidelberg 1969. X, 562 S. HD ph   U.70.11048

3246. **Karboul**, Mohamed: Politische und sozialökonomische Probleme der Integration des Maghreb. Köln 1971. 255 S. K wi-so   U.71.6687

3247. **Hassen**, Litaiem: Das arabische Einparteiensystem, dargestellt am Beispiel Tunesiens. (Mit Zusammenfassung) Graz 1974. II, 126, 16, 3 Bl.
GZ s 1975

Zypern

3248. **Georghiades**, Antonios: Die Zypernfrage. Bonn 1963. VIII, 156 S.
BN ph nA   U.63.1691
Im Handel: Bouvier/Bonn

3249. **Michaelides**, Michael: Die Stellung der Türkei und Griechenlands zum
Zypernproblem im Rahmen der USA-Globalstrategie. Leipzig 1970.
V, 154 gez. Bl. L, Sekt. Afrika- u. Nahostwiss. Mav nA   U.70.4107

3250. **Wenturis**, Nikolaus I.: Der Integrationsprozeß im politischen System
der Republik Zypern. Die exogenen und endogenen desintegrierenden
Faktoren, die im politischen System der Republik Zypern hemmend gewirkt haben. Tübingen 1970. IV, 245 S. TÜ FB Sozial- u. Verhaltenswiss. u. Pädagogik 1970 nA
Im Handel.

3251. **Myrizakis**, Johann: Die zypriotische Verfassung von 1960 als rechtliches und politisches Problem. (Wien 1971) III, 200, VIII Bl. W s Ma

3252. **Blittersdorf**, Winrich, Frh. von: Pluralismus der Bevölkerungsgruppen in
der Verfassungsstruktur Südafrikas und Zyperns. Hamburg 1971. HH
jur nA   U.72.6538

3253. **Beşler**, Ayşe Füsun : Die völkerrechtliche Lage Zyperns unter besonderer Berücksichtigung des Selbstbestimmungsrechts. 1973. XXIV,
108 S. M j

3254. **Mavrouleas**, Nikolaos: Entstehungsbedingungen, Bestimmungsfaktoren und Entwicklung des Cypern-Konflikts nach dem Zweiten Weltkrieg. 1978. 208 S. O Fachbereich 02 - Sozialwiss.: Polit. Organisation u. Internat. Beziehungen.

PRESSE, RUNDFUNK

3255. **Galal**, Kamal Eldin: Entstehung und Entwicklung der Tagespresse in Ägypten. Limburg a.d.L. 1939. 179 S. B ph bA   U.39.651
Im Handel: Zeitung und Zeit. N.F. 11 (Diesterweg/Frankfurt.)

3256. **Heun**, Irene: Die Sprache der arabischen Presse. Beobachtungen an der Entwicklung d. neuklass. Arabisch. o.O. (1952) 115 Bl. FR ph
nA Ma   U.52.2658

3257. **Naserie**, Hafisullah: Die afghanische Presse, ihr Werden und Sein. Ein erster Versuch. o.O. (1953) 117 gez. Bl. Ma M ph nA   U.53.7637

3258. **Ansāri**, Mehrangiz M.: Die Religiös-politische Entwicklung der Publizistik in Iran und die Entstehung der freien Presse infolge der Revolution von 1906. o.O. 1953. 127 gez. Bl. HD ph Mav nA   U.55.4613

3259. **Morsy**, Hassan Ragab: Entwicklung und Struktur der ägyptischen Presse der Gegenwart. Berlin 1961. 132 S. B-F ph 1962 bA   U.63.980
Im Handel: Die ägyptische Presse. Struktur und Entwicklung der ägyptischen Presse der Gegenwart als: Schriftenreihe der Friedrich-Ebert-Stiftung.

3260. **Luksch**, Hildegard: Die Stellungnahme der „Revue des deux mondes" zur orientalischen Frage 1900-1914. Wien 1964. 114 Bl. W Ma 1964

3261. **Kabus**, Andreas: Die Hauptzüge der Entwicklung der ägyptischen Presse nach der Revolution vom 23. Juli 1952. Leipzig 1967. 232 gez. Bl.
Mav L ph nA   U.67.9520

3262. **Arat**, Ali Alpaslan: Histoire de la liberté de la presse en Turquie. Neuchâtel 1969. IV, II, 167 S. NEU j 1969

3263. **Ayar**, Farid: Probleme der Wirksamkeit von DDR-Auslandspublikationen im Irak. (Dargest. an d. Zeitschr. ,,Al-Matschalla" 1968-1970) Leipzig 1971. IV, 261 gez. Bl. L, Sekt. Journalistik nA   U.71.1122

3264. **Heydemann**, Lothar: Der Kampf der demokratischen Kräfte Frankreichs, unter besonderer Berücksichtigung der Rolle der Intelligenz, für eine friedliche und demokratische Regelung des Algerienproblems in den Jahren 1954-1958. (Dargest. an Hand d. franz. Tagespresse, insbes. d. ,,Humanité".) 1-3. Berlin 1971. II, 171 gez. Bl., gez. Bl. 172-348, 349-570. B-H gw Ma nA   U.72.268

3265. **Ataysoy**, Zafer: Verfassungsrechtliche Hauptprobleme des Rundfunks nach türkischem und nach deutschem Recht. 1972. IX, 216 S. M j
U.74.12168

3266. **Lewan**, Kenneth M(elvin): Der Nahostkrieg in der westdeutschen Presse. München 1972. 180 S. M ph 1972 bA   U.73.10290
Im Handel.

3267. **Hadjebi**, Djawad: Entwicklungsgeschichte des iranischen Rundfunks von den Anfängen bis zur Gegenwart. Unter Berücks. d. kulturellen u. wirtschaftl. Bedeutung für d. Aufbau d. modernen Iran. 1974. III, 154 S. MS ph nA   U.74.12908
Im Handel: Arbeiten aus dem Institut für Publizistik der Universität Münster. 11.

3268. **Musallam**, Sami Fayez Khalil: Zum Araberbild in der bundesrepublikanischen Presse am Beispiel des IV. Nahostkrieges. 1976. 320 S. BN ph 1975   U.75.4406

3269. **Haggag**, Moustafa: Politische Aspekte des Deutschlandbildes in der veröffentlichten Meinung Ägyptens. 1964-1972. 1977. 166 S. AC-T ph
Im Handel: Europäische Hochschulschriften. Reihe 31. Politikwiss. 10. (Lang/Frankfurt a.M., Bern.)

3270. **Ürüm**, Ali Tamer: Der erzieherische Hör- und Sehfunk in der Dritten Welt und die Funktionen und Aktivitäten der Unesco auf dem Gebiete der Erziehungstechnologie in Bezug auf die Dritte Welt. 1977. VI, 198 S. B-F

3271. **Harik,** Simon: Die gegenwärtige Situation der Medien Film und Fernsehen im Libanon. Ihre Organisation, Funktion u. Aufgaben in d. national-demokrat. Etappe. 1977. 241 Bl. B-H gw Diss.A Mav nA

3272. **Yussufi,** Nadjib: Publizistik der Entwicklungsländer am Beispiel Afghanistan. (1978) V, 175 S, 3 S, B-F FB 11 Philosophie u. Sozialwiss. 1977

RECHT

Allgemeines

3273. **Waehler,** Klaus: Interreligiöses Kollisionsrecht im Bereich privatrechtlicher Rechtsbeziehungen. 1972. XIV, 485 S. B-F Hab 1972
In überarbeiteter Form im Handel: Heymann/Köln, Berlin, Bonn, München 1978.

3274. **Ruge,** Martin K.: Der Beitrag von UNCTAD zur Herausbildung des Entwicklungsvölkerrechts: the contribution of UNCTAD to the emerging International Law of Development. 1976. FR j nA   U.76.6220

3275. **Hartmann,** Gode: Nationalisierung und Enteignung im Völkerrecht: völkerrechtl. Probleme d. polit. u. ökonom. Beziehungen zwischen d. westl. Industrienationen und Entwicklungsländern im Lichte neuerer Rechtsentwicklungen in d. Vereinten Nationen. 1977. 212 S. GI r nA
Im Handel: Schriften zum Völkerrecht. 57 (Dunker u. Humblot/Berlin 1977.)

Vorderer Orient

3276. **Grasshoff,** Richard: Die allgemeinen Lehren des Obligationsrechts (Verpflichtungsfähigkeit, Stellvertretung, Bürgschaft, Konkurs und Vergleich) sowie die Lehre vom Kauf-, Vollmachts-, Gesellschaftsvertrage und von den Realcontracten nach der Rechtsschule des Imam Esch-schafiᶜi. Göttingen 1895. 139 S. KB ph 1895

3277. **Weickmann**, Wilhelm Heinrich Alexander: Die Vielehe deutscher Reichsangehöriger in muhammedanischen Staaten. Ein Beitrag zur Casuistik des internationalen Privat- und Strafrechts. Greifswald 1895. 50 S. GRE j 1895

3278. **Belart**, Hans: Der Schutzgenosse in der Levante. Mit besonderer Berücksichtigung der Stellung der Schweizer als Schutzgenossen befreundeter Staaten in der Levante. Brugg 1898. 298 S. BE j 1898/99

3279. **Keun de Hoogerwoerd**, Selim Khan: Studien zur Einführung in das Recht des Islam. Erlangen 1901. XII, 64 S. ER j 1898

3280. **Cohn**, Emil: Der Wucher (Ribā) in Qor'ān, Chadīth und Fiqh. Ein Beitrag zur Entstehungsgeschichte des muhammedan. Rechts. Berlin 1903. IV, 31 S. HD ph 1903

3281. **Khan**, Paul Kigabgi: Droit musulman schyite. Le mariage et le divorce. Lausanne 1904. 116 S. LAU j

3282. **Roberts**, Robert: Das Familienrecht im Qorān. Leipzig 1907. 41 S. L ph 1907/08
Im Handel vollst.: Leipziger semitistische Studien, Bd. 2, Heft 6. (I.C. Hinrich'sche Buchhdlg./Leipzig 1908.) Nachdruck: Zentralantiquariat der DDR/Leipzig 1968.

3283. **Dimitroff**, Iwan: Al-ğami ᶜ aṣ-ṣagīr. Abū ᶜAbdallāh Muḥammad Ibn Al-Ḥasan Asch-Schaibānī und sein corpus juris „al-ğāmi ᶜ aṣ-ṣagīr". Berlin 1908. 147 S. B ph 1908.
(Sollte auch erscheinen in: Mitteilungen des Seminars für oriental. Sprachen zu Berlin, 11 (1908), Abt. 2 „Westasiatische Studien".)

3284. **Schmidt**, Franz Frederik: Die Occupatio im islamischen Recht. Berlin (1910) 59 S. HD ph 1910   U.11.2302
Aus: Der Islam, 1 (1910) 300-352.

3285. **Strothmann**, Rudolf: Das Staatsrecht der Zaiditen. Kap. 1-3, § 1. Halle a.S. 1911. VII, 47 S. HAL ph 1911   U.12.2013
Im Handel vollst.: Studien z. Gesch. und Kultur des islamischen Orients, Heft 1, 1912.

3286. **Kummer,** Rudolf: Die Umgehungsgeschäfte bei Kauf und Verkauf nach
al-Ḥassāfs Kitāb al-ḥijal wal-maḫāriǧ. Ma 31 S. (Auszug nicht gedruckt.)
ER ph   U.22.2057

3287. **Schacht,** Josef: Das Kitāb al-ḥiial ual-maḫāriǧ des Abū Bakr Aḥmad
ibn ᶜUmar ibn Muhair as-Šaibānī-al-Ḥaṣṣāf hrsg. Hannover 1923.
XV, 224, 208 S. BR ph nA   U.23.1504
Im Handel: Beitr. z. semit. Philol. und Linguistik, H. 4.

3288. **Schacht,** Josef: Das Kitāb al-ḥiial fil-fiqh (Buch der Rechtskniffe) des
Abū Ḥātim Maḥmūd ibn al-Ḥasan al-Qazuīnī mit Uebers. und Anmerk.
Hannover 1924. IV, 79, LX S. FR ph Hab 1924 (25) nA   U.25.3034
Im Handel: Beitr. z. semit. Philol. und Linguistik. H. 5.

3289. **Heffening,** Willi: Das islamische Fremdenrecht bis zu den islamisch-
fränkischen Staatsverträgen. Eine rechtshist. Studie zum Fiqh. Hannover
1925. XX, 219 S. F ph 1921 nA   U.26.1626
Im Handel als: Beiträge z. Rechts- u. Wirtschaftsleben d. islam. Orients,
Bd. 1.

3290. **Bialoblocki,** Samuel: Materialien zum islamischen und jüdischen Eherecht, mit einer Einleitung üb. jüd. Einflüsse auf d. Ḥadīth. Gießen
1928. 54 S. GI ph 1928 (1929) bA   U.29.2100
Auch erschienen als: Arbeiten aus dem Orientalischen Seminar der Universität Gießen. H. 1.

3291. **Muḥammad,** Ḥamīd-Allāh: Die Neutralität im islamischen Völkerrecht.
Bonn 1935. 25 S. Aus: Z. f. Physik, 95. Z.f. wiss. Photogr. 34. BN ph
nA   U.35.6611

3292. **Klein,** Johann: Das vor- und frühislamische Waisenrecht mit einem Ausblick auf die Entwicklung im muslimischen Fiqh. (Nördlingen) 1950.
110 gez. Bl. ER j Ma nA   U.50.1443

3293. **Küppers,** Norbert Ferd(inand): Der Lieferungsvertrag des islamischen
Rechts nach klassischer hanafitischer Lehre. (Bonn 1952) VII, 151
gez. Bl. BN rs Ma nA   U.53.826

3294. **Kruse,** Hans: Islamische Völkerrechtslehre. Der Staatsvertrag bei den
Hanefiten des 5./6. Jh. d. H. (11./12. Jh. n. Chr.) Göttingen 1953. XI,
174, 38 gez. Bl. GÖ rs Mav nA   U.53.3104

3295. **Gräf,** Erwin: Jagdbeute und Schlachttier im islamischen Recht. Eine
Untersuchung zur Entwicklung der islamischen Jurisprudenz. Köln 1955.
XVI, 336 S. K Hab ph 1955 nA   U.61.5925
Im Handel als: Bonner orientalistische Studien. N.S. Bd. 7 (Selbstver-
lag des Orientalischen Seminars Bonn 1959.)

3296. **Landscheidt,** Theodor: Der Einfluß des Islam auf die Entwicklung der
temperamenta belli im europäischen Völkerrecht. Ein Beitrag zur Geschichte d. Kriegstemperamenta. Göttingen 1955. VI, 92 gez. Bl.
GÖ rs Mav nA   U.55.3134

3297. **Janson,** Hermann: Die rechtlichen und ideologischen Beziehungen des
islamischen Staatenkreises zum abendländischen Völkerrecht. Bern
1955. 78 S. BE j

3298. **Ramadan,** Said: Islamic Law. Its scope and equity. Köln 1959. 171 S.
K j 1959 bA   U.61.5815
Im Handel.

3299. **Ansari,** Adnan Mahmud: Die rechtliche Natur der „Arabischen Liga".
Hamburg 1959. V, 116 gez. Bl. HH j Ma nA   U.59.3194

3300. **Gentz,** Jochen: Die Bürgschaft im islamischen Recht nach al-Kāsānī.
Bonn 1960. S. 85-180. BN ph 1959 bA   U.60.1434
Aus: Zeitschrift für vergleichende Rechtswissenschaft, Bd. 62.
Im Handel als: Beiträge zur Sprach- und Kulturgeschichte des Orients,
15. (Vorndran/Walldorf (Hessen) 1961.)

3301. **Wiedensohler,** Günter: Mängel beim Kauf nach islamischem Recht. Bonn
1960. 121 S. BN rs   U.60.1283
Im Handel: Beiträge zur Sprach- und Kulturgeschichte des Orients,
Heft 14. (Vorndran/Walldorf 1960.)

3302. **Erhard,** Brigitte: Probleme des Wassernutzungsrechts im Nahen Osten.
München 1963. 158 S. M j   U.63.7770

3303. **Klinkhardt**, Hans Eberhard: Die Personensorge nach islamischem Recht. Bonn 1965. 80 S. BN rs 1965 bA U.66.2227
Aus: Zeitschrift für vergleichende Rechtswissenschaft, 68 (1965), H.1.
Im Handel: Beiträge zur Sprach- und Kulturgeschichte des Orients, 18. (Vorndran/Walldorf (Hessen) 1966.)

3304. **Matern**, Georg: Islamisches Pfandrecht. Bonn 1965. 120 S. BN rs
U.65.1854
Im Handel: Beiträge zur Sprach- und Kulturgeschichte des Orients, Heft 17. (Vorndran/Walldorf 1965.)

3305. **Kneller**, Dietrich: Der Rechtscharakter des islamischen Institutes wakf und des anglo-amerikanischen Institutes trust. Eine rechtsvergl. Untersuchung. Tübingen 1966. 71 S. TÜ rw U.66.13914

3306. **Matern**, Georg: Ibn Abi Laila. Ein Jurist und Traditionarier des frühen Islam. Bonn 1968. 109 S. BN ph 1968

3307. **Löschner**, Harald: Die dogmatischen Grundlagen des šiᶜitischen Rechts. Eine Unters. zur modernen imamit. Rechtsquellenlehre. Erlangen-Nürnberg 1970. 240 S. ER j bA U.71.3361
Im Handel: Erlanger juristische Studien. 9. (Heymann/Köln 1971.)

3308. **Lehmann**, Friedrich-Wilhelm: Das Rechtsinstitut des Vergleiches aṣ-ṣulḥ im islamischen Recht nach al-Kāsānī. Bonn 1970. BN ph 1970
U.70.6091

3309. **Kaufhold**, Hubert: Syrische Texte zum islamischen Recht. Das dem nestorianischen Katholikos Johannes V. bar Abgārē zugeschriebene Rechtsbuch. München 1970. 226 S. 1970 M ph U.74.12371
Im Handel als: Bayer. Akad. d. Wiss., Phil.-hist. Klasse, Abhandlungen, N.F. 74. (1971).

3310. **Sahraian**, Mehdi: Der Kampf im islamischen Völkerrecht. Innsbruck 1970. 104 Bl. IN s Ma

3311. **Jassin**, Rashid A.M.: Völkerrechtliche Aspekte des islamischen Schariats. Ein Beitrag zur Völkerrechtsgeschichte. Wien 1971. V, 147, 19 B. W s 1973

3312. **Loeschner**, Harald: Staatsangehörigkeit und Islam. 1971. XIII, 80 S.
ER ph

3313. **Mulack**, Gunter: Rechtsprobleme der Erdölkonzessionsabkommen im
Nahen Osten. Neuere Entwicklungen in der Erdölpolitik und ihre Aus-
wirkungen auf das Recht d. Erdölverträge. Göttingen 1972. L, 254 S.
GÖ j nA   U.73.6365
Im Handel.

3314. **Ali**, Abubakr Gad: Rechtliche Fragen der Hornhautübertragung in islamischen Ländern. 1974. 56 S. AC-T med   U.74.2693

3315. **Dannhauer**, Paul Gerhard: Untersuchungen zur frühen Geschichte des
Qadi-Amtes. 1975. 121 S. BN ph 1973   U.74.3351

3316. **Kohler**, Christian: Das Vaterschaftsanerkenntnis im Islamrecht und seine
Bedeutung für das deutsche internationale Privatrecht. 1976. 242 S.
B-F j 1975 bA   U.76.14919
Im Handel: Rechts- und staatswissenschaftliche Veröffentlichungen der
Görres-Gesellschaft. N.F., H. 21. (Schöningh/Paderborn 1976.)

3317. **Illert**, Dietmar: Das Prinzip der Gegenseitigkeit im Ausländerrecht. 1976.
XXXVIII, 169 S. WÜ j   U.76.14449

3318. **Cullmann**, Peter: Die Behandlung polygamer Ehen im internationalen
Privatrecht von England, Frankreich und Deutschland. 1976. XXV,
242 S. BN rs 1975   U.76.3465

3319. **Wagner**, Gaston: L'Elaboration de la justice dans les domaines des mariages et des échanges de biens: étude comparée de l'Ancien Testament
et du Coran. 1977. 279 p. LAU th
Im Handel u.d. Titel: La Justice dans l'Ancien Testament et le Coran
aux niveaux des mariages et des échanges de biens. Neuchâtel: Editions
de la Baconnière.

Arabischer Raum

3320. **Gräf**, Erwin: Das Gerichtswesen der heutigen Beduinen. o.O. (1948)
175 gez. Bl. Ma BN ph 1948 nA   U.45/48.822
Im Handel u.d. Titel: Das Rechtswesen der heutigen Beduinen, Beiträge
zur Sprach- und Kulturgeschichte des Orients, Bd. 5. (Vorndran/Wall-
dorf.)

3321. **Pröbster**, Edgar: Privateigentum und Kollektivismus im mohamedani-
schen Liegenschaftsrecht insbes. des Maghrib. Leipzig 1931. 343-511.
L ph Hab nA   U.31.5772
In: Islamica, Bd. 4. (1929/31), 343-511.

3322. **Strothmann**, Peter: Das Strafrecht der vorislamischen und der islamischen
Araber. Hamburg 1950. XIII, 137 gez. Bl. Ma HH rs nA   U.50.3101

3323. **Sollfrank**, Josef Kurt: Spuren altarabischer Rechtsformen im Koran.
Tübingen 1964. 114 S. TÜ ph   U.64.11025

3324. **Reinert**, Werner: Das Recht in der altarabischen Poesie. Köln 1964. IV,
123 S. K ph   U.64.7431

3325. **Alghasi**, Ibrahim Abdul-Karim: Die Staatsangehörigkeit in den Bundes-
staaten, im Staatenbund und in der Staatengemeinschaft. Angeführt als
Beisp.: Die Staatsangehörigkeit in den arabischen Staaten. Würzburg
1965. X, 124 S. WÜ rs   U.65.12390

3326. **Al-Hassani**, Jafar Ibrahim: Die völkerrechtliche Stellung der arabischen
Liga. Leipzig 1966. VIII, 216 gez. Bl. L j Mav nA   U.66.10018

Ägypten

3327. **Sayur**, Michele: Grundzüge des egyptischen Staatsrechts. Trebnitz i.S.
1909. VIII, 56 S. J j 1909. Aus: Zeitschrift f. Völkerrecht und Bundes-
staatsrecht, Bd. 3.   U.09.2117
Im Handel: Kern/Breslau.

3328. **Jarmer**, Ernst: Gerichtsbarkeit über Fremde in Egypten. Greifswald
1909. 54 S. GRE j 1909   U.10.1522

3329. **Bolm**, Ernst: Die gemischten Gerichte in Aegypten, ihre Zuständigkeit
und ihre legislativen Befugnisse. Göttingen 1915. 132 S. GÖ j
U.15.325

3330. **Stegemann**, Wilhelm: Das Zuständigkeitsproblem in der Rechtsprechung
der auf Grund des Versailler Vertrages eingesetzten Gemischten Schieds-
gerichtshöfe in Bezug auf Aegypten. Ma 62 S. (Auszug nicht gedruckt)
Hamburg 1925. HH rs   U.25.4292

3331. **Gitzke**, Oswald: Die deutsche Konsulargerichtsbarkeit in Ägypten nach
dem deutsch-ägyptischen Vertrag vom 16. Juni 1925. Ma 132 S.
(Auszug nicht gedruckt) WÜ rs 1926

3332. **Westphalen**, Klemens Graf von: Die staats- und völkerrechtliche Stellung Ägyptens, insbes. die Fremdengerichtsbarkeit und das deutsch-
ägyptische Abkommen vom 16. Juni 1925. (Berlin 1927) 71 S. WÜ rs
U.27.5589

3333. **Padel**, Fritz: Die Konsulargerichtsbarkeit in Aegypten und in der Türkei.
Ihre Entwicklung und ihr augenblickl. Stand unter bes. Berücks.
Deutschlands. Berlin 1929. 88 S. BR rs 1929   U.30.1180

3334. **Reder**, Hans: Das deutsche Konsularwesen in Aegypten. Würzburg
1931. 62 S. WÜ rs   U.31.7302

3335. **Monath**, Herbert: Die Rechtslage am Suezkanal. Quakenbrück 1937.
89 S. KI rs bA   U.37.5786
Im Handel.

3336. **Wolff**, Hermann Harry Walter: Konsulargerichtsbarkeit und gemischte
Gerichte in Ägypten (Teildr.) Stuttgart 1938. 96 S. HD j   U.38.4641

3337. **Schmidt**, Günter: Die Abschaffung der Konsulargerichtsbarkeit in
Ägypten. Würzburg 1938. VIII, 131 S. B rs   U.38.137

3338. **Salama,** Anwar: Die Koalitionsfreiheit nach dem ägyptischen und nach dem deutschen Recht. Köln 1957. IV, 145 S. K j   U.58.4804

3339. **Cotta,** Aziz: Entwicklung der ägyptischen Gerichtsbarkeit von der arabischen Eroberung bis zur Vereinigten Arabischen Republik unter der speziellen Berücksichtigung des modernen Ägyptens. 1959. IV, 151 Bl. GZ 1959

3340. **Tarkhan,** E(lsayed) A(hmed): Beitragspflicht und Haftung der Gesellschafter einer OHG im Vergleich mit der Société en nom collectif des französischen und ägyptischen Rechts. Bonn 1960. 117 S. BN rs
U.60.1279

3341. **Garas,** Gamil: Jugendkriminalität in Ägypten. München 1962. 137 S. M j   U.62.7346

3342. **Al-Yousef,** Nayef Kadri: Die Tötungsdelikte im ägyptischen Strafrecht. München 1963. M j   U.63.7818

3343. **Jaeger,** Christof: Die Stellung der Frau im islamischen Ehe- und Scheidungsrecht der Vereinigten Arabischen Republik. Unter bes. Berücksichtigung der modernen Entwicklungstendenzen. Tübingen 1969. XVII, 121 S. TÜ rw 1969   U.69.16654

3344. **Fulda,** Gerhard: Die Entwicklung des ägyptischen Sozialversicherungsrechts. Hamburg 1970. XVII, 131 S. HH Fachbereich Rechtswiss. 1970 nA   U.70.9648
Im Handel.

3345. **Kotb el-Mikayis,** Abdel-Wahhab: Ämter- und Dienstpostenbewertung in der Bundesrepublik Deutschland und in der Vereinigten Arabischen Republik. Eine Rechtsvergleichung. München 1971. IX, 157 S. M j bA
U.71.7597

3346. **Rabadi,** Salem: Die Effektivität des Rechts auf Vereinigungsfreiheit und des Rechtes zu Kollektivverhandlungen in Ägypten, Syrien, Irak und Jordanien. Ein Beitrag z. Darstellung d. Verwirklichung d. in den Übereinkommen Nr. 87 u. Nr. 98 d. Internationalen Arbeitsorganisation niedergelegten gewerkschaftl. Rechte in den genannten Ländern. Wien 1972. XII, 305 Bl. W s Ma

3347. **Al-Hassani**, Aziz: Völkerrechtliche Aspekte der Schiffahrt durch den
Suezkanal in der völkerrechtlichen ägyptischen Literatur. Leipzig 1972.
224 gez. Bl. L, Inst. f. internat. Studien, Diss. A nA Mav   U.72.1871

3348. **Schön**, Nikolaus: Die Suez-Kanal-Sperre. Eine Darst. der durch die seit
Juni 1967 andauernde Anhaltung d. Schiffe im Großen Bittersee entstandenen seerechtl. u. seeversicherungsrechtl. Probleme. Hamburg
1973. XVII, 145 S. HH j   U.73.6976

Afghanistan

3349. **Saed**, Seid Haschem: Die Pflichten des Arbeitgebers in Afghanistan.
Entwicklung, gesetzliche Regelungen und Ausblick unter Berücksichti-
gung des deutschen Arbeitsrechts. Köln 1968. X, 130 S. K j 1968
U.68.9618

3350. **Ashrafi**, Mohammad Naim: Vergleichende Darstellung des deutschen
und afghanischen Rechts der GmbH. Köln 1968. X, 103 S. K j 1968
U.68.9262

3351. **Burgei**, Mohammad Taher: Der Einfluß des kontinental-westeuropä-
ischen Rechts auf den allgemeinen Teil des afghanischen Handelsge-
setzbuches von 1955. Mit einem einleitenden Überblick über die Grundlagen der in Afghanistan herrschenden Rechtssysteme. Hamburg 1970.
XII, 150 S. HH j   U.70.9580

Algerien

3352. **Gerecht**, Gerhard F.: Herkunft und Unterschiede der Bergrechte der
Staaten Algerien, Marokko, Tunesien. Clausthal 1964. IV, 186 S.
CLZ Bergakademie Fak. f. Natur- und Geisteswiss.   U.64.2086

3353. **Schuster**, Peter-Paul: Das Kollisionsrecht Algeriens. Hamburg 1970.
XVIII, 125 S. HH 1970   U.70.10021
Im Handel: Hamburger juristische Studien, 1. (Buske/Hamburg.)

Irak

3354. **Sharif**, Mohammed Badi: Grundlagen des irakischen Staatsrechts. (o.O. 1945) X, 123 Bl. Ma BA j nA (vorhanden in UB Basel und LB Bern.)

3355. **Abbasi**, Khalil: Das Scheidungsrecht der Frau im irakischen Gesetz. Köln 1962. XI, 82 S. K j bA   U.62.5773

3356. **Alsalihi**, Dia Aldeen: Die Tötungs- und Körperverletzungsdelikte im irakischen Strafrecht. Köln 1967. XI, 105 S. K j   U.67.9039

3357. **Al-Safar**, Jafar: Grundsätze des irakischen Beamtenrechts im Vergleich mit dem deutschen Beamtenrecht. Bochum 1968. XII, 101 S. BO Abt. f. Rechtswiss. 1968   U.68.2250

3358. **Moukdad**, Yousef: Richteramt und Rechtswesen in Bagdad von der Stadtgründung bis zum Ende der Buyidenzeit (145/763 - 447/1055) Hamburg 1971. 170 S. HH, Fachbereich Orientalistik, Diss.

U.71.5059

3359. **Allawi**, Yassin: L'erreur sur les élément nécessaires du contrat en droit positif suisse et en droit civil irakien. Genève 1971. 183, VIII p.

3360. **Rabadi**, Salem: Die Effektivität des Rechtes auf Vereinigungsfreiheit und des Rechtes zu Kollektivverhandlungen in Ägypten, Syrien, Irak und Jordanien. Ein Beitrag z. Darstellung d. Verwirklichung der in den Übereinkommen Nr. 87 und Nr. 98 d. Internat. Arbeitsorganisation niedergelegten gewerkschaftl. Rechte in den genannten Ländern. Wien 1972. XII, 305 Bl. W s Ma

Iran

3361. **Daftari**, Alī Akbar Hān: Geschichte und System des iranischen Strafrechts. Bonn 1935. XVI, 172 S. HAL rs   U.35.4454 Erw. als: Rechtsvergl. Untersuchung z. ges. Strafrechtswiss., 3.

3362. **Samiy**, Schahpoor M(ohammed): Die Verwandten-Erbfolge im deutschen und iranischen Erbfolgerecht. o.O. 1957. VI, 87 gez. Bl. Ma
TÜ rs nA   U.57.8278

3363. **Razavi**, Abol Hassan: Das persische Eherecht. Köln 1958. IV, 74 gez.
Bl. Ma K j nA   U.58.4794

3364. **Bahramy**, Fazlollah: Der Notstand im deutschen und im iranischen
Strafrecht in rechtsvergleichender Darstellung. München 1958. VII,
91 S. M j nA   U.58.5959

3365. **Salimi**, Hossein: Deutsch-iranisches Wasserrecht in vergleichender Darstellung. o.O. 1959. 105 gez. Bl. Ma TÜ rw nA   U.59.7602

3366. **Fathieh**, Mehdi: Eheschließung und Ehescheidung im iranischen Recht.
Unter vergl. Heranziehung des deutschen Rechts. Heidelberg 1962.
111 S. HD j   U.62.4909

3367. **Schakibi**, Ahmad: Vergleich der Arzneimittelgesetze des Iran mit den
Gesetzen der Bundesrepublik Deutschland nach dem Stande von 1970.
Hamburg 1971. 68 S. HH med   U.71.5126

3368. **Rabenhorst**, Eveline: Die Entwicklung des modernen iranischen Familienrechts und seine historischen Wurzeln. Berlin 1971. X, 196 gez. Bl.
B-H gw Diss. A Mav nA   U.72.482

3369. **Nazari-Nejad**, Hamideh: Die rechtliche Stellung der Frau im Iran unter
der Pahlawiden-Dynastie. 1973. 120 S. MZ, Fachbereich Philologie
U.74.10622

3370. **Sarkissian**, Bagir Z.: Die Gesetzgebung des Iran auf dem Gebiete der
Abhängigkeit erzeugenden Stoffe: eine Übersicht. 1975. 83 S. HH med
U.76.7713

Jordanien

3371. **Behrens**, Gerhard Leonidas: Internationales und interpersonales Privat-
und Prozeßrecht in Jordanien. Hamburg 1970. 90 S. HH Fachbereich
Rechtswiss. 1970 nA   U.70.9545
Im Handel.

3372. **Rabadi**, Salem: Die Effektivität des Rechtes auf Vereinigungsfreiheit
und des Rechtes zu Kollektivverhandlungen in Ägypten, Syrien, Irak und
Jordanien. Ein Beitrag zur Darstellung der Verwirklichung der in den
Übereinkommen Nr. 87 und Nr. 98 d. Internationen Arbeitsorganisa-
tion niedergelegten gewerkschaftl. Rechte in den genannten Ländern.
(Wien 1972) XII, 305 Bl. W s Ma

Libanon

3373. **Bartels**, Herwig: Das Waqfrecht und seine Entwicklung in der Libanesischen Republik. Köln 1965. XXI, 121 S. K j 1965 bA   U.66.9277
                                                   U.67.9031
Im Handel: Neue Kölner rechtswissenschaftliche Abhandlungen, Heft 51.

3374. **Bleckmann**, Albert: Das französische Kolonialreich und die Gründung
neuer Staaten. Die Rechtsentwicklung in Syrien/Libanon, Indochina
und Schwarzafrika. Heidelberg 1970. XIV, 514 S. HD j bA   U.70.10577
Im Handel: Beiträge zum Ausländischen Öffentlichen Recht und Völkerrecht. 50.)

Marokko

3375. **Andersch**, Max: Die Rechtsstellung der fremden, insbesondere der deutschen Postanstalten in der Türkei, in China und in Marokko. Berlin 1912.
183 S. WÜ j   U.12.4541
Im Handel u.d. Titel: Die deutsche Post in der Türkei ...

3376. **Gerecht,** Gerhard F.: Herkunft und Unterschiede der Bergrechte der Staaten Algerien, Marokko, Tunesien. Clausthal 1964. IV, 186 S. CLZ Bergakademie Fak. f. Natur- und Geisteswiss.   U.64.2086

Mauretanien

3377. **Ehrentraut,** Erik: Die Entwicklung des Arbeitsrechts im ehemaligen Französisch-Westafrika: eine histor. u. rechtsvergl. Darstellung unter Berücksichtigung der heutigen Staaten Dahomey, Elfenbeinküste, Guinea, Mali, Mauretanien, Niger, Ober-Volta u. Senegal. 1973. XVII, 153 S. HH j   U.74.7197

Palästina/Israel

3378. **Hoffmann,** Richard Otto: Beiträge zum ehelichen Güterrecht Palästinas unter bes. Berücksichtigung des deutschen internationalen Privatrechts. (Tübingen) 1933. 104 S. TÜ rw   U.33.4533

3379. **Perles,** Friedrich: Die Teilhaberschaft im palästinensischen Recht. Eine rechtsvergl. Darstellung. Königsberg Pr. 1934. 88 S. KB rs   U.34.4498

3380. **Wagner,** Kurt: Das Familien- und Erbrecht der Ausländer in Palästina. o.O. (1943) 125 gez. Bl. Ma TÜ rw   U.43.5735

3381. **Spitzer,** Ernst: Das gegenwärtige Eherecht in Israel in seinem Verhältnis zu den biblisch-talmudischen Prinzipien. Köln 1961. IX. 53 gez. Bl. K j Mav nA   U.61.5837

3382. **Miller,** Gabriel: Die Gleichberechtigung von Mann und Frau im deutschen und isrealitischen Familienrecht. Insbes. ihre vermögensrechtl. Wirkungen. Frankfurt 1964. XX, 130 S. F j   U.64.3272

3383. **Kallner,** Rudolf: Das zivile Haftungsrecht des Arztes in Israel. Entstehung u. Kasuistik. Tübingen 1965. V, 154 S. TÜ rw   U.65.12013

3384. **Goldfine,** Yitzhak: Herkunft und Quellen des gegenwärtigen israelischen Rechts. Eine rechtshistor. u. rechtsvergl. Studie auf d. Gebiete d. Rechtsrezeption. Frankfurt 1967. XXIII, 192 S. F j   U.67.4166

3385. **Herz,** Ruth Gabriela: Strafen und Strafzumessung in Israel und in der Bundesrepublik Deutschland. Köln 1972. V, VI, 133 S. K j

U.73.8877

3386. **Sterzer,** Menashe: Die Grundursachen der Jugendkriminalität: Entwurf einer allgemeinen pädoanthropolog. Theorie — dargest. u. entwickelt anhand d. jugendkriminolog. Verhältnisse in Israel. 1974. VI, 261 S. GI FB Erziehungswiss.

U.74.6514

3387. **Pilpel,** Drora: Das Wesen der Culpa in contrahendo: eine vergleichende Untersuchung zum deutschen, englischen und israelischen Recht. 1976. 169 S. BI j

3388. **Richter,** Susanna: Das Notariat in Israel: Abriß seiner geschichtlichen Entwicklung bis zum Notargesetz von 1976. 1977. XIII, 143 S. Z j Im Handel: Juris-Verlag/Zürich.

Syrien

3389. **Bleckmann,** Albert: Das französische Kolonialreich und die Gründung neuer Staaten. Die Rechtsantwicklung in Syrien/Libanon, Indochina und Schwarzafrika. Heidelberg 1970. XIV, 514 S. HD j 1970 bA

U.70.10577

Im Handel: Beiträge zum Ausländischen Öffentlichen Recht und Völkerrecht. 50.

3390. **Rabadi,** Salem: Die Effektivität des Rechtes auf Vereinigungsfreiheit und des Rechtes zu Kollektivverhandlungen in Ägypten, Syrien, Irak und Jordanien. Ein Beitrag zur Darstellung der Verwirklichung der in den Übereinkommen Nr. 87 u. Nr. 98 der Internat. Arbeitsorganisation niedergelegten werkschaftl. Rechte in den genannten Ländern. Wien 1972. XII, 305 Bl. W s Ma

Türkei

3391. **Bergfeld**, Heinrich: Die Konsulargerichtsbarkeit in der Türkei in Civil und Strafsachen. Greifswald 1898. 45 S. GRE j 1898

3392. **Staude**, Georg: Die völkerrechtliche Sonderstellung der Jurisdiktionskonsuln in der Türkei. Halle a.S. 1900. 67 S. ER j 1900

3393. **Kiazim**, Zia H.: Exposé du droit de sucession musulman ab intestat en Turquie. Lausanne 1902. 166 S. LAU j

3394. **Caleb**, Raphael: Die Konsulargerichtsbarkeit in Bulgarien auf Grund der Capitulationen mit der Türkei. Straßburg 1903. 109 S. ER j 1903

3395. **Albrecht**, Wilhelm: Grundriß des Osmanischen Staatsrechts. Berlin 1905. 91 S. ROS j 1905

3396. **Beckmann**, (Theodor): Die Straftat eines Deutschen im Konsulargerichtsbezirk und den Schutzgebieten, insbes. die Vielehe in der Türkei. Berlin 1905. VIII, 49 S. B j 1905
Im Handel: Berliner juristische Beiträge, Heft 7.

3397. **Wadler**, Arnold: Die Kriminalität der Balkanländer. München 1907. 103 S. M sw 1907

3398. **Rosenbaum**, Berthold: Ist die seitens eines Deutschen in der Türkei eingegangene Vielehe vor dem Deutschen Reichsstrafgesetzbuch mit Strafe bedroht? Berlin 1909. 40 S. ROS j   U.09.3690

3399. **Ziemke**, Kurt: Die Dragomanatsassistenz vor den türkischen Gerichten. Mit bes. Berücksichtigung der von den Konsulaten des Deutschen Reiches ausgeübten Praxis. Ein Beitrag z. Kapitulationenrechte. Berlin 1912. 37 S. Aus: Mitteilungen des Seminars für Orient. Sprachen, Jg. 16, Abt. 1, 1913. ER j   U.12.5057

3400. **Andersch**, Max: Die Rechtsstellung der fremden, insbesondere der deutschen Postanstalten in der Türkei, in China und in Marokko. Berlin 1912. 183 S. WÜ j   U.12.4541
Im Handel u.d. Titel: Die deutsche Post in der Türkei ...

3401. Schlagowski, Karl: Die Stellung der Ausländer in der Türkei. Berlin 1913. III, 73 S. ER j   U.13.453

3402. Brehmer, Carl Ernst: Die Stellung der deutschen Staatsangehörigen in der Türkei unter bes. Berücksichtigung des Liegenschaftsrechts. Greifswald 1916. 71 S. GRE j   U.16.313

3403. Lehmann, Walter: Die Aufhebung der Kapitulationen in der Türkei und ihre rechtliche Bedeutung. Berlin 1916. 45 S. GRE j   U.16.361

3404. Degen, Walther: Zur Geschichte der gesetzlichen Behandlung der Christen im türkischen Staat des 19. Jh. Zürich 1917. II, 62 S. BE ph 1917

3405. Dourmoussis, Evdokimos: Le principe de la liberté des contrats dans le droit occidental (droit romain, code civil français) et dans le droit musulman (code civil ottoman) Etude de droit comparé, précédée d'une introduction philosophique et suivi de prépositions relatives à la réforme du code civil ottoman (Medjellé) Genf 1917. IV, 316 S. GE j

3406. Boenisch, Herbert: Die Strafbarkeit einer in den Konsulargebieten begangenen Bigamie unter bes. Berücksichtigung der in der Türkei bestehenden Verhältnisse. Breslau 1917. V, 49 S BR j   U.17.145

3407. Valentin, Kurt: Ausgewählte Kapitel aus dem türkischen Parlamentsrecht nach der Verfassung vom 23. Dez. 1876. Eine rechtsvergleichende Studie. Greifswald 1917. 47 S. GRE j   U.17.394

3408. Jaenecke, Wilhelm: Grundprobleme des türkischen Strafrechts. Eine rechtsvergleichende Darstellung. Baruth (Mark) 1918. VIII, 59 S. GRE rs   U.18.305

3409. Klebe, Fritz: Beiträge zur islamischen Rechtspraxis gegenüber Nichtmuslimen, nach türkischen Urkunden aus dem 16. Jahrhundert. Ma. 84 S. Auszug: Kiel 1920. 8 S. KI ph   U.20.3716

3410. Schreiber, Marianne: Die Stellung der Ausländer in der Türkei unter den Kapitulationen und nach den neuen deutsch-türkischen Verträgen. Ma 194 S. (Auszug nicht gedruckt) K j   U.22.5831

3411. **Férid**, Mehmed: Kritik der Lehre Leonhards ,,Erfüllungsort Schuldort" mit Berücksichtigung fremder Rechte und bes. des islamisch-türkischen Rechts. Ma. XV, 191 S. Auszug: o.O. (1923) 4 S. GÖ rs U.23.3891

3412. **Feldweg**, Walter: Das osmanische Staatsgrundgesetz von 1876 und seine Quellen. Ma 200 S. (Auszug nicht gedruckt) TÜ ph U.25.8128

3413. **Pieper**, Werner: Die Entwicklung des türkischen Staatsrechts von den ersten Anfängen bis zur Gegenwart. Eine rechtsvergl. und staatsrechtl. Studie. Ma XII, 6 Bl. 173 S. (Auszug nicht gedruckt) K j 1925 (1928) U.28.3862

3414. **Bedr-Chan**, Kamuran Ali: Das türkische Eherecht nach den Grundsätzen der hanafitischen Lehre unter Berücksichtigung des türkischen Familiengesetzes über Civilehe und Scheidung vom 15.X.1917 und des türkischen Gesetzentwurfes über Eherecht vom 25. VIII. 1924, sowie der Grundsätze des deutschen Eherechts. Ma 99, III S. (Auszug nicht gedruckt) L j U.26.4693

3415. **Böttger**, Leonhard: Die Entwicklung des Fremdenrechts in der Türkei bis in die Gegenwart. Gießen 1925. 53 S. Gl j U.26.2012

3416. **Wunderlich**, Kurt: Das türkische Testamentserbrecht nach hanafitischer Lehre unter Berücksichtigung des deutschen Rechts. Ma 64 S. (Auszug nicht gedruckt) L j U.26.4841

3417. **Falser**, Meinrad: Das türkische Verfassungsrecht. 1929. 77 Bl. GZ 1929

3418. **Padel**, Fritz: Die Konsulargerichtsbarkeit in Aegypten und in der Türkei. Ihre Entwicklung und ihr augenblickl. Stand unter bes. Berücksichtigung Deutschlands. Berlin 1929. 88 S. BR rs 1929 U.30.1180

3419. **Hecker**, Gottfried: Der völkerrechtliche Wohnsitzbegriff. Untersuchungen in Anknüpfung an den griech.-türkischen Streit über den Bevölkerungsaustausch. (Berlin-Grunewald) 1931. XVIII, 87 S. GÖ rs nA U.31.2921

Im Handel: Internationalrechtliche Abhandlungen, 8.

383

3420. **Sa ᶜīd**, M. Gámīl: Das türkische Aktienrecht. Bruchsal 1932. 72 S.
HD j   U.32.4159

3421. **Huseyin**, Djahit: La condition de la femme mariée d'après l'ancien et
le nouveau droit turc. Freiburg/Schweiz 1933. 131 S. FRS j

3422. **Münip**, Hayri: Le contrat de fiançailles en droit et en jurisprudence
suisse et turc. Lyon 1933. 179 S.

3423. **Deuringer**, Leonhard: Der deutsch-türkische Auslieferungsvertrag vom
3. September 1930. Buchau-Schussenried-Aulendorf 1934. 64 S. TÜ rw
U.34.8309

3424. **Tahir**, Orhan: Les Sociétés coopératives de consommation en Turquie
au point de vue juridique. 1934. IV, 136 S. LAU wi
Im Handel.

3425. **Galip**, Djemil: Das gesetzliche Erbrecht nach altem und neuem türkischen
Recht. Leipzig-Borna 1934. X, 77 S. FRS j 1934

3426. **Selâhattin**, Nihat: Le Conseil d'administration dans les sociétés anonymes
en Turquie selon le Code de commerce turc du 29 mai 1926. 1934. IV,
135 S. LAU wi

3427. **Rechat**, Osman: Le nom des personnes dans le Code civil suisse et turc.
1934. 202 S. GE j

3428. **Kemal**, Ahmet: Les assemblées générales d'actionnaires dans les sociétés
anonymes turques. Lausanne 1935. 151 S. LAU wi

3429. **Horster**, Paul: Zur Anwendung des islamischen Rechts im 16. Jahrhun-
dert. Die „Juristischen Darlegungen" (Ma ᶜrūzāt) des Schejch ül-Islam
Ebū Su ᶜūd (gest. 1574) hrsg., übers. und untersucht. (Teildruck) Bonn
1935. 32 S. Ma BN ph   U.35.434
Im Handel vollst. als: Bonner orientalistische Studien, 10. (Kohlhammer/
Stuttgart 1935.)

3430. **Ömer**, Suad: Beiträge zur Geschichte des alten türkischen Grundstücks-
rechtes. Freiburg/Schweiz 1935. VIII, 90 S. FRS j

3431. **Özbulak,** Zahit Kasim: Das türkische Verfassungssystem. Berlin 1936.
75 S. J rw   U.36.5351

3432. **Ayanoğlu,** Salâhattin: Hauptpunkte des türkischen Eheschließungs-
rechtes von früher und heute, verglichen mit dem deutschen Recht.
Bonn 1936. 79 S. BN rs   U.36.1119

3433. **Arda,** Sadik: Hauptpunkte der Lehre vom Schadenersatz nach Deutschem Bürgerlichen Recht, verglichen mit dem alten und neuen Türkischen Recht. Bonn 1938. 137 S. BN rs   U.39.1097

3434. **Belbez,** Hikmet: Die Schiffshypothek nach türkischem Recht, unter
Vergleichung mit dem deutschen Recht. Stuttgart 1939. 64 S. GÖ rs
bA   U.39.3414
Aus: Abhandlungen aus d. ges. Handelsrecht, Bürgerliches Recht und
Konkursrecht, H. 18. = Zeitschrift für das gesamte Handelsrecht und
Konkursrecht, Beih.

3435. **Ögelman,** Salâhattin: Die Verfassung der türkischen Aktiengesellschaft
im Vergleich mit dem früheren und dem heutigen deutschen Recht.
Bonn 1939. 83 S. BN rs   U.39.1125

3436. **Artus,** Amil: La reconnaissance des enfants illégitimes en droit suisse
et turc. Lausanne 1940: La Concorde. 143 S. LAU j

3437. **Davran,** Bülend: Vom islamitischen zum türkischen Recht. Grundsätzl.
und vergl. Betrachtungen zur Rechtserneuerung in der Türkei auf dem
Gebiet des Zivilrechts. Göttingen-Grone 1940. 68 S. GÖ rs nA
                                                              U.41.2175

3438. **Aksoy,** Mehmet Reşat: La nationalité de la femme mariée et des enfants mineurs d'après le droit turc. Genf 1941. 127 S. GE j

3439. **Berki,** Osman Fazil: La succession ab intestat dans le droit international
privé de la Turquie. (Condition des étrangers et conflit de lois.) Genf
1941. 116 S. FRS j

3440. **Tan**, Hadi: Grundriß des türkischen Strafrechts. Allg. Teil nebst einer Uebersetzung des Allg. Teiles des türk. Strafgesetzbuches. o.O. (1941) 75, 40 gez. Bl. MR rs 1941 Ma nA U.42.4976

3441. **Çandarlı**, Zahid: L'évolution du mariage en droit turc et la condition du mari. Freiburg/Schweiz 1942. 162 S. FRS j

3442. **Timuroğlu**, Hüseyin: Das Versicherungswesen in der Türkei. o.O. 1944. XIII, 297 gez. Bl. GÖ rs Ma nA U.44.3080

3443. **Berki**, Mehmet Sakir: La nationalité des enfants naturels dans le droit international privé de la Turquie. Freiburg 1946. 96 S. FRS j

3444 **Gürsel**, Nurettin: Die Verwandtenunterstützungspflicht nach türkischem Zivilgesetzbuch. (Basel 1947) 72 Bl. BA j Ma nA

3445. **Alperen**, Fevzi Mehmet: La Différenciation de l'intérêt en droit turc et en droit suisse. Yverdon 1947. 140 S. FRS j

3446 **Talas**, Cahit: La législation du travail industriel en Turquie. Genf 1948. 175 S. GE wi

3447 **Maslič**, Mehmed. Das islamische Erbrecht nach der hanefitischen Schule unter bes. Berücksichtigung der scheriatsrechtlichen Praxis in Bosnien und der Herzegowina. Wien 1948. IV, 139 Bl. W j Ma

3448. **Ezgü**, Melih: La responsabilité des autorités tutélaires en droit suisse et en droit turc. Freiburg/Schweiz 1949. 82 S. FRS j

3449. **Damcı**, Adnan: Transfert de la propriété fonçière rurale en droit suisse et en droit turc. Les règles spéciales modifiant le droit commun. Montreux 1949. 272 S. LAU j
Im Handel: Payot/Lausanne.

3450. **Berkin**, Necmeddin: Das Zwangsausgleichverfahren im türkischen Recht und die kritischen Ansichten über die Verbesserung dieses Verfahrens. Freiburg 1949. FR rs 1948, 112 S. nA U.49.2008

3451. **Ekeman,** Zeki: La condition légale des sociétés commerciales étrangères en Turquie. Freiburg/Schweiz 1950. 111 S. FRS j

3452. **Zeytinoğlu,** Nasir: Etude sur le droit aérien turc. Lausanne 1951. 282 S. LAU j

3453. **Jessen,** Jakob: Rechtsfragen der deutschen Umsiedlung nach dem zweiten Weltkrieg. (Unter Verwertung der Erfahrungen des griechisch-türkischen Bevölkerungsaustausches aus den Jahren 1923-25) o.O. (1951) 160 gez. Bl. Ma KI rs nA   U.51.4935

3454. **Demirarslan,** Haydar: Die Rechtsstellung der unehelichen Kinder. (Ein Rechtsvergleich zwischen deutschem, schweizerischem und türkischem Recht) (Kiel 1952) VII, 157 gez. Bl., 5 Bl. Ma KI rs nA   U.52.5003

3455. **Reisoglu,** Kemal: Die außerkontraktliche Haftung des Geschäftsherrn und ihre Folgen nach deutschem, schweizerischem und türkischem Recht. (Bonn 1953) XII, 91 gez. Bl. Ma BN rs nA   U.53.840

3456. **Sobotta,** Hans: Das Amt des Kadi im Osmanischen Reich. o.O. 1954. 215 gez. Bl. Ma MS ph nA   U.54.8002

3457. **Tolun,** Osman: Die Folgen einer Sitzverlegung für Firma und Warenzeichen nach deutschem, schweizerischem und türkischem Recht. o.O. 1954. XIII, 262 S. FR rs Mav bA   U.54.2556

3458. **Aksoy,** Muammer: Das Erbrecht außerehelicher Kinder in rechtsvergleichender und kritischer Darstellung. Zürich 1954. 2 Bde. zus. IV, XXXVIII, 137 S. Z j 1954
Im Handel.

3459. **Öztek,** Esat: Die Entwicklung des türkischen Internationalen Privatrechts seit der Rezeption des schweizerischen Zivilrechts. o.O. 1954. VI, 188 gez. Bl. Ma M j nA   U.54.6656

3460. **Kalpsüz,** Turgut: Die Gefahrtragung im Versendungskauf nach deutschem, schweizerischem und türkischem Recht, historisch und soziologisch entwickelt. o.O. (1955) XIII, 178 gez. Bl. Ma F j nA   U.55.2221

3461. **Önder,** Ayhan: Die gerichtliche Voruntersuchung im türkischen Strafverfahrensrecht, verglichen mit den entsprechenden Regelungen im deutschen Recht. o.O. 1955. XIV, 159, XXIII gez. Bl. MS rs Mav nA

U.55.7631

3462. **Tekin,** Ibrahim: Grundzüge der rechtlichen Regelung der türkischen Sozialversicherung im Hinblick auf die deutsche Gestaltung. (Köln 1955) II, 98 gez. Bl. Ma K j nA

U.55.5522

3463. **Barutoğlu,** Oğuz: Die Jugendkriminalität und das Jugendstrafrecht in Deutschland und in der Türkei. Göttingen 1955. VII, 171 gez. Bl. GÖ rs Mav nA

U.56.2902

3464. **Çetingil,** Ergon Atila: Die Sanktionen des Schiffshypothekenrechts in Deutschland verglichen mit anderen Ländern (Türkei, England, Frankreich) und die Bestrebungen, die deren Schwäche überwinden sollten. Hamburg 1956. 128 gez. Bl. HH j Mav nA

U.57.3690

3465. **Reisoğlu,** Safa: La prescription extraordinaire et le transfer des immeubles non immatriculés en droit suisse et en droit turc. Lausanne 1956. 120 S. LAU j

3466. **Inan,** Ali Naim: Die Unmöglichkeit der Leistung im deutschen, schweizerischen und türkischen Recht. o.O. 1956. XIV, 128 gez. Bl. FR rs Mav bA

U.56.2411

3467. **Gürkan,** Özhan: Der Vergleich zwischen den York-Antwerpen-Rules und den Bestimmungen des deutsch-türkischen Gesetzes. Hamburg 1956. 2, 201 gez. Bl. HH j Mav

U.57.3703

3468. **Yüce,** Turhan Tufan: Die Grundprobleme des türkischen Strafvollzugs im Vergleich mit dem Strafvollzug in Deutschland. o.O. 1956. 151 gez. Bl. FR rs Mav bA

U.57.2573

3469. **Erol,** Süreyya: Die Legitimation unehelicher Kinder nach türkischem Recht. o.O. 1956. 269 gez. Bl. FR rs Mav nA

U.57.2511

3470. **Doğanay,** Yaşar Ümit: Das türkische Auslieferungsrecht. o.O. 1956. X, 169 gez. Bl. FR rs Mav bA

U.56.2396

3471. Olçay, Bülent: Die Pflichten und Befugnisse des Kapitäns eines Kauffahrteischiffs im deutschen und türkischen Recht. Berlin 1957. 131 S. B-F j
U.56.671

3472. Kurtoğlu, Serda: Les sûretés mobilières conventionnelles sans dépossession du propriétaire en droit français et en droit turc. 1957. 269 S.
LAU j

3473. Kursun, Şükrü: Jugendkriminalität in der Türkei. o.O. 1957. VIII, IV, 179 gez. Bl. Ma M j nA   U.58.5987

3474. Göger, Erdogan: Haftung des Verfrachters für Seetüchtigkeit des Schiffes in rechtsvergleichender Darstellung. Hamburg 1957. 83 gez. Bl. HH j Ma nA   U.57.3700

3475. Akıntürk, Turgut: Die Kollektivgesellschaft im neuen türkischen Handelsrecht. Würzburg 1958. VII, 163 gez. Bl. WÜ rs Mav nA   U.58.7758

3476. Onat, M. Selahattin: Die Ausschlüsse in der deutschen sozialen und privaten Unfallversicherung unter Berücksichtigung des türkischen Rechts. Hamburg 1958. XVI, 130 Bl. HH j Mav nA   U.59.3224

3477. Gullu, Ali Reza: Les droits de l'homme et la Turquie. Genf 1958. 206 S. GE j

3478. Aybar, Ayhan: Der Unfallbegriff in der deutschen privaten und sozialen Unfallversicherung unter Berücksichtigung des türkischen Rechts. Hamburg 1958. XVI, 128 gez. Bl. HH j Mav nA   U.59.3195

3479. Özkök, Saim: Die besonderen Rechtsprobleme und Rechtsformen in türkischen Handelsverträgen mit dem Ausland. Göttingen 1958. XII, 213 gez. Bl. GÖ rs Mav nA   U.58.2691

3480. Kınacıoğlu (urspr. Kınacı), Naci: Das neue türkische Urheberrechtsgesetz im Vergleich mit dem deutschen Referentenentwurf und mit dem Welturheberrechtsabkommen. o.O. 1958. XII, 214 gez. Bl. FR rs Mav bA   U.58.2243

3481. **Taran**, Abdullah Kerim: Die Staatsangehörigkeit als Anknüpfungspunkt im türkischen internationalen Privatrecht. o.O. 1958. VIII, 116 gez. Bl. M j Ma   U.58.5999

3482. **Bilâl**, Bekām: Die Reform des deutschen Konnossementsrechts von 1939 und das Recht des türkischen Konnossements. Bonn 1959. XII, 116 gez. Bl. BN rs Mav nA   U.59.956

3483. **Tekil**, Fahiman: L'avarie commune en droit turc et les règles d'York et d'Anvers. Lausanne 1959. 103 S. Im Handel.

3484. **Tan**, Öztaş: Die Ersatzansprüche der Sozialversicherungsträger gegen Unternehmer nach § 37, Abs. 1, 2 des türkischen Gesetzes Nr. 4772 über Arbeitsunfälle-, Berufskrankheiten- und Mutterschaftsversicherung und nach § 903 ff. der deutschen Reichsversicherungsordnung. Analyse, Vergleich und Reformvorschlag. o.O. 1959. XIX, 225 gez. Bl. M j Ma nA   U.60.6414

3485. **Isman**, Mesude: Die Verpflichtung zur Führung bestimmter Namen in Frankreich, Deutschland und in der Türkei. Unter bes. Berücks. des Namens für Frauen und Kinder. Bonn 1959. XII, 110 gez. Bl. BN rs Mav nA   U.60.1244

3486. **Ünsal**, Gökhan: Die politischen Parteien und das positive Recht in der Türkei. Tübingen (1960). III, 147 gez. Bl. TÜ rw Ma nA   U.60.8074

3487. **Çelik**, Nuri: Die Schadenstragung der Reeder beim Zusammenstoß von Schiffen durch gemeinsames Verschulden der Besatzungen im deutschen und türkischen Recht historisch entwickelt. o.O. 1960. 83 S. F j   U.60.2413

3488. **Davran**, Cahit: Der Grundsatz „Kauf bricht Miete" in der sozialen Umgestaltung, insbesondere des türkischen Mietrechts. Freiburg i.B. 1960. 130 S. FR rs 1960 nA   U.65.4051
Im Handel: Arbeiten zur Rechtsvergleichung, Bd. 19.

3489. **Even**, Sevin: Das Auskunftsrecht des Aktionärs, als Fall der aktienrechtlichen Offenlegung, nach deutschem, schweizerischem und türkischem Recht unter Berücksichtigung der Aktienrechtsreform. Kiel 1961. VIII, 137 gez. Bl. KI rs Mav nA U.61.5449

3490. **Türker**, Kaya: Der Verlagsvertrag nach dem deutschen und türkischen Recht. Unter bes. Berücksichtigung d. schweizer. Obligationsrechts und des Urheberrechtsgesetzentwurfs des Bundesjustizministeriums von 1959. Freiburg i.Br. 1961. XV, 139 S. FR rs U.61.3009

3491. **Karadeniz**, Özcan: Die Sicherungsübereignung im deutschen und türkischen Rechtssystem unter Heranziehung der relevanten Bestimmungen des schweizerischen Rechts, rechtsvergleichend. Tübingen 1961. IV, 277 S. U.61.8632

3492. **Yazıcı**, Turan. Der Wahrheitsbeweis bei ehrenrührigen Behauptungen im deutschen und türkischen Strafrecht. Unter bes. Berücks. der geschichtlichen Entwicklung. Freiburg i.B. 1961. XVII, 170 S. FR rs 1961 U.62.3215

3493. **Ünsalan**, Ayhan: Das Zinsproblem im türkischen Recht. Berlin 1961. 112 S. B-F j 1961 U.62.906

3494. **Egilmezler**, Bedi: Mobiliarkredite im schweizerischen und türkischen Recht. Unter Berücksichtigung der deutschen Sicherungsübereignung. Heidelberg 1962. XI, 111 gez. Bl. Ma HD j nA U.62.4908

3495. **Selle**, Friedrich: Prozeßrecht des 16. Jahrhunderts im osmanischen Reich. Auf Grund von Fetwas der Scheichül-islame Ebüssuud und anderer unter der Regierung des Sultans Süleiman des Prächtigen. Köln 1962. 112 S., Anh. K ph bA U.62.6010 Im Handel: Schriften der Max Freiherr von Oppenheim-Stiftung, Heft 5 (Harrassowitz/Wiesbaden.)

3496. **Cihangiroğlu**, Celāl: Die Haftung des Kollektivgesellschafters nach türkischem Recht. Unter Berücksichtigung des deutschen und schweizerischen Rechts. Berlin 1962. 166 S. B-F j 1962 U.63.914

3497. **Ilhan,** Ismail: Die erbrechtlichen Behandlungen deutscher Nachlässe in der Türkei im Wandel der rechtsgeschichtlichen Entwicklung und unter besonderer Berücksichtigung des gegenwärtigen Kollisionsrechts. München 1963. 144 gez. Bl. Ma M j nA   U.63.7782

3498. **Türk,** Hikmet Sami: Die Umwandlung der Handelsgesellschaften. Eine vergl. Untersuchung nach dem deutschen und türkischen Recht. Köln 1964. XIII, 143 S. K j   U.64.7295

3499. **Yıldırım,** Mesut: Voraussetzungen und Wirkungen der Kaufmannseigenschaften im türkischen Recht. Unter bes. Berücksichtigung des dt. und schweiz. Rechts. Berlin 1964. XXIII, 144 S. B-F j   U.64.972

3500. **Araboğlu,** Mümtaz: Die Schwierigkeiten in der türkischen Praxis bei der Anwendung der Vorschriften des schweizerisch-türkischen Zivilgesetzbuches zum Erwerb des Grundeigentums an Privatgrundstücken. Frankfurt 1964. 156 S. F j   U.64.3261

3501. **Doğan,** Hasan: Die Erpressung. Ein Vergleich zwischen dt. und türk. Recht. München 1964. IX, 49 S. M j   U.64.8841

3502. **Kurdoğlu,** Togo Dogan: Ein Vergleich des türkischen mit dem deutschen Grundstücksenteignungsrecht. Wieweit kann das deutsche Enteignungsrecht für türkische Verhältnisse nutzbar gemacht werden? Tübingen 1964. VI, 149 S. TÜ rw   U.64.10784

3503. **Esin,** I. Muzaffer: Die Gesellschaften und die Mudarebe (islamische Kommenda) im Mecelle. Würzburg 1964. XII, 155 gez. Bl. WÜ rs Mav nA   U.64.11143

3504. **Kemahlıoğlu,** Güner: Generalversammlung bei der Aktiengesellschaft im türkischen Recht mit Vergleich des deutschen und schweizerischen Rechts. München 1964. VII, 89 S. M j   U.64.8855

3505. **Elibol,** Ercüment: Die Vermutung der Unschuld im deutschen und türkischen Strafverfahren. Tübingen 1965. XIII, 103 S. TÜ rs   U.65.11998

3506. **Erçman,** Sevinç: Die Organisation und Aufgabe der Jugendgerichte in den USA (besonders New York), in Deutschland und in der Türkei. Hamburg 1965. HH j   U.65.5644

3507. Akçaylı, Nurhan: Die Auswirkungen der tariflichen Friedenspflicht auf das Einzelarbeitsverhältnis nach dem Recht der Türkei und nach deutschem Recht. München 1965. IV, 77 S. M j U.65.9627

3508. Selici, Özer: Die Haftung des Frachtführers nach deutschem und türkischem Recht und nach den Bestimmungen des Übereinkommens über den Beförderungsvertrag im internationalen Straßengüterverkehr. Würzburg 1965. III, 112, XI S. WÜ j U.65.12430

3509. Sarılar, Ülkü: Der Schutz des Unfallgeschädigten nach dem türkischen Straßenverkehrsgesetz. Köln 1966. XIX, 192, VI S. K j U.66.9426

3510. Gürpınar, Nihat Y.: Die Entwicklung des türkischen Eherechts seit der Rezeption des schweizerischen Zivilgesetzbuches. Göttingen 1966. XVII, 149 S. GÖ j 1966 U.66.5931

3511. Akalın, Hasan, Tahsin: Probleme der Neuordnung des Boden-, Wasser- und Forstrechtes in der Türkischen Republik. Unter Berücksichtigung der landwirtschaftlichen Entwicklung. Freiburg 1966. 211 S. FR rs U.66.5001

3512. Narlıoğlu, Urhan: Spannungen im Verhältnis des türkischen zum deutschen Familienrecht. München 1966. X, 191 S. M j 1966 U.66.11543

3513. Özkul, Aydın: La Protection des dessins et modèles en droit français et en droit turc. Lausanne 1968. 116 S. LAU j

3514. Yücel, Turgay: La réparation du dommage moral en cas de rupture des fiançailles et en cas de divorce. Etude de droit français et de droit turc. Lausanne 1968. 127 S. LAU j

3515. Serozan, Rona: Die Überwindung der Rechtsfolgen des Formmangels im Rechtsgeschäft nach deutschem, schweizerischem und türkischem Recht. Tübingen 1968. XII, 154 S. TÜ 1968 U.68.14608
Im Handel: Juristische Studien, 6. (Mohr/Tübingen.)

3516. Ünal, Şeref: Geschäftsführung und Vertretung bei Kollektivgesellschaften im schweizerischen und türkischen Recht. Bern 1970. 129 S. BE j 1970
Im Handel: Europäische Hochschulschriften. Reihe 2. Rechtswissenschaft. 30. (Lang/Bern.)

393

3517. **Topuz**, Ali Turgut: Das Kontrollorgan der türkischen Aktiengesellschaft unter Mitberücksichtigung des schweizerischen und deutschen Kontrollorgans. Würzburg 1971. V, 120 S. WÜ j nA U.71.9700

3518. **Lau**, Peter: Die rechtsgeschäftliche Grundstücksübertragung nach türkischem Recht. Münster 1971. XV, 141 S. MS rs 1971 U.72.11226

3519. **Hausmann**, Hans-Jürgen: Türkisches Jugendkriminalrecht. Hamburg 1971. VII, 65 S. HH j U.71.4965

3520. **Sağlam**, Fazil: Der normative Teil des Tarifvertrages im türkischen Arbeitsrecht. Köln 1971. XVI, 168 S. K j U.71.6831

3521. **Ataysoy**, Zafer: Verfassungsrechtliche Hauptprobleme des Rundfunks nach türkischem und nach deutschem Recht. 1972. IX, 216 S. M j U.74.12168

3522. **Bora**, Fahri: Der Sympathiestreik nach türkischem und deutschem Recht. 1973. XIV, 110 S. M j

3523. **Karaahmetoğlu**, Mehmet Nuri: Die Gleichbehandlung bei der Entlohnung im deutschen und türkischen Arbeitsrecht. 1974. 240 S. in getr. Zählung. B-F j U.75.15435

3524. **Ayta**, Zühtü: Deutsches und türkisches Konzernrecht im Vergleich. 1975. XXXII, 244 S. FR r U.75.6663

3525. **Kaplan**, Ibrahim: Die Behandlung der Kaution nach neuem schweizerischem Arbeitsvertragsrecht. Mit einem Blick auf das türkische Recht. Bern 1975. 129 S. BE j

3526. **Edis**, Altan: Die Haftung des Frachtführers nach schweizerischem Obligationen- und türkischem Handelsrecht. Bern 1975. BE j Im Handel: Europäische Hochschulschriften. Reihe 2. Rechtswissenschaft. 125. (Lang/Bern, Frankfurt.)

3527. **Kammermann**, Hans: Der Familiennachzug der ausländischen Arbeitskräfte: eine Überprüfung auf Verfassungsmäßigkeit u. Menschenrechte. 1976. XXIV, 217 S. Z rs Im Handel.

3528. **Özdemir**, Mümin: Grundzüge des türkischen internationalen Geesellschafts-rechts. 1976. XXXIV, 209 S. K j

3529. **Ertaş**, Şeref: Schutz der Persönlichkeit und immaterieller Schadensersatz nach deutschem, schweizerischem und türkischem Privatrecht. 1976. VI, 221 S. GÖ j   U.76.6896

3530. **Karapınar**, Ismail: Die Altersversorgung im türkischen und deutschen So-zialrecht. 1976. XXIII, 164 S. WÜ j

3531. **Krüger**, Hilmar: Fetwa und Siyar: zur internat.-rechtl. Gutachtenpraxis d. osman. Şeyh ül-Islam vom 17.-19. Jh. unter bes. Berücks. d. ‚Behcet ül-Fetava' 1978. 190 S. K j
Im Handel: Schriften der Max-Freiherr-von-Oppenheim-Stiftung. 10. (Harrassowitz/Wiesbaden.)

3532. **Ünal**, Mustafa: Die funktionsgerechte Verteilung von Leitungs- und Kon-trollaufgaben nach deutschem und schweizerisch-türkischem Aktienrecht. 1978. XXIV, 218 S. B-F j

3533. **Oğuzhan**, Teoman: Der Bestimmtheitsgrundsatz und die Art. 141 Abs. 1, 3 und 142 Abs. 1 des türkischen Strafgesetzbuches. 1978. 279 S. BN rs

3534. **Artuk**, Mehmet Emin: Sinn und Zweck der Strafe und die Maßnahmen zur Sicherung und Besserung im türkischen Strafrecht. Köln 1979. ca. 170 S. Im Handel: Neue Kölner rechtswissenschaftliche Abhandlungen. 83.

Tunesien

3535. **Gerecht**, Gerhard F.: Herkunft und Unterschiede der Bergrechte der Staaten Algerien, Marokko, Tunesien. Clausthal 1964. IV, 186 S. CLZ Bergakademie Fak. f. Natur- und Geisteswiss.   U.64.2086

RELIGION, THEOLOGIE

Allgemeines

3536. **Gebel**, Willibald: Der Islam in seinen geographischen Beziehungen. Ma 42 S. Auszug: Breslau 1922. 3 Bl. BR ph   U.22.1617

3537. **Strothmann**, Rudolf: Die geistigen und politischen Kräfte des Islam im vorderen Orient. Hamburg 1937. In: Die religiösen Kräfte Asiens, Hamburg (1937), 48 S. = Vorträge der 1. Auslandswoche 1937 der Hansischen Universität   U.37.4460c

Vorderer Orient

Mohammed, Koran, Ḥadīt

3538. **Gastfreund**, J.: Mohamed nach Talmud und Midrasch. Kritisch-historisch bearbeitet. Berlin: Louis Gerschel. 1875. 8, 32 S. Straßburg ph

3539. **Hirschfeld**, Hartwig: Jüdische Elemente im Koran. Ein Beitrag zur Koranforschung. Berlin Selbstverlag 1878. 71 S. Straßburg ph

3540. **Risch**, Friedrich: Commentar des Izz-ed-Dīn Abu Abd-ullah über die Kunstausdrücke der Traditionswissenschaft. Leiden 1885. VIII, 10, 42 L ph 1885

3541. **Feilchenfeld**, Josef: Ein einleitender Beitrag zum garīb-al-Ḳur'ān nebst einer Probe aus dem Lexikon des Seĝestāni. Wien 1892. 28 S., 1 Bl. J ph 1892

3542. **Sycz**, Samuel: Ursprung und Wiedergabe der biblischen Eigennamen im Koran. Frankfurt a.M. 1903. 64 S. BE ph 1902/03

3543. **Hond**, Meijer de: Beiträge zur Erklärung der Elḫiḍr-legende und von Ḳorān, Sure 1859 ff. (Der ḳorānisirte Elḫiḍr.) Leiden 1914. 87 S. WÜ ph   U.14.4708

3544. **Hoffmann**, Jakob: Halachische Elemente im Koran. W ph 1919

3545. **Margulies**, Leiser: Die Naturschilderungen im Koran und in der Bibel. W ph 1919

3546. **Weiser**, David: Die Mosessage im Qoran. W ph 1921

3547 **Papo**, Manfred: Die sexuelle Ethik in Qoran und Bibel unter Einschluß der talmudischen Auslegung letzterer. W ph 1921

3548. **Speyer**, Heinrich: Die biblischen Erzählungen im Koran. Auszug: o.O. 1921. 1 Bl. (Auszug: 1. Teil) Ma F ph 1923   U.24.2629

3549. **Goossens**, Eduard: Ursprung und Bedeutung der koranischen Siglen. Berlin 1923. S. 191-226. Aus: Der Islam, Bd. 13 MS ph nA U.23.9698

3550. **Salem**, Mohamed: Soziale Ideen im Islam nach Koran und Hadith. Ma III, 96 S. (Auszug nicht gedruckt) HD ph   U.24.5143

3551. **Koretz**, Hirsch: Die Schilderung der Hölle im Koran und ihre Vorbilder in der jüdischen Literatur. W ph 1925

3552. **Goitein**, Friedrich: Das Gebet im Qoran. VI, 163 S. Auszug: o.O. u.J. 1 Bl. F ph 1923 (1925)   U.25.2487

3553. **Bachmann**, Ludwig: Jesus im Koran. 119 S. Ma Auszug: o.O. u. J. 1 Bl. F ph 1925 (1926)   U.26.1604

3554. **Berger**, Ruth: Die Frauen um Mohammed. W ph 1927

3555. **Eichler**, Paul Arno: Die Dschinn, Teufel und Engel im Koran. Lucka i. Thür. 1928. VIII, 134. L ph   U.28.4522
Im Handel: Klein/Leipzig.

3556. **Polturak**, Chaja: Abraham, Isaak und Ismael im Koran und Agadah. W ph 1928

3557. **Talaat**, Sia: Die Seelenlehre des Korans. (m. bes. Berücks. d. Terminologie) Halle (Saale) 1929. 233 S. HAL ph   U.29.2695

397

3558. **Sister,** Moses: Metaphern und Vergleiche im Koran. Berlin 1931. 46 S.
B ph   U.31.1002
Auch in: Mitteilungen d. Sem. f. Oriental. Sprachen zu Berlin, Abt. 2
(Westasiat. Studien) Jg. 34 (1931) 104-54.

3559. **Safier,** Aron: Jüdische und christliche Parallelen zur Eschatologie des
Korans. W ph 1932

3560. **Rivlin,** Josef J.: Das Gesetz im Koran. T. 1: Kultus und Ritus. o.O.
(1933) 49 S. F ph   U.33.5714
Im Handel: Bamberger u. Wahrmann/Jerusalem 1934.

3561. **Wolfensohn,** Israel: Ka ʿb al-Aḥbār und seine Stellung im Ḥadīt und in
der islamischen Legendenliteratur. Gelnhausen 1933. 93 S. F ph 1933
                                                         U.34.713

3562. **Ettinghausen,** Richard: Polemik im Koran. (Teildr.) Gelnhausen 1934.
58 S. F ph   U.34.691

3563. **Köbert,** Raimund: Texte und Übersetzungen aus Ibn Fūraks Muškil al-
ahādīt auf Grund der Handschriften im Vatikan, Leipzig, Leiden und
London. 1939. 48, XXVI, 78, IV Bl. W 1939

3564. **Evans,** C(harles) Johannes: Die Idee der Sünde im Koran. Tübingen
1939. 54 S. TÜ ph   U.40.6789

3565. **Alsafi,** Ali. Muhammed als Sozialreformer. o.O. 1944. 207 gez. Bl.
Ma 207 gez. Bl. HD sw nA   U.44.5061

3566. **Kumari Zadeh,** Mahmoud: Biologisches und Medizinisches im Koran.
o.O. 1951. 57 gez. Bl. Ma TÜ med nA   U.51.8436

3567. **Horst,** Heribert: Die Gewährsmänner im Koran-Kommentar des Tabarī.
Ein Beitrag zur Kenntnis der exegetischen Überlieferung im Islam. o.O.
(1951) 73 gez. Bl. BN ph Mav nA   U.51.1079

3568. **Tyllack,** Olaf: Die Quellen des Itqān von Suyūtī. München 1952.
M ph nA   U.52.7687

3569, **Hirschmann,** Leonhard: Tierhaltung, tierische Erzeugnisse und Tierheilkundliches in Bibel, Talmud und Koran. München 1955. II, 99 S. M tä
U.55.7169

3570. **Fleischhammer,** Manfred: (Abū Ḥātim) Muḥammad Ibn Ḥibbān (al-Bustī)'s „Kitāb masāhīr ᶜulamā' al-amṣ ār". Ein Werk der islamischen Traditionskritik nach dem Leizpiger Unikum krit. unters. u. hrsg. Halle (Saale) 1955. 32, 2, 187 gez. Bl. Ma HAL ph nA U.55.3585
Der arabische Text ist im Handel als: Bibliotheca Islamica, Bd. 22. (Steiner/Wiesbaden 1959.)

3571. **Beck,** Michael (P. Edmund): Die Koranzitate bei Sibawaih. Abteil Metten bei Deggendorf (1959) V, 200 gez. Bl. Ma M ph nA U.59.6452

3572. **Bülow,** Gabriele von: Ḥadithe über Wunder des Propheten Muḥammad. Insbes. in d. Traditionssammlg. d. Buhārī. Bonn 1963. 215 S. BN ph
U.63.1684

3573. **Sollfrank,** Josef Kurt: Spuren altarabischer Rechtsformen im Koran. Tübingen 1964. 114 S. TÜ ph U.64.11025

3574. **Qureshi,** Amatulkarim: Abu Muhammad ar-Ramahurmuzis Kitāb amtāl al-ḥadīt. Eine Sammlung sprichwörtl. Dicta d. Propheten. Bonn 1959. XXXVIII, 260 S. BN ph 1959 U.66.2593

3575. **Stetter,** Eckart: Topoi und Schemata im Ḥadīt. Tübingen 1965. V, 125 S. TÜ ph U.65.12265

3576. **Koszinowski,** Thomas: Kitāb at-tabaqāt von Halīfa b. Haiyat. Ed. und Einl. Göttingen 1967. 44, 211 gez. Bl. Mav GÖ ph nA U.67.6032

3577. **Matern,** Georg: Ibn Abi Laila. Ein Jurist und Traditionarier des frühen Islam. Bonn 1968. 109 S. BN ph 1968

3578. **Müller,** R. Friedrun: Untersuchungen zur Reimprosa im Koran. (Gießen) 1969. 153 S. TÜ ph 1968 U.69.16750
Im Handel: Bonner Orientalistische Studien, Bd. 20. (N.S.) (Selbstverlag des Orient. Sem. d. Univ. Bonn, 1969.)

399

3579. **Stauth**, Georg: Die Überlieferung des Korankommentars Muǧāhid b. Ǧabrs. Zur Frage der Rekonstruktion der in den Sammelwerken des 3. Jh. d. H. benutzten frühislamischen Quellenwerke. Gießen 1969. IX, 238, 2 S. GI ph 1969   U.70.8937

3580. **Lüling**, Günter: Kritish-exegetische Untersuchung des Qur'antextes. 1970. XV, 170 S. ER-N ph 1970

3581. **Behrouz**, Khosrow: Der Korankommentar von Muhammad B. Murtada Faid al-Kasani: ein Beitrag zur schiit. Koranexegese. 1973. X, 232 S. SB ph 1974   U.74.13485

3582. **Hagemann**, Ludwig: Der Ḳur'ān in Verständnis und Kritik bei Nikolaus von Kues: ein Beitrag zur Erhellung islamisch-christlicher Geschichte. 1976. XVI, 202 S. MS th 1975 Im Handel: Frankfurter theologische Studien. 21. (Knecht/Frankfurt a.M. 1976.)

Ghazali

3583. **Malter**, Henryk (alias Hirsch): Die Abhandlung des Abu Hāmid al-Gazzāli. Antworten auf Fragen, die an ihn gerichtet wurden. Berlin 1894. L S., 1 Bl. HD ph 1895

3584. **Wolfsohn**, Julius: Der Einfluß Gazālī's auf Chisdai Crescas. Leipzig 1905. 78 S. ER ph 1904

3585. **Auerbach**, Heimann' Albalag und seine Übersetzung des Maḳāsid al-Gazzalis. 1. Teil. Nach einer Frankfurter Handschrift zum ersten Male herausgegeben. Mit Vorwort, ausführlicher Einleitung nebst Anmerkungen versehen. Breslau 1906. XXII, 22 S. HD ph 1906

3586. **Bauer**, Hans: Die Dogmatik al-Ghazālī's nach dem II. Buche seines Hauptwerkes. Halle a.d. Saale 1912. 77 S. HAL ph Hab   U.12.5634

3587. **Frick,** Heinrich: Ghazālīs Selbstbiographie. Ein Vergleich mit Augustins Konfessionen. Giessen 1919. 38 S. GI ph U.19.2278
Vollständig erschienen als: Veröffentlichungen d. staatl. Forschungsinstituts f. vergl. Religionsgesch. an der Univ. Leipzig, Nr. 3

3588. **Tscheuschner,** Ernst Friedrich: Mönchsideale des Islams nach Ghazalis Abhandlung über Armut und Weltentsagung. (Gekürzt) Gütersloh 1933. 56 S. B ph U.33.2081
Auch als: Allg. Missionsstudien, 15.

3589. **Wehr,** Hans: Einheitsbewßtsein und Gottvertrauen. Das 35. Buch von Al-Gazālī's Hauptwerk. Übers. und mit Anm. versehen. o.O. (1939) IX, 185, 22 gez. Bl. Ma Auszug: o.O. (1939) 4 S. HAL ph Hab bA U.39.3918
Im Handel: Islamische Ethik, 4. (Niemeyer/Halle 1940.)

3590. **Wilzer,** Susanna: Untersuchungen zu al-Gazzālīs Kitāb at-Tauba. o.O. (1952) III, 202 gez. Bl. ER ph Mav nA U.52.1981

3591. **Eckmann,** Karl Friedrich: Die Wunder des Herzens. Ein Beitrag zur Religionspsychologie des Islām. Aus al—Gazzālīs Werk Iḥyā' ᶜulūm ad-dīn übertr. und mit Kommentar und Glossar vers. Mainz 1960. 255 S. MZ ph 1958 bA

3592. **Meyer,** Hilmar. Zu al-Gazalis Werk ,,Aufstieg zur Heiligkeit auf den Stufen der Erkenntnis der Seele". Wien 1964. 190 Bl. Ma W ph

3593. **Wilms,** Franz-Elmar: Al-Ghazalis Schrift wider die Gottheit Jesu. Übers. und Kommentar. (Mit einer Übersetzung d. Munkidh als Anh.) (1.2.) Freiburg i.B. 1964. VII, 315, III, 116 gez. Bl. Ma FR th nA U.64.3747

3594. **Krawulsky,** Dorothea: Briefe und Reden des Abū Ḥāmid Muḥammad al-Gazzālī, übersetzt und erläutert. Freiburg i.B. 1971. 255 S. F ph 1971
Im Handel: Islamkundliche Untersuchungen, 14. (Schwarz/Freiburg 1971.)

3595. **Uraibi**, Muhammad Yasin El-Taher: Al-Ghazalis Aporien. Im Zusammenhang mit d. Kausalproblem. Bonn 1972. 337 S. BN ph   U.72.3537

Mystik

3596. **Frank**, Herman: Beiträge zur Erkenntniss des Sufismus nach Ibn Ḫ aldūn. Leipzig 1884. 54 S. L ph 1884

3597. **Hartmann**, Richard: Das Ṣūfītum nach al-Ḳuschairi. Glückstadt u. Hamburg 1914. 173 S. KI ph Hab nA   U.14.4085
Im Handel vollst. u.d. Titel: Al-Ḳuschairī's Darstellung des Ṣūfītums, Türkische Bibliothek, 18 (Mayer u. Müller/Berlin 1914.)

3598. **Nyberg**, Henrik Samuel: Kleinere Schriften ʠes Ibn al- ᶜ Arabī. Nach Handschriften in Upsala und Berlin zum ersten Mal hrsg. und mit Einleitung und Kommentar versehen. Leiden 1919. XIV, 203, 240 S. ph Uppsala

3599. **Klappstein**, Paul: Vier turkestanische Heilige, ein Beitrag zum Verständnis der islamischen Mystik. Uetersen 1919. XXVIII, 66 S. KI ph
U.20.3715

3600. **Hallauer**, Jacob: Die Vita des Ibrahim b. Edhem in der Tedhkiret el-Ewlija des Ferid ed-din Attar. Eine islamische Heiligenlegende. Basel 1925. 76 S. Z ph
Im Handel: Türkische Bibliothek, 24 (Mayer u. Müller/Leipzig 1925.)

3601. **Gross**, Erich: Das Vilājet-Nāme des Haǧǧi Bektasch. Ein türkisches Derwischevangelium. Leipzig 1927. IV, 224 S. BA ph
Im Handel: Türkische Bibliothek, 25 (Mayer u. Müller/Leipzig 1927.)

3602. **Braune**, Walter: Die futūḥ al-ġaib des ᶜ Abd al-Qādir. Berlin 1933. 160 S. KB ph nA   U.33.1313
Im Handel: Studien zur Geschichte und Kultur des islam. Orients, 8.

3603. **Meier**, Fritz: Vom Wesen islamischer Mystik. Basel 1943. 52 S. BA Hab. Vorlesung phil.-hist. F.

3604. **Meier,** Fritz: Die Vita des Abū Isḥāq al-Kāzarūnī. Nach dem arab. Grundwerk von Ḥaṭīb Imām Abū Bakr Muḥammad b. ʿAbdalkarīm. Persisch bearb. von Maḥmūd b. ʿUtmān. Hrsg. und eingel. Leipzig 1948. 88, 561 S. BA 1936 ph bA
Im Handel: Bibliotheca Islamica, 14 (Brockhaus/Leipzig 1948.)

3605. **Krätzig,** Erich (P. Solanus): Der weltliche „dritte Orden" als religionsgeschichtliche Erscheinung, aufgezeigt am Hīnayāna-Buddhismus, den Derwischorden des Islams und den Orden der katholischen Kirche. Bonn 1939. 187 S. BN ph 1939　　　　　　　　　　　　U.40.1291

3606. **Glock,** Irmgard: Niyāzī al-Miṣrī. Ein Beitrag zur islamischen Mystik Kleinasiens im 17. Jh. Bonn (1950) 159 gez. Bl. Ma BN ph nA
U.51.1069

3607. **Schimmel,** Annemarie: Studien zum Begriff der mystischen Liebe in der frühislamischen Mystik. o.O. (1954) XV, 95 S. MR th 1951 U.53.6515

3608. **Kümmerer,** Emil: Die Ahmadiya. Beiträge zur Kenntnis eines ägyptischen Derwischordens. o.O. (1953) 103 gez. Bl. Ma TÜ ph nA
U.53.8745

3609. **Schaffʿtha,** Aḥmad: Mullā Ṣadrā's Risāla al-wāridāt al-qalbīya fī maʿrifat al-rububīya. o.O. 1955. 45, 45 gez. Bl. Ma K ph nA
U.56.5348

3610. **Steinherr,** Irene: Scheich Üftade, der Begründer des Ğelvetijje-Ordens. o.O. 1956. 118, 10 gez. Bl. Ma M ph nA　　　　　U.57.7208
Im Druck erschienen.

3611. **Moayyad-Sanandaji,** Heschmat'ullah: Die Maqāmāt des Gaznawī. Eine legendäre Vita Ahmad i Gām's, genannt Žandapīl (441-536/1049-1141) (Frankfurt am Main 1957) 138 S. F ph　　　U.58.2083

3612. **Teufel,** Johann Karl: Eine Lebensbeschreibung des Scheichs ʿAlī-i Hamadānī (gest. 1385): Die „Xulāṣat ul-manāqib" des Maulānā Nūr ud-dīn Caʿfar-i Badaxšī. BA ph 1962. VI, 159 S.
Im Handel: Brill/Leiden 1962.

3613. **Röder**, Albrecht: Die arabischen Sekten und Bruderschaften. Eine soziologische Untersuchung. Heidelberg 1963. 135 S. HD ph 1963
U.64.6207

3614. **Schwerdtfeger**, Gerlinde: Das Buch der gepflückten Blumen aus der Gabe des Allgütigen. Kitāb az-Zahr al-maq tuf min fatḥ ar-Ra'uf. Übers. u. Einl. Bonn 1965. 140 S. BN ph 1965
U.66.2611

3615. **Pomezny**, Waltraud: Zu Abū Ḥayyān at-Tauḥīdī und seinem „Kitāb al-baṣā'ir wa d-dahā'ir". Wien 1967. 192 Bl. Ma W ph

3616. **Reinert**, Benedikt: Die Lehre vom tawakkul in der klassischen Sufik. Berlin 1968. VIII, 353 S. BA ph nA
Im Handel: Studien zur Sprache, Geschichte und Kultur des islamischen Orients, N.F., Bd. 3 (de Gruyter/Berlin 1968.)

3617. **Krupp-Shamma**, Alya: Studien zum Manāqibnāma des Abu 'l-Wafā Tāg al-ᶜĀrifīn. München 1969. IV, 61 S. M ph bA
Im Handel: Sollte im Verlag Walter-Wilhelm-Busam, Einhorn-Presse, München erscheinen.

3618. **Tunc**, Cihad: Sahl b. ᶜAbdallāh at-Tustarī und die Sālimīya. Übersetzung und Erläuterung des Kitāb al-Mu ᶜāraḍa. Bonn 1970. BN ph
U.70.6391

3619. **Mann**, Dagmar: Die risāla arba ᶜīn mawātin des ᶜAbdalkarīm al-Ğīlī. Saarbrücken 1970. VI, 146, 51 S. arab. Text. SB 1970

3620. **Profitlich**, Manfred: Die Terminologie Ibn ᶜArabīs im Kitāb wasā'il as-sā'il des Ibn Saudakīn. Text, Übersetzung und Analyse. Mainz 1971. MZ ph 1971. bA
U.73.9490
Im Handel: Islamkundliche Untersuchungen. 19. (Schwarz/Freiburg.)

3621. **Cordt**, Hartwig: Die Sitzungen des ᶜAlā' ad-dawla as-Simnānī. 1977. III, 248 S. BA ph
Im Handel: Juris-Verlag/Zürich 1977.

3622. **Kattoura**, Georges: Das mystische und philosophische System des Ibn Sabᶜīn: ein Mystiker aus Murcia. 1977. IV, 170 S. TÜ FB Altertums- u. Kulturwiss.

3623. **Landolt**, Hermann: Der Gebetsteppich als kultureller Faktor im Derwischtum. 1978. 201 Bl. BA ph 1967 nA

3624. **Meyer**, Egbert: Mystisches Denken in der Schule Ibn ⸢Arabī's. Köln 1980 (?)   In Vorbereitung

Verschiedenes

3625. **Hirschfeld**, Leo: Sa ⸢d B. Manṣūr Ibn Kammūnah und seine polemische Schrift Tankīḥ al-abḥāt li'l-milal at-talāt. Leipzig 1893. 55 S. HD ph 1893

3626. **Lidzbarski**, Marcellus: De propheticis, quae dicantur, legendis Arabicis. Prolegomena. Leipzig 1893. 2 Bl., 64 S. 1 Bl. B ph 1893

3627. **Rüling**, Josef Bernhard: Beiträge zur Eschatologie des Islam. Leipzig 1895. 1 Bl., 74 S., 1 Bl. L ph 1895

3628. **Arendzen**, Joannes: Theodori Abu Ḳurra de cultu imaginum libellus e codice Arabico nunc primum editus latine versus illustratus... Bonnae 1897. 2 Bl., XXII, 52 S., 1 Bl., 50 S., 2 Bl., 2 Taf. BN ph 1897

3629. **Segall**, Zalel: Die Muhammedanische Eschatologie in ihrer Beziehung zur jüdischen und christlichen. W ph 1897

3630. **Triebs**, Franciscus: Liber decem quaestionum contra Christianos. Auctore Ṣāliḥo Ibn al-Ḥusain... Bonnae 1897. 1 Bl., IX, 11, 11 S., 2 Bl. BN ph 1897

3631. **Patton**, Walter Melville: Aḥmed ibn Ḥanbal and the Miḥna. A Contribution to a Biography of the Imām and to the History of the Mohammedan Inquisition called the Miḥna, 218-234 A.H. Leiden 1897. 2 Bl., 47 S. HD ph 1897
Im Handel vollständig: Brill/Leiden 1897.

3632. **Huss** (recte Engel), Max: Die Berichte Tabari's über die biblische Geschichte verglichen mit den jüdischen Quellen. W ph 1898

3633. **Möller**, Ernst: Beiträge zur Mahdilehre des Islams. I. Ibn Babuje el Kummis Kitābu kamāl id-dīni wa tamāminni'mati fī ithbāt il-'raibati wa kaschf il-ḥirati. Erstes Stück herausgegeben und besprochen. Heidelberg 1901. XXV, 44 S. BA ph 1900/01

3634. **Meyer**, Jonas. Die Hölle im Islam. Basel 1901. 90 S. BA ph 1901/02

3635. **Eisenberg**, Isaac: Die Prophetenlegende des Muhammed ben Abdallah-al-Kisāī, nach den Handschriften zu München, Bonn, Leiden, Leipzig und Gotha zum ersten Male herausgegeben und mit einer Einleitung und Anmerkungen versehen. Kirchhain N.-L. XVIII, 15 S. BE ph 1902/03 (eigentl. 1898)

3636. **Sarasin**, Wilhelm: Das Bild Alis bei den Historikern der Sunna. Basel 1907. 70 S. BA ph 1906/07

3637. **Leszynsky**, Rudolf: Mohammedanische Traditionen über das jüngste Gericht. Eine vergleichende Studie z. jüdisch-christl. und mohammed. Eschatologie. Kirchhain N.L. 1909. 74, XXXVIII S. HD ph 1909 U.10.2147

3638. **Nöldeke**, Arnold: Das Heiligtum al-Husains zu Kerbelā. Erlangen 1909. ER ph 1909 U.10.883
Im Handel: Türkische Bibliothek, 11. (Mayer u. Müller/Berlin 1909.)

3639. **Frank**, Rudolf: Scheich ᶜAdī, der große Heilige der Jezīdīs. Kirchhain N.L. 1911. 134 S. ER ph U.11.939
Im Handel als: Türkische Bibliothek, 14. (Mayer u. Müller/Berlin 1911.)

3640. **Ulrich**, Friedrich: Die Vorherbestimmungslehre im Islam und Christentum. Eine religionsgeschichtl. Parallele. Gütersloh 1912. 132 S. HD th U.12.5638
Auch ersch. als: Beiträge zur Förderung christl. Theologie, Jg. 16, H. 4.

3641. **Wiesel**, Heinrich: Achmed ibn Tajmīja. كتا ب الـكلم الطَيب من اذكار
صلعم النبى ا Das Buch der frommen Worte. Gebete der Mohammedaner. Die 18 ersten Capitel. Berlin 1914. II, 62, XXXII BE ph 1914/15

3642. **Reinfried**, Hermann: Bräuche bei Zauber und Wunder nach Buchari. Karlsruhe 1915. X. 65 S. FR ph U.15.1655

3643. Aichele, Walther: Biblische Legenden der Schīᶜiten aus dem Propheten-buch des Ḥoseinī. Berlin (1915). 32 S. Aus: Mitteilungen d. Sem. f. orient. Sprachen zu Berlin, 18, Abt. 2 HD ph   U.15.1884

3644. **Rost**, Leonhard: Al-Aš ᶜarī's Kitāb al-luma ᶜ. Text und Übersetzung mit Einleitung. Ma XXXI, 93 (lag nicht vor) Auszug (Autogr.): 2 Bl. ER ph 1922 (1923)   U.23.1962

3645. **Hirschberg**, Joachim: Jüdisches und Christliches im vorislamischen Arabertum. Ma W ph 1925

3646. **Wenkert**, Schoel: Die mohammedanische Armensteuer und ihre jüdi-schen Vorbilder. W ph 1927

3647. **Fritsch**, Erdmann: Islam und Christentum im Mittelalter. Beiträge zur Geschichte der muslimischen Polemik gegen das Christentum in arabi-scher Sprache. Kirchhain N.L. (1930) 150 S. BR ph 1930 (1931) nA   U.31.1861

3648. **Syed**, Mujtaba Ali: The Origin of the Khojāhs and their religious life today. Würzburg 1936. 109 S. BN ph   U.36.1530 Im Buchhandel: Untersuchungen zur allg. Religionsgeschichte, Heft 8. (Röhrscheid/Bonn.)

3649. **Eichner**, Wolfgang: Die Nachrichten über den Islam bei den Byzantinern. (Auszug) Glückstadt 1936. S. 133-210. Aus: Der Islam, Bd. 23, H. 3 und 4 BN ph bA   U.36.1438

3650. **Köhler**, Manfred: Melanchthon und der Islam. (Herrnhut 1938) 161 S. J th nA   U.38.5043 Im Handel: Klotz/Leipzig.

3651. ᶜ**Ali**, Ǧawād: Der Mahdī der Zwölfer-Schīᶜa und seine vier Safīre. (Teildr.) Berlin 1939. 33 S. HH ph nA   U.39.4482 Vollständig u.d. Titel: Die beiden ersten Safīre des Zwölften Imāms, Der Islam, 25(1939) 197-227   U.39.4482

3652. **Klinke-Rosenberger**, Rosa: Das Götzenbuch Kitāb Al-Aṣnām des Ibn al-Kalbī. Zürich 1942. S. 3-142. 43. Z ph 1942

3653. **Linss**, Hans Peter: Probleme der islamischen Dogmatik. Das Kitāb uṣūl ad-dīn des Abu'l-Yusr Muḥammad al-Bazdawī. o.O. (1953), 131 gez.
Bl. Ma BN ph nA U.53.1175
Im Handel unter dem Titel: Kitāb Uṣūl ad-dīn nimmā ǧama ʿahū as-saiḫ al-qāḍī al-imām al-aǧall Ṣadr al-islām wal-muslimīn Saif as-sunna wad-dīn Abū'l-Yusr Muḥammad ʿAbd al-Karīm al-Bazdawī... Kairo / ʿIsā al-Bābī al-Ḥalabī 1963 (engl. Nebentitel und „Introduction".)

3654. **Zbinden**, Ernst: Die Djinn des Islam und der altorientalische Geisterglaube. Bern 1953. XVI, 163 S. Z th 1953
Auch im Handel.

3655. **Sahebozzamani** (-Khorassani), Mohammed-Hassan: Das Verhältnis von Religion und Philosophie bei al-Farabi. Göttingen 1956. 113 gez. Bl. GÖ ph Mav nA U.56.3127

3656. **Muhammad**, Anwar Ali: Iqbals Message as a poet of Islam. Marburg 1954. 93 Bl. in getr. Pag., zahlr. Bl. Ma MR ph nA U.54.6551

3657. **Klopfer**, Helmut: Die Kitāb al-Irshād des Imām al-Haramain al-Djuwainī. ·o.O. (1955) III, 159 gez. Bl. Ma B-F ph nA U.55.740

3658. **Kornrumpf**, Hans-Jürgen: Das Shīʿitische Bild ʿAlis und des Islām nach Nahdj al-Balāgha des Sharīf al-Radī (gest. 406/1016) o.O. (1955) II, 151 gez. Bl. Ma B-F ph U.55.742
Vgl. auch: Der Islam 45 (1969), 1-63, 262-298.

3659. **Kessler**, Christel: ʿAbdurraḥmān al-Kawākibīs Reform des Islam. o.O. (1956) 104 gez. Bl. Ma B-F ph nA U.56.747

3660. **Madelung**, Wilferd: Qarmaten und Fatimiden. Ihre gegenseitigen Beziehungen und ihre Lehre vom Imamat. Hamburg 1956. 121 gez. Bl. Ma HH ph nA U.57.3977
Vgl. auch: Der Islam 34 (1959), 34-88.

3661. **Becker-Klein**, Dorothea: Der „Heilige" in der Kritik Ibn Taimīyas.
o.O. (1957) III, 98 gez. Bl. Ma B-F ph nA   U.57.710

3662. **Glazik**, Joseph P.: Die Islammission der russisch-orthodoxen Kirche.
Eine missionsgeschichtl. Untersuchung nach russischen Quellen und Dar-
stellungen. Mit vier Übersichtskarten. Münster/Westf. (1959) XLI,
192 S. = Missionswissenschaftliche Abhandlungen und Texte. MS th
Hab 1958 nA
Auch im Handel.

3663. **Brentjes**, Helga: Die Imāmatslehren der Muslims nach Asch ʿarī. Halle
1961. 212 gez. Bl. Ma HAL ph nA   U.61.3917
Im Handel u.d. Titel: Die Imamatslehren im Islam nach der Darstellung des Asch ʿarī. Berlin 1964. 59 S. (Abh. AW Sächs., phil. hist. Kl.
54, Heft 5.)

3664. **Madelung**, Wilferd: Der Imam al-Qāsim ibn Ibrāhīm und die Dogmatik
der Zaiditen. Hamburg 1963. HH ph Hab   U.63.4659
Im Handel: Studien zur Sprache, Geschichte und Kultur des islamischen
Orients. Neue Folge Bd. 1 (de Gruyter u. Co./Berlin 1965.)

3665. **Azar**, Raymond: Der Begriff der Substanz in der frühen christlich-arabischen und islamischen Gotteslehre. Bonn 1965. 231 S. BN ph 1965
U.66.2492

3666. **El-Gawhary**, Mohamed M.: Die Gottesnamen im magischen Gebrauch in
den Al-Buni zugeschriebenen Werken. Bonn 1966. 363 S. mit Abb. BN
ph   U.66.2521

3667. **Raddatz**, Hans-Peter: Die Stellung und Bedeutung des Sufyān at-Taurī
(gest. 778). Ein Beitrag zur Geistesgeschichte des frühen Islam. Bonn
1967. 216 S. BN ph   U.67.2436

3668. **Abdul Hamid**, Mustafa: Al-Utmāniyya von Al-Ǧaḥiẓ. Ein Beitrag zur
mittelalterlichen theol. Literatur des Islam. Leipzig 1968. 84 gez. Bl.
Mav L ph 1968 nA   U.68.9826

3669. **Ballouz,** Nayef: Der frühe Islam und seine geisteskulturelle Vorgeschichte. (T. 1.2.) Berlin 1968. 279 gez. Bl., 280-488 Mav B-H ph
1968 na

3670. **Raff,** Thomas: Das Sendschreiben nach Zypern. ar-Risāla al-Qubru-
ṣīya von Taqī ad-Dīn Aḥmad Ibn-Taimīya (Ibn-Taimīja) (661-728
A.H. = 1263-1368 A.D.) Ed., Übers. u. Komm. 1971. 195 S.
BN ph 1969

3671. **Hasselblatt,** Gunnar: Herkunft und Auswirkungen der Apologetik
Muhammed ᶜ Abduh's (1849-1905). Untersucht an seiner Schrift:
Islam und Christentum im Verhältnis zu Wissenschaft und Zivilisa-
tion. Göttingen 1969. 320 S. GÖ th 1969

3672. **Antes,** Peter: Prophetenwunder in der Ašᶜarīya bis al-Gazālī(Alga-
zel) Freiburg i.B. 1970. III, 135 S. FR th 1970 bA
Im Handel: 1. Ausgabe: Robischon/Freiburg 1970. 2. Ausgabe: Islamkundliche Untersuchungen, 2. (Schwarz/Freiburg 1970.)

3673. **Dressendörfer,** Peter: Islam unter der Inquisition. Die Morisco-Pro-
zesse in Toledo 1575-1610. Gießen 1970. VIII, 172 S. GI ph nA
Im Handel: Akad. d. Wiss.-u.d. Literatur. Veröffentlichungen der
Oriental. Kommission. 26. (Steiner/Wiesbaden 1971.)

3674. **Pampus,** Karl-Heinz: Die theologische Enzyklopädie Biḥār al-anwār
des Muḥammad Bāqir al-Maǧlisī(1037-1110 A.H. = 1627-1699 A.D.)
Ein Beitrag zur Literaturgeschichte der Šīᶜa in der Safawidenzeit.
Bonn 1970. 229 S. 1 Falttaf. BN ph 1970   U.70.6186

3675. **Wieland,** Rotraud: Offenbarung und Geschichte in der Sicht moderner
Muslime. Wiesbaden 1971. 179 S. TÜ ph 1970.
Im Handel: Akademie der Wissenschaften und der Literatur, Veröffentlichungen der orientalischen Kommission, Bd. XXV (Steiner/Wies-
baden 1971) unter dem Titel: Offenbarung und Geschichte im Denken
moderner Muslime.

3676. **Aschtiani,** Manutschehr: Der Dialektische Vorgang in der mystischen
„Unio-Lehre" Eckharts und Maulanas und seine Vermittlung durch ihre
Sprache: ein Beitr. zur Problematik d. Welt-Mensch-Gott-Beziehung
in d. dt. u. iran. Mystik. 1971. 158 S. HD ph   U.74.8175

3677. Antes, Peter: Zur Theologie der Schi ᶜa. Eine Untersuchung des Ğāmi ᶜ al-asrār wa-manba ᶜ al-anwār des Sayyid Ḥaidar Amolī. Freiburg 1971. 142 S. FR ph 1971.
Im Handel: Islamkundliche Untersuchungen, 16. (Schwarz/Freiburg 1971.)

3678. Hoheisel, Karl: Das Urteil über die nichtchristlichen Religionen im Traktat ‚De errore profanarum religionum' des Julius Firmicus Maternus. 1972. 434 S. BN ph 1971

3679. Harding, Leonhard: Französische Religionspolitik in Westafrika. „Soudan Français". 1895-1920. 1972. 355 S. B-F   U.72.13068

3680. Saleh, Ahmed: Der Einfluß religiöser Vorschriften auf die Warenpalette. Unter bes. Berücks. d. Islam sowie d. Hinduismus u. Buddhismus. Köln 1972. 210 S. K wi-so   U.72.8870

3681. Schumann, Olaf H.: Der Christus der Muslime. Christ∂logische Aspekte in der arab.-islam. Literatur 1972. 267 S. TÜ th 1972
Im Handel: Missionswissenschaftliche Forschungen. 10. (Mohn/Gütersloh 1975.)

3682. Wein, Clemens: Die islamische Glaubenslehre (ᶜaqīda) des Ibn Taimiya. 1973. 131 S. BN ph

3683. Daiber, Hans: Das theologisch-philosophische System des Mu'ammar Ibn- ᶜAbbād as-Sulamī (gest. 830 n.Chr.) 1973. XII, 604 S. HD Fak. f. Orientalistik u. Altertumswiss. Hab
Im Handel: Beiruter Texte und Studien. 19. (Steiner/Wiesbaden 1975.)

3684. Arbol Navarro, Miguel del: Spanisches Funeralbrauchtum unter Berücksichtigung islamischer Einflüsse: zur Volkskunde u. vergl. Religionswiss. 1974. 172 S. BN ph bA   U.74.3259
Im Handel.

3685. Tworuschka, Monika: Die Rolle des Islam in den arabischen Staatsverfassungen. 1976. 202 S. BN ph 1975 bA
Im Handel: Beiträge zur Sprach- und Kulturgeschichte des Orients. 27. (Verlag f. Orientkunde/Walldorf 1976.)

3686. **Glassen**, Erika: Der mittlere Weg. Studien zur Religiosität und Religionspolitik der späteren Abbasiden-Zeit. 1977. FR Hab
Im Handel voraussichtlich als: Freiburger Islamstudien. 8. (Steiner/ Wiesbaden 1980 ?)

3687. **Serdani**, Mohammad: Der verborgene Imam. Eine Untersuchung der chiliastischen Gedanken im schiitischen Islam nach Ibn Bābūya (gest. 991): Kamāl al-dīn wa-tamām al-ni ʿma. Bochum 1979. BO ph

3688. **Radtke**, Bernd: Al-Ḥakīm at-Tirmidī. Bern 1979 (?) (Arbeitstitel)
In Vorbereitung

Bahai

3689. **Zabih**, Manutschehr: Die Lösung der sozialen Fragen auf Grund der Baha'i-Lehren. o.O. 1948. X, 182 gez. Bl. Ma TÜ rw nA   U.58.7496
Auch im Handel.

3690. **Loeppert**, Theodor A(rthur): Die Fortentwicklung der Bábí-Bahá'í im Westen. Würzburg 1933. V, 146 S. L ph   U.33.4110

3691. **Roemer**, Hermann: Die Bābī-Behā'ī. Eine Studie zur Religionsgeschichte des Islams. Potsdam 1911. XII, 192 S. TÜ ph 1911   U.12.4450
Im Handel: Deutsche Orient-Mission Potsdam.

3692. **Schaefer**, Udo: Die Grundlagen der „Verwaltungsordnung" der Bahá'i. o.O. 1957. VIII, 192 gez. Bl. Ma HD j nA   U.57.4273

3693. **Jockel**, Rudolf: Die Lehren der Baha'i-Religion. o.O. 1952. 136 gez. Bl. Ma TÜ ph nA   U.52.8586

3694. **Beveridge**, Kent: Die gesellschaftspolitische Rolle der Bahá'i-Verwaltungsordnung innerhalb der Gemeinschaft der Bahá'i unter besonderer Betrachtung der zwei leitenden Institutionen. Wien 1977. 262 Bl. W Ma

Ägypten

3695. **Kümmerer**, Emil: Die Ahmadiya. Beiträge zur Kenntnis eines ägyptischen Derwischordens. o.O. (1953) 103 Bl. TÜ ph Ma nA   U.53.8745

Afghanistan

3696. **Einzmann**, Harald: Religiöses Volksbrauchtum in Afghanistan: islam. Heiligenverehrung u. Wallfahrtswesen im Raum Kabul. 1977. IX, 346 S. HD wi-so 1976 nA
Im Handel: Beiträge zur Südasienforschung. 34. (Steiner/Wiesbaden 1977.)

Irak

3697. **Al-Haidari**, Ibrahim: Die Ta'ziya, das irakische Passionsspiel: ein Beitr. zur Soziologie d. schi'itischen Chiliasmus. 1975. 274 S. B-F 1974 bA
          U.75.15358
Im Handel u.d. Titel: Zur Soziologie des schiitischen Chiliasmus. Ein Beitrag zur Erforschung d. irak. Passionsspiels. Freiburg: Schwarz 1975. (Islamkundliche Untersuchungen. 31.)

Iran

3698. **Tehrani**, Eskander: Die Entwicklung der iranischen Volkswirtschaft von der Zeit der Safawiden bis zu den Pahlawiden (1501-1948) unter bes. Berücksichtigung der Einwirkung der islamischen Religion und des europäischen Imperialismus. o.O. 1949. IX, 107 Bl. M sw Ma nA   U.49.5454

3699. **Müller**, Hildegard: Studien zum persischen Passionsspiel. Freiburg i.B. 1966. 257 S. FR ph 1966   U.66.5505

3700. **Mamnoun**, Parviz: Ta'zija. Schi'itisch-persisches Passionsspiel. Wien 1967. 160 Bl. Ma W ph
Im Handel: Dissertationen der Universität Wien, 3. (Verlag Notring/Wien 1967.)

3701.   **Gramlich**, Richard (Alois): Die schiitischen Derwischorden Persiens.
1. Die Affiliationen. Basel 1969. III, VIII, 109 S. BA ph nA 1969
Im Handel: Abhandlungen für die Kunde des Morgenlandes, 36, 1.
(Steiner/Wiesbaden 1969.)

3702.   **Zia**, Hossein: Die Rolle der Religion bei der Entstehung und Entwicklung des Parlamentarismus im Iran. Heidelberg 1970. 171 S.
HD, F. f. Orientalistik u. Altertumswiss.   U.70.11195

Mauretanien

3703.   **Harding**, Leonhard: Französische Religionspolitik in Westafrika:
„Soudan Français" 1895-1920. 1972. 355 S. B-F Fachber. Ges.
1972   U.72.13068

Palästina / Israel

3704.   **Schneider**, Karlheinz: Religion in Israel: eine Studie zum Verhältnis Person, Religion, Gesellschaft. 1976. 267 S. KON Sozialwiss. Fak. 1972.
Im Handel: Transfines (Hain/Meisenheim a. Glan 1976.)

Sudan

3705.   **Herberger**, Johannes: Eine Untersuchung zur Frage des Schamanismus
im östlichen Sudan und in Nordostafrika. Wien 1967. 217 Bl. Ma W ph
1967

Türkei

3706.   **Fischer**, Harald: Die neue Türkei und der Islam. Eine religionsrechtl.
Studie. Kulmbach 1932. 75 S. ER j   U.32.1728

3707.   **Heyer**, Ingomar. Beiträge zur Kenntnis des Islam in Bosnien und der Herzegowina. Tübingen 1940. 77 S. TÜ ph   U.40.6793

3708. **Balić**, Smail: Die geistigen Triebkräfte im bosnisch-herzegowinischen Islam. (Ideengeschichtliche und soziologische Ansätze) 1944. II, 166 Bl. W 1944

3709. **Steinherr**, Irene: Scheich Üftade, der Begründer des Ğelvetijje-Ordens. o.O. 1956. 118, 10 gez. Bl. Ma M ph nA   U.57.7208 Erschien 1961 in München im Offsetdruck. 131, 13 S. (keine Verlagsangabe.)

3709a. **Hidiroglou**, Paul: Das religiöse Leben auf Kreta nach Ewlija Celebi. Bonn 1966. 152 S. mit Abb. BN ph   U.66.2532 Im Handel: Beihefte der Zeitschrift für Religions- und Geistesgeschichte. 11. (Brill/Leiden 1969.)

3710. **Karagöz**, Oğuz: Der Islam im Widerstreit: Religionspolitik u. Nationalismus in d. Schulerziehung d. türk. Republik 1923-1960. 1976. 367 S. FR ph   U.75.6893

SOZIALWISSENSCHAFTEN

Allgemeines

3711. **Ahmed**, Sadullah: Über die Prostitution und ihre Psychologie im vorderen Orient. München 1958. 43 S. M med   U.58.6096

3712. **Sow**, Saliou Béla: Methoden und Probleme der Ermittlung, Abschätzung und Minderung von statistischen Fehlern bei Total- bzw. Stichprobenstatistiken unter besonderer Berücksichtigung der spezifischen Problematik in den Entwicklungsländern. 1972. 158 gez. Bl. B-ÖK Diss. A nA

3713. **Abaza**, Mustafa: Die Sozialversicherung Österreichs als Vorbild für die Entwicklungsländer. 1974. 175, 8 Bl. XXXIII Bl. Tab., 3 Bl. Ma GZ s

3714. **Weinwurm**, Eva-Maria: Mutter-Kind-Interaktion bei asiatischen Kindern in deutschen Adoptivfamilien: begleitende Verhaltensbeobachtungen von Terre des Hommes Kindern hinsichtlich des Deprivationssyndroms. 1976 VI, 350 S. MS ph   U.76.13102

3715. **Stummann**, Franz-Josef: Aktion Dritte Welt: eine Fallstudie zur „entwicklungspolit. Bewußtseinsbildung" d. Jugend. 1976. V, 561 S. GI gw 1975   U.76.6726
Im Handel: Europäische Hochschulschriften. Reihe 19. Ethnologie, Kultur anthropologie. Abt. B. Völkerkunde. 2. (Lang, Bern.)

3716. **Wirth**, Anton J.: Massentourismus und abhängige Entwicklung: Kritik d. herrschenden Theoreme zum Tourismus in der dritten Welt. 1976. VII, 329 S. MR gw

3717. **Djanani**, Seyed-Rafi: Die Konstruktion eines Systems sozialer Indikatoren in den Entwicklungsländern. Innsbruck 1977. 372 Bl. IN Ma

3718. **Schmied**, Ernst: Die „Aktion Dritte-Welt-Handel" als Versuch der Bewußtseinsbildung: ein Beitrag zur Diskussion über Handlungsmodelle für d. polit. Lernen. 1977. 388 S. M Hochsch. für Philosophie/Phil. Fak. S.J. Diss. 1977
Im Handel: Aktuell Verl.-Gesellsch./Aachen.

3719. **Safa**, Mohammed Musa: Die Weltbevölkerungsproblematik der Vereinten Nationen. 1977. VI, 168 S. BO wi
Im Handel: Bochumer wirtschaftswissenschaftliche Studien. 37. (Studienverlag Brockmeyer/Bochum.)

Vorderer Orient

3720. **Thorning**, Hermann: Studien zu Bast Madad et-Taufīq. Ein Beitrag zur Kenntnis des islamischen Vereinswesens. Glückstadt 1913. 221 S. KI ph
U.13.3954
Im Handel vollst.: Beiträge z. Kenntnis des islamischen Vereinswesens auf Grund von Bast Madat et-Taufīq, Türkische Bibliothek, 16. (Mayer u. Müller/Berlin 1913.)

3721. **Peters**, Paul: Die Gebärdensprache der Semiten. Ma V, 65 S. (Auszug nicht gedruckt.) B ph 1919 (1924)

3722. **Kantorowicz**, Ernst Hartwig: Das Wesen der muslimischen Handwerkerverbände. Ma II, 104 S. Auszug in: Jahrbuch d. Phil. Fak. Heidelberg 1921/22. T. 2 S. 182-183. HD ph
U.22.4832

3723. **Lefèvre**, Albert: Gesellschaftliche und wirtschaftliche Studien zum Islam. Ma, XVI, 220 S. Auszug: o.O. (1923) 1 Bl. GRE rs
U.23.4566

3724. **Khemiri**, Tahir: Der ᶜAṣabīja-Begriff in der Muqaddima des Ibn Ḫaldūn. Berlin und Leipzig 1936. S. 163-188. Aus: Der Islam, 23 (1936), 163-188. HH ph nA
U.36.4591

3725. **Nawaz**, Ali: Wandel der Wirtschafts- und Gesellschaftsstruktur im Mittleren Orient. Basel 1956. 119 S. BA s 1956.
Im Handel: Staatswissenschaftliche Studien, N.F. 26. (Polygr. Verlag/Zürich.)

3726. **Röder**, Albrecht: Die arabischen Sekten und Bruderschaften. Eine soziologische Untersuchung. Heidelberg 1963. 135 S. HD ph 1963
U.64.6207

3727. **Rotter**, Gernot: Die Stellung des Negers in der islamisch-arabischen Gesellschaft bis zum 16. Jh. Bonn 1966. 192 S. BN ph   U.66.2600

3728. **Danesch**, Manutschehr: Demographische Wandlungsprozesse in den islamischen Ländern und ihre Bedeutung für die wirtschaftliche Entwicklung. Hohenheim 1967. 231 S. HOH agr 1967   U.67.8076

3729. **Schamah**, Muhammad: Die Stellung der Frau im sunnitischen Islam unter besonderer Berücksichtigung Ägyptens. Berlin 1968. 127 S. B-F ph 1968   U.68.1534

3730. **Malik**, Muhammad Usman.: Mensch und Gesellschaft im Islam. Eine Analyse unter bes. Berücksichtigung d. Religionskritik bei Karl Marx u.d. religionssoz. Untersuchungen Max Webers. Köln 1970. 221 S. K ph.
     U.70.12182

3731. **Bianca**, Stefano: Baugestalt und Lebensordnung im islamischen Stadtwesen. 1973. III, 146 Bl. Z-T nA

3732. **Meyer**, Bärbel: Wissen und Kontrolle: zur Geschichte u. Organisation islam. Eliten-Wissens im Zentralsudan, unter bes. Berücks. d. Kalifates von Sokoto. 1975. 202 S. HH, Fachbereich Philosophie, Psychologie, Sozialwiss.   U.75.8394

3733. **Herndl**, Rene Albert: Konflikte zwischen Großgruppen als sozial-psychologisches Problem. Am Beispiel d. arabisch-israelischen Konflikts. Salzburg 1977. 131 Bl. SA n

3734. **Srour**, Hani: Die Staats- und Gesellschaftstheorie bei Sayyid Gamaladdin „Al Afghani" als Beitrag zur Reform der islamischen Gesellschaften in der zweiten Hälfte des 19. Jahrhunderts. 1977. VI, 310 S. SB ph nA
     Im Handel: Islamkundliche Untersuchungen. 41. (Schwarz/Freiburg 1977.)

3735. **Dudin**, Hasan: Asabiyya: ein Beitrag zur politischen Symbolik. 1977. 144 S. B-F Fachbereich 11 – Philosophie u. Sozialwiss.

3736. **Enderwitz**, Susanne: Gesellschaftlicher Rang und ethnische Legitimation. Der arabische Schriftsteller Abū ᶜUtmān al-Ǧāḥiẓ (gest. 868) über die Afrikaner, Perser und Araber in der islam. Gesellschaft. 1979. 290 S. B-F Magisterarbeit
     Im Handel: Islamkundliche Untersuchungen. 53. (Schwarz/Freiburg 1979.)

Arabischer Raum

3737. **Proksch**, Otto: Über die Blutrache bei den vorislamischen Arabern und Mohammeds Stellung zu ihr. Leipzig 1899. 42 S. L ph 1899
Im Handel vollst. als: Leipziger Studien aus d. Gebiete d. Geschichte, 5,4.

3738. **Henninger**, Josef: Die Familie bei den Beduinen Arabiens. Ein Beitrag zur Frage des Mutterrechts bei den Semiten. 1938. XXXVII, 299 Bl. W ph 1938

3739. **Bissar**, Faride: Die Frauenarbeit in den arabischen Ländern. o.O. 1944. 23 gez. Bl. M med 1945 Mav nA   U.44.6594

3740. **Freyer**, Barbara: Formen des geselligen Umgangs und Eigentümlichkeiten des Sprachgebrauchs in der frühislamischen städtischen Gesellschaft Arabiens (nach Ibn Sa ᶜd und Buḫārī) Münster 1962. MS ph 196 !
U.65.11189
In: Der Islam 38 (1962), 51-105 und 42 (1966), 25-57 und 179-234.

3741. **Adamek**, Gerhard: Das Kleinkind in Glaube und Sitte der Araber im Mittelalter. Bonn 1967. 168 S. BN ph   U.67.2376

3742. **Kapferer**, Siegrun: Die Moslembruderschaft: nativist. Reaktion u. religiöse Revitalisierung im Prozeß d. Akkulturation. 1972. 311 S. HD, Fak. f. Orientalistik u. Altertumswiss.   U.74.8421

3743. **Reintjens**, Hortense: Die soziale Stellung der Frau bei den nordarabischen Beduinen: unter bes. Berücksichtigung ihrer Ehe- u. Familienverhältnisse. 1975. 237 S. K ph bA   U.75.11058
Im Handel: Bonner orientalistische Studien. N.S. 30. (Oriental. Seminar d. Univ. Bonn/Bonn.)

Ägypten

3744. **Ghorab**, Abdel-Latif: Das Kind in Ägypten. Düsseldorf 1963. II, 29 S. D med   U.63.2502

3745. **Badr**, Siham: Frauenbildung und Frauenbewegung in Ägypten. (Anh.: Befragung oriental. Studentinnen in Deutschland) Köln 1966. 239 S. K
ph 1966 bA   U.67.9324
Im Handel: Kölner Arbeiten zur Pädagogik.

3746. **Hamdy**, Abdel Aziz Abdel Hamid: Die Blutrache in Ägypten (V.A.R.)
Wien 1967. 106 Bl. Ma W rs 1967

3747. **Schamah**, Muhammad: Die Stellung der Frau im sunnitischen Islam unter
bes. Berücksichtigung Ägyptens. Berlin 1968. 127 S. B-F ph 1968
U.68.1534

3748. **Hefuna**, Naǵi: Die Bevölkerungsbewegung in Ägypten und ihre Bedeutung
für die Volkswirtschaft. (Graz 1968) IV, 223 Bl. GZ s Ma

3749. **Laban**, Abdel Moneim: Einige Aspekte der Akkulturation und des sozialen Wandels in Ägypten von 1900 bis 1952. 1976. XVIII, 282 S. HH, Fachbereich Philosophie u. Sozialwiss. Diss. 1977 nA
Im Handel: Haag u. Herchen/Berlin.

3750. **Gomaa**, Saad: Das Militär in Ägypten: Analyse d. polit. u. sozio-ökonom.
Wandels. Bochum 1976. 203 S. BO 1975
Im Handel: Brockmeyer/Bochum.

3751. **Batah**, Fathy: Beziehungen zwischen Religion, Wirtschaft und Gesellschaft.
Erörtert am Beisp. Ägypten. 1976. 185 S. MZ rw

Afghanistan

3752. **Büscher**, Horst: Sozial schwache Bevölkerungsschichten und Gesellschaftspolitik in Entwicklungsländern. Dargestellt am Beispiel der Industriearbeiter in Afghanistan. Köln 1967. 379 S. K wi-so bA   U.67.8948
Im Handel: Afghanische Studien 1 u. d. Titel: Die Industriarbeiter in
Afghanistan.

3753. **Sawitzki**, Hans-Henning: Die Elitegruppe der Akademiker in einem Entwicklungsland. Dargest. am Beisp. Afghanistans. Köln 1969. 139 S. K
wi-so bA   U.72.8876
Im Handel: Afghanische Studien. 5. (Hain/Meisenheim.)

3754. **Müller-Stellrecht**, Irmtraut Friederike: Feste in Dardistan. Frankfurt 1972. XIV, 354 S. F, Fachbereich Geschichtswiss. nA   U.73.5077 Im Handel.

3755. **Samii**, Said: Wandlungen in der Sozialstruktur der Bevölkerung Afghanistands im Entwicklungsprozeß 1950 bis zur Gegenwart. 1974. II, 268, XII S. K wi-so   U.74.10070

3756. **Sarwari**, Mohammad Sadiq: Afghanistan zwischen Tradition und Modernisierung: d. polit., gesellschaftl. u. wirtschaftl. Entwicklung im späten 19. u. im 20. Jh. 1974. 312 S. B-F pol. bA   U.74.15231 Im Handel.

3757. **Toepfer**, Helmuth: Untersuchungen zur Wirtschafts- und Sozialstruktur der Dorfbevölkerung der Provinz Baghlan (Afghanistan) 1975. VIII, 156 S. Hab 1975 Im Handel: Afghanische Studien. 15. (Hain/Meisenheim a.G. 1976.)

3758. **Glatzer**, Bernt: Nomaden von Charjistan: Aspekte d. wirtschaftl., sozialen u. polit. Organisation nomad. Durrani-Paschtunen in Nordwestafghanistan. 1977. XII, 234 S. HD 1975 nA Im Handel: Beiträge zur Südasien-Forschung. 22. (Steiner/Wiesbaden.)

3759. **Sarif**, Brigitte: Zur Situation der Frauen in Afghanistan. 1977. II, 173 S. F, Fachbereich Erziehungswiss.

3760. **Knabe**, Erika: Frauenemanzipation in Afghanistan: ein empir. Beitrag zur Unters. von sozio-kulturellem Wandel u. sozio-kultureller Beständigkeit. 1977. XVIII, 471 S. K ph bA Im Handel: Afghanische Studien. 16. (Hain/Meisenheim a.Glan.)

3761. **Djan-Zirakyar**, Rahmat Rabi: Stammesgesellschaft, Nationalstaat und Irredentismus am Beispiel der Pashtunistanfrage. Berlin 1977. 332 S. B-F pol Im Handel: Haag u. Herchen/Frankfurt 1978.

3762. **Rellecke**, Willy Clemens: Ethnologische Aspekte bei der Realisierung eines Entwicklungsprojektes in Herat (Westafghanistan): der Agrarkredit als entwicklungsfördernde Maßnahme. 1977. 172 S. FR Geowiss. 1978

Algerien

3763. **Köhler**, Arthur: Verfassung, soziale Gliederung, Recht und Wirtschaft der Tuareg. Gotha 1903. VIII, 66 S. L ph 1903
Im Handel: Geschichtliche Untersuchungen, Bd. 2.

3764. **Kaufmann**, Herbert: Wirtschafts- und Sozialstruktur der Iforas-Tuareg. Köln 1964. K ph   U.64.7410

3765. **Stühler**, Hans Joachim: Soziale Schichtung und gesellschaftlicher Wandel bei den Ajjer-Twareg in Südostalgerien. Frankfurt a.M. 1976. XIII, 162 S. F ph FB Geschichtswissenschaften
Im Handel: Studien zur Kulturkunde. 47. (Steiner/Wiesbaden 1978.)

3766. **Lessner**, Dietlinde: Zur sozialen Lage der Frau in Entwicklungsländern: eine Fallstudie „Algerien". München 1978. III, 201 S. M FB Sozialwiss. Im Handel: Tuduv-Studien. Reihe Sozialwiss. 7. (tuduv-Verlagsgesellschaft/München.)

Irak

3767. **Hamdun**, Salwa: Die Frau in der irakischen Gesellschaft und ihre Rolle in der nationalen Befreiungsbewegung (1945-1963) Berlin 1971. II, 187 gez. Bl. B-H gw Mav nA   U.71.51

3768. **Hassan**, Adnan Raouf: Die Entwicklung der Arbeiterklasse im Irak: Versuch einer Analyse d. sozial-ökonomischen Lage der Arbeiterklasse, ihrer Zusammensetzung, ihrer Organisation u. ihrer Wechselwirkung mit d. anderen sozialen Klassen u. Schichten d. irak. Gesellschaft. 1973. 3, III, 155 Bl. B-ÖK Diss. A Mav nA   U.74.170

Iran

3769. **Philipp**, Carl: Beiträge zur Darstellung des persischen Lebens nach Muṣliḥ-uddīn Saʿdī. T. 1. Halle a.S. 1901. 39 S. HAL ph 1901

3770. **Namdar**, Mostafa: Allgemeine Charakteristik des iranischen Volkes mit der Berücksichtigung seiner Einstellung zur Wirtschaft. o.O. (1945). 111 gez. Bl. Ma HD sw 1945 nA   U.44.5091

3771. **Haĕry**, Mohammad Hossein: Die Lage des Arbeiters und die Problematik einer Sozialpolitik im Iran. (Köln 1955) II, 167 gez. Bl. Ma K wi-so nA   U.55.5317

3772. **Migeod**, Heinz-Georg: Über die persische Gesellschaft unter Nāṣiru'd-Dīn Šāh (1848-1896) Göttingen 1956. XII, 362, 61 gez. Bl. Mav GÖ ph nA   U.57.3202

3773. **Sabeti**, Hassan: Die soziale Sicherheit im heutigen Iran. (Köln) 1958. 99 S. K wi-so   U.58.4664

3774. **Borhanian**, Khosro: Die Gemeinde Hamidieh in Khuzistan. Eine ethnosoziol. Dorfuntersuchung aus Südwest-Iran. (Köln 1960) 197 S. K ph   U.60.5192

3775. **Modjtabawi**, Ali Akbar: Gesellschaft und Wirtschaft in Manutscherabad. Studie über eine junge Dorfgemeinschaft in Luristan (Südwest Iran) Köln 1961. 146 S. K ph   U.61.5957

3776. **Binkele**, Rudolf: Analyse der Minderleistung von Arbeitern in einem Gebiet im Norden Irans in arbeitsphysiologischer Sicht. Heidelberg 1966. 81 gez. Bl. Mav HD med nA   U.66.7799

3777. **Reza**, Daha: Die sozialen und ökonomischen Probleme der iranischen Bauernbevölkerung. (Innsbruck 1968) 171 Bl. IN wi Ma 1969

3778. **Djirsarai**, Ali-Akbar: Das Dorf Ahar (Iran). Die Bevölkerungs-, Sozial- u. wirtschaftsgeograph. Struktur u. Entwicklung. Bonn 1970. 173 S. BN ph   U.70.5855

3779. **Khaleghi Motlagh**, Djalal: Die Frauen im Schahname. Ihre Geschichte und Stellung unter gleichzeitiger Berücksichtigung vor- und nachislamischer Quellen. Freiburg i.B. 1971. XIII, 235 S. K ph 1971 bA
                   U.71.6695
Im Handel: Islamkundliche Untersuchungen, 12. (Schwarz/Freiburg.)

3780. **Centlivres-Demont**, Micheline: Une communauté de potiers en Iran: Le centre de Meybod (Yazd). Neuchâtel 1971. 131 p. NEU ph
Im Handel: Beiträge zur Iranistik (Reichert/Wiesbaden.)

3781. **Schahbasi Sabzevari**, Simin: Die Lage der arbeitenden Menschen im Iran. Graz 1971. II, 200, 2 Bl. GZ s 1972 Ma

3782. **Rezwani**, Huschang: Der soziale Wandel in Persien seit 1960. Graz 1972. Bl. A - E, 200, V, 3 Bl. GZ s Ma

3783. **Stephan**, Klaus: Wandel der Wirtschafts- und Sozialstruktur in Azarbaijan an Hand von fünf ausgewählten Dörfern: (Askarabad, Shinabad, Zeynal Kandi, Shariflou u. Esmail Kandi). (1.) 1974. V, 284 Bl, Anh. (2.) 1974. Anl. FR Geowiss.F. 1974 nA   U.75.7171

3784. **Nadjmabadi**, Schahnaz Razieh: Die Širavand in West-Lorestan: mit bes. Berücksichtigung d. Verwandtschaftssystems. 1975. III, 177 S. HD wi-so 1974   \   U.75.9636

3785. **Ehmann**, Dieter: Bahtiyaren − persische Bergnomaden im Wandel der Zeit. 1975. IX, 189 S. TÜ FB Erdwiss. 1975 bA   U.76.13773
Im Handel: Beihefte zum Tübinger Atlas des Vorderen Orients. Reihe B. Geisteswiss. 15. (Reichert/Wiesbaden.)   '

3786. **Tawakoli**, Parvis: Integrations- und Reintegrationsproblematik der in der Bundesrepublik Deutschland lebenden iranischen Ärzte und ihrer nach Iran zurückgekehrten Kollegen: eine vergl. Untersuchung. 1976. V, 182 S. BO Abt. f. Sozialwiss.

3787. **Schirazi**, Asghar Agha-Kazem: Genesis der sozio-ökonomischen Unterentwicklung des Iran. 1977. VII, 556 S. B-F, Fachbereich Philosophie u. Sozialwiss.

3788. **Nosari Rudsari**, Essatollah: Der Wandel in den Familienformen der Nomaden im Iran. W 1978 Ma

Jordanien

3789. **Nasrawi**, Issam: Das Kind in Jordanien. Düsseldorf 1965. 45 S. D med
U.65.3077

3790. **Khartabil**, Riyad: Die Lage des Kindes in den Flüchtlingslagern der palästinensischen Araber in Jordanien. Düsseldorf 1966. II, 36 S. D med
U.66.3881

3791. **Sâ Sâ**, Abdulrahman M(ahmoud): Die sozialkulturellen Probleme der Seßhaftmachung von Kamel-Nomaden in Süd-Jordanien (El Jafr-Region) Gießen 1973. 281 S. GI, Fachbereich Nahrungswirtschafts- u. Haushaltswiss.
U.73.6043

3792. **Sheqwara**, Yahya: Das Massenkommunikationssystem in Jordanien: seine Rolle bei der kulturellen, sozialen, polit. u. wirtschaftl. Entwicklung. 1972. 139, XVIII S. ER wi-so nA
U.76.5270
Im Handel.

Libanon

3793. **Kewenig**, Wilhelm: Die Koexistenz der Religionsgemeinschaften im Libanon. Köln 1962. XXII, 198 S. K j 1962 bA
U.64.7245
Im Handel: Neue Kölner rechtswissenschaftliche Abhandlungen, Heft 30.(de Gruyter/Berlin 1965.)

3794. **Avedis**, Ursula: Ein Beitrag zur Etnographie eines libanesischen Bergdorfes. Mit bes. Berücks. der Frau bei den Maroniten. (Illustr.) Wien 1968. 132 Bl. W 1969 Ma

3795. **Younès**, Riad: Politik und Proporzsystem in einer südlibanesischen Dorfgemeinschaft: eine empirisch sozio-polit. Untersuchung. 1973. VII, 273 S. FR ph bA
U.75.7247
Im Handel.

3796. **Harik**, Simon: Die gegenwärtige Situation der Medien Film und Fernsehen im Libanon: ihre Organisation, Funktion u. Aufgaben in d. national-demokrat. Etappe. 1977. 241 Bl. B-H gw Diss. A Mav nA

Marokko

3797. **Ben-Ami**, Issachar: Le Mariage traditionnel chez les juifs marocains.
Göttingen 1967. II, 213 gez. Bl. GÖ ph Mav nA   U.67.6014

Mauretanien

3798. **Helbig**, Konrad: Bevölkerungspolitische Probleme in den francopho-
nen afrikanischen Staaten: Guinea, Mali, Mauretanien, Niger, Sénégal.
1973. 117 S. KI med   U.74.9365

Palästina/Israel

3799. **König**, Emanuel: Die Sozialpolitik in Palästina mit besonderer Berücksichtigung des gewerblichen Arbeiterschutzes. 279 S. Zürich 1939.
Z 1939

3800. **Beling**, Eva: Die gesellschaftliche Eingliederung der deutschen Einwanderer in Israel. Frankfurt 1965. 283 S. F ph bA   U.66.4673
Im Handel.

3801. **Klein-Franke**, Aviva: Tradition und Gesellschaft der jemenitischen Juden.
(Teildr.) Köln 1967. S. 841-897. K ph bA   U.67.9347
Aus: Anthropos. Vol. 62 (1967) u.d. Titel: Akkulturationsprobleme der
jemenitischen Juden in Israel.

3802. **Liegle**, Ludwig: Familie und Kollektiv im Kibbutz. Eine Studie über d.
Funktionen der Familie in einem kollektiven Erziehungssystem. Berlin
1967. 183 S. B-F ph
Im Handel: Beltz/Weinheim, Berlin, Basel 1971.

3803. **Bockelmann**, Andreas: Okzident und Orient in Israel. Zum Problem der
Integration von verschiedenen jüdischen Einwanderergruppen. Basel
(1968) III, 184 Bl. BA ph nA

3804. **Mayer**, Elmar: Die Wohnungsversorgung der Einwanderer als Sozialproblem des Staates Israel. Köln 1968. 278 S. K wi-so bA   U.68.9538
Im Handel: Schriften d. Instituts f. Wohnungsrecht u. Wohnungswirtschaft a.d. Univ. Köln. 36.

3805. **Loßack**, Angelika: Zur Genese des ethnischen Konflikts in Israel: seine histor., sozioökonom., soziokulturellen u. sozialpsycholog. Hintergründe, (unter bes. Berücks. d. nordafrikan. Einwanderer aus Marokko, Algerien u. Tunesien) 1971. VI, 293 S. HD wi-so 1971 nA   U.74.8514

3806. **Reifen**, David: Kulturelle Umorientierung und kriminelles Verhalten bei jüdischen und arabischen Jugendlichen in Israel. 1975. 230 S. HD wi-so
U.75.9705

3807. **Irabi**, Abdulkader: Soziale Klassen und Schichten in Palästina: zur sozialstrukturellen, sozialökonomischen und kulturellen Entwicklung der arabischen Bevölkerung vor und nach der Vertreibung. 1976. XIII, 381 S. F gw 1975

3808. **Viest**, Agnes: Identität und Integration: dargest. am Beisp. mitteleurop. Einwanderer in Israel. 1976. 158 S. GI gw nA
Im Handel: Europäische Hochschulschriften. Reihe 22. Soziologie. 30. (Lang/Bern, Frankfurt 1977.)

3809. **Wagner**, Jacob: Die Intelligenz und psychologische Welt von Beduinenkindern in der Negev-Wüste Israels. 1977. 234 S. FR ph bA
Im Handel: Europäische Hochschulschriften. Reihe 6. Psychologie. 31. (Lang/Bern, Frankfurt.)

3810. **Thiberger**, Eliezer: Jugendkriminalität in Israel. 1977. 154, 2 Bl. M ph

Sowjetunion

3811. **Bliss**, Heinz: Das Eigentum in der Kultur der Jakuten. Berlin 1967. 242 S. B-F ph 1967   U.67.1286

Sudan

3812. **Kronenberg**, Andreas: Logik und Leben. Kulturelle Relevanz der Didinga und Longarim, Sudan. 1972. 191 S. F Hab
Im Handel: Studien zur Kulturkunde. 28. (Steiner/Wiesbaden 1972.)

3813. **El-Hardallo**, Adlan Ahmed: Zur Entwicklung der sozialen Struktur der städtischen Bevölkerung im Sudan und ihre gesellschaftlich-politische Rolle nach dem 2. Weltkrieg. 1975. 219 Bl. L, Sekt. Afrika- u. Nahostwiss. Diss. A, 1976 Mav nA   U.76.2136

3814. **Fadlalla**, Hamid: Weibliche Zirkumzision in der demokraitschen Republik Sudan. 1975. 65 S. B-F med   U.76.14771

3815. **Ibrahim**, Hayder: The Shaiqiya: the cultural and social change of a Northern Sudanese riverain people. 1979. XIV, 243 S. F hs nA
Im Handel: Studien zur Kulturkunde. 49. (Steiner/Wiesbaden 1979.)

Türkei

3816. **Lorenz**: Charlotte: Die Frauenfrage im Osmanischen Reiche mit besonderer Berücksichtigung der arbeitenden Klasse. (Burg b. Magdeburg 1919) 92 S. B ph   U.19.215.1
Vollst. in: Die Welt des Islams. 6. (1918) 72-214.

3817. **Dimitroff**, G. Dimiter: Das Problem der nationalen Minderheiten unter besonderer Berücksichtigung der Lage auf dem Balkan. Ma XIII, 182 S. (Auszug nicht gedruckt) WÜ rs   U.24.8895

3818. **Constantopoulos**, Demetrios S.: Der griechisch-türkische Bevölkerungsaustausch und seine soziologischen Auswirkungen. Hamburg 1941. 161 S. HH ph 1941 nA

3819. **Berker**, Faruk: L'assistance et l'assurance sociales en Turquie. Genf 1948.: Impr. Centrale. 157 S.

3820. **Günel**, Muammer: La protection de l'ouvrier. Evolution générale et application dans la Turquie contemporaine. Freiburg/Schweiz 1950. 94 S. FRS j

428

3821. **Akşin,** Niyazi: Die soziale Lage der Arbeiterin in den Betrieben der Sümerbank. (Köln 1956) 192 Bl. K wi-so U.57.5212

3822. **Erkul,** Ihsan: Der Schutz der Bauern und Landarbeiter in der Türkei, insbesondere durch die Arbeit des Amtes für landwirtschaftliche Erzeugnisse. Köln 1961. VIII, 162 S. K wi-so 1960 U.61.5686

3823. **Selçen,** I.: Berufliche Wertmuster der türkischen Gastarbeiter. Köln 1966. K 1966

3824. **Franz,** Erhard: Das Dorf Icadiye. Ethnogr. Unters. einer anatolischen ländlichen Gemeinde. Berlin 1969. 444 S. B-F ph 1969 U.69.17144

3825. **Gürkan,** Aydı n: Flucht vor Industrialisierung in Entwicklungsländern. Darstellung ihrer Erscheinungsformen, Versuch ihrer Erklärung, Herausarbeitung ihrer therapeutischen Behandlung am Beispiel der Türkei. Köln 1969. 313 S. K wi-so 1969

3826. **Schönegger,** Dimitra: Das Minoritätenproblem gezeigt am Beispiel eines griechisch-türkischen Dorfes. (Eine Fallstudie) Wien 1972. III, 197 Bl. W ph Ma

3827. **Briel,** Michael: Soziale Sicherung für ausländische Arbeitnehmer. Unter bes. Berücks. d. dt. Sozialversicherungsrechts. Würzburg 1972. XVIII, 106 S. W j U.73.12848

3828. **Bilgin,** Jüksel: Die Gewerkschaften und deren Rechtssetzungsbefugnis in der Bundesrepublik Deutschland und in der Türkei. 1974. 193 S. HD j U.74.8206

3829. **Akpınar,** Ünal: Angleichungsprobleme türkischer Arbeiterfamilien: eine empir. Unters. in Westberlin. 1974. II, 118 S. B-F, Fachbereich Philosophie u. Sozialwiss. 1973 bA U.74.14965 Im Handel: Schriften zur Ausländerbeschäftigung. 1. (Selbstverlag/Berlin 1974.)

3830. **Savvidis,** Georgios: Zum Problem der Gastarbeiterkinder in der Bundesrepublik Deutschland: eine empir. sozial-pädag. Unters. 1974. 191 S. M ph Im Handel: Pädagogik der Gegenwart. 209. (Jugend- und Volk-Verlagsgesellschaft/München 1975.)

3831. **Nacken**, Winfried: Struktur und Methodik der Evaluation sozial- und bildungspolitischer Maßnahmen. 1975. X, 226, 104 S. ER FB Philosophie, Geschichte u. Soz.
Im Handel u.d. Titel: Evaluation als Mittel der Politikberatung: Analyse e. Modellprogramms zur Rückgliederung türkischer Gastarbeiter. Nürnberg 1976. (Nürnberger Forschungsberichte. 8.)

3832. **Özkan**, Yilmaz: Auswirkungen der Arbeitskräftewanderung auf den politischen Sozialisations- und Bewußtwerdungsprozeß der türkischen Gastarbeiter. 1975. 240 S. B-F pol   U.75.15546

3833. **Wolf**, Wilhelm: Der Sozialkontakt von Gastarbeiterkindern und österreichischen Kindern. Eine soziometr. Untersuchung an Wiener Volksschülern der vierten Schulstufe. Wien 1976. 150 Bl. W Ma

3834. **Kammermann**, Hans: Der Familiennachzug der ausländischen Arbeitskräfte. Eine Überprüfung auf Verfassungsmäßigkeit u. Menschenrechte. 1976. XXIV, 217 S. Z rs
Im Handel.

3835. **Rodel**, Gerd: Untersuchung zur Kriminalität der ausländischen Arbeitnehmer. 1976. 142 S. HH, Fachbereich Psychologie   U.76.7687

3836. **Niehusen**, Bernd: Kinder ausländischer Arbeitnehmer im interkulturellen Vergleich: empir. Unters. bei span., italien. u. türk. Kindern in d. BRD. 1976. 245, 26, 73 S. HH, Fachbereich Psychologie   U.76.7615

3837. **Ugurel**, M. Türda: Planungsgrundlagen für Einrichtungen der sozialen Infrastruktur in ländlichen zentralen Orten in der Türkei. 1977. 200, IX S. H-T, Fak. für Bauwesen

3838. **Göktürk**, Mahmut Ekrem: Die Anwendungsmöglichkeiten der Massenkommunikationsmittel in den Entwicklungsländern zur gesellschaftlichen Entwicklung (am Beispiel der Türkei) 1977. VII, 227 S. B-F

3839. **Kaiser**, Hanna Maria: Die Auswirkungen der sektoralen Produktions- und Produktivitätsentwicklung auf den Bedarf an ausl. Arbeitskräften: (d. vorl. Arbeit wurde im Rahmen d. Projektgruppe „Gastarbeiter u. Gemeinde" d. Inst. f.Kommunalwissenschaft d. Konrad-Adenauer-Stiftung erstellt) 1977. XVI, 190 S. TÜ wi 1977 bA
Im Handel: Studien zur Kommunalpolitik. 18. (Eichholz-Verlag/Bonn.)

3840. **Narman**, Halil: Türkische Arbeiter in Münster. Ein Beitrag zum Problem der temporären Akkulturation. Münster 1977. VIII, 176 S. MS ph nA
Im Handel: Beiträge zur Volkskultur in Nordwestdeutschland. 10. (Coppenrath/Münster 1978.)

3841. **Germotsis**, Wassilios: Die ausländischen Arbeitnehmer in der Gesellschaft der Bundesrepublik Deutschland: e. empir.-theoret. Unters. 1977. 233 S. BO
Im Handel: Brockmeyer/Bochum.

3842. **Müller**, Uwe: Ausländische Arbeitnehmer in Berlin (West), Vor- und Nachteile für die ökonomische und gesellschaftliche Entwicklung der Stadt: eine Vorteilsrechnung für die Jahre 1968-1973. 1978. X, 251 S. B-F wi 1977

3843. **Wittmann**, Heinz: Migrationsverhalten und ländliche Entwicklung. Ansätze zur Analyse und Beurteilung. Dargestellt am Beispiel türkischer Gastarbeiter ländlicher Herkunft. 1978. 380 S. GÖ l 1978
Im Handel: Sozialökonomische Schriften zur Agrarentwicklung. 35. (Breitenbach/Saarbrücken 1979.)

3844. **Geiger**, Andreas: Herkunftsbedingungen der türkischen Arbeiter in der Bundesrepublik und ihr gewerkschaftliches Verhalten. Göttingen 1978. 232, XIV S. GÖ wi-so 1978

3845. **Ayanoğlu**, Özcan: Eine Untersuchung der Arbeitskräftewanderung aus der Türkei und der Beschäftigung in der Bundesrepublik Deutschland im Hinblick auf den Verlust bzw. Zuwachs des Humankapitals der türkischen Wirtschaft. (Arbeitstitel!) B-T FB Gesellschafts- und Planungswissenschaften 1980 (?)

3846. **Azmaz**, Adviye: Wanderungen türkischer Gastarbeiter ländlicher Herkunft und ihr Beitrag zur Entwicklung. (Arbeitstitel) Göttingen 1980 (?)
In Vorbereitung

Tunesien

3847. **Berger**, Benigna Rose-Marie: Der Wandel sozialer Rollen in Tunesien. Eine Untersuchung über die tunesische Industriearbeiterin. Freiburg 1967. FR ph 1967   U.70.8227

3848. **Freund**, Wolfgang: Die Djerbi in Tunesien. Soziolog. Analyse einer nordafrikanischen Minderheit. Meisenheim a. Glan 1970. 145 S. K. 1970
Im Handel: Kölner Beiträge zur Sozialforschung und angewandten Soziologie, Bd. 11. (Hain/Meisenheim a. Glan 1970.)

3849. **Nettekoven**, Lothar: Massentourismus in Tunesien. Soziol. Unters. an Touristen aus hochindustrialisierten Gesellschaften. Köln 1971. XV, 448 S. K wi-so bA   U.71.6773
Im Handel.

3850. **Philipp**, Hans-Jürgen: Sozialwissenschaftliche Aspekte von landwirtschaftlichen Siedlungsprojekten in der Dritten Welt: unter bes. Berücks. tunes. Projekte. 1973. XII, 747 S. GÖ wi-so nA   U.74.6920
Im Handel.

3851. **Warneke**, Margot: Generatives Verhalten und sozialer Wandel in Tunesien: dargest. am Beispiel d. staatl. Familienplanungsprogramms. 1974. 285 S. HH, Fachbereich Philosophie u. Sozialwiss.   U.75.8617

3852. **Eckert**, Ekkehart Hédi: Struktur und Funktion der Familie in Tunesien: unters. u. beschrieben am Beispiel der Großstadt Tunis. 1975. 362 S. K ph 1978
Im Handel: Hain/Meisenheim a. Glan 1975.

3853. **Belhareth**, Mustapha: Einführung eines modernen technisch-ökonomischen Systems in eine traditionale Gesellschaft am Beispiel Tunesiens. 1977. 163 S. REG ph

SPRACHE, LITERATUR

Vorderer Orient

3854. **Rescher**, Oskar: Studien über den Inhalt von 1001 Nacht. Berlin 1919. 94 S. Aus: Der Islam. Bd. 9. BR ph Hab nA   U.19.28
In: Der Islam 9 (1919), 1-94.

3855. **Popek**, Adelheid: Der arabische Einfluß in den afrikanischen Sprachen. Ma. Wien 1930. W ph 1930

3856. **Krumm**, Bernhard: Wörter und Wortformen orientalischen Ursprungs im Suaheli. Hamburg 1932. 90 S. HH ph 1932   U.33.942
Im Handel: Hamburg 1932

3857. **Eibenschütz**, Karl: Geist der Waffe in Dichtung und Wort der Berbervölker. 1939. 202 Bl. W ph 1939

3858. **Brocker**, Max: Aristoteles als Alexanders Lehrer in der Legende. Bonn 1966, 183 S. BN ph 1965 Mav   U.66.2501

3859. **Simon**, Marie: Die Gestalt des Epikureers in orientalischer Literatur. Berlin 1969. VII, 195 gez. Bl. B-H ph Hab Mav nA   U.69.383

3860. **Stiegner**, Roswitha G.: Die Königin von Saba in ihren Namen. Ein Beitrag zur vergleichenden semitischen Sagenkunde und zur Erforschung des Entwicklungsganges der Sage. GZ 1977

Arabisch

Sprache

3861. **Müller**, David: Kitāb el Fark des al-Aṣma ᶜī. Ha W ph 1874

3862. **Fraenkel**, Siegmund: Beiträge zur Erklärung der mehrlautigen Bildungen im Arabischen. Leiden E.J. Brill. 1878. IV, 49 S. ST ph

3863. **Baist**, G.: Die arabischen Hauchlaute und Gutturalen im Spanischen. Erlangen 1889. 62 S. ER ph Hab 1889

3864. **Abicht**, Rudolphus: Al-tuḥfa al-wardiyya, i.e. Donum Wardianum carmen didacticum de linguae arabicae grammatica a Zain-ud-dīn al-Wardī compositum. Vratislaviae 1891. 3 Bl., 44 S., 2 Bl. BR ph 1891

3865. **Freund**, Samuel: Die Zeitsätze im Arabischen, mit Berücksichtigung verwandter Sprachen und moderner arab. Dialecte. Kirchhain N.L. 1892. 4 Bl., 107 S. HD ph 1892

3866. **Giese**, Wilhelm Carl Friedrich: Untersuchungen über die Aḍdād auf Grund von Stellen in den altarabischen Dichtern. Berlin 1894. 3 Bl., 30 S., 1 Bl. GRE ph 1894
Im Handel: Calvary u. C. (Berlin/1894), vollst. Fassung

3867. **Weissenbach**, J. Friedrich: Seltene Nominalformen im Arabischen. 1. Die Form (Arabisch) faᶜūl.München 1898. 35 S. M ph 1898

3868. **Kampffmeyer**, Georg: Die arabischen Verbalpartikel b (m). (Beiträge zur Dialectologie des Arabischen. 2. Marburg 1900. 54 S. Aus: Mitteilungen des Seminars für Orientalische Sprachen zu Berlin, Jg. 3, Abs. 2. Beiträge 1 erschien in: Wiener Zeitschrift für die Kunde des Morgenlandes, Bd. 13.) MR Hab 1900

3869. **Pröbster**, Edgar: Ibn Ǧinnī's Kitāb al-Muġtaṣab. Arabischer Text mit einer Einleitung über das Leben und die Werke seines Verfassers. Leipzig 1903. XXII, 27 S. L ph 1903
Im Handel: Leipziger semitistische Studien, Bd. 1, Heft 3.

3870. **Wolf**, Johannes: Die Grammatik (Al Gumal) des Zaǧǧāǧī. Mit besonderer Berücksichtigung der dichterischen Belegstellen nach den Handschriften von Berlin und Leipzig. Leipzig 1904. 46 S. J ph 1904

3871. **Weil**, Gotthold: Die Behandlung des Hamza-Alif im Arabischen, besonders nach der Lehre von az-Zamaḫšarī und Ibn al-Anbārī. München 1905. 63 S.

3872. **Rescher**, Oscar: Studien über Ibn Ǧinnī und sein Verhältnis zu den Theorien der Baṣrī und Bagdādī. Straßburg 1909. 56 S. Aus: Zeitschrift f. Assyriologie, Bd. 23, H. 1) B ph   U.09.256
Auch in: Zeitschrift für Assyriologie, 23 (1909), 1-54.

3873. **Bergsträsser**, Gotthelf: Die Negationen im Ḳur'ān. Ein Beitrag zur historischen Grammatik des Arabischen. Leipzig 1911. 67 S. L ph
U.11.3166
Im Handel vollständig u.d. Titel: Verneinungs- und Fragepartikeln und Verwandtes im Ḳur'ān, Leipziger semitistische Studien. Bd. 5, Heft 4 (J.C.Hinrichs'sche Buchhandlung/Leipzig 1914) Nachdruck: Zentralantiquariat der DDR/Leipzig 1968.

3874. **Czermak**, Wilhelm: Proben und Studien über die Nominalform FU ᶜ LUL im Altarabischen. W ph 1911

3875. **Schaade**, A(rthur): Sībawaihi's Lautlehre. Leiden 1911. X, 92 S. BR ph
Hab 1911 nA   U.12.774
Im Handel: Brill/Leiden 1911.

3876. **Mielck**, Reinhard: Terminologie und Technologie der Müller und Bäcker im islamischen Mittelalter. Glückstadt u. Hamburg (1914) 101 S. BR ph   U.14.3288

3877. **Ṣiddīqī**, ᶜ Abd-as Sattār: Studien über die persischen Fremdwörter im klassischen Arabisch. Göttingen 1919. 120 S. GÖ ph   U.19.2298
Im Handel: Vandenhoeck u. Ruprecht/Göttingen 1919.

3878. **Bleiber**, Friedrich: Der Sprachschlüssel des Scheich Mahmud bin Adham. Ha. W ph 1921

3879. **Humberdrotz**, Rudolf: Onomatopoietika im Arabischen und Hebräischen untersucht am Wortschatze des alten Testaments, des Qorans und den sieben Mu ᶜallaqāt. Ma W ph 1924

3880. **Markus**, Simon: Die Wolke im Arabischen. Prag ph 1924

3881. **Haider**, Franz: Die direkten Quellen von Abdal-qādirs Ḫizānat al-adab wa lubb lubāb lisān al-ʿarab mit einer Einleitung über den šāhid. W ph 1926

3882. **Sami**, Safié: Die Pflanzennamen in der altarabischen Poesie. (Teil A) München 1926. 47 S. M ph 1926 bA   U.27.48₂8

3883. **Kapliwatzki**, Jochanan: Das Waw consecutivum. W ph 1927

3884. **Em**, Anton: Ein Beitrag zur mongolischen Sprachgeschichte dargestellt aus Ibn Muhannas Arabɩ̕ch-Mongolischem Vocabular. Ha W ph 1928

3885. **Mainz**, Ernst: Zur Grammatik des modernen Schriftarabisch. Leipzig 1931. 43 S. HH ph   U.31.3744

3886. **Kindermann**, Hans: „Schiff" im Arabischen. Untersuchung über Vorkommen und Bedeutung der Termini. Zwickau i. Sa. 1934. VII, 119 S. Ma BN ph   U.34.3148

3887. **Bravmann**, Max: Materialien und Untersuchungen zu den phonetischen Lehren der Araber. Göttingen 1934. XI, 135 S. BR ph   U.34.5932

3888. **Wehr**, Hans: Die Besonderheiten des heutigen Hocharabischen mit Berücksichtigung der Einwirkungen der europäischen Sprachen. (Gekr. Preisschr.) Berlin 1934. 64 S. Aus: Mitteilungen des Seminars für Orientalische Sprachen zu Berlin, 37, II (1934), 1-64. HAL ph   U.35.1439

3889. **Spiegel**, Joachim: Zum Gebrauch der Apposition im Ägyptischen und Arabischen. o.O. (1935) S. 56-82. Aus: Z.f. aegypt. Sprache u. Altertumskunde. 71. B ph nA   U.35.3520

3890. **Harting**, Hildegard: Beiträge zur arabischen Lexikographie des Pferdes. Wien 1945. W ph 1945

3891. **Savigny**, Friedrich Carl von: Die arabischen Fremdwörter in den neuaramäischen Dialekten. o.O. (1946). 310 gez. Bl. (Ha photokop.) TÜ ph 1946 nA   U.45/48.12697

3892. **Bojer**, Hermann: Untersuchungen zur Phonetik der Araber mit spezieller Berücksichtigung der Koranorthoepie. (T. 1.2.) o.O. (1943) 82, 103 S.
M ph nA U.51.7538

3893. **Heun**, Irene: Die Sprache der arabischen Presse. Beobachtungen an der Entwicklung d. neuklass. Arabisch. o.O. (1952) 115 gez. Bl. Ma FR ph nA U.52.2658

3894. **Wagner**, Ewald: Syntax der Mehri-Sprache. Unter Berücks. auch der anderen neusüdarabischen Sprachen. Hamburg 1951. XXXVII, 246 gez. Bl. Ma HH ph nA U.53.4121

3895. **Quittner**, Vera: Das Fragment des Kommentars zum „Kitāb" Sībawajhis von Ar-Rummānī. Wien 1955. 482 Bl. W ph

3896. **Götz**, Manfred: Der Charakter der Prosabelege bei Sībawaih. Bewertung und Gruppierung. München 1956. XXIV, 99 gez. Bl. Ma M ph nA U.57.7136

3897. **Reuschel**, Wolfgang: Al-Ḫalīl b. Aḥmad, der Lehrer Sībawaihs, als Grammatiker. o.O. (1957) 119 gez. Bl. mit eingekl. Schriftproben. L ph Mav nA U.57.5581

3898. **Singer**, Hans Rudolf: Neuarabische Fragewörter. Ein Beitrag zur hist. und Vergl. Grammatik der arabischen Dialekte. (München) 1958. 260 S. ER ph U.58.1948

3899. **Fischer**, Wolfdietrich: Die demonstrativen Bildungen der neuarabischen Dialekte. Ein Beitrag zur historischen Grammatik des Arabischen. o.O. (1959) VIII, 221 S. mit Kt. Skizzen ER ph nA U.59.1862 Im Handel: Mouton u. Co./'s-Gravenhage 1959.

3900. **Abdel-Tawab**, Ramadan: Das Kitāb al-Ġarīb al-Muṣannaf von Abū ᶜUbaid und seine Bedeutung für die nationalarabische Lexikographie. München 1962. 237 S. M ph bA U.62.7765

3901. **Tietz**, Renate: Bedingungssatz und Bedingungsausdruck im Koran. Tübingen 1963. IV, 116 S. TÜ ph U.63.9854

437

3902. **Müller**, Walter W(ilhelm): Die Wurzeln mediae und tertiae y/w im Altsüdarabischen. Eine etymol. und lexikographische Studie. Tübingen
1963. 118 S. TÜ ph   U.63.9841

3903. **Gätje**, Helmut: Arabische Lexikographie. In: Bustan. Österr. Zeitschrift
für Kultur, Politik und Wirtschaft der islamischen Länder. Bd. 5, 1964,
S. 3-11. (= Überarbeitete Antrittsvorlesung vom 11. Mai 1964 an der
Phil. Fak. der Univ. des Saarlandes)

3904. **Wild**, Stefan: Das Kitāb al- ᶜAin und die arabische Lexikographie. München 1965. VIII, 100 S. M ph nA   U.65.10325
Im Handel: Harrassowitz/Wiesbaden 1960.

3905. **Denz**, Adolf: Strukturanalyse der pronominalen Objektsuffixe im Altsyrischen und klassischen Arabisch. München 1963. X, 114 S. M ph
U.63.8294

3906. **Ali**, Khalid Ismail: Studien über homonyme Wurzeln im Arabischen. Mit
bes. Berücks. des Muᶜǧam Maqāyīs al-lūġa von Aḥmad ibn Fāris (gest.
395/1005) Heidelberg 1964. 147 S. HD ph   U.64.6172

3907. **Sollfrank**, Kurt: Die Punktierung der frühen Koranexemplare nach Abū
ᶜAmr aus Denia. Ein Beitrag zur islamischen Schriftgeschichte. 1967.
71 S. K-BLI Hausarbeit

3908. **Fischer**, Wolfdietrich: Farb- und Formenbezeichnungen in der Sprache
der altarabischen Dichtung. Untersuchungen zur Wortbedeutung und
zur Wortbildung. Münster 1965. XXIV, 447 S. MS ph Hab 1965
U.67.12755
Im Handel: Harrassowitz/Wiesbaden.

3909. **Diem**, Das Kitāb al-ǧīm des Abū ᶜAmr aš-Šaibānī. Ein Beitrag zur arab.
Lexikographie. München 1968. 122 S. M ph 1968

3910. **Müller**, Walter W(ilhelm): „Vergleichendes Wörterbuch der neusüdarabischen Mehrī-Sprache (b, t, t, d, d, r, f, l. m, n, w) Tübingen 1968.
235 S. Tü ph Hab 1968

438

3911. **Krahl**, Günther: Die technischen und wissenschaftlichen Termini im modernen Arabisch. Eine Untersuchung zur arab. Wortbildung. Leipzig 1968. 198 gez. Bl. L ph Mav nA 1968

3912. **Borg**, Tawfik: Quellenstudien zu William Wright „A Grammar of the Arabic Language". München 1968. 212 S. M ph 1969   U.69.13604

3913. **Reuschel**, Wolfgang: Aspekt und Tempus in der Sprache des Korans. Leipzig 1969. IX, 358 gez. Bl. Mav L: ph nA Hab 1969

3914. **Blohm**, Dieter: Der Relativsatz im modernen Hocharabischen. Leipzig 1969. 312 gez. Bl. L Sekt. Afrika- u. Nahostwiss., Mav nA
U.69.10939

3915. **Hebbo**, Ahmed Irhayem: Die Fremdwörter in der arabischen Prophetenbiographie des Ibn Hischām (gest. 218/834). (Clausthal-Zellerfeld) 1970. 371 S. HD Fak. f. Orientalistik und Altertumswiss. 1970
U.70.10750

3916. **Hassan**, Mohamed Gamal El-Din Ahmed Mohamed. Vergleichende Untersuchungen zur Struktur deutscher und arabischer Sätze. 1.2. Berlin 1970. 213 gez. Bl. B-H gw Mav nA   U.70.531

3917. **Hegazi**, Mahmoud M.F.: Abū Sa ᶜīd as-Sīrāfī, der Sibawaih-Kommentator als Grammatiker. 1971. 103 S. Anh. M ph 1971   U.72.9886

3918. **Abid**, Nasir: Das deutsche Tempussystem und seine Wiedergabe im Arabischen. Leipzig 1971. VI, 231 gez. Bl. L, Sekt. Kulturwiss. u. Germanistik Mav nA   U.71.1111

3919. **Sasse**, Hans-Jürgen: Linguistische Analyse des arabischen Dialekts der Mhallamiye in der Provinz Mardin (Südosttürkei) München 1971. XXIII, 303 S. M ph   U.71.7729

3920. **El-Alfy**, Ahmed: Untersuchungen zu den Funktionen der deutschen Partizipien und ihre Wiedergabe im Arabischen. Leipzig 1972. 133 gez. Bl. L., Sek. Kulturwiss. u. Germanistik, Diss. A, Mav nA   U.72.1806

439

3921. **Ambros**, Arne A.: Die morphologische Funktion des Systems der Vokal-qualitäten im Althocharabischen. (Mit Tab.) Wien 1972. V, 197 Bl. Ma
W ph Hab 1973

3922. **Kropfitsch**, Lorenz: Einige ausgewählte parallele Entwicklungen in den altsemitischen Sprachen und in den neuarabischen Dialekten. (Mit Zusammenfassung) Graz 1972. V, 128, 4 Bl. GZ ph Ma

3923. **Alnasser**, Tofik: Sozialwissenschaftliche Begriffe in der arabischen Literatur. Salzburg 1972. III, 111 Bl. SA ph 1973

3925. **Mohammed**, Fuad I.: Zur Syntax des Adjektivs in der deutschen und arabischen Sprache der Gegenwart unter konfrontativem Aspekt. 1973. III, 186 gez. Bl. L Sekt. Kulturwiss. u. Germanistik Diss. A nA

3926. **Imam**, Mustafa: Ausdrucksweisen der Modalität in der deutschen Sprache der Gegenwart und entsprechende Möglichkeiten im Arabischen. 1973. VIII, 340 Bl. L, Sekt. Kulturwiss. u. Germanistik, Diss. A Mav nA
U.74.2027

3927. **Sieber**, Sabine: Der Masdar in der arabischen Schriftsprache der Gegenwart: (eine strukturell-syntakt. u. semant. Untersuchung über d. Masdar in d. Sprache d. Presse) (1.) 1973. I, 260 Bl. T.2: 1973. Anl. B-H gw
Diss. A nA
U.75.724

3928. **Morsi**, Mahmoud Abdelmonem: Das deutsche Verb in seiner Valenz und Distribution in bezug auf das arabische. (1.): 1973. 413 Bl. (2.): 1973. 72 Bl. J gw Mav nA
U.74.1678

3929. **Ambros**, Edith: Sieben Kapitel des Šarh Kitab Sibawaihi von ar-Rummānī in Edition und Übersetzung. Wien 1974. 34, CX, 162 Bl. W ph
1975 Ma
Im Handel: Beihefte zur Wiener Zeitschrift zur Kunde des Morgenlandes.9. (Wien 1979.)

3930. **Hartmann**, Regina: Untersuchungen zur Syntax der arabischen Schriftsprache: eine generativ-transformationelle Darst. 1974. X, 299 S. ER ph
1973 nA
U.74.5037
Im Handel.

3931. **Mosel,** Ulrike: Die syntaktische Terminologie bei Sībawaih. 1975. Bd. 1: 1 Bl., XIII, 363 S., Bd. 2: 1 Bl., 45 S. M ph

3932. **El Ayoubi,** Hachem: Untersuchungen zur Wortstellung in der heutigen arabischen Sprache. 1975. 125 S. ER ph 1973   U.76.4878

3933. **Kahle,** Erhart: Studien zur Syntax des Adjektivs im vorklassischen Arabisch. 1975. IX, 172 S. ER ph 1972 nA   U.76.5050
Im Handel.

3934. **Kästner,** Hartmut: Phonetik und Phonologie des modernen Hocharabisch. 1976. V, 170 Bl. L, Sekt. Afrika- u. Nahostwiss., Diss. A nA
U.76.2156

3935. **Fromm,** Wolf-Dietrich: Lexikalische Interferenz und die Kategorien der Entlehnungen im modernen Arabisch: eine Untersuchung an Beisp. aus d. Wortschatz d. Gesellschaftswiss. 1976. 162, 65 Bl. L, Univ. Sekt. Afrika- u. Nahostwiss., Diss. A Mav nA   U.76.2113

3936. **Ernst,** Armin: Der arabische Militärwortschatz unter besonderer Berücksichtigung der Synonymie in der Fachsprache des modernen Arabisch. 1976. III, 335 Bl. L, Sekt. Afrika- u. Nahostwiss., Diss. A Mav nA
U.76.2109

3937. **Eisenstein,** Herbert: Der X. Verbalstamm des Hocharabischen. Eine diachronische Funktionsanalyse. Wien 1978. W ph Ma

Literatur

3938. **Abel,** Ludwig: De Abū Miḫǧan poeta Arabico ejusque carminibus. Lugduni-Batavorum (Brill) 1887. 1 Bl., 37 S., 1 Bl. B ph 1887

3939. **Gropper,** Josef: Kitāb ḫalḳ al-insān von al-'Aṣmaʿī. W ph 1887

3940. **Huber,** Anton: Das Leben des Lebīd mit einem Theile seiner noch nicht veröffentlichten Gedichte. Leiden 1887. 30 u. 17 S. L Hab ph 1887

3941. **Bittner**, Maximilian: Das erste Gedicht aus dem Divan des arabischen Dichters Al-ᶜAġġāġ. Ha W ph 1891

3942. **Dyroff**, Karl: Zur Geschichte der Überlieferung des Zuhairdiwans. Mit e. Anh.: Unedierte Gedichte des Zuhair. München 1892. 40 S. M ph 1892

3943. **Schwarz**, Paul Heinrich Hugo: ᶜUmar ibn Abī Rebīᶜa, ein arabischer Dichter der Umajjadenzeit. Leipzig 1893. 29 S., 1 Bl. 31-54, 11 S. L ph 1893

3944. **Vandenhoff**, Bernhard: Nonnulla Ṭarafae poëtae carmina ex Arabico in Latinum sermonem versa notisque adumbrata... Berlin 1895. 1 Bl., 81 S., 1 Bl. B ph 1895

3945. **Sobernheim**, Moritz Sebastian: Ueber die Madraset el ᶜazwāg von Moḥammad ᶜOsmān Galāl ... Berlin 1896. 2 Bl., 129 S. BN ph 1897

3946. **Rhodokanakis**, Nikolaus: Einleitung und I. Kapitel des Kutb es-surūr waṣf el-ḫumūr. W ph 1897

3947. **Socin**, Albertus: Zur Metrik einiger ins Arabische übersetzter Dramen Molière's. Leipzig (1897) 41 S. Gelegenheitsschrift

3948. **Kern**, Friedrich: Molière's Femmes savantes neuarabisch bearbeitet von Muḥammad bey ᶜOsman Galāl unter dem Titel Innisā'u-l ᶜālimāt. Transkribiert, übers., eingeleitet und mit einem Glossar versehen. Leipzig 1898. 149 S. J ph 1898

3949. **Schmitz**, Michael: El Poema de José. Spanische Transcription der Morfschen Ausgabe der arabischen Originalhandschrift nebst Untersuchung des Lautwertes der einzelnen Schriftzeichen. Bonn 1898. 6 S. (Nur Titelblatt, Vita und Thesen) BN ph 1898 nA

3950. **Bret**, Siegfried: Die Salomo Legende in der mohammedanischen und jüdischen Literatur. Ha W ph 1901

3951. **Schleifer**, Joel: Die Lāmījah des Ibn al-Wardī, ein arabisches Lehrgedicht. Ha W ph 1902

3952. **Hell**, Joseph: Farazdaḳ's Lobgedicht auf al-Walīd ibn Jazīd (Diw. 394). Nebst Einleitung über das Leben des Farazdak nach seinen Gedichten. Leipzig 1902. IV, 38 S. M ph 1902
Im Handel vollstr.: Harrassowitz/Leipzig.

3953. **Schlössinger**, Max: Ibn Kaisān's Commentar zur Mo ᶜallaqa des ᶜAmr ibn Kultūm. München 1902. 32 S. B ph 1902
Vollst. in: Zeitschrift für Assyriologie, 16 (1902) 15-64.

3954. **Geiger**, Bernhard: Die Mu ᶜallaqa des Tarafa. W ph 1904

3955. **Hausheer**, Jakob: Kommentar des Abū Ǧa ᶜfar Aḥmad Ibn Muḥammad An-Naḥḥās zur Mu ᶜallaḳa des Zuhair. Halle a.S. 1905. 20 S. HAL ph 1905
Im Handel: Soll vollst. bei Reuther u. Reichard/Berlin erschienen sein.

3956. **Ram**, Hersch: Qiṣ ṣat Mār Elīia (Die Legende vom hl. Elias) Als Beitrag zur Kenntnis der arabischen Vulgär-Dialekte Mesopotamiens nach der Handschrift Kod. Sachau 15 der Königl. Bibliothek zu Berlin herausgegeben, übersetzt und mit einer Schriftlehre versehen. Leipzig 1906. IX, 40 S. L ph 1906
Im Handel: Leipziger semitistische Studien, Bd. II, Heft 3. Nachdruck: Zentralantiquariat der DDR/Leipzig 1968.

3957. **Schaade**, Arthur: Die Kommentare des Suhailī und des Abū Darr zu den Uḥud-Gedichten in der Sīra des Ibn Hišām (Ed. Wüstenfeld I, 611-638) Nach den Handschriften zu Berlin, Straßburg, Paris und Leipzig hrsg. u. bearb. Leipzig 1908. VII, 62 S. Aus: Leipziger semitistische Studien, Bd. 3, Heft 2 L ph 1908
Im Handel: Leipziger semitistische Studien, Bd. 3, Heft 2.

3958. **Rypka**, Johann: Proben einer arabischen und einer altosmanischen Uebersetzung des persischen Gulistān. Ha W ph 1910

3959. **Gandz**, Salamon: Die Mu ᶜallaqa des Imriilqais übersetzt und erklärt. Wien 1911. W ph 1911
Im Handel: Denkschriften der Wiener Akademie der Wiss.

3960. **Kowalski**, Thaddäus: Die vierte Kaside aus dem Divan des Ķajs ibn al-Ḥaṭim mit der Biographie des Dichters. Ha W ph 1911

3961. **Frank-Kamenetzky**, I(srael): Untersuchungen über das Verhältnis der dem Umajja b. Abi ṣ-Ṣalt zugeschriebenen Gedichte zum Qorān. Kirchhain N.L. 1911. 58 S. KB ph 1911   U.12.2846

3962. **Goutta**, Guido Edler von: Der Aganiaartikel über 'A ᶜš̌ā von Hamdān. Kirchhain N.L. 1912. 65 S. FR ph   U.12.1200

3963. **Weiß**, Moritz: Ķiṣṣat Ibrāhīm. Die Lebensgeschichte Abrahams. Nach einer anonymen arab. Hs. d. Kgl. Bibl. zu Berlin, hrsg. u.m. krit. Anm. versehen. Kirchhain N.L. 1913. 15, 21 S. ST ph 1912   U.13.4567

3964. **Apt**, Naftali: Die Hiobserzählung in der arabischen Literatur. T. 1. Zwei arabische Hiobhandschriften der Kgl. Bibliothek zu Berlin hrsg., verglichen und übers. Kirchhain N.-L. 1913. 71 S. HD ph   U.13.3668

3965. **Wiener**, Alfred: Die Farağ ba ᶜ d aš-šidda-Literatur von Madā'ini (gest. 225 H.) bis Tanūḫi (gest. 384 H.) Ein Beitrag zur arab. Literaturgeschichte. Strassburg 1913. 66 S. Aus: Der Islam, Bd. 4 HD ph
                                                              U.13.3741
In: Der Islam 4 (1913), 270-298, 387-420.

3966. **Bernstein**, Fritz Leon: Des Ibn Kaisān Kommentar zur Muᶜallaḳa des Imru'ulḳais. Einl. u. T. 1. Straßburg 1913. 34 S. BR ph   U.13.3059
Vollständig in: Zeitschrift für Assyriologie, 29 (1914/15) S. 1-77.

3967. **Bajraktarevič**, Fehim: Die Lāmīya des Abū Kabīr al-Ḥudalī. Ha W ph 1917

3968. **Weisweiler**, Max: Studien zu Aṭ-ṭirāz al-manqūš fī maḥāsin al-Ḥubūš des Muḥammad ibn ᶜAbdalbāqī al-Buḫārī. Ma V, 178 S. (Auszug nicht gedruckt) TÜ ph   U.24.8821
Im Handel u.d. Titel: Buntes Prachtgewand über die guten Eigenschaften der Abessinier von Muḥammad ibn ᶜAbdalbāqī al Buḫārī al Makkī. Literarhistorisch untersucht und übersetzt. 1. Teil. Hannover: Lafaire 1924. 127 S.

3969. **Paret**, Rudi: Sīrat Saif ibn Dhī Jazan. Ein arab. Volksroman. Hannover 1924. 120 S. TÜ ph 1924 nA   U.25.8150

3970. **Caskel**, Werner: Das Schicksal in der altarabischen Poesie. Ma 89 S. L ph   U.25.6463

3971. **Klar**, Mendel: Die erste Kaside Zuhairs übersetzt und erklärt. Ma W ph 1926

3972. **Sami**, Safié: Die Pflanzennamen in der altarabischen Poesie. (Teil A) München 1926. 47 S. M ph 1926 bA   U.27.4828

3973. **Hell**, Josef: Die arabische Dichtung im Rahmen der Weltliteratur. Erlangen 1927. S. 1-21. ER Rede bei Antritt des Rektorats am 4. November 1926.   U.28.1359

3974. **Osman**, Mahmud Fahmy: Die Tawīl-Ḳaṣīde auf a iluh von Zuhair. Ma W ph 1929

3975. **Lichtenstädter**, Ilse: Das Nasīb der altarabischen Qaṣīde. Leipzig 1931. S. 18-99. Aus: Islamica 5. F ph 1931 nA   U.32.2354 In: Islamica 5 (1931/32) 18-99.

3976. **Richter**, Gustav: Studien zur Geschichte der älteren arabischen Fürstenspiegel (Gekr. Preisschr.) Leipzig 1932. 115 S. Aus: Leipziger semitistische Studien. N.F. 3. BR ph 1931   U.32.1636 Im Handel: Leipziger semitistische Studien, N.F. 3.

3977. **Holter**, Kurt: Die Makamen des Hariri und die Galen-Handschrift der Wiener Nationalbibliothek. Ma W ph 1934

3978. **Wangelin**, Helmut: Zur Sīrat aẓ-Ẓāhir Baibars. (Teildr.) (Stuttgart) 1936. VII, 259-307 S.   U.36.1540 Im Handel vollst. als: Das arabische Volksbuch vom König Aẓ Ẓāhir Baibars, Bonner orientalistische Studien, 17. BN ph.

3979. **Farrukh**, Omar A.: Das Bild des Frühislam in der arabischen Dichtung von der Hiǧra bis zum Tode ʿUmars. 1-23 d.H./622-644 n.Chr. Leipzig 1937. XV, 142 S. ER ph   U.37.2776

3980. Dietrich, Günther: Beiträge zur arabisch-spanischen Übersetzungskunst im 13. Jahrhundert. Syntaktisches zu Kalīla wa Dimna. Kirchhain N.L.: Zahn (1937) 149 S. B ph 1937   U.37.721
Im Handel.

3981. Abel, Martin: Die arabische Vorlage des Suaheli-Epos Chuo cha Herkal. Textkrit. Edition und Übers. Ein Beitr. zur Kenntnis der legendären Maġāzī-Literatur. (Glückstadt) 1938. 64 S., 1 Taf., 48 S. HH ph 1938 nA
U.39.4477
Im Handel: Zeitschrift f. Eingeborenen-Sprachen. Beihefte, Heft 18. (Reimer/Berlin.)

3982. Hahn, Peter: Surāqa b. Mirdās, ein schiitischer Dichter aus der Zeit des zweiten Bürgerkrieges (63-75 d.H.) Göttingen 1938. 63 S. ER ph
U.38.2584

3983. Rahatullah Khan, Muhammad: Vom Einfluß des Qurʾāns auf die arabische Dichtung. Eine Untersuchung über die dichterischen Werke von Ḥassān b. Ṯābit, Kaʿb b. Mālik und ʿAbdallāh b. Rawāḥa. Gräfenhainichen 1938. 96 S. L ph   U.38.6752
Im Handel: Harrassowitz/Leipzig.

3984. Pauly, Leo: Tanūḫī's Kitāb al-Mustaǧād min faʿalāt al-aǧwād. Hrsg. u. unters. (Teildr.) Stuttgart 1939. 26 u. 48 S. BN ph 1939
Im Handel: Bonner orientalistische Studien, Heft 23.

3985. Nazirul-Islam: Die Aḫbār über Abū Tammām von Aṣ-Ṣūlī. Breslau 1940. 79 S. BR ph   U.40.1626

3986. Taege, Ilsedore: Das Gottvertrauen (tawakkul) im arabischen Sprichwort. 1944. 56 Bl. W ph 1944

3987. Monscheuer, Erika: Kritische Betrachtungen zu Gamil al-Mudauwars „Hadārat al-islām fī dār as-salām" o.O. 1950. 134 gez. Bl. Ma B ph nA
U.50.50

3988. **Sellheim**, Rudolf: Die klassisch-arabischen Sprichwörtersammlungen insbesondere die des Abū ͨUbaid. 's-Gravenhage 1954. VI, 164 S.
F ph nA U.53.2428
Im Handel: Mouton u. Co./'s-Gravenhage 1954. Arab. Übersetzung von Ramaḍān ͨAbd at-Tawwab u.d.Titel: al-amtāl al- ͨarabīya al-qadīma. Beirut 1971. 268 S. (Maktabat al-amtāl al- ͨarabīya. 1.)

3989. **Wagner**, Ewald: Die Abū Nuwās-Handschriften in türkischen, arabischen und abendländischen Bibliotheken. 1955. K-BLI Hausarbeit
Im Handel u.d. Titel: Die Überlieferung des Abū Nuwās-Dīwān und seine Handschriften. Wiesbaden: Steiner 1958. 73 S. (Akademie der Wissenschaften und Literatur. Abhandlungen der geistes- und sozialwissenschaftlichen Klasse. Jg. 1957, 6.)

3990. **Hottinger**, Arnold J.C.: Kalila und Dimna. Ein Versuch zur Darstellung der arabisch-altspanischen Übersetzungskunst. Teildr. Zürich 1958. II, III, 58 S. Z 1958 ph
Im Handel vollst. als: Romano-Helvetica, 65. (Francke/Bern.)

3991. **As-Sawwaj**, ͨAbd-al-Bāqī: Aus dem Diwan Ibn al-Mu ͨtazz mit Kommentar und literarhistorischen Bemerkungen. 1959. II, 237, 2 Bl. W ph 1959

3992. **Ullmann**, Manfred: Griechische Spruchdichtung im Arabischen. o.O. (1959) 197 gez. Bl. Ma TÜ ph nA U.59.7757

3993. **Salem**, Nabila: Der arabische Roman Sīrat el-Amīra Dāt el Hemma. Zeit, Ort, literar. Form. Tübingen 1961. 118 gez. Bl., Anl. Ma TÜ ph nA U.61.8783

3994. **Schützinger**, Heinrich: Ursprung und Entwicklung der arabischen Abraham-Nimrod-Legende. Bonn 1961. 200 S. BN ph U.60.1459

3995. **Wagner**, Ewald: Abū Nuwās. Eine Studie zur arabischen Literatur der frühen ͨAbbāsidenzeit. Mainz 1962. VIII, 532 S. MZ ph Hab 1962
U.65.9199
Im Handel: Akademie d. Wiss. u.d. Literatur. Veröff. d. Orient. Kommission. Bd. 17. (Steiner/Wiesbaden 1965.)

3996. **Schwab**, Sophia: Drei altarabische Erzählungen aus dem Beduinenleben. Untersucht und übersetzt. Münster 1962. 194 S. MS ph 1962

U.64.10125

3997. **Gätje**, Helmut: Die Fragmente des Dichters ʿAdī b. ar-Riqāʿ. Tübingen 1962. 415 S. TÜ ph Ma Hab nA

3998. **Groos**, Almuth: Die Gegenwartsliteratur des Magreb in franz. Sprache. München 1963. 302 S. M ph

U.63.8307

3999. **Boughanmi**, Othman: Studien über al-Abī und sein Werk Natr ad-Durr. München 1963. XIII, 47, 95 S. M ph

U.63.8290

4000. **Klein-Franke**, Felix: Die Hamasa des Abu Tammām. Ein Versuch. Köln 1963. VI, 113 S. K ph

U.63.6275

4001. **Reinert**, Werner: Das Recht in der altarabischen Poesie. Köln 1964. IV, 123 S. K ph

U.64.7431

4002. ʿ**Abder-Ráuf**, Muḥammad ʿAuni: Abū Yaʿlā at-Tanūḫīs kitāb al-qawāfī. (Das Buch der Reime) Edition und Kommentar. Göttingen 1965. 74 gez. Bl. Mav GÖ ph nA

U.65.4938

4003. **Fleischhammer**, Manfred: Quellenuntersuchungen zum Kitāb al-Aġānī. Halle 1966. 44, 342 gez. Bl. Mav HAL ph Hab nA

U.66.6667

4004. **Rizk**, Attia: Bašśār Ibn Burd. Ein Dichter der ʿabbāsid. Moderne, in der Überlieferung und der Darstellung des Kitāb al-Aġānī. Heidelberg 1966. XIV, 250 S. HD ph 1966

4005. **Bellmann**, Dieter: Das Anstandsbuch des Ibn al-Waśśā'. (Ein Beitrag zur Kulturgeschichte Bagdads im 3./9. Jh.) Halle 1966. VII, 260 gez. Bl. Mav HAL ph nA

U.66.6673

4006. **Stowasser**, Karl: At-Tahtāwī in Paris. Ein Dokument des arabischen Modernismus aus dem frühen 19. Jh. übersetzt, eingel. und erl. Münster 1966. XVI, 358 S. MS ph 1966

U.67.12799

4007. **Nagel**, Tilman: Die Qiṣāṣ al-anbiyā'. Ein Beitrag zur arab. Literaturgeschichte. Bonn 1967. 169 S. BN 1967   U.67.2427

4008. **Freimark**, Peter: Das Vorwort als literarische Form in der arabischen
Literatur. XII, 165 S. Münster 1967. MS ph 1967

4009. **Heinrichs**, Wolfhart: Arabische Dichtung und griechische Poetik. Ḥāzim
al-Qarṭāgannīs Grundlegung der Poetik mit Hilfe aristotelischer Begriffe.
Gießen 1967. 289 S. GI ph 1967 nA   U.68.5633
Im Handel: Beiruter Texte und Studien, 8. (Steiner/Wiesbaden (Beirut)
1969.)

4010. **Müller**, R. Friedrun: Untersuchungen zur Reimprosa im Koran. (Gießen)
1969. 153 S. TÜ ph 1968.   U.69.16750
Im Handel: Bonner Orientalistische Studien, Bd. 20. (N.S.) (Selbstverlag des Orient. Sem. d. Univ. Bonn, 1969).

4011. **Nowak**, Ursula: Beiträge zur Typologie des arabischen Volksmärchens.
Freiburg i.B. 1969. 424 S. FR ph 1969   U.69.5577

4012. **Soudan**, Nuri: Westarabische Tropik. Naẓm IV des Tanasī. Kiel 1970.
KI ph

4013. **Steinbach**, Udo: Dat al-Himma. Kulturgeschichtliche Untersuchungen
zu einem arabischen Volksroman. Wiesbaden 1971. ca. 224 S. FR ph
1970   U.72.5677
Im Handel: Freiburger Islamstudien, 4. (Steiner/Wiesbaden 1971.)

4014. **Jacobi**, Renate: Dichtung und Lüge in der arabischen Literaturtheorie.
In: Der Islam, Bd. 49, 1972, S. 85-99. (Überarbeitete Fassung an der
öffentlichen Antrittsvorlesung an der Phil. Fak. der Univ. des Saarlandes v. 25. Juni 1970)

4015. **Karachouli**, Adhmad Adel: Das Lehrstück ,,Die Ausnahme und die Regel" von Bertolt Brecht und die arabische Brecht-Rezeption. Eine Auseinandersetzung mit einigen Mißverständnissen und Fehlinterpretatio-
nen in der arab. Rezeption von Brechts Methode des epischen Theaters.
Leipzig 1970. 268 gez. Bl. L, Sekt. Kulturwiss. und Germanistik. Mav
1970 nA   U.70.3987

4016. **Wechsel**, Ruth: Das Buch Qidwat al-Ġāzī. Ein Beitrag zur Geschichte der Ǧihād-Literatur. Bonn 1970. BN ph 1970

4017. **Wieber**, Reinhard: Das Schachspiel in der arabischen Literatur von den Anfängen bis zur zweiten Hälfte des 16. Jh. Bonn 1971. 507 S. BN ph
U.73.3542

4018. **Jacobi**, Renate: Studien zur Poetik der altarabischen Quaside. 1971. XV, 219 S. SB ph Hab 1970 nA   U.74.13470
Im Handel: Akad. d. Wiss. u. Lit., Veröffentlichungen der Oriental. Kommission. 24. (Steiner/Wiesbaden 1971.)

4019. **Khoury**, Raif Georges: Wahb Ibn Munabbih. 1. Der Heidelberger Papyrus PSR 1-52. 2. Sein Leben und sein Werk. Wiesbaden 1971. 2 Bde. ca. 384 S. 50 Taf. HD Hab Fakultät für Orientalistik und Altertumswissensch. 1970
Im Handel: Harrassowitz/Wiesbaden 1971.

4020. **Schmidt**, Werner: Die Natur in der Dichtung der Andalus-Araber. Versuch einer Strukturanalyse arab. Dichtung. Kiel 1972. 145 S. KI ph
U.72.8449

4021. **Klenk**, Ursula: La Leyenda de Yusuf. Ein Aljamiadotext. Edition u. Glossar. Göttingen 1972. XVII, 137 S. GÖ ph nA   U.72.6225
Im Handel.

4022. **Hasanein**, Abdel Sattar M. I.: Ibn al-Kattani's „Dichterische Vergleiche der Andalus-Araber". Einf. nebst kommentierter Ed. Kiel 1972. VIII, 51, 317 S. KI ph   U.72.8281

4023. **Schoeler**, Gregor: Arabische Naturdichtung: die Zahrīyāt, Rabīᶜīyāt und Rauḍīyāt von ihren Anfängen bis Aṣ-Ṣanaubarī. Eine gattungs-, motiv- und stilgeschichtl. Untersuchung. 1972. XII, 371 S. GI FB Romanistik, Slavistik u. Arabistik 1972
Im Handel: Beiruter Texte und Studien. 15. (Steiner/Wiesbaden 1974.)

4024. **Al Khalid**, Muhammad Tadjeddin Khalid Bey: Khalil Mardam Bey der Dichter und sein Diwan. 1973. 282 S. K ph 1973   U.74.9905

4025. **Kramm**, Klemens: Der erste Teil des arabischen Romanzyklus von den Banū Hilāl. Unters. u. Inhaltswiedergabe eines Kairiner Druckes. Münster 1973. 177 S. MS ph   U.73.11377

4026. **Pantke**, Mechthild: Der arabische Bahrām-Roman, Untersuchung zur Quellen- und Stoffgeschichte. Münster 1973. MS ph   U 74.13138
Im Handel: Studien zur Sprache, Geschichte und Kultur des islamischen Orients. Beihefte zur Zeitschrift „Der Islam" N.S. 6.)

4027. **Alkhayat**, Hamdi: Gurgi Zaidan: Leben u. Werk. 1973. 169 S. K ph
U.74.9666
Im Handel: Orient-Mercur-Verlag/Köln.

4028. **Derenk**, Dieter: Leben und Dichtung des Omaiyadenkalifen al-Walīd Ibn Yazīd. Ein quellenkritischer Beitrag. 130, 93 S. F FB Ost- u. Außereurop. Sprachen u. Kulturw.
Im Handel: Islamkundliche Untersuchungen. 27. (Schwarz/Freiburg 1974.)

4029. **Abu Zaid**, Mustafa: Studien über den zweiten Teil des Kitab-az-Zahra von Abu Bakr Muhammad b. Dawud b. 'Ali b. Ḫalaf al-Isfahani (9. Jh. n. Chr.) 1974. XI, 200 S. MZ ph   U.75.11328

4030. **Heinecke**, Regina: Tuhfat al-Wuzara: d. Wesirs-Spiegel eines unbekannten Kompilators aus der ersten Hälfte d. 7./13. Jh. 1975. 83, 71 S. F, Fachbereich ost- u. außereurop. Sprach- u. Kulturwiss., Diss. 1972 bA
U.75.6305
Im Handel.

4031. **Gruber**, Ernst August: Verdienst und Rang: d. Fada'il als literar. u. gesellschaftl. Problem im Islam. 1975. 117 S. F, Fachbereich ost- u. außereurop. Sprach- u. Kulturwiss. nA   ⁓ U.75.6285
Im Handel: Islamkundliche Untersuchungen. 35. (Schwarz/Freiburg.)

4032. **Arstah**, Hussain: Die Blindheit des arabischen Dichters Abu-l'Ala al-Ma'arri. 1975. 89 S. AC-T med   U.76.2775

4033. **Gharieb**, Gharieb Mohammad: Die Gestalt Al-Chadrs in Sirat Iskander, in der volksarabischen Literatur und bei den heutigen Ägyptern. 1976. 3, 2, VI, 274 Bl. L, Sekt. Afrika- u. Nahostwiss. Diss. A. Mav nA
U.76.2120

4034. **El-Aswad**, Abdelghafur A.A.: Der Diwan des Ibn al-Ḥaggāg: Teilausg. Der Reimbuchstabe nun. 1977, 59, 415 S. GI, Fachbereich Sprachen u. Kulturen d. Mittelmeerraumes u. Osteuropas.

4035. **Weipert**, Reinhard: Studien zum Diwan des Rāʿī. München 1977. 178 S. M ph
Im Handel: Islamkundliche Untersuchungen. 44. (Schwarz/Freiburg 1977.)

4036. **Burckhart**, Stephanie: ʿAbd al-Wahhāb al-Bayātī: Reflexionen zur Literatur. 1978. 140 S. MZ ph bA

4037. **Beik**, Kamal Kheir: Le Mouvement moderniste de la poésie arabe contemporaine: origines socio-culturelles et structures littéraires. 1978. XXI, 487 p. GE

4038. **Müller**, Kathrin: Kritische Untersuchungen zum Diwan des Kumait b. Zaid. München 1979. 253 S. M ph
Im Handel: Islamkundliche Untersuchungen. 52. (Schwarz/Freiburg 1979.)

4039. **Bossong**, Georg: Probleme der Übersetzung wissenschaftlicher Werke aus dem Arabischen in das Altspanische zur Zeit Alfons des Weisen. Tübingen 1979. X, 208 S. HD Hab ph
Im Handel: Zeitschrift für romanische Philologie: Beih. 169. (Niemeyer/ Tübingen.)

4040. **Enderwitz**, Susanne: Gesellschaftlicher Rang und ethnische Legitimation. Der arabische Schriftsteller Abū ʿUtmān al-Ǧāḥiz (gest. 868) über die Afrikaner, Perser und Araber in der islamischen Gesellschaft. 1979. 290 S. B-F Magisterarbeit
Im Handel: Islamkundliche Untersuchungen. 53. (Schwarz/Freiburg 1979.)

4041. **Müller**, Gottfried: Ich bin Labīd und das ist mein Ziel. Zum Problem der Selbstbehauptung in der altarabischen Qaside. (Arbeitstitel!) B-F 1980 (?)

Namenkunde

4042. **Mann,** Traugott: Beiträge zur Kenntnis arabischer Eigennamen. T. 1.
Leiden 1904. 15, 24 S. B ph 1904
Der Rest erschien unter dem Titel: Tuḥfa dawīl-arab von Ibn Ḥaṭīb
ad Dahša bei Brill/Leiden.

4043. **Gratzl,** Emil: Die altarabischen Frauennamen. Mit einer Einleitung über
die Geschichte des arabischen Personennamens bis zu Ende der Ǧāhilijja.
Leipzig 1906. VIII, 50 S. M ph 1905
Im Handel: Drugulin/Leipzig 1906.

4044. **Bräu,** Johann: Die altarabischen theophoren Personennamen, der Laqab
und die Kunja. Ha. W ph 1921

4045. **Ringel,** Heinrich: Die Frauennamen in der arabisch-islamischen Liebesdichtung. Ein Beitrag zum Problem der ost-westl. Literaturübertragungen.
Leipzig 1938. 133 S. ER ph   U.38.2591

4046. **Senfft,** Joachim: Beiträge zur frühislamischen Personennamenkunde.
o.O. (1942). L. 150 gez. Bl. Ma B ph nA   U.42.554

4047. **Walther,** Wiebke: Untersuchungen zu vor- und frühislamischen arabischen Personennamen. Halle 1966. 81, 257 gez. Bl. HAL ph Mav nA
U.66.6705

4048. **Eisendle,** Edwin: Das Volk der Amir im antiken Südarabien und seine
Personennamen. Graz 1973. XIII, 107, 4 Bl. GZ ph Ma 1974

4049. **Abdallah,** Yusuf Muhammad: Die Personennamen in al-Hamdānī's
al-Iklil und ihre Parallelen in den altsüdarabischen Inschriften: ein Beitrag zur jemenitischen Namengebung. 1975. 101 S. TÜ, Fachbereich
Altertums- u. Kulturwiss.

Ägypten

4050. **Munzel,** Kurt: Der Gebrauch der Genitivexponenten im arabischen Dialekt von Aegypten. o.O. 1948. 57 gez. Bl. Ma ER ph 1948 nA
U.45/48.2546

4051. **Lapper,** Marianne: Ägyptische Manālōgāt von 1919 bis 1937. o.O. (1952). XVIII, 249 gez. Bl. Ma TÜ ph nA
U.52.8594

4052. **Abul-Fadl,** Fahmi: Volkstümliche Texte in arab. Bauerndialekten der ägyptischen Provinz Šarqiyya mit dialektgeographischen Untersuchungen zur Lautlehre. Münster 1961. VII, 348 S. mit Abb. MS ph 1961
U.62.8508

4053. **Ende,** Werner: Europabild und kulturelles Selbstbewußtsein bei den Muslimen am Ende des 19. Jh. Dargestellt an den Schriften der beiden ägyptischen Schriftsteller Ibrahim und Muhammad Al-Muwailihi. Hamburg 1965. II, 155 S. HH ph
U.65.5963

4054. **Grzeskowiak,** Martin: Die Darstellung des arabischen Propheten Muhammad bei Muhammad Husain Haikal, Taufīq al-Hakīm und ᶜAbbās Mahmud al-ᶜAqqād. Halle 1969. IV, 130 gez. Bl. Ma HAL ph 1969 nA

4055. **Woidich,** Manfred: Negation und negative Sätze im Ägyptisch-Arabischen. München 1969. 227 S. M ph 1969
U.69.14505

4056. **Anbar,** Toghrid: Die Intonation des neutralen Aussagesatzes des in der VAR gesprochenen Hocharabischen. (1. 2.) Berlin 1971. VI, 176 gez. Bl. 177-278, B-H, Gesellschaftswiss. F. Diss. A nA
U.72.71

4057. **Erpenbeck,** Doris: Die moderne ägyptische Kurzgeschichte: gesellschaft., nationale u. literarhistor. Aspekte. 1974. 214, 6 Bl. L, Sekt. Afrika- u. Nahostwiss., Diss. A Mav nA
U.74.1970

4058. **Gharieb,** Gharieb Mohammad: Die Gestalt Al-Chadrs in Sirat Iskander, in der volksarabischen Literatur und bei den heutigen Ägyptern. 1976. 3, 2, VI, 274 Bl. L, Sekt. Afrika- u. Nahostwiss. Diss. A Mav nA
U.76.2120

4059. **Youssef**, Magdi: Brecht in Ägypten: Versuch einer literatursoziolog. Deutung unter bes. Berücksichtigung d. Rezeption d. Stückes „Herr Puntila und sein Knecht Matti". 1976. 148 S. BO Abt. Sozialwiss. 1975
Im Handel: Studienverlag Brockmeyer/Bochum 1976.

Afghanistan

4060. **Meyer-Ingwersen**, Johannes Christian: Untersuchungen zum Satzbau des Paschto. Hamburg 1966. 317 Bl. HH ph   U.66.7353

4061. **Zyār**, Mojāver Ahmad: Die Nominalkomposita des Paschto. Bern 1974. II, 117 S. BE ph hs
Im Handel: Arbeitspapiere. 1. (Institut für Sprachwissenschaft d. Univ. Bern/Bern.)

Algerien

4062. **Essing**, Doris: Die Aspekte des Tuareg-Verbums und ihre syntaktische Anwendung. o.O. (1959) 116 gez. Bl. Ma TÜ ph nA   U.59.7718

4063. **Sarter**, Peter: Kolonialismus im Roman: Aspekte algerischer Literatur franz. Sprache u. ihrer Rezeption am Beispiel von Kateb Yacines Nedjma. 1977. 246 S. B-F, Fachbereich Neuere fremdsprachl. Philologien, 1976 bA
Im Handel: Europäische Hochschulschriften. Reihe 13. Französische Sprache und Literatur. 42. (Lang/Frankfurt, Bern 1977.)

Irak

4064. **Blum**, Samuel: Qissah Musa. Ein Beitrag zum bagdadischen Dialekt des Neu-Arabischen. Hamburg 1925. 84 S. WÜ ph 1927   U.27.5884

4065. **Malaika**, Nisar: Grundzüge der Grammatik des arabischen Dialektes von Bagdad. Köln 1963. XII, 85 S. K ph   U.63.6286
Im Handel: Harrassowitz/Wiesbaden.

455

4066. **Denz**, Adolf: Die Verbalsyntax des neuarabischen Dialektes von Kwayriš (Irak). Mit einer einleitenden allg. Tempus- u. Aspektlehre. 1969. XII, 145 S. M ph Hab 1969
Im Handel: Abhandlungen für die Kunde des Morgenlandes. 40,1. (Steiner/Wiesbaden 1971.)

4067. **Ali**, Shihab Ahmed: Die Entstehung des neuen Gedichtes im Irak und der Einfluß der modernen englischen Poesie. 1974. XI, 239 Bl. Mav L, Sekt. Kulturwiss. u. Germanistik, Diss. A nA   U.74.1919

Türkisch

4068. **Al-Bayati**, Mehdi: Anfänge der Prosaliteratur bei den Irak-Türkmenen. Mainz 1970. 139 S. MZ ph 1970.   U.72.9089

Iran (Persisch)

4069. **Kraelitz**, Edler von Greifenhorst, Friedrich: Türkische Elemente im Neupersischen. W ph 1903

4070. **Högelsberger**, Karl: Sprachvergleichende Studien aus dem Persischen. Ha W ph 1908

4071. **Lentz**, Wolfgang: Die nordiranischen Elemente in der neupersischen Literatursprache bei Firdosi. Leipzig 1926. S. 251-316. (Gekr. Preisschr.) In: Zeitschrift für Indologie und Iranistik. Bd. 4, GÖ ph 1926
U.27.2008

4072. **Hincha**, Georg: Beiträge zu einer Morphemlehre des Neupersischen. Hamburg 1961. S. 136-201. HH ph nA
Aus: Der Islam, 37 (1961), 136-201.

4073. **Lingenfelder**, Hiltrude: Beiträge zur Erforschung des neupersischen Verbums. Hamburg 1957. X, 182 gez. Bl. Mav HH ph nA   U.58.3513

4074. Gabler, Marianne: Beiträge zur Kenntnis der aus europäischen Sprachen bezogenen Wörter des Neupersischen. (Berlin-Dahlem 1959) 173 S.
B-F ph 1959   U.60.787

4075. Spiess, Gertrud: Mahmūd von Gazna bei Farīdu'd-dīn ͨ Aṭṭār. Basel 1959. 133, XXIII S. BA ph 1959

4076. Skalmowski, Wojciech: Sprachstatistische Untersuchungen zur persischen Sprachentwicklung. o.O. (1960) V, 125 gez. Bl. mit eingekl. Abb. Ma B-H ph nA   U.60.234

4077. Doerfer, Gerhard: Türkische und mongolische Elemente im Neupersischen. Unter bes. Berücksichtigung älterer neupersischer Geschichtsquellen vor allem der Mongolen- und Timuridenzeit. Bd. 1: Mongolische Elemente im Neupers. Göttingen 1960. XLVIII, 557 S. GÖ ph Hab 1960 nA
Im Handel: Akademie der Wissenschaften und der Literatur, Veröffentlichungen der Orientalischen Kommission, Bd. 16. (Steiner/Wiesbaden 1963.)

4078. Lorenz, Manfred: Untersuchung über Verschiedenheiten im tǎǧikischen und persischen Satzbau. Berlin 1961. 200 gez. Bl. Ma B-H ph 1960 nA
U.61.233

4079. Windfuhr, Gernot Ludwig: Verbalmorpheme im Sangesari. Ein Beitrag zur neuiranischen Dialektkunde. Hamburg 1965. 196 S. HH ph
U.65.5992

4080. Moīnfar, Mohammad Djafar: Le vocabulaire arabe dans le livre des Rois de Firdausī. Etude philologique et de statistique linguistiques. Neuchâtel. 1970. XVI, 110 p.
Im Handel: Beiträge zur Iranistik. (Harrassowitz/Wiesbaden.)

4081. Schapka, Ulrich: Die persischen Vogelnamen. Würzburg 1972. VII, 436 S. W ph   U.72.12754

4082. Mohadjer-Ghomi, Siamak: Eine kontrastive Untersuchung der Satzbaupläne im Deutschen und Persischen. 1978. II, 162 S. FR ph 1977 bA
Im Handel: Burg-Verlag/Kirchzarten.

Persische Literatur

4083. **Kutta**, Carl: Über Firdūsīs Reime im Šāh-Nāma und ihre Bedeutung für die damalige Aussprache des Neupersischen. (Preisschrift der Facultät) München 1895. 32 S. M ph 1898

4084. **Veit**, Friedrich: Platens Nachbildungen aus dem Diwan des Hafis. Berlin 1908. S. 257-307, 390-438, 145-224. Aus: Studien zur vergleichenden Literaturgesch. Bd. 7 und 8. TÜ ph 1908

4085. **Bleichsteiner**, Robert: Die Götter und Dämonen der Zorastrier in Firdusis Heldenbuch von Eran. Ha W ph 1913

4086. **Brück**, Paul: Beiträge zur Kulturgeschichte Persiens in der Zeit des Hafiz nach seinen Gedichten. 1920. W ph Ha

4087. **Duda**, Herbert Wilhelm: Ferhād und Shīrīn. Die literar. Geschichte eines pers. Sagenstoffes. Prag, Leipzig 1933. 215 S. L ph Hab 1932 Im Handel: Monografie Archivu Orientálniho, 2.

4088. **Rempis**, Christian: Die Überlieferung der ᶜUmar-i Ḫayyām zugeschriebenen Vierzeiler im 13. bis 16. Jahrhundert. (Teildr.) Tübingen 1937. 84 S.   U.37.827 Im Handel vollständig u.d. Titel: Beiträge zur Ḫayyām-Forschung. Leipzig. (AKM. 22,1.)

4089. **Meier**, Fritz: Die schöne Mahsatī. Ein Beitrag zur Geschichte des persischen Vierzeilers. BA Hab ph 1941 Im Handel erweitert und überarbeitet als: Akademie der Wiss. und d. Literatur, Veröffentlichungen der Orientalischen Kommission, Bd. XV (Steiner/Wiesbaden 1963.)

4090. **Hansen**, Kurt: Der Aretban des Shahname. Berlin 1943. B ph (In Bibliotheken nicht mehr vorhanden)   U.43.574

4091. **Witzel**, Irene: Der Hodscha Nasreddin in der persischen und türkischen Volksdichtung. o.O. (1948) 139 gez. Bl. Ma TÜ ph nA   U.50.7461

4092. **Wittek**, Maria: Aḫlaq ul-Asrāf, eine Zeitsatire von Obeid Zākānī.
Wien 1953. 72, 90 Bl. W ph 1953

4093. **Kanus**, Hans Helmhart: Lotfali Suratgar. Ein Dichter und Denker
des modernen Persien. o.O. (1956) 244 gez. Bl. Ma TÜ ph nA
U.56.8102

4094. **Boelke**, Elisabeth: Zum Text des Ḥáfiẓ. Köln 1958. 192 S. K ph
U.58.4901

4095. **Niroomand**, Bahman: Probleme der Verpflanzung des europäischen
Dramas in die neupersische Literatur. o.O. (1960) 123 gez. Bl. Mav
TÜ ph nA
U.60.8270

4096. **Qazi**, Nabibakhsh: Die Moẓaffariden in Iran. Ein Beitrag zur Hafis-
Forschung. Göttingen 1960. 106 gez. Bl. Anl. Mav GÖ ph nA
U.60.3287

4097. **Göbel-Groß**, Erhard: Sirr-i akbar. Die persische Upaniṣadenübersetzung
des Mogulprinzen Dārā Šukoh. Eine Untersuchung der Übersetzungs-
methode und Textauswahl nebst Text d. Prašna-Upaniṣad Sanskrit-
Persisch-Deutsch. Marburg 1962. 215 S. MR ph
U.62.7266

4098. **Gelpke**, Rudolf: Die iranische Prosaliteratur im 20. Jh. 1. Teil: Grundlagen und Voraussetzungen. 1962. 93 S. BE Hab ph
Im Handel: Harrassowitz/Wiesbaden 1962.

4099. **Hasrati**, Mansur Choddam: Der Dichter Firdossi in pädagogischer und
leibeserziehlicher Schau. 1962. 133 S. GZ ph 1962

4100. **Blieske**, Dorothea: Šāhīn-e Šīrāzīs Ardašīr-Buch. Tübingen 1966.
212 S. TÜ ph
U.66.14186

4101. **A'lami**, Tuba Schahnas: Die iranische Dichterin Parwin E'teṣāmi. Berlin
1966. 303 gez. Bl. Mav B-H ph nA
U.66.286

4102. **Chehabi**, Issa: Friedrich Bodenstedts Verdeutschung der Hafisischen
Lieder. Köln 1967. 161 S. K ph
U.67.9328

4103. **Madani,** Mir Hamid: Die gesellschaftlichen Zustände im iranischen Altertum. Dargest. nach den iranischen Heldensagen. Tübingen 1967. 185 S. TÜ ph 1967

4104. **Flower,** Richard: Die Entwicklung von Sadeq Hedayät in seinen literarischen Werken. Unter Berücks. d. Inhaltlichen u. Formalen. Berlin 1969. 271 S. B-F ph   U.69.17142

4105. **Peter,** Konrad: Über den dichterischen Ausdruck in Farīd ad-Dīn ᶜAṭṭārs Mantiq at-tair. 75 Bl. W ph 1970

4106. **Bayat-Sarmadi,** Dariusch: Erziehung und Bildung im Schahname von Firdousi. Eine Studie zur Geschichte der Erziehung im alten Iran. Freiburg i.B. 1970. 240 S. K ph bA   U.70.11919 Im Handel: Islamkundliche Untersuchungen, 4. (Schwarz/Freiburg 1970.)

4107. **Behzad,** Faramarz: Adam Olearius' „Persianischer Rosenthal". Untersuchungen zur Übersetzung von Saadis „Golestan" im 17. Jh. Göttingen 1970. 140 S. GÖ ph   U.70.9055 Im Handel als: Palaestra, Bd. 258. (Göttingen/Vandenhoeck und Ruprecht 1970.)

4108. **Khalifeh-Soltani,** Iradj: Das Bild des idealen Herrschers in der iranischen Fürstenspiegelliteratur, dargestellt am Beispiel des Qābūs-Nāmě. Tübingen 1971. 189 S. TÜ Fachbereich Altertums- und Kulturwissenschaften 1970   U.71.8997

4109. **Khaleghi Motlagh,** Djalal: Die Frauen im Schahname. Ihre Geschichte und Stellung unter gleichzeitiger Berücksichtigung vor-- und nachislamischer Quellen. Freiburg 1971. XIII, 235 S. K ph 1971 bA U.71.6695 Im Handel: Islamkundliche Untersuchungen. 12. (Schwarz/Freiburg.)

4110. **Heinz,** Wilhelm: Der indische Stil in der persischen Literatur. 1971. 122 S. WÜ Hab 1971 Im Handel: Steiner/Wiesbaden 1973.

4111. **Hatami**, Mahroo: Untersuchungen zum persischen Papageienbuch des Nahsabī (gest. 751/1350) 1977. V, 195 S. MZ ph bA
Im Handel: Islamkundliche Untersuchungen. 47. (Schwarz/Freiburg.)

4112. **Mirahmadi**, Maryam: Anayse der Werke Galāl-e Āl-e Ahmads unter Berücksichtigung sozialer Aspekte. 1977. 180 S. B-F Fachbereich 11 — Philosophie u. Sozialwiss. Diss.

4113. **Krüger**, Eberhard: Zum Verhältnis von Autor und Werk bei dem modernpersischen Erzähler Ṣâdeq Hedâyat. 1977. 158 S. M Philos. FB Altertumskunde u. Kulturwissensch. nA
Im Handel: Islamkundliche Untersuchungen. 42. (Schwarz/Freiburg 1977.)

4114. **Fragner**, Bert G.: Persische Memoirenliteratur als Quelle zur neueren Geschichte Irans. Freiburg 1978. 202 S. FR Hab
Im Handel: Freiburger Islamstudien. 7. (Steiner/Wiesbaden 1979.)

4115. **Shareghi-Boroujeni**, Caveh: Herrscher und Dichter in Goethes und Hafis Divan. Hamburg 1979. VI, 262 S. HH
Im Handel: Geistes- und Sozialwissenschaftliche Diss. 52. (Lüdke/Hamburg 1979.)

Türkisch

4116. **Amirpur-Ahrandjani**, Manutschehr: Der aserbeidschanische Dialekt von Schahpur. Phonologie und Morphologie. Freiburg 1971. 148 S. K ph 1971   U.71.6543
Im Handel: Islamkundliche Untersuchungen, 11. (Schwarz/Freiburg 1971.)

4117. **Bozkurt**, Mehmet Fuat: Untersuchungen zum Bojnurd-Dialekt des Chorasantürkischen. 1975. III, 319 S. GÖ ph 1976   U.76.6858

4118. **Fázsy**, Szabolcs. Das Bodschnurdi, ein türkischer Dialekt in Chorasan, Ostpersien. 1977. 426 S. Z ph

461

Jemen

4119. **Heinrich**, Pinkas: Fragment eines Gebetbuches aus Yemen. Ein Beitrag zur Geschichte der jüdischen und jüdisch-arabischen Synogalpoesie und zur Kenntnis des arabischen Vulgärdialects in Yemen. Wien 1902. 84 S. Z ph 1901/1902

Libanon

4120. **Jiha**, Michel Khalil: Der arabische Dialekt von Bismizzīn (Libanon). Volkstümliche Texte aus einem libanesischen Dorf mit Grundzügen der Laut- und Formenlehre. Münster 1961. XVII, 185 S. MS ph 1961 nA

U.64.10106

Im Handel: Beiruter Texte und Studien, Bd. 1. (Steiner/Wiesbaden (Beirut) 1964.)

4121. **Jaouhari**, Issam Amine: Die moderne libanesische Literatur und die Darstellung des Helden. 1977. 144 Bl. L, Sekt. Afrika- u. Nahostwiss. Diss. S. nA

Malta

4122. **Schabert**, Peter: Laut- und Formenlehre des Maltesischen anhand zweier Mundarten. 1974. XVIII, 233 S. ER, Fachbereich Sprach- u. Literaturwiss. nA

Im Handel: Erlanger Studien. 16. (Palm u. Enke/Erlangen 1976.)

Marokko

4123. **Stumme**, Hans: Dichtkunst und Gedichte der Schluh. Leipzig 1895. VI, 86 S. L Hab 1895 ph

4124. **Fischer**, August: Zur Lautlehre des Marokkanisch-Arabischen. Leipzig (1917) XV, 61 S. In: Verzeichnis d. Promotionen in der philos. Fak. 1914/15.

U.17.92

4125. **Feichtner**, Maximilian: Das Metmata-Kabylische. Ma W ph 1930

4126. **Willms**, Alfred: Grammatik der südlichen Beraber-Dialekte (Süd-marokko) Hamburg 1970 HH FB Orientalistik Hab nA   U.70.9509
Im Handel.

4127. **Forkel**, Fritz: Die sprachliche Situation im heutigen Marokko. Eine soziolinguistische Untersuchung. HH 1979 (?)

Palästina/Israel

4128. **Ruoff**, E(rich): Arabische Rätsel, gesammelt, übers. u. erl. Ein Beitrag zur Volkskunde Palästinas. Tübingen 1933. 64 S. TÜ ph   U.34.2442

Saudi-Arabien

4129. **Schreiber**, Giselher: Der arabische Dialekt von Mekka. Abriß der Grammatik mit Texten und Glossar. Münster 1970. IX, 144 S. MS ph 1970
Im Handel: Islamkundliche Untersuchungen, 9. (Schwarz/Freiburg 1971.)

4130. **Sasi**, Omar al-: Sprichwörter und andere volkskundliche Texte aus Mekka. 1971. VIII, 156 S. MS ph 1972   U.72.11347

Sowjetunion/China

4131. **Meckelein**, Richard: Die finnisch-ugrischen, turko-tatarischen und mongolischen Elemente im Russischen. Berlin 1913. 73 S. B ph U.13.2882
Im Handel (?): Mayer u. Müller/Berlin 1914

4132. **Schinkewitsch**, Jakob: Rabghūzīs Syntax. Berlin 1926. B ph
In: MSOS, Jg. 29 (1926).   U.27.370

4133. **Rachmatullin**, Gabdul-Raschid: Die Hilfsverben und Verbaladverbien im Altaischen. Weimar 1928. 63 S. Aus: Ungarische Jahrbücher, Bd. 8.
B ph 1928   U.29.535

463

4134. **Djaferoglu**, Ahmed: 75 Azärbajǧanische Lieder ‚Bajaty' in der Mundart von Gängä nebst einer sprachlichen Erklärung. Berlin 1930. 49 S. BR ph nA Aus: MSOS, Abt. 2, Jg. 32 u. 33.   U.30.1323

4135. **Sundermeyer**, Kurt: F. Bodenstedt und die „Lieder des Mirza Schaffy" Wilhelmshaven 1930. 131 S. KI ph   U.32.4832

4136. **Benzing**, Johannes: Über die Verbformen im Türkmenischen. Berlin 1939. 56 S. B ph 1939 bA   U.39.635
In: Mitteilungen der Auslands-Hochschule an der Univ. Berlin, Abt. 2, Jg. 12.

4137. **Benzing**, Johannes: Tschuwaschische Forschungen (4). (Leipzig 1942) S. 421-470. B ph Hab nA   U.42.485
Aus: ZDMG, 96, N.F. 21 (1942), 421-470.

4138. **Wurm**, Stefan: Die özbekische Volkssprache unter besonderer Berücksichtigung des Dialektes von Ondidschan (Phonetik, Grammatik und Texte) 1944. XIII, 291 Bl. W ph 1944

4139. **Brynjowskyj**, Michael: Orts- und Zeitbezeichnungen im Wolgatatarischen. Berlin 1945. 79 S. Ma B ph 1945   U.44.1037

4140. **Burghard**, Ingeborg: Studien zur Kasan-Tatarischen Grammatik. Marburg 1948. 120 gez. Bl. MR ph 1950 Ma nA   U.50.5494

4141. **Burbiel**, Gustav: Die Sprache Isma ᶜīl Bey Gaspyralys. Hamburg 1950. XI, 92 gez. Bl. mit eingeklebten Textproben Ma HH ph nA U.50.3417

4142. **Brands**, Horst Wilfried: Azerbaiǧanisches Volksleben und modernistische Tendenz in den Schauspielen Mīrzā Fetḥ - ᶜAlī Ahundzādēs (1812-1878) Marburg 1952. 101 gez. Bl. Ma MR ph nA   U.52.6682

4143. **Doerfer**, Gerhard: Zur Syntax der Geheimen Geschichte der Mongolen. o.O. (1954) 218 gez. Bl. Ma B-F ph nA   U.54.595

4144. **Tekin**, Şinasi: Die Kapitel über die Bewußtseinslehre im uigurischen Goldglanzsutra (9. und 10.) Hamburg 1960. 216 gez. Bl. Mav HH ph 1960 nA
Ursprünglich eingereicht unter dem Titel: Das neunte und zehnte Kapitel des Altun yaruk.

4145. **Lorenz**, Manfred: Untersuchung über Verschiedenheiten im tāǧikischen und persischen Satzbau. Berlin 1961. 200 gez. Bl. Ma B-H ph 1960 nA
U.61.233

4146. **Alijewa**, Amina: Ein Strukturvergleich der deutschen femininen Suffixe und ihrer aserbaidshanischen Äquivalente. Potsdam 1961. XI, 142 gez. Bl. Ma POT hs-ph nA
U.61.8265

4147. **Prokosch**, Erich: Morphologie des Krimtatarischen. Wien 1961. 73 Bl. W ph 1961

4148. **Zieme**, Peter: Untersuchungen zur Schrift und Sprache der manichäisch-türkischen Turfantexte. Berlin 1969. X, 290 gez. Bl. Mav B-H Sektion Asienwissenschaften nA 1969
U.69.1155

4149. **Salzner**, Johann: Aserbeidschanische Grammatik. Wien 1970. 105 S. 1970 W ph

4150. **Tezcan**, Semih: Das uigurische Insadi-Sūtra. 1974. 107, LXIX S. GÖ ph Im Handel: Schriften zur Geschichte und Kultur des Alten Orients. 6. Berliner Turfantexte. 3. (Akademie-Verlag/Berlin 1974.)

4151. **Scherner**, Bernd: Arabische und neupersische Lehnwörter im Tschuwaschischen. Versuch einer Chronologie ihrer Lautveränderungen. 1975. XXX, 231 S. MZ ph 1975
Im Handel: Veröffentlichungen der Orientalischen Kommission. 29. (Steiner/Wiesbaden 1977.)

4152. **Gutschke**, Irmtraud: Mensch und Natur im Schaffen Aitmatows. (1.): 1976. VII, 171, 10 Bl. (2.): 1976. 99 Bl. B-H, Gesellschaftswiss. Fak., Diss. A nA
U.76.417

4153. **Alichodžajev**, Askar Abdullajevič: Konfrontative Untersuchungen zum Passiv der deutschen Gegenwartssprache und seiner Wiedergabe im Usbekischen. 1976. 4, 202 Bl. Mav L, Diss. A nA
U.76.2079

4155. **Bielmeier**, Roland: Historische Untersuchung zum Erb- und Lehnwortschatzanteil im ossetischen Grundwortschatz. 1977, 363 S. BO ph 1975
Im Handel: Europäische Hochschulschriften. Reihe 27. Asiat. u. afrikan. Studien. 2. (Lang/Frankfurt a.M., Bern 1977.)

4156. **Toalster,** John Peter Claver: Die uigurische Xuan-Zang-Biographie: 4. Kapitel mit Übersetzung u. Kommentar. 1977, LXXXI, 276 S. GI, Fachbereich Sprachen u. Kulturen d. Mittelmeerraumes u. Osteuropas

4157. **Lakov,** Ilona: Zum Verhältnis von Nationalem und Internationalem im Schaffen des kirgisischen Schriftstellers Cingiz Ajtmatov: unter bes. Berücks. nationaler Traditionen. 1977. 226 Bl. L, Pädag. Hochsch. Diss. A. 1977 na

4158. **Warnke,** Ingrid: Eine buddhistische Lehrschrift über das Bekennen der Sünden. Fragmente der uigurischen Version des Cibei-daochang-chanfa. Berlin 1978. 293 S. B-H

4159. **Khassankhanowa,** Sajora: Zur Geschichte der Berliner Turkologie in der ersten Hälfte des 20. Jahrhunderts. Die Erschließung der alttürkischen Turfan-Texte. W. Bang-Kaup und seine sprachwissenschaftliche Schule. Berlin 1979. 7, 148 S. B-H

4160. **Çeneli,** Ilhan: Formantien im Krimtatarischen. Frankfurt 1979. 97 S. F Im Handel: Islamkundliche Untersuchungen. 49. (Schwarz/Freiburg 1979.)

4161. **Schulz,** Peter: Verbalnomina und Converbien als adverbiale Ergänzung im Uigurischen. (Arbeitstitel) Gießen 1980 (?)   In Vorbereitung

Sudan

4162. **Eberl,** Rudolf: Die erweiterten Verbalstämme im Nubischen. Ma. Wien 1932. W ph 1932

Syrien

4163. **Grotzfeld,** Heinz: Laut- und Formenlehre des Damaszenisch-Arabischen. Münster 1961. XIII, 134 S. MS ph 1961 nA   U.64.10093 Im Handel: Abhandlungen für die Kunde des Morgenlandes, Bd. 35, Heft 3. (Steiner/Wiesbaden 1964.)

4164. **Bloch**, Ariel: Die Hypotaxe im Damaszenisch-Arabischen mit Verglei-
chungen zur Hypotaxe im Klassisch-Arabischen. Münster 1962. VI,
102 S. MS ph 1962 nA   U.64.10088
Im Handel: Abhandlungen für die Kunde des Morgenlandes, Bd. 35,
Heft 4. (Steiner/Wiesbaden 1965.)

4165. **Omran**, Hussein: Methodische Überlegungen und vorbereitende Untersuchungen zur sprachlichen Kommunikation in ländischen Gebieten
der Syrischen Arabischen Republik: unter bes. Beachtung soziolinguist.
Aspekte. 1976. II, 123 Bl. L, Sekt. Kulturwiss. u. Germanistik, Diss. A
Mav nA   U.76.2217

Türkei

Sprache (siehe auch unter Irak, Iran und Sowjetunion/China)

4166. **Schinkewitsch**, Jakob: Rabghūzīs Syntax. Berlin 1926. B ph
In: MSOS Jg. 29.   U.27.370

4167. **Ni ᶜ mat**, Aqdas: Die türkische Prosopographie bei Laonikos Chalko-
kandyles. Hamburg 1933. 96 S. HH ph   U.33.6271

4168. **Šākir**, Sa ᶜādat: Denominale Verbbildungen in den Türksprachen. Rom
1933. 49 S. Aus: Orientalia, 2 B ph   U.33.4900

4169. **Kißling**, Hans Joachim: Die Sprache des ᶜ Asıkpasazāde. Eine Studie
zur osman.-türk. Sprachgeschichte. München 1936. XI, 78 S. BR ph
                                                         U.36.1905

4170. **Temir**, Ahmed: Die Konjunktionen und Satzeinleitungen im Alt-Tür-
kischen. T. (1.) 2. Berlin (1943). 120 gez. Bl. gez. Bl. 123-217. Ma B
ph nA   U.43.629

4171. **Gabain**, A(nnemarie) von: Alttürkische Grammatik. Mit Bibliographie,
Lesestücken und Wörterverz., auch neutürk. Mit 4 Schrifttaf. und 7
Schriftproben. Leipzig 1941. XVII, 357 S. B ph Hab 1940 nA
Im Handel: Porta linguarum orientalium, 23. (Harrassowitz/Leipzig.)

467

4172. **Wendt**, Heinz Friedrich: Die türkischen Elemente im Rumänischen. o.O. 1952. V, 239 gez. Bl. Ma B-F ph nA U.52.576 Im Handel: Deutsche Akad. d. Wiss. zu Berlin. Institut f. griech.-römische Altertumskunde. Berliner byzantinistische Arbeiten. 12. (Berlin 1960.)

4173. **Laude-Cirtautas**, Ilse: Der Gebrauch der Farbbezeichnungen in den Türkdialekten. Hamburg 1961. 137 S. HH ph nA U.61.4413 Im Handel: Ural-altaische Bibliothek, 10.

4174. **Alijewa**, Amina: Ein Strukturvergleich der deutschen femininen Suffixe und ihrer aserbaidshanischen Äquivalente. Potsdam 1961. XI, 142 gez. Bl. Ma POT hs-ph nA U.61.8265

4175. **Stamatakis**, Konstantin: Lehnwortstudien über den deutschen, den türkischen und den italienischen Wortschatz in der Mundart von Iraklion auf der Insel Kreta. Wien 1967. 242 Bl. W ph 1968 Ma

4176. **Zieme**, Peter: Untersuchungen zur Schrift und Sprache der manichäisch-türkischen Turfantexte. Berlin 1969. X, 290 gez. Bl. B-H Sektion Asienwissenschaften 1969 Mav nA U.69.1155

4177. **Boretzky**, Norbert: Der türkische Einfluß auf das Albanische. T. 1. Phonologie der Turzismen. Bochum 1970. XLII, 349 S. BO ph Hab nA U.70.5545

4178. **Buri-Gütermann**, Johanna: Der Satzbau der osmanischen Urkunden aus der Zeit von Meḥmed Fātiḥ bis Süleymān-i Qānūnī. Wien 1970. W ph Im Handel: Dissertationen d. Univ. Wien. 68. (Verl. Notring/Wien 1972.)

4179. **Götz**, Manfred: Die Funktionen der Tempora im Türkeitürkischen. Köln 1971. ca. 350 S. K ph Hab 1971

4180. **Amirpur-Ahrandjani**, Manutschehr: Der aserbeidschanische Dialekt von Schahpur. Phonologie und Morphologie. Freiburg 1971. 148 S. K ph 1971 U.71.6543 Im Handel: Islamkundliche Untersuchungen, 11. (Schwarz/Freiburg, 1971.)

4181. **Kleinmichel**, Sigrid: Untersuchungen zu phonologischen, morphophonologischen und morphologischen Problemen im Marzuban-name. (1.2.) Berlin 1971. VI, 448, IV, 79 gez. Bl. B-H gw Diss. A 1971 nA Mav Aus: Wissenschaftliche Zeitschrift d. Humboldt-Universität zu Berlin. Gesellschafts- und sprachwissenschaftliche Reihe. 18 (1969) 3, 519-534.

4182. **Yüce**, Nuri: Gerundien im Türkischen: eine morphol. u. syntakt. Unters. 1973. XV, 88 S. MZ ph U.74.10805

4183. **Georgiadis**, Pavlos: Die lautlichen Veränderungen der türkischen Lehnwörter im Griechischen. 1974. III, 332 S. M ph 1974 U.76.12032

4184. **Bozkurt**, Mehmet Fuat: Untersuchungen zum Bojnurd-Dialekt des Chorasantürkischen. 1975. III, 319 S. GÖ ph 1976 U.76.6858

4185. **Stein**, Heidi: Der türkische Transkriptionstext des Hieronymus Megiser: ein Beitrag zur Sprachgeschichte d. Osman.-Türk. 1975. VI, 336 Bl. L., Sekt. Afrika- u. Nahostwiss., Diss. A Mav nA U.75.2535

4186. **Waetzold**, Irene: Zu den osmanischen Verbformen des 16. Jahrhunderts nach dem Mecmū ᶜ-i menāzil des Maṭrāqçī Naṣūḥ. Mainz 1976. XXI, 236 S. MZ ph 1976 Im Handel: Islamkundliche Untersuchungen 48. (Schwarz/Freiburg 1978.)

4187. **Fázsy**, Szabolcs: Das Bodschnurdi, ein türkischer Dialekt in Chorasan, Ostpersien. 1977. 426 S. Z ph

4188. **Khassankhanowa**, Sajora: Zur Geschichte der Berliner Turkologie in der ersten Hälfte des 20. Jahrhunderts. Die Erschließung der alttürkischen Turfan-Texte. W. Bang-Kaup und seine sprachwissenschaftliche Schule. Berlin 1979. 7, 148 S. B-H

4189. **Prokosch**, Erich: Studien zur Syntax des Osmanisch-Türkischen unter bes. Berücksichtigung des Vulgärosmanisch-Türkischen. (Arbeitstitel!) 1980 (?) ca. 270 S.

4190. **Adamović**, Milan: Konjugationsgeschichte der türkischen Sprache. Göttingen 1980 (?) GÖ hab   In Vorbereitung

Arabisch

4191. **Sasse**, Hans-Jürgen: Linguistische Analyse des arabischen Dialekts der Mhallamiye in der Provinz Mardin (Südosttürkei) München 1971. XXIII, 303 S .M ph   U.71.7729

Literatur

4192. **Steibich**, August: Mustapha und Zeangir, die beiden Söhne Solimans des Großen, in Geschichte und Dichtung. Stuttgart 1903. 94 S. FR ph 1903

4193. **Paulus**, Herman: Hadschi Vesvese, ein Vortrag des türkischen Meddah's Nayif Efendi, nach dem Original in armenischen Lettern lateinisch umschrieben, zum erstenmal ins Deutsche übertragen und mit Anmerkungen herausgegeben. Erlangen 1905. XXIII, 67 S. ER ph 1905

4194. **Menzel**, Theodor: Mehmet Tevfiq. Ein Jahr in Konstantinopel. Zweiter Monat: Helva-sohbeti (Die Helva-Abendgesellschaft) Aus dem Türkischen zum ersten Mal ins Deutsche übertragen und durch Fußnoten erläutert. Erlangen 1905. 81 S. ER ph 1905
Im Handel: Türkische Bibliothek, 4. (Mayer u. Müller/Berlin 1906.)

4195. **Bašagič**, Safret: Bosniaken und Hercegovcen auf dem Gebiete der orientalischen Literatur. Ha W ph 1909

4196. **Rypka**, Johann: Proben einer arabischen und einer altosmanischen Uebersetzung des persischen Gulistān. Ha W ph 1910

4197. **Schauer**, Alwin Friedrich: Der türkische Dichter Nehmed Akif nach seinem Safahat. Ma 90 S. Ausz. in: Jahrbuch d. Phil. Fak. Leipzig 1920, 153-154. L ph 1920   U.22.7643

4198. **Spies**, Otto: Asman und Zejdschan. Ein türkischer Volksroman aus Kleinasien. Ma 129 S. (Auszug nicht gedruckt) TÜ ph   U.23.10428

4199. **Duda**, Herbert Wilhelm: Eine Übergangsperiode des Osmanischen. Untersucht an den Qırk-Vezīr-Erzählungen. Gramm. Teil I. Formenlehre. Ma 70 S. (Auszug nicht gedruckt) L ph U.25.6483

4200. **Engelke**, Irmgard: Sülejmān Tschelebi's Lobgedicht auf die Geburt des Propheten (Mewlid-i Šerīf). Halle a.S. 1926. 36 S. KI ph U.26.4200

4201. **Fischer**, Hans-August: Schah Ismajil und Gülüzar. Ein türkischer Volksroman. Leipzig 1929. LVIII, 149 S. KB ph 1928 nA U.29.4018 Im Handel: Türkische Bibliothek, 26.

4202. **Djaferoğlu**, Ahmed: 75 Azärbajğanische Lieder ‚Bajaty' in der Mundart von Gängä nebst einer sprachlichen Erklärung. Berlin 1930. 49 S. BR ph nA U.30.1323 Aus: MSOS, Abt. 2, Jg. 32 u. 33.

4203. **Braun**, Maximilian: Die Anfänge der Europäisierung im Kunstschrifttum der moslimischen Slaven in Bosnien und Herzegowina. Leipzig 1934. 148 S. L Hab ph 1932 nA U.34.1874 Im Handel: Slav.-balt. Quellen und Forschungen. 7.

4204. **Banguoğlu**, Tahsin: Altosmanische Sprachstudien zur Süheyl-ü Nevbahar. Leipzig 1938. 161 S. BR ph U.38.1919

4205. **Bannerth**, Ernst: Ein altosmanisches Destan nach Cod. Viennensis mixt. 1937, herausgegeben, übersetzt und mit Erläuterungen versehen. Wien 1941. 5, 102 Bl. W ph 1941

4206. **Wurm**, Stefan: Die özbekische Volkssprache unter besonderer Berücksichtigung des Dialektes von Ondidschan (Phonetik, Grammatik und Texte). 1944. XIII, 291 Bl. W ph 1944

4207. **Peter**, Merete: Peyami Safa und sein Roman: „Neunte Station für äußere Krankheiten". (Ein Beisp. moderner türk. Literatur) o.O. (1947) 108 gez. Bl. Ma TÜ ph 1948 nA U.45/48.12691

4208. **Bayer**, Renate: Kemal Bilbaşars „Anatolische Geschichten" im Rahmen der modernen türkischen Literatur. o.O. (1947) 159 gez. Bl. Ma Tü ph 1948 nA U.45/48.12656

4209. **Witzel**, Irene: Der Hodscha Nasreddin in der persischen und türkischen Volksdichtung. o.O. (1948) 139 gez. Bl. Ma TÜ ph nA U.50.7461

4210. **Griesbach**, Heinz: ᶜOsmān ibn Aḥmed. Memoiren eines Zeitgenossen Prinz Eugens. (Bonn 1950) 167 gez. Bl. Ma BN ph nA U.51.1070
Vgl. auch: Richard F. Kreutel und Otto Spies: Leben und Abenteuer des Dolmetschers Osman Aġa. Eine türkische Autobiographie aus der Zeit der großen Kriege gegen Österreich. Unter Benutzung der Vorarbeiten von Heinz Griesbach ins Deutsche übertragen und erläutert. Bonner orientalistische Studien, N.S. Bd. 2. (Selbstverlag des Orientalischen Seminars Bonn.)

4211. **Fischdick**, Edith: Elif und Mahmud. Ein türkischer Volksroman. o.O. (1952) 114 gez. Bl. Ma BN ph nA U.52.1030
Im Handel: Beiträge zur Sprach- und Kulturgeschichte des Orients, 9. (Vorndran/Walldorf 1958.)

4212. **Brands**, Horst Wilfried: Azerbaigănisches Volksleben und modernistische Tendenz in den Schauspielen Mīrzā Feth-ᶜAlī Ahundzādēs (1812-1878) Marburg 1952. 101 gez. Bl. Ma MR ph nA U.52.6682

4213. **Goller**, Günther: „Ferhad und Širin" in der türkischen Volksliteratur. W 1953 ph 118 Bl.

4214. **Gökçe**, Sait: Kivāmī und Fetiḥnāme (vgl. Untersuchungen über Kivāmī, d. Geschichtsschreiber und Dichter Sultan Muḥammed des Eroberers, und seine Zeit sowie über sein Fetiḥnāme) o.O. 1954. VII, 133 gez. Bl. Ma M ph nA U.55.7271

4215. **Tahsin-Bruchlos**, Jan: Création et évolution de la littérature moderne turque sous l'influence des idées européennes et de la littérature française. o.O. (1954) 158 S. Ma B-F ph U.54.644

4216. **Sesli**, Hüseyin: Yahya Kemal. Ein türkischer Dichter der Gegenwart. o.O. (1954) 135 gez. Bl. Ma BN ph nA U.54.1163
Im Handel: Atatürk universitesi yayınları. 28. (Atatürk üniversitesi basımevı/Erzurum.)

4217. **Teschabay-Oglu**, Mumıncan: Das Fütüvvetnāme des Yaḥyā b. Ḥalīl. Münster 1956. MS ph 1956

4218. **Heister**, Eileen: Orhan Veli Kanık. Köln 1957. 116 S. K ph U.57.5501

4219. **Bremer**, Marie Luise: Die Memoiren des türkischen Derwischs Aşçi Dede Ibrāhīm. Bonn 1959. 251 S. BN ph U.58.1112
Im Handel: Beiträge zur Sprach- und Kulturgeschichte des Orients, Heft 12. (Vorndran/Walldorf 1959.)

4220. **Canli**, Osman Nuri: Die Strömungen der Tanzimat-Poesie. (1961) 155 Bl. W 1962 ph Ma

4221. **Spuler**, Christa-Ursula: Das türkische Drama der Gegenwart. Eine literarhistorische Studie. Bonn 1967. 219 S. BN ph 1967 nA U.68.2752
Im Handel: Die Welt des Islams, N.S. Bd. XI, Nr. 1-4 (Brill/Leiden 1967-68.)

4222. **Akidil**, Inci: Formelhafte Wendungen in deutschen und türkischen Volksmärchen. Eine Studie zur vergleichenden Märchenforschung. Marburg 1968. II, 207 S. MR ph 1968

4223. **Şenaltan**, Semahat: Studien zur sprachlichen Gestalt der deutschen und türkischen Sprichwörter. Marburg 1968. 186 S. MR ph 1968 U.68.11357

4224. **Lehfeld**, Werner: Das serbokroatische Aljamiado-Schrifttum der bosnisch-hercegovinischen Muslime. Transskriptionsprobleme 1919. 193 S. BO
Im Handel: Beiträge zur Kenntnis Südosteuropas und des Nahen Orients. 9. (Trofenik/München.)

4225. **Al-Bayati**, Mehdi: Anfänge der Prosaliteratur bei den Irak-Türkmenen. Mainz 1970. 139 S. MZ ph 1970 U.72.9089

4226, **Uzunoğlu,** Adelheid: Abdülhak Şinası Hısar, ein türkischer Schriftsteller zwischen Gestern und Heute. Wien 1971. II, 92 Bl. W ph 1971 Ma

4227. **Flemming,** Barbara: Die älteste anatolisch-türkische Version von Niẓāmīs Ḥusrau u. Šīrīn: Faḫrīs Mesnewi von 1367. Hamburg 1971. VII, 358 und 261 S. Ma HH ph Hab 1971

4228. **Güzel,** Abdurrahman: 'Ali in der Bektaschi-Dichtung, namentlich jener des 16. Jahrhunderts. Wien 1972. VI, 157 Bl., 9 Bl. W ph Ma

4229. **Salihoğlu,** Hüseyin: Die Rezeption und die Übersetzungen der Werke Schillers in der Türkei. Wien 1972. 222 Bl. W ph 1973 Ma

4230. **Kortantamer,** Tunca: Leben und Weltbild des altosmanischen Dichters Ahmedi. Unter bes. Berücks. seines Diwans. Freiburg i.B. 1973. 509 S. FR ph bA   U.73.5520
Im Handel: Islamkundliche Untersuchungen. 22. (Schwarz/Freiburg.)

4231. **Yavuz,** Kerim: Der Islam in Werken moderner türkischer Schriftsteller 1923-1950. 1974. 559 S. FR ph bA 1973   U.74.6217
Im Handel: Islamkundliche Untersuchungen. 26. (Schwarz/Freiburg 1974.)

4232. **Eker,** Sevki: Goethe in der Türkei. Versuch über die Problematik d. Übersetzungen u.d. Rezeption v. Goethes Dichtungen ins Türkische. Wien 1974. 172 Bl. W ph Ma

4233. **Böller,** Friedrich-Karl: Ethnologische Untersuchungen zum „Kitāb-i Dede Qorqut". 1975. 1 Bl., III, 296 S. M ph 1976

4234. **Horani-Kirchberg,** Dorothea: Der türkische Dichter Mehmed Akif (Ersoy) (1873-1936): Leben u. Werk. Ein Versuch. 1977. 98, VI S. HH, Fachbereich Orientalistik

4235. **Vuraldi,** Mert: Shakespeare in der Türkei. 1978. 203 S. MR FB Neuere Fremdsprachen u. Literaturen
Im Handel: Europäische Hochschulschriften. Reihe 14. Angelsächsische Sprache u. Literatur. 69. (Lang/Frankfurt, Bern, Las Vegas, 1979.)

4236. **Kraft**, Gisela: Fazil Hüsnü Dağlarca: Weltschöpfung und Tiersymbolik. 1978. 331 S. B-F FB 11 Philosophie u. Sozialwissenschaften bA Im Handel: Islamkundliche Untersuchungen. 50. (Schwarz/Freiburg.)

4237. **Wannig**, Klaus-Detlev: Der Dichter Karaca Oğlan. Studien zur türkischen Liebeslyrik. Freiburg 1979. ca. 740 S. FR ph 1979 Im Handel: Studien zur Sprache, Geschichte und Kultur der Türkvölker. 1. (Schwarz/Freiburg 1980.)

4238. **Siedel**, Elisabeth: Realität und Realismus im Werk von Sabahattin Ali. (Arbeitstitel!) 1981 (?) FR ph

Tunesien

4239. **Amri**, Mekki: Die politische Lyrik des Abu'l-Qasim aš-Šabbi (1909-1934): ein Beitrag zur Geschichte d. modernen tunes. Literatur. 1976. 172 S. KI FB Philosophie

WIRTSCHAFT, INDUSTRIE, FINANZWESEN

Allgemeines

4240. **Meier**, Manfred: Die Typologie der Entwicklungsländer. Wien 1966. VIII, 96 Bl. W s Ma 1967

4241. **Rendl**, Sebastian: Das wirtschaftliche Wachstum der Entwicklungsländer. Wien 1966. II, 253 Bl. W-HW Ma 1967

4242. **Heskel**, Ghazi Daoud: Die Grenzen einer generellen Anwendbarkeit der Harrod- und Domarschen Wachstumsmodelle in den Entwicklungsländern. Wien 1967. 198 Bl. W-HW 1968 Ma

4243. **Abdelnasser**, Hassan Mohamed: Entwicklungsländer. (Allgemeine Kennzeichen – Entwicklungshilfe) Graz 1967. 120, IV, 6 Bl. GZ s 1973 Ma

4244. **Ernst**, Peter: Die Anwendung wirtschaftstheoretischer Überlegungen auf eine Wirtschaftspolitik überbevölkerter Entwicklungsländer, unter bes. Berücks. d. Interdependenz v. landwirtschaftl. u. industrieller Entwicklung. Wien 1968. 312 Bl. W-HW 1970 Ma

4245. **Sandjani**, Mohammed Djavad-Djafari: Zur Frage der Terms of trade zwischen Industrie und Entwicklungsländern. (Graz 1968) II, 123, III Bl. GZ s 1969 Ma

4246. **Mühlig-Versen**, Peter: Nationale und internationale Arbeitsteilung – ihre Bedeutung für Entwicklungsländer. Wien 1968. 372 Bl. W-HW 1969 Ma

4247. **Bürger**, Peter K(laus): Die Grundlagen und Probleme des Unternehmertums in den Entwicklungsländern. (Wien) 1968. VII 290 Bl. W-HW 1969 Ma

4248. **Neunhoeffer**, Peter: Bilaterale und multilaterale Entwicklungshilfe. Ein Vergleich. (Mit Diagr. u. Tab.) Wien 1969. V, 167 Bl. W-HW 1971 Ma

4249. **Haselbeck**, Fritz: Die Terms of Trade zwischen Rohstoffländern und Industrieländern. Zürich (1969) X, 215 S. Z wi

4250. **Konitsas,** Lukas: Die Problematik der Entwicklungsländer unter bes. Berücksichtigung ihrer Beziehungen zur Weltwirtschaft. Graz 1969. Bl. A–D, 128, 6 Bl. GZ s 1972 Ma

4251. **Fischer,** Christian: L'électrification au point de vue économique et social des pays en voie de développement. Genève 1969. 272 p. GE wi

4252. **Thaller,** Werner: Die Bedeutung von Exportstabilisierungsmaßnahmen für das Wirtschaftswachstum der Entwicklungsländer. Nationale u. internat. Stabilisierungspolitik im Dienste d. Entwicklungspolitik. (Wien) 1970. 222 Bl. W-HW Ma

4253. **Bauer,** Helfried: Außenwirtschaftliche Strukturprobleme der Entwicklungsländer. Wien 1970. 205 Bl. W-HW

4254. **Schlüter,** Friedhelm: Förderung der Ausfuhr aus Entwicklungsländern. Das Beispiel d. deutschen Importhandels. Hamburg 1970. IV, 146, XVII gez. Bl. HH wi nA   U.70.9991

4255. **Salahi,** Malek-Yahya: Investitionen und Wirtschaftswachstum unter besonderer Berücksichtigung der Entwicklungsländer. Graz 1970, 127, 2 Bl. GZ s 1971 Ma

4256. **Krenn,** Anton: Aspekte der Investitionspolitik in den Entwicklungsländern. Entscheidungskriterien u. Investitionsstrategien. Wien 1970. 153, 7, XIII Bl. W-HW 1971 Ma

4257. **Ottowitz,** Wilhelm: Die Wachstumsprobleme der Entwicklungsländer und die UNCTAD. Wien 1970. 198 Bl. W-HW 1971

4258. **Feberger,** Helmut: Ursachen für die Benachteiligung der Entwicklungsländer im Außenhandel. Graz 1970. IX, 184 Bl. GZ s 1971

4259. **Hessabi,** M.M.E. Manoocher: Volkseinkommen in Entwicklungsländern. Graz 1970. 152, 5 Bl. GZ s 1971 Ma

4260. **Wang,** Jen-Huong: Die Konferenz der Vereinten Nationen über Handel und Entwicklung (UNCTAD) als neuer Faktor in der internationalen Organisation des Welthandels. Heidelberg 1970. IX, 262, 14 X. HD j
U.70.11154

4261. **Neumann,** Claus: Über die Möglichkeiten der Herstellung und Verwendung von Spanplatten in Entwicklungsländern. Hamburg 1970. V, 359 S. HH FB Biologie
U.70.9907

4262. **Haberfellner,** Eva Maria: Wirtschaftspolitische Maßnahmen des allgemeinen Zoll- und Handelsabkommens zur Förderung des Außenhandels der Entwicklungsländer. Wien 1971. 165 Bl. W-HW 1972 Ma

4263. **Lutz,** Reinhard: Problematik der regionalen Integration zwischen Entwicklungsländern. Wien 1971. 146 Bl. W-HW 1972 Ma

4264. **Hakak,** Abdollah: Markt- oder Planwirtschaft als Grundlage des Wirtschaftswachstums in den Entwicklungsländern. Graz 1971. V, 105, 3, 5 Bl. GZ s Ma

4265. **Manoutschehr,** Mazloum: Die Auswirkung der Entwicklungshilfe in den Entwicklungsländern. (Graz 1971) 92, IV, 3 Bl. GZ s Ma

4266. **Spetter,** Henry: Binnenwirtschaftlich und außenwirtschaftlich orientiertes Wachstum in der Strategie der industriellen Entwicklung: zur Frage d. Importsubstitution und Exportindustrien in Entwicklungsländern. 1971. 285 S. B-ÖK Diss. A nA

4267. **Nezamshahidi,** Ahmad: Der Außenhandel der Entwicklungsländer. Graz 1971. III, 177, 3 Bl. GZ s 1972 Ma

4268. **Menesi,** Ahmed: Die Bedeutung der Mineralölwirtschaft für die wirtschaftliche Entwicklung der ölfördernden Entwicklungsländer. Köln 1972. 329 S. K wi-so 1972
U.73.8972

4269. **Schulte,** Carl Joseph: Die soziale Sicherheit deutscher Fachkräfte im Ausland: dargest. am techn. Förderungsprogramm d. Bundesrepublik Deutschland für Entwicklungsländer. 1972. XVII, 244 S. BRE-T j 1973
U.74.4299

4270. **Ullmann**, Hans Rainer: Die Exportstruktur und deren Bestimmungs-
größen: Die Industriegüterexporte der Entwicklungsländer. Wien 1972.
120, XII Bl. W-HW Ma

4271. **Feldsieper**, Manfred: Zollpräferenzen für Entwicklungsländer. 1972.
VIII, 113 S. MZ FB 3 Rechts- u. Wirtschaftswiss. Hab
Im Handel: Bochumer Schriften zur Entwicklungsforschung und Ent-
wicklungspolitik. 20. (Erdmann/Tübingen, Basel 1975.)

4272. **Bock**, Richard: Märkte und Marktstrukturen in Entwicklungsländern
und deren Beziehung zum wirtschaftlichen Wachstum. Wien 1972. IV,
283 Bl. W-HW Ma

4273. **Pöll**, August: Die Bedeutung industrieller Grundlagenstudien für Entwicklungsländer. Wien 1972. VII, 131 Bl. W-HW Ma

4274. **Haring**, Ernst: Volkswirtschaftliche und politische Problematik der
Entwicklungshilfe. Wien 1972. V, 122 Bl. W-HW 1973 Ma

4275. **Nibler**, Wolfgang: Technische Zusammenarbeit als bedeutende Form
der Entwicklungshilfe: Probleme u. Erfolgsmöglichkeiten, dargest. an
d. Tätigkeit d. Internat. Arbeitsorganisation (IAO). 1972. 210 S.
M s 1973   U.74.12469

4276. **Tahir**, Khalil Ibrahim: Zum Außenhandel asiatischer Entwicklungsländer und ihren Wirtschaftsbeziehungen mit den sozialistischen Staaten.
1973. 332 Bl. B-ÖK Diss. A Mav nA   U.74.198

4277. **Seifert**, Jürgen: Der Unternehmer in den Entwicklungsländern als Phä-
nomen und Problem in der entwicklungswissenschaftlichen Forschung
seit 1950. 1973. VIII, 171 S. MZ ph   U.74.10723

4278. **Bräutigam**, Dieter: Außenhandelstheorie und Entwicklungsländer.
St. Gallen 1973. XVIII, 159 S. SG wi

4279. **Jaspersen**, Karsten: Die Entscheidung privater Unternehmen bei Inve-
stitionsvorhaben in Entwicklungsländern. Linz 1973. 277 Bl. LI wi Ma

4280. **Kroske**, Heinz: Wirtschaftliche Zusammenarbeit und Integration von Entwicklungsländern. (1.): 1973. IX, 258 Bl., (2.): 1973. Bl. 260-581 L, Sekt. Afrika- u. Nahostwiss., Diss. B 1974 Mav nA   U.74.1898

4281. **Rahmanzadeh**, Ahad: Sozio-ökonomische Voraussetzungen zur Mobilisierung der Produktionskräfte in den Entwicklungsländern. 1973. 185 S. B l 1974 nA   U.75.4477

4282. **Nassouh-Saedaddin**, D.A.I.: Die Ausbildung von Facharbeitern für Betriebe in den Entwicklungsländern. Linz 1973. II, 195 Bl. LI wi 1974 Ma

4283. **Schilling**, Hartmut: Einige Grundzüge und Probleme der kapitalistischen Entwicklung in den national befreiten Staaten Asiens und Afrikas. 1973. II, 253, 33 Bl. B-ÖK Diss. B 1974 Mav nA   U.75.216

4284. **Szücs**, Willy: Probleme der Industrialisierung in Entwicklungsländern. Wien 1973. 3, 161, 10 Bl. W-HW 1974 Ma

4285. **Bodemer**, Klaus: Die entwicklungspolitische Konzeption der BRD im Spannungsfeld konfligierender Interessen: Entwicklung u. Wandel d. Motive, Zielvorstellungen u. Vergabegrundsätze d. bilateralen, öffentl. Hilfepolitik von d. Anfängen bis zum Ende d. ersten Entwicklungsdekade (1956-1970); eine empirisch-deskriptive Unters. 1974. 488 S. FR ph bA   U.75.6694
Im Handel.

4286. **Thien**, Ernst Josef: Die Beurteilung der „Fiktiven Steueranrechnung": unter bes. Berücks. ihrer Verwendung in Doppelbesteuerungsabkommen (DBA) d. Bundesrepublik Deutschland mit Entwicklungsländern. 1974. IX, 431 S. Ma wi bA   U.75.11646

4287. **Sietz**, Wolfgang: Die Anpassung der Technologie bei der Projektierung von Chemieanlagen für Entwicklungsländer. 1974. VII, 520 S. B-T FB f. physikal. u. angewandte Chemie   U.74.15623

4288. **Hübler**, Olaf: Probleme der wirtschaftlichen Infrastruktur in Entwicklungsländern. 1974. 279 S. B-T wi   U.74.15475

4289. **Huber,** Peter: Ausländerbeschäftigung und Wirtschaftswachstum. 1974.
XIV, 247 S. TÜ wi bA   U.74.14206
Im Handel.

4290. **Menzel,** Angelika: Das verstärkte Bemühen um die Beeinflussung der
sozialökonomischen Struktur der afro-asiatischen Völker als Ausdruck
für Veränderungen in der globalen neokolonialistischen Strategie des Imperialismus: dargest. am Beisp. d. „Sozialstrukturhilfe" d. Brandt-Scheel-
Regierung (1969-1972). 1974. X, 222 Bl. HAL ph Diss. A 1975 Mav nA
                                                       U.75.1725

4291. **Beckers,** Horst: Die Problematik der Außenwirtschaftssituation der Entwicklungsländer. 1974. V, 238 S. HH wi   U.74.7105

4292. **Hopfenbeck,** Waldemar: Planung und Errichtung von kompletten Indu-
strieanlagen in Entwicklungsländern, dargestellt am Phasenablauf eines
schlüsselfertigen Großprojektes. 1974. 5 Bl. 248 S., 1 Bl. M s

4293. **Davallou,** Mohssen: Die Schwierigkeiten und Möglichkeiten der Kapitalbildung durch Mobilisierung von Überschüssen mit Hilfe der Besteuerung
in Entwicklungsländern, mit Betrachtungen über Besteuerungsprobleme
im Iran. Basel 1974. IV, IV, 183 S. BA s bA

4294. **Paech,** Maria-Gabriele: Die Zahlungsbilanz und Zahlungsbilanzsalden in
den Entwicklungsländern: Probleme d. Darst. u. Berechnung. 1974. IV,
163 S. FR wi   U.74.6029

4295. **Paul,** Walter: Zur Problematik von Förderungsmaßnahmen der Entwicklungsländer gegenüber ausländischen Direktinvestitionen. 1974. IV,
223 S. MZ rw   U.74.10642

4296. **Paul,** Hans Joachim: Zur Berücksichtigung und Bewertung externer Effekte bei gesamtwirtschaftlicher Beurteilung von Entwicklungshilfepro-
jekten. 1974. VI, 147 S. GI wi   U.74.6438

4297. **El Tigani,** E. Ibrahim: Zollpräferenzen für Halb- und Fertigwaren der
Entwicklungsländer. 1974. IV, 167 S. K wi-so   U.74.10172

481

4298. **Egli**, Alfred: Die wirtschaftliche Bedeutung des Technologietransfers nach Entwicklungsländern. Basel 1974. IV, VI, 263 S. BA s bA

4299. **Jüttner**, Heinrich: Förderung und Schutz deutscher Direktinvestitionen in Entwicklungsländern: unter bes. Berücks. d. Wirksamkeit von Investitionsförderungsverträgen. 1975. 417 S. AC-T ph nA   U.75.3358 Im Handel.

4300. **Abbas Ali**, Adnan: Kritischer Vergleich kapitalistischer und sozialistischer Entwicklungsstrategien für die Dritte Welt. 1975. IV, 215, XIII S. D rw   U.75.4976

4301. **Ojeda H.**, Felix A.: Probleme der Entwicklung und Anwendung der ökonomisch-mathematischen Modellierung des gesellschaftlichen Reproduktionsprozesses und der Anwendung von ökonomisch-mathematischen Modellen als Instrumente der staatlichen Wirtschaftspolitik und Planung in den Entwicklungsländern. 1975. VI, 266 Bl. B-ÖK Diss A nA

4302. **Hensche**, Hans-Ulrich: Die Entwicklungsländer als Anbieter aus ausgewählten Weltagrarmärkten und Möglichkeiten zur Verbesserung ihrer Wettbewerbsfähigkeit. 1975. 257 S. BN l   U.75.4191

4303. **Fiedler**, Reinhard: Makroökonomische Modellierung und sozialökonomische Entwicklung in afro-asiatischen Entwicklungsländern. 1975. 220, 56 Bl. B-ÖK Diss A 1976 Mav nA   U.76.217

4304. **Fallenegger**, G(eorg) M(ichael): Die Organisation der erdölexportierenden Länder (OPEC), ihre Entwicklung und ihre Bedeutung für die Welterdölwirtschaft. Wien 1975. 210 Bl., 17 Bl. W-HW Ma

4305. **Grienig**, Horst: Zum Problem der Vielschichtigkeit der ökonomischen Basis in den afro-asiatischen Ländern: eine Analyse zu d. Ursachen d. Entstehung und zur Spezifik d. Vielschichtigkeit d. ökon. Basis d. afroasiat. Länder, zu ihrer Widerspiegelung in d. Sphäre d. Ökonomie und zu ihrer Bedeutung für d. Gruppierung d. Staaten (dargestellt vorwiegend am Beisp. d. Landwirtschaft u. d. arab. Staaten). (1.): 1975. II, 180 Bl. (2.): 1975. Bl. 181-361. L, Sekt. Afrika- u. Nahostwiss., Diss. A, Mav nA
U.75.2235

4306. **Doghiem,** Ahmed Aly: Technische Export- und Kapitalhilfe als Mittel zur Förderung des Wachstums in Entwicklungsländern. 1975. IV, 174 S. MS wi-so 1974   U.75.13139

4307. **Petersen,** Hans J.: Verteilung von Entwicklungshilfe nach Empfänger-ländern: Probleme d. Formulierung operationaler entwicklungsbezoge-ner Strategien. 1975. 131 S. BO wi
Im Handel: Sonderhefte/Deutsches Institut für Wirtschaftsforschung. 107. (Duncker u. Humblot/Berlin.)

4308. **Kramer,** Hans-Joachim: Der Kampf der Entwicklungsländer um die Ver-besserung ihrer Stellung im internationalen kapitalistischen Währungs-system. (1.): 1975. II, 173, 39 Bl. (2.): 1975. Anl. B-ÖK Diss.A. nA

4309. **Frick,** Helmut: Bilateraler Investitionsschutz in Entwicklungsländern: ein Vergleich d. Vertragssysteme d. Vereinigten Staaten von Amerika u.d. BRD. 1975. 296 S. HD j nA   U.75.9335
Im Handel.

4310. **Meier,** Urs: Ökologie und Entwicklungsländer. St. Gallen 1975. XII, 297 S. SG wi

4311. **Leisinger,** Klaus Michael: Arbeitslosigkeit und Unterbeschäftigung in unterentwickelten Ländern. Zur Problematik angepaßter Technologien bei privaten Direktinvestitionen in der verarbeitenden Industrie. Basel 1975. IV, X, 212, 18 S. BA s

4312. **Farhad,** Ahmad Schah: Die Problematik der Industriegüterausfuhr der Entwicklungsländer. 1975. 154 S. MZ rs   U.75.11375

4313. **Aschrafzai,** Said Gholam Sachi: Der Aufbau von Industrien in Entwick-lungsländern: eine betriebswirtschaftliche Studie. 1975. X, 254 S. MA Fak f. Betriebswirtschaftslehre

4314. **Böhme,** Marianne: Zur entwicklungspolitischen Konzeption des BRD-Imperialismus unter der Brandt/Scheel-Regierung im Rahmen der sich tendenziell abzeichnenden neokolonialistischen Gesamtstrategie des Im-perialismus. 1976. 184, LX Bl. HAL ph Diss. A nA   U.76.1510

4315. **Zinn,** Horst: Theoretische Grundlagen wissenschaftlich-technischer Beziehungen der RGW-Staaten mit Entwicklungsländern und Anforderungen an ihre praktische Gestaltung. 1976. XII, 225 Bl. B-ÖK Diss AnA

4316. **Fiedler,** Klaus-Jörg: Zur Einstellung deutscher Importeure zu Einfuhren aus Entwicklungsländern: ein Beitrag zur Förderung d. Handels mit Entwicklungsländern. 1976. 316 S. K wi-so 1977

4317. **Schmieder,** Dagmar: Von der abhängigen zur verhandelten Industrialisierung. 1976. 277 S. F wi
Im Handel u.d. Titel: Auslandskapital und Entwicklungsstrategie. Zur Konzeption e. selektiven Politik gegenüber Direktinvestitionen in Entwicklungsländern zur Verminderung d. außenwirtschaftlichen Abhängigkeit. Meisenheim a. Glan: Hain 1977. 277 S. (Transfines. 1.)

4318. **Tehranian,** Djamal: Die Relevanz der Umweltprobleme für die ökonomische Entwicklung in den Entwicklungsländern. 1976. 178 S. HH wi nA
U.76.7824
Im Handel: Reim/Hamburg

4319. **Milachowski,** Ruth: Die Rolle der ausländischen Arbeitskräfte im kapitalistischen Ausbeutungsprozeß der BRD. 1976. 193, 11 Bl. L, Sekt. Marxismus-Leninismus, Diss. B, 1976 Mav nA
U.76.2058

4320. **Groebner,** Christian-Michael: Internationale agrarische Rohstoffabkommen als Beitrag zur Entwicklung unterentwickelter Länder. Wien 1976. IV, 176 Bl. W-W Ma

4321. **Heggemann,** Benno: Die Verlagerung von gebrauchten Maschinen der Textil(industrie) und Bekleidungsindustrie in Entwicklungsländer: eine betriebswirtschaftliche Untersuchung. 1976. X, 199 S. MA Fak f. Betriebswirtschaftslehre

4322. **Karantonis,** Elias: Zur Planung des externen Sektors in Entwicklungsländern. 1976. 212 S. TÜ wi bA
U.76.13878
Im Handel: Europäische Hochschulschriften. Reihe 5, Volks- und Betriebswirtschaft. 130. (Lang/Bern, Frankf.)

4323. **Gosalia**, Sushila: Economic growth through adaptive technology in less developed countries. 1976. XII, 248 S. HD wi-so nA
Im Handel: Weltwirtschaft und internationale Beziehungen. Studien. 19. (Weltforum-Verl./München 1977.)

4324. **Steppacher**, Rolf: Surplus, Kapitalbildung und wirtschaftliche Entwicklung. Zur Relevanz der Physiokratie und der institutionellen Ökonomie für das Problem der Kapitalbildung in unterentwickelten Ländern. Basel 1976. VIII, 290, 11 S. BA s bA

4325. **Akhtarekhavari**, Farid: Die Ölpreisbildung der Organisation ölexportierender Länder (OPEC): eine Analyse d. Bestimmungsgründe. 1976. 289 S. BRE

4326. **Gans**, Oskar: Beiträge zur Analyse von Welthandelsstrukturen: mit empir. Unters. zum Außenhandel der Entwicklungs(länder) und Industrieländer (1960/1969). 1976. 232 S. BN l Hab 1974
Im Handel: Duncker u. Humblot/Berlin.

4327. **Medhat**, Mohamed Ibrahim Ismail: Effect of Long Economical Planning on the Economic System of Socialist Countries (G.D.R.) and the Developing Countries (A.R.E.) 1976. VII, 201 gez. Bl. B-H gw nA

4328. **Brack**, Ulrich: Deutsche Erdölpolitik vor 1914: eine Fallstudie zu den Problemen d. Marktbeherrschung und Staatsintervention im wilhelminischen Deutschland. 1977. 536 S. HH hs

4329. **Mindzeng**, Benoit: Die Eignung der Input-Output-Analyse für die Wirtschaftsplanung in Entwicklungsländern. 1977. 316 S. F wi
Im Handel.

4330. **Niefeldt-Schoenebeck**, Wolfgang: Möglichkeiten des Einsatzes von Genossenschaften als Mittel der Wachstumspolitik in Entwicklungsländern. 1977. 334 S. BN l

4331. **Suma**, Said Mohammad: Möglichkeiten und Hindernisse der Investitionsförderung in ,,armen" Entwicklungsländern: unter bes. Berücks. d. Gemeinschaftsunternehmen u.d. Finanzinstitute. 1977. 216 S. BN rs

4332. **Kurze**, Herbert L.F.: Grundlinien eines rationalen Steuersystems in teilindustrialisierten Entwicklungsländern. 1977. 425 S. WÜ wi
Im Handel: Schriften zur wirtschaftswissenschaftlichen Forschung.
124. (Hain/Meisenheim a. Glan.)

4333. **Treskow**, Hermann von: Förderung ausländischer Direktinvestitionen in Entwicklungsländern durch Steuervergünstigungen. 1977.
XXIX, 187 S. GÖ j nA
Im Handel.

4334. **Wagner**, Antonin: Verwaltete Währung. Krise und Reform des internationalen Währungssystems unter besonderer Berücksichtigung der Entwicklungsländer. Zürich (1977). 262 S. Z Hab
Im Handel: Bankwirtschaftliche Forschungen. 39. (Haupt/Bern, Stuttgart.)

4335. **Wallauer**, Peter: Die binnenwirtschaftliche und exportwirtschaftliche Bedeutung der Textilindustrie für die Industrialisierung der Entwicklungsländer. Bochum 1977. 203 S. BO wi
Im Handel: Bochumer wirtschaftswissenschaftliche Studien. 39.
(Studienverlag Brockmeyer/Bochum 1977.)

4336. **Börner**, Roland: Einsatzmöglichkeiten der Mehrzweck-Pumpspeicherung in Entwicklungsländern. 1977. 85 S. DA-T FB Wasser u. Verkehr bA

4337. **Lemiesz**, Dieter: Ein System zur Planung und Errichtung von autonomen, unverbundenen Betriebsstätten in Entwicklungsländern. 1977.
229 S. AC-T Fak. f. Maschinenwesen

4338. **Franz**, Herbert: Die Entwicklungshilfe unter dem Aspekt eines begrenzten Wirtschaftswachstums. Wien 1977. VII, 307, VII Bl. W-W Ma

4339. **Kroiss**, Alois: Der Eurodollarmarkt. Grundlagen, Gegenwartsproblematik u. seine Bedeutung als potentielle Finanzierungsquelle f. Entwicklungsländer. (Illustr.) Wien 1977. VI, 143 Bl. W-W 1938 Ma

4340. **Hatak**, Walter: Die Erdölkrise 1973 und ihre ökonomischen Konsequenzen. (Illustr.) Matzen 1977. V, 190 Bl. W-W Ma

4341. **Kritzler,** Thomas W.: Zum Problem einer situationsgerechten Technologieauswahl in Entwicklungsländern. Vorschlag f. ein multidimensionales Auswahlverfahren im Rahmen einer Technologiewirkungsanalyse zur Berücksichtigung einer innovationsfördernden und „angepaßten" Technologie bei Industrialisierungsvorhaben. (Illustr.) (Innsbruck 1977) X, 254 Bl. IN Ma

4342. **Haidar,** Farouk: Die Ölkrise und ihre Auswirkungen auf die Weltwirtschaft. Wien 1977. 133 Bl. W-W Ma 1978

4343. **Probst,** Jürgen: Investition und Wachstum: Wachstumswirkungen der Investitionen in Industriestaaten und Entwicklungsländern. Mit e. Vorw. von Ernst Dürr. 1978. XII, 235 S. ER wi-so
Im Handel: Bock und Herchen/Bad Honnef.

4344. **Salhani-Maat,** Izzeldin: Zur Problematik der „Export-Led-Growth"-Modelle als Erklärungsansatz für das wirtschaftliche Wachstum von Entwicklungsländern. 1978. 264, XXV S. GI wi

4345. **Katz,** Michael: Konflikte zwischen Entwicklungsländern und Industrieländern um die Neuordnung der internationalen Wirtschaftsbeziehungen unter besonderer Berücksichtigung der Rohstoffproblematik. Wien 1978. X, 363 Bl. W wi Ma

4346. **Tölke,** Friedrich Wilhelm: Instrumente zur Projektvorbereitung und Projektbewertung: Darstellungen und beispielbezogene Anwendung bei Projekten in Entwicklungsländern. 1978. 197 S. S 1977 bA
Im Handel: Europäische Hochschulschriften. Reihe 5. Volks- und Betriebswirtschaft. 191. (Lang/Bern 1978.)

4347. **Bruchbacher,** Klaus Dieter: Entwicklungsländer und Industrienationen — die Problematik einer neuen Weltwirtschaftsordnung. Wien 1978. V, 183 Bl. W-W Ma

4348. **Wiegand,** Gerd: Organisatorische Aspekte der internationalen Verwaltung von Entwicklungshilfe: ein Beitrag zur Organisationsanalyse internationaler Organisationen am Beispiel der UNDP und der Weltbank. 1978. 389 S. TÜ j
Im Handel: Schriften zur Verwaltungswissenschaft. 5. (Duncker u. Humblot 1978.)

487

4349. **Huchting-Radeke**, Claudia: Entwicklungspläne afrikanischer und asiatischer Staaten: eine vergleichende Analyse. 1978. 307, 18 S. TÜ wi

4350. **Kamya**, Andrew: Stabilisierung und Erhöhung der Exporterlöse der Entwicklungsländer. 1978. VII, 385 S. MZ rw
Im Handel: R.G. Fischer/Frankfurt a.m.

Vorderer Orient

4351. **Jacob**, Georg: Der nordisch-baltische Handel der Araber im Mittelalter. Leipzig 1887. 4 Bl. 152 S. 1 Bl. L ph 1887

4352. **Grasshoff**, Richard: Die suftaǵa und ḥawāla der Araber. Ein Beitrag zur Geschichte des Wechsels. Göttingen 1899. IV, 98 S. KB j 1899

4353. **Herzfeld**, Marianne von: Zur Orienthandelspolitik Oesterreichs unter Maria Theresia in der Zeit von 1747-1771. W ph 1917

4354. **Plessner**, Martin: Der Oikonomikos des Neupythagoreers Bryson und sein Einfluß auf die islamische Wissenschaft. Auszug: Breslau (1925): 2 Bl. BR ph   U.25.1128
Im Handel überarbeitet als: Der Oikonomikos des Neupythagoreers 'Bryson' und sein Einfluß auf die islamische Wissenschaft. Edition und Übersetzung der erhaltenen Versionen, nebst einer Geschichte der Ökonomik im Islam mit Quellenproben in Text u. Übers. Heidelberg: Winter 1928. 298 S. (Orient und Antike. 5.)

4355. **Mugler**, Otto: Edelsteinhandel im Mittelalter und im 16. Jahrhundert mit Excursen über den Levante- und asiatischen Handel überhaupt. München 1928. 154 S. M sw 1927 bA   U.29.4823

4356. **Steuer**, Rudolf: Genuas Handel und Handelsniederlassungen im östlichen Mittelmeer und in den Pontusgebieten. 13. bis 15. Jahrhundert. Ma W ph 1934

4357. **Fleischer**, Karl: Die Verwertung der Eisenerzlagerstätten Europas einschließlich Nordafrikas und Westsibiriens auf Grund ihrer Verkehrslage. Berlin 1936. 109 S. B-WH 1936

4358. **Fernau,** Friedrich Wilhelm: Die wehrwirtschaftliche Bedeutung des Orients für Großbritannien und das britische Weltreich. Hamburg (1937) 68 S. B rs nA   U.37.76
Im Handel u.d. Titel: Der Orient im Britischen Weltreich, als: Schriften zur kriegswirtschaftl. Forschung und Schulung.

4359. **Torgay,** Osman Zeki: Der Orientteppich. Weltproduktion und Handel. Hamburg 1941. 274 S. B-WH   U.41.894

4360. **Jahn,** Hans-Edgar: Der Bagdad-Pakt und seine wirtschaftspolitische Integrationsproblematik. 1959. IV, 263 Bl. 10 Taf. GZ 1959

4361. **Fellmann,** Walter: Die Bedeutung des Nahostöls und die anglo-amerikanische Rivalität im Kampf um die Kontrolle der Erdölquellen im Vorderen Orient. (Unter bes. Berücksichtigung der Zeit nach d. 2. Weltkrieg) Halle 1963. 233 gez. Bl. HAL ph Mav nA   U.63.4198

4362. **Steinmetz,** Walter: Die österreichische Levantehandelspolitik von 1815 bis 1820. Ein Beitrag zur Geschichte des österreichischen Außenhandels. Mit Zusammenfassung, Faks. u. Kt. Graz 1965. 250 Bl. Ma GZ ph 1965

4363. **Hosseinzade,** Hassan: Über die toxische Wirkung der Abwässer der Erdölindustrie. Unter bes. Berücks. der Fischerei. Wien 1966. 132 Bl. W, Hochschule f. Bodenkultur 1966 Ma

4364. **Behpur,** Ahmad: Die Wirtschaft der Länder des Mittleren Ostens. Graz 1966. 121 S. Ma GZ rs 1966

4365. **Nasr,** Moneir F.M.: Die Bedeutung der Mineralölwirtschaft im Nahen Osten für die Nah-Ost-Länder und für Westeuropa. Köln 1966. 165 S. K wi-so 1966 bA   U.66.9209
Im Handel.

4366. **Hübner,** Günter: Der Einfluß der wirtschaftlichen Zusammenarbeit mit den sozialistischen Ländern auf den ökonomischen und sozialen Fortschritt der Staaten des Nahen und Mittleren Ostens. Leipzig 1969. 3, 287, XXXV S. L wi Mav nA   U.69.11353

489

4367. **Tahtawy**, Hussein el-: Die Ausfuhrgüter der ostafrikanischen Küste im Mittelalter nach zeitgenössischen Berichten islamischer Autoren. Ein Beitrag zur Geschichte des afrikan. Handels. Wien 1970. 353 Bl. W ph Im Handel: Dissertationen der Univ. Wien. 67. (Wien/Verl. Notring 1972.)

4368. **Habasche**, Jamal: Der Beitrag der Erdöleinnahmen zur wirtschaftlichen Entwicklung der führenden Erdölländer des Mittleren Ostens (Irak, Iran, Kuweit u. Saudi-Arabien) Innsbruck 1970. 8, VI, 329, XV Bl. IN wi 1971 Ma

4369. **Karboul**, Mohamed: Politische und sozialökonomische Probleme der Integration des Maghreb. Köln 1971. 255 S. K wi-so 1971 U.71.6687

4370. **Salib**, Ali El-: Finanzierung von Investitionen in Entwicklungs-Ländern im 19. und 20. Jahrhundert an Beispielen aus dem Vorderen und Mittleren Orient. 1971. VII, 219 S. SB rw U.72.12490

4371. **Amerkhail**, Najibullah: Management problems of industrial enterprises in the Middle East. (With a special reference to Afghanistan) Bonn 1972. 195 S. BN rs U.72.3064

4372. **Namazi**, Hossein: Das Steuersystem im Islam unter besonderer Berücksichtigung der Steuergrundsätze von Neumark. Innsbruck 1973. 119 Bl. IN wi Ma

4373. **Wüster**, Peter: Die volkswirtschaftlichen Ursachen des Nahostkonflikts. Wien 1973. 235 Bl. W-H 1974 Ma

4374. **Stärker**, Alexandre:Des concessions aux concentrations pétrolières dans les pays du Moyen-Orient. Lausanne 1974. XVIII, 551 p. LAU Im Handel.

4375. **Shah Banoory**, Syed Ahmad: Möglichkeiten und Probleme der Kapitalbildung in Mittelasien. 1974. 293 S. K wi-so U.75.11127

4376. **Weidlich**, Helmut: Konstruktion eines erdgebundenen Systems zur Nutzung der Sonnenenergie aus der Sahara mit Vergleich der wirtschaftlichen Konkurrenzfähigkeit gegenüber der Kernenergie in der Bundesrepublik Deutschland. 1978. III, 156 S. AC-T

Arabischer Raum

4377. **Dürrkop,** Erich: Die wirtschafts- und handelsgeographischen Provinzen der Sahara, begründet durch natürliche Pflanzen. Wolfenbüttel 1902. 56 S. J ph 1902

4378. **Ritter,** Hellmut: Ein arabisches Handbuch der Handelswissenschaft. Berlin (1916) 91 S. Aus: Der Islam, 7, BN ph   U.16.1471 In: Der Islam, 7. (1917), 1-91.

4379. **Dubler,** César E(mil): Über das Wirtschaftsleben auf der iberischen Halbinsel vom 11. zum 13. Jahrhundert. Ein Beitrag zu den islamisch-christlichen Beziehungen (Teildr.) Winterthur 1943. 43 S. Z ph 1943 Im Handel vollst.: Romanica Helvetica (series linguistica) 22. (Droz/ Genf und Rentsch u. Erlebach/Zürich.)

4380. **Al-Bairmani,** Ali: Das Erdöl in den arabischen Ländern. 1961. 104 Bl. GZ

4381. **Latchinian,** Sarkis: Probleme der Gegenwart und Zukunft des arabischen Erdöls. Das arabische Erdöl den arabischen Völkern! Leipzig 1962. III, 448, XIII gez. Bl. Ma L wi nA   U.62.6296

4382. **Shabaka,** Mahmoud: Die Bedeutung der Ölwirtschaft für die arabischen Länder in wirtschaftlicher und politischer Hinsicht. Graz 1966. 163, 3 Bl. GZ s Ma 1968

4383. **Kück,** Gert: Probleme der interarabischen wirtschaftlichen Zusammenarbeit. Unter bes. Berücksichtigung der Wirkungen der EWG. Leipzig 1966. VI, 277 gez. Bl. L wi Mav nA   U.66.9991

4384. **Ashour,** Ahmad: Interarabischer Transithandel mit speziellem Hinweis auf Libanon. Graz 1967. 91, 3 Bl. GZ s 1969

4385. **Al Yazdi,** Nouri: Erdöl und seine Auswirkung auf die Wirtschaft der arabischen Länder. Graz 1968. 151, 3 Bl. GZ wi 1970

4386. **Gibril,** Abd el Kazik: Die Eigenart des Warenverkehrs mit den arabischen Staaten. Graz 1968. 127, 3, 5 Bl. GZ wi 1970

4387. **Al-Attar**, Adil Ali: Zu den objektiven Grundlagen der wirtschaftlichen Zusammenarbeit der arabischen Länder. Berlin 1968. 274 Bl. B-ÖK 1968 Mav nA U.68.1924

4388. **Linsel**, Hermann: Zu einigen in ausgewählten arabischen Entwicklungsländern zu lösenden Grundproblemen im Zusammenhang mit der Realisierung einer effektiven volkswirtschaftlichen Planung. Berlin 1968. 265 Bl. B-ÖK Hab 1968 Mav nA U.68.1910

4389. **Mahmod**, Abid Ali: Probleme einer arabischen Wirtschaftsintegration. Wien 1970. IV, 175, XIX Bl. W s Ma

4390. **Sturm**, Dieter: Die Wirtschaft der arabischen Länder im 10. Jahrhundert nach Muqaddasi. Halle 1970. IV, 234 gez. Bl., Anl. HAL ph 1970 Mav nA U.70.3026

4391. **Barthel**, Günter: Die Industrialisierung ausgewählter ostarabischer Länder im Prozeß der wissenschaftlich-technischen Revolution. Probleme und Tendenzen. Leipzig 1970. VII, 311 gez. Bl. L, Sekt. Afrika- u. Nahostwiss. 1970 Mav nA Hab U.70.3689

4392. **Gaffer**, Mohammed: Die Bestrebung zur wirtschaftlichen Zusammenarbeit der arabischen Länder und die sich daraus ergebenden Konsequenzen für die Entwicklung des Patentrechts der arabischen Staaten. Berlin 1972. III, 210, 83 gez. Bl. B-H gw Diss. A Mav nA U.72.207

4393. **Krause**, Michael: Bankstruktur und Notenbankpolitik in den ostarabischen Ländern. Erlangen-Nürnberg 1972. 369, LIV S. ER wi-so bA U.72.4496
Im Handel: Europäische Hochschulschriften. Reihe 5. Volks- u. Betriebswirtschaft. 44. (Lang/Bern, Frankfurt.)

4394. **Dabbah**, Abd Elasis: Die wirtschaftliche Bedeutung der Araber für den afrikanischen Kontinent. Graz 1974. 106, 2, 3 Bl. GZ s Ma

4395. **Ibrahim**, Hussein: Die Bedeutung des Erdöls für die wirtschaftliche Entwicklung der arabischen Länder: unter bes. Berücks. der Handels- u. Wirtschaftsbeziehungen zu d. Bundesrepublik Deutschland u.d. Europäischen Gemeinschaft. 1975. 183 S. AC-T, Fak. für Bergbau u. Hüttenwesen nA U.75.3348

4396. Forster, Jacques: La sidérurgie au Maghreb: Problèmes posés par l'implantation d'une industrie de base dans une économie en voie de développement et rôle de cette industrie dans le développement économique. Neuchâtel 1975. 298 p. NEU wi

4397. Yakan, Gamil: Les congrès arabes du pétrole. Genèse d'une doctrine (1959-1975) Lausanne 1977. 519 p. LAU pol
Im Handel: Editions Arabia, Genf.

4398. Saadeddin, Fawzi: Die arabische Wirtschaftsintegration. Darstellung u. krit. Untersuchung ihrer Rolle zur Förderung d. Industrialisierungsprozesses der arab. Staaten. 1977. XIII, 261 S. BO wi
Im Handel: Bochumer Materialien zur Entwicklungsforschung und Entwicklungsforschung und Entwicklungspolitik. 5. (Erdmann/Tübingen 1977.)

Ägypten

4399. Westhaus, Wilhelm: Die Entwicklung des egyptischen Finanzwesens und seine internationalen Beziehungen vom rechtlichen Standpunkte aus gewürdigt. T. 1: Bis zum Erlass des Liquidations-Gesetzes vom 17. Juli 1880. Düsseldorf 1896. 1 Bl., 55 S. ER j 1896

4400. Pyritz, Carl: Die volkswirtschaftliche Entwicklungstendenz in Egypten und im englisch-egyptischen Sudan. Berlin 1912. VI, 115 S. GRE ph
U.12.1835
Im Handel: Koloniale Abhandlungen, Heft 52/56.

4401. Kararah, Mohammed Abdel Halim: Das Finanzwesen Aegyptens. Ma II, 80 S. Auszug: o.O. (1924) 2 S. GÖ rs   U.24.3556
Überarbeitet in: Die Welt des Islams. 11. (1928) 1-66.

4402. Abdul Malik, Haliem: Das ausländische Kapital in Aegypten. Berlin (1929) 51 S. B s   U.29.598

4403. Marcks, Dietrich: Die ägyptischen Grubenanlagen in Aniba. Glückstadt, Hamburg, New York 1937. V S., 42-45, 152-241. B-T bA. Aus: Aniba, Bd. 2   U.37.1207

4404. **Mehrlin,** Georges: Der Suezkanal als Konjunkturanzeiger der Weltwirtschaft. Zürich 1945. XXII, 221 S. Z vw 1945
Im Handel: Zürcher volkswirtschaftliche Forschungen. Bd. 36.

4405. **Mez,** Theodor: Der Markt ägyptischer Baumwolle unter besonderer Berücksichtigung seiner Struktur. Freiburg/Schweiz 1954. 168, VII S.
FRS thèse sc. pol. et écon.

4406. **Ayoub,** Elsayed Salaheldin: Arbeitslosigkeit und Beschäftigungspolitik in Ägypten. (München) 1956. XII, 106 S. M s   U.57.6759

4407. **Billerbeck,** Klaus: Die Industrialisierung Ägyptens und ihre Finanzierung. Ein Beispiel für die Entwicklungsproblematik unterentwickelter Gebiete. Hamburg 1956. IV, 132 gez. Bl. Ma HH wi-so nA   U.56.3624

4408. **Abdelasim,** A. Lotfy: Wege und Irrwege der Besteuerung in Ägypten. Eine kritische Würdigung des gegenwärtigen ägypt. Steuersystems unter bes. Berücks. seiner wirtschaftlichen Folgen und Reformvorschläge für die Zukunft. (Freiberg/Sachsen) 1957. 89 S. K wi-so 1956   U.57.5211

4409. **Schiffer,** Friedrich: Die Entwicklung der deutsch-ägyptischen Handelsbeziehungen. o.O. 1958. 216 S. K wi-so   U.60.4991

4410. **Elnaggar,** Ahmed: Hindernisse der direkten Auslandsinvestitionen in Ägypten. Köln 1959. 172 S. K wi-so 1959   U.60.4930

4411. **Labib,** Subhi: Handelsgeschichte Ägyptens im Spätmittelalter. Hamburg 1960. HH ph Hab 1960 nA
Im Handel: Harrassowitz/Wiesbaden 1965

4412. **El-Sarraf,** Mohammed Fouad: Les paiements extérieurs de l'Egypte par le canal des accords bilatéraux. Neuchâtel 1960. VIII, 232 S. NEU wi

4413. **Youssef,** Abdel Nabi Hassan: Le régime monétaire de l'Egypte depuis la première guerre mondiale. Neuchâtel 1960. 247 S. NEU wi

4414. **Nahas,** Saffouh: Untersuchung der Beziehungen zwischen Staat und Wirtschaft in der Vereinigten Arabischen Republik. 1961. IV, 115 Bl. GZ 1961

4415. **Keßler**, Egbert: Importkontingente und Importzölle als Instrumente der ägyptischen Handelspolitik. Münster 1961. 86 S. MS rs   U.61.7973

4416. **Elsahrawi**, Mohammed Gamal Eldin: Die Reformprobleme der ägyptischen Steuerverwaltung. Köln 1961. 76 S. K wi-so   U.61.5685

4417. **Holzer**, Jochen: Die Elektrifizierung in Entwicklungsländern. Unter bes. Berücksichtigung der Vereinigten Arab. Republik/Ägypt. Region. Erlangen 1961. 171, XIX S. mit Abb. ER ph   U.61.2558

4418. **Scharschmidt**, Gerhard: Die Bedeutung der politischen und ökonomischen Entwicklungstendenzen der VAR/Ägypten für die Handelsbeziehungen mit der DDR. Berlin 1961. 241 gez. Bl. B-ÖK 1961 Ma
U.62.1244

4419. **El-Hawary**, Anuar: Die Aufgaben und Kennziffern der Statistik als Grundlage für die Planung der Industrie in Ägypten. Unter bes. Berücks. der Industrieproduktion und der Investitionen. Berlin 1962. 198 gez. Bl. B-ÖK Mav nA   U.62.1229

4420. **Dreiling**, Erika: Marjut-Fischer im nordwestlichen Nildelta. 1962. II. 151 Bl. W ph 1962

4421. **Heneri**, Wallas: Untersuchung über den weiteren Ausbau der elektrischen Energieversorgung in Ägypten. Unter bes. Berücksichtigung der Kraftwerke am Assuan-Hochstaudamm und an der Kattara-Senke. Dresden 1962. 86 gez. Bl. DR-T Fak. f. Elektrotechnik Mav   U.62.2206

4422. **Haikal**, Abdel Fattah: Analyse des gegenwärtigen Standes und der Entwicklungstendenz der Industrialisierung Ägyptens. Leipzig 1962. 296, 6 gez. Bl. Ma nA L   U.62.6289

4423. **Voigt**, Manfred: Die Außenhandelspolitik der Deutschen Bundesrepublik gegenüber Ägypten. Leipzig 1962. L wi nA   U.62.6309

4424 **Johne**, Günter: Die Industrialisierungspolitik des neuen Ägypten. Unter bes. Berücksichtigung der Wirtschaftsordnung. Berlin 1962. 248 S. B-F wi-so   U.62.923

4425. **Weiss**, Dieter: Wirtschaftliche Entwicklungsplanung in der VAR (Ägypten) Analyse u. Kritik. Berlin 1962. 315 S. B-T wi bA   U.64.1214
Im Handel.

4426. **Becker**, Ernst Wilhelm: Betriebswirtschaftliche Probleme der Unternehmungsgründung in Entwicklungsländern. Dargest. anhand v. Beispielen aus d. Ind. Union u.d. VAR. Göttingen 1963. VIII, 337 S. S. IX-XIX
GÖ wi-so   U.63.4017

4427. **Darwisch**, Moustafa: Staatswirtschaft und industrielle Entwicklung Ägyptens (Vereinigte Arabische Republik) 1963. GZ 1963

4428. **Gawad**, Moh. Saad. Abdel: Die Besteuerung der gewerblichen Gewinne in Ägypten. Köln 1963. 243 S. K wi-so   U.63.5977

4429. **Kadis**, Alfonse Aziz: A Strategy of economic development for the United Arab Republic in the initial stages of planned development. Berlin 1964. X, 234 gez. Bl. B-ÖK Hab nA Mav   U.64.1237

4430. **Franz**, Otmar: Bedingungen für die Entwicklung industrieller Unternehmungen in Ägypten. Frankfurt 1964. 167 S. F wi-so   U.64.3597

4431. **Lehmann**, Karin: Die Bedeutung des staatlichen Sektors für die ökonomische Unabhängigkeit der Vereinigten Arabischen Republik. Berlin 1965. 177, 52 gez. Bl. B-H Mav nA   U.65.476

4432. **Badr**, Ghassan Zaki: Probleme der Industrialisierung Ägyptens. Rekrutierung und Weiterbildung neuer Arbeitskräfte. Basel 1965. 88 S.
BA ph-hs
Im Handel.

4433. **Hatter**, Hanna: Zur Frage der Notwendigkeit und der Erfordernisse der Industrialisierung der jungen Nationalstaaten am Beispiel der VAR (Ägypten) Berlin 1965. IV, 288 gez. Bl. B-ÖK Mav nA   U.65.1470

4434. **Wacker**, Siegfried: Analyse und Einsatzmöglichkeiten einer optimalen Entwicklungshilfe. Unter bes. Berücksichtigung Ägyptens. Mannheim 1965. IV, 138 S. MA Wirtschaftslehre H bA   U.65.9356

4435. **Sidra**, Rafaat: Die industrielle Entwicklung Ägyptens. Graz 1965. VI, 117, 3 Bl. GZ s Ma 1970

4436. **Auferbauer**, Ingeborg: Der Fremdenverkehr Ägyptens. (Illustr.) Wien 1966. 258 Bl. W-HW 1969 Ma

4437. **Klose**, Jürgen: Untersuchung von Möglichkeiten der Vertiefung arbeitsteiliger Beziehungen zwischen der DDR und der VAR (Ägypten) auf dem Gebiet des Austausches chemischer Erzeugnisse und der Chemieproduktion. Berlin 1966. 228, 2 gez. Bl. B-ÖK Mav nA   U.66.1755

4438. **Loesch**, Heinrich von: Ernährung und Bevölkerung in der Entwicklung der ägyptischen Wirtschaft. Eine Unters. der gegenwärtigen Bedingungen des wirtschaftlichen Wachstums Ägyptens. München 1966. 238 S. M s   U.66.11606

4439. **Engert**, Manfred: Wirtschaftspolitik und Wirtschaftsplanung in der Vereinigten Arabischen Republik. Berlin 1966. 166 gez. Bl. B-ÖK Mav Hab nA   U.66.1709

4440. **Eid**, Ismail: Die Wirkungen des Fremdenverkehrs auf die Volkswirtschaften unterentwickelter Länder. Im besonderen untersucht am Beispiel Ägyptens. (Graz) 1967. 158, 3 Bl. GZ s 1969 Ma

4441. **Abouelezz**, Hassan: Die Entwicklungspolitik des neuen Ägypten zur Erhebung der gesamten ägyptischen Wirtschaftsstruktur. Graz 1968. V, 131, 3 Bl. GZ s Ma

4442. **Aboulela**, Hassan: Wirtschaftsplan der V.A.R. in der zweiten Hälfte des 20. Jahrhunderts unter Berücksichtigung der Landwirtschaft. Graz 1968. 122, 4 Bl. GZ s 1969

4443. **Habib**, Kadhum: Zum Charakter der Nationalisierungsmaßnahmen in der Vereinigten Arabischen Republik. Berlin 1968. 3, 265 gez. Bl. B-ÖK 1968 Mav nA   U.68.1939

4444. **Zaied**, Mohamed Khalid Soliman: Der Assuan-Hochdamm (Sadd-el-Aali) und seine wirtschaftliche Bedeutung für Ägypten. (Landwirtschaft, Industrie, Elektrizität etc.) Graz 1968. 161, 3 Bl. GZ s 1974 Ma

4445. **El-Safty**, El-Sayed Rashad Mohamed: Entwicklungsplanung und input-output-Analyse in der Vereinigten Arabischen Republik. Bonn 1969. 201 S. BN rs 1969   U.69.2031

4446. **Hohmeyer**, Wolfgang: Fellachen als Sparer. Eine Untersuchung über die Durchsetzbarkeit von Selbsthilfeeinrichtungen als Methode der Entwicklungshilfe, dargestellt am Sparkassen-Experiment in Mit-Ghamr/Ägypten. Köln 1969. 232 S. K wi-so 1969

4447. **Shahin**, Armin Moustafa. Rolle und Bedeutung von Geld und Banken in unterentwickelten Ländern. Mit bes. Berücks. d. wirtschaftl. Entwicklung, dargestellt am Beispiel Ägyptens. Basel 1969. IV, 145 S. BA ph-hs

4448. **Voigt**, Manfred: Hauptlinien und Tendenzen der wirtschaftlichen Entwicklung und der Wirtschaftspolitik in Ägypten (VAR) bis zum Beginn der antikapitalistischen Maßnahmen (1952 bis 1960/61) Eine wirtschaftshist. Untersuchung. Leipzig 1969. III, 238 Bl. Hab L, Sekt. Afrika- und Nahostwiss. Mav nA   U.70.3741

4449. **Rifai**, Selim el-; Entwicklungshilfe für Ägypten. Untersuchungen über die Arten d. Entwicklungshilfe u. deren Bedeutung f. die wirtschaftl. Entwicklung Ägyptens. Graz 1970. 140, 2 Bl. GZ s 1971 Ma

4450. **Elsayed**, Mohamed Zaki: Die Bedeutung der Baumwolle für die Wirtschaft Ägyptens. Graz 1970. Bl. A–C, a–b, 127 Bl. GZ s 1972 Ma

4451. **Mazhar**, Yusef Khalil: Studies in the general relationship between industrialisation, evonomic planning and manpower development. (With special reference to the electrical industry in the U.A.R.) Berlin 1971. 4, 2, 207 gez. Bl. B-ÖK Mav nA   U.71.257

4452. **Rashid**, Mohammed Riad: Beschäftigungspolitik in der VAR (Ägypten) Unter bes. Berücks. d. Industrialisierung. Köln 1971. VIII, 259 S. K wi-so   U.71.6807

4453. **Moussa**, Amr Abdel-Hamid Ibrahim: Die Wechselbeziehungen zwischen Wirtschaftsstruktur und Wirtschaftswachstum in den Entwicklungsländern, untersucht am Beispiel Ägyptens. Berlin 1972, III, 105 gez. Bl. B-ÖK Mav nA   U.72.838

4454. **Al-Korey**, Ahmed Gazouli: Die Energieproduktion als Wachstumsfaktor der Wirtschaft der VAR. Freiburg/Schweiz 1972. FRS wi-so. 136 S.

4455. **Hassan**, Alaa Eldin: Die Entwicklung des Zolles in Ägypten. Graz 1972. VI, 217 Bl. 4 Bl. GZ s 1974

4456. **Ginena**, Abdel—Megied: Das Wachstum des Arbeitspotentials und der Arbeitsproduktivität, dargestellt am Beispiel der Arabischen Republik Ägypten. Freiburg/Schweiz 1972. II, XII 293 S. FRS wi-so

4457. **Abd-El Moneim Hefny**, Magdy: The proposed project for a merger between Egypt and Libya. The economic possibilities and the future. Berlin 1973. VIII, 320 gez. Bl. B-ÖK Mav nA   U.73.444

4458. **Shabouri**, Mohammed Mohammed-el: Der Assuan-Hochstaudamm. Volkswirtschaftl. Darstellung unter bes. Berücks. des Fremdenverkehrs d. Arabischen Republik Ägyptens. Wien 1973. V, 169 Bl. W-HW Ma

4459. **Ossama**, Ahmed: Geschichte der Bankenverstaatlichung und die Verwaltungsorganisation der verstaatlichten Banken in Österreich und Ägypten. (Graz) 1973. II, 117, 3 Bl. GZ s 1974 Ma

4460. **Mandor**, Hussam Mohamed: Die ökonomischen und organisatorischen Voraussetzungen zur Einbeziehung der wissenschaftlichen Forschung in den Reproduktionsprozeß der ägyptischen Industrie. Berlin 1973. 217 gez. Bl. B-ÖK Diss. A nA   U.73.476

4461. **Baharia**, Abdel Fattah M.: The role of the foreign trade planning in the process of the development with special study on the reasons of the chronic deficit in the balance of payment in the developing countries: (the study deals with the Arab Republic of Egypt as an example of one of the developing countries) 1974. V, 166 Bl. B-H Gesellschaftswiss. F Diss. A nA

4462. **Schade**, Dietrich: Zur Problematik der persönlichen materiellen Interessiertheit unter den Bedingungen des nichtkapitalistischen Weges von Entwicklungsländern: Auswertungen von Erfahrungen e. Industriezweiges d. Arab. Republik Ägypten (von 1961 bis 1971) Bd. 1: 1975. VII, 189 Bl. Bd. 2: 1975. 382 Bl. B-ÖK Diss A Mav nA   U.75.257

4463. **Ismail,** Medhat Mohamed Ibrahim: Effect of long economical planing on the economic system of socialist countries (G.D.R.) and the developing countries (A.R.E.) 1976. VII, 201, 10 Bl. B-H gw Diss A Mav nA U.76.448

4464. **Klöwer,** Gerd Günter: Chancen von Genossenschaften in Entwicklungsländern: Chancen ihrer Entstehung u. Chancen als entwicklungspolit. Instrument, gezeigt am Beispiel Ägyptens. 1977. III, 194 S. MR gw 1978

4465. **Salama,** Abolfotoh Hussein: Die organisatorischen Aspekte der Planung unter besonderer Berücksichtigung der Politik der ökonomischen Aufgeschlossenheit. 1977. j, XVIII, 393 Bl. L wi Diss A nA

4466. **El-Okeli,** Iglal Rateb: Die Außenwirtschaftsbeziehungen als Faktor der ökonomischen Entwicklung der Arabischen Republik Ägypten. 1977. 175, VII Bl. B-ÖK Diss A nA

4467. **El Taieyeb,** Mohamed: Die Planung der Konsumtion der Preise und der Einkommen und die Möglichkeiten ihrer weiteren Entwicklung in der Arabischen Republik Ägypten. 1977. XV, 221 Bl. B-ÖK Diss A nA

Afghanistan

4468. **Seifert,** Bruno: Der Anteil Deutschlands an der wirtschaftlichen Entwicklung Afghanistans. Tübingen (1928) 67 S. L ph U.29.4543

4469. **Loll,** Paul: Zustand und Entwicklungsvoraussetzungen der afghanischen Volkswirtschaft. (Stolp i.Pom.) 1929. V, 50 S. B-L U.30.7105

4470. **Lenhardt,** Adolf Maria: Die Volkswirtschaft Afghanistans. 1952. 157 Bl. GZ 1952

4471. **Resai,** Mohammed Ismail: Struktur und Entwicklungsmöglichkeiten der Wirtschaft von Afghanistan. Bonn 1958. 101 S. BN rs 1958 U.59.987

4472. **Dawar,** G(holam) Heider: Wirtschaftsgesinnung und Steuermentalität in Afghanistan. Köln 1961. 71 S. K wi-so U.61.5682

4473. **Samimi**, Asghar: Zustand und Entwicklungsmöglichkeiten der Wirtschaft Afghanistans. Unter bes. Berücksichtigung der Landwirtschaft. Bonn 1963. 173 S. BN l U.63.1867

4474. **Abawi**, Mohammed Jahja: Die Wirtschaftsstruktur, insbesondere die Agrarstruktur in Afghanistan und die Möglichkeiten genossenschaftlicher Betätigung in der Landwirtschaft. Münster 1964. 174, VIII S. MS rs U.64.9824

4475. **Hayatullah**, Amirzada: Die wirtschaftlichen Entwicklungsprobleme Afghanistans. Unter bes. Berücks. der natürlichen Gegebenheiten und der Bevölkerung. Erlangen-Nürnberg 1967. V, 207 S. ER wi-so bA U.67.4124
Im Handel: Nürnberger wirtschafts- und sozialgeographische Arbeiten, Bd. 6.

4476. **Centlivres**, Pierre: Un bazar d'Asie Centrale. Forme et organisation bu bazar de Tâshqurghân (Afghanistan) Neuchâtel 1970. 226 p.
Im Handel: Beiträge zur Iranistik. (Reichert/Wiesbaden 1972.)

4477. **Jensch**, Werner: Die afghanischen Entwicklungspläne vom ersten bis zum dritten Plan. 1971. XI, 377 S. BO wi
Im Handel: Afghanische Studien. 8. (Hain/Meisenheim 1973.)

4478. **Zeweri**, Amanullah: Möglichkeiten und Probleme der Industriefinanzierung in den Entwicklungsländern. Dargest. am Beispiel Afghanistans. Wien 1971. VI, 316 Bl. W-HW

4479. **Nägler**, Horst: Privatinitiative beim Industrieaufbau in Afghanistan. Mit einem Vorwort von Willy Kraus. 1971. 270 S. BO
Im Handel: Bochumer Schriften zur Entwicklungsforschung und Entwicklungspolitik. 8. (Bertelsmann-Universitätsverlag/Düsseldorf.)

4480. **Dawar**, Heider: Bedeutung der Zollpolitik für die industrielle Entwicklung wirtschaftlich zurückgebliebener Räume: dargest. am Beisp. Afghanistans. 1971. V, 361 Bl. BN rs Hab 1971 nA U.75.3905

4481. **Amerkhail**, Najibullah: Management problems of industrial enterprises in the Middle East. (With a special reference to Afghanistan) Bonn 1972. 195 S. BN rs U.72.3064

4482. **Noor,** Abdul Sami: Die Rolle des Außenhandels in der wirtschaftlichen Entwicklung Afghanistans. 1974. 237 S. BN rs Ma U.75.4425

4483. **Nadjibi,** S.A. Asis: Projektanalyse für Industrieprojekte in Entwicklungsländern: dargest. am Beisp. Afghanistans. 1974. 236 S. BN rs
U.74.3722

4484. **Kanne,** Jürgen: Interne Investitionsfinanzierung in Afghanistan. 1974. XIV, 641 S. BO wi U.74.3156

4485. **Arens,** Hans Jürgen: Die Stellung der Energiewirtschaft im Entwicklungsprozeß Afghanistans. 1974. 416 S. BO wi
Im Handel: Afghanische Studien. 13. (Hain/Meisenheim 1974.)

4486. **Farhang,** Amin: Die sozioökonomischen Aspekte der Entwicklungsplanung: dargest. am Beisp. Afghanistans. 1974. 367 S. in getr. Zählung.
K wi-so U.75.10813

4487. **Lodin,** Asis: Die wirtschaftliche Integration als Wachstumsstrategie für mittelasiatische Länder (Region Iran-Pakistan-Afghanistan) 1976. 316 S. K wi-so

4488. **Oesterdiekhoff,** Peter: Hemmnisse und Widersprüche in der Entwicklung armer Länder. Darst. am Beispiel Afghanistans. 1977. 695 S. BRE
Im Handel: Minerva-Publikation/München. 1978.

4489. **Amini,** Naim: Möglichkeiten und Grenzen der Industrialisierung eines unterentwickelten Raumes, dargestellt am Beispiel Afghanistan. 1977. 163 S. BN rs

4490. **Dost,** Mohammad Anwar: Die Bedeutung öffentlicher Betriebe in einem Entwicklungsland: dargestellt am Beispiel Afghanistans. 1978. 227 S. K wi-so

4491. **Omer,** Assad U.: Le Financement international public du développement: aspects juridiques (avec référence spéciale à l'Afghanistan) 1979. XIII, 219 p. GE j
Im Handel: Droz/Genf

Algerien

4492. **Wiesen**, Wilhelm: Die wirtschaftsgeographische Entwicklung Algeriens unter französischer Herrschaft. Düsseldorf 1910. 67 S. BN ph
U.10.432

4493. **Spöcker**, Josef: Die Elektro-Energie als Grundlage der wirtschaftlichen und sozialen Entwicklung in Algerien. (München) 1959. III, 131 S. M sw
U.60.6464

4494. **Benhassine**, Mohamed Lakdar: Die Industrialisierung Algeriens und der Akkumulationsprozeß als Mittel ihrer Verwirklichung. Berlin 1968. V, 204 gez. Bl. B-ÖK 1968 Mav nA
U.68.1929

4495. **Bennacef**, Sadok: Probleme des volkswirtschaftlichen Aufbaus in der Demokratischen Volksrepublik Algerien unter besonderer Beachtung der Industrialisierung des Landes. HAL wi 1969 Mav nA
U.69.7059

4496. **Sekkiou**, Laredj: L'Algérie et la Communauté économique européenne. Lausanne 1971. 156 S. LAU j

4497. **Medjkoune**, Mohamed: Die Rolle des Außenhandels im Prozeß der sozial-ökonomischen Umwälzungen: dargest. am Beisp. d. Volksdemokratischen Republik Algerien. 1976. II, 208 Bl. B-ÖK Diss A Mav nA U.76.233

4498. **Hamza**, Chadly: Theoretische und praktische Aspekte des Aufbaues eines Planpreissystems als Grundlage der Analyse der Notwendigkeit und Möglichkeit der Einbeziehung der Preisarbeit in die Entwicklungspolitik der VDR Algerien. 1976. 244 Bl. B-ÖK Diss A Mav nA U.76.219

4499. **Abib**, Abdelkrim: L'accès à la technologie. Le cas algérien. L'avance dans la maîtrise des technologie à travers les investissements des entreprises publiques dans le secteur productif. Lausanne 1976. X, 320 p. fig.

4500. **Rummenhohl**, Hans-Martin: Ökonomische und soziale Komponenten der strukturellen Unterentwicklung, das Beispiel des kolonialen Algerien. 1978. XVII, 450 S. ER wi-so

Irak

4501. **Al-Wasiti**, Fadil: Die Kontrolle über die Durchführung des Budgets im Irak. Eine vergleichende Studie. (1959) V, 165 Bl. W 1959

4502. **Al-Hashimi**, Mohammed: Wirtschaftliche Entwicklung des Irak. Mit bes. Berücks. der Landwirtschaft. Leipzig 1962. III, 217 gez. Bl.
L 1 Mav nA   U.62.6271

4503. **al-Sulaiman**, Mohammed Nazih · Die internationale Standardisierung und Tendenzen der Standardisierung im Irak. Dresden 1963. XI, 110 gez. Bl. DR-T nA   U.63.2274

4504. **Kaddori**, Fakhri Yasin: Der Verbraucherpreisindex im Irak und einige seiner Saisonprobleme. Köln 1964. 235 S. K wi-so   U.64.7133

4505. **Al-Abbassy**, Abdul Latif: Der Kampf um das Erdöl im Irak. 1964. 134 Bl. GZ 1964

4506. **Al-Durra**, Sabah: Zur politischen und ökonomischen Problematik der Entwicklung der einheimischen (privaten) Industrie im Irak. Ein Beitrag zur Diskussion über einige Probleme des nichtkapitalistischen Entwicklungsweges. Berlin 1965. 375 gez. Bl. B-ÖK Mav nA   U.65.1464

4507. **El-Obidi**, Khalil Mohamed: Zu einigen Fragen der Industrialisierung im Irak .Berlin 1965. 315 Bl. B-ÖK Mav nA   U.65.1493

4508. **Al-Abidin**, Khalid Hamid Zain: Zur Rolle und Problematik des Staates und des Staatssektors in der Industrie des Irak. Berlin 1966. 301 Bl. B-ÖK Mav nA   U.66.1725

4509. **Rasoul**, Ahmed Habib: Die Geographie der Industrie des Irak. (1.2.) Berlin 1966. 291 Bl. B-H ph Mav nA   U.66.345

4510. **Al-Abboud**, Abdul Amir Rahima: Zu den Entwicklungstendenzen des Außenhandels der Republik Irak. Unter bes. Berücksichtigung des Exports. Berlin 1966. 203 Bl. B-ÖK Mav nA   U.66.1724

4511. **Sabir**, Arfan Bahjet: Zur Rolle und Problematik der Geld-, Kredit- und Staatshaushaltspolitik in der Wirtschaft des Irak. Berlin 1966. 552 Bl. B-ÖK Mav nA U.66.1776

4512. **Poutrus**, Behnam Younan: Die Investitionstätigkeit der materiellen Produktion der Volkswirtschaft des Irak. Berlin 1967. 4, III, 323 gez. Bl. B-ÖK Mav nA U.67.1692

4513. **Al-Moohoor**, Khodayer Abbas: Der Beitrag der Ölindustrie zur Entwicklung der irakischen Volkswirtschaft. Göttingen 1967. 188 S. GÖ wi-so U.67.6226

4514. **Said**, Jamal Rashid: Die Planung und Leitung des Absatzprozesses an Erdölprodukten in der Republik Irak. Berlin 1967. 121 gez. Bl. B-ÖK Mav nA U.67.1697

4515. **Taha**, Dhia Al-Scheich: Juristische Probleme der Erdölpolitik der Republik Irak. Leipzig 1968. III, 172 gez. Bl. L j 1968 Mav nA U.68.10390

4516. **Hasson**, Adnan S(aleem): Die Politik des irakischen Staates gegenüber den ausländischen Erdölgesellschaften. Dargestellt an den Konzessionsverträgen des irakischen Staates. Halle 1968. V, 303, 24 gez. Bl. HAL j 1968 Mav nA U.68.6602

4517. **Hamoud**, Abdul Rasool: Einige Probleme der Leitung und Finanzierung des staatlichen Sektors der Industrie im Irak. Berlin 1968. 7, VI, 245 gez. Bl. B-ÖK Mav nA U.68.1943

4518. **Abdul-Aziz**, Mohammed Said: Die Industrialisierung im Irak. Unter bes. Berücksichtigung der perspektivischen Entwicklung der Petrolchemie. Halle 1968. VIII, 248 gez. Bl. HAL wi 1968 Mav nA U.68.6518

4519. **Al-Saidi**, Safa Salim: Entwicklung und Probleme der Industrie im Irak. (Wien) 1968. III, II, 241 Bl. W-HW 1969 Ma

4520. **Homoud**, Abdul Rasool: Einige Probleme der Leitung und Finanzierung des staatl. Sektors der Industrie im Irak. Berlin 1968. 7, VI, 245 gez. Bl. B-ÖK 1968 Mav nA

4521. **Kaddouri**, Adnan Abdul Razzak: Industrialisierungsprobleme des Irak und die Erfordernisse, Möglichkeiten und Perspektiven seiner arbeitsteiligen industriellen Zusammenarbeit mit der VAR und Syrien. Berlin 1969. 227, 6 gez. Bl. B-ÖK 1969 Mav nA   U.69.1203

4522. **Hamdun**, Ghanim: Der langfristige Arbeitskräftebedarf der verarbeitenden Industrie im Irak und die Möglichkeiten seiner Deckung. Berlin 1969. 2, III, 161 gez. Bl. B-ÖK Mav nA   U.69.1192

4523. **Fawzi**, Safa: Die Rolle der Petrolchemie bei der Herausbildung der Industriestruktur Iraks. Berlin 1969. III, 137 gez. Bl. B-ÖK 1969 Mav nA

4524. **Al-Rubaie**, Mohammed Ibrahim: Stand und Perspektive der irakischen Binnenfischerei. Berlin 1970. 107, 6 gez. Bl. B-H Biowiss. F. Mav nA
          U.70.1125

4525. **Khedhayir**, Adnan H.: Rolle und Entwicklung des Generaldepartements für Industrie – GDfI – beim Aufbau einer unabhängigen Volkswirtschaft im Irak. Analyse der Entwicklung vom Juli 1964 bis zum März 1968. Berlin 1970. IV, 314 gez. Bl. B-ÖK 1970 Mav nA

4526. **Azawi**, Sadi al-: Wasserwirtschaftliche Probleme im Irak und ihr Einfluß auf die Landeskultur. 1971. XIII, 182 gez. Bl. DR-T nA

4527. **Marayati**, Tawfik al-: Probleme der Einführung eines modernen Steuersystems im Irak unter bes. Berücksichtigung des Grades der wirtschaftlichen Entwicklung und der Steuermentalität. Innsbruck 1970. 218 Bl. IN wi 1971 Ma

4528. **Miegel**, Alfred: Zur Rolle der Energie- und Rohstoffgrundlagen für die strukturelle Entwicklung und territoriale Verteilung der Industrie in der Republik Irak. Leipzig 1971. 226 gez. Bl. L, Sekt. Polit. Ökon./Marxist.-leninist. Organisationswiss., Diss. A Mav nA   U.71.1267

4529. **Kannune**, Amin Raschid: Die Bedeutung des Außenhandels für die Industrialisierung des Irak. (1.2.) Berlin 1972. 5, 231 gez. Bl., 232-359, 17, 25 gez. Bl. B-ÖK Diss. A nA   U.72.832

4530. **Al-Safi**, Mohammed: Grundlagen und Aufgaben der staatlichen Preispolitik im Irak. 1973. 332 Bl. B-ÖK Diss. A Mav nA   U.74.193

4531. **Tahir**, Samir: Untersuchungen zur Situation und zur Entwicklung von Aufkommen und Verbrauch von Holzerzeugnissen im Irak als Grundlage für den Aufbau moderner Holzindustriezweige: (unter bes. Berücks. d. Zellstoff- u. Papierindustrie) 1974. III, 138 Bl. DR-T Diss. A Mav nA
U.74.1140

4532. **Al-Kashab**, Muwafag: Untersuchungen zur Trennung und Charakterisierung von Bitumen, insbesondere aus Rohöl vom Feld Kirkuk. 1974. 90 S. CLZ, Fak. für Bergbau, Hüttenwesen u. Maschinenwesen   U.74.4352

4533. **Al-Khafagi**, Saad: Zu Problemen der Bevölkerungsbewegung und Beschäftigungsfrage im Irak: ein Beitrag zu Problemen d. Wechselwirkung zwischen wirtschaftl. Wachstum u. Bevölkerungswachstum. 1974. 204 Bl. B-ÖK Diss. A 1974 nA   U.75.238

4534. **Al-Genabi**, Hashim K.N.: Der Suq (Bazar) von Bagdad: eine wirtschafts- u. sozialgeograph. Untersuchung. 1976. S. 143-295. ER nA Aus: Mitteilungen d. Fränkischen Geographischen Gesellschaft 21/22 (1974/1975) Im Handel: Erlanger geographische Arbeiten, 36.

4535. **Mejcher**, Helmut: Imperial Quest for Oil. Iraq 1910-1928. London 1976. 211 S. Diss. Oxford
Im Handel: St. Anthony's Middle East Monographs. 6.

4536. **Al-Sheikh Ali**, Abdulbari: Rolle des Erdöls in der wirtschaftlichen Entwicklung des Irak. 1976. 3, 283 Bl. B-H gw Diss. A Mav nA U.76.654

4537. **Al-Nakasch**, Nasar: Überwindung der Unterentwicklung im Irak unter besonderer Berücksichtigung der Entwicklung des staatlichen Sektors. 1978. 215 S. B-F wi

4538. **Kelaita**, Francis: Die wirtschaftliche Bedeutung der Mineralölindustrie für die Industrialisierung im Irak. 1978. X, 231 S. BN rs

Iran

4539. **Abbas Khan Kadjar Alamir**: Das Finanzwesen Persiens. Ein geschichtlicher Abriß von der ältesten Zeit bis zur Pers. Verfassung. Berlin 1923. 129 S. GI ph bA
U.23.3587

4540. **Ardalan,** Hadji Ali Gholi Khan: Die Stellung Persiens in der Weltwirtschaft. Teheran (1930) III, 207, 5 S. B s U.30.790

4541. **Hartner,** Gottfried: Währung und Notenbankwesen Persiens unter bes. Berücksichtigung der neuesten Zeit. Würzburg 1931. 108 S. WÜ rs
U.31.7221

4542. **Doevel,** Hans: Persiens auswärtige Wirtschaftsbeziehungen. Hamburg 1933. 179 S. HH rs nA U.33.3304
Im Handel.

4543. **Ramaḍanī,** Ḥanafī: Die Voraussetzungen einer Modernisierung der persischen Wirtschaft. Unter bes. Berücksichtigung der Wirtschaftspolitik nach dem Weltkriege. Hamburg 1934. 83, II, II, Ma (autogr.)
HH rs U.34.3963

4544. **Malikpūr,** ᶜAbdallah: Die Wirtschaftsverfassung Irans. (Berlin 1935) 114 S. B s U.35.3537
Im Handel: Harrassowitz/Leipzig.

4545. **Parvisi,** Sadeg: Die wirtschaftspolitische Gesetzgebung in Iran nach dem Weltkriege und ihre Auswirkungen. Braunschweig 1936. 160 S. Ma (Autogr.) Nürnberg Hindenburg. H U.36.9071

4546. **Gieschen,** Gerhard: Der Handel mit getrockneten Früchten im Rahmen der deutsch-iranischen Beziehungen. Diessen vor München (1938) 92 S. M-T bA 1938

4547. **Pirnahad,** Hassan: Die Entstehung der modernen Volkswirtschaft in Iran. (Berlin 1938) 117 S. B rs U.38.128

4548. **Sadri,** Mohssen: Die Wirtschaft und Industrie Irans. o.O. (1942) 138 gez. Bl. HD sw Ma nA U.42.3618

4549. **Hachemzade,** Ali Mohamed: Iranische Außenhandelspolitik. Bern 1943. 110 S. BE rer. pol.

4550. **Afchar,** Aslan: Die Entwicklungsmöglichkeiten der iranischen Volkswirtschaft. 1943. 127 Bl. W 1943

4551. **Schabahang**, Khosrov: Außenwirtschaftsplanung als Sicherung der autonomen Wirtschaftsstrukturgestaltung im Iran. o.O. (1944) III, 140 gez.
Bl. B rs Ma nA   U.44.64

4552. **Hamzavi**, Djawad: Iran – ein Industrialisierungsproblem. o.O. (1949)
84 gez. Bl. M s Ma nA   U.49.5403

4553. **Koellner**, Hans Joachim: Die Grundlagen der Industrialisierung Irans
unter bes. Berücksichtigung der wichtigsten iranischen Industriezweige.
(München) 1949. VIII, 160 gez. Bl. M s Ma nA   U.50.5707

4554. **Tehrani**, Eskander: Die Entwicklung der iranischen Volkswirtschaft
von der Zeit der Safwiden bis zu den Pahlawiden (1501-1948) unter
bes. Berücksichtigung der Einwirkung der islamischen Religion und
des europäischen Imperialismus. o.O. 1949. IX, 107 gez. Bl. M sw
Ma nA   U.49.5454

4555. **Schmidt**, Otto: Der englisch-iranische Ölkonflikt. (Jena 1954) III,
207 gez. Bl. J j Ma nA   U.54.4802

4556. **Ala'i**, Cyrus: Verwendung und Wirtschaftlichkeit von Natureis als Vorschaltstufe einer Tiefkühlmaschine. Unter bes. Berücksichtigung der
iranischen Natureisanlagen. (Berlin) 1955. 95 S. B-T Fak. f. Maschinenw.   U.55.912

4557. **Ernst**, Karlheinz: Die Bedeutung des persischen Erdöls für die britische Hegemonialpolitik vor dem ersten Weltkrieg. o.O. (1955) IV,
204 gez. Bl. K wi-so Mav nA   U.55.5303

4558. **Kiani**, Taghi: Außenhandel und Außenhandelspolitik Irans. 1956. 222 Bl.
GZ 1956

4559. **Cheybani**, Ahmad Ali: Iran und seine Außenhandelsbeziehungen. o.O.
(1956) II, 127, II gez. Bl. BN rs Mav nA   U.56.1009

4560. **Chabari**, Sahameddin: Le tapis persan. Techniques de fabrication et
commerce. Lausanne 1957. 143 S. LAU wi
Im Handel.

509

4561. **Kaveh**, Taghi: Einfluß der iranischen Ölindustrie auf die wirtschaftliche Entwicklung Irans. o.O. (1957) 134 S. N H. f. Wirtsch.- u. Sozialwiss. 1957   U.58.7037

4562. **Habibi**, Kosrow: Der iranische (persische) Außenhandel. (Köln 1957) III, 131 S. K wi-so 1958   U.59.4592

4563. **Wafaikisch**, Nosratollah: Die verfassungsrechtliche Stellung des iranischen Siebenjahresplanes. Göttingen 1958. XXI, 141 gez. Bl. GÖ rs nA   U.58.2707

4564. **Seyed-Kazemi**, Ziaedin: Die Rohstoffindustrie des Iran. Ihre Probleme und Entwicklungstendenzen von 1947-1958. Bern 1959. 131 S. BE rw 1959

4565. **Sadrieh**, Abdol-Rahman: Die Entwicklung der iranischen Wirtschaftspolitik. o.O. 1959. 134 S. BN rs   U.60.1269

4566. **Kuschiar**, Amir Hossein: Der Einfluß der Erdölindustrie auf die politische Gestaltung des Irans. (Köln) 1959. 218 S. K wi-so   U.59.4608

4567. **Mirzaian**, Léon: Studie über die Planung der elektrischen Energieversorgung in Iran. (München) 1959. 79 S. S-T Fak. f. Maschinenw.   U.58.7388

4568. **Samimi**, Iradj: Die Bedeutung der wirtschaftsgeographischen Lage von Teheran als Zentrum von Wirtschaft und Verkehr des Landes. 1959. W 1959

4569. **Massudi-Toiserkan**, Schahpur: Historische Entwicklung des persischen Erdölproblems. Bonn 1960. 244 S. BN rs   U.60.1256

4570. **Adli**, Abolfazl: Außenhandel und Außenwirtschaftspolitik des Iran. Berlin 1960. 314 S. B-F wi-so 1958 bA   U.60.753 Im Handel: Volkswirtschaftliche Schriften, H. 51.

4571. **Safai Elahi**, Amir Abas: Das wirtschaftliche Potential des Irans und seine weiteren Entwicklungsmöglichkeiten. Mannheim 1961. III, 128 S. MA Wirtsch.-H.   U.61.6833

4572. **Razawi,** Hossein: Die Strukturveränderungen der iranischen Wirtschaft. Unter bes. Berücks. v. Landwirtschaft, Industrie u. Verkehr. Erlangen-Nürnberg 1962. VII, 267 S. ER wi-so   U.63.2819

4573. **Rahmani,** Mohammed: Zuckerwirtschaft und Zuckerpolitik im Iran. Bonn 1962. 140 S. BN 1   U.62.1794

4574. **Behzadi,** Manoutcher: Die ökonomische Basis des Imperialismus im Iran nach dem zweiten Weltkrieg. Berlin 1963. 287 gez. Bl. B-H wi Mav nA   U.63.305

4575. **Abri,** Manutschehr: Hauptprobleme des Außenhandels des Iran nach dem zweiten Weltkrieg. Berlin 1963. VIII, 276 gez. Bl., zahlr. Taf., Anh. B-ÖK Mav nA   U.63.1227

4576. **Zarmehr,** Abdolhossein: Die iranische Erdölindustrie und ihre Besteuerung (betriebswirtschaftlich betrachtet) Erlangen-Nürnberg 1963. 208, XXV S. ER wi-so   U.63.2831

4577. **Djazani,** Iranpour: Wirtschaft und Bevölkerung in Khuzistān und ihr Wandel unter dem Einfluß des Erdöls. Tübingen 1963. V, 115 S. TÜ ph nA   U.63.9822
Im Handel: Tübinger geographische Studien, H. 8.

4578. **Mohammadi,** Valiollah: Banksystem und Bankpolitik in Iran. Berlin 1963. 204 S. B-F wi-so 1963   U.64.988

4579. **Norouzi,** Davoud: Das Eindringen ausländischen Kapitals in den Iran im 19. Jahrhundert. Halle 1963. IV, 168, VI gez. Bl. HAL wi Ma nA   U.64.5058

4580. **Nayyeri,** Mostafa: Das Bankwesen im Iran und seine Entwicklung. Köln 1964. 142 S. K wi-so 1964   U.65.7582

4581. **Soraya,** Sorayapur: Studie über die Möglichkeit des Aufbaus einer Eisenhüttenindustrie im Iran. München 1964. 124 S. M-T Fak. f. Maschinenw. und Elektrotechn. Mav nA   U.64.9749

511

4582. **Ahmadi,** Sassan: Der Aufbau und die gegenwärtige wirtschaftliche Struktur des Iran. 1964. 116 Bl. GZ 1964

4583. **Farahmand,** Sohrab: Der Wirtschaftsaufbau des Iran. Basel 1965. VI, 181 S. BA s bA
Im Handel: Veröffentlichungen der List Gesellschaft, 41. (Kyklos-Verlag/ Basel und Mohr/Tübingen.)

4584. **Patzig,** Ralph: Der Außenhandel Österreichs mit dem Iran seit der Gründung der EWG, Entwicklung und Ausweitungsmöglichkeiten unter Berücksichtigung der unterschiedlichen Wirtschaftsstruktur. Innsbruck 1965. 203 gez. Bl. rs Ma IN 1965

4585. **Zarey,** Parwiz: Iran als Entwicklungsland. (Mit Summarium) Graz 1965. III, 119 Bl. GZ rs 1966

4586. **Nazari,** Hassan: Die iranische Erdölindustrie unter der Herrschaft der ausländischen Erdölmonopole. Berlin 1967. III, 339, 2 gez. Bl. B-H wi Hab Mav nA   U.67.509

4587. **Sevrugian,** Emanuel: Die gewerbliche Wirtschaft Persiens gegen Ende der Kadjarenherrschaft. Unter Berücksichtigung ihrer außerökon. Voraussetzungen. (1.2.) Heidelberg 1967. 320, 87 S. HD ph   U.67.7945

4588. **Sarrafian,** M. Esmaiel: Die Entwicklung und gegenwärtige Lage des iranischen Außenhandels. Graz 1967. 115, 4 Bl. GZ wi 1968 Ma

4589. **Sarrinpaschneh,** Sadegh: Makro- und mikroökonomische Untersuchungen zur Zuckerwirtschaft in Iran. München 1967. 78 gez. Bl. M-T Fak. f. Landwirtschaft u. Gartenbau Mav nA 1967. Auszug: 18 S.

4590. **Mehrabani,** Moh. Bagher Sadri: Wirtschaftsplanung im Iran. Graz 1967. 131,4 Bl. GZ s 1968

4591. **Taleghani,** Hormos: Die geschichtliche Entwicklung der Ölwirtschaft im Iran. Graz 1967. 140 Bl. GZ rs Ma

4592. **Toussergani,** Akhawan: Die Wirtschaftspolitik Persiens seit dem Zweiten Weltkrieg. Wien 1967. VII, 211 Bl. W-HW 1968 Ma

4593. **Assiabar**, Ahmad Nouri: Die Entwicklungshilfe und Wirtschaftsordnung in Iran. Graz 1967. 159, 9, 5, 16 Bl. GZ s 1968 Ma

4594. **Schafaroudi**, Ghareman: Die Entwicklung der Geld- und Kreditwirtschaft und das Bankwesen im Iran. (Graz) 1968. 100 Bl. GZ s 1970 Ma

4595. **Niaghi**, Morteza: Handelsbeziehungen zwischen Iran und den europäischen Ländern. Graz 1968. 108, 4 Bl. GZ s Ma

4596. **Schamimi-Nuri**, Dariusch: Industrialisierung im Iran. Graz 1968. II, 7, 107, 2, 4 Bl. GZ s 1969 Ma

4597. **Sale**, Ahmad: Die politisch-ökonomische Einwirkung des Auslandes (Ostens und Westens) auf Struktur und Infrastruktur der iranischen Wirtschaft. Graz 1968. 267, VII, IV Bl. GZ s 1969 Ma

4598. **Shams**, Mansoureh: Die persische Wirtschaftsstruktur und ihre Entwicklungsperspektiven. Graz 1968, 150, 4 Bl. GZ wi 1970 Ma

4599. **Nowrouzi**, Mehdi: Wirtschaftliche Wachstumsplanung im Iran. Graz 1968. 121, 2 Bl. GZ s Ma

4600. **Behzadi**, Fatollah: Wirtschaftliche Evolution im Iran. Graz 1968. 135, 2 Bl. GZ s Mav

4601. **Tahbaz**, Parwin: Die Entwicklung der Wirtschaft im Iran. Mit bes. Berücks. der Aufbaupläne. Graz 1968. III, 177, 4 Bl. GZ wi Ma

4602 **Sadr-Nabawi**, Rampur: Die Wirtschaft des Iran während des Zweiten Weltkrieges. Heidelberg 1968. 238 S. HD ph   U.72.7838

4603. **Mirpourian**, Azim: Die Eigenschaften und Probleme der Entwicklungsländer unter Berücks. des Iran. Graz 1969. III, 121, 2 Bl., 4 Bl. GZ wi 1970

4604. **Takyehie**, Abbas: Der Fremdenverkehr Persiens in Gegenwart und Zukunft. Wien 1969. I, 194 Bl. W-HW Ma

4605. **Maani-Entesari**, Dariush: Grundzüge der Regionalplanung im Iran, ausgerichtet auf die sozio-ökonomische Landesentwicklung. Aachen 1969. 133 S. AC-T Fak. f. Bauw. 1969 U.69.185

4606. **Ameri**, Djahangir: Erdölkonzessionsverträge im Iran. Wien 1969. 281, 31 Bl. W s 1970 Ma

4607. **Amirkhosrovi**, Khosrow: State Capitalism and attempts for economic planning in Iran (1946-1962) Berlin 1969. XIII, 446 gez. Bl. B-H Gesellschaftswiss. F. Mav nA U.70.134

4608. **Maschaikhi**, Mostafa: Wirtschaftliche Zusammenarbeit zwischen Iran, Türkei und Pakistan. Graz 1968. IV, 99, 2 Bl. GZ s 1969 Ma

4609. **Samaly**, M. Hossein: Das Bankwesen im Iran. Die Bankpolitik im Mittelpunkt d. wirtschaftl. Entwicklung. Graz 1969. II, 110, II, 2 Bl. GZ wi 1970 Ma

4610. **Schuster-Walser**, Sibylla: Das safawidische Persien im Spiegel europäischer Reiseberichte (1502-1722) Untersuchungen zur Wirtschafts- und Handelspolitik. Baden-Baden 1970. 124 S., 1 Münztaf., 5 Abb. HH ph 1970
Im Handel: Grimm/Baden-Baden 1970, in Kommission bei Buske/Hamburg.

4611. **Müller**, Wilhelm: Die wirtschaftlichen Entwicklungsprobleme Irans. Wien 1970. 247 S. W-HW
Im Handel: Dissertationen d. Hochschule für Welthandel in Wien. 8. (Verlag Notring/Wien 1971.)

4612. **Firoozmand**, M. Reza: Der aktive Mensch in der wirtschaftlichen Struktur der Länder der „Dritten Welt" mit Berücksichtigung der sozialen Lage, dargest. am Beispiel Iran. Graz 1970. II, 102,3 Bl. GZ s Ma

4613. **Rousta**, Kambiz: Eine Untersuchung der Wirtschaft des Iran in der Zeit der Safawiden und Kadjaren (17. bis 19. Jahrhundert) (Die Ursprünge d. Unterschiede zu Europa in d. wirtschaftl. Entwicklung) (Graz 1970) 191, III, 2 Bl. GZ wi 1971 Ma

4614. **Mobacher,** Iradj: Les ressources publiques comme moyen d'action financière de l'Etat en Iran. Fribourg 1970. IV, 162 p. FRS

4615. **Eftekhari,** Bigan: Geschichte der Industrialisierung des Iran im 19. und 20. Jahrhundert. (Graz) 1970. 100, III, 3 Bl. GZ s 1971 Ma

4616. **Mohammadi,** Mohammad Taher: Die wirtschaftliche und soziale Neuordnung Irans seit Beginn des 20. Jahrhundert. Graz 1970. 141, III, 9 Bl. GZ wi Ma

4617. **Delbasteh,** Djamschid: Das Erdöl als Energieträger und seine besondere Bedeutung für den Iran (Weltenergiewirtschaft) Wien 1970. 291, 9 Bl. W s 1972 Ma

4618. **Chirwanbegi,** Yahia Gholi: Die Bedeutung des Ausbaus der Infrastruktur für das Wirtschaftswachstum der Entwicklungsländer, dargestellt am Beispiel des Iran. (Wien 1970) V, 233 Bl. W s Ma

4619. **Gouya,** Ali: Der Außenhandel Österreichs mit dem Iran seit der Gründung der EFTA. Graz 1970. 129, 4 Bl. GZ s 1971 Ma

4620. **Kiani,** Manutschehr: Ansätze und Möglichkeiten der Geld- und Fiskalpolitik als Finanzierungsinstrumente einer gesamtwirtschaftlichen Entwicklungspolitik. Dargest. am Beisp. Persiens. Bonn 1970. 146 S. BN rs bA   U.72.3269
Im Handel.

4621. **Manssuri,** Shariar: Das wirtschaftliche Wachstum im Iran seit dem Zweiten Weltkrieg. Graz 1970. 4, 91, IV, 3 Bl. GZ s Ma

4622. **Hamadani-Dabbagh,** Nematolah: Die Entwicklung der iranischen Wirtschaft durch Zentralplanung. (Graz) 1970. 100, 3 Bl. GZ s Mav

4623. **Radjai-Ordoubadi,** Mostafa: Die wirtschaftlichen und kulturellen Beziehungen zwischen Österreich und Iran. (Graz) 1970. 134, 2 Bl. GZ s Ma

4624. **Vahabian-Tehrani,** Heschmatollah: Die Erdölwirtschaft im Iran. Wien 1970. V, 275 Bl. W-HW 1971 Ma

4625. **Tawahen**, Giti: Der Außenhandel des Irans. Graz 1970. 156 Bl. GZ s 1971 Ma

4626. **Samadi**, Hadi: Die Bedeutung der Industrialisierung für die wirtschaftliche Entwicklung des Iran. Köln 1971. IV, 175 S. K wi-so U.71.6832

4627. **Sami**, Siawoosh: Die Entwicklung der Wirtschaftsstruktur des Irans von 1950 bis 1970. Wien 1971. 128 Bl. W s 1972 Ma

4628. **Emambakhsch**, Alireza: Die Sozialversicherung und ihre Bedeutung für Volkswirtschaft und Gesellschaft unter Berücksichtigung der Entwicklung im Iran. Graz 1971. II, 106, 3 Bl. GZ s 1972 Ma

4629. **Anania-Stepanian**, Razmik: Bankwesen im Iran. Wien 1971. VIII, 155 Bl. W-HW

4630. **Valizadeh**, Octay: Das System der iranischen Wirtschaftspolitik. Wien 1972. IV, 138 Bl. W s Ma

4631. **Flick**, Friedrich Christian: Auslandsinvestitionen in einem Entwicklungsland. Eine Darst. am Beisp. d. Iran. Hamburg 1972. XXV, 249 S. HH j   U.72.6600

4632. **Donboli**, Ferydun: Die volkswirtschaftlichen Probleme des iranischen Steuersystems. Graz 1972. XI, 208, 4 Bl. GZ s Ma

4633. **Mirfakhrai**, Mohammed: Die Rolle der öffentlichen Betriebe im wirtschaftlichen Entwicklungsprozeß des Iran im Rahmen der Entwicklungspläne. Wien 1973. VII, 173 Bl. W-HW Ma

4634. **Samii**, Hossein: Die historische Entwicklung der iranischen Staatswirtschaft unter Berücksichtigung der Tendenz von den zunehmenden Staatsaufgaben. (Graz 1973) 139, 3 Bl. GZ s 1974 Ma

4635. **Amir-Hamsei**, Hossein: Die Bedeutung der Zuckerindustrie in der Wirtschaft des Iran. Berlin 1973. 121 S. B-T FB Lebensmittel u. Biotechnologie   U.73.13818

4636. **Davallou,** Mohssen: Die Schwierigkeiten und Möglichkeiten der Kapitalbildung durch Mobilisierung von Überschüssen mit Hilfe der Besteuerung
in Entwicklungsländern, mit Betrachtungen über Besteuerungsprobleme
im Iran. Basel 1974. IV, IV, 183 S. BA s bA

4637. **Poursafar,** Mohammad: Zielsetzungen und Widerstände strukturorientier-
ter Entwicklungspolitik: unters. an Hand Richtlinien, Bedingungen u. Auswirkungen d. Kreditvergabe d. „Industriekreditbank" im Iran. 1974. III,
209 S. KA wi   U.74.9109

4638. **Rafipoor,** Faramarz: Das Extension and Development Corps im Iran.
Eine empir. Untersuchung z. Feststellung d. effizienzrelevanten Faktoren
u. Beziehungen. 1974. 284 S. HOH wi-so
Im Handel: Sozialökonomische Schriften zur Agrarentwicklung. 8. (Verlag d. SSIP-Schriften/Saarbrücken.)

4639. **Moawenzadeh-Ghaznawi,** Haschem: Untersuchungen des Arbeitsabstan-
des bei beruflichen Teppichknüpfern. 1975. 61 S. AC-T med
                                                               U.75.3447

4640. **Naini,** Ahmad: Entwicklungsplanung im Iran: unter bes. Berücks. d.
landwirtschaftl. u. industriellen Entwicklung. 1975. 341 S. HH nA
                                                               U.75.8418
Im Handel.

4641. **Lodin,** Asis: Die wirtschaftliche Integration als Wachstumsstrategie für
mittelasiatische Länder (Region Iran - Pakistan - Afghanistan) 1976.
316 S. K wi-so

4642. **Amir-Ahmadi,** 'Ali Asghar: Der Industrialisierungsprozeß im Iran.
Innsbruck 1976. XI, 203 Bl. IN wi

4643. **Sohrab,** Siawusch: Die deutsch-persischen Wirtschaftsbeziehungen vor
dem Ersten Weltkrieg. 1976. 514 S. ER wi-so
Im Handel: Europäische Hochschulschriften. Reihe 5. Volks- u. Betriebswirtschaft. 137. (Lang/Bern, Frankfurt.)

4644. **Arsalan,** Ardechir: Die sozio-ökonomische Entwicklung im Iran. (Die
„Weiße Revolution" u.d. dadurch ausgelöste soziale Wandel.) Wien
1977. VI, 164 Bl. W-W

517

4645. **Mohtasham-Dowlatshahi**, Tahmasseb: Bestimmungsgründe für Auslandsinvestitionen in Entwicklungsländern. Das deutschsprachige Gebiet — Persisches Beispiel. Wien 1977. VIII, 167 Bl. W wi Ma

4646. **Agha-Kazem Schirazi**, Asghar: Genesis der sozio-ökonomischen Unterentwicklung des Iran. 1977. VII, 556 S. B-F Fachbereich 11 — Philosophie u. Sozialwiss. 1974

4647. **Korby**, Wilfried: Probleme der industriellen Entwicklung und Konzentration in Iran. 1977. XIII ͵218 S. TÜ FB Erdwiss. bA
Im Handel: Tübinger Atlas des Vorderen Orients. Beih., Reihe B, Geisteswiss. 20. (Reichert/Wiesbaden.)

4648. **Tawallai Tussi**, Mohammad Reza: Auswirkungen der Paritätsänderungen westlicher Industrieländer auf die Außenwirtschaftssituation des Iran: eine Untersuchung unter Berücks. der möglichen Abwehrmaßnahmen, dargest. am Beisp. des Währungsrealignments vom 18. Dezember 1971. 1977. 210 S. HH wi 1978

4649. **Vaziri**, Chahrokh: Du Ghanat à l'oléoduc. 1978. 39 S. LAU pol
Im Handel u.d. Titel: Le Pétrole et le pouvoir en Iran. Du ghanat à l'oléoduc. En annexe: interview du Dr. Kéchavarz. Lausanne: Editions Piantanida 1978. 359 S.

4650. **Daftarian**, Iradj: Das iranische Bankwesen: eine Analyse der gegenwärtigen Struktur und der möglichen Entwicklung des iranischen Banksystems und der Bankpolitik seit der Angleichung des Erdölpreises an den Preis der alternativen Energieträger. 1978. XII, 330 S. Z wi

4651. **Khakshouri**, Mayer: Bestimmungsgründe der iranischen Wirtschaftsentwicklung unter Berücksichtigung der sozio-kulturellen Faktoren. 1978. V, 179 S. HH wi

Jemen

4652. **Albaydany,** Abdelrahman Abdrabbo Ahmed: Die Währungsreform in Yemen. Bonn 1961. III, 228 S. BN rs nA U.61.1294

Jordanien

4653. **Arnout,** Walid: Das Sozial- und Wirtschaftsentwicklungs-Programm bis in das Jahr 1970 in Jordanien. Graz 1966. III, 136 Bl. Ma GZ rs 1967

4654. **El-Shaieb,** Ahmad: Die wirtschaftliche Entwicklung Jordaniens. Graz 1967. 135, 3 Bl. GZ s 1969 Ma

4655. **Naber,** Salim Nouri: Hauptprobleme der jordanischen Wirtschaft. Graz 1967. IV, 170 Bl. GZ rs Ma

4656. **Barghouty,** Azmi: Die Entwicklungsprobleme Jordaniens. Wien 1968. 250 Bl. W-HW
Im Handel: Dissertationen der Hochschule für Welthandel in Wien. 6. (Verlag Notring/Wien 1970.)

4657. **Zuoby,** Mahmod Ali al-: Entwicklung der jordanischen Wirtschaftspolitik nach der Unabhängigkeit (1946). Graz 1969. IX, 185, 7 Bl. GZ s Ma

4658. **Rabady,** Ghassan: Die Zentralbank und ihr Einfluß auf die jordanische Wirtschaft. Graz 1969. Bl. A–C, 125, 3 Bl. GZ s 1970

4659. **Rahman Ismail,** Ismail Abdul: Zu einigen Fragen der Entwicklung und Perspektive der Industrie in Jordanien. Berlin 1969. 217, XIII gez. Bl. B-ÖK 1969 Mav nA U.69.1233

4660. **Shaltooni,** Amin: Wirtschaft und Außenhandel Jordanien. Wien 1973. 159 Bl. W-HW 1974 Ma

4661. **Sabbah,** Abdel-Rahman: Entwicklungsverwaltung in Jordanien: unter Berücks. dreier Projekte d. Entwicklungshilfe. 1975. 202 S. FR ph U.75.7090

4662. **Ahmad**, Ahmad al-: Die Statistik in der Wirtschaftsplanung. Am Beispiel Jordaniens. Wien 1976. IX, 218 Bl. W-W 1977

Kuweit

4663. **Broer**, Hans-Joachim: Wirtschaftliche Entwicklung in Kuweit. Ein Beispiel für die Rolle der Mentalität in einem Entwicklungsland. Köln 1965. 257 S. K wi-so   U.65.7537

4664. **Zaid**, Othman: Die Bedeutung des Erdöls für die ökonomische Entwicklung Kuwaits. Leipzig 1967. XII, 236 gez. Bl. L wi Mav nA U.67.9733

4665. **Helweh**, Omar M.: Die wirtschaftliche und soziale Entwicklung Kuwaits vor und nach Entdeckung des Erdöls. Graz 1968. V, 122, 4 Bl. GZ s 1969 Ma

4666. **Kisswani**, Mansour: Die wirtschaftliche Entwicklung in Kuwait auf Grund der Erdölgewinnung. Graz 1968. 1 Taf., 2 Kt., IV, 159, 3 Bl. GZ s 1970

4667. **Abbas, Yasser**: Die Erdölverträge und ihr Einfluß auf die wirtschaftliche Entwicklung Kuwaits. (Mit Diagr., Tab. u. Summarium) Graz 1970. 135, 2 Bl. GZ s Ma

Libanon

4668. **Al-Kaylani**, Mohammed Hischam Ibrahim: Die ökonomischen Grundlagen der Nationalen Front im Libanon. Berlin 1962. 335 gez. Bl. B-ÖK Mav nA   U.62.1234

4669. **Ashour**, Ahmad: Interarabischer Transithandel mit speziellem Hinweis auf Libanon. Graz 1967. 91, 3 Bl. GZ s 1969

4670. **Georges**, Talal: Le système monétaire et la banque au Liban. Lausanne 1970. 206 p. LAU

Libyen

4671. **Husseini**, Samir: Wirtschaftliche Entwicklung Libyens seit der Unabhängigkeit. Graz 1967. GZ rs 1967

4672. **Andersen**, Peter: Die wirtschaftliche Entwicklung Libyens auf der Grundlage seiner Erdölindustrie. Bonn 1969. 184 S. BN rs 1969

4673. **Abd-El Moneim Hefny**, Magdy: The proposed project for a merger between Egypt and Libya. The economic possibilities and the future. Berlin 1973. VIII, 320 S. B-ÖK Diss. A Mav nA   U.73.444

4674. **Wendrich**, Lutz: Wirtschaftliche Entwicklungstendenzen der Libyschen Arabischen Republik: unter bes. Berücksichtigung des Kampfes um volle u. gleichberechtigte Einbeziehung des Landes in die internat. Arbeitsteilung sowie die Entwicklung der Außenhandelsbeziehungen zur DDR. 1975. VII, 356 Bl. L Sekt. Afrika- u. Nahostwiss., Diss. A nA
U.75.2565

4675. **Abo Sharkh**, Hosni: Die wirtschaftliche Entwicklung und wirtschaftliche Entwicklungsprobleme Libyens auf der Grundlage seiner Erdölindustrie. Wien 1976. 225, 8 Bl. W wi Ma

Marokko

4676. **Bertrand**, Georg Jacob: Zollpolitische Verhältnisse und Handel zwischen Frankreich und Tunis. Eine Prognose über das wirtschaftliche Vorgehen Frankreichs in Marokko. Berlin 1910. XV, 62 S. ST rs 1909 U.10.4011 Im Handel: Süsserott/Berlin 1910.

4677. **Herrmann**, Rudolf: Die Entwicklung der Staatsfinanzen Marokkos. Ma 174 S. Auszug in: Jahrbuch d. Diss. d. Phil. Fak. Berlin. 1922-23, II, S.235-37. B ph 1923   U.24.754

4678. **Mannesmann**, Klaus Herbert: Die Unternehmungen der Brüder Mannesmann in Marokko. Würzburg 1931. 61 S. WÜ rs   U.31.7268 Im Handel: Wirtschaftsstudien mit bes. Berücks. Bayerns, 123.

4679. **Romanus**, Herbert: Eine wirtschaftsgeographische Darstellung der nordafrikanisch-französischen Protektorate Marokkos und Tunesiens. Mit bes. Berücksichtigung seit dem Weltkriege. (Stalupönen) 1934. IV, 107 S.
KB ph   U.34.7470

4680. **Nötzold**, Günter: Zur Entwicklung und Standortverteilung der Industrie in Marokko. Leipzig 1962. 184, XXX gez. Bl. L wi Ma nA   U.62.6299

4681. **Kroeske**, Jürgen: Standortprobleme und Entwicklungstendenzen im industriellen Aufbau des Entwicklungslandes Marokko. Köln 1968.
230 S. K wi-so   U.68.9502

4682. **Probst**, Fritz: Entwicklungsprobleme der marokkanischen Wirtschaft. Basel 1970. VI, 183 S. BA s

4683. **Fathallah**, Driss: Die Bedeutung der Kapitalhilfe für die wirtschaftliche Entwicklung Marokkos. 1975. XIII, 309 S. MA Fak. für Volkswirtschaftslehre u. Statistik   U.75.11610

4684. **Basler**, Alois: Regionale Entwicklung und regionale Wirtschaftspolitik in Marokko: unter bes. Berücks. der räumlichen Lenkung des Industrialisierungsprozesses. 1976. 221 S. FR wi nA   U.76.5859
Im Handel.

4685. **Daldrup**, Ulrich: Problematik und Besonderheiten der chemisch-technischen Projektierung in Nord-Afrika, dargestellt am Beispiel einer Alkali-Elektrolyse/PVC-Anlage in Marokko. 1977. XXI, 270 S. AC-T mn

Palästina/Israel

4686. **Nawratzki**, Curt: Die jüdische Kolonisation Palästinas, eine nationalökonomische Untersuchung. (T. 2) München (1913) 56 S. ST rs 1912
U.13.1289
Im Handel: Reinhardt/München 1913.

4687. **Seidel**, Hans-Joachim: Der britische Mandatstaat Palestina im Rahmen der Weltwirtschaft. Ma 163 S. Auszug in: Jahrbuch d. Diss. d. Phil. Fak. Berlin, 1924-25, II, 137-138. B ph 1925   U.26.351

4688. **Flaksbaum,** Josef: Die wirtschaftlichen Ziele und Grenzen des palästinensischen Siedlungswerkes. (Eine Unters. über die Eignung der Juden und des Landes zur Kolonisation.) Leipzig 1926. 128 S. BN ph 1926
U.29.815

4689. **David,** Gerhard: Wirtschaftsprobleme im neuen Palästina. Köln-Kalk 1930. VI, 84 S. K wi-so 1930
U.31.4784

4790. **Weißbarg,** Julius: Die Wirtschaftsstruktur Palästinas. Landwirtschaft, Industrie und Handel. Königsberg 1933. 46 S KB rs
U.33.6916

4691. **Feuerstein,** Isi: Das Wirtschaftsleben Palästinas und seine Bedeutung für den deutschen Außenhandel. Emsdetten (Westf.) 1934. VII, 57 S. K wi-so
U.34.7348

4692. **Silbermann,** Joseph: Besonderheiten der wirtschaftlichen Entwicklung Palästinas. o.O. 1949. 117 gez. Bl. M sw Ma nA
U.49.5450

4693. **Korn,** Felix: Das neue Palästina. Wirtschaftsgeogr. Übers. des Landes unter bes. Berücks. der jüdischen Wirtschaft. München 1950. 264 gez. Bl. M s Ms nA

4694. **Lau,** Eckart: Die Produktivgenossenschaften in Israel. Ihre wirtschaftl. u. gesellschaftl. Probleme. Düsseldorf 1959; Triltsch. 167 S. B-T wi
1960
U.60.1041

4695. **Kleiner,** Jacques: Die Textilindustrie in Israel. Mit einer engl. Zusammenfassung. Mit einer Vorw. v. Edgar Salin. 1966. VIII, 167 S. BA Im Handel: Veröffentlichungen der List Gesellschaft e.V., 47.

4696. **Tasch,** Peter: Die Inflation in Israel 1948 bis 1963. Frankfurt 1966. VII, 208 S. F wi-so
U.66.4883

4697. **Goll,** Gad Fred: Studie zur Entwicklungshilfe des Staates Israel an Entwicklungsländer. Unter bes. Berücks. Ost-Afrikas. München 1967. II, 189, IV S. M ph
U.67.11871

4698. **Strahl,** Alexander: Aspects économiques, sociaux et politiques du phénomène touristique. Le cas d'Israël. Genève 1972. 255 p. GE wi

4699. **Fried**, Melvin: Israels Besatzungspolitik 1967-1972. Eine Fallstudie über Politik, Wirtschaft und Verwaltung in militärisch besetzten Gebieten. 1975. IV, 420 S. TÜ FB Sozial- u. Verhaltenswiss., Pädagogik

U.75.14332

4700. **Glass**, Moses Michael: Die Beeinflussung der israelischen Volkswirtschaft durch die Fiskalpolitik in den Jahren 1960-1974: Versuch einer strukturell-quantitativen Analyse. 1977. XX, 270 S. Z wi nA
Im Handel.

4701. **Reichert**, Peter-Christian: Industrialisierungspolitik und Außenwirtschaftsentwicklung in Israel 1958–1970. 1978. XII, 380 S. HH wi 1977 nA
Im Handel: Ökonomische Studien. 26. (Fischer/Stuttgart/New York.)

4702. **Bockenheimer**, Philipp: Struktur und Entwicklung ausgewählter Kibbuzim in Israel. Giessen 1978. X, 272 S. GI FB Geowiss. u. Geographie
Im Handel: Giessener geographische Schriften. 43. (Geograph. Institut d. Justus-Liebig-Universität/Giessen)

Saudi-Arabien

4703. **Totten**, Edward: Sozial- und wirtschaftsgeograph. Auswirkungen der Ölindustrie im östlichen Sa'ūdi-Arabien. o.O. 1957. V, 354 gez. Bl. HD ph nA

U.57.4540

4704. **El-Hilaisi**, Nawaf: Wirtschaftliche und soziale Entwicklung Saudi-Arabiens nach dem zweiten Weltkrieg. Graz 1965. II, 168 Bl. GZ 1965

4705. **Salah**, Yousef Saleh: Siedlung und Wirtschaft der Oase Al-Hofuf in Al-Hasa (Saudi-Arabien) Münster 1969. 65 gez. Bl. MS ph 1969 Mav nA

U.69.15327

4706. **Faisal**, Khawam al-: Die geschichtliche und wirtschaftliche Entwicklung Saudi-Arabiens. Graz 1969. Bl. A–B, 127, 3 Bl. GZ wi 1970

4707. **Cattin**, Jean: Les incidences de la production pétrolière de l'Arabie Séoudite sur son économie. Neuchâtel 1970. 187 p. NEU wi

4708. **Kaddoura**, Mohammed: Wirtschaftsprojekte in Saudi-Arabien. Graz 1970. Bl. A–C, 133, 2 Bl., IV Bl. GZ wi

4709. **Ben Gabr**, Abd'al Aziz: Die Bedeutung der Staatstätigkeit für die wirtschaftliche Entwicklung Saudi-Arabiens. Freiburg/Schweiz 1972. II, XVI, 185 S. FRS wi-so

4710. **Turky**, Hilmi: Die wirtschaftliche Bedeutung der Erdölproduktion für die Industrialisierung Saudi-Arabiens. Freiburg/Schweiz 1974. IV, XVIII, 338 S. FRS wi-so

4711. **El Sudairy**, Mohammed Abdullah: Grundprobleme der Infrastrukturentwicklung Saudi Arabiens: unter bes. Berücks. des Erziehungswesens. 1976. XI, 152 S. FRS Rechts-, wirtschafts- u. sozialwiss. Fak. Diss.

4712. **Wohlfahrt**, Eberhard: Die Bildung von Planungsregionen in Gebieten mit vorwiegend semi-ariden und voll-ariden Klimabedingungen zum Zwecke der Strukturentwicklung: Abgrenzungskriterien u. deren Anwendung, dargest. am Beispiel d. südwestl. Saudi-Arabien (Südl. Hedschas). 1977. VII, 233 S. KA wi

Sowjetunion

4713. **Utz**, Victor: Die Besitzverhältnisse der Tartarbauern im Kreise Simferopol. Tübingen 1911. VII, 153 S. L ph   U.11.3328
Im Handel: Zeitschrift für die ges. Staatswiss. Erg.-H. 41.

4714. **Blagowiestschensky**, Georg: Die wirtschaftliche Entwicklung Turkestans. Berlin (1913) 122 S. B-T 1912   U.13.4761
Im Handel vollst. als: Rechts- und staatswiss. Studien, H. 46.

4715. **Sabitoff**, M. Essad: Turkestan und seine wirtschaftlichen Verhältnisse. Ma 127 S. (Auszug nicht gedruckt.) WÜ rs nA   U.20.1074

4716. **Kunhenn**, Paul: Die Nomaden und Oasenbewohner Westturkestans. Langendreer 1926. 131 S. HH mn 1926   U.27.2568

525

4717. König, Wolfgang: Zu einigen Fragen der Wirtschaft und Gesellschaft der Teke-Turkmenen Achals im 19. Jahrhundert. o.O. (1959) X, 294 gez. Bl. L ph Ma nA   U.59.4991

4718. Oberg, Jürgen: Industriegeographische Probleme Uzbekistans. Kiel 1969. XII, 591 S. KI rs 1969

Sudan

4719. Kumm, H(ermann) Karl Wilhelm: Versuch einer wissenschaftlichen Darstellung der wirtschaftsgeographischen Verhältnisse Nubiens von Assuan bis Dongola. Zusammengestellt nach den Angaben von Reisenden und staatl. Statistiken sowie nach eigenen Untersuchungen. (Gotha) 1903. 66 S. FR ph 1903

4720. Pyritz, Carl: Die volkswirtschaftliche Entwicklungstendenz in Egypten und im englisch-egyptischen Sudan. Berlin 1912. VI, 115 S. GRE ph
U.12.1835
Im Handel: Koloniale Abhandlungen, Heft 52/56.

4721. Hapkemeyer, August Heinrich: Die wirtschaftliche Entwicklung des englisch-ägyptischen Sudan. Ma V, 200 S. Hamburg (1921) HH rs 1921
U.22.4382

4722. Stern, Julius: Der Anglo-Ägyptische Sudan. Eine wirtschaftsgeogr. Betrachtung. Gießen 1928. 111 S. GI ph   U.28.2455

4723. Krämer, Walter: Die koloniale Entwicklung des Anglo-Ägyptischen Sudans. Berlin 1938. 239 S. L ph bA   U.38.6712
Im Handel: Neue deutsche Forschungen. Abt. Kolonialwissenschaft Bd. 1 = Bd. 199 der Gesamtreihe (Junker u. Dünnhaupt/Berlin.)

4724. Idris, Selma (M. Suliman): Die Möglichkeiten der wirtschaftlichen Entwicklung des Sudans. o.O. 1959. 84 gez. Bl. TÜ rw Ma nA   U.59.7580

4725. Et-Tijani, Babiker El-Siddik: Zu einigen Fragen der Struktur, Entwicklung und Perspektive des Versicherungswesens im Sudan. Berlin 1966. II, 190 gez. Bl. B-ÖK Mav nA   U.66.1783

4726. **Nötzold**, Günter: Ökonomisch-geographische Probleme der Entwicklung und Verteilung der Industrie in den jungen Nationalstaaten. Dargestellt am Beispiel der Republik Sudan. Leipzig 1967. IV, 312, 46 gez. Bl. L wi Hab Mav nA U.67.9698

4727. **Mustafa**, Abdelrahim: Außenhandel des Sudans. Graz 1970. A,B, 136 Bl. GZ rs Ma

4728. **Ahmed**, Faisal: Hauptprobleme der Außenwirtschaftsbeziehungen und die Entwicklung der nationalen Industrie der Demokratischen Republik Sudan. Berlin 1971. V, 262 gez. Bl. B-ÖK, Wiss. Rat, Diss. A Mav nA U.71.219

4729. **Khalifa**, Abdalla: Agrarwirtschaft und Industrialisierung im Sudan. Graz 1972. Bl. A–B, 130 Bl., Bl. A–C. GZ s Ma

4730. **Bardeleben**, Manfred: Das Genossenschaftswesen im Sudan. Entwicklung, Kennzeichen u. Bedeutung im sozialökonom. Entwicklungsprozeß. Hamburg 1972. VIII, 155 gez. Bl. HH wi-so nA U.72.6508

4731. **Rasheed**, Mohamed Sadig: Einige Aspekte der Industrialisierung und der Politik der industriellen Entwicklung des Sudan. 1974. 3, II, 261 Bl. B-ÖK Diss. A Mav nA U.75.253

4732. **Babiker**, Abdel Bagi Abdel Ghani: Grundlagen der Entwicklung und Standortverteilung der Industrie in der Demokratischen Republik Sudan. 1974. 319, XII Bl. HAL Diss. A Mav nA U.74.1386

4733. **Shulli**, Abdel Rahman Ali: Energiewirtschaftsprognose der Republik Sudan. 1975. IV, 120 Bl. DR-T gw Diss.A nA U.75.1296

4734. **Hashim**, Mohi Eldin Osman: Die Wechselwirkung zwischen der Entwicklung der Außenwirtschaftsbeziehungen und dem Industrialisierungsprozeß im Sudan seit der Erringung der Unabhängigkeit. 1975. X, 227 Bl. B-ÖK Diss. A Mav nA U.76.220

4735. **Imam**, Faisal Bashir: Die Wechselwirkung zwischen der Industrialisierung und der Qualifizierung der Arbeitskräfte im Sudan. 1977. Getr. Zählung. B-ÖK Diss. A nA

527

Syrien

4736. **Schulz**, Paul: Syriens Rolle im Welthandel. Marburg 1899. (Umschlag: 1900) 81 S. MR ph 1900

4737. **Rechlin**, Wilhelm: Syriens Stellung in der Weltwirtschaft. Greifswald 1920. 151 S. GRE rs nA U.20.611 Im Handel: Greifswalder staatswissenschaftl. Abhandl., H. 1.

4738. **Bartsch**, Konrad: Die Oase Damaskus. Eine wirtschaftliche Untersuchung. Lüdenscheid 1921. VI, 102 HD ph nA U.21.6733

4739. **Azmeh**, Abdullah-F.: L'évolution de la banque commerciale dans le cadre économique de la Syrie (Province nord de la R.A.U.) 1920-1957. Lausanne 1957. LAU wi

4740. **Haschem**, Hayssam: Die besonderen Probleme der Industrialisierung Syriens. Köln 1961. V, 149 S. K wi-so U.61.5694

4741. **Hilmi**, Mufid Hassan: Zu einigen Fragen der Rolle des Außenhandels für die Industrialisierung Syriens in der Zeit von 1951-1959. Berlin 1962. 185 gez. Bl. B-ÖK Mav nA U.62.1230

4742. **Kassam**, Abdalla: Zur Entwicklung der syrischen Industrie und ihrer Probleme. Berlin 1962. 179 Bl. B-ÖK nA Mav U.62.1233

4743. **Al-Kala**, Ahmad Radjai Agat: Versuch einer Analyse der Struktur der Volkswirtschaft Syriens nach Erringung der politischen Unabhängigkeit. Berlin 1962. VI, 463 gez. Bl. B-ÖK Mav nA U.62.1232

4744. **Mourad**, Ahmed Fares: Die Quellen und Methoden der Finanzierung von Industrieinvestitionen in Syrien nach der Erkämpfung der politischen Unabhängigkeit. Berlin 1962. 4, 331 gez. Bl. B-ÖK Mav nA U.62.1240

4745. **Abrasch**, Mohammad Riad: Das Problem der Realkapitalbildung in den Entwicklungsländern. Unter besonderer Berücksichtigung Syriens. Münster 1963. XXVIII, 208 S. MS rs U.63.8792

4746. **Basmaji**, Abduljelil Akil: Zur Bedeutung des syrischen Außenhandels mit den arabischen Ländern für die wirtschaftliche Entwicklung Syriens seit 1951. Berlin 1963. 7, V, 313 gez. Bl. B-ÖK Mav nA   U.63.1231

4747. **Saidavi**, Khaled Walid: Die Rolle des staatl. Sektors im Prozeß der Industrialisierung Syriens. Berlin 1967. III, 3, 272 gez. Bl. B-H wi Ma nA
U.67.532

4748. **Hido**, Daeud Abdel-Massih: Die Produktion des Nationaleinkommens in Syrien und seine Verwendung über Akkumulation und Konsumtion für die Erzielung einer optimalen Entwicklung der Volkswirtschaft des Landes. Berlin 1967. 263 gez. Bl. B-ÖK 1967 Mav bA   U.67.1673

4749. **Haddad**, Ghassan Raschad: Wie sollte die Organisation und das System der Planung in der Syrischen Arabischen Republik sein, um die optimale Entwicklung der syrischen nationalen Wirtschaft zu ermöglichen? Berlin 1968. 133 Bl. in getr. Pag. B-H wi 1968 Ma nA   U.68.599

4750. **Hilan**, Rizkallah: Culture et développement économique en Syrie et dans les pay retardés. Genf 1969. IV, 388 S. GE wi

4751. **Zubeide**, Mohamed Kamal: Die Perspektiven des syrischen Exports und die Möglichkeiten der Erweiterung und Veränderung der Exportstruktur in den Handelsbeziehungen mit den RGW-Ländern. Berlin 1969. II, 131 gez. Bl. B-ÖK Mav nA   U.69.1250

4752. **Schahbandar**, Mohammed Adnan: Probleme der Entwicklung des Status und der Perspektive der Finanzwirtschaft der nationalisierten Industriebetriebe als Bestandteil des Planungs- und Leitungssystems der SAR. Berlin 1969. 219 gez. Bl. B-ÖK Mav nA   U.69.1231

4753. **Khiara**, Maher H.: Die notwendigen industriellen Strukturveränderungen als Faktor für die Beschleunigung des ökonomischen Wachstums in der Syrischen Arabischen Republik. Berlin 1970. 206 gez. Bl. B-H Sektion Ökonom. Kabernetik und Operationsforschung 1970 Mav nA
U.70.670

4754. **Naboulsi**, Mohammed Said: Entwicklung und Stellung des Staatshaushaltes bei der Verteilung und Umverteilung des Nationaleinkommens und im Planungs- und Finanzsystem in der Syrischen Arabischen Republik. Berlin 1971. 213 gez. Bl. B-H gw Mav nA   U.71.75

529

4755. **Kaddo**, Mohamed Schauki N.: Die Notwendigkeit und Möglichkeit der Anwendung einiger Prinzipien der wirtschaftlichen Rechnungsführung in den staatlichen Industriebetrieben der SAR. Berlin 1971. 259 gez. Bl. B-ÖK Diss. A Mav nA   U.72.831

4756. **Said**, Ahmad Talaat: Die Bedeutung des Bankensystems im wirtschaftlichen Wachstumsprozeß Syriens. Bonn 1971. 112 S. BN rs nA
U.73.3383
Im Handel.

4757. **Habash**, Nabiil: Wirtschaftsentwicklung und Entwicklungsprobleme Syriens. Wien 1973. 152 Bl. W-HW 1974 Ma

4758. **Schurbaji**, Abdul Majid: Probleme der Nationalisierung und der Herausbildung des staatlichen Sektors in der Industrie der SAR. Unter bes. Berücksichtigung der Rolle der Werktätigen im Prozeß d. nichtkapitalist. Entwicklung. Leipzig 1973. V, 257, 19 gez. Bl. L Sekt. Afrika- u. Nahostwiss., Diss. A Mav nA   U.73.1812

4759. **Abboud**, Samuel: Die Bedeutung und die Funktion der Wirtschaftsverträge und ihre Rolle als Instrument der Leitung und Planung der Volkswirtschaft Syriens auf dem nichtkapitalistischen Entwicklungsweg. 1974. 213 Bl. B-ÖK Wiss. Rat, Diss. A Mav nA

4760. **El-Saleh**, Mohamed Ali: Handel und Wirtschaftsstruktur Syriens im Zeitalter der Kreuzzüge. 1974. 255, VI S. TÜ wi   U.74.14371

4761. **Malahfji**, Abdul-Fattah: Die ökonomische Kontrolle als Leitungsfunktion und als Bestandteil der Volksdemokratie auf volkswirtschaftlicher und auf betrieblicher Ebene in Syrien. 1974. IV, 213 Bl. B-ÖK Diss. A Mav nA   U.75.246

4762. **Mikael**, Salim: Sozialökonomische und politische Probleme des Entwicklungsweges Syriens: unter bes. Berücks. der Zeit von 1963-1973. 1976. 353 S. MR gw 1977

4763. **Bakouni**, Mohammed-Shafi: Negative Struktureffekte in der einstufigarbeitsteiligen Volkswirtschaft Syriens und Strategien zu deren Bekämpfung. 1976. VII, 263 S. F wi-so

4764. **Bali,** Mohamed Mohtasem: Zu einigen Problemen der Weiterentwicklung der Außenwirtschaft unter den Bedingungen der nichtkapitalistischen Entwicklung in der Syrischen Arabischen Republik. 1976. 195 Bl. B-ÖK Diss. A Mav nA   U.76.211

4765. **Cheikh Dibes,** Mohamed: Die Wochenmärkte in Nordsyrien. Mainz 1978. 187 S. MZ FB 22 Geowiss.
Im Handel: Mainzer geographische Studien. 13. (Geogr. Inst. d. Johannes-Gutenberg-Univ./Mainz.)

Türkei

4766. **Colescu,** Leonida: Geschichte des rumänischen Steuerwesens in der Epoche der Fanarioten (1711-1821). Eine Darstellung des Steuersystems in den Fürstentümern Walachei und Moldau unter Berücksichtigung der sozialpolitischen und wirtschaftlichen Verhältnisse der Länder. München 1897. 80 S. M ph 1897

4767. **Krauss,** Jakob: Deutsch-türkische Handelsbeziehungen. Seit dem Berliner Vertrag unter bes. Berücksichtigung der Handelswege. Jena 1900. 114 S. ER ph 1900

4768. **Tschiskozade,** Ali: Die direkten Steuern der Türkei. Erlangen 1904. 58 S. ER ph 1904

4769. **Geister,** Paul: Die Türkei im Rahmen der Weltwirtschaft. Greifswald 1907. VIII, 151 S. GRE ph 1907

4770. **Tschiloff,** Nikola: Die Steuerverhältnisse in der Türkei. Erlangen 1911. VIII, 124 S. ER ph   U.12.1058

4771. **Schaefer,** Carl Anton: Ziele und Wege für die Jungtürkische Wirtschaftspolitik. Karlsruhe 1913. VIII, 182 S. FR rs   U.13.502
Im Handel: Volkswirtschaftliche Abhandlungen der Bad. Hochschulen, N.F. H. 17.

4772. **Faß,** Fritz Leopold: Die Verwaltung der türkischen Staatsschuld. Greifswald 1918. 150 S. GRE rs   U.18.275

4773. **Faik Bey**, Ali: Volkswirtschaftspolitik der Türkei im 16. und 17. Jahrhundert. Agrarverfassung, Lehnssystem, Finanzpolitik unter d. Lehnssystem und Geldpolitik. Ma 84 S. Auszug: 5 S. Kiel 1921. KI ph
U.21.7075

4774. **Freundt**, Alfred: Der Übergang der Türkei zur Goldwährung. Ma IV, 83 S. Auszug in: Inauguraldiss. d. phil. Fak. Königsberg i.Pr. 67-73. o.O. (1921) KB ph
U.21.7137

4775. **Hahn**, Walter: Die Verpflegung Konstantinopels durch staatliche Zwangswirtschaft. Nach türkischen Urkunden aus dem 16. Jh. Ma 77 S. Auszug: 2 Bl. Leipzig 1921. KI ph
U.22.5724
Im Handel: Stuttgart 1926.

4776. **Köser**, Nikolaus Heinrich: Wirtschaftspolitische Kriegserfahrungen in Anatolien. Ma 152 S. (Auszug nicht gedr.) Hamburg (1921) 3 Bl. HH rs
1921
U.22.4398

4777. **Goldberger**, Nanni: Die internationalen Banken in der Türkei und ihre Finanzierungsgeschäfte. Ma 110, III S. (Auszug nicht gedruckt) Hamburg (1922) 2 Bl. HH rs
U.22.4372

4778. **Statkov**, Zachari: Die wirtschaftlichen Verhältnisse Bulgariens in den letzten Jahrzehnten der Türkenherrschaft. Ma, VI, 178 S. (Auszug nicht gedruckt) M sw 1923
U.24.7504

4779. **Lierau**, Walter: Die neue Türkei. Wirtschaftliche Zustände und Aussichten. Berlin 1923. 59 S. B ph bA
U.24.828

4780. **Medjdet**, Mehmed: Die Staatsschulden der Türkei und die Verwaltung der Dette publique Ottomane. Ma, 103 S. (Auszug in: Jahrbuch der Diss. d. Phil. Fak. Berlin 1923-24. II, S. 179-182.)

4781. **Crestovitch**, Gabriel: Die türkischen Staatsanleihen. Ma, VII, 253 S. (Auszug nicht gedruckt) HD ph
U.24.5017

4782. **Krause**, Paul: Die deutsch-türkische Wirtschaftspolitik und die deutsch-türkischen Wirtschaftsbeziehungen der Vorkriegszeit. Ma, III, 135 S. F wi-so 1924
U.25.2194

4783. **Farouk Bey**, Omer: Das Ottomanische Schuldwesen von den Anfängen bis 1925 einschließlich des Friedensvertrages von Lausanne. (Dette Publique Ottomane) Ma, 101, LIX S. M s 1926   U.27.4418

4784. **Stich**, Heinrich: Die weltwirtschaftliche Entwicklung der anatolischen Produktion seit Anfang des 19. Jahrhunderts. Kiel 1929. 144 S. K wi-so 1926   U.29.3804

4785. **Mussler**, Wilhelm Julius: Die Türkei. Volkswirtschaftliche Studien. (Hamburg 1929) 135 S. FR rs   U.29.1738

4786. **Djabri**, Muzaffar: Die türkische Volkswirtschaft mit bes. Berücksichtigung der landwirtschaftlichen Verhältnisse. Affoltern a.A. 1929. IV, 92 S. Z vw

4787. **Mehmed**, Nihad: Das Papiergeld in der Finanz- und Währungsgeschichte der Türkei 1839-1909. Geschichte und Kritik. Istanbul 1930. VII, 213 S. FR rs   ˙ U.30.2201

4788. **Bolender**, Ernst: Die neu-türkische Wirtschaft und Wirtschaftspolitik. Berlin (1931) 94 S. J rs   U.31.4130

4789. **Zihni**, Burhan: La balance de comptes de la Republique turque. 1932. IV, 253 S. LAU wi
Im Handel.

4790. **Şükrü**, Refii: La Banque Centrale de la République de Turquie. Vers la stabilisation de la livre turque. 1933. IV, 185 S.
Im Handel.

4791. **Kolonia**, Jümni Bey: Die ottomanische Staatsschuld und ihre Regelung durch die Pariser Konvention vom 22. April 1933. Forchheim Ofr. 1934. III, 68 S. M s bA   U.34.7827

4792. **Heyersberg**, Fritz Adolf: Maschinenverwendung im Wirtschaftsleben der Türkei (Teildr.) Berlin (1934) 44 S. B s   U.34.2890
Im Handel vollst. als: Volkswirtschaftl. Studien, 46.

4793. **Salty**, Vitali: Industriewirtschaft der modernen Türkei. Eine kritische Betrachtung des kulturellen und wirtschaftlichen Aufstiegs unter Berücksichtigung der türkischen Wirtschaftspolitik. Würzburg 1934. VI, 90 S. HH rs nA U.34.6831

4794. **Öktem**, Ahmet Naim (Hakim): Die Stellung (Izmir) Smyrnas im Weltverkehr und Welthandel. Berlin (1935) 120 S. B ph U.35.6328

4795. **Mahoutdji**, Ali Ekber: Die türkische Agrar- und Industriepolitik nach dem Kriege. Dresden 1937. 150 S. L ph 1936 nA U.37.7344 Im Handel.

4796. **Nezihi**, Hasan: Die Gestaltung der deutsch-türkischen Handelsbeziehungen seit dem Lausanner-Friedensvertrag (1923) und die Möglichkeiten ihrer rationelleren Gestaltung in der Zukunft. Köln 1937. 72 S. K wi-so U.37.6027

4797. **Reschat**, Nalbandoglu Mehmet: Die Industrialisierung der Türkei. Zeulenroda 1937. 79 S. M s bA U.37.7784

4798. **Ilteber**, Ahmed Halid: Studie zum Bankwesen in der Türkei. Jena 1937. VI, 188 S. B ph U.37.762

4799. **Tuna**, Orhan: Durchbruch der Türkei zur nationalen Staatswirtschaft. Philippsburg/Baden 1938. 110 S. HD sw U.38.5023

4800. **Halil**, Sadrettin: Das Steuersystem der Türkischen Republik und seine geschichtlichen Grundlagen. Philippsburg/Baden 1938. 73 S. HD sw U.38.5005

4801. **Özbek**, Sait Emin: La Sümer Bank et l'industrialisation de la Turquie sous la Republique. 1938. IV, 184 S. LAU wi Im Handel.

4802. **Dümer**, Tarik T.: Türkiye İş Bankası A.S. La banque d'affaires de Turquie S.A. et son rôle économique en Turquie. Lausanne 1938. IV, 208 S. LAU

4803. **Bayar**, Turgut: La Türkiye İş Bankası (La Banque d'affaires de Turquie S.A.) et l'économie de la Turquie. 1939. 213 S. NEU wi

4804. **Oğuz**, Ahmed: Die Wirtschaftslenkung in der Türkei unter bes. Berücks. des Bankwesens. Berlin 1940. 237 S. B-WH nA   U.40.1041
Im Handel: Volkswirtschaftliche Studien, Heft 65.

4805. **Tolun**, Mehmed Irfan: Beiträge zur Problematik der Industrialisierung der neuen Türkei. Limburg a.d. Lahn 1940. 67 S. F wi-wo   U.40.2402

4806. **Nebioğlu**, Osman: Die Auswirkungen der Kapitulationen auf die türkische Wirtschaft. (Naumburg/Saale) 1941. 95 S. GÖ rs bA   U.41.2187
Im Handel: Probleme der Weltwirtschaft, Schriften des Instituts für Weltwirtschaft an der Universität Kiel, 68 (Fischer/Jena).

4807. **Inkaya**, Cahid: Le commerce international de la Turquie et la comparaison de prix turc avec les prix mondiaux. Lausanne 1941. 118 S. LAU

4808. **Ersin**, Iclâl: L'imposition des revenues professionnels en Turquie. Genf 1941. 224 S. GE wi

4809. **Dağlaroğlu**, Rüştü: l'industrie textile turquie. Freiburg/Schweiz 1941. 223 S. NEU wi

4810. **Serter**, Saip Hayri: Über die Entwicklung der Textilwirtschaft und -Technik in der neuen Türkei. o.O. (1942) 87 gez. Bl. AC-T Ma nA   U.42.64

4811. **Behlil**, Fehmi: Die moderne Industrieplanung in der Tuerkei. o.O. (1943) 117 gez. Bl. B rs Ma nA   U.43.69

4812. **Aksel**, Lutfullah: Die Wandlungen der Wirtschaft und Wirtschaftspolitik, insbesondere des Außenhandels in der neuen Türkei. (Berlin 1943) 149 gez. Bl. B rs Ma nA   U.43.67

4813. **O'kan**, A. Enis: Der türkische Außenhandel und die Außenhandelspolitik der Türkei unter der Republik 1923-1938. Istanbul 1943. 265 S. Z vw 1943

4814. **Sükûn**, Nacil: L'industrie minière turque. Montreux 1943. 310 S. NEU wi

4815. **Anhegger,** Robert: Beiträge zur Geschichte des Bergbaus im osmanischen Reich. (Teildr.) Laupen/Bern 1945. 129 S. Z ph I
Im Handel: Istanbuler Schriften, Nr. 2. (1943) und Nr. 14 (1944) Ausl.
Europa-Verlag Zürich

4816. **Kaergel,** Johanna: Kriegswirtschaftliche Maßnahmen eines neutralen Staates, dargestellt an dem Beispiel der Türkei. Breslau. BR rs nA
U.44.1688

4817. **Çakır,** Necati: Grundlagen und Probleme der staatl. Industrialisierung der Türkei. o.O. (1944) 230, IV gez. Bl. B aus 1944 Ma nA

4818. **Ünal,** Halit: L'économie mixte en Turquie. Genf 1948. 175 S. GE

4819. **Erginay,** Akif: Le budget turc. Genf 1948. 204, 25 S. GE wi

4820. **Barda,** Süleyman: Le commerce turco-suisse dans la période d'entre les deux guerres. (Ressources et possibilités.) Genf 1948: Impr. Centrale.
410 S. GE wi

4821. **Daun,** Anne-Marie: Der Strukturwandel in den deutsch-türkischen Handelsbeziehungen seit dem 19. Jahrhundert. Köln 1949. II, 153 gez. Bl.
K wi-so Ma nA
U.49.4153

4822. **Zarakolu,** Hüseyin Avni: Die Staatsausgaben der Türkei 1923-1939.
Zürich 1949. 160 S. Z vw 1949.
Im Handel.

4823. **Türkoğlu,** Abdullah: Finanzielle Beziehungen zwischen der Schweiz und der Türkei. Zürich 1949. 137 S. Z vw
Im Handel.

4824. **Bismarck-Osten,** Ferdinand von: Die Wirtschaftsstruktur und das Problem einer gelenkten Strukturwandlung in der Türkei. Ein Beitrag zur Frage der Entwicklung unterentwickelter Gebiete. Kiel 1951. V, 158 gez. Bl.
KI rs Ma nA
U.51.4922

4825. **Pilafidis**, Fedon K.: Die türkische Sozialversicherung und die Möglichkeiten zu ihrer Verbesserung. Ein Beitrag zur Frage der sozialen Sicherheit in der Türkei. o.O. (1952) 119 gez. Bl. F wi-so Ma nA   U.52.2444

4826. **Tarhan**, Servet: La monnaie turque pendant la deuxième guerre mondiale. Neuchâtel 1952. 146 S. NEU wi

4827. **Bursal**, Nasuhi: Die Einkommenssteuerreform in der Türkei. Winterthur 1953. XIV, 216 S. Z vw
Im Handel.

4828. **Möslinger**, Klaus-Dieter: Die Rohstoffgrundlagen der türkischen Wirtschaft und der agrare Außenhandel mit Deutschland. o.O. (1954) III, 121 gez. Bl. M-T Mav Fak. f. Landwirtschaft nA   U.54.7659

4829. **Ayverdi**, Fazli: Außenhandel und Außenhandelspolitik der Türkei von 1938-1953. Eine Studie über die Zusammenhänge zwischen Wirtschaftsstruktur und Außenhandelsentwicklung der Türkei. Göttingen 1954. V, 301 gez. Bl. GÖ rs Ma nA   U.55.3106

4830. **Sözeri**, Salâhaddin: Dreißig Jahre Wirtschaftsaufbau in der Türkei. Kiel 1954. XIV, 372, III gez. Bl. KI rs Ma nA   U.54.5029

4831. **Çakmak**, Namık Kemal: Die Voraussetzungen für die Einführung und die Durchführung einer Platzkostenrechnung in der türkischen Baumwollweberei. (Krefeld 1955) 208 gez. Bl. K wi-so Ma nA   U.55.5295

4832. **Heper**, Niyazi: Die neuere Entwicklung des türkischen Bankwesens und die wichtigsten Banken in der Türkei. Nürnberg 1955. V, 79 gez. Bl. N Hochschule für Wirtsch.- und Sozialwiss. Mav nA   U.55.7946

4833. **Karamete**, Hakkı: Wirtschaftssystem und Wirtschaftsgesinnung, Steuersystem und Steuermentalität in der Türkei. (Köln 1956) 120 S. K wi-so   U.56.5066

4834. **Ayarcı**, Namik K.: Die Entwicklung des türkischen Geld- und Bankwesens seit dem Ende des zweiten Weltkrieges. o.O. (1956) 136 gez. Bl. TÜ rw Ma nA   U.56.7875

4835. **Omay**, Turgut: L'imposition des revenues en Turquie. Genf 1958. 295 S. GE wi

4836. **Oenge**, Ali Mustafa: Die türkische Wirtschaft und ihr Außenhandel in den Jahren 1927 bis 1957. 1959. 112 Bl GZ 1959

4837. **Pekin**, Tevfik: Organisation und Struktur des türkischen Bankwesens. München 1960. V, 167 S. M s U.61.7098

4838. **Atalay**, M(ehmet) Emin: Entwicklung und Organisation öffentlicher und genossenschaftlicher Förderungseinrichtungen des Handwerks und Kleinhandels in der Türkei. Marburg 1960. 124 S. MR rs 1960 nA
U.65.9372
Im Handel: Veröffentlichungen des Instituts für Genossenschaftswesen an der Philipps-Universität Marburg (Lahn) Bd. 27.

4839. **Paklar**, Selahaddin: Die Sümerbank und ihr Einfluß auf die Entwicklung der türkischen Industrie. Tübingen 1961. IX, 131 S. TÜ rw
U.61.8647

4840. **Özis,** Ünal: Die Hydroenergie in der Entwicklung der Türkei. München 1961. 120 S. M-T U.61.7831

4841. **Dilik**, Sait: Die Geldverfassung und die Währungspolitik der Türkei. Freiburg i.B. 1961. III, 252 S. FR rs U.61.2971

4842. **Evin**, Vefik: Das Problem der Liquidität. Unter bes. Berücksichtigung des türkischen und deutschen Bankwesens. Tübingen 1961. 102 S. TÜ rs U.61.8626

4843. **Erbas**, Ihsan: Strukturanalyse der Wirtschaftsentwicklung in der Türkei. Berlin 1962. VIII, 156, XIV S. B-F wi-so 1962 U.63.935

4844. **Mülâyim**, Atalay: Die Ausfuhrförderungsmaßnahmen der Türkei von 1950 bis 1960. Eine kritische Untersuchung. Hamburg 1962. V, 111 S. WÜ wi-so U.62.4437

4845. **Önen**, Ergun: Die gemeinwirtschaftlichen Unternehmungen in der Türkei. Berlin 1962. 205 S. B-F j 1962 U.63.921

4846. **Inan**, Resat: Die Zentralbank der türkischen Republik und ihre Rolle bei der wirtschaftlichen Entwicklung der Türkei. Tübingen 1962. X, 127 S. TÜ rw   U.62.9068

4847. **Peters**, Lothar: Die Entwicklung des Geldwertes in der Türkei 1950-1959. Inflation und Wachstum in den ärmeren Ländern. Frankfurt 1963. 208 S. F wi-so   U.63.3042

4848. **Akpınar**, Turgut: Die Bankenaufsicht in der Bundesrepublik Deutschland und in der Türkei. Eine vergleichende Betrachtung. München 1963. X, 153 S. M j   U.63.7758

4849. **Berding**, Arno: Die Beschäftigung ausländischer Arbeitnehmer in der Bundesrepublik Deutschland. Graz 1963. III, 180, III. GZ s 1964 Ms

4850. **Turhan**, Salih: Die türkische Umsatz- und Verbraucherbesteuerung. Darstellung und Kritik. Köln 1964. 166 S. K wi-so   U.64.7178

4851. **Öcal**, Naim: Die ausländischen Kapitalinvestitionen in der Türkei und ihre wirtschaftliche Bedeutung. Mannheim 1964. II, 121 S. MA Wirtsch. H. 1964   U.65.9344

4852. **Ürgüplü**, Hayri Suat: Die Auswirkungen einer Assoziierung der Türkei mit der Europäischen Wirtschaftsgemeinschaft auf die türkische Wirtschaft. Köln 1965. III, 158 S. K wi-so   U.65.7616

4853. **Tezel**, Sabahattin: Wachstumsprobleme der türkischen Wirtschaft. Unter bes. Berücksichtigung des 1. Fünfjahresplanes. Köln 1965. 125 S. K wi-so U.65.7613

4854. **Akoğlu**, Tunay: Le tourisme dans l'économie de la Turquie. Evolution, importance, problèmes. 1965. VIII, 199 S. BE

4855. **Yücel**, Ilhan: Die Grundsätze einer modernen Entwicklungsplanung, dargestellt am Beispiel der Türkei. Wien 1966. 212 S., 31 Abb. W Hochschule f. Welthandel 1966

4856. **Barthel**, Günter: Zur Industrialisierung der Türkei. Bilanz und Perspektive. Leipzig 1966. VIII, 325 gez. Bl. L wi Mav nA   U.66.9978

4857. **Sariolghalam**, Siavoush: Die Probleme der Beschäftigung ausländischer Arbeitskräfte in der Bundesrepublik Deutschland und ihre Auswirkungen auf die deutsche Volkswirtschaft. (Graz) 1966. 105, 7, 4 Bl. GZ s

4858. **Kumbaracıbaşı**, Onur C.: Die türkische Wirtschaft vom Ende des 1. Weltkrieges bis zur Assoziierung an die EWG. Wien 1966. II, 164 Bl. W rs 1966 Ma

4859. **Kepkep**, Naci: Das System der türkischen Wirtschaftspolitik. Wien 1966. V, 151 Bl. W rs 1966

4860. **Ekemann**, H. Buelent: Die volkswirtschaftliche Bedeutung der Häfen und Wasserwerke in der Türkei. Graz 1967. VII, 125 Bl. GZ rs Ma

4861. **Alphan**, Mustafa Mazhar: Die EWG (Europäische Wirtschaftsgemeinschaft) und die Türkei. Graz 1967. 173, 2 Bl. GZ s 1968 Ma

4862. **Özdoğan**, Ruhi: Die Eisen- und Stahlindustrie im Industrialisierungsprozeß der Türkei. Eine Untersuchung über die gegenwärtige Stellung und zukünftige Entwicklung der Eisen- und Stahlindustrie der Türkei und ihrer Eisenerzgrundlagen. Clausthal 1967. XV, 251 S. CLZ-T Fak. f. Natur- und Geisteswiss. 1967 U.67.2811

4863. **Maschaikhi**, Mostafa: Wirtschaftliche Zusammenarbeit zwischen Iran, Türkei und Pakistan. Graz 1968. IV, 99, 2 Bl. GZ s 1969 Ma

4864. **Alver**, Hulki: Standortwahl und Standortprobleme in der türkischen Industrie. Berlin 1969. III, 218, X S. B-F wi-so 1969 U.69.17027

4865. **Yücer**, Ibrahim: Bevölkerungswachstum und wirtschaftliche Entwicklung in der Türkei nach dem Zweiten Weltkrieg. Basel 1969. 112 S. BA ph-hs 1969

4866. **Akman**, Ahmet Naim: Die Entwicklung der türkischen Industrie unter Berücksichtigung der Kapitalbeschaffung. Kiel 1970. 119 S. KI rs 1970 U.70.11477

4867. **Bozbağ**, Ali F.: Das kemalistische Entwicklungsmodell und seine Bedeutung für die politische, wirtschaftliche und sozio-kulturelle Entwicklung der Türkei. Frankfurt 1970. III, 172, XVI S. F wi-so 1970   U.70.7767

4868. **Aksu**, Yusuf Ziya: Die Entwicklungsmöglichkeiten der türkischen Finanzmärkte. Erlangen-Nürnberg 1971. XIII, 240 S., S. XIV-XXXIII ER wi-so
U.71.3141

4869. **Senel**, Sengün: Aufstellung einer Input-Output-Tabelle und Input-Output-Analyse für die Türkei. Bonn 1971. 168 S. BN rs   U.71.2593

4870. **Önsoy**, Rifat: Die Handelsbeziehungen zwischen den süddeutschen Staaten und dem osmanischen Reich von 1815 bis 1871. 1972. XII, 214 S. WÜ ph   U.72.12718

4871. **Bagriacik**, Atila: Die Assoziierung der Türkei an die europäische Wirtschaftsgemeinschaft. (Wien) 1972. 155 Bl. W-HW 1974 Ma

4872. **Ergün**, Ismet:Probleme der Außenwirtschaftsbeziehungen der Türkei mit den Comecon-Ländern. 1972. VII, 251 S. M s 1973   U.74.2267

4873. **Ileri**, Muhlis: Die Bedeutung staatlicher Unternehmungen für die Wirtschaftsentwicklung: eine krit. Analyse. 1973. III, 195 S. HH wi-so
U.75.8284

4874. **Bayer**, Emre: Selbstfinanzierung und Kapitalstruktur türkischer Unternehmen und ihr Einfluß auf das Unternehmenswachstum. 1973. 152 S. BN rs

4875. **Öznalcin**, Ahmet Tarik: Die Notwendigkeit industriellen Aufbaus in den Entwicklungsländern dargestellt am Beispiel der Türkei. Wien 1973. V, 298 Bl. W-HW

4876. **Yilmaz**, Bahri: Die volkswirtschaftlichen Auswirkungen der Auswanderung türkischer Arbeitskräfte auf die wirtschaftliche Entwicklung in der Türkei: unter bes. Berücks. der Beschäftigung der türkischen Arbeitskräfte in d. BRD von 1963 bis 1971. 1973. VIII, 210 S. BN rs U.74.4079

4877. **Tiné**, Werner: Eignungspsychologische Aspekte ausländischer Arbeitnehmerinnen: eine Grundlagenunters. zur Einsatzfähigkeit ausländ. Arbeitnehmerinnen im gewerbl. Bereich d.elektrotechn. Industrie. 1973. 153 S. K mn U.74.10173

4878. **Schild**, Robert: Export-Marketing. Dargest. am Beispiel d. Ausfuhr türkischer Lederbekleidung nach Österreich. (Illustr.) (Linz 1974) X, 334 Bl. L wi-so 1975 Ma

4879. **Akcay**, Hasan: Die Außenhandelsförderung, dargestellt am Beispiel der Türkei. (Mit Tab.) Wien 1974. V, 172 Bl. W-HW 1975 Ma

4880. **Bullinger**, Siegfried: Ausländerbeschäftigung, Arbeitsmarkt und Konjunkturverlauf in der Bundesrepublik Deutschland. 1974. XV, 253 S. TÜ wi bA U.74.14068 Im Handel.

4881. **Mitzlaff**, Christoph von: Der türkische Kapitalmarkt unter besonderer Berücksichtigung des Banksystems: histor. Entwicklung u. gegenwärtige Struktur, Funktionsfähigkeit u. Verbesserungsvorschlage. 1975. 359 S. BN rs U.75.4385

4882. **Teker**, Edip: Die türkische Volksbank. Ein Vergleich ihres Typencharakters mit den Volksbanken in Deutschland u. Österreich. (Linz 1976) VIII, 209 Bl. LI wi Ma

4883. **Taluy**, Zeynep: Exportprobleme der Entwicklungsländer mit besonderer Berücksichtigung der Türkei. (Wien 1976) 203 Bl. W-W 1977 Ma

4884. **Nalbantoğlu**, Osman: Befriedigung der Bedürfnisse mit Gütern und die Bildungsökonomie: eine Abhandlung über die Bedeutung, d.d. Idee „Menschen sind veränderbar; sie verändern sich entsprechend der Erfahrungen, die sie in ihrem Leben machen" für die wirtschaftswiss. Betrachtung d. Marktwirtschaft hat. 1976. IV, 161 S. B-T Fachbereich Gesellschafts- u. Planungswiss. U.76.15414

4885. **Battenfeld**, Stefanie: Die Beschäftigung von Gastarbeitern im Wirtschaftsverlauf unter bes. Berücks. der Rezession. Wien 1976. V, 222 Bl. W-W 1977 Mav

4886. **Schirmer**, Annette: Industrielle Wachstumskerne in der Metropolitan Area Istanbul Türkei: ihre Aktivierbarkeit für die Gestaltung d. Großstadt. 1976. IX, 167 S. B mn

4887. **Yilmaz**, Zekai: Eigenheiten und Wirtschaftlichkeitsreserven in den erwerbswirtschaftlich geführten staatlichen Industrieunternehmungen der Türkei. 1977. VI, 295 S. K wi-so

4888. **Balázs**, Judit: Einige Grundzüge und Entwicklungstendenzen des gegenwärtigen Kapitalismus in der Türkei. 1977. 3, II, 220 Bl. B-ÖK Diss. A nA

4889. **Erdim**, Ali: Struktur und Problematik von Lebensmittelfilialunternehmen in der Türkei. Dargest. am Beispiel d. Migros-Türk. (Innsbruck 1977) VIII, 232 Bl. IN Ma

4890. **Eski**, Hasan: Wirtschaftspolitische Probleme der Assoziierung der Türkei an die Europäische Wirtschaftsgemeinschaft. 1977. 286 S. K wi-so

4891. **Doğan**, Murat: Das Bankensystem der Türkei und die Einwirkungen der Banken auf die wirtschaftliche Entwicklung. 1977. 235 S. BN rs

4892. **Kössler**, Armin: Aktionsfeld Osmanisches Reich. Die Wirtschaftsinteressen des Deutschen Kaiserreiches in der Türkei 1871-1908. Unter bes. Berücks. europäischer Literatur. 1978 (?) 431 S. FR ph
Soll bei Arno Press/New York erscheinen.

Tunesien

4893. **Bertrand**, Georg Jakob: Zollpolitische Verhältnisse und Handel zwischen Frankreich und Tunis. Eine Prognose über das wirtschaftliche Vorgehen Frankreichs in Marokko. Berlin 1910. XV, 62 S. ST rs 1909 U.10.4011 Im Handel: Süsserott/Berlin 1910.

4894. **Romanus**, Herbert: Eine wirtschaftsgeographische Darstellung der nordafrikanisch-französischen Protektorate Marokko und Tunesien. Mit bes. Berücksichtigung seit dem Weltkriege. (Stalupönen) 1934. IV, 107 S. KB ph   U.34.7470

4895. **Briner**, Hans: Probleme der Entwicklung Tunesiens. Bern 1954. 148 S. BE rer. pol.

4896. **Westrick**, Konrad O(rtwin) M(ichael): Der politgeschichtliche Prozeß des Entwicklungslandes Tunesien. Unter bes. Berücksichtigung der politischen Bedeutung seines Erdöls. Mainz 1969. IV, 203 S. MZ rw 1969   U.69.13080

4897. **Abdallah**, Mohamed El Moncef: Möglichkeiten einer wirtschaftlichen Entwicklung unter Berücksichtigung monetärer Probleme: dargest. am Beisp. Tunesien. 1973. 253 S. BN rs 1975   U.75.3920

4898. **Küpfer**, André: Die Steuern in Tunesien, 1961-1971. Zürich 1974. 117 S. Z j
Im Handel: Juris-Verlag/Zürich.

4899. **Ibrahim**, Fouad Naguib: Das Handwerk in Tunesien: eine wirtschafts- u. sozialgeograph. Strukturanalyse. 1975. 231 S. H-T mn nA   U.75.8873
Im Handel.

Zypern

4900. **Frangou**, Andreas: Zypern und seine wirtschaftliche Zukunft. Entwicklungsmöglichkeiten für ein kleines Land. Köln 1961. 185 S. K wi-so
U.61.5691

VERKEHR

Allgemeines

4901. **Münch**, Kurt: Der asiatische Karawanenverkehr und die Ursachen für den Wechsel seiner Transportmittel. Ein Beitrag zur Verkehrsgeographie Asiens. Ma. 1920. 91, XI S. Auszug: Breslau 1920. 2 Bl. BR ph
U.20.3441

4902. **Fritz**, Joachim: Integrierte Verkehrsplanung in ländlichen Räumen von Entwicklungsländern. 1975. 176 S. BN 1
U.75.4108

4903. **Haber**, Hanns Peter: Über die Bedeutung nationaler Handelsflotten für Entwicklungsländer und deren Hochseeschiffahrtspolitik. 1976. V, 148 S. BE rw

4904. **Brix**, Gesine: Zur Seeverkehrspolitik der Entwicklungsländer. 1976. 259, XX Bl. ROS, Fak. f. Gesellschaftswiss. Diss. A. nA   U.76.2589

Vorderer Orient

4905. **Kayser**, Mathilde: Die Verkehrsstellung des Persischen Golfes. Bochum-Langendreer 1936. VI, 114 S. MS ph   U.37.8895

4906. **Schuhmann**, Werner: Der Wandel der Verkehrsbedeutung der Mittelmeerhäfen Karthago, Alexandria, Konstantinopel und Marseille und seine geographischen Ursachen. 1937. 150 S. GRE ph   U.37.4186

Arabischer Raum

4907. **Schander**, Albert: Die Eisenbahnpolitik Frankreichs in Nordafrika nebst einem Überblick über das Problem der Transsaharabahn. Kiel 1913. XXVI, 219-315 S KI ph   U.13.3940
Im Handel vollst. als: Probleme der Weltwirtschaft, Bd. 12.

4908. **Weiße**, Hildegard: Die Organisation des Karawanenhandels und -verkehrs zwischen Euphrat und Nil vom Altertum bis zur Neuzeit. Ma II, 93, XI S. L ph   U.24.7045

Ägypten

4909. **Rheinstrom**, Heinrich: Die Kanäle von Suez und Panama. Eine völkerrechtliche Studie. Borna-Leipzig 1906. 62 S. WÜ j 1906

4910. **Dedreux**, Rudolf: Der Suezkanal im internationalen Rechte unter Berücksichtigung seiner Vorgeschichte. Tübingen 1913. XII, 75 S. BN j

U.13.217

Im Handel vollst. als: Abhandlungen aus d. Staats-, Verwaltungs- und Völkerrecht, Bd. 13, H. 1.

4911. **Glücks**, Willi: Die Handels- und Verkehrsbedeutung des Suezkanals für die deutsche Volkswirtschaft nach dem Kriege. M.-Gladbach 1929. XI, 132 S. K wi-so   U.29.3745

4912. **Abd-el-Hamid**, Osman: Der Suezkanal, seine Entstehungsgeschichte und seine weltwirtschaftliche Bedeutung. 1965. 190 Bl. GZ 1965

4913. **Rahimi**, Nasser: Österreich und der Suezkanal. Wien 1968. III, IV, 251 Bl. W ph

4914. **El-Hawary**, El-Din: Straßenbau und Wirtschaftlichkeit im ägyptischen Straßen- und Wegenetz. Ein Beitrag zu den Problemen des ägyptischen Straßenwesens. Braunschweig 1967. 113 S. BS-T Fak. f. Bauw.

U.67.2734

4915. **Abdin**, Mohamed: Die Elektrifizierung der ägyptischen Staatsbahnen in technischer und wirtschaftlicher Sicht. Graz 1972. Bl. 1a - 211, 1 Kt. gef. GZ-T Ma

4916. **Cosulich**, Udo Nicoló: Der Suezkanal im Weltseeverkehr. Seine wirtschaftliche Bedeutung im Weltseeverkehr vor d. Schließung v. 1967, die Auswirkungen d. Schließung v. 1967 unter bes. Berücks. des ital. Seeverkehrs sowie seine Zukunftsaussichten bei einer Wiedereröffnung. Wien 1973. Bl. I-VIc, 3, 267 Bl. Bl. VII-XIV. W-WH Ma 1974
Im Handel: Dissertationen d. Hochschule f. Welthandel in Wien. 20.
(Verb. d. Wissenschaftl. Gesellschaften Österreichs/Wien.)

4917. **Saleh**, Ahmed: Ein Beitrag der Verkehrsplanung in der AR Ägypten zur Herausbildung eines komplexen Verkehrssystems. 1977. IV, 175 Bl. DR-T gw Diss. A nA

Afghanistan

4918. **Malekyar**, Abdul Wahed: Die Verkehrsentwicklung in Afghanistan. (Unter dem Einfluß von Natur, Mensch und Wirtschaft) Köln 1966. K ph   U.66.9610

Algerien

4919. **Münnich**, Horst: Der Verkehr Algerien-Tunesiens mit Frankreich. Eine Untersuchung des Verkehrs einer kolonialen Seegemeinschaft. Leipzig 1933. 75 S. L ph   U.33.7142

4920. **Taubennestler**, Hugo: Die Entwicklung und Struktur des Verkehrs in Nordwestafrika. Algerien – Marokko – Sahara. Wien 1938. 205 Bl. Ma (Teildr.) Wien: 1939. 39 S. W-HW (Nur Teildruck für den Austausch)   U.39.8932

Iran

4921. **Rausch von Traubenberg**, Paul Frh.: Hauptverkehrswege Persiens. Halle 1890. VI, 60 S. 1 Bl. HAL ph 1890

4922. **Kaviani**, (Riḍā) Reza Khan: Das Verkehrswesen Persiens und seine Ausgestaltung. Berlin 1929. 84 S. B ph 1929   U.30.634

4923. **Fürstenau**, Gisela: Das Verkehrswesen Irans. Sagan (1935) 139 S. M ph   U.35.8770

Marokko

4924. **Taubennestler**, Hugo: Die Entwicklung und Struktur des Verkehrs in Nordwestafrika. Algerien – Marokko – Sahara. Wien 1938. 205 Bl. Ma (Teildr.) Wien: 1939. 39 S. W-HW (Nur Teildruck für den Austausch) U.39.8932

Sowjetunion

4925. **Junge**, Reinhard: Der Waren- und Personenverkehr Turkestans in den Jahren 1901-1914. (Berlin-Potsdam 1918) S. 259-429. BN ph 1918. nA Aus: Archiv für Wirtschaftsforschung im Orient. Jg. 3, 1918, H. 3/4

4926. **Thiel**, Erich: Verkehrsgeographie von Russisch-Asien. Königsberg und Berlin 1934. XI, 324 S. KB ph nA U.34.4558 Im Handel: Osteuropäische Forschungen, N.F. 17.

4927. **Stadelbauer**, Jörg: Bahnbau und kulturgeographischer Wandel in Turkmenien. Einflüsse d. Eisenbahn auf Raumstruktur, Wirtschaftsentwicklung u. Verkehrsintegration in einem Grenzgebiet d. russ. Machtbereichs. Freiburg i.B. 1972. XVI, 520 S. FR ph bA U.73.5752 Im Handel.

Türkei

4928. **Dimtschoff**, Radoslave, M.: Zur Geschichte der Balkan-Eisenbahnen. Würzburg 1894. 4 Bl., 100 S. WÜ j 1894 Im Handel vollst. u.d. Titel: Das Eisenbahnwesen auf der Balkanhalbinsel.

4929. **Schmidt**, Herrman: Das Eisenbahnwesen in der asiatischen Türkei. (Teildr., die Abschn. 1 und 2 und die 1. Hälfte des Abschn. 3 enth.) (Bernau b. Berlin 1913) V, 62 S. B ph U.13.2913 Im Handel vollst.: Siemneroth/Berlin 1914.

4930. Nizami, Ali: Die türkische Eisenbahnpolitik bis 1914. Ma IV, 113 S.
(Auszug nicht gedruckt) HD ph   U.24.5114

4931. Honig, Nathan: Die Stellung Konstantinopels im Welthandel und Weltverkehr. 1917. B ph   U.32.734

4932. Mühlmann, Karl: Die deutschen Bahnunternehmungen in der asiatischen Türkei 1888-1914. Jena (1926) S. 121-137, 365-399. B ph 1926
                                                                U.27.317
In: Weltwirtschaftliches Archiv, Bd. 24.

4933. Ethem, Muhlis: Der Hafen von Stambul und seine Organisation. Borna-
Leipzig 1929. VIII, 110 S. L ph   U.29.4388

4934. Manavoğlu, Tevfik: Die Aufgaben und Entwicklung der Wirtschafts-
politik des türkischen Eisenbahnwesens nach 1918. Berlin 1937. 75 S.
B ph nA   U.37.792
Im Handel: Volkswirtschaftliche Studien, H. 60.

4935. Gökdogan, Mukbil: Straßenbau und Verkehrspolitik in der Türkei. Eine
Studie über den Straßenbau der alten und neuen Türkei mit einem neuen
Straßennetz. Rottweil a.N. (1938) 104 S. S-T   U.38.8693
Im Handel: Schriftenreihe des Seminars für Städtebau und Raumpla-
nung, Technische Hochschule Stuttgart, Heft 1.

4936. Köktürk, Nejdet: Verkehrswesen, Verkehrspolitik und verkehrspoliti-
sche Bedeutung der Türkei im Rahmen des Weltverkehrs. o.O. 1944.
V, 195 gez. Bl. B rs Mav nA   U.44.50

4937. Polat, Hüsameddin: Die türkischen Seehäfen als Mittler des Außenhandels
der Türkei. o.O. (1954) 114 gez. Bl. MZ rw Mav bA   U.54.6050

4938. Jodjahn, Reiner: Über die Entstehung, die Entwicklung und das Tarif-
system der Staatsbahn der Türkischen Republik. (Köln 1955) 163 gez.
Bl. K wi-so Ma nA   U.56.5065

4939. **Rechberger**, Walter: Zur Geschichte der Orientbahnen. Ein Beitrag zur österr.-ung. Eisenbahnpolitik auf dem Balkan in den Jahren von 1852-88. 1958. 218 Bl. W 1958

4940. **Uçar**, Mahmut: Die türkischen Seehäfen und die türkische Seeschiffahrt als Faktoren der türkischen Außenwirtschaft. Köln 1960. 191 S.
K wi-so 1960 U.61.5727

4941. **Yildirim**, Osman: Das Verkehrssystem im Prozeß der Industrialisierung: dargest. am Beispiel der Türkei. 1977. IX, 235 S. BN rs

4942. **Özbakay**, Mete: Straßenbautechnische Untersuchungen mit Tuff für eine Anwendung im ländlichen Wegebau in der Türkei. 1978. 143 S. BS-T Fak. für Bauwesen

Tunesien

4943. **Münnich**, Horst: Der Verkehr Algerien–Tunesiens mit Frankreich. Eine Untersuchung des Verkehrs einer kolonialen Seegemeinschaft. Leipzig 1933. 75 S. L ph U.33.7142

NACHTRÄGE

4944. **Abalı**, Ünal: Türkische Schüler an Berliner Grundschulen. Eine empirische Untersuchung. 1979. V, 267 S. B-F FB 12 1978

4945. **Abbadi**, Sabri: Die Personennamen der Texte aus Hatra. 1980 (?)
Arbeitstitel. TÜ   In Vorbereitung

4946. **Abolsaud**, Salah: Theaterproduktion und gesellschaftliche Realität in Ägypten (1952-1970). 1979. 190 S. K ph 1978

4947. **Abou Ras**, Rafik Bassim: Angebots- und Nachfrageanalyse für Rind- und Büffelfleisch in Ägypten von 1960-1975. 1979. IX, 206 S. GI

4948. **Achi**, Georges: Le passage de la liberté au contrôle dans les échanges extérieurs de la Syrie (1929-1947) 1949. 240 S. GE

4949. **Allam**, Ezzat: Les fonds interarabes de développement du Moyen-Orient, leur objectifs et leur activités (jusqu'au 1974) 1978. 437 S. LAU

4950. **Atsız**, Bugra: Das Osmanische Reich um die Mitte des 17. Jahrhunderts. Nach den Chroniken des Vecihi (1633-1660). M.
Im Handel: Beiträge zur Kenntnis Südosteuropas und des Nahen Orients. 20. 1977.

4951. **Badeen**, Edward: Auszüge aus ᶜAmmār al-Bidlīsīs Bahgat at-ta'ifa und Sawm al-qalb. 1978. II, 96 S. BA ph

4952. **Balke**, Diethelm: Westöstliche Gedichtformen. Sadschal-Theorie u. Geschichte d. dt. Ghasels. o.O. (1952) 371 gez. Bl. BN ph Ma nA
U.52.1017

4953. **Baroudi**, Moustapha: Les problèmes juridiques concernant l'administration des communautés sous mandat. Genf 1949. 231 S. GE j

4954. **Baruth**, Dietrich E.: Die deutsche Marokkopolitik 1905/06 und Friedrich von Holsteins Entlassung im Spiegel der Presse. 1978. XI, 464 S. SB ph

4955. **Blumenthal**, Elke: Darstellung und Selbstdarstellung des ägyptischen Königtums. Untersuchungen zur schriftlichen Überlieferung des Mittleren Reiches. 1977. 249 Bl. L Sekt. Kulturwiss. u. Germanistik Diss. B na

4956. **Bünning**, Eduard: Nicholas Rowe Tamerlane. 1702. Schwerin i. M. 1908. 72 S. ROS ph 1908

4957. **Cosson**, Pierre: Essai sur le problème scolaire catholique en Egypte des origines à l'accord franco-anglais de 1904. Paris 1940. 253 Bl. FRS

4958. **Danesch-Schariatpanahi**, Mostafa: Die Politik Großbritanniens und Rußlands in der iranischen bürgerlichen Revolution 1905-1911. 1979. VI, 361, 114 S. K ph 1976

4959. **Dib**, Naheb el.: Die Wirkungen des Stückschreibers B. Brecht in Ägypten. 1979. 122 S. HD
Im Handel.

4960. **Dörfler**, Samuel: Untersuchung der Authentie und des Inhalts der Schrift „Kitāb ma ᶜānī al-nafs" nebst Übersetzung ausgewählter Kapitel. Ma 64 S. Auszug in: Jahrbuch d. Diss. d. Phil. Fak. Berlin 1923-24, I. S. 294-95. B ph   U.24.695

4961. **Emmerig**, Thomas: Studio- und Liveaufnahme in der musikethnologischen Sammelmethode, dargestellt an Musik auf Sornai und Dhol in Afghanistan. 1976. REG Magisterarbeit
Soll im Handel erscheinen im Laaber-Verlag 1980 (?).

4962. **Eskandari**, Manoutcher: Contribution à l'étude de l'utilisation des gaz naturels dans l'industrie pétrolière de l'Iran. Lausanne 1952. 108 Bl. LAU

4963. **Farah**, Chahine: Völkerrechtliche Aspekte von Zusammenschlüssen arabischer Staaten unter bes. Berücksichtigung der Staatennachfolge bei der Vereinigten Arabischen Republik (VAR). 1978. 194 Bl. L Inst. f. Internat. Studien

552

4964. **Farra**, Adnan: L'industrialisation en Syrie. Genf 1950. 262 S. GE

4965. **Gartmann**, Helene: Zur Situation der Frau im Gecekondu. (Arbeitstitel !) Berlin 1980 (?) B-F FB Philosophie u. Sozialwiss.

4966. **Grau-Zimmermann**, Barbara: Phönikische Metallkannen in den orientalisierenden Horizonten des Mittelmeerraumes. 1978. 57 S. K ph bA Kurzfassung in: Madrider Mitteilungen. 19. 1978. S. 161-218.

4967. **Janzen**, Jörg: Die nomadischen Viehhalterstämme Dhofars/Sultanat Oman. Traditionelle Lebensformen im Wandel. 1980 (?) Arbeitstitel. GÖ   In Vorbereitung

4968. **Katsoulis**, Haris: Bürger zweiter Klasse. Ausländer in der Bundesrepublik. 1978. 245 S. HD wi-so 1976 nA

4969. **Kazem**, Mourad: L'union douanière Libano-Syrienne. Genf 1950. 251 S. GE

4970. **Kessler**, Karlheinz: Untersuchungen zur historischen Topographie Nordmesopotamiens. 1977. TÜ ph Im Handel: Tübinger Atlas des Vorderen Orients. Beiheft B 26. (Reichert/Wiesbaden 1979.)

4971. **Khazraji**, Adnan al.: Die Rolle der marxistisch-leninistischen Philosophie und Ideologie bei der Formierung und Entwicklung der Kommunistischen Partei Iraks (1920-1945). 1978. IV, 171 Bl. L Sekt. Afrika- und Nahostwiss. nA

4972. **Kovalenko**, Anatoly: Le Martyre de Husayn dans la poésie populaire d'Iraq. 1979. VI, 336 S. GE

4973. **Kümmel**, Hans Martin: Familie, Beruf und Amt im spätbabylonischen Uruk. Prosopographische Untersuchungen zu Berufsgruppen des 6. Jahrhunderts v. Chr. in Uruk. 1974. TÜ Hab 1974 Im Handel: Abhandlungen der Deutschen Orientgesellschaft. 20. (Mann/Berlin 1979.)

4974. **Kutsch**, Horst: Das Zeralienklima der marokkanischen Meseta, Trans-
pirationsdynamik von Weizen und Gerste und verdunstungsbezogene
Niederschlagswahrscheinlichkeit. 1977. 154 S. Trier FB III
Im Handel: Trierer geographische Studien. 3. (Geogr. Gesellschaft/
Trier 1978.)

4975. **Laqueur**, Hans Peter: Zur kulturgeschichtlichen Stellung des türkischen
Ringkampfes einst und jetzt. 1979. M
Im Handel: Europäische Hochschulschriften. Reihe XXXV. Band 2.
(Lang/Frankfurt 1979.)

4976. **Lieser**, Peter: Die Bedeutung der Ölimportabhängigkeit für die Nahost-
Politik der Bundesrepublik Deutschland von 1964 bis 1972. 1976.
XXVII, 498 S. HH wi 1979

4977. **Ludwig**, Hans Jochen: Die Türkenkrieg-Skizzen des Hans von Aachen
für Rudolf II. 1978. 170 S. F nA
Im Handel: Frankfurter Dissertationen zur Kunstgeschichte. 3.

4978. **Macuch**, Maria: Das sasanidische Rechtsbuch „Mātakdān i hazār
dātistān" (Teil II) 1979. 431 S. B FB Philosophie u. Sozialwiss. 1977

4979. **Mc Ewan**, Gilbert: Clergy and Temple in Late Babylonia. 1980 (?)
Arbeitstitel. TÜ   In Vorbereitung

4980. **Nassif**, Adel: Soziale Probleme ausländischer Arbeitnehmer im Produk-
tionsprozeß in der Bundesrepublik Deutschland. 1979. 235 S.
K wi-so

4981. **Neophytou**, Georgios: Analyse der Entwicklung und Entwicklungsmöglichkeiten der Region Limassol. Ein Beitrag zur Regionalplanung der
Republik Zypern. Berlin 1977. 549 S. B-T 1977

4982. **Nossier**, Abdel Hamied: Die sozio-politischen Bedingungen der wirt-
schaftl. Entwicklung, dargest. am Beispiel Ägyptens. 1952-1975. 1977.
II, 185 S. BO 1977
Im Handel: Brockmeyer/Bochum 1979.

4983. **Onasch**, Christian: Das meroitische Pantheon. Untersuchungen zur Religion in Kusch. 1978. 8, IV, 221 Bl. B-H ges nA

4984. **Pabst**, Erika: Islamische Themen in der Tageszeitung „al-Ahrām" in den Jahren 1967-1970. 1977. 235 Bl. HAL ph

4985. **Prokosch**, Erich: Studien zur Syntax des Osmanisch-Türkischen unter besonderer Berücksichtigung des Vulgärosmanisch-Türkischen. 1979. ca. 270 S. W ph
Soll im Handel erscheinen.

4986. **Pusch**, Edgar B.: Das Senet-Brettspiel im alten Ägypten. Bonn 1975/76. T. 1 und T. 2.
Im Handel: Münchener ägyptologische Studien. 38.

4987. **Rempis**, Christian: Die Vierzeiler des Meisters Omar-e Chajjām. Gesamtausgabe auf Grund der achtzig Handschriften (1280-1680) (?) Hab 1943.
(Die Schrift soll bei Harrassowitz in Leipzig verbrannt sein.)

4988. **Rettelbach**, Gerhard: Ḫulāṣat as-siyar. Schah Ṣafī (1629-1642) nach der Chronik des Muḥammad Maʿṣūm b. H. Iṣfahānī. M
Im Handel: Beiträge zur Kenntnis Südosteuropas und des Nahen Orients. Bd. XXIX. 1978.

4989. **Richter**, Werner: Israel und seine Nachbarräume. Ländliche Siedlungen u. Landnutzung seit d. 19. Jh. 1979. X, 413 S. REG Hab
Im Handel: Erdwissenschaftliche Forschung. 14. (Steiner/Wiesbaden.)

4990. **Saleh**, Olivia El Saied: Der Weltmarkt für Reis und seine Bedeutung für die ägyptische Reiswirtschaft. 1979. VIII, 215 S. GI

4991. **Sayad**, Mohamed Tarek El.: Entwicklungsmöglichkeiten der Siedlungsstruktur in ländlichen Räumen Ägyptens unter Berücksichtigung des Fremdenverkehrs. Dargestellt am Beispiel der Region Marsa Matruh. 1978. 161 S. AC-T 1979

4992. **Schenke**, Gesine: Die dreigestaltige Protennoia (Nag-Hammadi-Codex XIII.), herausgegeben und kommentiert. 1977. XXVII, 84 Bl. XXII, 146 Bl. ROS th nA

4993. **Schützinger**, Heinrich: Das Kitāb al-mu ᶜǧam des Abū Bakr al-Ismāᶜīlī.
1970/71. X, 178 S. BN Habph 1970/71
Im Handel: Abhandlungen für die Kunde des Morgenlandes. 43, 3.
(Steiner/Wiesbaden 1978.)

4994. **Sönmez**, Ergün: Die ökonomische, politische und militärische Abhängigkeit der Türkei von den entwickelten kapitalistischen Ländern von der Atatürkzeit bis heute. (1919-1977) 1979. 331 S. B-F FB 10

4995. **Terzioglu**, Arslan: Die Hofspitäler und andere Gesundheitseinrichtungen der osmanischen Palastbauten unter Berücksichtigung der Ursprungsfrage sowie ihre Beziehungen zu den abendländischen Hofspitälern. München 1976. 303 S. M Hab 1976 med
Im Handel: Beiträge zur Kenntnis Südosteuropas und des Nahen Orients. 30. (Trofenik/München 1979.)

4996. **Tsukimoto**, Akio: Das Totenopfer (kispu) in Mesopotamien. 1980 (?)
Arbeitstitel. TÜ   In Vorbereitung

4997. **Uerpmann**, Hans-Peter: Probleme der Neolithisierung des Mittelmeerraumes. 1978. 208 S. FR ph 1978.
Im Handel: Tübinger Atlas d. Vord. Orients. Beihefte. B. 28. (Reichert/ Wiesbaden 1979.)

4998. **Wenninger**, Gerhard: Ausländische Arbeitnehmer im Urteil ihrer deutschen Kollegen. 1978. 287 S. M-T wi-so 1978

4999. **Yazdi**, Karim: Le problème agraire de l'Iran. Lyon 1952. 211 Bl. GE

5000. **Yıldız**, Mustafa: Die Verfassungsgerichtsbarkeit in der Türkei. Gerichtliche Nachprüfung der Verfassungsmäßigkeit der Gesetze. 1979. X, 305 S. GÖ j

5001. **Zasloff**, Joseph Jermiah: Great Britain and Palestine. A study of the problem before the United Nations. München 1952. XI, 186 S. GE
Im Handel.

LETZTE NACHTRÄGE

5002. **Aharoni,** Bathscheba: Die Muriden von Palästina und Syrien. Lucka 1932. Aus: Zeitschr. f. Säugetierkunde. 7. S. 167-240.

5003. **Amsel,** Hans Georg: Die Lepidopterenfauna Palästinas. Eine zoo-geogr. -ökol.-faunistische Studie. Jena 1933. 105 S. B ph Aus: Zoogeographica. 2.

5004. **Antonini,** Emil: Le crédit et la banque en Egypte. 1927. 142 S. LAU

5005. **Arazi,** Arye: Le système électoral israélien. Genf 1963. VII, 211 S. GE j
Im Handel.

5006. **Bach,** Jaacov: Die Gemüsevermarktung in Israel. Neukolonisation und Marktentwicklung. Stuttgart 1958. 151 S. FR rs

5007. **Berkus,** Lea: Die tropisch-medizinischen Forschungen in Palästina. Berlin (1933). 40 S. B med

5008. **Boenecke,** Ilse: Infektionskrankheiten in Palästina, Syrien und Transjordanien vor, während und nach dem Weltkriege. 55 Bl. 5 Taf. HH med 1941

5009. **Erez,** Ury: Die Schafzucht in Israel. 1963. 40 S. BE med.-vet.

5010. **Farid,** Mahmoud: L'industrie du verre et le possibilités de son introduction en Egypte. 1930. IV, XII, 176 S. NEU

5011. **Frey,** René Leo: Strukturwandlungen der israelischen Volkswirtschaft global und regional 1948-1975. Tübingen 1965. VI, 142 S. BA ph 1964
Im Handel.

5012. **Gabbay,** Rony: A Political Study of the Arab-Jewish Conflict. The Arab Refugee Problem. A Case Study. Genf 1959. XVI, 611 S. GE 1959.
Im Handel.

557

5013. **Gaudard**, Gaston: Les bases économiques de l'Etat d'Israël. 1957. 128 S. FRS

5014. **Goldberger**, Ernst: Preisbewegungen in Israel 1949-1953. Eine Studie zu den Grundproblemen der Gesellschaft, Wirtschaft und Wirtschaftspolitik Israels. Weinfelden 1956. 211 S. BA s Im Handel.

5015. **Goldmann**, Botho: Die Bedeutung des Abkommens zwischen der Bundesrepublik Deutschland und dem Staate Israel vom 10. September 1952 für die wirtschaftliche Entwicklung der Bundesrepublik und Israels. Dargestellt am Beispiel der Erfüllungsperiode 1952/53-1955/56. Mainz 1956. 132 S. MZ rs 1956

5016. **Guggenheim**, Willy: Zur Soziologie der Einwanderung nach Israel. III, 171 Bl. Z ph 1954

5017. **Hachem**, Fawaz: Der Fremdenverkehr Syriens in Gegenwart und Zukunft. Wien 1974. 222 S. W-HW

5018. **Imberger**, Karl: Die deutschen landwirtschaftlichen Kolonien in Palästina. Tübingen 1938. 126 S., 1 Kt. TÜ ph 1939 Im Handel: Tübinger geogr. u. geol. Abhandlungen. R. 2, H. 6.

5019. **Jeselsohn**, David M.: Monetäre Politik und Zahlungsmittelsystem in Israel, 1948-1961. 5 Bde. zus. 559 S. Zürich 1967. Daraus Teildr. u. d.Titel: Zinsbeschränkung, Zahlungsmittelsubstitute und monetäre Politik in Israel, in: Weltwirtschaftliches Archiv, Bd. 98, 1967, S. 155-182. Z wi 1967

5020. **Kahn**, Uriel: Rinderrassen und Rindviehzucht in Israel. Bern 1962. 28 S. B vet.-med.

5021. **Kamber**, Oskar: Der Kibbuz. Israels landwirtschaftliche Genossenschaftssiedlung in rechtlicher Sicht. Zürich 1969. 262 S. BE rw

5022. **Kippes**, Ludwig: Der Skopus-Berg in Jerusalem. Ein Beitrag zur Lehre von den Exklaven. XIII, 122 S. (Ms.) Würzburg, R.- u. staatswiss. Diss. 1960

5023. **Kohn**, Artur: Die prähistorischen Perioden in Palästina. Wien 1913.
W ph

5024. **Kossoy**, Edward: Deutsche Wiedergutmachung aus israelischer Sicht.
Geschichte, Auswirkung, Gesetzgebung und Rechtsprechung. o.O.
(1970) XVI, 370 S. K j 1970

5025. **Lasserre**, Raymond: Un an d'observation clinique des fièvres typhoïdes
en Palestine. Ambilly-Annemasse 1952. 28 p. LAU med

5026. **Matine-Daftary**, Ahmad Khan: La suppression des capitulations en
Perse. L'ancien régime et le statut actuel des étrangers dans l'Empire
du „Lion et Soleil". 1930. 266 S. LAU pol

5027. **Menzinger**, Bernhard: Der Hafen Haifa. Tübingen 1966. XII, 165 S.
BA ph 1965
Im Handel: Veröffentlichungen der List-Gesellschaft — Israelpro-
jekt, Reihe C, Bd. 51

5028. **Meroz**, Michael: Entwicklung und Bedeutung der künstlichen Besamung
des Rindes in Israel. Bern 1962. 46 S. BE vet.-med.

5029. **Montague**, Ruth: Grundsätze des israelischen Arbeitsrechts. Köln 1958.
165 S. K j 1958

5030. **Newiger**, Nikolaus: Beitrag zur Frage der genossenschaftlichen Landbe-
wirtschaftung, gezeigt am Beispiel der Produktivgenossenschaften in
Italien, Israel, Mexiko und Jugoslawien. Berlin 1957. 132 S. B l

5031. **Ottensooser**, Robert David: The Palestine Pound and the Israel Pound.
Transition from a Colonial to an Independent Currency. Genève 1955.
177 p. diagr. GE
Im Handel: Etudes d'hist. écon., pol. et sociale. 13.

5032. **Otto**, Heinz: Studien zur Keramik der mittleren Bronzezeit in Palästina,
Borsdorf-Leipzig 1938. Aus: Zeitschrift d. Dt. Palästina-Vereins. Bd. 61,
3/4. S. 147-277, 12 Bl. Abb. TÜ ph

5033. **Pallmann**, Martin: Der Kibbuz. Zum Strukturwandel eines konkreten Kommunetyps in nichtsozialistischer Umwelt. Tübingen 1966. VI, 186 S. BE rw 1965
Im Handel: Veröffentlichungen der List-Gesellschaft — Israelprojekt, Reihe C, Bd. 35.

5034. **Panahi**, Bahram: Erdöl — Gegenwart und Zukunft des Iran. Die Entwicklungstendenzen d. iran. Erdölpotentials seit der Nationalisierung. 1974. 200 S. MR wi nA   U.76.11018
Im Handel.

5035. **Porter**, Tobias: Le trachome en Palestine. Contribution à l'étude de l'épidémiologie du trachome. Lausanne 1940. 32 S. LAU med

5036. **Sachs**, Shimon: Eingliederung orientalischer Einwandererkinder in eine israelische Schule. (Teildruck) Zürich 1967. 16 S. Z ph

5037. **Schabak**, Mohamad Hossein: Geschichte der Verproletarisierung und Entproletarisierung der Industriearbeiter in Europa und ihre Lehren für den Iran. Graz 1973. II, 137 Bl. GZ rs

5038. **Schick**, Werner: Das Bankwesen in Israel. Tübingen 1964. XI, 230 S. BA ph 1963
Im Handel: Veröffentlichungen der List-Gesellschaft — Israelprojekt, Reihe C, Bd. 35.

Schmökel, Hartmut siehe Nr. 48

5039. **Schmorak**, Bronislaw Dov: Eine ökonomische und sozialpolitische Studie über den Staat Israel. II, 134 Bl. mit Tab., mehr Bl. graph. Darst. 1 Kt. Skizze ER ph

5040. **Soorani**, Isaac: Ankylostomiasis in Iraq. A note on its incidence and distribution in comparison with that of Palestine and America. Zürich 1939. 28 p. Z med

5041. **Steffen**, Hans: A contribution to the population geography of the Yemen Arab Republic. Zürich. XIX, 179 S. Z
Im Handel u.d. Titel: Population geography of the Yemen Arab Republic. The major findings of the population and housing census of February 1975 and the supplementary demographic and cartographic surveys. Wiesbaden: Reichert 1979. (Beihefte zum Tübinger Atlas des Vorderen Orients. Reihe B. Nr. 39.)

5042. **Stein,** Jacob: Ergebnisse von bakteriologischen Untersuchungen an 220 verendeten Schweinen in Palästina. Wien 1950. 30 Bl. W ph

5043. **Stern,** Rolf: Die Entwicklung der Effektenbörse in Israel (unter besonderer Berücksichtigung der Spartätigkeit) II, XXI, 326 S. Diagr. BA s 1966

5044. **Strauss,** Liesel: Die Einwanderung nach Palästina seit dem Weltkriege. Genève 1938. 164 S. GE 1938

Szuster, Icko siehe Nr. 784

5045. **Tannenbaum,** Hugo: Der Jüdische Nationalfonds und der Aufbau des jüdischen Palästina. Ein volkswirtschaftl. Beitrag z. Verwirkl. d. Zionismus. VIII, 294 S. m. Tab. WÜ rs 1927

Tuisl, Gerhard siehe Nr. 1091

5046. **Wachs,** Alfred: Zur Einschätzung der Bildungsreife, Gruppenuntersuchungen im Entwicklungsland Israel. 1962-1964. Haifa 1967. IV, 243 S. Z ph

5047. **Weiss,** Joseph: Die „Kwuzah". Ein Beitrag zu den genossenschaftlichen Organisationsformen in der jüdischen Landwirtschaft Palästinas. Bern 1935. 160 S. Z

5048. **Wiener,** Gabriel: Geologie der Foothills zwischen Wadi Sarar (Nahal Soreq) und Wadi Qubeiba, Zentral-Israel. Winterthur 1963. 23 S. B nw

5049. **Wildhaber-Creux,** Simone: Wachstum und Strukturwandel der israelischen Wirtschaft. Stuttgart 1967. VI, X, 187 S. BA ph

5050. **Wuthnow,** Heinz: Die semitischen Menschennamen in griechischen Inschriften und Papyri des vorderen Orients. (Teildr.) Leipzig 1930. 32 S. TÜ ph 1930/31
Vollst. als: Studien z. Epigraphik u. Papyruskde. 1, 4.

STICH– UND SCHLAGWORTREGISTER

(Der arabische Artikel „al-" sowie „ibn", wenn es nicht am Anfang steht, sind
bei der alphabetischen Ordnung nicht berücksichtigt.)

587

635

651

659

687

689